普通高等教育"十二五"规划教材

高职高专畜牧兽医类专业教材系列

水产养殖技术概论

翟林香　陈　军　主编

科学出版社

北　京

内 容 简 介

本书内容按照水产养殖对象和职业岗位能力需求，设计了鱼类增养殖、虾蟹类增养殖、经济贝类增养殖、观赏鱼养殖和名特优水产动物养殖5个项目及与之对应的30个典型工作任务，介绍了主要水产养殖动物的生物学特征、苗种繁育及成体养殖技术。本书在内容编排和设计上，兼顾了我国南、北方不同地区水产养殖行业需求和海、淡水养殖品种特点，并融入了新技术、新方法、新工艺和行业标准。本书内容全面，通俗易懂，可操作性强，可供读者灵活选择。

本书可作为高职高专畜牧兽医及水产养殖相关专业的教材，也可作为中职学校相关专业的教材，还可作为水产养殖企业工人上岗培训、水产技术指导站技术人员培训和广大养殖户的参考书。

图书在版编目(CIP)数据

水产养殖技术概论/翟林香，陈军主编. —北京：科学出版社，2013
(普通高等教育"十二五"规划教材·高职高专畜牧兽医类专业教材系列)
ISBN 978-7-03-038213-9

Ⅰ.①水… Ⅱ.①翟… ②陈… Ⅲ.①水产养殖-高等职业教育-教材 Ⅳ.①S96

中国版本图书馆CIP数据核字(2013)第171501号

责任编辑：张 斌 / 责任校对：王万红
责任印制：吕春珉 / 封面设计：科地亚盟

科学出版社 出版
北京东黄城根北街16号
邮政编码：100717
http://www.sciencep.com

北京九州迅驰传媒文化有限公司 印刷
科学出版社发行 各地新华书店经销

*

2013年8月第一版 开本：787×1092 1/16
2021年7月第三次印刷 印张：24
字数：569 000

定价：68.00元

（如有印装质量问题，我社负责调换〈九州迅驰〉）
销售部电话 010-62134988 编辑部电话 010-62135235 (VH04)

本书编写人员

主　编　翟林香　陈　军

副主编　周根来　吴　俊　肖贵榜

编　者　（按姓氏拼音排列）

陈　军（江苏农林职业技术学院）
贾亚东（盘锦职业技术学院）
李建伟（江苏省句容市水产技术指导站）
李景臣（大连富谷水产有限公司）
骆桂兰（江苏农林职业技术学院）
潘　娟（河北农业大学海洋学院）
齐富刚（江苏农牧科技职业技术学院）
王桂民（江苏省金坛市水产技术指导站）
吴　俊（内江职业技术学院）
肖贵榜（遵义职业技术学院）
翟林香（盘锦职业技术学院）
赵冰海（黑龙江生物科技职业技术学院）
周根来（江苏农牧科技职业技术学院）

审　稿　赵子明（江苏农牧科技职业技术学院）

前言

社会经济的发展带动了人们生活水平的提高，近年来人们对鱼、虾、蟹、贝、参等水产品的需求量大幅度提高。进入21世纪以来，我国的水产养殖技术发展迅速，水产养殖业成为我国国民经济的支柱产业之一，取得了显著的经济效益和社会效益。本书编写的目的在于满足水产养殖行业发展和涉农类职业院校开展水产养殖技术教学的需要，拓展涉农类专业学生的知识面，培养学生水产养殖专业技能，拓宽学生的就业渠道。

本书是根据科学出版社制定的“十二五”教材建设规划要求，作为畜牧兽医专业拓展课程而编写的规划教材。本书内容按照水产养殖对象和职业岗位能力需求，设计了鱼类增养殖、虾蟹类增养殖、经济贝类增养殖、观赏鱼养殖和名特优水产动物养殖5个项目及与之对应的30个典型工作任务，以养殖生产的工作流程和技能操作为主线，介绍了我国传统水产养殖品种和部分名特优水产品种的生物学特征、苗种繁育及成体养殖技术。每个项目通过项目描述使学生了解养殖现状和前景，并提出具体的工作任务和任务目标。

本书通过项目选择和任务设计突出高职高专教育特色，注重理论联系实际。在内容选择上，兼顾了我国南北方不同地区水产养殖行业的需求和海、淡水养殖品种的特点，融入了新技术、新方法、新工艺和行业标准。本书内容全面，通俗易懂，可操作性强。在使用本书时，教师可根据本地区水产行业发展状况灵活选择授课内容。本书可作为高职高专涉农类专业及水产养殖相关专业的教材，也可作为水产养殖行业从业人员的参考书。

本书由全国多所高等职业院校和高等院校的骨干教师以及水产行业相关企事业单位实践经验丰富的专业技术人员合作编写。编写分工如下：赵冰海编写项目一的任务一、任务七，项目三的任务五、任务六；周根来编写项目一的任务二；陈军编写项目一的任务三、任务四，项目四的任务一、任务二、任务三；骆桂兰编写项目一的任务五、任务六、任务十；齐富刚编写项目一的任务八；贾亚东编写项目一的任务十一；潘娟编写项目二的任务一、任务三；王桂民编写项目二的任务二、任务五；吴俊编写项目二的任务四，项目五的任务三；翟林香编写项目一的任务九，项目三的任务一、任务二、任务三、任务四，项目五的任务一；肖贵榜编写项目五的任务二；李景臣编写项目五的任务四；李建伟编写项目五的任务五。全书由翟林香统稿，由赵子明教授审稿。

本书的编写得到了各参编院校、行业专家和同仁们的大力支持和帮助，同时也参考和引用了同行专家的大量研究文献和资料，在此表示诚挚的谢意！

由于本书涉及内容广泛，加之编者编写水平有限，书中难免有疏漏和不妥之处，殷切希望广大读者及同仁提出宝贵意见，以便今后修订完善。

目录

项目一　鱼类增养殖

【知识目标】

1. 了解主要养殖鱼类的种类、形态构造和生活习性。

2. 掌握养殖水体的理化特性及调控方法。

3. 掌握主要养殖鱼类的营养需求和鱼类饲料及肥料的应用。

4. 掌握鱼类人工繁殖场的建设规划和设备设施。

5. 掌握鱼苗、鱼种的生物学特征。

6. 掌握鱼类疾病的发生原因及常见病害的诊断方法和预防措施。

【技能目标】

1. 能够综合考虑水质条件、饲料来源、市场需求、技术支持等选择鱼类养殖种类。

2. 能够根据鱼类的产卵类型开展鱼类的人工繁殖生产。

3. 能够根据鱼苗、鱼种的生物学特性，进行鱼苗、鱼种的培育和越冬管理。

4. 能够根据鱼类的生活习性和区域特点，因地制宜地选择成鱼的养殖方式；能够开展鱼类的池塘养殖、工厂化养殖、网箱养殖和稻田养殖。

5. 能够根据湖泊、水库的特点，选择合适的放养对象，合理搭配养殖种类，确定鱼种的放养规格和放养密度，科学合理地进行内陆大水面粗放式鱼类养殖。

6. 能够对鱼类养殖水体进行科学的管理和调控。

7. 能够合理选择和正确应用鱼类养殖的饲料和肥料。

8. 能够做好鱼类病害的预防工作，并对常见病害进行诊断和防治。

【项目描述】

我国的鱼类增养殖业历史悠久，技术先进，是世界上养鱼最早的国家。鱼类增养殖业是水产养殖业的传统养殖产业，是我国生态大农业的重要组成部分。我国内陆水域湖泊、河流、水库和池塘星罗棋布，海域幅员辽阔。我国水域鱼类资源丰富，出产鱼类有3000多种。“四大家鱼”、鲤、鲫等传统养殖鱼类和罗非鱼、斑点叉尾鮰、淡水白鲳、南方大口鲶、石斑鱼、大菱鲆、半滑舌鳎、漠斑牙鲆等名特优鱼类的人工繁殖和养殖技术成熟。

我国鱼类增养殖业的蓬勃发展为社会提供了较多的就业岗位，本项目根据鱼类增养殖工作岗位需求设计了11个工作任务。任务一介绍目前我国主要养殖鱼类的种类、形态构造和生活习性，目标是使学生和从业人员能够根据鱼类的生活习性和区域特点选择养殖对象；任务二介绍增养殖水体的物理、化学、生物特性，学会水质调控和处理；任务三介绍主要养殖鱼类的营养需求、饲料及肥料的种类和应用；任务四介绍鱼类人工繁殖的设备设施和主要技术环节，目标是使学生和从业人员能够根据鱼类的产卵类型开展鱼类的人工繁殖；任务五介绍鱼苗、鱼种的生物学特性、苗种的培育技术和运输方法，目标是使学生和从业人员能够根据不同养殖水体和养殖方法的要求开展鱼苗、鱼种培育；任务六介绍鱼类的池塘养殖技术，目标是使学生和从业人员能够理解池塘养殖的“八字精养法”，理解混养的优点及主要的混养模式，掌握池塘养鱼的施肥、投饵技术及管理内容，能够根据区域特点因地制宜地开展池塘养鱼；任务七介绍鱼类的湖泊、水库粗放式养殖技术，目标是使学生和从业人员能够根据湖泊、水库的特点，选择合适的放养对象，合理搭配养殖种类，科学合理地进行内陆大水面粗放式鱼类养殖。任务八介绍鱼类的网箱养殖技术，目标是使学生和从业人员了解网箱的制作、设置和网箱养鱼的日常管理内容，掌握网箱养鱼的关键技术；任务九介绍鱼类的工厂化养殖，目标是使学生和从业人员了解工厂化养鱼的特点、类型和养鱼设施，掌握工厂化养鱼的技术要点；任务十介绍鱼类的稻田养殖，主要是养鱼稻田的选择和建设、养殖种类的选择和搭配及养殖管理；任务十一学习鱼类疾病的发生原因及常见病害的诊断方法和预防措施，目标是使学生和从业人员能够在各类水体的养殖中做好鱼类病害的预防工作，并对常见病害进行诊断和防治。

本项目的任务设计和内容选取来源于鱼类苗种繁育和增养殖企业，理论内容与实践内容相融合，注重养殖技术的可操作性，并引入鱼类增养殖行业的新理论、新技术、新设备和行业标准。通过本项目的学习和职业情境的实践，学生和从业人员能较好地胜任主要养殖鱼类的人工繁殖、苗种培育、成鱼养殖和病害防治等工作，并具有较强的学习迁移能力，能够在鱼类苗种繁育和养殖行业企业中可持续发展。

任务一 主要养殖鱼类的识别

一、鲤形目主要养殖鱼类的识别

1. 青鱼

青鱼（*Mylopharyngodon piceus*），隶属于鲤科、雅罗鱼亚科、青鱼属，又名青鲩、黑鲩、乌鲩等（图 1-1）。主要分布于我国长江以南的平原地区，是长江中下游和沿江湖泊的重要渔业资源及各湖泊、池塘中的主要养殖对象，为我国淡水养殖的“四大家鱼”之一。

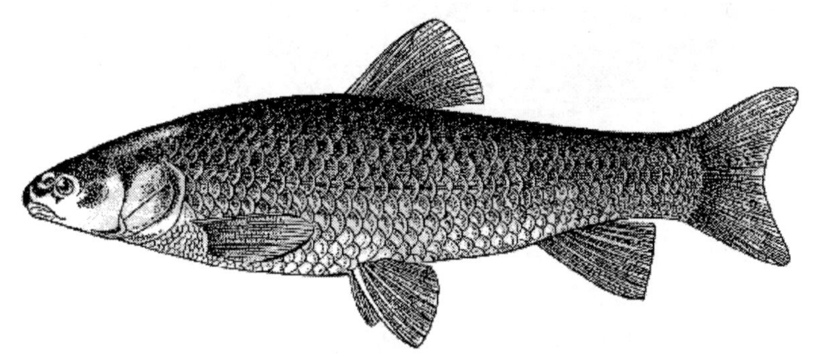

图 1-1　青鱼

1）形态特征

鱼体略呈长圆筒形，头部稍平扁，腹部圆，无腹棱，尾部侧扁。吻钝，口端位。上颌稍长于下颌。咽齿 1 行，4/5，呈臼齿状。背鳍和臀鳍无硬刺，背鳍与腹鳍相对。体被较大的六角形圆鳞，体背及体侧上半部青黑色，腹部灰白色，各鳍均呈灰黑色。

2）生活习性

栖息在水体的中下层，温水性淡水鱼类，适宜生长水温为 15～32℃，喜欢在水质清新、溶氧较高的水域栖息。食物以螺蛳、蚌、蚬、蛤等为主，也捕食虾类和昆虫幼虫。鱼苗阶段主要以浮游动物为食。人工养殖条件下，可摄食配合饲料，喜食豆饼、糠饼等。生长迅速，个体较大，食用鱼规格 2～5kg，养殖周期 2～4 年。

3）繁殖习性

长江流域雌鱼通常 4～5 龄，体重 15kg 左右达到性成熟，雄鱼一般早 1 年成熟。产卵的最适水温为 22～28℃，低于 18℃不产卵。青鱼的天然产卵场分布很广，在长江、西江、珠江的产卵期为 4～6 月，东北地区稍迟。体重 18kg 的青鱼怀卵 150 万粒，25kg 在 200 万粒以上。产出的卵在流水中受精后呈半漂浮状态，水温 22～23℃时 35h 鱼苗出膜。出膜后 3～4d 鳔充气，鱼苗能平游，卵黄囊基本消失，开始主动摄食。

2. 草鱼

草鱼（*Ctenopharyngodon idellus*），隶属于鲤科、雅罗鱼亚科、草鱼属，俗称白鲩、油鲩、草鲩等（图 1-2）。广泛分布于我国南北水域，是我国淡水养殖的“四大家鱼”之一。

1）形态特征

体呈圆筒形，略平扁，前腹部圆，无腹棱。口端位。咽齿 2 行，5·2/2·4，侧扁呈梳状，齿冠有栉齿，两侧为锯齿状。背鳍和臀鳍均无硬刺。体被较大的圆鳞。体呈浅茶黄色，背部青灰，腹部灰白。胸、腹鳍略带灰黄，其他各鳍浅灰色。

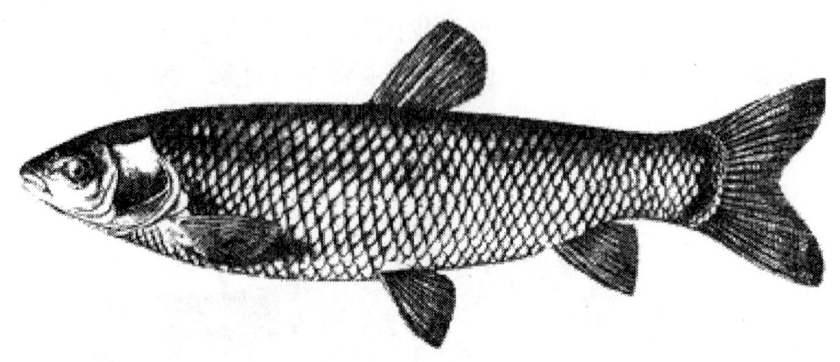

图 1-2　草鱼

2）生活习性

温水性淡水鱼类，一般喜栖居于江河、湖泊等水域的中、下层和近岸多水草区域，为典型的草食性鱼类。体长 6cm 以下的鱼苗主要摄食浮游动物和藻类，体长 6cm 以上时，其食性就明显地转向摄食各种水生植物，也喜吃各种陆生嫩草、米糠、麸皮、豆饼、豆渣和酒糟等。摄食量较大，日摄食量最大可达体重的 60%～70%。生长的最适水温为 24～30℃，当水温下降到 10℃以下时停止摄食。

草鱼生长迅速，体长增长最快的时期为 1～2 龄，体重增长则以 2～3 龄为最迅速。1 冬龄鱼体长为 35cm 左右，体重为 750g 左右；2 冬龄鱼体长约为 60cm，体重达 3.5kg。食用鱼规格为 1～1.5kg，养殖周期 2～4 年。

3）繁殖习性

在长江流域，雌草鱼通常在 4 龄、体重 6kg 左右达到性成熟，每年的春夏之交产卵，雄鱼一般早 1 年成熟。珠江流域雌草鱼比长江流域早 1 年成熟，黑龙江流域一般比长江流域晚 1～2 年成熟。其怀卵量随体重增加而增加，6～12kg 草鱼怀卵量为 30 万粒。生殖期为 4～7 月，比较集中在 5 月间，当水温稳定在 18℃左右时，草鱼才大规模产卵。草鱼的生殖习性和鱼卵孵化情况与青鱼相似，不能在静水中产卵。卵受精后，因卵膜吸水膨胀，卵径可达 5mm 左右，顺水漂流，在 20℃左右发育最佳，30～40h 孵出鱼苗。

3. 鲢

鲢（*Hypophthalmichthys molitrix*），隶属于鲤科、鲢亚科、鲢属，又叫白鲢、鲢子（图 1-3）。分布于我国东北部、中部、东南部地区的江河中，是我国的“四大家鱼”之一。

1）形态特征

体长而侧扁、稍高，呈纺锤形。头较大，眼睛位置很低。自胸鳍基部到肛门具有腹棱。鳃耙细而密，彼此相连呈海绵状膜质片，利于滤取微细食物。咽齿 1 行，4/4。体被细小的圆鳞。胸鳍末端不超过腹鳍基部。体色银白，背部稍青灰色。

2）生活习性

温水性淡水鱼类，生长的适宜水温为 20～30℃。栖息于水体中上层，性极活泼，

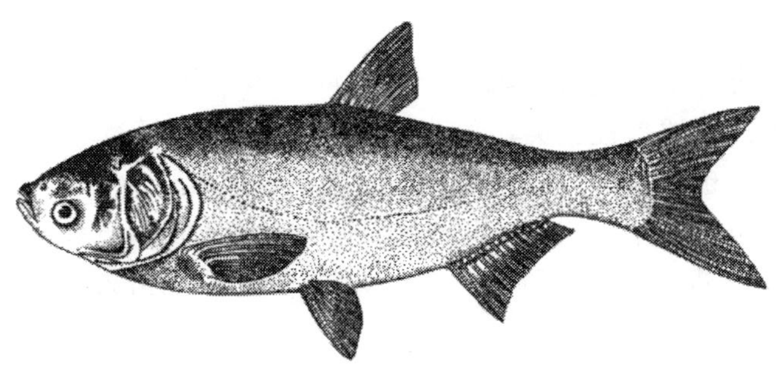

图 1-3　鲢

善于跳跃。典型的滤食性鱼类，在鱼苗阶段主要以浮游动物为食，体长 1.5cm 以上的幼鱼和成鱼则逐渐转为摄食浮游植物。在人工养殖条件下，也能摄食人工投喂的商品饲料，如黄豆浆、豆渣粉、米糠、麦麸、玉米粉等，更喜吃小颗粒配合饲料。适宜在肥水中养殖。鲢鱼生长快，疾病少，食用鱼规格为 1～3kg，养殖周期为 2 年。

3）繁殖习性

鲢鱼在长江、西江、珠江、黑龙江均有天然产卵场，长江流域雌鲢一般 4 龄成熟，体重约 5kg，生殖期为 5～6 月，有时可延至 8 月中旬。珠江流域早 1 年成熟，黑龙江流域则迟 1～2 年成熟。雄鱼比雌鱼早 1 年成熟。亲鱼多于 4 月下旬至 6 月，当水温达 18℃以上，江水上涨或流速加剧时，在有急流泡漩水的河段繁殖，卵漂浮性。4.5～8.4kg 的鲢怀卵量为 63 万～120 万粒。

4. 鳙

鳙（*Aristichthys nobilis*），隶属于鲤科、鲢亚科、鳙属，又叫花鲢、胖头（图 1-4）。我国各大水系均有分布，以长江流域中下游地区为主要产地，是我国“四大家鱼”之一。

图 1-4　鳙

1）形态特征

体长而侧扁，头大而圆，头长约为体长的 1/3。口大，端位。自腹鳍基部到肛门具有腹棱。鳃耙细密如栅片，但彼此分离。咽齿 1 行，4/4。体披细小圆鳞。体侧上半部灰黑色，腹部灰白，两侧有不规则的黑色斑纹。

2）生活习性

温水性淡水鱼类，生长适宜水温为20～30℃。生活在水体的中上层，性温驯，动作较迟缓，不喜跳跃。滤食性鱼类，鱼苗、幼鱼及成鱼都以轮虫、枝角类、桡足类等浮游动物为主要食物，也摄食部分浮游植物。鳙的生长速度比鲢快，在天然河流、湖泊等水域中，体长增长以第2年最快，4年后急剧下降；体重以第3年增长最快，第1年可达0.5kg，第2年2.6kg，第3年可达7kg以上。食用鱼规格为0.5～1kg，养殖周期为2年。

3）繁殖习性

长江流域的雌鳙一般5龄成熟，体重10kg以上。珠江流域则4龄成熟。鳙鱼最适的繁殖年龄雌鱼为5龄以上，雄鱼为4龄以上。最适的人工繁殖体重最好在7kg以上。人工催产季节约5月中旬到6月上旬。体重8kg的亲鱼卵，怀卵量108万粒；天然江河中，体重30kg的亲鱼，怀卵量可达346万粒。鳙的生殖习性和孵化情况与鲢相似。

5. 鲤

鲤（*Cyprinus carpio*），隶属于鲤科、鲤亚科、鲤属，又称鲤拐子、鲤子（图1-5）。原产于亚洲，后引入欧洲、北美及其他地区，是我国常见的淡水养殖鱼类。经过长期的自然选择和人工培育，鲤鱼形成了许多品种，目前养殖的主要有镜鲤、鳞鲤、红鲤和建鲤等。

图1-5 鲤

1）形态特征

体呈纺锤形。口端位，马蹄形。须2对，颌须约为吻须的2倍长。咽齿3行，1·1·3/3·1·1，呈臼齿状。背鳍、臀鳍均具有带锯齿的硬棘。体被较大的圆鳞，体侧鳞片后缘具黑斑，交合成网纹状。体色也因品种而异，有灰黑色、金黄色、橘红色、红色等。

2）生活习性

鲤属底层鱼类，生活在水体下层，在水温15～30℃范围内均能很好地生长。对环境的适应性强，能耐寒、耐碱、耐低氧。鲤是典型的杂食性鱼类，但更喜食动物性食物，在鱼苗、鱼种阶段主要摄食浮游动物和轮虫等，成鱼阶段摄食各种螺类、幼蚌、水蚯蚓、昆虫幼虫和小鱼虾等水生动物，也摄食各种藻类、水草和植物碎屑等；在池塘或网箱中养殖时，常投喂各类人工配合饲料。

鲤寿命长，生长快，个体大。在人工养殖条件下，当年鱼可长达250～800g，2龄鱼达1200～1500g，3龄鱼体重2000g。

3）繁殖习性

性成熟年龄为2冬龄。怀卵量从8000多粒至200多万粒不等。繁殖季节3～5月。雄雌鲤鱼相互追逐游到岸边浅水区水草稀疏处产卵受精，产黏性卵，卵粘于水草或其他物体上发育、孵化。水温20℃时，91h孵出鱼苗；25℃时，48h孵出鱼苗。

6. 鲫

鲫（*Carassius auratus*），隶属于鲤科、鲤亚科、鲫属。鲫（图 1-6）为我国常见的经济鱼类之一，分布广，品种多，如高背鲫、方正银鲫、彭泽鲫等地方名优品种，还有杂交优良品种，如异域银鲫、湘云鲫等。

图 1-6　鲫

1）形态特征

鱼体高而侧扁，体较厚，腹部圆。头短小，吻钝。咽齿 1 行，4/4。体被较大的圆鳞，侧线微弯。背鳍、臀鳍第 3 根硬刺较强，后缘有锯齿。一般鱼体背面灰黑色，腹面银灰色，各鳍条灰白色。因生长水域不同，体色深浅略有差异。

2）生活习性

鲫鱼属底层温带性鱼类，喜栖居在水草丛生的浅水区。适应能力特别强，能承受 0℃的低温，也能忍受 0.1mg/L 以下的低溶氧，在 pH 为 10 左右的水体中也能生长繁殖。杂食性鱼类，幼鲫主要摄食浮游生物和植物嫩芽、腐屑等，成鱼喜食各种水生昆虫和底栖动物，也摄食各种人工配合饲料，对食物无严格选择。

自然条件下生长较慢，1 龄鱼体重 71.6～95g，2 龄鱼体重 159～177g，3 龄鱼体重 582g。最大个体可达 1.5kg。在人工养殖条件下，特别是经选育的新品种，生长速度明显加快，一般 1 龄鱼体长可达到 15～20cm 的食用鱼规格。

3）繁殖习性

在华东、华南，鲫鱼 1 龄鱼可达性成熟，生殖时期最早在 3～4 月，水温达到 15℃时即可分批产卵，一直可持续到 7 月上旬。卵呈黏性，常附着在水草枝叶或人工鱼巢上进行发育。在水温（20±1）℃时，63～75h 孵出鱼苗。在自然界中鲫鱼的雌鱼比雄鱼多，也有雌雄同体的鲫鱼。

7. 鲮

鲮（*Cirrhina molitorella*），隶属于鲤科、野鲮亚科、鲮属，又名土鲮鱼、鲮公、花鲮等（图 1-7）。主要分布在两广、福建、台湾和云南部分地区。

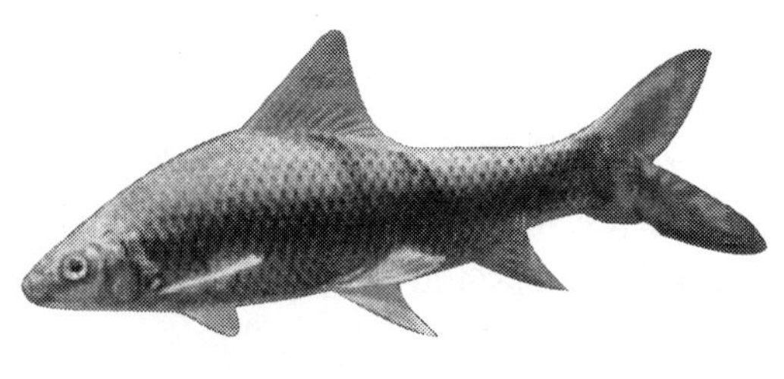
图 1-7　鲮

1）形态特征

身体延长，腹部较圆，无腹棱。头短小，口下位，呈弧形。上颌角质化，具须两对。咽齿 3 行，5·4·2/2·4·5，齿形侧扁。鳞片中等大小，胸鳍基部后上方有 8～15 个具宝石蓝色的鳞片，连成一块菱形彩斑。尾鳍分叉较深。鱼体背部青灰色，腹部银白色，背鳍淡灰，其余各鳍的末端赭红。

2）生活习性

鲮鱼属暖水性淡水底层鱼类，性活泼而善跳。对溶氧的要求较低，但对水温的要求较高，生长的适宜水温 18～32℃，低于 13℃时停食，7℃以下死亡。杂食性，主要刮食藻类、有机碎屑、丝状藻类等。在池养条件下，投喂各种商品饲料和配合饲料。适宜在肥水中养殖。池塘养殖食用鱼，多以 0.3～0.5kg 重的个体上市。

3）繁殖习性

一般 3 龄达性成熟，初产亲鱼体重约 0.5kg。产卵季节 4～9 月，繁殖习性与四大家鱼相似。江河中成熟的亲鱼，在洪水期成批来到一定的江段，发情、追逐、产卵，并发出“咕咕”的求偶响声，产半浮半沉性卵，顺水漂流。孵化适宜水温为 22～29℃。

8. 团头鲂

团头鲂（*Megalobrama amblycephala*），隶属于鲤科、鲌亚科、鲂属，俗称武昌鱼、团头鳊（图 1-8）。原产于湖北梁子湖、东湖和江西鄱阳湖，1972 年以后引到全国各地。

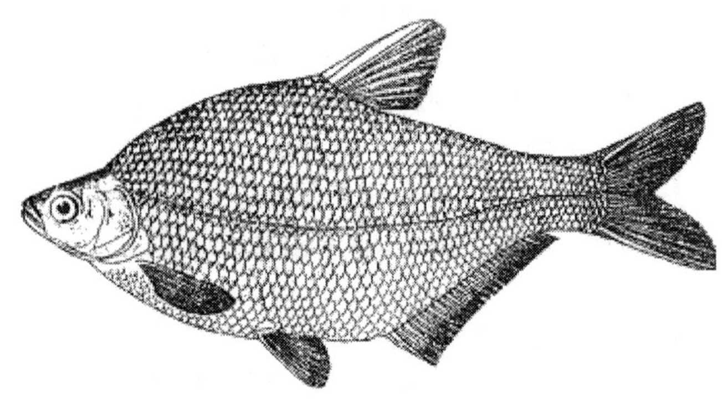

图 1-8 团头鲂

1）形态特征

鱼体高而侧扁，呈长菱形。头后背部隆起，体长为体高的 2.0～2.3 倍。腹部仅自腹鳍基部至肛门具有腹棱。头短小，口端位。咽齿 3 行，2・4・4/5・4・2。背鳍具光滑硬刺，臀鳍长，尾柄高而短。体背部青灰色，腹部灰白，各鳍条灰黑色。

2）生活习性

温水性淡水中下层鱼类，性情温和，常栖息在水质清新、水草茂盛的水体中，也能在河道、池塘、网箱等水域中生长。草食性鱼类，幼鱼以摄食浮游生物为主，随着鱼体的生长转为以水草、旱生牧草、轮叶黑藻草和水生昆虫为食，亦可摄食各种人工配合饲料。人工养殖条件下，当年培育成大规格鱼种，2 龄鱼体重达 400～500g。

3）繁殖习性

团头鲂 2～3 龄，体重在 500g 以上即可性成熟。繁殖力强，怀卵量大，1 尾 4 龄雌鱼可怀卵 30 万粒。产黏性卵，繁殖时需准备鱼巢或进行脱黏流水孵化。繁殖期一般比鲤鱼稍迟，比家鱼稍早，在长江中下游地区自然产卵多在 4 月中旬至 5 月中旬。水温 20～25℃时，44h 孵出鱼苗；25～27℃时，38h 孵出鱼苗，鱼苗出膜后 3～4d 即可取出鱼巢。

9. 泥鳅

泥鳅（*Misgurnus anguillicaudatus*），隶属于鳅科、泥鳅属。分布甚广，除西部高原外，我国南北各水系都有分布。泥鳅（图 1-9）具有生命力强、繁殖快、饵料杂、易饲养等特点，是目前我国广为养殖、出口的水产品之一。

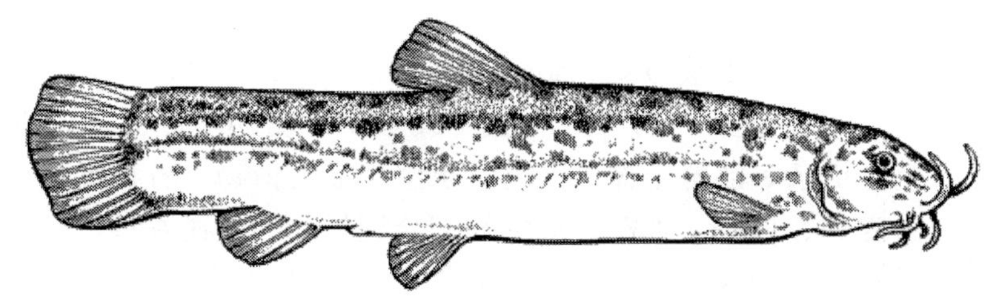

图 1-9　泥鳅

1）形态特征

体较长，圆筒形。头尖，眼小，口下位，唇发达，须 5 对。鳞小，埋于皮下。背鳍和腹鳍相对，尾鳍圆形，基部有一圆形黑点。体灰黑，并杂有许多不规则的黑色斑点，体色一般因其生活环境不同而有所差别。腹部颜色较浅，体表黏液丰富。

2）生活习性

温水性底层小型鱼类，多栖息于静水及水体有软泥的底层，喜卧底、钻软泥。生长适宜水温为 15～30℃，最适生长温度为 25～27℃。当水温在 5℃以下或 35℃以上，以及天旱少水时，它都会潜入泥层中进行“休眠”。泥鳅能耐低氧，除用鳃和皮肤呼吸外，还能进行肠呼吸，这是它特有的生理现象。泥鳅为杂食性鱼类，贪食，在天然水体中多在夜晚摄食，产卵期和生长旺季，在白天也摄食。

泥鳅生长较慢，孵化后 1 个月可长至 3.5cm，体重 0.4g；孵化后 9～10 个月，体长达 9cm，体重为 5～6g；第 2 年可长到 10～12cm，体重 10～15g。

3）繁殖习性

2 冬龄性成熟。成熟的雌鳅腹圆，胸鳍圆滑，个体大于雄鳅。产卵盛期 5～7 月，18℃以上开始繁殖，适宜水温 25～26℃。产卵场在清水缓流浅滩、水沟、浅水带、水田、水草禾苗根处。卵黄色，圆形，微黏着性。水温 20～28℃时，2d 仔鱼可以出膜。鳅苗孵出 3d 开始摄食。产过卵的泥鳅在腹鳍上方体躯有白色斑点。

10. 短盖巨脂鲤

短盖巨脂鲤（*Colossorna brachypomum*），隶属于脂鲤亚目、脂鲤科、巨脂鲤属，又名淡水白鲳、似鲳脂鲤（图 1-10）。原产于南美亚马孙河，是热带和亚热带食用与观赏兼具的经济鱼类。1985 年引入广东省。

图 1-10　短盖巨脂鲤（淡水白鲳）

1）形态特征

体侧扁，椭圆形，背较厚，腹部窄扁而圆。头较小，口端位。体披细小圆鳞。体色银灰，胸部为橘红色，臀鳍红色，尾鳍边缘带黑色。鱼体呈现红鳍、白身、黑尾、银鳞四色相配，还有浅蓝色斑纹，很具观赏性。

2）生活习性

淡水白鲳生活在水域的中、下层，喜群居和群游。能耐低氧，不耐低温，当水温降至10℃开始死亡，16℃时才能正常摄食，最适生长温度为28～30℃，夏花鱼种饲养水温必须保证17℃以上。食性较杂，幼鱼阶段主食大型浮游动物，也摄食有机碎屑和人工配合饲料；成鱼食性更杂，浮游生物、藻类、水生及陆生植物、各种瓜果皮、蚯蚓、小鱼虾、有机碎屑、麦麸、豆饼、米糠、蚕蛹和配合饲料都能快速吞食，有效利用。

淡水白鲳生长较快，个体大，病害少，在原产地最大个体重达20kg。在人工养殖条件下，1龄鱼个体可达0.5～0.75kg，体长5cm左右的鱼种，养殖3个月，体重可达1kg。

3）繁殖习性

雌鱼3龄性成熟，雄鱼稍迟。1年多次产卵，繁殖季节5～10月，最适繁殖水温25～28℃。初产雌鱼，每千克体重产卵8万～10万粒，第2年后每千克体重产卵10万～15万粒。卵为半浮性，在静水中下沉，受精卵在水温27～29℃时，22h孵出鱼苗。

二、鲶形目主要养殖鱼类的识别

1. 南方大口鲶

南方大口鲶（*Silurus meridionalis*），隶属于鲶科、鲶属，又名南方鲶、大口鲶、河鲶等（图1-11）。分布于我国长江以南的各大江河水域中。

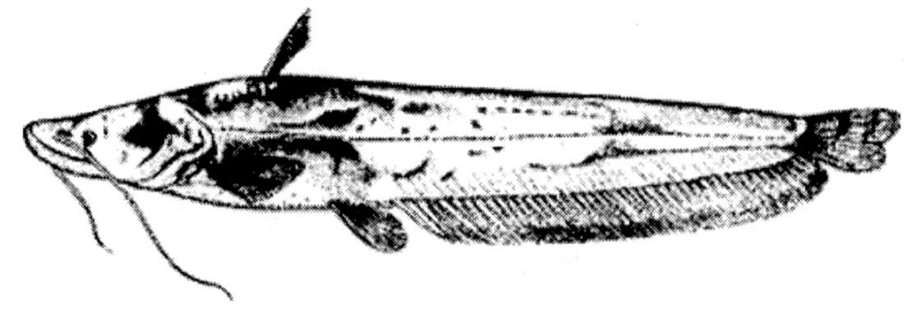
图 1-11　南方大口鲶

1）形态特征

体表光滑无鳞，富有黏液。头部宽扁，胸腹部粗短，尾部长而侧扁。眼小，口大，牙齿细密锐利，成鱼有2对须。背鳍短小，无硬刺；胸鳍有1根硬刺，其内侧光滑无锯齿；臀鳍特长并与尾鳍相连。体色有青灰色带斑点和黄色无斑点两种。

2）生活习性

温水性底层鱼类，生长适宜水温为18～32℃。耐低氧能力较强。营底栖生活，白天隐居，夜晚觅食。大口鲶是凶猛的肉食性鱼类，主要摄食鱼类、虾类、蚯蚓、螺蚌等。在养殖条件下，能够改吃配合颗粒饲料。大口鲶从仔鱼期就开始比较贪食，且生长较快。但在饥饿状态下，同类相残现象严重。

1～3龄的大口鲶生长速度最快。当年4月份人工孵化出的鱼苗养到年底全长可达40cm、体重0.75kg左右；第2年最大个体可达60cm，体重2.5kg左右；第3年体重可达4kg左右。

3）繁殖习性

4龄达到性成熟，产卵季节3～6月份，产卵水温为18～26℃。体长80cm的成熟雌鱼，怀卵4万多粒。成熟卵呈圆球形，透明呈橙黄色，属沉性卵，遇水后产生强黏性，可粘在附着物上孵化。受精卵在水温22～25℃时，约40h孵出鱼苗，2～3d后可自主游动开始觅食。

2. 革胡子鲶

革胡子鲶（*Clarias Lazera*），隶属于胡子鲶科，又称埃及塘虱、埃及胡子鲶等（图1-12）。原是非洲尼罗河流域的野生鱼类。1981年，从埃及引入我国广东试养。

图1-12　革胡子鲶

1）形态特征

头部扁平，后部侧扁。有4对须，上下颌和犁骨上密生细齿。胸鳍和尾鳍钝圆，背鳍、臀鳍特别长。体表无鳞，体色灰青，背部及体侧有不规则灰色和黑色斑块。

2）生活习性

暖水性底层鱼类，生长适温为18～35℃。能在低氧环境中生存，离水后在保持体表湿润的条件下，可存活3d。是以动物性饵料为主的杂食性鱼类，在天然水域中，主要摄食小鱼虾、水生昆虫、底栖生物等，也摄食浮萍等水生植物。人工养殖条件下，可摄食动物性饵料、植物性饵料和人工配合饲料。在池塘养殖条件下，当年鱼苗可长到0.5kg，第2年可长到1kg。

3）繁殖习性

性成熟年龄为1龄，1年可繁殖3～4次。繁殖季节一般在4～9月，繁殖适宜水温为22～32℃，最适为27～32℃。雌鱼个体产卵量为2万～12万粒。雌雄鱼常于池边水草处产卵、受精，卵子具黏性，附着于水草或人工鱼巢上。在水温30℃时，受精卵孵化出膜约需20h。鱼卵产出后，不久会被亲鱼吞食，所以原池较难孵出鱼苗。

3. 斑点叉尾鮰

斑点叉尾鮰（*Ictalurus punctatus*），隶属于鮰科、鮰属，又称美洲鲶、沟鲶（图1-13）。原产于北美，是美国主要淡水养殖品种之一，1984年引入我国。该鱼具有适应性强、生长快、易起捕、肉质鲜美等特点，是世界闻名的养殖品种和游钓对象。

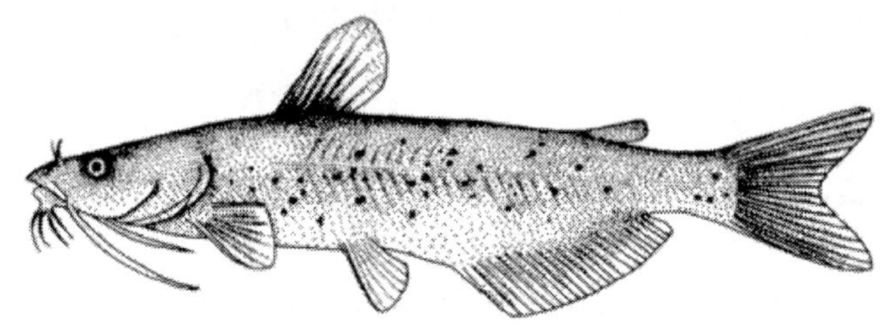

图1-13 斑点叉尾鮰

1）形态特征

体形较长，体表光滑无鳞，黏液丰富。头部上下颌有4对触须。背鳍胸鳍均具有硬棘，背鳍后方有1个脂鳍，尾叉形。背部和体侧淡灰色，腹部白色，各鳍颜色为深灰色。身体两侧有斑点，成鱼的斑点会逐渐变得不明显或消失。

2）生活习性

为大型温水性淡水鱼类，适温范围0～38℃，最适生长水温18～34℃。为底层杂食性鱼类，在天然水域中，主要摄食底栖生物、水生昆虫、浮游动物、轮虫、有机碎屑和大型藻类等。人工养殖条件下，能摄取各种配合饲料。生长快，个体大，肉质好。当年的鱼苗养至年底可达100～150g，第2年年底可达1～2kg。雄鱼的生长速度快于雌鱼。

3）繁殖习性

3～4龄达到性成熟，性成熟个体重1.2～4kg，相对怀卵量为每千克体重4000～15000粒。亲鱼在江河、湖泊、水库等水体中均能自然产卵和受精，产卵季节为5～7月，适宜产卵水温20～30℃，最适宜水温为22～28℃。卵粒附着于鱼巢上并黏结在一起呈半球状卵块。雄鱼筑巢，在与雌鱼交尾后赶走雌鱼，并守护受精卵发育直至孵出鱼苗。

4. 黄颡鱼

黄颡鱼（*Pseudobagrus fulvidraco*），隶属于鲿科、黄颡鱼属，俗称嘎鱼、黄腊丁等（图1-14）。黄颡鱼是一种小型淡水经济鱼类，除西部高原外，全国各水域均有分布，特别是在长江中下游的湖泊广为分布。

1）形态特征

体长而侧扁，头大且平扁，腹面平。吻圆钝，口大，下位，上下颌均具绒毛状细齿，须4对，体表无鳞。背鳍和胸鳍均具发达的硬刺，脂鳍短小。体青黄色，大多数种

图 1-14　黄颡鱼

具不规则的褐色斑纹；各鳍灰黑带黄色。

2）生活习性

黄颡鱼多喜欢在静水或江河缓流的浅滩营底栖生活。白天栖息于水底层，夜间则游到水上层觅食。属温水性鱼类，生存温度 0～38℃，最佳生长温度 25～28℃。耐低氧能力一般，水中溶氧低于 2mg/L 时出现浮头。是以肉食性为主的杂食性鱼类，食物包括小鱼、虾、各种陆生和水生昆虫、小型软体动物和其他水生无脊椎动物。

在自然水域中生长速度较慢，一般当年只能长到 6～10cm，体重 2～5g，第 2 年长到 50～100g；人工养殖条件下，当年一般可长到 50g 以上。雄性个体明显比雌性个体生长快。

3）繁殖习性

2～3 龄达性成熟。在南方 4～5 月份产卵，在北方 6 月才开始产卵，产卵水温在 20～30℃，产卵于夜间进行，一般当天气由晴转为阴雨，即可产卵。受精卵为黄色、黏性，沉于巢底或黏附在巢壁的水草须根等物体上发育。在生殖时期，黄颡鱼具有筑巢产卵保护后代的习性。

三、鲟形目主要养殖鱼类的识别

1. 中华鲟

中华鲟（*Acipenser sinensis*），隶属于鲟科、鲟属，俗称鳇鱼、大腊子（图 1-15），是长江、珠江及其近海的洄游性鱼类。中华鲟是国家一级保护动物，必须办理相关手续后才可进行人工养殖和销售。

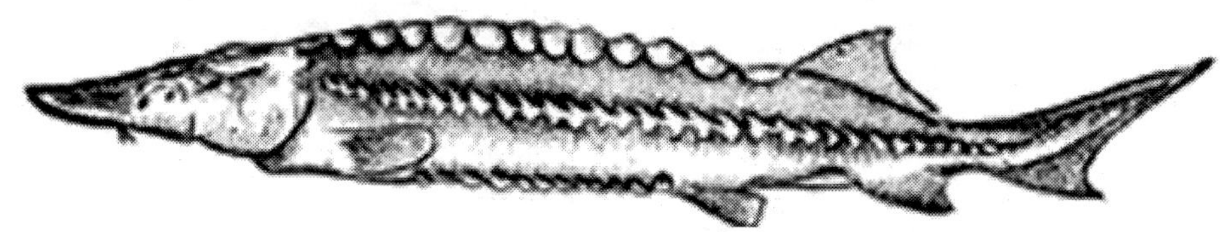

图 1-15　中华鲟

1）形态特征

鱼体呈梭形，前端略粗，向后渐细，腹部平直。体表有 5 行纵列骨板状大硬鳞，硬鳞行列间的皮肤在幼体时十分光滑。口位于头部腹面，横裂状，能伸缩，成鱼无齿，吻须2对。尾鳍歪形，上叶显著大于下叶，其上叶两侧有棘状硬鳞。体色在侧骨板以上为青灰色或灰黄色；侧骨板以下逐步由灰黄过渡到黄白色，腹部为乳白色。

2）生活习性

中华鲟是以摄食底栖动物为主的温和性肉食鱼类。开口后的仔鱼以水生寡毛类、水生昆虫的幼虫和枝角类为食；降河至长江下游常熟一带的幼鲟，以虾、蟹为主要食物；进入河口水域的幼鲟，以鱼类、沙蚕类、虾类为主要食物，间或摄食蚬类和蟹类。中华鲟在海中的食物主要为鱼类、蟹类、虾类、贝类，其中以底栖鱼类和蟹类最多。在人工养殖条件下，中华鲟经过驯化可转食人工配合饲料。

中华鲟是生命周期长的大型鱼类。在人工养殖条件下，生长迅速，在水温14～29℃范围内，11月龄的中华鲟平均体重可达3.5kg，14月龄的平均体重可达5.0kg。

3）繁殖习性

中华鲟是典型的溯河洄游性鱼类。幼鱼栖息在海中觅食生长，性成熟的个体于7～8月间由海进入江河，在淡水栖息1年性腺逐渐发育，至翌年秋季10月中旬至11月中旬，繁殖群体聚集于产卵场繁殖。雌鱼性成熟年龄最早为14龄，雄鱼性成熟年龄最早为9龄。中华鲟的生殖力强，雌鱼的绝对怀卵量在30.6万～130.3万粒。雌鱼属于1次产卵的类型，而雄鱼则可多次排精。产卵以后，雌性亲鱼很快即开始降河。产出的卵黏附于江底岩石或砾石上面，在水温17～18℃的条件下，受精卵经5～6d孵化。刚出膜的仔鱼带有巨大的卵黄囊，形似蝌蚪，顺水漂流，12～14d以后开始摄食。翌年春季，幼鲟渐次降河，5～8月份出现在长江口崇明岛一带，9月以后，体长已达30cm的幼鲟陆续离开长江口浅水滩涂，入海肥育生长。

2. 施氏鲟

施氏鲟（*Acipenser schrenckii*），隶属于鲟科、鲟属，又称史氏鲟、黑龙江鲟，俗称“七粒浮子”（图1-16）。主要分布于黑龙江水系，以黑龙江中游江段、松花江下游数量为多。施氏鲟是黑龙江流域的重要经济鱼类，由于其适温范围广，生长快，病害少，鱼肉、鱼卵品质高，目前不仅在东北地区养殖，且在山东、四川、湖北、福建、广东等地区驯养成功，成为新兴的名特优水产养殖品种。

图1-16　施氏鲟

1）形态特征

体呈梭形，头尾部尖细。头部呈三角形，顶部较平。吻尖，平扁。口小，位于头腹面，成一横裂状，口唇具有皱褶。吻须2对，等长。吻的腹面、须的前方有7个疣状突起，故俗名七粒浮子。体被5纵列骨板状硬鳞，各硬鳞上均具锐棘。歪型尾。头部及背侧灰褐色或黑褐色，腹面白色。

2）生活习性

属河流定居型鱼类，主要栖息于黑龙江的中、下游及河口半咸水水域。生存温度为1～30℃，适宜生长水温17～25℃。食性依鱼的年龄不同而异，幼鲟主要以底栖动物和水生昆虫为食；成鱼除摄取上述生物外，还摄食小型鱼类，如麦穗鱼、小鲫鱼、泥鳅等。在人工养殖条件下，经驯化幼鲟和成鱼均摄食人工配合饲料。

在人工养殖条件下，施氏鲟的生长速度快。在终年水温18℃的条件下，养殖2周年的史氏鲟均重2.5kg，最大个体4kg；3周年最大个体可达5.9kg。

3）繁殖习性

施氏鲟性成熟较晚，雌性最小成熟年龄9～13龄，雄性7～9龄；生殖群体中雌性个体年龄15～35龄，全长106～182cm，体重7.5～43kg，怀卵量10.2万～44万粒；雄性年龄14～24龄，全长130～150cm，体重11～18kg。施氏鲟产卵期长，5月底至7月中旬，水温达17℃时自然产卵。产卵环境为江河干流，水流平稳、水深2～3m、小石砂砾底质的江段处。卵为沉性卵，具黏性，成熟卵粒径3.0～3.6mm。

四、鲈形目主要养殖鱼类的识别

1. 花鲈

花鲈（*Lateolabrax japonicus*），隶属鮨科、花鲈属，俗称鲈鱼、板鲈等（图1-17）。广泛分布于中国、朝鲜及日本的近岸浅海，我国沿海均有分布。花鲈具有生长快、病害少、效益高的特点，是海水、咸淡水和淡水网箱养鱼的重要养殖对象。

图1-17　花鲈

1）形态特征

体延长，侧扁。口大，倾斜，下颌突出。两颌、犁骨及口盖骨均具细小牙齿。体被小栉鳞，侧线完全。背鳍2个，仅在基部相连。体背部青灰色，腹部灰白色。体背侧及背鳍上有黑色斑点，斑点随年龄增长而减少。

2）生活习性

多生活于近岸浅海中下层，喜栖息于河口咸淡水处。为广温、广盐性鱼类，生活适宜水温18～32℃，最适水温为25～30℃；能适应0～30的盐度范围，在池养条件下，一般盐度在20以下生长正常，高盐度环境反而生长缓慢。通过人工驯化，可在淡水中养殖。为肉食性凶猛鱼类，贪食、食量大，一次摄食量可达体重的5%～12%，主要以鱼虾类为食，喜在早晨和黄昏时摄食。人工养殖条件下，能摄食适口的冰鲜野杂鱼块。生长较快，体长3cm的鱼苗，经过2年养殖，体长可达40cm，体重达2kg。

3）繁殖习性

雄鱼2龄性成熟，最小体长45.7cm，雌鱼3龄性成熟，最小体长50cm。产卵期为10月至翌年1月。产卵水温14℃～24℃，海水盐度18～25。在繁殖季节，花鲈亲鱼通常游到河口沿岸岩礁间及近河口的海、淡水交汇处水域产卵。分批产卵，体长51～61cm的花鲈怀卵量为18万～23万粒。卵浮性，在水温15℃时，4d左右孵出仔鱼。

2. 鳜

鳜类隶属于鮨科、鳜属。鳜属的种类较多，其中以鳜（*Siniperca chuatsi*）（图1-18）、大眼鳜（*Siniperca obscura*）、斑鳜（*Siniperca scherzeri*）个体较大，经济价值较高。除青藏高原外，我国所有江河湖库都有分布，以长江流域的湖北、江西、安徽等省产量较高。

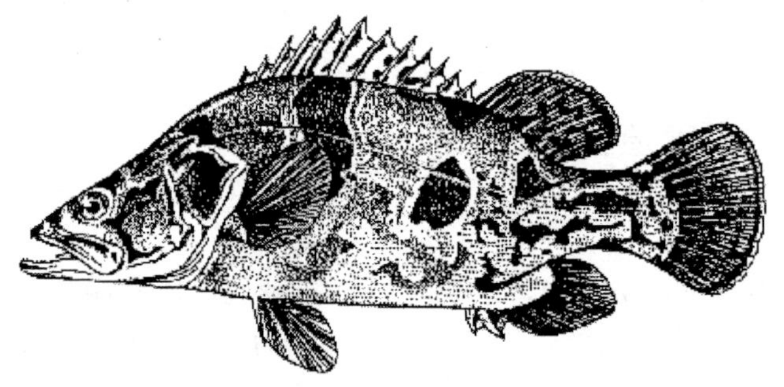

图1-18　鳜

1）形态特征

鳜又名翘嘴鳜。体高而侧扁，背部隆起，体长为体高的2.7～3.1倍。口裂大，下颌明显长于上颌。上下颌、犁骨、口盖骨上都有大小不等的小齿。鳞片细小，侧线弯曲。背鳍分2部分，彼此连接。体黄绿色，腹部灰白色，体侧具有不规则的褐色斑点及斑块，第5～7背鳍棘下方有1条上下垂直全身最大的褐色斑带。

2）生活习性

鳜为底层鱼类，喜欢栖息于静水或缓流的水体中，尤以水草茂盛的湖泊中数量最多。生活水温为7～32℃，最适生长温度为18～25℃。水温低于7℃时活动减弱。为典型的肉食性凶猛鱼类，对饵料有较强的分辨能力，终生以活鱼、虾为主要饵料。苗孵出后开食就以其他鱼类的鱼苗为食，饥饿时自相残食。在食物缺乏条件下，经人工驯养，也能少量摄食呈动态的刚死不久的鱼或鱼形的配合饲料。在人工养殖条件下，饵料适口、充足，鳜鱼生长速度较快，当年可达到50～100g，第2年可达0.5kg，第3年可长到1～1.5kg。

3）繁殖习性

天然水域中，雄鱼1冬龄性成熟，雌鱼2冬龄性成熟。在长江流域5月中旬至7月初为繁殖季节，北方较迟。产卵适宜水温为21～23℃，喜欢在微流水中产卵，为多次产卵型。卵为半漂浮性，有 1 个大油球和数个小油球，卵膜透明，微黏性。在 21～25℃条件下，受精卵经 43～62h 孵出。孵出后 48～60h，鱼苗全长 0.46cm 时开始摄食。

3. 大黄鱼

大黄鱼（*Pseudosciaena crocea*），隶属于石首鱼科、黄鱼属，俗名黄鱼、黄花鱼（图 1-19）。主要分布于我国黄海中部以南至琼州海峡以东的近海及朝鲜西海岸，是我国近海的主要经济鱼类。

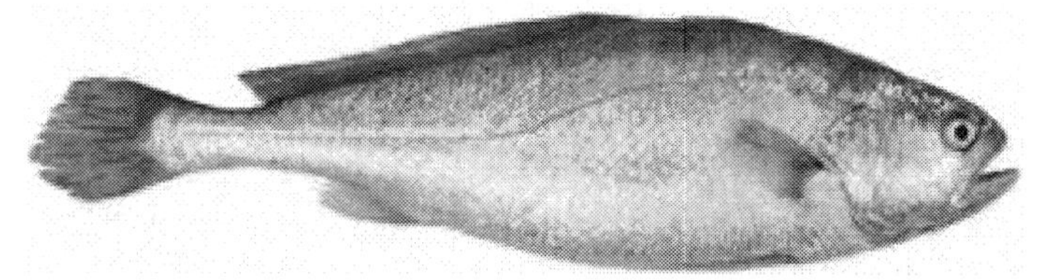

图 1-19　大黄鱼

1）形态特征

体延长，侧扁。头较大，下颌稍突出。体侧下部各鳞常具一金黄色腺体；鱼体背面和上侧面黄褐色，下侧和腹面金黄色。背鳍起点至侧线间有 8～9 列鳞，尾柄长与尾柄高之比为 3.4～3.7。

2）生活习性

为广温广盐性鱼类，对水温的适应范围为 8～32℃，最适生长水温为 18～25℃；适宜盐度范围为 3.5～32.5，最适盐度范围为 17～28。对溶解氧要求较高，在人工育苗和养成中要保持在 5mg/L 以上。大黄鱼为肉食性鱼类，成鱼主要摄食各种小型鱼类、虾类、蟹类、虾蛄类。同时，大黄鱼也吃自己的幼鱼，是同种残食鱼类，人工育苗中常见 2cm 的幼鱼吞食 1cm 的稚鱼。在人工养殖条件下，经 18 个月的养殖，体重可达 300～500g。

3）繁殖习性

浙江近海大黄鱼性成熟年龄雄鱼为 3 龄，雌鱼为 3～4 龄；广东硇洲近海大黄鱼性成熟为 2～3 龄。雌鱼的怀卵量，一般为 10 万～110 万粒。在同一海区有两个生殖期，春季产卵盛期，在南海为 3 月，闽浙为 5 月；秋季产卵盛期，在浙江北部为 9 月，南海为 11 月。在生殖季节，海区表层水温一般为 18～23℃，盐度为 27～29。大黄鱼为短期分批产卵类型，一般分 2～3 次产完。卵浮性，球形。受精卵在水温 18℃时，50h 孵出仔鱼。

4. 眼斑拟石首鱼

眼斑拟石首鱼（*Sciaenops ocellatus*），隶属于石首鱼科、拟石首鱼属，又名美国红鱼、百花鱼等（图 1-20）。原产墨西哥湾和美国西南部沿海，1991 年引进我国。具有抗病力强、生长快、存活率高、耐低氧、适合高密度养殖等特点，目前在我国已经普遍推广养殖。

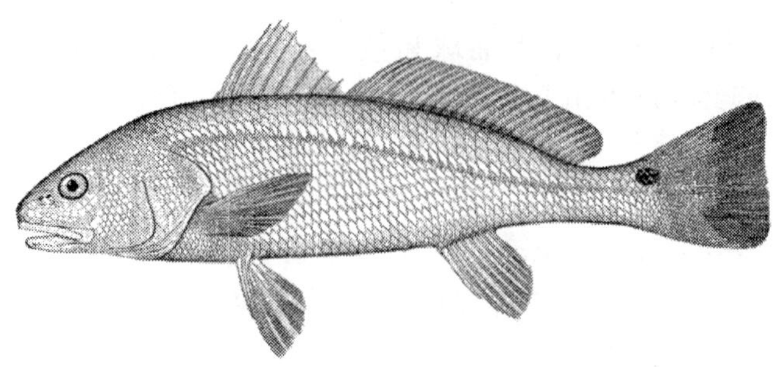

图 1-20 眼斑拟石首鱼

1）形态特征

体呈纺锤形，延长侧扁，背部略微隆起。口裂较大，端位，齿细小，较尖锐。背部浅黑色，鳞片有银色光泽，体两侧微红色，腹中部白色，两侧呈粉红色，尾鳍黑色，尾柄基部侧线上方有一黑色圆斑。

2）生活习性

为近海暖水性、广温、广盐、溯河性鱼类。生存水温为 4～33℃，最适宜生长水温为 25～30℃。可以在淡水、半咸水及海水中很好的生长，最适盐度范围为 20～35。为肉食性杂食鱼类，在自然水域中主要摄食甲壳类、头足类、小杂鱼等。在人工养殖条件下，也摄食人工配合饲料，投喂浮性配合饲料效果最好。食量大，一般个体的最大摄食量可达体重的 40%。在人工养殖的条件下，稚、幼鱼有连续摄食的现象。如饲料不足，自相残杀的现象比较严重。眼斑拟石首鱼生长速度快，在原产地，当年的个体可达 0.5～1kg。在人工养殖条件下，在台湾养殖 1 周年达 1kg。青岛、连云港地区，1 周年可达 0.5kg 以上。

3）繁殖习性

在自然水域中，雄鱼 3 龄性成熟，雌鱼 4 龄成熟。在养殖条件下推迟 1 年。繁殖期水温高于 20℃为夏末至秋季，盛期 9～10 月。分批产卵，每次产卵量 5 万～200 万粒，产卵间隔时间为 10～15d。受精卵为浮性卵、圆形，卵膜薄且表面光滑，无色透明。在水温 25～27℃、盐度 28～30 的条件下，24h 可孵出仔鱼。

5. 军曹鱼

军曹鱼（*Rachycentron canadum*），隶属于军曹鱼科、军曹鱼属，地方名海鲡、海竺鱼（图 1-21）。广泛分布于印度洋、太平洋和大西洋西南部等热带、亚热带海域，我国产于南海、东海与黄海。军曹鱼肉质细嫩、鲜美，为大型食用鱼，生长速度快，经济

图 1-21 军曹鱼

价值高，是市场上畅销的水产品，现已成为我国南方沿海重要的海水网箱养殖对象。

1）形态特征

体延长，近圆筒形，头扁平而宽。眼小，口大，前位，下颌稍长于上颌。上下颌、犁骨、腭骨及舌面均有绒毛状牙齿。体披小圆鳞，背鳍硬棘短且分离。体背部黑褐色，腹部灰白色。体侧具 3 条黑色纵纹，第 1 条是沿背鳍基部的黑色纵带，第 2 条是自吻端至尾鳍基部的黑色纵带，第 3 条是自胸鳍基至臀鳍基的浅褐色纵带，各带之间为灰白色。

2）生活习性

军曹鱼是热带中下层海水鱼类，水温 23～29℃时，生长最迅速。广盐性鱼类，盐度 4～35 有明显的索饵活动，人工养殖适宜盐度为 10～35。军曹鱼是凶猛性肉食性鱼类，在自然海区，全长 1m 以上的军曹鱼以食鱼为主，鱼占其食物总量的 80%。养殖仔稚鱼以枝角类、丰年虫等为食，6～9cm 幼鱼投喂绞成肉糜的鱼肉或碎鱼肉投喂，1 个月以后可摄食鱼块，3 个月后可喂整条小鱼。经驯化后可摄食人工颗粒状浮性或沉性饲料。军曹鱼生长速度极快，当年鱼苗养殖 6～7 个月，体重可达 3～4kg，养殖 1 周年，体重可达 6～8kg 以上。

3）繁殖习性

在生殖季节，军曹鱼雌鱼背部黑白相间的条纹会变得更为明显，腹部突出，而成熟雄鱼条纹不明显或消失，腹部较小。性成熟年龄为 2 龄，雄鱼体重 7kg 以上，雌鱼体重 8kg 以上。相对怀卵量每千克体重为 16 万粒。为多次产卵鱼类，生殖期较长，产卵适宜温度为 24～29℃。广东湛江地区 4 月下旬～6 月上旬为主要产卵期。受精卵透明略带淡黄色、圆形，浮性。水温 24～26℃时，约 30h 孵出仔鱼。

6. 石斑鱼

石斑鱼属（*Epinephelus*）鱼类隶属于鮨科、石斑鱼亚科。广泛分布于印度洋和太平洋的热带、亚热带海域，我国南海及东海南部均有分布，以浙江、福建和广东海域较多。石斑鱼中经济价值较高的种类有青石斑鱼、斜带石斑鱼、赤点石斑鱼、云纹石斑鱼、宝石石斑鱼等。

1）形态特征

（1）青石斑鱼（*Epinephelus awoara*）。体呈长椭圆形，稍侧扁。体披细小栉鳞。全身均散布有橙黄色斑点，体侧有 5 条暗褐色横带。背鳍鳍棘强硬，臀鳍位于背鳍鳍条部下方，尾鳍圆形。各鳍均为灰褐色，背鳍鳍条部边缘及尾的后缘黄色。一般体长 15～20cm，体重 350～750g（图 1-22）。

（2）斜带石斑鱼（*Epinephelus coioides*）。地方名青斑鱼。体延长，背鳍鳍棘 11，鳍条 15～17。头和体背呈棕褐色，鱼体和鳍条的中部密布橙褐色或红褐色的小点，腹部底纹呈白色。体侧有 5 条大的、不规则的、间断的、向腹部分叉的黑斑（图 1-23）。

（3）赤点石斑鱼（*Epinephelus akaara*）。地方名红斑。体黄褐色，头、体、奇鳍分布许多橙黄色斑点，体侧无纵带和横带。鳃盖后缘有 3 个棘，前鳃盖骨后缘锯齿状。

图 1-22　青石斑鱼

图 1-23　斜带石斑鱼

侧线明显平直。背鳍、胸鳍、尾鳍上半部黄色，尾鳍下半部褐色。一般体长 20cm（图 1-24）。

（4）云纹石斑鱼（*Epinephelus moora*）。体侧有 6 条暗棕色斑带，除第 1 与第 2 带斜向头部外，其余各带均自背部伸向腹缘，各带下方多分叉，体侧和各鳍上皆无斑点。一般体长 13～15cm（图 1-25）。

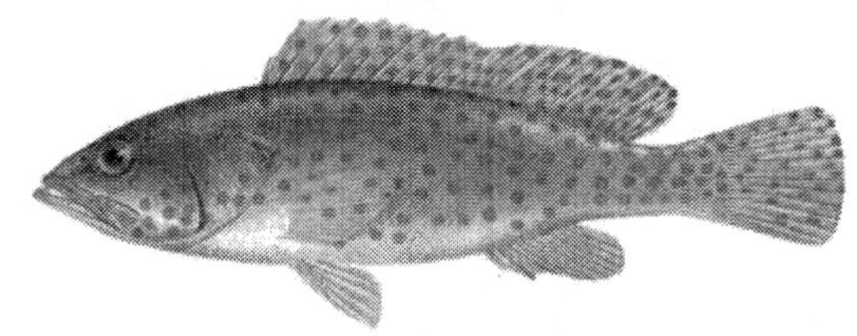
图 1-24　赤点石斑鱼

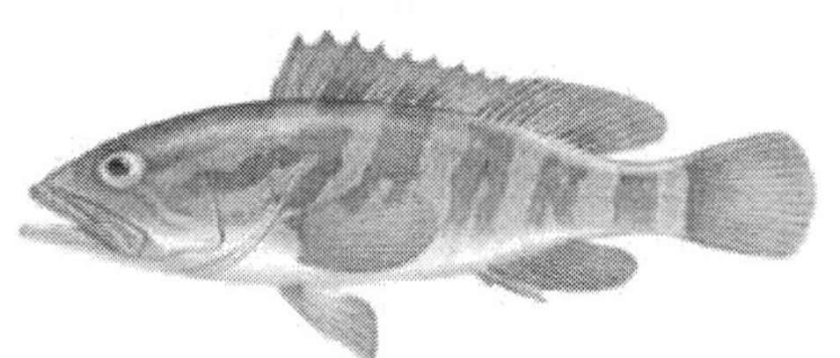
图 1-25　云纹石斑鱼

（5）宝石石斑鱼（*Epinephelus areolatus*）。体表以及除胸鳍外的各鳍上满布宝石状斑点，胸鳍上具赤色条斑，尾鳍浅凹形，边缘呈白色。一般体长 25～30cm（图 1-26）。

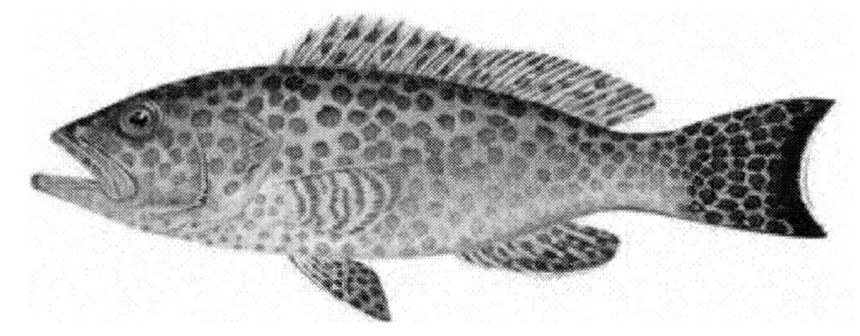
图 1-26　宝石石斑鱼

2）生活习性

石斑鱼为热带中下层鱼类，常栖息于珊瑚礁、石缝、洞穴、岩礁等光线较暗的地方，具夜行性，利用嗅觉伺机觅食。生长适温为 16～31.5℃，最适水温为 20～29℃。广盐性，在盐度 10～34 的水体中均可生长，最适盐度 20～33。肉食性鱼类，性凶猛，以鱼、虾、蟹和头足类等为食。在人工养殖条件下，经驯化可摄食配合饲料和鱼糜。有互相残食现象，稚鱼阶段尤为严重，这对苗种培育危害性极大。

石斑鱼的生长速度因种类不同，差异较大。斜带石斑鱼生长速度较快，全长 5cm 的鱼苗，经 1 年养殖后，体重可达 500g 以上。赤点石斑鱼的生长速度较慢，5～8cm 的赤点石斑鱼，经 2 年养殖后才达 500g 左右。

3）繁殖习性

石斑鱼属雌雄同体、雌性先熟型，从发生性分化开始，先表现为雌性，长到一定大小即转变成为雄性。一般从雌性转变为雄性的年龄为4～6龄。福建沿海的赤点石斑鱼初次性成熟年龄多数为3龄，体长231～295mm，体重245～685g，从雌性转变为雄性的性转变年龄一般为6龄（雄鱼占57%），体长340～400mm，体重960～1700g。浙江北部沿海青石斑鱼体长250～340mm时，雄鱼仅占总个体数的6%～23%；350mm时，雄鱼占50%左右；370mm时，雄鱼占85%以上；420mm以上者几乎全是雄鱼。海南海水网箱养殖的点带石斑鱼3～4龄绝大多数为雌性。

石斑鱼是分批产卵类型的鱼类，2～3龄雌鱼初次达到性成熟，4～6龄转变为雄性。性成熟周期1年。每年的4月中旬至6月初进入生殖盛期，水温超过21.5℃时开始产卵，产卵高峰期为24～27℃，水温29～30.5℃以后产卵渐渐趋于停止。个体总产卵量在10万～100万粒不等。在海南，人工培育的4龄点带石斑鱼雌鱼平均个体产卵量为535万粒，相对产卵量为810粒/g。石斑鱼卵为浮性卵。点带石斑鱼在水温20～21℃时，孵化时间为48h 40min，25.5～28.5℃时为21h 53min。

7. 真鲷

真鲷（*Chrysophrys major*），隶属于鲷科、真鲷属，地方名加吉鱼、红加吉、铜盆鱼等（图1-27）。我国沿海的真鲷可分为黄海和渤海、东海及福建南部、广东近海三大种群，以黄海、渤海种群最大，是中外驰名的名贵鱼类。

图1-27 真鲷

1）形态特征

体侧扁，呈长椭圆形，自头部至背鳍前隆起。头大，口小，前位。体披中等大小的圆鳞或弱栉鳞。体呈淡红色，体侧背部散布着鲜艳的蓝色斑点，游泳时闪现蓝光，腹部银白色。尾鳍深叉形。一般体长15～30cm，体重300～1000g。

2）生活习性

真鲷为近海暖水性底层鱼类，栖息于水质清澈、藻类丛生的岩礁海区，结群性强，游泳迅速。适温范围为9～30℃，最适水温18～28℃。养殖的适宜盐度为17～31。杂食性鱼类，主要摄食底栖甲壳类、软体动物、棘皮动物、小鱼、虾和藻类等。在人工养殖中，饵料可以小杂鱼为主，辅以贝类、小虾和小蟹等，或以配合饵料为主，辅以低值鱼、虾、蟹类。真鲷生长速度较快，1周年体长25～29cm，体重可达500g；3龄鱼体长37～40cm，体重达1.3～1.4kg。

3）繁殖习性

真鲷的性成熟年龄，黄海、渤海种群多为5～6龄，福建沿海2～3龄，广东沿海1～2龄。自然海区的产卵群体以3龄以上个体占优势。产卵水温为16～18℃。真鲷的繁殖季节，在福建沿海，产卵期为10～12月；广东沿海的繁殖季节为11月底至翌年2

月上旬；辽宁、山东沿海，繁殖季节为5～7月。分批产卵类型，个体怀卵量50万～100万。产卵盛期，每千克雌鱼1次可产卵8万～10万粒。产卵前雌鱼体色开始变得鲜红艳丽；雄鱼则在头部及体两侧形成明显的黑斑。产浮性卵，圆球形，无色透明。在水温18℃时，经50h孵化出仔鱼。在水温21.8～24℃，盐度33时，经26h孵化出仔鱼。

8. 罗非鱼

罗非鱼是指鲈形亚目、丽鱼科的鱼类。广泛分布于非洲大陆的淡水和沿海咸淡水水域，具有食性杂、耐低氧、不耐低温、繁殖力强等特点。目前我国养殖的主要有尼罗罗非鱼、莫桑比克罗非鱼、奥利亚罗非鱼和红罗非鱼4种。

1）形态特征

（1）尼罗罗非鱼（*Tilapia niloticus*）。体高而侧扁，呈长椭圆形。体被大栉鳞，侧线前后中断为二。背鳍连续，鳍棘发达。体侧具有8～10条横带纹。背鳍边缘黑色，背鳍和臀鳍上有黑色和白色的斑点。尾鳍终生有明显的垂直黑色条纹。体色为黄褐色（图1-28）。

（2）莫桑比克罗非鱼（*Tilapia mossambicus*）。体高而侧扁，呈长椭圆形。尾鳍黑色条纹不呈垂直状，胸部暗褐色，背鳍边缘红色，尾柄高度约等于尾柄长度（图1-29）。

图1-28 尼罗罗非鱼

图1-29 莫桑比克罗非鱼

（3）奥利亚罗非鱼（*Oreochromis aureus*）。体侧有暗横带9～10条，鳞片中央的色素较四周深。胸部银灰色，背鳍、臀鳍具暗色斜纹，尾鳍圆形，具银灰色斑点。

（4）红罗非鱼。又称彩虹鲷，是尼罗罗非鱼和莫桑比克罗非鱼种间杂交后代，身体具美丽的微红色和银色小斑点，或偶有少许灰色或黑色斑块。

2）生活习性

罗非鱼为热带鱼类，生长适温为20～35℃，最适为25～32℃，12℃以下开始死亡；广盐性鱼类，海淡水中皆可生存；耐低氧，溶氧低于1.5mg/L时仍能正常生存。罗非鱼食性广泛，摄食量大，为植物性为主的杂食性，水中的昆虫、浮游植物、浮游动物、附生的藻类、有机碎屑等都可以利用，并可利用其他鱼类不能利用的蓝藻。

尼罗罗非鱼生长迅速，从受精卵孵出的仔鱼，约15d就离开母体独立生活，孵出后40d，体重可达15～25g，8个月体重达到200～500g。雄鱼的生长比雌鱼快得多，特别是性成熟后，同龄组雄鱼体重比雌鱼重40%以上。

3）繁殖习性

罗非鱼性成熟早，孵出后 2 个月，全长 10cm 以上的鱼，即开始性成熟。水温 20℃ 以上开始产卵，以后每 3～4 周产卵 1 次，在广东、广西等地每年繁殖 5～6 次。体长 18～27cm 雌鱼产卵量为 1100～1700 粒。雌鱼具有口腔孵卵和护幼的特性。雌鱼成熟和产卵前，下颌鼓突成囊袋状。雌鱼把受精卵吸入口腔，进行孵化。一般水温 25℃ 时，6～7d 仔鱼孵出；30℃时 3～4d 孵出。刚孵化出的仔鱼含在雌鱼口腔之中，常放出活动，遇敌时立即吸入口中。

五、鲽形目主要养殖鱼类的识别

1. 牙鲆

牙鲆（*Paralichthys olivaceus*），隶属于鲽亚目、鲆科、牙鲆属，俗称牙片、偏口、比目鱼（图 1-30）。广泛分布于朝鲜、日本、俄罗斯远东沿岸海域以及中国沿海，是名贵的海产鱼类。

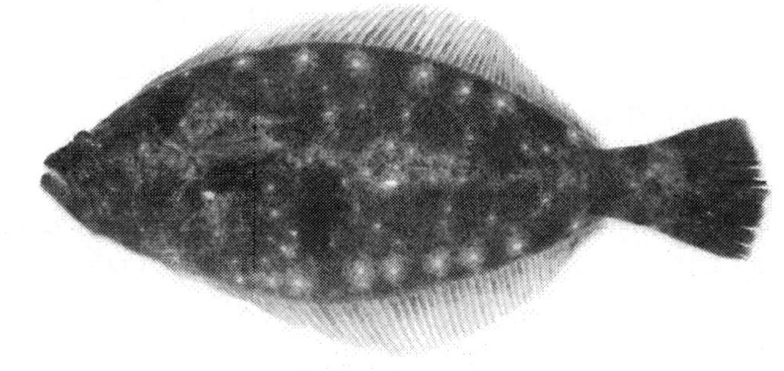

图 1-30　牙鲆

1）形态特征

体扁平，呈卵圆形，体长为体高的 2.3～2.6 倍。双眼位于头部左侧，有眼侧被小栉鳞，具暗色或黑色斑点，呈褐色；无眼侧被圆鳞，呈白色。口大，前位，口裂斜，左右对称。牙尖锐，呈锥状，上下各 1 行，均同样发达。左右侧线同样发达。背鳍约始于上眼前缘附近，左右腹鳍略对称，尾鳍后缘呈双截形。

2）生活习性

牙鲆为冷温性底栖鱼类，栖息于泥沙底质的海区。幼鱼多生活在水深 10m 以上，有机物少、易形成涡流的河口地带。生长适温为 14～23℃，最适温度为 21℃。牙鲆属广盐性鱼类，能在盐度低于 8 的河口地带生活；养殖期间溶氧应维持在 4mg/L 以上为宜。肉食性鱼类，在天然水域中，仔鱼摄食无脊椎动物的卵及桡足类的无节幼体等；变态开始时大量摄食昆虫类；营底栖生活时大量摄食糠虾和其他稚鱼；15cm 的牙鲆捕食的主要饵料是鱼类。在养殖条件下，满 1 龄的雄性牙鲆平均体重为 555.2g，而雌性平均体重可达 807.7g，雌鱼生长显著超过雄鱼；养殖满 2 龄后，雌雄生长的差异更大，雌鱼增重倍率为 111.6%，而雄鱼只有 53.2%。

3）繁殖习性

雌鱼 4 龄、雄鱼 3 龄性成熟；人工养成的亲鱼可提前 1 年性成熟。天然牙鲆的繁殖季节，在我国黄渤海沿岸的产卵期为 4～6 月，产卵水温 10～21℃，最适水温 15℃。牙鲆的繁殖力很强，属分批产卵型鱼类。体长 50cm 的牙鲆，怀卵量为 20 万～50 万粒；体长 60～70cm，为 40 万～60 万粒。产浮性卵，卵黄中有 1 个大的油球。受精卵直径约为0.81mm，在14～16℃、盐度29.9的海水中孵化，经过93h完成整个胚胎发育过程。

2. 大菱鲆

大菱鲆（*Scophthalmus maximus*），隶属于鲆科、菱鲆属，又名多宝鱼、欧洲比目鱼（图1-31）。自然分布于大西洋东北部沿岸，是名贵的低温经济鱼类。1992年引进我国，现已成为我国北方沿海重要的养殖品种。

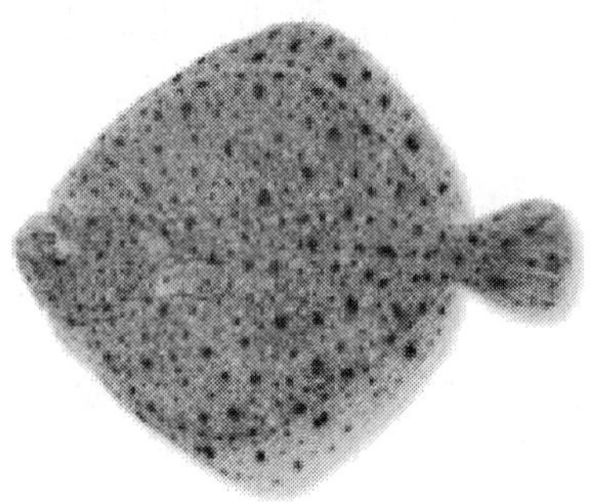

图1-31 大菱鲆

1）形态特征

大菱鲆身体扁平近似圆形。两眼位于头部左侧，有眼侧呈青褐色，具少量皮刺，有隐约可见的黑色和棕色花纹；无眼侧光滑白色。口裂中等大，牙齿较小且不锋利。背鳍与臀鳍无硬棘且较长。大菱鲆体形优美，幼鱼色彩绚丽，具观赏价值。

2）生活习性

冷水性底层鱼类，栖息于水深20～70m，沙质、沙砾或混合底质的海区。喜集群生活，互相多层挤压一起，除头部外，重叠面积超过60%，对生长、生活无碍。耐受温度范围为0～30℃，适宜生长温度为10～24℃，最适养殖水温为15～19℃。大菱鲆耐受盐度范围为12～40，最适宜盐度为25～30。

大菱鲆为肉食性鱼类，在自然水域中以小鱼、小虾、贝类、甲壳类等为食，喜集群摄食。在人工养殖条件下，经驯化能摄食高能颗粒配合饲料。在水温为15～19℃的工厂化养殖条件下，全长5cm的鱼苗入池养殖1年，体重可达0.8～1kg，第2年体重可达1.8～2kg，第3年体重可达3.8～5kg。

3）繁殖习性

野生雌性大菱鲆3龄性成熟，体重2～3kg，体长40cm；雄鱼2龄性成熟，体重1～2kg，体长30～35cm。自然繁殖季节为5～8月。分批产卵，平均每千克体重怀卵量100万粒。大菱鲆亲鱼在人工养殖条件下，一般不能自行排卵受精，人工繁殖培育鱼苗，要依赖于人工采卵授精。产浮性卵，卵呈圆球形，无色透明。受精卵置于微流水和微充气的水体中孵化，13℃需116h孵化，15℃需96h孵化出仔鱼。

六、其他目主要养殖鱼类的识别

1. 鳗鲡

鳗鲡通常指属鳗鲡目、鳗鲡科的鱼类。广泛分布于全球热带、亚热带和温带地区。鳗鲡中有经济价值的种类有20多种，目前已在我国进行人工养殖的鳗鲡主要有日本鳗鲡（*Anguilla japonica*）（图1-32）、欧洲鳗鲡（*Anguilla anguilla*）和美洲鳗鲡（*Anguilla rostrata*）。

图 1-32 日本鳗鲡

1）形态特征

鳗鲡科各种类的形态特征大体相似，体细长呈蛇形，前部近圆筒状，后部稍侧扁。头长而尖，口较大，上下颌都具有细齿。鳞片细小，埋于皮下。背鳍和臀鳍低而长，且与尾鳍相连。体表光滑，背部灰稍带绿色，体侧灰色，腹部白色。

2）生活习性

鳗鲡为降河洄游鱼类。幼鳗平时生活在淡水中，达到性成熟的亲鳗，在每年秋冬季大批顺江河入海进行繁殖，亲鱼产后不久死亡。每年春季大批幼鳗自河口进入江河、湖泊中生长育肥。生活的适宜水温为 20～30℃，最适生长水温为 25～27℃。鳗鱼为杂食性鱼类，性凶残，贪食，昼伏夜出，成鱼常栖居水体底层。在自然环境中，食物主要为小鱼、虾、蟹及其他甲壳动物、水生昆虫、软体动物，兼食水生植物。在人工养殖条件下，也食人工配合饲料。在水温 25～28℃的人工养殖条件下，鳗苗经过 9 个月养殖，可长到 150～200g。同种鳗苗在养殖中，大小参差不齐，有时有同类相残食的现象。

3）繁殖习性

鳗鲡只能在海水中繁殖，5 龄左右性成熟。产卵和孵化都在水深 400～500m 的深海中进行。一般每尾雌鳗产卵量为 700 万～1300 万粒，属 1 次产卵型，产浮性卵。水温 16～17℃，5～7d 仔鳗孵化出，逐渐发育成体侧扁呈柳叶状的小苗，称为叶鳗或柳叶鳗；经 1 年左右时间在海洋中随波浪漂流到沿岸，逐渐变态成为细长透明的白仔鳗；再生长 2～3 个月，体色变黑，每尾重 2～3g 时，称为黑仔鳗。

2. 虹鳟

虹鳟（*Salmo gairdneri*），隶属于鲑形目、鲑科、鲑属，地方名鳟鱼（图 1-33）。分为陆封型、降海型、湖沼型 3 种。原产地为北美洲的太平洋沿岸，1866 年始引到美国东部、欧洲、大洋洲、南美洲、东亚地区养殖并增殖，已成为世界上养殖范围最广的名贵鱼类。我国于 1959 年由朝鲜首次引进虹鳟，目前全国有 50 多个虹鳟专业养殖场，分布在北京、黑龙江、山东、山西、辽宁、吉林、陕西等地。

图 1-33 虹鳟

1）形态特征

体长侧扁，呈纺锤形。吻圆、鳞小。背部和头顶部呈苍青色或棕色，体侧和腹部呈银白色、白色或灰白色。鱼体及鳍分布有黑色小斑点，有一脂鳍。性成熟个体沿侧线有一条宽而鲜艳的紫红色彩虹纹带，延伸至鱼尾鳍基部，在繁殖季节尤为艳丽，似彩虹，因而得名虹鳟。

2）生活习性

为冷水性鱼类，喜栖息于水质清澈、水温较低、溶氧较多、流量充沛的水域，生活极限温度0～30℃，最适生长水温为16～18℃。溶氧最好在6～9mg/L以上，流水养殖流速以20～30cm/s为宜。食性以陆生和水生昆虫、甲壳类、贝类、小鱼等为主要食物，也吃水生植物的叶子和种子。在人工养殖条件下，能很好地利用配合饲料。虹鳟生长快，在16℃条件下，满1年即可长至0.1～0.2g，2年可达0.4～1kg，3年可达1～2kg。

3）繁殖习性

雄鱼2龄、雌鱼3龄性成熟。一般雄鱼吻端较尖，下颌向上弯曲，生殖孔呈白色且不突出，而雌鱼吻端圆钝，上下颌等长，生殖孔粉红色且向外突出。产卵水温4～13℃，最适水温8～12℃。个体怀卵量1万～1.3万粒，分批产出，沉性卵。在天然环境中，产卵场在有石砾的河川或支流中，雌鱼掘产卵坑，雄鱼护卵。孵化适温范围7～13℃，最适水温为9℃。水温7.5℃下，受精卵孵出需46d。进入发眼期的卵为发眼卵，对外界环境的刺激反应较稳定，可进行长途运输。

任务二 鱼类增养殖水体的环境与调控

良好的水体环境是实现鱼类增养殖的首要条件。在放养密度较高的情况下，水体环境调控已成为制约水产业持续健康发展的一个重要因素。鱼类增养殖水体的环境是养殖水体及其所存在的各类物质所共同表现出来的综合特性，包括非生物环境（透明度、补偿深度、水色、水温、溶氧量、pH、溶解盐类等）和生物环境。只有了解各种增养殖水域的生态环境变化规律及彼此之间的关系，了解增养殖鱼类对水环境的生态要求，才能调节和控制好养殖水体环境，使之符合鱼类生长的要求，实现鱼类的健康安全生产。

一、增养殖水体的非生物环境

（一）透明度

通常用透明度来反映可见光在水中的衰减状况。透明度的大小取决于水的混浊度（即水中混有各种浮游生物和悬浮物所造成的混浊程度）和色度（即浮游生物、溶解有机物和无机盐形成的颜色）。在正常情况下，养殖水体中的泥沙含量少，其透明度的高低主要取决于水中的浮游生物、溶解有机物和无机盐等悬浮物的多少。凡是水中悬浮物多的养殖水体，其透明度必然较小。

透明度采用专门的透明度板测定，透明度板测出的是相对透明度，能够对各种水体进行比较。透明度板是一块白色的或黑白相间的圆盘（也叫萨氏板），直径一般为30cm。圆盘中间连接一根绳子，沿着绳子，每10cm做一个深度标志。测量时，将透明度板沉入水中，逐渐下沉，用肉眼从圆盘上方垂直下看，到刚好看不见。再稍提起到恰好能看见，记录这两个深度的平均数即为透明度，单位用cm表示。

在鱼类主要生长季节，精养鱼池水的透明度通常为20～40cm；粗养鱼池水的透明度为100～150cm。浅水的藻型湖泊，因藻类丰富，且易受风浪搅动使底泥悬浮，故透明度较小，一般为30～100cm，如武汉东湖平均透明度为73cm。而浅水的草型湖泊，由于水草丰富，水中悬浮物少，透明度较高。

（二）补偿深度

表层水阳光充足，植物可正常生长，动物所需的有机营养主要在这一水层内生成，称为营养生成层。底层光线不足，植物不能正常生长，有机营养不能合成积累，相反地，有机营养物质被分解消耗，称为营养分解层。在营养生成层与营养分解层之间的某一深度，有机物的合成量与分解量大体相等，称为“补偿点”，相应的水深称为补偿深度，单位用米（m）表示。粗略地说，补偿深度平均位于透明度的2～2.5倍深处。

不同的增养殖水体和养殖方法，其补偿深度差异很大。水体中有机物越高，其补偿深度也越小。通常，海洋、水库、湖泊的补偿深度较深，而池塘的补偿深度较浅，特别是精养鱼池，其补偿深度最浅。补偿深度因水温、藻类组成不同也有一定的差异。在北方冬季冰下水中的浮游植物由适应低温、弱光的种类组成，因而补偿深度较深。

补偿深度为养鱼池塘的最适深度提供了理论依据。据测定，在鱼类主要生长季节，精养鱼池的最大补偿深度一般不超过1.2m；北方冬季冰下池水的最大补偿深度为1.52m。日本养鳗池的设计水深均在补偿深度以内，通常不超过1m。但中国的精养鱼池是高密度混养类型，池水太浅，不利于放养量的提高和立体混养。因此，精养鱼池的水深既要考虑补偿深度，及时改善水质，又要考虑鱼类立体利用水体。实践证明，精养鱼池水深以2.0～2.5m为佳。

（三）水色

增养殖水体中，水色是由水中的溶解物质、悬浮颗粒、浮游生物、天空和水底以及周围环境等多种因素综合而形成的。如富有钙、铁、镁盐的水呈黄绿色，富有腐殖质的水呈褐色，含泥沙多的水呈土黄色等。浮游生物大量繁殖的水体中浮游生物的种类和数量不同，养殖水体呈现不同的颜色和浓度。

一般来说，水色反映了水体中所含主要浮游植物细胞的颜色。在浮游植物中，硅藻、金藻等藻类是鱼类容易消化的，裸藻和绿藻是鱼类难消化的，蓝藻类只有少数鱼类（如罗非鱼）能够消化。藻类在过分繁殖时，死亡分解后产生的毒素，对鱼类有严重危害。因此，不同的浮游生物组成，或者说不同的水色，对养鱼有不同的价值。看鱼池水色是养鱼的基本功，养鱼人员可以根据水色推断池水的肥瘦和浮游生物的大致组成，并判断出水质的好坏。

了解水色和透明度变化情况，及时调控水体理化环境是鱼类增养殖中重要的管理手段。我国渔民在长期实践过程中，积累了“根据水色来判断水质优劣”的丰富经验。一种浮游生物大量繁殖，形成优势种，甚至产生“水华”，就反映了该优势种所要求的生态类型，反映了这个生态类型中水的物理、化学和生物特点以及对鱼类生活、生长的影响。可见用浮游生物优势种呈现的颜色作为判断水质优劣的生物指标，能较客观地反映池塘水质的特点以及对鱼类的影响。但用肉眼、凭感觉来描述水的颜色以判断水质的优劣，缺乏精确可靠的、可以度量的依据，故不容易掌握，也无法进一步上升至理论而普及推广。

（四）水温

水温是鱼类生长最重要的环境条件之一。温度不仅影响鱼类生长和生存，而且通过水温对其他环境条件的影响而间接对鱼类发生作用。增养殖水体的温度随气温的变化而变化。因此，水温具明显的季节和昼夜差异。水吸收太阳能和释放热能比空气慢，所以水温的日常变化幅度比空气小得多，而且水体越大，水温越不容易产生急剧变化。尽管池塘水体较小，日变化较大，但其一昼夜的平均温度，水温高于气温，白天平均水温一般低于平均气温，而夜间则高于气温。一般而言，1 日之内，14～17 时水温最高，日出之前，水温最低；1 年之内，7～8 月水温最高，1～2 月水温最低。随着水深度增加，水温下降。

水温直接影响鱼类新陈代谢的强度，从而影响鱼类的摄食和生长。各种鱼类均有其适宜的生长、繁殖温度范围。一般在适温范围内，随着水温的升高，鱼类的代谢相应加强，其摄食量增加，生长也加快。水温还直接影响水中物质循环、细菌和其他水生生物的代谢强度，以及水中溶解氧含量。

（五）水体运动

增养殖水体的运动主要有波浪、风成流、重力流、惯性流、涡动混合等。我国的大型深水水体（主要是水库，增养殖湖泊绝大多数属浅水型的老年湖）的夏季出现因水温差而引起的温跃层。而对于水浅的养殖水体，由于密度流影响，上下水层较容易混合，不易产生温跃层。池塘是静水环境，其水体运动运动没有湖泊、水库、海洋明显，除了注排水、运转增氧机外，主要是风力和上下水层因密度差而引起的对流。

水体的运动对增养殖鱼类的生长和生存具有重大影响。通过水体对流，可以将溶氧较高的上层水输送至下层，使下层水的溶氧得到补充。这就改善了下层水的氧气条件，同时也加速了下层水和塘泥中的有机物氧化分解，以加速池塘物质循环强度，提高池塘的生产力。但水体运动也有其不利的一面。由于白天水的热阻力大，上层池水不易对流，上层过饱和的高氧水就无法及时输送到下层，到傍晚上层水大量过饱和的溶氧逸出水面而白白浪费掉。至夜间发生对流时，上层水中溶氧已大量减少，此时还要通过密度流将上层溶氧输送至下层，由于下层水的耗氧因子多，致使夜间实际耗氧量增加，使溶氧很快下降，加速了整个池塘溶氧的消耗速度，容易造成池塘缺氧，引起鱼类浮头，甚至窒息死亡。

（六）溶解气体

水中对鱼类有较大影响的溶解气体主要有氧气、二氧化碳、氨和硫化氢。增养殖水体中的溶解气体来源于三个途径：一是空气中的气体溶入；二是水生生物的生命活动或池底和水中的物质发生变化而产生；三是雨、雪水、地表水或地下水带入。水中气体的溶解数量主要取决于该气体在水中的溶解度、气体本身的溶解速度和扩散速度。

1. 溶解氧

1）溶解氧的分布与变化

溶解氧（DO）指溶解在水中的氧含量，其含量与空气中的氧分压、水温有关。一般而言，同一地区空气中的氧分压变化甚微，故水温是主要的影响因素。水温越低，水中溶解氧含量越高。清洁地面水的溶解氧含量接近饱和状态。水层越深，溶解氧含量通常越低，尤其是湖泊、水库等静止水体更为明显。当水中有大量藻类植物生长时，其光合作用释放出的氧气，可使水中溶解氧成过饱和状态。当有机物污染水体或藻类大量死亡时水中溶解氧可被消耗，若消耗氧气的速度大于空气溶入水体的氧气速度，则水中溶解氧持续降低，进而使水体处于厌氧状态，此时水中厌氧微生物繁殖，有机物发生腐败分解，使水发臭、发黑。我国渔业水质标准规定，一昼夜16h以上溶氧必须大于5mg/L，其余任何时候的溶氧不得低于3mg/L。对于湖泊、水库、海湾等大水面，溶解氧并不是养鱼的主要矛盾；而对于池塘等静水小水体，溶解氧的多少往往是鱼类生长的主要限制因子。精养鱼池溶氧的收入和支出见表1-1。

表1-1　精养鱼池溶氧的收入和支出

收入			支出		
来源	浓度/[g/(m^2·d)]	比例/%	消耗	浓度/[g/(m^2·d)]	比例/%
浮游植物光合作用	16.75	90.3	“水呼吸”	13.53（夜间5.28）	72.9
			鱼类耗氧	2.99	16.1
大气溶入	1.80	9.7	逸出	1.93	10.4
			塘泥	0.10	0.6
总计	18.55	100.0	总计	18.55	100.0

注：测自无锡市郊区河埒乡，晴天，8月。

2）溶解氧对鱼类的影响

氧气是鱼类赖以生存的首要条件。对于湖泊、水库、河流以及粗养鱼池等水体，一般不存在缺氧问题。但对于精养小水体，由于放养密度高，有机物（生物、残饵、粪便等）耗氧量大，必须通过换水、机械增氧等方法加以补充。我国主要养殖鱼类对低氧的忍耐能力很强，一般溶氧下降到1mg/L左右才引起浮头，至0.5～0.7mg/L以下则开始窒息死亡。我国主要养殖鱼类溶氧保持在4～5.5mg/L以上，鱼类才能正常生长。因此，尽管池塘内饵料比湖泊、水库丰富，但鱼类的生长却比湖泊、水库等大型水体慢得多。其主要原因是池塘溶氧条件差，特别是夜间的溶氧条件恶化，鱼类生长受到抑制。鱼谚“白天长肉，晚上掉膘”是十分形象化的解说。

鱼池中过饱和的氧气一般对鱼类没有太大危害，但饱和度过高有时会引起鱼类发生气泡病（主要是鱼苗和幼鱼阶段），溶氧过低则引起鱼类浮头和泛塘。溶氧在加速池塘物质循环、促进能量流动、改善水质等方面起重要作用。池塘有机物分解成简单的无机盐，主要依靠好气性微生物，而好气性微生物在分解有机物的过程中要消耗大量氧气。在精养鱼池这种特定条件下，溶氧已成为加速池塘物质循环、促进能量流动的重要动力。因此，在养鱼生产中，改善池水溶氧条件是获得高产稳产的重要措施。

3）池塘氧气条件的改善

改善池塘溶氧条件应从增加溶氧和降低池塘有机物耗氧两个方面着手。增加池塘溶氧条件的措施有：①保持池面良好的日照和通风条件；②适当扩大池塘面积，以增大空气和水的接触面积；③施用无机肥料，特别是施用磷肥，以改善池水氮磷比，促进浮游植物生长；④及时加注新水，以增加池水透明度和补偿深度；⑤合理使用增氧机，特别是应抓住每一个晴天，在中午将上层过饱和氧气输送至下层，以保持溶氧平衡。

降低池塘有机物耗氧的措施有：①根据季节、天气合理投饵施肥，防止鱼类浮头；②根据鱼类生长，及时轮捕出一部分达到商品规格的成鱼，以降低池塘载鱼量；③每年需清除含有大量有机物质的塘泥；④采用水质改良机在晴天中午将池底塘泥吸出作为池边饲料地的肥料，既降低了池塘有机物耗氧，又充分利用了塘泥；也可将吸出的塘泥喷洒于池面，利用池水上层的氧盈及时降低氧债，保持溶氧平衡；⑤有机肥料需经发酵后在晴天施用，以减少中间产物的存积和氧债的产生。

2. 二氧化碳

1）CO_2 的来源与消耗

养殖水体中 CO_2 的主要来源是水生动植物的呼吸作用和有机物的分解作用，从空气中溶入水体中的 CO_2 含量很少。水中 CO_2 碳的消耗主要是被水生植物光合作用吸收利用，制造新的有机物质。水中 CO_2 除呈游离状态外，大多以碳酸氢盐（HCO_3^-）等结合态形式存在。

2）CO_2 对鱼类的影响

CO_2 对水生生物和鱼类有较大影响，它是水生植物光合作用的原料，其所含的碳是一切植物必需的营养元素，缺少 CO_2 就会限制植物的生长和繁殖。在一般情况下，水体中的 CO_2 对鱼类不会产生毒害作用，但在鱼苗运输过程中，水中 CO_2 浓度往往过高，会威胁鱼类的生命。因此，在鱼苗运输过程中，保持通风透气十分重要。

3）水体中 CO_2 的控制

水体中 CO_2 必须有一定的贮量，但又不能太高。控制池塘 CO_2 的方法：①对碱度、硬度和 pH 均偏低的池水应合理施加生石灰，以增加水中钙离子和碳酸氢盐的浓度，提高 CO_2 的贮量，增强调节游离 CO_2 和 pH 的能力；②游离 CO_2 过高的池塘，需控制池塘不被有机物过度污染，施用有机肥料不可太多，池底过多的淤泥必须清除。

3. 氨

1）氨的来源

养殖水体中的氨（NH_3）来源于三个方面：①含氮有机物的分解产生氨；②水中缺氧时，含氮有机物被反硝化细菌还原；③水生动物的代谢一般以氨的形式排出体外。氨易在水中生成分子复合物 $NH_3 \cdot H_2O$，并有一部分解离成离子态铵（NH_4^+）。

2）分子氨对鱼类的毒害作用

氨是毒性大、通透性高的化合物，能严重损害鱼的鳃组织，降低鳃对血液吸收和输送氧的能力。水体中氨浓度过高时，会使鱼类产生毒血症，长期过高将抑制鱼类的生长、繁殖，严重中毒者甚至死亡。

我国渔业水质标准规定分子氨浓度应小于 0.02mg/L，这是理想、安全的水质氨指标；分子氨浓度在 0.2mg/L 以下时一般不会导致鱼类发病；如果浓度达到 0.2～0.5mg/L，则对鱼类有轻度毒性，容易发病；如果分子氨的浓度超过 0.5mg/L，对鱼类的毒性较大，极易导致鱼类中毒、发病，甚至大批死亡。

3）氨氮含量的调节措施

①及时清除养殖水域底层的污垢及水生动物排泄的粪便，以防积累过多的含氮有机物；②保证水体有足够的氧气，促使硝化作用的进行；③还可在水中添加一些含有硝化细菌的微生物制剂，促进硝化反应。

4. 硫化氢

1）硫化氢的来源和毒性

硫化氢（H_2S）是在缺氧条件下，由含硫有机物分解而产生，或由硫酸盐还原生成。硫化氢对鱼类有很强的毒性，它能与血红素中的铁化合，使血红素量减少，另外对皮肤也有刺激作用。我国渔业水质标准规定硫化氢浓度应小于 0.2mg/L。

2）防止硫化氢产生的措施

①提高水中溶解氧含量，调节 pH 处于适当的范围，尽量避免底层水因缺氧而发展至厌氧状态；②加强水体底质管理，及时清淤；③避免含有大量硫酸盐的水进入池塘；④慎用化肥硫酸铵；⑤严重时，可使用氧化铁剂，使硫化氢变为硫化铁沉淀而消除其毒性。

（七）溶解盐类

淡水中的溶解盐类主要有碳酸氢根、碳酸根、硫酸根、磷酸根、磷酸氢根、磷酸二氢根、氯离子等阴离子和钙、钠、钾、镁、铁等阳离子，以及锰、铜、钼、锌、钴等微量元素。溶解盐类的主要作用是维持水体渗透压稳定，为鱼类及其他水生生物提供营养物质。此外，水体中的碳酸盐和磷酸盐也具有调节酸碱度，维持 pH 稳定的作用。

从养鱼用水角度看，含盐量过低（如小于 0.2g/L）的水，碱度、硬度都达不到基本要求，鱼类生长就会受到影响。含盐量过高，对许多淡水鱼生长不利，甚至危及鱼类生存。各种鱼类都有一定的耐盐限度。但大多数淡水鱼和饵料生物在盐度为 5 的水中都可正常生活，因此含盐量稍高一些的微咸水仍然可作为养鱼池的水源，但是这种水的碱度和 pH 不宜过高。

（八）pH

pH 即水的氢离子浓度。pH 对养殖水体的水质和水生生物有重要影响。pH 也影响水中氨和铵离子的平衡，从而对鱼类和其他水生生物产生不同的毒性。pH 过低，即在酸性水环境中，细菌、大多数藻类和浮游动物的发育受到影响，硝化过程被抑制，光合作用减弱，水体物质循环强度下降。酸性水还会使鱼类血液的 pH 下降，减低其载氧能力，使血液中的氧分压降低，尽管水中含氧量较高，鱼也会浮头。在酸性水中养殖鱼类不爱活动，新陈代谢低落，摄食量少，消化率低，生长受到抑制。pH 过高，如大于 10，鱼类生长也会受到抑制。

一般养殖大水体的 pH 相对较稳定，淡水 pH 多在 6.5～8.5；海水 pH 往往稳定在 8.0～8.4；池塘等小水体，因浮游植物光合作用引起 pH 的周期性升高，鱼类对此有较大的适应能力。

（九）溶解有机物

天然水体中的有机物主要来自于地表水流入江河、湖泊和水库时的携带物、水体中的生物排泄物、生物尸体和其他的有机碎屑。水体中的有机物呈悬浮、胶体和溶解三种状态存在。其中，溶解态有机物的含量占绝大多数，主要为糖类、有机酸和蛋白质。溶解态有机物一方面可直接为鱼类所食，另一方面可促进浮游生物增殖，为鱼类提供丰富的饵料。水体中有机物过多，会消耗大量的氧，并为病原繁衍提供条件，对鱼类生长产生不利影响。

衡量水体有机物多少常采用化学耗氧量和生物耗氧量两个指标来评价。化学耗氧（COD）指在酸性条件下，用强化学氧化剂将 1L 水中有机污染物氧化成二氧化碳和水所消耗氧的量（mg/L）。生化耗氧量（BOD）指在有氧条件下，由于微生物的活动降解有机物所需的氧量，以每升水消耗氧的毫克数表示（mg/L）。数值越高，表示水体中有机物污染越严重。

有机物在水中经过微生物、物理和化学作用，通过矿化、絮凝、络合或螯合、气提等一系列变化后，为鱼类和其他水生生物提供了饵料和养料。与此同时，通过絮凝作用，也降低了水中溶解有机物的浓度，减轻水体的有机污染，增加了透明度。因此，水中保持一定数量的溶解有机物，是提高养鱼产量的重要一环。但有机物在氧化分解过程中需消耗大量氧气，故有机物过多，易恶化水质。因此池中有机物含量必须控制，饲养鲢、鳙鱼较多的池塘，COD 以保持在 20～35mg/L 较适宜；饲养草食性鱼类为主的池塘 COD 含量保持在 15～20mg/L。

（十）有毒、有害物质

危害鱼类及其他水生生物的有毒物质种类繁多，较常见的有重金属汞、镉、铬、铅等；农药有滴滴涕、六六六、五氯酚钠、对硫磷等；其他挥发性酚、氯化物、石油类、放射性物质等。水体中有毒有害物质的来源主要有两个途径：一是水体内部循环失调，所生成并积累的毒物，如硫化氢、低级胺类；二是外来物质的侵入，如工业废水、污水。

鱼类受有毒、有害物质的毒害以后表现出来的症状，大致可分为三种类型：急性中毒、慢性中毒和积累残毒。急性中毒的特点是毒物浓度高，短时间内鱼类大量死亡。慢性中毒的特点是毒物浓度低，但随着时间延长，其不良影响就会在细胞、器官、组织的不同部位表现出来，最终影响到鱼体的活动及群体的消长。积累残毒由于积累性毒物往往不易察觉，它沿着食物链向后转移，浓缩因素也随之增大，摄食之后积累在人体内，达到一定数量之后就会中毒致病。因此，在养殖水体中必须对有毒、有害物质进行经常性的监测，保证水体符合渔业水质标准。

二、增养殖水体的生物环境

不同的水域类型，其生物的种类和数量具有明显差异。总的趋势是水体越大，生物的多样性越显著；水体越小，受人为和自然影响越大，生物的种类明显减少，而种群的生物量则明显增加。养殖水体的生物特性与鱼类养殖有极为密切的关系。有些水生生物对鱼类的增养殖有利，这表现在：①水生生物为鱼类提供饵料，如在浮游动物中，多种原生动物、轮虫和剑水蚤等可以作为鱼苗、鱼种和鳙鱼的适口饵料；在浮游植物中，金藻、硅藻等可供鲢鱼滤食；各种底栖生物如螺、蚌、水生昆虫和水蚯蚓等可作为青鱼和鲤鱼的优质饵料。②水生植物的光合作用有利于改善水质，为鱼类提供氧气。

但在水体中有些水生生物对鱼类的增养殖有害。如池塘水体中微囊藻大量繁殖，死亡后分解产生有毒物质，会使鱼类中毒死亡；池底青泥苔过多时会大量吸收养分使水质变瘦；有的寄生虫寄生在鱼体体表或体内，消耗鱼体的养分，并破坏其组织；有的生物直接以鱼类为食，对鱼类养殖构成危害。

浮游生物具有一定光泽，还会影响水色和透明度。在温度适宜的情况下，水体越肥，水体中浮游生物数量越多，水体颜色越深，透明度越小。

三、增养殖水体的环境调控

增养殖水体的污染对鱼类等的生长和生存带来严重影响，比如增养殖水域的富营养化对鱼类的生长乃至生产危害极大。养殖后的废水，有机物含量高，其本身也是引起水域二次污染的主要原因之一。因此，养殖用水和养殖后的废水都必须经过处理后再使用或排放。养殖用水、废水处理常用方法分类与比较见表 1-2。

表 1-2　养殖用水、废水处理常用方法分类与比较

<table>
<tr><th>方法类型</th><th>处理方法</th><th>处理目的</th><th>优缺点</th></tr>
<tr><td rowspan="2">物理法</td><td>栅栏、筛网</td><td>去除野杂鱼类、敌害生物、大粒径悬浮物、漂浮物</td><td rowspan="2">优点：工艺简单，费用低廉
缺点：一般属水质预处理和初级处理</td></tr>
<tr><td>沉淀、气浮、过滤</td><td>去除小粒径块状物、粒状悬浮物及胶体物质</td></tr>
</table>

续表

方法类型	处理方法	处理目的	优缺点
化学法	中和法	调整 pH，属预处理	优点：占地面积小，处理时间较短，处理后的水质好 缺点：费用较大
	混凝法	去除悬浮物、胶体物质及色度	
	氧化法	去除溶解性物质、杀藻、杀菌、脱色	
生物法	好氧生物处理：生物膜法、活性污泥法	去除溶解性污染物，BOD_5、COD 去除率达 85%～95%	优点：利用微生物使溶解有机物转化为无害的物质，并可大大降低其浓度；耐冲击，负荷有机物的能力较强 缺点：占地面积较大，微生物、藻类（海藻）、水生维管束植物均需培养，处理时间长，并需处理老化物质
	厌氧生物处理：硝化池法、化粪池法	可处理高度污染的废水和带有某些重金属毒物的废水	
	水生生物处理：藻类（海藻）、水草、氧化塘法	脱氮、脱磷、脱碳	

（一）养殖用水的物理处理

在养殖用水和废水中往往含有较多的悬浮物（如粪便、残饵等）或其他水生生物（如鱼、虾、浮游动物、水草等），为了净化或保护后续水处理设施的正常运转，降低其他设施的处理负荷，都要将这些悬浮或浮游有机物尽可能用简单的物理方法除去。

1. 栅栏

栅栏通常是用竹箔、网片组成，也有的由金属结构的网格组成。通常用在养鱼水源进水口，目的是为了防止水中个体较大的鱼、虾类、漂浮物和悬浮物进入进水口。否则，容易使水泵、管道堵塞或将敌害生物带入养鱼水体。

2. 筛网

筛网材料通常为尼龙筛绢。筛网可去除浮游动物（小虾、枝角类、桡足类等）和较小的有机物（如粪便、残饵、及悬浮物等）。生产上，作为幼体孵化用水，往往在水源进水口，在栅栏的内侧再安置筛网，以防小型浮游动物进入孵化容器中残害幼体。为便于清除，往往将部分筛网做成漏斗形口袋状。

在工业化养鱼的水处理设施上，养殖废水的循环使用，第一步就是用筛网将粪便、残饵、悬浮物等有机物清除。为了有利于清除，往往将筛网设计成转鼓式、旋转式、转盘式。由于筛绢网在不停地旋转，筛绢主要起拦集有机物的作用，筛绢孔隙不易变形，也不易损坏，而且也有利于筛绢的清洗和脏物的收集。

3. 沉淀

沉淀是借助水中悬浮固体本身重力，从静止或缓流的液体中，使密度比悬浊液大的颗粒物质与水分离的过程。按沉淀物质的性质和浓度主要分为以下 3 种类型。

1）自由沉淀

水中悬浮固体物质的浓度不高，颗粒无凝聚性，在沉淀过程中颗粒间不相互黏合，形状和尺寸都不变，其沉降速度也不变，这种沉淀称自由沉淀。

2）絮凝沉淀

水中悬浮固体虽浓度不高，但固体颗粒有凝聚性能，在沉淀过程中颗粒能互相黏合，成为较大的絮凝体，且沉降速度在沉淀过程中逐渐增大，称为絮凝沉淀。

3）化学沉淀

在污水中加入化学药剂，产生化学反应，生成不溶性化合物，然后将这种不溶性化合物通过沉淀分离出来。

4. 浮选

气浮法是靠通入空气，以微小气泡作为载体，使水中的悬浮物微粒黏附于气泡上，借助气泡的浮力带动上浮，从而使杂物与水分离。采用气浮法可大大提高水中颗粒较小、密度较小（密度接近 1）的微粒的上浮速度。例如微小的油珠，自由上浮速度仅 1μm/s 左右，而黏附于气泡后，其速度可以上升到 1mm/s，上浮速度提高 1000 倍。气浮法的布气方式有射流布气、扩散板布气、叶轮布气、加压溶气（即加压下强制空气溶解于水中，然后突然减压，便产生众多微小气泡）等方法。

5. 过滤

过滤是养殖用水和废水处理中比较经济有效的方法之一。它既可以作为养殖用水的预处理，也可作为养殖用水的最终处理，如工厂化育苗循环用水的处理等。过滤是使水通过具有孔隙的粒状滤层（如石英砂等），使微量残留的悬浮物（如胶体絮状物、藻类、细菌等）被截留，从而使水澄清。育苗用水滤池的滤料种类、粒径及比例模式见表 1-3。

表 1-3　育苗用水滤池的滤料种类、粒径及比例模式

滤料种类	孔隙率	粒径/mm	级　配	滤层厚度/cm
石英砂	0.42	2～3	1.0	15
煤渣	0.5	8～12	1.67	25
煤渣	0.6	20～30	1.67	25
砾石	0.6	40～50	1.0	15

水产养殖对过滤水的要求是：水量大、滤速快、出水量大，水质符合养殖标准。因此，养殖用水的过滤池都是快滤池类型。影响过滤水质的主要因子有穿透深度、滤速、滤料种类、粒径与级配、滤层厚度、孔隙率、垫层等。此外，还与水源或废水本身的污染程度有关。

（二）养殖用水的化学处理

养殖用水的化学处理是利用化学作用，以除去水中的污染物。通常加化学药剂，促使污染物混凝、沉淀、中和、氧化还原和络合。

1. 重金属的去除

EDTA 作为一种重金属离子螯合剂，已广泛应用于水产养殖生产中。养殖用水中不能含有超量的重金属存在。否则，轻则引起养殖对象畸形，重则危及其生存。养殖生产上采用2～6mg/L的EDTA钠盐（EDTA-Na_2）络合重金属离子，其化学名称为乙二胺四乙酸二钠。

2. 氧化-还原法

在养殖生产上最常用的是空气氧化法，将水中的无机物和溶解有机物可通过氧化-还原反应转化为无害物质或转化为易于从水中分离的气体或固体。

池塘淤泥中的有机物在缺氧环境下（在微生物的作用下）产生大量硫化氢、氨等有毒物质，采用水质改良机械（翻动淤泥或将其吸出暴露在空气中）或干池曝晒，使其发生氧化-还原反应，使 H_2S 转化为 SO_4^{2-}，NH_3 氧化为 NO_2^- 并进一步氧化为 NO_3^-。它们不仅无毒，而且还是水生植物生长的营养物质。

不少地区采用地下水作为养殖用水，可将深井水先用增氧机曝氧、增氧，利用空气中的氧气，一方面向水中增氧以供养殖用水本身需要，另一方面，使水中 Fe^{2+} 氧化为 Fe^{3+}，形成絮状沉淀的 $Fe(OH)_3$ 而加以除去。

3. 混凝法

水中的悬浮物质大多可通过自然沉淀法去除，而胶体颗粒（大小为0.001～0.1μm）则不能依靠自然沉淀法去除，可使用无机或有机混凝剂，促使胶体凝聚成大颗粒而自然沉淀。使用混凝技术，其 BOD_5 的去除率可达30%～60%，悬浮物和浊度的去除率可提高30%～95%。可以选用的混凝剂有：铝盐，如明矾［$Al_2(SO_4)_3K_2SO_4 \cdot 24H_2O$］、硫酸铝［$Al_2(SO_4)_3 \cdot 18H_2O$］；铁盐，如三氯化铁（$FeCl_3 \cdot 6H_2O$）和硫酸亚铁（$FeSO_4 \cdot 6H_2O$）；以及聚丙烯酰胺等。

4. 消毒法

消毒主要是使用各种消毒剂杀灭对养殖对象和人体有害的微生物，降低有机物的数量，脱氮、脱色和脱臭。常用的消毒剂有含氯消毒剂和臭氧等。

含氯消毒剂有漂白粉、漂粉精、二氯异氰尿酸钠、二氯异氰尿酸、三氯异氰尿酸、二氧化氯等。氯化物消毒剂水解均产生次氯酸（HOCl），次氯酸放出原子态氧，其氧化能力比氯高10倍。养殖用水中由于有机物的污染，往往含有一定数量的氨（特别是育苗废水）。当含有氨氮存在的情况下，水中加入漂白粉后，其水解产生的次氯酸即会与氨作用生成氯胺，氯胺也有消毒作用。

臭氧（O_3）是一种高效杀菌剂，既可迅速及时地杀灭水中的病原微生物，又可以降低氨氮，增加溶氧；而且省去像用氯化物处理后要去除余氯的麻烦，可随时应用。因此在养殖上可用于工厂化育苗的循环水处理、大型水族馆的循环水消毒等。但臭氧发生器的电耗较大，处理成本较高。处理后的水，没有持续灭菌的功能，易遭二次污染。

（三）养殖用水的生物处理

自然界存在大量以有机物为食物的微生物，它们具有将有机物氧化分解成无机物的巨大能力。生物处理就是利用微生物来处理养殖用水和废水中的有机物。因此，必须为微生物在水中创造一个良好的生活环境，使微生物将水中有机污染物氧化分解，从而使水得以净化。

1. 生物膜法

生物膜法是通过生长在填料（或滤料）表面的生物膜来处理废水。生物膜就是填料表层长满各种微生物的黏膜，依靠黏膜上大量的微生物摄取废水中的有机污染物作为营养，从而使废水得到净化。生物膜不宜太厚或太薄，一般以 0.5～1.5mm 为佳。在废水处理过程中，生物膜经历着不断生长、不断剥落更新的演变过程。

2. 有益微生物净化剂

有益微生物是从天然环境中分离出来的微生物，经培养扩增后形成的含有大量有益菌的制剂。利用这些微生物将水体或底质沉淀物中的有机物、氨氮、亚硝态氮分解吸收，转化为有益或无害物质，而达到水质和底质环境改良、净化的目的。目前，这一类微生物种类很多，常用的有光合细菌、枯草杆菌、芽孢杆菌以及硝化细菌等。

复合微生物制剂是一类多菌种的微生物产品，如益生素、EM 菌、肥海菌等。肥海菌是一种复合活菌肥，是针对海水养殖池塘的特点，将有机肥通过接种有益菌株后培养、发酵制得的产品，主要菌群为光合细菌、芽孢杆菌，并配以海洋微藻所需的微量元素。肥海菌投放到海水中后，休眠菌均能很快复苏和崩解，并以数倍速率繁殖扩增，很快形成优势种群，迅速分解水体中的有机污染物，消除水体中的氨氮、亚硝酸氮、硫化氢等有毒物质，并将其转化为海洋微藻类的营养源，促进硅藻、绿藻、金藻类饵料生物的繁殖和生长，抑制有害藻类繁殖，起到肥水、增氧、净化水质和产生免疫活性物质的作用，并间接地控制致病菌。

在使用这些有益菌时，应注意以下事项：①严禁将它们与抗生素或消毒剂同时使用；②为使水体中保持一定的浓度，最好在封闭式循环水体中应用，或在施用后 3d 内不换水或减少其换水量；③为尽早形成生物膜，必须缩短潜伏期，故应提早使用；④液体保存的有益细菌，其本身培养液中所含氨氮较高，也应提前使用。

3. 水生植物种植法

水体中氮、磷转化的一个重要环节是由水生植物所吸收，在采收这些水生植物产品时从湖中移出氮、磷。如南京莫愁湖从 1980 年开始在湖内栽藕之后，年产鲜藕 250t 左右。藕中的氮、磷分别占鲜重 2.5%和 0.4%计，每年可从湖中取出氮 6250kg、磷 1000kg，既美化了环境，又改善了湖水水色、透明度、悬浮物等感官性状。目前各地已开始在湖泊池塘中人为种植沉水维管束植物，例如苦草、轮叶黑藻、菹草、金鱼藻等；在河沟、池塘内种植水蕹菜、菱、莲藕、茭白、芡实、慈姑等水生蔬菜；在海水池塘、海湾内人为栽培海藻，如海带、江篱、红毛菜等，有效地改善了增养殖水体的水质。

任务三 主要养殖鱼类的营养需求及饲料与肥料的应用

一、主要养殖鱼类的营养需求

1. 蛋白质

蛋白质是构成生命的基础物质，是由氨基酸组成的含氮高分子化合物。饲料中的蛋白质被鱼体摄食后，必须于鱼的消化道中在各种消化酶的作用下，分解成氨基酸后才能被鱼体吸收利用。氨基酸构成决定了蛋白质的质量。已经证明，鱼类的必需氨基酸有赖氨酸、蛋氨酸、苯丙氨酸、异亮氨酸、亮氨酸、苏氨酸、色氨酸、缬氨酸、精氨酸和组氨酸 10 种。不同种鱼要求蛋白质中各种必需氨基酸所占的比例不同，如果饲料蛋白质中 10 种必需氨基酸的含量和比例与鱼类的需求相一致，则称为平衡蛋白质，如果某种或几种必需氨基酸含量不足，就会限制其他氨基酸的利用。必需氨基酸不足，不仅会使鱼生长缓慢，而且还可以诱发某些疾病，如蛋氨酸和色氨酸缺乏，可使鱼患白内障。在 10 种必需氨基酸中，赖氨酸和蛋氨酸是鱼的限制性氨基酸。鱼类对饲料中蛋白质和氨基酸含量的要求受鱼类种类、年龄、规格以及生活水域生态条件的影响，我国主要养殖鱼类对蛋白质和氨基酸的需要量见表 1-4 和表 1-5。由表 1-5 看出，肉食性鱼类要求饲料蛋白质含量高，一般在 40%以上，杂食性鱼类要求较低，一般为 30%～40%，草食性鱼类最低为 30%以下。同时又和鱼的年龄关系很大，仔鱼、幼鱼生长旺盛，对蛋白质要求高；成鱼生长慢，对蛋白质要求低。

表 1-4 几种鱼类饲料中蛋白质含量及必需氨基酸占蛋白质的比例（%）

鱼类	饲料中蛋白质含量	必需氨基酸									
		精氨酸	组氨酸	异亮氨酸	亮氨酸	赖氨酸	蛋氨酸	苯氨酸	苏氨酸	色氨酸	缬氨酸
鲤鱼	38.5	1.60	0.80	1.50	2.0	2.00	1.90	2.20	1.50	0.30	1.40
青鱼	40.0	2.70	1.00	0.80	2.4	2.40	1.10	0.80	1.30	1.00	2.10
草鱼	28.0	1.40	0.50	0.80	1.5	1.58	0.75	1.58	0.80	0.09	0.98
团头鲂	30.0	2.06	0.61	1.43	2.1	1.92	0.62	1.35	1.39	0.20	1.51

表 1-5 主要养殖鱼类饲料蛋白质最适量参考表（%）

养殖鱼类	苗龄培育期	种龄培育期	食用龄培育期
鲤鱼	40～50	35～40	30～35
青鱼	40	35	30
草鱼	32	25～27	22～25
团头鲂	34	30	25～30
鲫鱼	40	35	30
罗非鱼	40	35～38	30

续表

养殖鱼类	苗龄培育期	种龄培育期	食用龄培育期
虹鳟	45	40～45	28～35
鲮鱼	40	36～38	32
美国海鲶	35～40	30～35	28～35
鳗鲡	48～50	45	41

2. 脂肪

脂肪是鱼类最为重要的能量来源，它所产生的能量是蛋白质和糖类的2.5倍，又是脂溶性维生素的溶剂，也是细胞的组成成分，特别是能供给鱼体必需脂肪酸。必需脂肪酸在鱼体内不能合成，必须由饲料提供，缺乏它会引起鱼类代谢紊乱，营养障碍，生长停滞，体弱多病。鱼类的必需脂肪酸都为不饱和脂肪酸，分别是十八碳二烯酸（亚油酸）、十八碳三烯酸（亚麻酸）、二十碳四烯酸（花生四烯酸）和二十二碳六烯酸。

鱼类对脂肪有特殊的利用能力，其利用率可达90%以上。不同鱼类对饲料中脂肪需要量是不同的，同时也受环境的影响。一般鱼饲料中应含4%～18%的脂肪，如草鱼饲料中脂肪含量控制在3%～8%，鲤鱼为4%～15%，团头鲂为2%～5%，尼罗罗非鱼为5%～9%，其他肉食性鱼类饲料中脂肪含量也在5%～8%。水温高时脂肪含量要高一些，反之则低一些，如温度低于23℃，鲤鱼饲料脂肪含量为8%～10%，水温高于23℃为10%～15%。但脂肪过量，肝脏中脂肪积聚过多等会引起鱼体不适。

3. 糖类

糖类是鱼类生长所必需的营养物质，摄入量不足，饲料的利用率下降，鱼类代谢紊乱，鱼体消瘦；摄入量过多，超过鱼对糖的利用能力限度，多余部分则合成脂肪，长期摄入过多的糖，会导致脂肪肝，使肝功能减弱，解毒力下降，鱼体呈肥胖型。鱼类对糖类的利用因鱼的种类、食性不同而有很大差别。如草鱼由于长期摄食含糖类高的食物，对饲料中糖类适应能力强，饲料中糖类含量高达40%以上；杂食性鱼类对饲料中糖类适应范围在30%～40%；肉食性鱼类对糖类的适应能力较差，一般要求饲料中糖类的含量在20%以下。鱼类对糖类的利用能力随糖的种类而不同，以单糖最高，其次是麦芽糖、半乳糖、蔗糖、糊精和淀粉，利用率最差的是半纤维素和纤维素。由于大分子的纤维素几乎不能为大多数鱼类消化吸收，因此一般鱼类饲料中的粗纤维含量限制在一定范围之内，对草食性的草鱼及团头鲂，饲料中粗纤维的含量不宜超过17%，杂食性的鲤鱼不宜超过12%，而肉食性鱼类不宜超过8%。

4. 维生素

维生素是鱼体内物质代谢中必不可少的特殊营养物质。它既不是构成机体结构的物质，又不能提供能源，但参与新陈代谢的调节，控制鱼的生长发育过程，提高机体的抗病力。维生素分为脂溶性维生素和水溶性维生素两大类。维生素A、维生素D、维生素E和维生素K属于脂溶性维生素，伴随脂肪而被吸收，并且可以贮存在鱼体脂肪内，在鱼体内不能合成。维生素 B_1、维生素 B_2、维生素 B_6、维生素 B_{12}、泛酸、烟酸、生物素、叶酸、胆碱、肌醇和维生素 C 属于水溶性维生素，它们不能在体内贮存，所以需要不断地从饲料中供给。维生素在动物体内含量虽然很少，但是必不可少。缺乏维生素的鱼会患各种疾病，如缺少维生素 A，会降低对传染病的抵抗力，致使水肿、肾出血，影响生长等；缺少维生素 D，影响鱼类骨骼钙化，并引起维生素 A、不饱和脂肪酸氧化，导致其他疾病发生；缺少维生素 K，血液不易凝固，产生内出血；缺少维生素 B_1，造成鱼体畸形，神经炎，消化系统紊乱；缺少维生素 B_6，产生水肿、皮炎、眼球突出、运动失常，增重减慢；缺少维生素 C 影响体内多种代谢造成骨骼发育异常，生长、发育受阻；缺少烟酸，则产生贫血，消化道障碍，神经功能受阻；缺少胆碱，脂肪代谢受阻，患脂肪肝。

5. 无机盐

无机盐是鱼类身体的主要组成部分，也是酶系统的催化剂，在体液内作为离子存在，与渗透压和 pH 调节有关，有促进生物生长的生理功能。根据无机盐在体内含量不同，可分为常量元素和微量元素两大类。钙、磷、钠、氯、镁、钾、硫等，在动物体内占动物体重的 0.01%以上，称为常量元素。铁、铜、锌、碘、锰、氟、铬、钼、硒等，在动物体内占动物体重的 0.01%以下，称为微量元素。淡水鱼类可以通过体表、鳃、鳍等途径吸收水中无机盐，但吸收的量非常有限，必须从饲料中补充。鱼类每千克饲料中无机盐的需要量见表 1-6。

表 1-6　鱼类每千克饲料中无机盐的需要量

名称	需要量	名称	需要量	名称	需要量
钙	5g	氯	1～5g	碘	100～300μg
磷	7g	铁	50～170mg	钼	极微量
镁	500mg	铜	1～4mg	铬	极微量
钠	1～3g	锰	13～50mg	氟	极微量
钾	1～3g	钴	微量	硒	极微量
硫	3～5g	锌	30～100mg	—	—

当饲料中无机盐缺乏时，鱼类会产生代谢障碍，影响正常的生长发育。缺乏钙，骨骼发育受阻；缺少磷，鲤鱼头盖骨和鳃盖畸形；缺少钾，鱼体内渗透压失去平衡；缺少镁，骨骼系统和糖代谢、蛋白质代谢受影响；缺乏锰，骨骼系统与新陈代谢受影响；缺乏碘，甲状腺肿大，基础代谢下降；缺乏钴，鱼食欲不良，生长停止；缺少钼，胚胎发育受阻；缺少硒，性机能受影响。

6. 能量

鱼类在生命活动中需要能量，其能量主要来源于从饲料中获得的蛋白质、脂肪和糖类在体内的氧化。鱼类的生长过程实际就是能量在体内积累的过程，因而，在其饲料中不仅需要含有各种营养素，而且还要有足够的能量。对于养殖生产来讲，其主要的目的就是尽可能降低生命活动的能量消耗，使营养物质最大限度地用于鱼体的组织修复和生长。

1）总能（gross energy，GE）

饲料或原料中所含有的全部能量，称为总能。即完全燃烧为 CO_2 或 H_2O 所释放出的能量，所以又称“燃烧热”，通常利用弹式测热器测定。一般每克蛋白质、脂肪和碳水化合物的燃烧热分别为 23.7kJ、39.6kJ 和 17.5kJ。

2）可消化能（digestible energy，DE）

从饲料中摄入的总能（GE）减去粪能（FE）后所剩余的能量，称为可消化能。即已消化吸收养分所含总能量，或称之为已消化物质的能量。此概念用数学语言表达为 DE＝GE－FE。

3）代谢能（metabolizable energy，ME）

摄入单位重量饲料的总能与由粪、尿及鳃排出的能量之差，称为代谢能。也就是消化能在减除尿能和鳃能后所剩余的能量，即可被吸收供代谢的三大营养素所含的能量。其计算公式为

$$ME = DE - (UE + ZE)$$

式中：ME 为代谢能；DE 为消化能；UE 为尿中排泄的能量；ZE 为鳃中排泄的能量。

4）净能（net energy，NE）

代谢能（ME）减去摄食后的体增热量（HI），称为净能，即 NE＝ME－HI。

体增热量的意义：当鱼类摄取食物后，会引起代谢量的增加、消化管的运动、酶的分泌以及脱氨基酸作用而产生的热能代谢，过去也称特殊动力作用。

5）鱼类摄取饲料后在体中的能量分配

鱼类摄取了含营养物质的饲料，也就摄取了能量。随着物质代谢的进行，能量在鱼体内被分配。鱼类摄入饲料的总能并不能全部被利用，其中一部分随粪便排出体外。被鱼体吸收的能量中，一部分作为体增热而消耗，一部分随鳃的排泄物和尿排出而损失，最后剩下的那部分称为净能的能量，才真正用于鱼类的基本生命活动和生长繁殖的需求。图 1-34 表示鱼类摄食后饲料中的能量在鱼体内的转化情况。

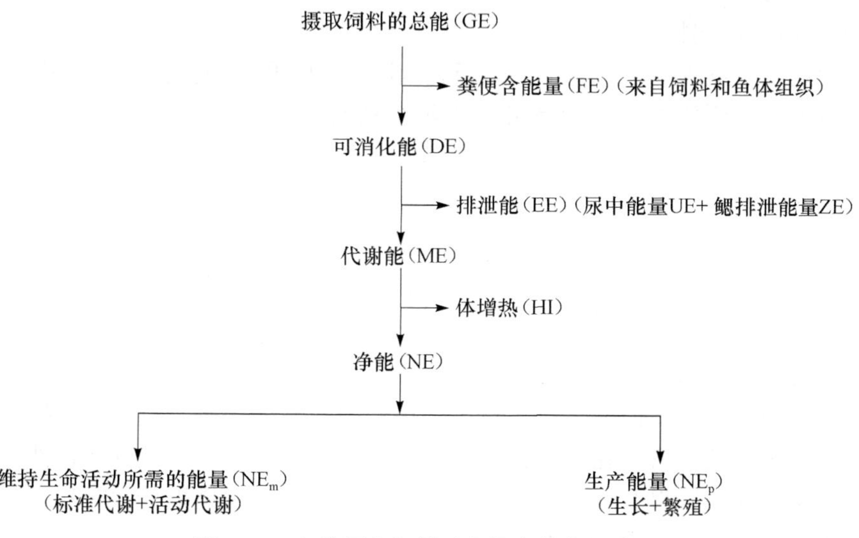

图 1-34　鱼类摄食饲料后在体中的能量分配

一般来说，鱼体代谢消耗能量（M）及排出废物所含能量（E）和鱼类生长积累的能量（G）与摄入饲料所含能量（I）相等。即：I＝M＋E＋G。但不同食性的鱼类，其能量分配的各组分比例差别很大，两种食性鱼类的平均能量代谢方程式：

肉食性鱼类：100I＝27E(20F＋7U)＋44M＋29G

草食性鱼类：100I＝43E(41F＋2U)＋37M＋20G

式中：F、U分别表示从粪和尿（包括鳃）排泄出的能量，其余各项的意义同前式。

由此可见，肉食性鱼类用于生长的能量高于草食性鱼类，而粪便与尿等排泄能量则低于草食性鱼类。这是由于两种食性鱼类的饲料营养成分和代谢特点不同所致。

二、鱼类饲料的种类和选择

（一）天然饵料

天然饵料是指江河、湖泊、水库、池塘等一切水体中天然繁殖生长的各种饵料，如浮游植物、浮游动物、底栖动物及各种水、陆生植物等。

（二）人工饲料

目前大量使用人工饲料作为集约化养鱼的主要饲料源。人工饲料包括各种商品饲料和人工配合饲料。前者按主要营养成分划分为蛋白质饲料、能量饲料及矿物质饲料，后者即为营养全面的各种全价配合饲料。

1. 蛋白质饲料

蛋白质饲料是指饲料干物质中粗纤维含量少于18%，而粗蛋白质含量大于20%的饲料。由于鱼类饲料的特点是高蛋白低糖类，因而蛋白质饲料在配方中的用量一般都在40%以上，高的可达80%。蛋白质饲料种类很多，按来源可主要分为植物性蛋白饲料和动物性蛋白饲料两大类。

1）植物性蛋白饲料

（1）大豆及大豆饼（粕）。大豆属豆科籽实类，是重要的榨油原料，用于喂鱼的多为黄豆。由于营养价值较全，常磨成豆浆投喂苗种，效果很好。据测定，大豆含蛋白质、甲硫氨酸和蛋氨酸较少，因此，最好和禾本科谷实饲料（例如玉米、麦等）混合投喂（或制成配合饲料），效果更为理想。

大豆饼（粕）是大豆压榨提油后的副产品，蛋白质含量40%以上，生物学价值远高于谷物类。赖氨酸含量特别高，约占干物质的2.18%，蛋氨酸含量达0.5%，其他必需氨基酸也很丰富。含钙0.45%、磷0.78%，均比禾本科谷物类高得多，如果日粮中有足量的维生素和矿物质，完全可以代替动物性饲料。好的大豆饼为微黄色，具有油香味，饲料系数为3左右。但需注意大豆饼（粕）中的有害物质，应进行热处理去毒。

（2）花生饼。花生饼是花生榨油后的副产品，带香甜味，是鱼虾适口性好的优质蛋白饲料。花生饼作为饲料时，最好事先经过热处理，花生饼易染黄曲霉素，这种毒素不仅危害水生动物，而且影响产品的质量与安全。

（3）菜饼。菜饼是油菜子榨油后的副产品，是一种良好的饲料，含蛋白质36.18%，脂肪6.54%。但菜饼中有多种毒素，主要是芥子苷，会引起家畜肠道、肾脏和尿道发炎，有辣味，适口性不佳，也应有去毒环节。作为养鱼饲料效果很好，几乎是近几年养鱼的主要商品饲料。

2）动物性蛋白饲料

（1）鱼粉。鱼粉是一种优质的蛋白饲料，它是由经济价值较低的低值鱼或鱼类加工副产品制成，是鱼类最好的饲料，其质量取决于生产原料及加工方法。蛋白质含量一般在55%～65%，蛋白质生物价值很高，可消化蛋白质可达50%～60%，富含多种维生素，此外，含5%～10%的脂肪，15%～19%的矿物质。按加工原料差异有粗鱼粉、全鱼粉、红鱼粉、白鱼粉之分；按来源不同有国产鱼粉、进口鱼粉（红、白鱼粉）之分。国产鱼粉质量低于进口鱼粉，目前进口鱼粉多从秘鲁、智利进口。

粗鱼粉：由水产品加工废弃物（鱼骨、鱼头、鱼皮、鱼内脏等）为原料生产的鱼粉。粗鱼粉粗蛋白质含量较低，而灰分含量较高，其营养价值低于用全鱼制造的鱼粉。

全鱼粉：用湿法加工工艺，将原料鱼蒸煮后压榨，除去鱼油和大部分水分，干燥，再轧碎，压榨液经离心去油后，浓缩混合于轧碎的榨饼中，一并干燥而得的鱼粉。用此法生产的鱼粉，能耗低，除臭彻底，鱼粉得率高，质量好。

红鱼粉：主要以沙丁鱼、竹刀鱼、太平洋鲱等鱼为原料加工，呈褐色，蛋白质含量40%～60%，差异较大，脂肪含量高（10%～13%），富含不饱和脂肪酸。

白鱼粉：主要以鲽、鳕、狭鳕等鱼为原料加工而成，呈淡黄色，含蛋白质65%～70%，脂肪2%～6%，质量较好。

（2）肉粉、肉骨粉。肉粉、肉骨粉是肉类加工中的废弃物——废弃肉（非变质）、纤维蛋白和少量骨头（不超过10%）经过加工（脱脂）而成的副产品，一般呈灰黄、深棕色。其营养成分由于来源不同而有差异，粗蛋白含量可达30%～64%，消化率一般为60%～90%。这类饲料含脂量较高，易氧化酸败，在使用和选购时注意鉴别。

（3）蚕蛹。蚕蛹是缫丝工业的副产品，由于新鲜的蚕蛹含有大量的脂肪，极易变质，不宜存放，一般通过烘干制成干制蚕蛹。干蚕蛹的蛋白质含量可达55%～62%，消化率在80%以上，脂肪含量6.7%，矿物质含量3.6%。广东、江苏、浙江等地用来养鱼效果良好。长期大量使用蚕蛹养鱼，会对鱼产品风味构成不良的影响，因此蚕蛹在配方中用量不宜过多（10%以下），在鱼起捕前半个月，应停止使用蚕蛹。

2. 能量饲料

能量饲料指干物质中粗纤维低于18%、粗蛋白质低于20%的一类饲料，如谷实类，此外还包括含能量极高的饲用油脂。能量饲料的主要成分是可消化糖类。鱼类对糖类的利用率低，所以能量饲料在鱼类配合饲料中的用量较低，但能量饲料仍然是用量仅次于蛋白质饲料的一类重要原料，其含量占配方的10%～45%。肉食性鱼类用量较少，而草食性、杂食性鱼类用量较高。

3. 矿物质饲料

矿物质饲料是可以提高鱼类对碳水化合物的利用，提供代谢中不可缺少的一些矿物元素。因此，在饲料中应注意矿物质的含量及平衡，特别是钙、磷、氯、钠的含量，添加贝壳粉、骨粉、食盐等可促进鱼体骨骼等组织的生长，提高鱼类食欲，加速生长。

4. 人工配合饲料

人工配合饲料是指通过营养学研究，根据鱼类不同种类及不同生长阶段对各种营养物质的需要，将多种饲料原料按科学合理的比例均匀混合，经加工制成一定形状（粉状饲料、颗粒饲料等）的饲料产品，如鲤鱼配合饲料、草鱼配合饲料、鳖配合饲料等。

三、鱼用配合饲料的应用

配方科学合理、营养全面，完全符合鱼类生长需要的配合饲料，称为鱼用全价配合饲料。

1. 配合饲料的种类

依照饲料的形态可分为粉状饲料、面团状饲料、碎粒状饲料、饼干状饲料、颗粒状饲料和微型饲料等 6 种；依照饲料在水中的沉浮分为浮饲料、半浮性饲料和沉性饲料 3 种；依照饲料的营养成分可分为全价饲料、浓缩饲料、预混合饲料和添加剂 4 种；依照养殖对象可分为鱼苗开口料、鱼种饲料、成鱼饲料和亲鱼饲料等 4 种。现按形态分类对主要种类分述如下。

1）粉状饲料

粉状饲料就是将原料粉碎达到一定程度，混合均匀后而成。因饲料中含水量不同而有粉末状、浆状、糜状、面团状等区别。粉状饲料适用于饲养鱼苗、小鱼种以及摄食浮游生物的鱼类。粉状饲料经过加工，加黏合剂、淀粉和油脂喷雾等加工工艺，揉压而成面团状或糜状，适用于鳗鱼、虾、蟹、鳖及其他名贵肉食性鱼类食用。

2）颗粒饲料

饲料原料先经粉碎或先混匀，再充分搅拌混合，加水和添加剂，在颗粒机中加工成型的颗粒状饲料总称为颗粒饲料，可以分以下 4 种。

（1）硬颗粒饲料。成型饲料含水量低于 13%，颗粒密度大于 1.3g/cm^3，沉性。蒸汽调至 80℃以上，硬性，直径 1～8mm，长度为直径的 1～2 倍。适合于养殖鲑、鳟、鲤、鲫、草鱼、青鱼、团头鲂、罗非鱼等品种。

（2）软颗粒饲料。成型饲料含水量 20%～30%，颗粒密度 1～1.3g/cm^3，软性，直径 1～8mm，面条状或颗粒状饲料。在成型过程中不加蒸汽，但需加水 40%～50%，成型后干燥脱水。我国养殖的现有品种，尤其是草食性、肉食性或偏肉食的杂食性鱼都喜食这种饲料，如草鱼、鳗鱼、鲤鱼和鲈鱼等。软颗粒饲料的缺点是含水量大，易生霉变质，不易贮藏及运输。

（3）膨化颗粒饲料。成型后含水量小于硬颗粒饲料，颗粒密度约 0.6g/cm^3，为浮性泡沫状颗粒。可在水面上漂浮 12～24h 不溶散，营养成分溶失小，又能直接观察鱼吃食情况，便于精确掌握投饲量，所以饲料利用率较高。

（4）微型颗粒饲料。微型颗粒饲料直径在 500μm 以下，小至 8μm 的新型饲料的总称。它们常作为浮游生物的替代物，称为人工浮游生物。饲养刚孵化的鱼苗，也称为开口饲料。

2. 配合饲料的配制原则

1）符合养殖鱼类的营养需要

设计饲料配方必须根据养殖鱼类的营养需要和饲料的营养价值，这是首要的原则。由于养殖鱼类品种、年龄、体重、习性、生理状况及水质环境不同，对于各种营养物质的需要量与质的要求是不同的。配方时首先必须满足鱼类对饲料能量的要求，保持蛋白质与能量的最佳比例。其次是必须把重点放到饲料蛋白质与氨基酸含量的比率上，使之符合营养标准。再次是要考虑鱼的消化道特点，由于鱼的消化道简单而原始，难以消化吸收粗纤维，因此必须控制饲料中粗纤维的含量到最低范围，一般控制在3％～17％，糖类控制在20％～45％。

2）注重适口性和可消化性

根据不同鱼类的消化生理特点、摄食习性和嗜好，选择适宜的饲料。如血粉含蛋白质高达83.3％，但可消化蛋白仅19.3％；肉骨粉蛋白质仅为48.6％，但因其消化率为75％，可消化蛋白质为36.5％，高出血粉1倍。又如菜子饼的适口性差，可能会导致摄食量不足，造成饲料浪费。

3）平衡配方中蛋白质与氨基酸

设计鱼料配方要考虑蛋白质氨基酸的平衡，即必须选择多种原料配合，取长补短，达到营养标准所规定的要求。

4）降低原料成本

所选的原料除考虑营养特性外，还须考虑经济因素，要因地制宜，以取得最大的经济效益。

5）选用适当的添加剂

配合饲料的原料主要是动物性原料和植物性原料，为了改善营养成分和提高饲料效率，还要考虑添加混合维生素、混合无机盐、着色剂、引诱物质、黏合剂等添加剂。

四、肥料的种类和应用

给养殖水体施肥，一方面可促进水中微生物、浮游植物和浮游动物的繁殖，为鱼类提供更多的天然饵料，而且浮游植物的生长，还能给水体增加氧气；另一方面有机肥料中的一部分碎屑，可直接成为鳙鱼、鲢鱼和罗非鱼等滤食性或杂食性鱼类的食物。所以，给养鱼塘、堰施肥，对提高鱼的产量作用重大。养鱼的肥料分为有机肥和无机肥两大类。

1. 有机肥料的种类和应用

有机肥料主要有粪肥、绿肥、厩肥、堆肥等。这些肥料含有氮、磷、钾等多种无机盐类和蛋白质、脂肪和糖类等有机物质。肥效较好而持久，但施用后见效较慢，所以又称为“迟效肥料”。有机肥料在水中会腐烂分解，消耗水中氧气，放出有毒气体（硫化氢、氨、二氧化碳等）对鱼类生长会带来一定的影响。因此，施用时不宜将大量新鲜的有机肥料直接施入鱼池，而应先将其封闭发酵腐熟后再施为宜。

1）粪肥

粪肥包括人、畜、禽的粪尿等，是一种良效肥，含有较多的氮、磷、钾等肥分，同时含有一定量的钙、硫、铁等元素，宜作追肥使用。因粪尿中的氮素容易挥发，所以在使用前加盖保存，让其发酵后再用。施用时要因时因池，要根据水的深浅、肥瘦和鱼的活动情况来决定用量。使用方法以少量多次的原则，可避免水质突然恶化。作基肥时，每亩（1亩≈667m^2）施用200～600kg，新池、瘦水用量应适当增加；作追肥时，每亩施用100kg为宜。

2）厩肥

厩肥是家畜、家禽的粪尿和垫料的混合物，同样含有较丰富氮、磷、钾等。但垫料含纤维素多，分解较慢。农村中以粪坑把厩肥积存或堆积腐熟后使用，多作基肥，也可作追肥。作基肥，每亩施用500kg；作追肥，可每隔7d左右施1次，用量为基肥的1/10～1/5为宜。具体方法是将厩肥堆放在池塘一角，沉入水中，让其逐渐分解析出肥分，扩散到水中供鱼饵生物利用，效果良好。

3）绿肥

绿肥包括各种野生无毒及分解快的草类、树叶、嫩枝和各种栽培作物的茎叶，如三叶草、蚕豆、水花生、水葫芦等，都可以作养鱼的肥料。这些绿肥都易于采得，具有成本低、见效快的优点。它也可用作混合堆肥的原料，可直接沤于鱼池。一般先将草料扎捆，堆放于池边，用石块压于水底，让其沤烂、析出肥分，达到培育浮游生物的目的。

4）堆肥

堆肥是指利用粪肥和草料混合沤制发酵而成的肥料。准备充足的青草和畜、禽粪，用量各半。分层堆放于准备好的土坑或粪坑中，先放入一层青草，撒上少量约1%的生石灰，再放一层粪料，依此装料入坑，最后加水使料完全浸于水中即可，最后用稀泥密封坑口。约经15d即可使用。使用时，揭开一部分封泥，取肥汁泼洒鱼池。作基肥时，每亩施用200～600kg，新池、瘦水用量应适当增加；作追肥时，每亩施用100kg左右为宜。

2. 无机肥料的种类和应用

无机肥料又称化学肥料。这类肥料的特点是所含营养成分比较单纯，大多数是一种化肥仅含1～2种肥分；施入水中易被分解，很快见效，因此又称其为“速效肥料”。无机肥料有氮肥、磷肥、钾肥和钙肥等。

1）氮肥

氮肥能够直接被浮游植物吸收利用，养殖业中常使用以促进浮游植物的生长繁殖，提高滤食性鱼类和非鲫的饵料量。养鱼常用的氮肥有碳酸氢铵、硫酸铵、硝酸铵、氯化铵和尿素等。这些以铵态存在的氮肥，遇碱易变成气体挥发而降低肥效，因此不能和碱性肥料混合施用。氮肥也是速效肥，宜作追肥，也可作基肥。作基肥时，每亩施用

1.5～2kg；作追肥的用量为基肥的1/4～1/3，以表层池水中有效氮浓度不超过0.3mg/L为追肥指标。尿素用量为每亩施用0.5～1.0kg，碳酸氢铵每亩施用2～3kg。

2）磷肥

常用的磷肥有过磷酸钙和磷矿粉等。池塘中一般都缺乏磷，施用磷肥对促进浮游生物和水生生物的生长有明显作用。过磷酸钙是一种水溶性速效肥料，含有效磷16%～18%。磷矿粉则是由磷矿石粉碎而成，所含磷化合物主要是难分解的氟磷灰石，磷的可溶性差，肥效也缓慢。使用过磷酸钙作追肥时，每亩施用0.25kg。同样不能与碱性肥料混合施用，否则会起化学作用，产生不溶性的磷酸三钙而降低肥效。

3）钾肥

常见的钾肥有氯化钾、硫酸钾、草木灰等，均能溶于水。一般情况下，池塘水体中的钾元素较为充足，因此施钾肥的用量不需太多。底泥多的池塘不缺钾，不用施钾肥。作基肥时，每亩施用0.5kg；作追肥的用量为基肥的1/4～1/3即可。草木灰含钾较多，碱性强，与其他肥料混合使用时不能忽略这一特性。使用草木灰时，最好先把灰润湿，然后均匀地撒在池塘中。草木灰应保持干燥，如果遭雨淋后，其含钾量将会大量流失。通常钾肥与氮肥、磷肥一起混合施用，氮、磷、钾三种化肥在混合肥料中的比例以2∶2∶1为佳。

4）钙肥

常用的钙肥有生石灰、消石灰等。施钙肥有多方面的作用，既可以消毒，又可以中和酸性水体，并提供水生生物所需要的钙素。其中最常用的是生石灰，既方便又经济，可作清塘消毒剂，也可作基肥和追肥。一般结合清塘使用，每亩用量为50～100kg。

5）复合肥料

一般指含有氮、磷、钾三种或其中两种元素，由化学方法加工制成的化学肥料。含有两种元素的叫二元复合肥料，如磷酸铵、硝酸钾等；含有三种的叫三元复合肥料，如硝磷酸钾等。此外，也含有三要素和某些其他元素的多元复合肥料。施复合肥可满足鱼类对多种养分的需要，其肥效优于其他化肥，并且贮藏、运输也比较方便。

3. 施肥应注意的事项

施肥要做到有的放矢，应根据水体肥瘦合理施肥。一般瘦水塘和新建的池塘要施足基肥；肥水塘和淤泥较多的老鱼塘，可不施基肥。为了补充水体中的肥分消耗，促进饵料生物增殖，还需要对鱼塘追加肥料。追肥应掌握及时、均匀和量少次多的原则。

施肥的数量应随季节的变化而有所不同。一般是春秋两季少施（每次量可多些），夏季多施（每次量宜少些）。平时还要根据天气、水色和鱼情的变化，适量施肥。通常是天气晴朗多施，阴雨天不施或少施；水色清淡多施，水色浓厚少施或停施；鱼活动正常多施，发现浮头或病害时不施。此外，为了充分发挥各种肥料的不同作用，在实际生产中，最好同时使用或交替使用有机肥料和无机肥料，这样可以扬长避短。

总之，施肥要考虑到多方面的因素，往往在生产实践中要根据具体情况加以调整，才能取得良好效果。表1-7表示几种混合肥的配方和使用方法。

表 1-7 混合肥料配方与施肥方法

序号	施肥方法	配方（每亩用量）	备注
1	基肥	硫酸铵 2.5kg；过磷酸钙 3kg；生石灰 37.5kg；堆肥 82kg；羊粪 36.5kg	—
	追肥	硫酸铵 0.75kg；过磷酸钙 0.9kg；堆肥 3.75kg	每天施肥 1 次
2	先施无机肥	硫酸铵 2.65kg；过磷酸钙 2.65kg；氯化钾 0.25kg	每 5～7d 施肥 1 次
	后施有机肥	陆草 50kg	每 14d 施肥 1 次
3	先施无机肥	石灰粉 5～10kg；过磷酸钙 1kg	每 10d 施肥 1 次
	后施有机肥	厩肥 75kg；陆草 125kg	每 10d 施肥 1 次

任务四 鱼类的人工繁殖

一、鱼类人工繁殖场的建设

（一）场址选择与规划

1. 水源条件

水源充足、方便，水质良好，无污染；光照充足；海水鱼繁殖场要尽量不受台风影响，海水潮差小，易于抽取水。

2. 地理位置

靠近鱼类主养区，苗种销路顺畅；最好能利用水位高低落差取水，以节省动力和防止断水事故，排水口不能被洪水淹没；场区地势较平坦，若需新挖塘需要考虑工程量；海水鱼繁殖场选址时，要避开葫芦形内湾，由于湾口小，水交换慢，在雨季时盐度变化很大，对育苗生产影响很大，周年盐度在 25 以上，不受江河等淡水径流的影响。交通便利，电力、通讯条件完备；治安状况良好；生活条件便利。

3. 繁殖场的规划

要因地制宜，根据场地形状、地势、可利用面积及生产要求，定出鱼池、道路、沟渠、涵管和房屋的位置，考虑不同品种间的兼容性，留有余地；要考虑充分利用有限的面积和自然高差，降低施工土方量，节约成本；不仅重视鱼池等生产设施的建设，也不能忽视取水、配电、充气、供热等配套设施的建设；力求简捷、方便、适用，保证工程质量。

整个养殖场的进排水系统要分开，育苗车间用水需要处理，所以水处理系统可以靠近育苗车间，以缩短水路。现代化的繁殖场要建造废水处理设施，以减轻污染。

（二）繁殖场的建设

1. 育苗室

育苗车间多为双跨、多跨单层结构，跨距一般 9～15m，砖混墙体，屋顶断面为三角形或拱形。屋顶为钢架、木架或钢木混合架。从屋顶的结构上可分为阳光型和黑暗型两类。仔鱼不喜强光，一般用不透光材料做屋顶，若用透光材料，需要加设遮光布或网。采用透光材料作屋顶的温室车间，一般都设有遮光设置，室内照度以晴天中午不超过 1000lx 为宜。在北方，要考虑冬季保温问题，屋顶多用双面彩钢板夹 10cm 左右的苯板制成，墙体厚度为 50cm。

2. 产卵、孵化设施

1）产卵池

家鱼产卵池模拟天然产卵场的流水条件，包括产卵池、集卵池和排灌设施。产卵池的种类很多，常见的为圆形，砖、水泥结构。直径 8～10m，面积 50～100m^2，池深 1.5～2.0m。池底由四周向中心倾斜 10～15cm，池底中心设方形或圆形出卵口 1 个，上盖拦鱼栅，出卵时由暗道引入集卵池。墙顶每隔 1.5m 设稍向内倾斜的挂网杆插孔 1 个。

2）集卵池

一般为长方形，长 2.5m，宽 2m，其池底比产卵池底低 25～30cm。在集卵池设溢水口 1 个，底部设排水口 1 个。集卵池墙一边设 3～4 级阶梯，每一级阶梯设排水孔 1 个，可采用阶梯式排水。集卵网与出卵暗管相连，放置在集卵池内，以收集鱼卵。

3）孵化设施

生产上常用的孵化设施有孵化桶（缸）、孵化环道及孵化槽等。基本原理是造成均匀的流水条件，使鱼卵悬浮于流水中，在溶氧充足、水质良好的水流中翻动孵化，因而孵化率较高（80%左右）。一般要求孵化设施内壁光滑，没有死角，不会积卵和积苗，每立方米水体可容卵 100 万～200 万粒。

（1）孵化环道。有圆形和椭圆形两种（图 1-35 和图 1-36），适用于大规模生产使用，按环数可分为单环型、双环型、三环型等几种。一般认为椭圆形环道比圆形好，因

图 1-35　孵化环道（圆形）

图 1-36　孵化环道（椭圆形）

其减少了水流循环时的离心力，从而减少了环道的内壁死角。整个环道孵化系统由蓄水池、环道、过滤窗、进水管道、排水管道、集苗池等组成。

蓄水池主要为了保证孵化用水的流量、流速及水质，蓄水池与孵化环道要有 1m 以上的水位落差。环道每环的宽度一般为 80cm，深 1.0～1.2m，底部呈弧形。过滤窗为长方形，装有 50 目过滤筛绢，窗向外倾斜，以便洗刷。过滤窗是为了防止卵和苗溢出以及保持环道水位。过滤窗的总面积与放卵密度、流量、筛绢孔径大小等因素有关，圆形环道过滤窗的大小为 50cm×30cm，内环 8 个，外环 14 个；椭圆形环道过滤窗的大小为 120cm×70cm，每环 4 个。进水管道全部为埋在地下的暗管，半径 100～150mm，用瓷管或镀锌钢管，按环道各环走向，每隔 1.5～2m 设一鸭嘴形的喷头，喷头管口为 25mm 左右，安装时离池底 5～10cm，向环道内壁切线方向喷水，使水环流，不形成死角。孵化用水由过滤窗、溢水口、暗沟和跌水孔进入埋在地下的排水管道，排水管与每环的出苗口相连，并直接通集苗池。

(2) 孵化桶（缸）（图 1-37）。适用于小批量的鱼卵孵化，一般由白铁皮或塑料制成，也有用普通水缸改制而成。要求缸形圆整，内壁光滑，以容水量 200kg 左右为宜，可按每 100kg 水放卵 10 万～20 万粒孵化。该孵化设备具有放卵密度大、孵化率高、使用方便等优点。

(3) 孵化槽（图 1-38）。用砖和水泥砌成的一种长方形水槽，大小根据生产需要。较大的长 300cm、宽 150cm、高 130cm。每立方米水体可放 70 万～80 万粒鱼卵。槽底装 3 只鸭嘴喷头进水，在槽内形成上下环流。

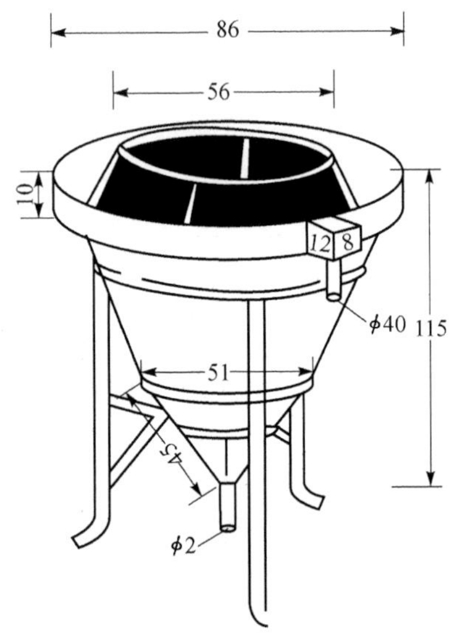

图 1-37　孵化桶（单位：cm）

图 1-38　孵化槽

3. 亲鱼、鱼种、鱼苗培育池

1) 亲鱼培育池

目前亲鱼培育多在土池塘、室内水泥池和网箱中进行。淡水鱼类多采用室外土池塘培育，海水鱼多采用室内水泥池和网箱培育。

淡水鱼亲鱼池要求水源条件好，注排水方便，水质清新，无工业污染；阳光充足，距产卵池、孵化场较近；鱼池面积一般 0.2～0.3hm^2，水深 1.5～2.0m；长方形为好，池底平坦。草、青鱼亲鱼池以沙壤土为好；鲢、鳙鱼的池底以壤土稍带一些淤泥为好；鲮鱼亲鱼池以沙壤土稍有淤泥为好。亲鱼培育池一般每年清整、消毒 1 次，主要是清除过多的淤泥，平整加固池埂，清除野杂鱼，杀灭病原体等。

海水鱼的亲鱼池首先要考虑水源的理化指标，要求水温变化速度较慢，幅度较小，溶氧充足，透明度高，无赤潮和污染，风浪较小，水较深等。池子为水泥或砖石结构，屋顶有钢框架或玻璃钢瓦或石棉瓦等，墙壁或屋顶开窗，室内光照度没有严格规定，一般晴天中午不超过 1000lx 为宜。鱼池形状有圆形、八角形、长椭圆形等，鱼池面积 50～100m^2，深度 1.2～1.5m 以上。排水口位于鱼池中央，其上安装多孔排水管，池底锅底形，坡度 3%～10%，进水管 2～4 条，沿池周同一方向注水，以便于集污。

海水亲鱼培育一般在网箱中进行，网箱水质条件好，有水流刺激，有利于促进性腺发育。目前养殖亲鱼的网箱多为浮动式网箱，便于观察、挑选亲鱼，也利于对亲鱼进行注射催产等操作。放养亲鱼时，可根据亲鱼的体长来选择合适的网箱规格。体长 50cm 以下的亲鱼，可放养于规格 3m×3m×3m 的网箱；体长大于 50cm 的亲鱼，要放养于规格 5m×5m×3m 以上的网箱。网箱的网目越大越好，以最小的亲鱼鱼头不能伸出网目为宜。

2）鱼种培育池

面积 1～3 亩，水深 1.2～1.8m，其他同亲鱼池。

3）鱼苗培育池

分室内和室外两种类型，靠近孵化区。室内水泥池一般与鱼苗孵化区在一起，建在育苗车间中。面积 20～50m^2 不等，一般为长方形，池底稍向一角倾斜，设排污口。为节省空间，可设计为 2 个一组，组间设 0.8～1m 的通道，方便操作。相邻两排水池间设主通道，宽 1.5～2m，方便运输和人员通行。室外一般为土池，最好有水泥护坡。面积 0.5～1 亩，水深 1～1.5m。

4. 饵料培养池

1）单胞藻培养池

培育轮虫的单胞藻有小球藻、微绿球藻、扁藻等。单胞藻培养池要求光照强，晴天达到 10000lx。因此屋顶需透光率强的玻璃或用透光率在 95%的玻璃钢瓦覆顶，培养室四壁需宽大而明亮的窗户，同时配有人工光源。培养池、二级培养池可用玻璃钢水槽、水泥池均可，面积为 1.5～2m^2，水深 0.5m 左右，圆形、方形均可。三级培养池可用水泥池 10～25m^2，深 0.8～1.0m 或大型玻璃钢水槽，或室外 50～100m^2 水泥池。

2）轮虫培养池

轮虫是鱼苗的开口饵料，种类很多，作为饵料的一般是褶皱臂尾轮虫。轮虫培养室屋顶一般用石棉瓦或透光率稍差的玻璃钢瓦，一般为 1～6m^3 小型水池和 20～50m^3 的大型水池。池深一般 1～2m 均可，水泥池、玻璃钢水槽均可。

3）卤虫孵化池

多为圆形、锥底的水泥池或玻璃钢水槽，容积 0.5～2m^3。卤虫无节幼体的孵化，相对来说要容易得多，一般将购买的卤虫冬卵定量放入充气海水中即可孵化。

4）大型浮游动物培养池

大型浮游动物是指作为鱼苗中后期培育饵料的桡足类和近年来由淡水驯化而来的蒙古裸腹溞等。由于大量培育这些浮游动物需要非常多的单细胞藻类，故一般不用水池培育，而是用池塘培育，面积 2～5 亩，池深 1m 左右。

5. 养殖用水处理设施

1）沉淀池

目前生产中多采用静态沉淀池。沉淀池最好建在高位，1 次提水，自流供应，其总容积应为育苗场最大日用水量的 3～6 倍，严格防渗。通常是修建潮差蓄水池，用水泵提水，经 150～200 目筛绢过滤至育苗池；或潮差蓄水池泵入砂滤池过滤后经预温池（调温池）进入人工育苗池。

2）砂滤池

多采用无压砂滤池、压力过滤器、重力无阀过滤器、反冲式滤池。砂滤池的作用是除去海水中的悬浮颗粒和微小生物。砂滤池由几层大小不同的沙和砾石组成，利用水的重力通过沙滤池。常用的沙砾颗粒大小为细砂 1～2mm、中砂 2～5mm、砾石 5～15mm。

6. 充气设备

亲鱼培育池一般每 10 亩水面配备 1 台 3kW 或 2 台 2kW 的叶轮式增氧机，产卵孵化池、育苗池增氧主要采用罗茨鼓风机。一般有效水深在 1.5m 以下，选风压 20～34kPa 的充气机；有效水深在 1.8～2.0m，选风压 34～49kPa 的充气机。

7. 控温设施

大多数人工繁殖场的亲鱼培育、产卵孵化、饵料生物培养、鱼苗培育等生产环节均需加温处理，因此应配备增温设施。目前增温方法主要有两种：一是用燃煤锅炉增温；二是使用电加热器加温。燃煤锅炉比较经济安全，一般 1000m^3 水体配备 1～2t 的锅炉。用锅炉增温方法，是在池内架设加温盘管，管径一般为 5.08～7.62cm 无缝钢管，外涂无毒防腐涂料或用塑料薄膜缠紧缠严。锅炉蒸汽或热水通过盘管使池内水温上升。但育苗室内孵化池、仔稚鱼培育池最好不用盘管，以免造成清扫池底、吸污或苗种出池不便，但可在预热池设加盘管。用热水炉或钛盘管或不锈钢管增温，适用于小型育苗场。

8. 其他设施

鱼类人工繁殖场要建造水质分析及生物检测室，以对育苗水体的温度、盐度、pH、溶氧、氨氮、硫化氢等进行监测及对生物解剖观察。配备水质分析人员，以及解剖观察所需的生物显微镜、解剖镜和温度、盐度、pH、溶氧、氨氮、硫化氢测定仪器等设备。

另外，育苗场还需配套建设库房，用来存放水泵、网具、各种管、桶等生产工具和设备和存放饲料、肥料等。

二、亲鱼的来源与选择

1. 亲鱼的来源

亲鱼可通过池塘培育经筛选后获得，也可直接从江河、湖泊、水库等水体中选留性成熟或接近性成熟的个体。此外从养殖水体或天然水域捕捞商品鱼时选留的亲鱼，有必要在亲鱼培育池中专池培育一段时间，至第 2 年再催产效果较好。

2. 亲鱼的选择

1）种质标准

从种质角度选择，亲鱼应生长速度快、肉质好、抗逆性强；进行杂交育种时，要求亲本的种质纯度高。

2）年龄和体重

避免将初次性成熟个体和进入衰老期的个体作为亲鱼。最好是第 1 次性成熟年龄以后至衰老前的个体。我国南北各地家鱼的性成熟年龄有所差别，南方性成熟较早，北方则较迟。雄鱼较雌鱼普遍早熟 1 年。在达到性成熟年龄的前提下，亲鱼体重越大越好。不同地区四大家鱼的性成熟年龄和体重见表 1-8。

表 1-8　不同地区四大家鱼的性成熟年龄和体重

种类	华北地区		华中地区		华南地区	
	年龄	体重/kg	年龄	体重/kg	年龄	体重/kg
青	7～8	16 以上	6～7	13 以上	5～6	10 以上
草	5～7	7 以上	5～6	6 以上	4～5	4 以上
鲢	4～6	5 以上	3～4	4 以上	2～3	2 以上
鳙	6～7	8 以上	5～7	7 以上	3～4	4 以上

3）体质标准

选择体质健壮、行动活泼、无病、无伤的个体作为亲鱼。

4）雌雄比例及鉴别

以 1∶(1～1.5) 为宜，以保证卵子的受精率。选留亲鱼时，雌雄比例要适当，避免雌多雄少。亲鱼的雌雄鉴别根据生殖季节生殖孔的形态、胸鳍上的追星等特征进行鉴别。四大家鱼、鲤、鳜繁殖期雌雄亲鱼的鉴别特征见表 1-9～表 1-11。

表 1-9　四大家鱼繁殖期的雌雄特征

种类	雄鱼特征	雌鱼特征
鲢	在胸鳍前面的几根鳍条上，特别在第 1 鳍条上明显的生有 1 排骨质的细小栉齿，用手抚摸，有粗糙、刺手感觉，这些栉齿生成后，不会消失；腹部较小，性成熟时轻压精巢部位有精液从生殖孔流出	只在胸鳍末梢很小部分才有这些栉齿，其余部分比较光滑；腹部大而柔软，泄殖孔常稍突出，有时微带红润

续表

种类	雄鱼特征	雌鱼特征
鳙	在胸鳍前面的几根鳍条上缘生有向后倾斜的锋口，用手向前抚摸有割手感觉；腹部较小，性成熟时轻压精巢部位有精液从生殖孔流出	胸鳍光滑，无割手感觉；腹部膨大柔软，泄殖孔常稍突出，有时稍带红润
草鱼	胸鳍鳍条较粗大而狭长，自然张开呈尖刀形；在生殖季节性腺发育良好时，胸鳍内侧及鳃盖上出现追星，用手抚摸有粗糙感觉；性成熟时轻压精巢部位有精液从生殖孔流出	胸鳍鳍条较细短，自然张开略呈扇形；一般无追星，或在胸鳍上有少量追星；腹部比雄体膨大而柔软，但一般比鲢、鳙雌体小
青鱼	基本同草鱼，在生殖季节性腺发育良好时除胸鳍内侧及鳃盖上出现追星外，头部也明显出现追星	胸鳍光滑，无追星

表 1-10　鲤亲鱼的雌雄鉴别特征

鉴别部位	雌鱼	雄鱼
体形	背高、体宽、头小	体狭长，头较大
胸、腹鳍	光滑（没有或有很少追星）	生殖季节胸、腹鳍及鳃盖有追星
腹部	成熟时膨大松软、外观饱满	狭小而略硬，成熟时轻压后腹部有精液流出
生殖孔	较大、略红肿，凸出	较小，略向内凹

表 1-11　鳜亲鱼的雌雄鉴别特征

部位	雌鱼	雄鱼
下颌	圆弧形，超过上颌不多	尖角形，超过上颌很多
生殖孔	位于肛门与排尿孔中间，呈“一”字形，桃红色	腹部 2 孔，生殖孔在肛门后面
腹部	膨大，柔软，轻压有少许胶状卵液和浅黄色卵粒流出	不膨大，轻压有乳白色精液流出，入水后能自然散开

三、亲鱼培育

（一）培育密度与放养方式

室外池塘培育淡水亲鱼的放养密度不宜过大，以重量计算，放养密度为 100～125kg/亩。一般主养一种亲鱼，少量搭配其他亲鱼，以充分利用池塘的饵料生物。草鱼、鳊鱼和鲂鱼类有清除杂草，使水质肥沃的作用。主养亲鱼的雌雄比例最好为 1∶1.5，不应高于 1∶1。任何一种亲鱼池中不宜搭养鱼种，否则会互相争夺饲料和氧气，影响亲鱼性腺发育。池塘培育四大家鱼亲鱼的培育密度与放养方式见表 1-12。

表 1-12　池塘培育四大家鱼亲鱼的培育密度与放养方式

种类	培育密度/(尾/亩)	放养方式
青鱼	8～10 尾（每尾重 20kg 以上）	可搭养鲢亲鱼 8～10 尾或鳙亲鱼 4～5 尾
草鱼	15～20 尾（每尾重 7～10kg）	可搭养鲢亲鱼 5～10 尾、鳙亲鱼 1～2 尾，池内螺蛳多时，搭养青鱼 2～3 尾
鲢鱼	16～20 尾（每尾重 10～15kg）	可搭养鳙亲鱼 2～4 尾，草鱼亲鱼 2～4 尾（每尾重 10kg 左右）
鳙鱼	10～20 尾（每尾重 10～15kg）	可搭养草鱼亲鱼 2～4 尾（每尾重 10kg 左右）

海水亲鱼培育一般在网箱中进行，也有些种类在池塘中进行。网箱水质条件好，有水流刺激，有利于促进性腺发育。目前养殖亲鱼的网箱多为浮动式网箱，便于观察、挑选亲鱼，也利于对亲鱼进行注射催产等操作。放养亲鱼时，可根据亲鱼的体长来选择合适的网箱规格。体长50cm以下的亲鱼，可放养于规格3m×3m×3m的网箱；体长大于50cm的亲鱼，要放养于规格5m×5m×3m以上的网箱，为亲鱼的成熟发育提供自由空间。

（二）亲鱼的培育

1. 草鱼亲鱼的培育

草鱼亲鱼培育管理分产后培育（夏季）、秋季培育、冬季培育和春季培育4个阶段，培育的关键技术是饲料投喂及定期冲水保持水质清新。

亲鱼产后体质明显下降，在催产过程中或多或少有一些外伤。所以养殖管理重点是要保持清洁良好的水质，并经常加注新水，防止感染鱼病。刚催产完的亲鱼可投喂少量嫩绿可口的青饲料和营养丰富的精饲料，以后根据亲鱼摄食情况逐渐增加投饵量，并适当增加精饲料的投喂量。经过1个多月的培育，产后亲鱼体质得到基本恢复。

进入盛夏，水温不断上升，鱼体新陈代谢加决，摄食量大增，应尽可能满足其对青饲料的需求。每天投喂青饲料量为亲鱼体重的30%～40%。具体投喂量，需参考天气情况和鱼的吃食状态适当增减。在高温条件下，池水容易缺氧，天气剧变又容易泛塘，故夏季应经常给池水增氧，每半个月加入新水1次，保持最高水位。天气晴好时，每天中午、下午开增氧机2h左右，同时利用和发挥生物增氧功能，防止泛塘。

进入秋季（9～10月），青饲料锐减，应补充精料，主要任务是让亲鱼育肥和冬季保膘。前期投喂以青饲料为主，配以少量精饲料。日投喂量：青饲料占亲鱼体重的30%～50%；精饲料占亲鱼体重的2%～3%，促进鱼体脂肪积累，准备越冬。

冬季（11月～翌年2月）水温低，草源枯竭，亲鱼吃食、活动微弱，则以投喂精饲料为主。一般在晴朗天气，不定期在向阳避风深水区投喂占亲鱼总体重1%左右的精料，投喂量逐渐减少。我国北方深冬水温较低可不投喂，但冰面上要适当打冰眼，下雪时及时扫雪，防止缺氧死鱼，防止渗漏缺水。

进入春季，应加大换水量，经常冲注新水，水位降低到1m左右，以保持较高水温。水温回升后，亲鱼摄食日渐旺盛，性腺处在大生长发育时期，应投足食物，力争早投喂、早开食、早生长。早春可利用数量有限的黑麦草和一定量的精料，如果青料较多，尽可能保证黑麦草和菜叶供应，不投精料；即使投喂精料，也应将大麦或小麦发芽后再喂养，以利性腺发育。3月份可投喂少量豆饼、麦芽、谷芽，投喂量为亲鱼体重的1%～2%，并逐渐转为以青饲料为主，精饲料为辅。青饲料的日投喂量为亲鱼体重的40%～60%，喂一些莴苣叶之类的青饲料对性腺发育有利；精饲料日投喂量为亲鱼体重的2%～3%。产前1.5个月左右，过渡到全部投喂青饲料，以防止积累过多脂肪，影响催产效果。

在整个草鱼亲鱼培育过程中，要注意经常冲水，保持池水清新是促使草鱼亲鱼性腺发育的重要技术措施之一。冲水的数量和频率应根据季节、水质肥瘦和摄食情况合理掌握。一般冬季每周1次；天气转暖后，逐渐过渡到3～5d冲1次；到临产前15d，最好隔天冲1次，催产前几天可每天冲1次水，每次冲水3～5h，可以促使亲鱼性腺发育成熟。

2. 青鱼亲鱼的培育

青鱼的投喂以螺、蚬、蚌肉为主，辅以饼类、蚕蛹或高质量的配合饲料都能培育成功。投喂量以当天吃完为度，不宜多喂，吃剩的饲料要捞出，防止水质败坏。每尾青鱼每年需螺、蚬500kg，菜饼10kg左右。由于青鱼性腺成熟较晚，在其他亲鱼催产过程中，陆续将青鱼集中于一池，待催产季节后期再进行催产繁殖。青鱼喜清新水质，培育期间要经常冲水，以保持水质良好，促使性腺发育，产前1个月可每天冲水2～3h。

3. 鲢、鳙亲鱼的培育

鲢、鳙都是浮游生物食性的鱼类，如何保持水体中的浮游生物的含量是鲢、鳙亲鱼培育的关键。在亲鱼下池前可根据底泥多少、水质肥瘦及肥料浓淡等情况施底肥，每亩施用300～500kg，当浮游生物大量生长后放入亲鱼。以后根据水质情况每月追施肥4～6次，总量为每亩用400～600kg。池水透明度保持在25cm左右。

产后的1个月到1.5个月左右，由于亲鱼体质较弱，易感染疾病，耐氧能力降低，再加上水温较高，容易浮头死亡，因此要多加注新水，以保持水质清新，并且每天注意观察天气和池水水色的变化情况，施肥应量少次多，适量增投粉状精料并以干撒或调湿后投于池坡水下，以利亲鱼均衡摄食。投饵量为亲鱼总体重的3%左右。

夏季高温，施肥以量少、次多为原则。每次施牛粪、猪粪或绿肥每亩施用100kg左右，或尿素施用2kg（碳酸氢铵加倍）、过磷酸钙（或钙镁磷肥）4kg。水温25℃，粪肥有效期7～10d，化肥5～7d，维持水质茶褐色或绿褐色，透明度35cm左右。高温季节不能一次性施肥过量，以免泛塘和引发鱼病。为了保持良好的水质，采取有机肥与化肥交替使用，并根据水质变化每月加注新水1～2次。

秋季水温下降，出现昼夜温差，水体上、下层自然交换较好，鲢、鳙亲鱼吃食量大，生长好，可以适当增加施肥和投饵量。秋冬季节是亲鱼育肥和性腺发育积累物质的关键时期。入冬前注意让亲鱼吃好吃饱，尽可能育肥，因此要加强施肥，使水质较浓；在秋末每亩施用200kg粪肥培育水质。

入冬后水位可加深，以保持水温，少量施肥以保持水的肥度；天气晴暖时还可按鱼体重1%～2%的量适当投喂精饲料，以保持亲鱼体质。我国北方冬天还需打冰眼、扫雪，以防缺氧。

春季的重点是保持良好水质环境，每月冲水2次，为了保持水质中等肥度，可用水泵使池水循环。早春水温偏低，藻类生长缓慢，不应盲目增施肥料，应适当投喂精料，以补充天然饵料不足；一旦水质变肥，随着水温不断上升，要防止亲鱼浮头和泛塘。催产前15～20d可经常冲注新水，同时降低施肥量。

4. 鲤亲鱼的培育

1）培育密度与放养模式

鲤亲鱼最好专池单养，一般每亩放养 150～200kg（50～100 尾）。为了调节水质，可混养少量的鲢、鳙亲鱼，每亩放养 10 尾。

2）培育管理

鲤属于杂食性，一般以人工精料喂养，或专用高质配合饲料喂养。培育过程同样分为产后（包括夏季）、秋季、冬季和春季培育。由于鲤性腺是在Ⅳ期越冬，故培育重点应在夏、秋两季。首先是产后亲鱼恢复体质，随后一直到秋季是肥育。此阶段需积累脂肪和准备越冬，需要大量营养，投饵量为亲鱼体重的 3%～4%，并根据天气情况和吃食状态灵活增减。同时注意定期加入新水和增氧，促进性腺发育。越冬期间，亲鱼池每亩需堆施猪粪 500kg，并在天气晴朗时不定期投喂少量精料，以维持体质和性腺成熟转化。

在越冬后产卵前雌雄亲鱼必须分开饲养，以免温度突然升高时亲鱼自然繁殖而零星产卵。鲤食量较大，饲养期间应给予足够的食物，同时也可适当施肥使水质肥沃，天然饵料充足。产卵前 10～15d 用优质饲料进行强化培育，以利于性腺的发育。

5. 鳜亲鱼的培育

1）亲鱼选择

亲鱼的挑选要在繁殖前 8～9 个月进行（即繁殖前 1 年的秋天）。可以从湖泊、水库中捕捞；也可以从人工饲养鳜鱼的池塘或网箱中挑选。最好不要长期使用同一渔场的雌雄鱼配组繁殖，以免近亲繁殖。翘嘴鳜亲鱼的选择标准见表 1-13。

表 1-13 翘嘴鳜亲鱼的选择标准

选择项目	选择标准
体形	翘嘴鳜的躯体呈菱形，选择亲鱼时，要挑选从背部到腹部的垂直距离大的，并且这个距离越大越好
体色	翘嘴鳜体色是黄绿色，大眼鳜体色是古铜色（黄褐色）；要挑选黄绿色的翘嘴鳜，而不要选古铜色的大眼鳜（即使个体大，也不选）
体质	要求无伤、无残、无病、体表没有寄生虫寄生，而且要尽量挑选身体胖大的
体重	翘嘴鳜生长速度快，当年鱼苗一般年底能长到 0.5kg 左右，个别大的个体能长到 1kg 以上。雌性亲鱼要选 2kg 以上的个体，雄性亲鱼也要选 1.5kg 以上的个体。最好是雌雄亲鱼体重体长相差不大
雌雄比例	雌、雄比例最好在 1∶2，或者 1∶1.5，最少不能低于 1∶1

2）培育密度与放养模式

投放亲鱼前，每亩先放养 150～200g 的健壮鲫鱼 500～600 尾，每天投喂颗粒饲料，使鲫鱼产卵，孵出小鱼后供鳜鱼亲鱼摄食。鲫鱼放入后几天，每亩按放养 60kg 鳜鱼亲鱼。

鳜亲鱼单独培育成本偏高，生产中常用家鱼亲鱼池套养鳜亲鱼。家鱼亲鱼一般都较大，不会受到鳜亲鱼的伤害。家鱼亲鱼池的载鱼量较低，而且池中有一定数量的野杂鱼，可以供鳜鱼摄食。套养时鳜鱼每亩放养亲鱼 40～50 尾，并要投放 10kg 的饵料鱼，基本上能够满足鳜鱼摄食。

3）培育管理

在鳜鱼亲鱼培育期间，日常管理工作主要有投饵、冲水和巡塘等。亲鱼的饵料以小鲤鱼、小鲫鱼等底层鱼最好。在先放养的大鲫鱼孵出鱼苗之前，适当投喂一些小活鱼，当发现池中小鲫鱼增多时，可以停止喂小活鱼。越冬结束后，亲鱼要加强投喂，进行强化培育，使它们的性腺发育得更好，成熟得更早。在产卵前，要追加投喂 2 次饵料鱼，每亩每次投喂 100kg。

鳜亲鱼套养期间，要定时冲水，每天 1～2 次，每次 1h 左右，冲水时进水和排水量要一致。盛夏炎热季节，时刻防止亲鱼浮头，发现缺氧，立即开增氧机。

培育期间还要坚持每天早、中、晚 3 次巡塘。观察水质情况，保持水质清新，溶氧充足；观察饵料鱼多少和亲鱼摄食情况，及时增减饵料鱼投喂量；如发现有鳜鱼患病或活动异常，要及时采取措施；还要观察鱼群活动情况，防止浮头。水温在 20℃以上时，夜间也要巡塘 1 次，如发现浮头，要及时开增氧机，尤其是阴雨天、闷热天，更要多加注意。

6. 石斑鱼的亲鱼培育

在室内水泥池中蓄养或暂养石斑鱼亲鱼，通过人工强化培育，每日换水和吸污，亲鱼不用激素催产就能自然产卵受精，可获得优质的受精卵。亲鱼培育也可在土池或网箱中进行。

当水温上升至 18℃，摄食完全正常后，于饲料中加入强化剂，促进亲鱼性腺发育。当卵巢发育到Ⅲ期末，即可移入产卵池进行产前强化培育。在产卵前期，投饲量按照亲鱼体重的 5%～10%投喂，每周 3～4 次。产卵期间，每天 1 次。亲鱼培育一般使用新鲜的小杂鱼，并适量添加小虾、鱿鱼等。在饲料中添加 2%的磷脂和 0.2%的维生素 E，有利提高卵子质量。正常情况下，经过 20～30d 的强化培育卵巢便可发育至Ⅳ期末，在水温达到 21.5℃时开始自然产卵。

四、人工催产

1. 常用催产用具的准备

1）亲鱼网

亲鱼网用于捕捉亲鱼，要求网目不能太大，2～3cm 即可，且材料要柔软较粗，以免伤鱼。网的宽度一般为 6～7m，长度一般为亲鱼池宽的 1.4 倍左右，设有浮子和沉子。用于产卵池的亲鱼网可不设浮子和沉子。

2）亲鱼夹和采卵夹

亲鱼夹是提送及注射亲鱼时用的，采卵夹是人工授精时提鱼用的。两种夹规格完全相同，只是采卵夹在夹的后端开了一个洞，使亲鱼的生殖孔露出来，以便于使精液或卵子排出（图 1-39）。

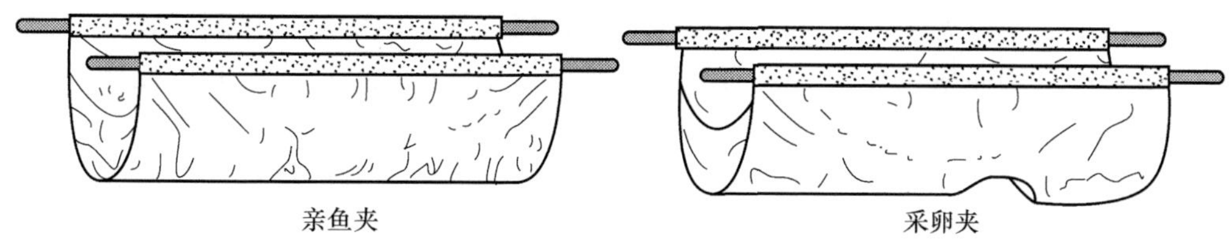

图 1-39　亲鱼夹和采卵夹

3）鱼巢

某些种类的亲鱼需要有鱼巢才能正常发生产卵受精行为。

(1) 植物型人工鱼巢。供产黏性卵鱼类将卵产于其上，黏附孵化。将棕榈皮、水草、杨柳树根或人造纤维（棕榈皮和杨柳树根需经煮过晒干以去除单宁酸等有毒物质）消毒后扎制成束均匀悬吊于产卵池中，使亲鱼在其上交配产卵，并及时将黏附卵的鱼巢取出孵化，再放入新的鱼巢。

(2) 洞穴型人工鱼巢。有些鱼类（如淡水白鲳、斑点叉尾鮰等）喜欢在洞穴中进行交配、产卵，需要在产卵池中准备木桶、陶罐等，或是用石头或砖块等搭建洞穴，供亲鱼产卵。

4）其他工具

注射器（1mL、5mL、10mL）、注射针头（6 号、7 号、8 号）、消毒锅、镊子、研钵、量筒、温度计、秤、托盘天平、解剖盘、毛巾、纱布、药棉等。

2. 催产期的确定

亲鱼性腺的发育随着季节、水温变化而呈周期性变化，从性腺成熟到开始退化之前这段时间就是亲鱼的催产期。最佳催产期持续的时间都不长，只有在催产期内对亲鱼催产，雌鱼卵巢对催产剂才能敏感，催产才能成功。过了催产期，性腺就开始退化。

四大家鱼当早晨最低水温能持续稳定在 18℃以上，就预示催产期到来。催产水温以 22～28℃最适宜；性腺成熟的亲鱼摄食量明显减退，甚至不吃东西。要准确确定亲鱼的催产期，还要有选择地拉网检查亲鱼性腺发育情况，如雄鱼有精液，雌鱼腹部饱满。

3. 催产亲鱼的选择和配组

主要养殖鱼类的亲鱼培育技术是非常成熟的，一般按照常规技术培育亲鱼，成熟率很高（90％以上），催产盛期亲鱼无需选择。然而在催产早期和晚期或者在亲鱼培育较差的情况下，为了提高催产率，需要严加选择。选择的首要条件是性腺发育良好，其次是无病无伤。

1）催产用雄亲鱼的选择标准

从头向尾方向轻挤生殖孔两侧有精液流出，若精液浓稠，呈乳白色，入水后能很快散开，为性成熟的优质亲鱼；若精液量少，入水后呈线状不散开，则表明尚未完全成熟，若精液呈淡黄色近似膏状，遇水成团不散，表明性腺已过熟。

2）催产用雌亲鱼的选择标准

鱼腹部明显膨大，后腹部生殖孔附近饱满、松软且有弹性，生殖孔红润；将鱼腹部朝上并托出水面，可见腹部两侧卵巢轮廓明显；鲢、鳙亲鱼能隐约见其肋骨，如此时将尾部抬起，可见到卵巢轮廓隐约向前滑动；草鱼可见到体侧有卵巢下垂的轮廓，腹中线处呈凹陷状。

雌亲鱼性腺发育成熟度判断方法：在催产前用挖卵器由肛门后的生殖孔偏左或右插入卵巢 4cm 左右，然后转动几下取出少量鱼卵并倒入玻璃培养皿或白瓷盘中，加入少许透明固定液，2～3min 后可观察卵核位置，并判断其成熟度。若挖卵器在靠近生殖孔处就能得到卵粒，且卵粒大小整齐、饱满、光泽好、易分散，大多数卵核已极化或偏位，则表明雌亲鱼性腺发育进入最佳催产期；若亲鱼后腹部小而硬，卵巢轮廓不明显，生殖孔不红润，卵粒不易挖出，且大小不整齐，不易分散，则表明性腺成熟度不够；若亲鱼腹部过于松软，无弹性，卵粒扁塌或呈糊状，则表明亲鱼性腺已退化。但是青鱼雌鱼往往腹部膨大不明显，只要略感膨大，有柔软感即可选用。检查草鱼亲鱼时，需停食 2～3d，因草鱼食量大，容易造成腹部饱满性腺发育良好的错觉。

3）雌雄亲鱼配组

采用自然产卵受精，雌雄配组的比例最好为 1∶1.5，最低也不应低于 1∶1。生产中通常采用同一批鱼中，雄鱼比雌鱼多 1～3 尾的配组方法；如果采取人工授精，则雌、雄鱼比例为 1∶0.5 或雄体略少，1 尾雄鱼的精液可供 2～3 尾同样大小的雌鱼受精。同时，应注意同一批催产的雌雄鱼，个体重量要大致相同，以保证繁殖动作的协调。

4. 催产剂的配制

目前我国广泛使用的催产剂主要有 3 种：鱼类脑垂体（PG）、绒毛膜促性腺激素（HCG）、促黄体素释放激素类似物（LRH-A）。另外，还有可提高催产效果的辅助剂，如地欧酮（DOM）。

鱼类脑垂体、LRH-A 和 HCG，必须用注射用水（一般用 0.7%氯化钠溶液，近似于鱼的生理盐水）溶解或制成悬浊液。即根据亲鱼体重和药物催产剂量计算出药物总量之后，将药物经过适当处理均匀溶入一定量的注射用水中，即配成注射药液。注射药液一般现配现用，以防失效。如需放置 1h 以上，则应放入 4℃冰箱中。稀释剂量要方便于注射时换算，一般应控制在每尾亲鱼注射剂量不超过 5mL。

在配制药液时，还应注意药物特性，释放激素类似物和绒毛膜激素均为易溶于水的商品制剂，只需注入少量注射用水，充分溶解摇匀后，再将药物完全吸出并稀释到所需的浓度即可；脑垂体注射液配制前应取出脑垂体放干，在干净的研钵内充分研磨，研磨时加几滴注射用水，磨成糨糊状，再分次用少量注射用水稀释并同时吸入注射器，直至研钵内不留激素为止，最后将注射液稀释到所需浓度。若进一步离心，弃去沉渣取上清液使用更好，能避免堵塞针头，并可减少异性蛋白所起的副作用。DOM 与其他药混合使用时，DOM 需要单独配制，即利用注射用水总容量的一半配制 DOM，另一半配制其他药物。

配制注射液应考虑在注射过程中造成药物的损失量。鱼尾数越多，损失量越大，一般损失量为配制总容量的 3%～5%。在配制催产药物之前，需根据亲鱼个体的最大注射容量计算总容量，然后根据催产亲鱼的尾数确定损失的百分比，补上损失的容量和相应的药量。还应当注意注射液不宜过浓或过稀。过浓，注射液稍有浪费会造成剂量不足；过稀，大量的水分进入鱼体，对鱼不利。此外，注射器及配制用具使用前要煮沸消毒。

5. 催产剂的注射

1）注射次数

应根据亲鱼的种类、催产剂的种类、催产季节和亲鱼性腺成熟度等来决定。可分为一次注射、二次注射，青鱼亲鱼催产甚至还有采用三次注射的。一般情况下，两次注射法效果较一次注射法为好，其产卵率、产卵量和受精率都较高，亲鱼发情时间较一致，适用于早期催产或亲鱼成熟度不够的情况下催产，因为第1针有催熟的作用。第1次注入量为总量的1/10（若注射量过高，很容易引起早产），剩余量第2次注入鱼体。两次间隔的时间根据当时水温而定，在繁殖季节早期（20℃左右）间隔8h左右，中期（25℃左右）6h左右，后期（30℃左右）4h左右。水温低或亲鱼成熟度不够好时，间隔时间长些。

2）注射时间

任何时间都可注射催产药剂，促进亲鱼性腺成熟、发情、产卵。根据天气、水温和效应时间选择适当时间注射，可预测注射后亲鱼发情、产卵的时间，便于人工观察、管理和有关技术操作，提高效率。生产上，为了使亲鱼在早上产卵，一般一次性注射多在下午进行，次日清晨产卵；两次注射，一般第1针在早上9时左右进行，第2针在当日下午6～8时进行。日温差较大的地区可向后移1～3h，以便产卵时水温较高。

3）注射方法

注射前用鱼夹子提取亲鱼称重，计算实际需注射的剂量。注射时，一人拿鱼夹子，使鱼侧卧，露出注射部位，另一人注射。注射方法见表1-14和图1-40所示。

表1-14　亲鱼催产剂的注射方法

注射方法	操作要求
肌内注射	在背鳍基部与鱼体侧线之间的部位，用针尖翘起鳞片，顺着鳞片与体表成45°角向前刺入肌肉1～2cm，缓缓注入药液，注射完后，用酒精棉或碘酒涂抹注射部位，防止感染
体腔注射	在胸鳍基部无鳞处的凹陷部位，将针头朝鱼体前方与体轴成45°～60°刺入1～2cm，将注射液缓缓注入鱼体内。针头刺入鱼体不能过深，否则易伤及心脏，引起亲鱼死亡

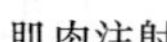

肌肉注射

胸鳍基部注射

图1-40　催产激素注射部位

4）主要养殖鱼类人工催产药物的常用剂量（表 1-15）

表 1-15 主要养殖鱼类人工催产药物及常用剂量

催产鱼类	催产药物及常用剂量
青鱼	LRH-A 5μg+HCG 500IU+PG 3mg/kg。进行 2 次注射，第 1 针 LRH-A 1μg/kg，雌、雄同样。水温 25℃以上，间隔 15～18h 注射第 2 针。一般青鱼发情不明显，自产受精率低，甚至不产，应按预测效应时间拉网检查，进行人工授精
草鱼	LRH-A 3～5μg/kg。在水温偏低和亲鱼性腺发育较差时，加 DOM 2～5mg/kg
鲢、鳙	HCG 800～1000IU/kg。在水温偏低和亲鱼性腺发育较差时，加 DOM 2～5mg/kg
鲤、鲫	DOM 2～5mg+LRH-A 10μg/kg
团头鲂	LRH-A 8～10μg/kg。在水温偏低和亲鱼性腺发育较差时，加 DOM 2～5mg/kg

5）效应时间

亲鱼注射催产剂后（两次或三次注射从最后一次注射完成算起）到开始发情所需的时间叫效应时间。效应时间的长短与催产剂的种类、注射次数、亲鱼种类、年龄、性腺成熟度以及水温、水质条件等密切相关，主要由水温决定，水温与效应时间呈负相关（表 1-16）。一般情况下，水温每相差 1℃，从注射到发情产卵的时间要增加或减少 1～2h。一般两次注射比一次注射效应时间短。脑垂体效应时间比绒毛膜激素短，绒毛膜激素又比类似物短。通常鳙效应时间最长，草鱼效应时间最短，鲢和青鱼效应时间相近。

表 1-16 草鱼一次注射催产剂的效应时间

水温/℃	催产剂		水温/℃	催产剂	
	脑垂体/h	LRH-A/h		脑垂体/h	LRH-A/h
20～21	14～16	19～22	26～27	9～10	12～15
22～23	12～14	17～20	28～29	8～9	11～13
24～25	10～12	15～18	—	—	—

6. 发情、产卵

1）发情

亲鱼注射催产剂后在激素作用下，经过一定的效应时间，产生性兴奋现象，雄鱼追逐雌鱼，这即是发情。开始时比较缓慢，以后逐渐激烈，使水面形成明显的波纹和旋涡，激烈时甚至能跃离水面。在水质清新时，可看到发情的雌、雄鱼腹部朝上，肛门靠近，齐头由水面向水下缓游，精、卵产出，甚至射出水面，清晰可见；有时还可观察到雄鱼在下，尾部弯曲抱住雌鱼，肛门靠近，将雌鱼托到水面。

2）产卵

“四大家鱼”、鲤、鲫、团头鲂等鱼类的发情、产卵时间主要取决于当时的水温，通过测定水温可以推算、预测其发情、产卵的时间。当水温 20℃时，行一次注射，经 14～16h 即开始发情、产卵；两次注射，打第二针后约经 12h 左右即开始发情、产卵。而水温每上升或下降 1℃，则分别提早和推迟 1h 左右。此外，发情、产卵还受亲鱼性腺发育程度、催产剂量等因素的影响而有一定的差异，往往行两次注射其发情、产卵比较准时。

7. 鱼卵收集

亲鱼注射催产剂后，必须有专人值班，密切注意鱼的动态。一般在发情前 2h 开始冲水，发情约 0.5h 后便可产卵，若产卵顺利，一般可持续 2h 左右。受精卵在水流的冲动下，很快进入集卵箱，当集卵箱中出现大量鱼卵时，应及时捞取鱼卵，经计数后放入孵化工具中孵化，以免鱼卵在集卵箱中沉积导致窒息死亡。产卵结束，可捕出亲鱼，放干池水，冲放池底余卵。

亲鱼产卵过程中，也会遇到半产、难产现象，亲鱼能否顺利产卵与亲鱼体质、水温、雌鱼性腺成熟度、催产剂量等有直接关系。

五、受精与授精

1. 受精

亲鱼经过催产处理后，移入产卵池，不间断流水。由于受激素的作用，经过一定的时间，雌雄亲鱼出现相互追逐的现象，水面常出现大的波纹或浪花，并不时露出水面，多尾雄亲鱼紧紧追着雌亲鱼，有时并用头部顶撞雌鱼的腹部，发情高潮时，雌雄鱼尾部弯曲并颤抖着胸、腹鳍产卵、射精。让亲鱼自行把卵产在池中自行受精的称之为自然产卵受精。在产卵池收卵槽上挂上一个收卵网箱，通过水流的带动，将受精卵集于收卵网箱中。当网箱中出现大量鱼卵时，要及时用小盒或手抄网捞卵，防止受精卵卵在网箱中聚集太多而导致窒息死亡，并将受精卵移到孵化池中孵化。

2. 人工授精

用人工方法采取成熟的卵子和精子，将它们混合后使之完成受精的过程叫人工授精。进行人工授精需密切注意观察发情鱼的动态，当亲鱼发情至高潮即将产卵之际，迅速捕起亲鱼采卵采精，并立即进行人工授精。鱼类人工授精的方法有干法、湿法和半干法三种（表 1-17）。

表 1-17　鱼类人工授精的方法

人工授精方法	具体操作方法
干法人工授精	首先分别用鱼夹装好雌、雄鱼沥水，用毛巾擦去鱼体表和鱼夹上的水。将鱼卵挤入擦净的盆中（家鱼）或大碗内（鲤、鲫、团头鲂等），接着挤入数滴精液，用羽毛轻轻搅拌，经 1～2min，使精卵混匀，再加少量清水拌和，静置 2～3h，慢慢加入半盆清水，继续搅动，使其充分受精，然后倒去浑浊水，再用清水洗 3～4 次。家鱼的受精卵，待卵膜吸水膨胀后移入孵化器中孵化；鲤、鲫、团头鲂等受精卵，可撒入鱼巢孵化
湿法人工授精	脸盆内装少量清水，由两人分别同时将卵和精液挤入盆内，由另一人用羽毛轻轻搅动或摇动，使精卵充分混匀，其他同干法人工授精。该法不适合黏性卵，特别是黏性强的鱼卵
半干法人工授精	将精液挤入或用吸管由肛门处吸取，加入盛有适量 0.7%生理盐水的烧杯或小瓶中稀释，然后倒入盛有鱼卵的盆中搅拌均匀，最后加清水再搅拌 2～3min 使卵受精

生产上最常用的是干法人工授精，但值得注意的是亲鱼精子在淡水中存活的时间极短，一般在30s左右，所以需尽快完成全过程，否则，精子活力下降导致受精率降低。

六、受精卵的孵化

受精卵在一定环境条件下经过胚胎发育最后孵出鱼苗的全过程叫孵化。人工孵化就是要创造合适的孵化条件，使胚胎正常发育成鱼苗。

（一）卵子质量的鉴别

正常得到的卵子，卵球大小一致，卵膜吸水速度快，坚韧度大，细胞分裂正常。而产出的不熟或过熟卵子，在孵化之前应淘汰掉。家鱼卵子质量的鉴别标准见表1-18。

表1-18　家鱼卵子质量的鉴别标准

鉴别特征	成熟卵子	不熟或过熟卵子
吸水情况	吸水膨胀快	吸水膨胀慢，膨胀不足
弹性及大小	卵球饱满，富有弹性，大小整齐	卵球稍瘪皱，弹性差，膨胀不足
颜色及轮廓	颜色鲜明，轮廓清晰	颜色黯淡，轮廓模糊
鱼卵在盘中静止时的胚体位置	胚体（动物级）侧卧	胚体向上，植物级向下
胚胎发育情况	卵裂整齐，发育正常	卵裂不规则，分裂球大小不整齐，发育不正常

（二）环境因子对孵化的影响

1. 水流

家鱼卵均为半浮性卵，在静水条件下会逐渐下沉堆积，导致溶氧不足，胚胎发育迟缓，甚至窒息死亡。在水流作用下可使受精卵漂浮；流水可提供充足的溶氧，及时带走胚胎排出的废物，保持水质清新。水流的流速一般为0.3～0.6m/s，以鱼卵能均匀分布漂浮为原则。

2. 溶氧

鱼类的胚胎在发育过程中，因新陈代谢旺盛需要大量的氧气，孵化期间要求溶解氧不低于4mg/L，最好保持在5～8mg/L。实践证明当水体中溶氧低于2mg/L时，可导致胚胎发育受阻甚至出现死亡。在胚胎出膜前期如果缺氧会导致提早出膜，但溶氧过饱和又会造成鱼卵和幼苗得气泡病。

3. 水温

水温是影响胚胎发育的重要因素之一。在适温范围内，胚胎才能正常发育，且发育速度随水温升高而加快。热带鱼类，如斜带石斑鱼胚胎发育的适宜水温为25～28℃；温水性鱼类，如家鱼受精卵孵化的适宜水温为22～28℃，最适水温为25～27℃；冷水性鱼类，如虹鳟胚胎发育的适宜水温为7～13℃，最适水温为9℃。水温的突然变化也会影响正常胚胎发育，造成停滞发育，或产生畸形甚至死亡。

4. pH

鱼卵孵化要求 pH 为 7.5～8.5，pH 过高易使卵膜变软甚至溶解；过低容易形成畸形胚胎。受工业或农药污染的水，不能用作孵化用水。

5. 敌害生物

鱼卵孵化期间主要敌害有剑水蚤和水蚤为代表的桡足类、枝角类、水生昆虫和小鱼、小虾等。桡足类、枝角类不但会消耗大量氧气，同时还能用其附肢刺破卵膜或直接咬伤仔鱼及胚胎，造成大批死亡；水生昆虫、小鱼、小虾可直接吞食鱼卵，因此必须彻底清除。孵化用水必须用 60 目的筛绢过滤。

（三）孵化方法

1. 漂流性卵的孵化（以四大家鱼为例）

家鱼属于敞水性产卵类型，其卵子的孵化需要充足的溶氧和一定的水流。漂流性卵一般在环道中流水孵化，孵化密度为 100 万粒/m^3。受精卵刚放入时，水流不宜太大，一般水流速度为 0.15～0.3m/s，以卵刚好呈漂浮状为宜。在仔鱼破膜后，氧气消耗量大，要加大水流，使其能在水中漂游。当仔鱼能平游，体内卵黄囊逐渐消失，并能顶流时，可适当减缓水流，以免消耗仔鱼体内的营养。孵化过程中产生的污物和后期脱落的卵膜一起聚集在过滤纱窗上，导致水流不畅，要注意清除，防止溢出。在孵化过程中要注意遮阳。仔鱼出膜后不要立即移出，而是待到鳔充气（出现“腰点”），卵黄囊基本消失、能开口摄食后再出苗。

2. 黏性卵的孵化（以鲤鱼为例）

1）池塘孵化

目前生产上多直接使用鱼苗培育池进行孵化，以减少鱼苗转塘的麻烦和损失。将黏有鱼卵的鱼巢放入池中水面下 10cm 即可孵化，每亩水面可放 25 万～30 万粒卵，若以 60%的成活率计算，每亩水体鱼苗的密度为 15 万～18 万尾。鱼苗刚孵出时，不可立即将鱼巢取出，此时鱼苗大部分时间附着在鱼巢上，靠卵黄囊提供营养，到鱼苗能主动游泳觅食时，才能去掉鱼巢。

2）淋水孵化

将黏附有卵的鱼巢放在室内悬吊或平铺在架子上，用淋水的方法使鱼巢保持湿润。孵化期间，室温保持 20～25℃。此法能人为控制孵化时室内温度、湿度，观察胚胎发育情况，具有孵化速度一致、减少水霉危害、孵化不受天气变化影响等优点。当胚胎发育到发眼期时应立即将鱼巢移到孵化池内孵化，注意室内与水池温度相差不超过 5℃。

3）脱黏流水孵化

鲤鱼产的黏性卵在人工授精后 2～3min，将其黏性除掉，再用家鱼的孵化设备进行流水孵化。采用此法可以避免敌害的侵袭，水质清新，溶氧丰富，适于大规模生产，不用制作鱼巢，节约材料和人工。脱黏的办法主要有以下两种。

(1) 泥浆脱黏法。先用黄泥土和水混合成稀泥浆水，一般 5kg 水加 0.5～1kg 黄泥，经 40 目网布过滤。将受精卵缓慢倒入泥浆水中，不停地翻动泥浆水 2～3min，将脱黏后的卵移入网箱中洗去泥浆，即可放入孵化器中流水孵化。

(2) 滑石粉脱黏法。将 100g 滑石粉（即硅酸镁）加 20～25g 食盐溶于 10L 水中，搅拌成混合悬浮液，即可用来脱有黏性的鲤鱼卵 1～1.5kg。操作时一面向悬浮液中慢慢倒卵，一面用羽毛轻轻搅动，经 30min 后，受精卵呈分散颗粒状，漂洗后放入孵化器中进行流水孵化。

3. 浮性卵的孵化（以石斑鱼为例）

石斑鱼产浮性卵，可以在孵化环道、水泥池、土池中人工孵化，生产上大多采用孵化桶在室内孵化。孵化密度为 50～100 粒/L，在桶中央放置一气石，气流速度以能使鱼卵或仔鱼较均匀悬浮在水中为宜。孵化用水必须清新，需经过沙滤，并最好用紫外光杀菌。孵化过程中的污物漂浮在水面上，可以用塑料管收集并吸附清除。海水鱼卵在孵化时需要注意调节盐度，在不同盐度条件下，卵的沉浮状态不同。水温 25～26℃条件下，当盐度低于 25.6 时，鞍带石斑的卵沉底；盐度高于 27.1 时，卵则上浮。

4. 沉性卵的孵化（以虹鳟为例）

沉性卵相对密度较大，在静水中迅速下沉。因此，孵化时必须加大充气量。但在仔鱼破膜后，要将气量调小。虹鳟的受精卵吸水膨胀后，放入孵化器进行孵化。通常在孵化室内进行，避免阳光直射。目前广泛采用孵化桶或平列槽，根据孵化桶的大小，孵化密度为 2 万～10 万粒鱼卵。孵化用水自下部流经全部鱼卵后从上部溢出，每桶注水量 4～7L/min。孵化过程中，当明显出现眼点时应转入平列槽，并人工拣除死卵。也可单独在孵化桶或平列槽中孵化。水温 8～10℃时，30～35d 鱼苗孵出。整个孵化期间均使鱼卵处于安静状态，并严格避免光照。

（四）孵化管理

(1) 孵化设施的检查和清洗。孵化前必须对孵化设施进行一次彻底的检查，检查进出水系统的水流情况，进水水源情况，排水滤水窗纱有无损坏，进水过滤网布是否完好，所用工具是否备齐等。然后将有关工具及设施清洗干净或消毒后备用。

(2) 溶氧和水流调节。在孵化过程中，应密切注意氧气供给。因为孵化容器中卵的密度很大，一定要保持一定氧气供给。但充氧量也不能过大，过大会破坏卵膜，影响孵化率。调节孵化容器内水的流速大致控制在不使卵粒、仔鱼下沉堆积为度，鱼苗平游后应适量减低流速。

(3) 保持水质清新。随时清洗排出水过滤窗纱，以保证排水畅通；及时清理卵膜和代谢产生的污物，保持水质清新。

(4) 防止早脱膜。提前脱膜会引起胚胎大量死亡。导致早脱膜的常见原因有：不同批产的鱼卵在同一环道内套孵，早批卵正常出膜时生成的孵化酶引起后一批鱼卵的溶膜；循环使用孵化用水致使孵化酶在水体中浓度增大而导致早脱膜；孵化水溶氧太低或pH较低（低于6.5），使孵化酶活性提高产生早脱膜；孵化密度太大，使孵化酶浓度提高引起早脱膜；卵粒质量太差有时也会出现早脱膜。生产中应根据具体情况预防或解决。当出现少量脱膜现象时，可从孵化工具底部缓缓加入高锰酸钾溶液，使卵膜变为黄色可抑制早脱膜。

（5）及时将仔鱼移出。对于在产卵池中孵化的种类，要及时将仔鱼移出。尤其是罗非鱼，避免亲鱼吞食仔鱼。

（五）鱼类人工繁殖生物学指标的衡量

1. 怀卵量

怀卵量即鱼类产卵前卵巢中所怀成熟卵子的数量，可分为绝对怀卵量和相对怀卵量。

2. 受精率

受精率指受精卵占总卵数的百分数。通常在胚胎发育至原肠中期（即胚盘下包2h）时计算鱼卵的受精率。

$$受精率=\frac{受精卵数}{总卵数}\times 100\%$$

3. 孵化率

初孵仔鱼与受精卵数量之比值。出膜期不易准确统计，一般用出膜前期活胚胎占受精卵总数的百分比表示孵化率。

$$孵化率=\frac{初孵仔鱼数}{受精卵数}\times 100\%$$

因刚孵出的鱼苗难于计算而较难于统计，生产中也没有多大实际意义。生产上均以出苗率（鱼苗下塘率）来评价孵化工作的成效。

4. 出苗率

出苗率也称下塘率，即下塘前鱼苗的绝对数量占受精卵数的百分比。

$$出苗率=\frac{下塘鱼苗数}{受精卵数}\times 100\%$$

任务五　鱼苗、鱼种的培育

一、鱼苗、鱼种生物学特征的认识

1. 鱼苗、鱼种生长期的划分

鱼苗是指孵化后的仔鱼；鱼种是指可以在增养殖水体中放养，供养成食用鱼的幼鱼。鱼苗培育就是将初孵仔鱼经过一段时间的饲养，培育成 3cm 左右稚鱼的过程，这个时期的稚鱼通常称为夏花鱼种。而鱼种培育是指将夏花鱼种经几个月或 1 年以上时间的饲养，培育成 10～20cm 幼鱼的过程。生产上人们常把鱼苗、鱼种的生长期分为以下几个阶段。

水花：通常指刚孵出 3～4d，卵黄囊即将消失，鳔已充气，能水平游动，口已张开，能摄食外界营养物质，可以下塘饲养的仔鱼。这时的鱼苗体长一般为 7～9mm。

乌仔：鱼苗下塘后经过 10～15d 的培育，长成全长 2cm 左右的仔鱼，即称为乌仔。

夏花：乌仔再经 5～10d 的培育，养成全长 3cm 左右的稚鱼称为夏花或寸片，因为鱼苗生长到这个规格时，正值夏季高温，天气炎热，因此也称火片。

秋片：夏花经 3～5 个月的培育，养成全长 10～17cm 的鱼种，由于是在秋天出塘，故称为秋花鱼种，即秋片。

冬片：经培育饲养到当年冬季出塘的，称为冬花鱼种，即冬片。

春片：秋片越冬后培育到次年春季出塘的，称为春花鱼种，即春片。

仔口鱼种：当年培育的 1 龄鱼种。

老口鱼种：有些鱼类的鱼种，需要经过第 2 年的培育成为 2 龄鱼种，才能进入食用鱼的养殖阶段，成为老口鱼种。

2. 主要养殖鱼类苗种的形态特征及鉴别

鱼类因种类和自然栖息环境的不同，初孵仔鱼的个体大小及形态结构的变化上存在很大差异。了解不同鱼类苗种的形态特征，对苗种培育的技术实施有着重要的意义。

1）鲤科鱼类的苗种形态特征

“四大家鱼”的苗种形态特征比较典型。初孵仔鱼具明显的卵黄囊，体表光滑无鳞，具鳍褶，全长 4～5mm，头部朝下倒悬于水层，作短暂游泳。孵化后 4～15d，鱼体色素沉着，奇鳍分化为背鳍、臀鳍和尾鳍，腹鳍开始出现，全长 8～17mm，鱼苗在水层中作水平游泳，称为“乌仔头”。孵化后 15～50d，鳞片开始形成至全身被鳞，全长 17～70mm，开始正常的巡游摄食。其他主要经济鱼类如鳜鱼、石斑鱼、鲷科鱼类等除苗种发育时间存在差异外，其外部形态特征的变化规律与“四大家鱼”基本相似。

2）鲽形目鱼类的苗种形态特征

鲽形目鱼类的苗种期具有明显的变态过程，冠状幼鳍的有无和形态变化、眼的位置变化以及色素细胞的沉着与体色的变化等都有很大差异。牙鲆刚孵出的仔鱼，全长 2～3mm，以腹面朝上倒悬于水表层，作短暂游泳。孵化后 4～20d，冠状幼鳍形成，右眼逐步向上移动，全长 4～10mm。孵化后 20～30d，右眼上升头顶直至完全移至左侧，冠状幼鳍显著缩短，尾鳍、背鳍、臀鳍条均已形成，鱼苗在水表层作水平游泳，偶尔下沉水底，全长 10～16mm。孵化后 30～45d，尾柄原始鳍褶完全消失，鳞被形成，左侧菊花状色素聚集呈黄褐色，右侧色素稀疏，全长 16～30mm，其形态和习性已与成鱼基本类似，完全营底栖生活。

3. 摄食方式和食性转化

刚孵出的鱼苗以卵黄囊中的卵黄为营养，称为内源性营养期。随着鱼苗逐渐长大，卵黄囊由大变小，此时鱼苗一面吸收卵黄，一面摄食外界食物，称为混合营养期。卵黄囊消失后，鱼苗就完全靠摄食水中的浮游生物而生长，称为外源性营养期。

1）青、草、鲢、鳙、鲤等鱼类鱼苗鱼种的食性转化

（1）仔鱼早期。鱼苗初下塘1～5d，鱼苗全长7～10mm。鲢、鳙、草、鲤等鱼苗的口径大小相似，为0.22～0.29mm，食物主要是一些轮虫、无节幼体和小型枝角类，过大的食物吞不下，过小的食物（浮游植物）吃不到。

（2）仔鱼中期。鱼苗下塘后培育5～10d，鱼苗全长为12～15mm，几种鱼苗口径基本相似，大小为0.62～0.87mm，但摄食方式开始出现区别，鲢鱼和鳙鱼摄食方式由吞食向滤食转化，适口食物为轮虫、枝角类和桡足类，也有少量无节幼体及较大型的浮游植物。草、青、鲤鱼的摄食方式仍然是吞食，适口食物是轮虫、枝角类、桡足类，还能吞食摇蚊幼虫等底栖动物。

（3）仔鱼晚期。鱼苗下塘后培育10～15d，鱼苗全长为16～20mm，即乌仔阶段。此时鲢、鳙由吞食完全转为滤食，但鲢鱼的食物以浮游植物为主，鳙鱼的食物以浮游动物为主；草、青、鲤鱼的口径增大，摄食能力增强，主动吞食大型枝角类、摇蚊幼虫及其他底栖动物；草鱼开始吃幼嫩的水生植物。

（4）夏花期。青、草、鲤鱼生长至15mm时，可开始投喂粗饲料。此时的鱼苗全长达21～30mm，摄食和滤食器官发育地更完善，其食性接近成鱼，几种鱼的食性分化更加明显，均能摄食大型浮游植物和浮游动物，芜萍是其优良的天然饵料。

（5）鱼种期。鱼体全长达31～100mm，其摄食器官和滤食器官的形态和机能基本与成鱼相同。草、青、鲤鱼上下颌的活动能力增强，可以挖掘底泥摄取底栖动物。

综上所述，草、青、鲢、鳙、鲤这5种常见养殖鱼类，由鱼苗发育至鱼种，其摄食方式和食物组成发生着规律性变化。鲢鱼和鳙鱼由吞食转为滤食，鲢鱼由吃浮游动物转为主要吃浮游植物，鳙鱼由吃小型浮游动物转为吃各种类型的浮游动物。草、青、鲤鱼始终都是主动吞食，草鱼由吃浮游动物转为吃草，青鱼由吃浮游动物转为吃底栖动物螺、蚬，鲤鱼由吃浮游动物转为主要吃底栖动物摇蚊幼虫和水蚯蚓等。

2）肉食性鱼苗、鱼种的摄食方式和食物组成

鳜鱼等肉食性鱼苗、鱼种的摄食方式和食物组成与上述鱼类有所不同。鳜鱼苗一般通过视觉来摄食，主要以其他鱼苗为食。鳜鱼苗仔鱼期，全长5～7mm，鱼苗的鳔充气，由垂直游泳转向水平游泳，此时鱼苗的眼发育完善，能在5～10cm的距离内，水平视角310°准确定位捕食对象。两颌骨和齿骨长出朝向咽部的利齿，尤其上颌骨具犬状齿，十分锐利，便于抓住食物。左右颌骨、齿骨和鳃条骨之间由韧带相连，形成较大的口咽腔，利于吞食较大的饵料鱼苗。初次摄食的鳜鱼苗能够摄取体高0.5～1.0mm的饵料鱼，食物颗粒的大小可超出其口径20%（表1-19）。

表1-19　不同时期鳜鱼苗的饵料鱼及其规格

鳜鱼苗		饵料鱼苗		
出膜后时间/h	口径/mm	种类	出膜后时间/h	体高/mm
80	0.63～0.70	团头鲂	60～216	0.72～0.88
		细鳞斜颌鲴	8～216	0.48～0.96

续表

鳜鱼苗		饵料鱼苗		
出膜后时间/h	口径/mm	种类	出膜后时间/h	体高/mm
108	0.71～0.84	团头鲂	60～216	0.72～0.88
		细鳞斜颌鲴	8～216	0.48～0.96
		草鱼	36～108	0.84～1.19
144	0.88～1.02	鲢鱼	0～216	0.72～1.30
		鳙鱼	24～108	0.88～1.28
		鲤鱼	0～216	0.91～1.47

3）海水主要养殖鱼类鱼苗、苗种的食性转化和食物组成

海水主要养殖鱼类苗种的食性转化有许多相似之处。大都先摄食微型浮游动植物，然后摄食枝角类和桡足类等大型浮游动物，最后转向游泳生物。大黄鱼的初孵仔鱼（体长<3mm）完全以卵黄和油球为营养基。在仔鱼阶段（体长3～6mm）以浮游动物为食，还摄食少量硅藻和有机腐屑，饵料平均长度0.83mm；稚鱼阶段（体长6～16mm）仅摄食浮游动物，但种类有所增加，饵料平均长度1.68mm；幼鱼阶段（体长16～200mm）食性由浮游动物逐步转向游泳生物，其中以游泳能力强的鱼类、虾类占主要地位，也摄食磷虾和桡足类等大型浮游动物，饵料平均长度19.6mm。体长超过200mm的大黄鱼，食性完全转向游泳生物，饵料平均长度68.5mm。

4. 鱼苗、鱼种的生长特性

1）鱼苗阶段的生长特点

鱼苗阶段是鱼一生中相对生长速度最快的时期。以鲢为例，在水温25.7～27.8℃条件下，鱼苗平均每克鱼体的耗氧量比夏花大3.8倍，比1龄鱼大8.4倍，比2龄鱼大13.7倍左右。鲢鱼苗可在20d左右全长由0.8cm增长到3.3cm，增长3倍以上；体重由2.9mg增加到830mg，增重286倍。因此，鱼苗需要从外界摄取大量的营养物质以供生长和消耗。鱼苗体脂肪积累少，耐饿能力差，若某一时期缺乏适口饵料，则会降低鱼苗的成活率。

2）鱼种阶段的生长特点

鱼种阶段鱼体的相对生长率较高，但比鱼苗阶段已有显著下降。在100d的培育期间，每10d体重约增加1倍，但绝对的日增重量则比鱼苗期显著增加，平均每天增重：鲢鱼4.19g，鳙鱼6.3g，草鱼6.2g，与鱼苗阶段的绝对增重相比要高数百倍。在体长增长方面，平均每天增长数：鲢鱼2.7mm、鳙鱼3.2mm、草鱼2.9mm，鲢鱼种体长增长为鱼苗阶段的2倍多，鳙鱼为4倍多。

5. 影响鱼苗、鱼种生长的因素

鱼类苗种阶段身体幼小、摄食能力弱、食谱狭窄、活动能力差，对外界环境条件的变化和敌害生物的侵袭缺乏有效的抵御能力，因此死亡率较高。鱼类苗种培育的中心问题就是通过一系列强有力的技术措施，提高鱼苗、鱼种的生长速度、存活率和苗种

规格。

1）水体大小与苗种培育密度

苗种培育池塘面积太大，投饲和管理不便，水质肥度较难调节和控制，且易受风力的作用形成波浪，拍击堤岸，损伤游泳能力尚弱的鱼苗。池塘面积太小则易受外界条件的影响，水温、水质等变化大，也影响鱼类苗种的生长。与水体大小相对应的是苗种的培育密度，一般来说，苗种培育密度主要受水质、食物和活动空间等条件的制约，鱼苗培育密度较大时成活率较低，培育苗种所需的时间越长，苗种的质量相对较差。鲢、鳙在不同密度下的生长情况见表 1-20。

表 1-20　不同培育密度下鲢、鳙鱼苗的生长

种类	放养数/(尾/亩)	培育天数/d	育成规格/cm	出塘数/(尾/亩)	成活率/%
鲢鱼	99000	10	3	96300	97.3
	22500	16	2.5	16650	74.0
鳙鱼	96000	12	2.5	85000	88.5
	18000	23	3	13500	75.0

2）营养与饵料

鱼类的仔、稚鱼从吸收卵黄的内源性营养物质转变为摄取人工培养的小型浮游动物或人工微颗粒饲料等外源性营养物质后，由于缺乏必需的营养物质，极易导致仔、稚鱼的大量死亡。鱼类苗种阶段除了对饵料中蛋白质、脂肪、碳水化合物、维生素等有较高需求，一些本身不能合成而又必需的营养物质（必需氨基酸、必需脂肪酸）对仔、稚、幼鱼的生长发育和成活率也有重要的影响。许多研究证明，高度不饱和脂肪酸（HUFA）n-3 系列对海水鱼类早期苗种的存活和生长起决定作用。Izquierdo 等（1989）研究发现，采用未经乳化鱼油强化的轮虫来培养真鲷仔鱼，由于 HUFA n-3 摄取不足，真鲷仔鱼不仅生长缓慢，死亡率也极高。Takeuchi（1990）指出，海水鱼类苗种早期发育阶段，饵料中二十二碳六烯酸（DHA）充足的条件下，仔、稚鱼的生长速度和成活率显著提高。因此，饵料中 DHA 满足与否，是提高海水鱼类苗种培育成活率的关键之一。

3）水化学因子

（1）水温。鱼苗、鱼种的新陈代谢受温度影响很大，在一定的水温范围内，温度升高可加速幼、稚鱼的新陈代谢速度，促使其生长加快。当水温降至 15℃以下时，常见养殖鱼类的食欲明显减弱，水温低于 7～10℃时，很少摄食或几乎停止摄食。它们最适生长温度为 20～28℃，水温高于 36℃，其生长受到抑制。

（2）光照。光照对于鱼苗、鱼种的作用是多方面的。光照可以促进水体中营养生物的生长，提供足够的饵料。在光线好的情况下，鱼苗、鱼种能够看清楚水体中的食物，有利于摄食。但是，直射光照和过强的照度对鱼苗的生长发育不利，室内外水泥池培育鱼苗时，强光照射易发生气泡病。大菱鲆的初孵仔鱼可以在弱光下正常摄食，而到变态期后随光照由 500lx 加强至 2000～4000lx 时，其摄食量会显著增加。

（3）盐度。仔、稚鱼对盐度变化具有一定的耐受能力，但是与成鱼相比，仔、稚鱼对盐度的适应力要差得多。大部分淡水鱼类的成鱼可以在盐度 7 以下的水中正常生长，但仔、稚鱼在盐度3的水体中生长发育缓慢，成活率较低，如鲢鱼苗在盐度5.5的水体中不能生存。多数海水鱼类苗种在盐度20～25生长良好，但盐度过低和过高，或者盐度突变对其生长不利。

(4) 溶解氧。鱼苗、鱼种的代谢强度比成鱼要高得多，对水中溶氧量的要求也比较高。青、草、鲢、鳙、鲤等鱼摄食和生长的适宜溶氧量为5～6mg/L，水中溶氧量应在4mg/L以上。当水中溶氧量低于2mg/L时，鱼苗生长受到影响；低于1mg/L，容易造成鱼苗浮头死亡。

(5) pH。鱼苗、鱼种生长的最适pH为7.5～8.5，水中的pH长期低于7.0或高于9.0都会不同程度地影响鱼苗、鱼种的生长发育。

(6) 氨氮。当总氨浓度大于0.3mg/L时（pH为8），鱼苗生长受到抑制。在高密度的精养鱼池内，由于氨浓度过大，pH过高导致鱼类死亡的例子经常发生。保持水体充足的溶解氧和一定的酸碱度，可减小氨的浓度，避免对所养殖鱼类造成危害。

6. 鱼苗质量的鉴别

鱼苗质量的优劣对鱼苗的生长和成活有很大影响。因此，在购买鱼苗时，必须了解每批鱼苗的产卵日期、孵化时间，严格挑选，避免购买劣质鱼苗，为提高鱼苗培育成活率创造良好条件。生产上可根据鱼苗的体色、游泳情况以及挣扎能力来鉴别其优劣。家鱼鱼苗质量优劣的鉴别方法见表1-21。

表1-21 家鱼鱼苗质量优劣的鉴别

鉴别特征	优质苗	劣质苗
体色	群体色素相同，无白色死苗，身体清洁，略带微黄色或稍红	群体色素不一，为“花色苗”，具白色死苗。鱼体拖带污泥，体色发黑带灰
游泳情况	在容器内，将水搅动产生旋涡，鱼苗在旋涡边缘逆水游泳	鱼苗大部分被卷入旋涡
抽样检查	在白瓷盆中，口吹水面，鱼苗逆水游泳。倒掉水后，鱼苗在盆底剧烈挣扎，头尾弯曲成圆圈状	在白瓷盆中，口吹水面，鱼苗顺水游泳。倒掉水后，鱼苗在盆底挣扎力弱，头尾仅能扭动

二、鱼苗培育

鱼苗培育就是指将初孵仔鱼经15～20d的饲养，培育成全长3cm左右的稚鱼的过程。鱼苗阶段处于生命的早期，具有许多不同于成鱼的生物学特点，所以在这个生产过程中需采取特殊、细致的技术措施，使鱼苗的成活率和规格尽量提高，为后期培育生产打好基础。目前，典型的鱼苗培育方法主要有三种：静水土池塘培育、室内外水泥池培育和网箱培育。一般来说，淡水鱼类的鱼苗培育多采用静水土池塘培育方法，大多数海水鱼类和部分淡水鱼类的鱼苗采用室内外水泥池和网箱培育方法。下面主要介绍静水土池塘培育方法。

1. 鱼苗池的选择

考虑到鱼苗的生长、成活、饲养管理和拉网操作等因素，鱼苗培育池通常应具备下列条件。

（1）靠近水源，水源充足，注、排水方便。在鱼苗培育过程中，根据鱼苗的生长发育和水质变化等情况，需要经常加注新水，以逐步加深水位，调节池水肥度，改善水质状况，增加鱼的活动空间。这对促进天然饵料生物的繁殖，提高鱼苗的生长率和成活率有重要作用。

（2）池形整齐，面积和水深适宜。鱼苗池最好为长方形，长宽比以 5∶3 为宜，便于饲养管理和拉网等操作。面积一般为 1～3 亩，水深 1.0～1.5m 适宜。

（3）池堤坚固，土质好，不漏水。池堤高度应超过最高水位 0.3～0.5m。鱼苗池以壤土或砂壤土为好，砂土和黏土均不适宜。

（4）池底平坦，淤泥适量。池塘淤泥中含有较多的有机质和氮、磷等营养物质，池底保持 10～15cm 厚的淤泥层，有利于池塘保持肥度，同时降低耗氧和有害气体的产生。池中水草不宜过多，否则会影响浮游生物的繁殖。

（5）池塘避风向阳，光照充足。充分的光照浮游植物的光合作用好，浮游生物繁殖快，池塘溶氧丰富，饵料条件充足，有利于鱼苗生长。

2. 鱼苗池的清整和消毒

1）清整鱼池

一般每年进行 1 次，最好在秋天出池后或冬季进行。操作方法：先将池水排干，经过日光暴晒，杀死病虫害，并使土壤疏松，同时检查整修加固损坏的池埂，堵塞漏洞裂缝，平整塘底，铲除杂草，挖出过厚的淤泥，加速有机物质分解，提高池塘肥力。鱼苗放养前 1 个月要进行第 2 次排水，日晒后进一步修整。

2）药物清塘

药物清塘即利用药物杀死野杂鱼、敌害生物、鱼体寄生虫、病原菌，是改良水质和提高鱼苗成活率的重要措施。清塘一般在鱼苗放养前的 10～12d 进行。若时间过早，鱼苗放养时往往又会重新出现一些有害生物；若时间过晚，进鱼时药物毒性还未消失，易毒死鱼苗，或是池水尚未变肥，浮游生物欠缺，影响鱼苗生长。清塘常用的药物有生石灰、漂白粉和清塘净等，以生石灰效果较好。

（1）生石灰清塘。生石灰遇水后发生化学反应，放出大量热能，产生氢氧化钙，可在短时间内使池水的 pH 迅速提高到 11 以上，能杀死野杂鱼和鱼类敌害生物及病原体；生石灰可以改良池塘底质、调节池水酸碱度，增加水中钙离子含量；可使底泥的结构变疏松，增加透气性；加快淤泥中有机物的分解。生石灰清塘又可分为干塘清塘和带水清塘两种，一般采用干塘清塘法，在水源不便或无法排出池水的情况下才带水清塘。

干塘清塘：把池水排低至 5～10cm，在池底四周内挖若干小坑，将生石灰倒入小坑，加水化成浆后即向全池边缘和池中心均匀泼洒，用量通常为 60～75kg/亩。为了提高清塘的效果，可于次日用铁耙将池塘底泥耙动一下，使生石灰与淤泥充分混合。在干塘清塘时不要把水完全排干，否则泥鳅钻入泥中杀不死；另外石灰浆与空气接触时间过长，产生碳酸钙沉淀，起不到清塘效果。因此，即使是经过一个冬天暴晒完全干涸的池塘，用石灰浆全部均匀泼洒后，也要马上向池中注入 5cm 左右深的水，以保证清塘效果。

带水清塘：塘里留水深 1m 左右，将溶化好的石灰浆趁热向池中均匀泼洒。用量通常为 125～150kg/亩。生石灰清塘，半咸水 5～7d，淡水 7～10d，pH 才能稳定在 8.5 左右。试水后即可放苗。

(2) 漂白粉清塘。漂白粉一般含有效氯 30%左右，遇水产生次氯酸和新生态的氧，能杀死敌害生物和细菌。其用量为：带水清塘 20g/m^3；干池清塘，5kg/亩。干池清塘操作方法：将池水排低至 5～10cm，将漂白粉在瓷盆内用清水溶解后，立即进行全池泼洒，2d 后向塘中注水，池塘注水 1 周后方可放鱼。注意事项：操作人员应戴口罩，并在上风头泼洒药剂，以防中毒和腐蚀衣服。放鱼前最好用试水鱼进行试验后再大量放鱼。漂白粉药性消失快，对急于使用的鱼池更为适宜。

(3) 清塘净清塘。清塘净是近几年由鱼药厂家生产的清塘用鱼药，其优点是用量少、劳动强度小、易于操作，且对野杂鱼、各类病原菌、寄生虫具有极强的杀灭作用。但药性消失缓慢，故应延长注水后的时间，必须在放鱼前先放试水鱼。

3. 适口饵料的培养

鱼苗下池时就能吃到适口食物是鱼苗培育的关键技术之一，也是提高鱼苗成活率的重要环节。“肥水下塘”法培育鱼苗，鱼苗生长快、饲养期短。具体操作方法：在清塘后，在鱼苗下池前 1 周左右注水 50～60cm，立即向池中投放绿肥或粪肥 15～20kg/亩或施微生物菌肥，以培养适量的天然饵料，以便鱼苗下池后马上能吃到足够的适口食物。其技术要点在于掌握合适的施肥时间，使施肥后浮游物的繁殖量正好适合下塘鱼苗的摄食需要。池塘施肥后，由于各类浮游动物的成熟时间和繁殖速度不同，使得各类浮游动物会相继出现，首先是原生动物，其次是轮虫，再次是枝角类，最后为桡足类。在水温 25℃左右时，施肥后 5d 左右轮虫会大量出现，逐渐达到繁殖的高峰期，如果此时投入鱼苗，鱼苗就可摄取丰富、可口的活饵料，生长快，成活率高。

鱼苗从下塘到全长 15～20mm；食物大小的变化：首先是轮虫和无节幼虫，进而是小型枝角类，再是大型枝角类和桡足类。鱼苗下池时的适口饵料是轮虫，因此池中出现轮虫繁殖的高峰期即是鱼苗的下池之时。这时下塘的鱼苗不但有充足的适口饵料，而且以后各个发育阶段也都会有丰富的适口食物。这样有利于鱼苗的生长且成活率高。但是，如果鱼苗下池时水质过肥，则容易缺氧，使成活率降低。所以适时适量地施放基肥和鱼苗适时下塘是养好鱼苗的重要环节。

4. 鱼苗放养

1) 鱼苗暂养

鱼苗运输到目的地，须先放在鱼苗暂养箱中暂养后，方可下塘。采用塑料袋充氧密闭运输的鱼苗，鱼体内往往含有较多的二氧化碳，特别是经过长途运输的鱼苗，血液中二氧化碳浓度很高，鱼苗会处于麻醉甚至昏迷状态（肉眼观察，可见袋内鱼苗大多沉底打团）。如将这种鱼苗直接下塘，成活率极低。因此，经长距离运输的鱼苗，必须先放在鱼苗箱中暂养。暂养前，先将鱼苗袋浸入池内，待鱼苗袋内外水温接近相同（一般需 15～30min）后，开袋将鱼苗缓慢放入池内的暂养箱中。暂养时，应经常在箱外划动池水或采用淋水方法增加箱内水的溶氧。一般经过0.5～1.0h的暂养，鱼苗血液中过多的二氧化碳均已排出，鱼苗集群在网箱内逆水游泳时，即可下塘。

2）饱食下塘

鱼苗下塘前应投喂蛋黄，使鱼苗饱食后下塘，以提高鱼苗下塘后的觅食能力和成活率。将鸭蛋放在沸水中煮1h以上，越老越好，然后取出蛋黄，用双层纱布包裹后，在盆内漂洗出蛋黄水，均匀地泼洒入鱼苗暂养箱内。待鱼苗饱食后，肉眼观察可见鱼体内有一条白线，方可下塘。一般每10万尾鱼苗喂食1个鸭蛋黄即可。

3）放养密度

鱼苗的放养密度对鱼苗生长速度及成活率均有很大影响。确定合理的放养密度应该根据鱼池条件、鱼苗的种类与体质、水源、肥料和饵料来源、放养时间的早晚以及饲养管理水平等情况灵活掌握。目前，鱼苗培育大都采用单养形式，从鱼苗直接养成夏花，大多数鱼类鱼苗一般每亩放养10万～15万尾。从鱼苗养到乌仔时，放养密度为15万～20万尾/亩；从乌仔养到夏花时，一般每亩放养3万～5万尾。

4）鱼苗放养前的注意事项

（1）测试池塘药物毒性是否消失。从清塘池中取一盆底层水，放入几尾鱼苗，经0.5～1d观察，如鱼苗生活正常，证明毒性基本消失，可以放苗。

（2）检查池中有无有害生物。用鱼苗网在塘内拖几次，俗称“拉空网”。如果发现大量丝状绿藻，应用硫酸铜杀灭，并适当施肥；如有其他有害生物也要清除。

（3）检查池水的肥度。观察池水颜色，一般以黄绿色、淡黄色、灰白色（主要是轮虫），池塘肥度中等，透明度20～30cm，浮游生物量20～50mg/L为好。若池水中有大量的大型枝角类出现，可用0.5mg/L的晶体敌百虫（美曲膦酯）等杀虫药，全池泼洒，并适当施肥。

5）放苗

放养鱼苗最好选择在晴天无风的上午进行。有风天应在鱼池的上风处放鱼苗，若在下风处放鱼苗易被风吹到池边致死。鱼苗下塘前所处容器中与池塘中水温相差不能超过±5℃，否则，应调节存放鱼苗容器中的水温，使其逐渐接近池塘水温后，方可将鱼苗下塘。鱼苗下塘时，应将盛放鱼苗的容器放在避风处倾斜于水中，让鱼苗自己游出，否则，鱼苗易被风浪推至岸边或岸上。

5. 培育方法

鱼苗培育阶段的食物以浮游动物为主。因此，饵料的培育方法一般以施有机肥料为主，同时补充投喂人工饵料。按照施肥种类的不同，鱼苗培育有以下几种方法。

1）有机肥料培育法

有机肥料培育法是以向池塘施入有机肥培养轮虫和枝角类等浮游动物为主，适当补充投喂人工饲料的鱼苗培育方法。施肥方式有粪肥、绿肥（大草）和粪肥与绿肥混合施用3种方法。

（1）粪肥培育法。施粪肥培育鲤科鱼类鱼苗在长江流域比较常见。一般使用各种畜、禽的粪尿及人粪尿用作为鱼苗培育池的肥料，预先充分发酵腐熟，将粪肥加水稀释后向全池均匀泼洒。在鱼苗下塘前8～10d每亩先施基肥300～400kg肥水。鱼苗下塘后可每天施肥1次，每亩施用50～100kg。施肥的量及间隔时间必须视水色、鱼苗浮头情况和天气情况等灵活掌握。培育鲢、鳙的鱼苗池，水色以褐绿或油绿色为好，草鱼池应呈茶褐色，肥而爽，施肥量较鲢、鳙鱼池少，阴雨天或天气突然变化不施肥，施粪肥应掌握少施勤施的原则。

注意粪肥必须预先经过充分发酵腐熟，避免生鲜粪直接施入塘中。可在池塘边挖一大坑，其大小视各自的具体情况而定，将生鲜粪倒入坑中，再加入适量石灰，即可使粪肥发酵，还可杀灭粪中可能存在的部分病菌、寄生虫及其虫卵等，可有效防止或减少疾病的传播。

（2）大草培育法。大草施肥是两广地区传统的鱼苗培育方法。大草泛指所有无毒而且茎叶较柔嫩的植物，包括蔬菜类、栽培的草类（如象草）等，现在泛指绿肥，用来肥水和培养浮游生物。具体施肥方法是：在池边浅水处或四角处堆施，以150kg左右堆成一堆。待草料腐烂分解后，水色渐呈褐绿色，每隔1～2d翻动一次草堆，使得养分向池中央的水中扩散。7～10d后将不易腐烂的残渣捞出。投草量根据培育鱼苗的种类来定，培育鲢、鳙鱼苗的池塘，水质要求较肥，施用大草的数量较多些，一般每3～4d每亩施200～250kg。培育草鱼苗的池塘，水质要求稍淡，投草量可少些，鱼苗下塘后每3d每亩施150～200kg。如大草不足或饵料生物缺乏，鱼苗生长缓慢时，每亩每天投喂米糠或豆饼糊等精料1.5～2.5kg。也可以用鲜嫩的水草打成草浆投喂，每天每亩施50～70kg。

该方法的优点是肥料的来源广，成本较低，操作简便，肥水作用较强，浮游生物繁殖多。缺点是池塘投放大草后有机物耗氧量增高，池水的溶氧量迅速下降。所以在追肥时必须采取少量多次、均匀投放的方法。

（3）粪肥与绿肥混合施肥。混合堆肥的施用是在池塘边挖好肥料发酵坑，将青草和粪肥按2∶1或1∶1的比例层层相间放入坑内，用占肥料总量1%的生石灰，加水成石灰乳，泼洒在每层青草上（其作用是促进青草发酵腐熟）。肥料堆好后，加水至全部肥料浸没水中，然后用塑料布或用泥土封闭，让其腐烂分解，待腐熟后即可使用。堆肥发酵的时间随气温而不同，20～30℃时10～20d即可使用。在使用过程中，开坑时间不能过久，否则氮肥会挥发损失，影响肥效。如天然饵料不足，可适量投喂人工饲料。

2）豆浆培育法

豆浆培育法是用黄豆或豆饼磨成豆浆泼入池中进行肥水和培育鱼苗的方法。目前，已将单一的豆浆培育方法改为豆浆和有机肥料相结合的培育方法。实践证明，一部分豆浆是直接被鱼苗摄食；大部分则起肥料的作用，繁殖浮游生物，间接作为鱼苗的饵料。操作过程中应注意在黄豆磨浆前须先加水浸泡5～7h，泡至两片子叶中间微凹最佳，此时的出浆率最高。豆浆磨好后滤出豆渣，立即投喂；必须均匀泼洒豆浆，少量多次。一般每天泼洒2～3次，每天每亩水面需用黄豆3～4kg磨成的浆，5d后增至5～6kg，以后根据水质肥度再适量增加。豆浆培育鱼苗的方法比较简单，水质肥度也比较稳定，夏花体质强壮，但黄豆的使用量较多，成本相对较高。

3）肉食性鱼类鱼苗的培育

鲈鱼、真鲷和石斑鱼等肉食性鱼类鱼苗下塘初期主要以贝类幼虫、轮虫、小型枝角类、沙蚕幼体等浮游动物为食。因此，鱼苗下塘前先施肥并进行绿藻和轮虫的接种，进行轮虫强化培育使其密度达到 8 个/mL 以上。鱼苗下塘后 5～6d，每天投喂贝类肉浆 2～3 次，之后逐渐增加。鱼苗下塘 16～20d，每天投喂冰冻或新鲜杂鱼虾肉糜 3～4 次，饵料以选择新鲜的杂鱼为佳，投喂前先用淡水冲洗干净，再绞成肉糜，日投喂量为体重的 10%～15%。随着鱼苗的生长，鱼苗达到体长 12mm 以上，饵料逐渐由鱼糜转为稚鱼微粒饲料，投喂量为鱼体重 3%～8%，鱼苗的成活率可达 8%～15%。

鳜鱼苗摄食的主要特点是专食活鱼苗。鳜鱼苗开口摄食的头 1～3d，应投喂未平游的鱼苗，投喂量为鳜鱼苗密度的 4～5 倍，以保证饵料的易得性。开口摄食几天后每天投喂的饵料鱼按日粮来确定（表 1-22），以第 2 次投喂时略有剩余为宜。

表 1-22　鳜鱼鱼苗的饵料鱼规格与日粮

鳜鱼苗规格/cm	饵料鱼规格/cm	日粮/尾
0.5～1.0	0.4～0.6	2～5
1.0～1.7	0.7～1.0	8～12
1.7～3.4	1.0～1.2	5～8
3.4～6.6	1.6～2.1	5～8
6.6～10.0	3.4～6.7	4～6

6. 日常管理

1）分期注水

分期注水是鱼苗饲养过程中加速鱼苗生长和提高鱼苗成活率的有效措施。分期注水的方法是：在鱼苗入池时，池塘水深 50～70cm；然后每隔 3～5d 加水 1 次，每次注 10～15cm。培育期间共加水 3～4 次，最后加至最高水位。具体注水时间和数量需根据池水肥度及天气情况灵活掌握。注水时要用密网过滤，防止野杂鱼和害虫进入鱼池，也避免水流直接冲入池底把水搅浑。

2）巡塘

每日早晨和下午各巡塘 1 次，巡塘要做到“三查”和“三勤”：查鱼苗是否浮头，查鱼苗活动，查鱼苗池水质、投饵情况等；做到勤除敌害、勤清杂草、勤做日常管理记录。早晨巡塘应注意观察鱼苗有无浮头现象，如果发现浮头应立即注入新水或采取其他措施。观察鱼苗的活动、生长和摄食情况，及时调整投饵与施肥数量，随时消灭有害昆虫、害鸟、池边杂草等。发现鱼病及时治疗，并做好各种记录。

3）控制好水色

塘中池水呈绿色、黄绿色、褐色为好，透明度以 25～30cm 为宜。饲养后期容易出现微囊藻等蓝藻繁殖，鱼吃了难以消化，并影响摄食人工饲料，而且这些藻体会产生毒素，对鱼苗和浮游动物有害。在早晨藻体上浮聚集在池塘下风处时，可用生石灰泼洒在上面，将其杀死。一般连续泼洒 2～3d，即可将微囊藻杀灭。

7. 拉网锻炼与分池

鱼苗下塘 20d 后，一般已达 3cm 左右，应及时分池转入鱼种培育阶段。出塘前要拉网锻炼，目的是增强鱼的体质，提高其成活率。因为拉网易使鱼受惊，增加运动量，使肌肉结实，并增强其各个器官功能。另外，拉网锻炼还可以发现并淘汰病弱苗，去除野杂鱼，估计鱼数，便于下一步的工作安排。

拉网锻炼应选择在晴天上午 10 时左右进行。拉网前应停食，拉网速度需慢些，与鱼的游泳速度一致，并在网后用手向网前撩水，促使鱼向网的前进方向游动，否则鱼体容易贴到网上，尤其是第 1 次拉网，鱼体质差，更容易贴网。第 1 次拉网将夏花围集网中，提起网衣，使鱼在半离水的状态下密集 10～20s 后，放回原池。如果夏花活动正常，隔天再拉第 2 网，将鱼群围集后，移入网箱中，使鱼在网箱内密集，经 2h 放回池中。在密集时间内，须使网箱在水中移动，并向箱内撩水，以免鱼浮头。若要长途运输，应进行第 3 次拉网锻炼。

拉网锻炼的注意事项：①拉网前要清除池中水草和青苔，以免妨碍拉网或损伤鱼体；②鱼浮头当天、得病期间、天气闷热、水质不良以及当天已饲喂过的鱼都不应进行拉网；③拉网需缓慢，操作要小心，若发现鱼浮头、贴网严重或其他异常情况，应立即停止拉网，将鱼放回鱼池；④污泥多且水浅的池塘，拉网前要加注新水。

8. 夏花鱼种的计数与质量鉴别

1）计数

通常采用杯量法，选用 250mL 直筒量杯，杯为锡、铝或塑料制成，杯底留若干个小孔。计数时，用夏花捞海捞取夏花鱼种迅速装满量杯，立即倒入空网箱内。任意抽查 1 杯计算夏花鱼种数量，根据倒入鱼池的总杯数和每杯鱼种数推算出全部夏花鱼种总数。

2）夏花质量的鉴别

夏花质量优劣可根据出塘规格大小、体色、鱼类活动以及体质强弱等来判别（表 1-23）。

表 1-23 夏花鱼种质量的鉴别

鉴别特征	优质夏花	劣质夏花
出塘规格	规格大，同种鱼苗的出塘规格整齐	规格小，同种鱼苗的出塘规格大小不一
体色	体色鲜艳，有光泽	体色暗淡无光，变黑或变白
活动情况	行动活泼，集群游动，受惊后迅速潜入水底，不常在水面停留，抢食能力强	行动迟缓，不集群，在水面缓慢游动，受惊吓时反应不灵敏，抢食能力弱
抽样检查	鱼在白瓷盆中狂跳；鱼体肥壮，头小背厚；鳞鳍完整，无异常现象；身上和各鳍不拖泥	鱼在白瓷盆中很少跳动；身体瘦弱，背薄，俗称“瘪子”；鳞鳍残缺，有充血现象或异物附着；身上和各鳍拖泥

三、鱼种培育

鱼种的培育是指将夏花鱼苗培育成 1 龄（当年）鱼种或 2 龄（老口）鱼种的过程。鱼种培育的目的是提高鱼种的成活率和培养大规格鱼种。鱼苗养成夏花后，由于鱼苗身体尚弱小，觅食的能力和逃避敌害侵袭的能力都还较弱，若直接向养成池塘、湖泊或水库放养，其成活率较低，并浪费水体。因此，需要将夏花再经过一段时间较精细的培养管理，养成规格较大和体质健壮的鱼种，才可供成鱼池塘、网箱、湖泊和水库等大水体放养。大规格鱼种体质健壮，成活率高，生长快，为池塘养鱼大面积高产、优质、低耗、高效打下良好的基础。鱼种的培育方法有室外土池塘鱼种培育、室内水泥池鱼种中间培育和网箱鱼种中间培育等类型。

（一）室外土池塘鱼种培育

室外土池塘鱼种培育是我国淡水鱼类大规格鱼种培育的主要方法。近年来，黑鲷、美国红鱼、大黄鱼等部分海水鱼类苗种二级培育的后期也多采用这种方法。

1. 鱼种池的选择和准备

鱼种池的条件与鱼苗池相似，但面积和深度稍大一些，一般面积要求 2000～3500m²，深度 1.5～2.5m 为宜。鱼种放养前的主要工作是清整池塘和施基肥。清整池塘的方法与鱼苗池的清整方法相同。夏花鱼种的放养也需做到肥水下塘，通过施基肥培养枝角类、桡足类等较大型的浮游动物，使入池后的夏花鱼种立即吃到适口饵料。一般在夏花放养前 10d 左右开始施放基肥，每亩投放有机肥 200～400kg，也可以加施少量氮、磷等无机肥料，每亩可施氨水 5～10kg 或硫酸铵 2.5～5kg、过磷酸钙 1～1.5kg。以鲢鱼、鳙鱼为主体鱼的池塘，基肥应适当多一些，鱼种控制在轮虫高峰期下塘；以青鱼、草鱼、团头鲂、鲤鱼为主体鱼的池塘，应控制在小型枝角类高峰期下塘。在主养草鱼、团头鲂鱼种的池塘中，最好预先培养芜萍或小浮萍以提供草鱼种的适口饵料。近年来，各地采用配合饲料进行鱼种培育的池塘，可以不施或少施有机肥料。

2. 鱼种放养

1）放养密度的确定

夏花放养的密度主要根据食用鱼水体所要求的放养规格而定。鱼种的出塘规格主要根据主体鱼和配养鱼的放养密度、鱼的种类、池塘条件、饵料和肥料供应情况及管理水平而定。同样的出塘规格，鲢、鳙的放养量可较草鱼、青鱼大些，鲢的放养量可比鳙大些。近年来的实践证明，只要池塘水深（2m 以上），有充足的优质饲料和增氧设备，适度密养可实现亩产 1000kg 左右的高产塘。

2）搭配混养

在鱼种培育阶段，塘中主要养殖鱼类的活动水层、食性和生活习性已发生明显分化。因此，可将多种鱼类进行适当的搭配混养，以充分利用池塘水体和饵料资源，发挥池塘的生产潜力。同时，混养还能做到不同鱼种之间的彼此互利，如草鱼与鲢或鳙混养，草鱼的粪便及残饵分解后可使水质变肥，繁殖浮游生物，可供鲢、鳙鱼摄食，鲢、鳙鱼可吃掉部分浮游生物，又使水质不致变得过肥，从而有利于喜在较清水中生活的草鱼的生长。

鱼种混养的种类，一般中下层的草、青、鳊、鲂、鲤、鲫鱼等与中上层的鲢、鳙以 2～3 种或 4～5 种鱼混养。其中，以一种鱼为主养鱼，占比例较大；其他鱼为配养鱼，占比例较小。一般鱼种池混养的种类比食用鱼池塘少。因为鱼种培育要求生产出规格整齐、体质健壮的鱼种，如果混养的种类过多，往往会造成各种鱼对所投人工饵料的争食，从而难以达到出塘规格。在混养过程中必须注意下列两点：第一，生活在同一水层的鱼，要注意它们之间搭配的比例，如鲢与鳙、草鱼与青鱼之间的关系。一般鲢、鳙不同池混养，草鱼、青鱼也不同池混养，因鲢比鳙、草鱼比青鱼争食力强，后者因得不到足够的饵料导致成长不良。即使要混养也必须以前者为主养鱼，后者的配养量在 20%以下。第二，鱼种池的主养鱼应根据生产需要来确定，混养比例按鱼的习性、投饵施肥情况及各鱼种的出塘规格等来决定。一般主养鱼占 60%左右。

目前，淡水鱼种培育生产上多采用草鱼、鲢、鲤（或鲫）混养或青鱼、鳙、鲫（或鲤）混养，效果较好（表 1-24）。

表 1-24　江浙渔区夏花放养数量与出塘规格

主养鱼			配养鱼			每亩放养总数/尾
种类	每亩放养量/尾	出塘规格	种类	每亩放养量/尾	出塘规格	
草鱼	2000	50～100g	鲢鱼	1000	100～125g	3000
	5000	13.3cm	鲤鱼	1000	13～15cm	1000
			鲢鱼	2000	50g	7000
	8000	12～13cm	鲤鱼	1000	12～13cm	1000
			鲢鱼	3000	13～17cm	11000
	10000	10～12cm	鲢鱼	5000	12～13cm	15000
青鱼	3000	50～100g	鳙鱼	2500	13～15cm	5500
	6000	13cm		800	125～150g	6800
	10000	10～12cm		4000	12～13cm	14000
鲢鱼	5000	13～15cm	草鱼	1500	50～100g	6500
	10000	12～13cm	鳙鱼	500	15～17cm	500
			团头鲂	2000	10～13cm	12000
	15000	10～12cm	草鱼	5000	13～15cm	20000
鳙鱼	5000	13～15cm	草鱼	2000	50～100g	6000
	8000	12～13cm		3000	17cm 左右	11000
	12000	10～12cm		5000	15cm 左右	17000
鲤鱼	5000	12cm 以上	鳙鱼	4000	12～13cm	10000
			草鱼	1000	50g 左右	
团头鲂	5000	12～13cm	鲢鱼鳙鱼	4000	13cm 以上	9000
	10000	10cm 左右		1000	13～15cm	11000

3）药浴消毒

在购进苗种放养、分塘换养时，应该对鱼苗、鱼种本身进行 1 次消毒，以杀灭鱼体上携带的病原；尽可能避免或减少病原传播、繁殖的机会；从而提高苗种培养的成活率。鱼体的消毒一般采用浸洗法（又称药浴）。常用的药物有漂白粉（有效氯含量 30%），浸洗浓度 $10g/m^3$；漂白粉和硫酸铜合剂，漂白粉 $10g/m^3$ 和硫酸铜 $8g/m^3$；高锰酸钾 $20g/m^3$；敌百虫（90%晶体）$10g/m^3$；食盐水 2%～4%等。浸洗时间可根据水温而定，水温低则浸洗时间长，消毒效果好。药浴时，需时刻注意鱼在浸洗时的反应，如发现缺氧或其他不正常现象，应立即停止浸洗，将鱼倒入池塘中。

3. 鱼种培育方法

1）投饵

在鱼种培育阶段，单靠天然饵料已不能满足鱼种的摄食需要，必须以投喂人工饲料为主，辅以施肥。加强投饵是培养大规格鱼种，提高池塘单位面积鱼产量的最重要手段之一。投饵技术的一个重要方面就是坚持“四定”投饵原则。

（1）定时。投喂饵料必须定时进行，以提高饵料利用率，同时选择水温较适宜、溶氧量较高的时间段投饵，可以提高鱼的摄食量，有利于鱼类快速生长。在正常天气情况下，一般在上午 8～9 时和下午 2～3 时各投饵 1 次，此时池塘水温和溶氧量升高，鱼类的食欲旺盛。在初春和秋末冬初时水温较低，一般在中午投饵 1 次。夏季如水温过高，下午投饵的时间应适当推迟。对于胃不发达的鱼类，需要不停地摄食，因此少量多次投饵符合它们的摄食习性。

（2）定位。投饵必须有固定的位置，使鱼类便于集中在一定的地点吃食。定点投喂不仅可减少饵料的浪费，而且便于检查鱼的摄食情况，便于清除剩饵和进行食场消毒，保证池鱼种的摄食卫生。在发病季节还便于对鱼体进行药物消毒，防治鱼病。

投喂青饲料，一般用竹竿搭成三角形或方形框架，将草投在框内，便于草鱼、团头鲂等吃食及清理剩饵。投喂商品饲料，可在水面以下 30～40cm 处，用芦席或木盘（带有边框）搭成面积 1～2m^2 的食台，将饵料投在食台上让鱼摄食，一般每 3000～4000 尾鱼种设食台 1 个。也可将饵料投在池边底质较硬无淤泥的食场上（水深 1m 以内）。给青鱼投喂螺蛳等，也应投放在相对固定的食场上。

（3）定质。投喂的饵料必须保证新鲜，不腐烂变质，以防引起鱼病。饵料的适口性要好，需适于不同种类和不同大小鱼的摄食。最好采用颗粒配合饲料，以提高营养价值并减少饵料成分在水中的溶散损失。必要时，可在投喂前对饵料进行消毒，特别是在鱼病季节。

（4）定量。每日的投饵量需固定，做到适量和均匀，以提高鱼类对饵料的消化率，促进生长，减少疾病，降低饵料系数。每日的投饵量要根据各种具体条件如水温高低、天气状况、水质肥瘦及鱼类的摄食情况等灵活掌握。水温在 25～32℃的范围内，饵料可多投；水温过高或较低时，投饵量均须减少。天气晴朗可多投饵；天气不正常，气压低、闷热，雷阵雨前后或大雨时，应少投或暂停投饵。天气长期炎热忽然转凉，或长期凉爽忽然转热，均需注意控制投饵量。水质较瘦，水中有机物耗氧量小，可多投饵。水质过肥，有机物耗氧量大，应减少投饵量。及时检查鱼每次的吃食情况，如投饵后鱼很快吃完，则应适当增加投饵量，如较长时间吃不完，剩饵较多，则需适当减少投饵量。

2）施肥

以饲养鲢鱼、鳙鱼为主的池塘，以施肥为主，适当辅以精饲料。施肥方法和数量应掌握少量勤施的原则。因夏花放养后正值天气转热的季节，施肥应注意水质的变化，不可施肥过多，以免遇天气变化而发生鱼池严重缺氧，造成死鱼事故。施粪肥可 1d 或每 2～3d 全池泼洒 1 次，施肥量根据天气、水质情况灵活掌握。通常每亩每次施粪肥 100～200kg。养成 1 龄鱼种，每亩需施粪肥 1500～1750kg。每万尾鱼种需用精饲料 75kg 左右。

3）草鱼的投饵

夏花的草鱼种与鲢或鳙鱼种常搭配进行混养。初下塘时，可喂给豆浆、豆渣。但达到夏花鱼种规格的草鱼则最喜食芜萍，所以按每千尾投喂芜萍2～4kg。20d左右其体长可增长到7cm左右，这时改投浮萍，每天每千尾投喂10kg小浮萍。20d后草鱼体长一般可达10cm左右，改喂水草或细嫩的陆草。草鱼在10cm规格时，容易患出血病、肠炎病等病害，所以立秋之后应减少投饵，适当加注新水并加强防病措施。越冬前，投喂些精饲料，使其增强体质，有利于提高越冬时的成活率。投喂时需注意：当草鱼与鲢、鳙混养时，每天必须先投放草类，让草鱼先吃，然后再投豆渣等鲢或鳙的饵料。既能保证草鱼的摄食，又能保证鲢或鳙的摄食，使混养的每一种鱼均能正常生长。

4）青鱼的投饵

一般在青鱼夏花鱼种下塘前施基肥培养大量的枝角类。下塘2～3d之后，用2～3kg豆渣或其他饵料引诱鱼种到食场摄食，然后再根据鱼种的采食情况，每天投饲豆渣2次，上下午各投1次，每次豆渣用量为每万尾12.5～15kg。待青鱼体长至8cm左右时，改喂磨碎的豆饼，每天每万尾5～7.5kg，上、下午2次投喂。青鱼体长增至8～10cm后，除按时按量投喂豆渣、豆饼之外，开始投饲一些轧碎的螺蛳，刚开始时每天每万尾投35kg左右，以后逐渐增加至每天120～140kg。当青鱼体长达到15cm以后，可投喂一些小的整螺蛳。当年青鱼的病害没有草鱼那样多，所以投饵上不要保守，应抓住时机，增大1龄青鱼种的出塘规格。饲养青鱼种，在转换饵料种类时应有1周左右的混合过渡期，使鱼种有时间适应新的饵料。

5）鲢的投饵

在夏花下塘前施肥培养浮游生物，下塘后必须适当投喂人工饵料。初下塘时，每天每万尾投喂1.5～2kg豆渣，之后投喂磨细的酒糟或掺一些豆饼粉，每天每万尾用量1kg，以后增到每天1.5～2kg，至10月中旬或下旬气温开始下降为止。

6）鳙的投饵

与对鲢投饵的要求相同，只是饵料数量稍大一些。若鲢每天每万尾投喂豆饼2.0kg，则鳙每天每万尾投喂豆饼应增加到3.0～3.5kg。

4. 日常管理

1）巡塘

每日早晨、中午和晚上分别巡塘1次。早晨巡塘主要是观察水色和鱼的动态，如鱼类浮头过久，应及时注水。中午、晚上结合投饵、清理食台等工作的同时巡塘。

2）适时注水，改善水质

夏花鱼种投饵量较大，排泄量也多，池水很容易过肥，影响鱼种的生长，因此，必须经常加注新水。每月定期注、排水1～2次，使水位保持1.5m左右，透明度保持在30～35cm。鱼池必须配备增氧机并合理使用。

3）检查鱼种的吃食和生长情况

每天下午3时左右检查食台，了解饵料是否被吃完，以此确定第2d需准备的投饵量。如发现生长缓慢，必须加强投饵。如个体生长不均匀，应及时拉网，进行分塘培养。

4）防逃、防病

雨季来临时需注意池塘中水位的上涨情况，经常检查注、排水口的拦鱼设施。随着鱼体日渐长大，病害逐渐增多。鱼种培育期间常见病害有细菌性白皮病、白头白嘴病、车轮虫病、鳃隐鞭虫病、斜管虫病等，以及水蜈蚣、水绵、水网藻等常见敌害。当水质恶化、天气突变，容易引起泛塘。因此，在日常管理中根据每天巡塘时观察的情况，经常清除池内杂草、腐败杂物，清洗食台并进行食台、食场的消毒。每 2～3d 清扫食场 1 次，每 15d 用漂白粉对食场及附近区域消毒 1 次。

5. 并塘越冬

秋末冬初，水温降至 10℃以下，鱼种已停止摄食，即可开始拉网并塘，按鱼种的种类和规格进行分塘，作为商品鱼养殖之用或进入越冬池暂养，安全过冬。

1）并塘目的

①鱼种按不同种类和规格进行分类，计数囤养，利于运输和放养；②并塘后将鱼种囤养在较深的池塘中安全越冬，便于冬季管理；③能全面了解当年鱼种生产情况，总结经验，提出下年度放养计划；④空出鱼种池进行整塘清塘，为翌年生产做好准备。

2）注意事项

（1）并塘时应在水温 5～10℃的晴天拉网捕鱼、分类归并。如果水温偏高，因鱼类活动能力强，耗氧大，操作过程中鱼体容易受伤；而水温过低，特别是严冬和雪天不能并塘，否则鱼体易冻伤，造成鳞片脱落，易生水霉病。

（2）并塘前鱼种应停食 3～5d。拉网、捕鱼、选鱼、运输等工作应小心细致，避免鱼体受伤。

（3）选择背风向阳，面积 2～3 亩，水深 2m 以上的鱼池作为越冬池。通常规格为 10～13cm 的鱼种，每亩可囤养 5 万～6 万尾，如果规格较大的鱼种，囤养的密度相应要减小。

3）越冬管理

越冬水质应保持一定的肥度，及时做好投饵、施肥工作。在我国南方，冬季不十分寒冷，不结冰或仅局部薄冰。当晴天水温较高时，在背风、向阳的深水区不定期投放少量精料或少量猪粪，以供越冬鱼种随时摄食，保持体质；在我国北方，冬季严寒，结冰期长，冰雪较厚，需要打一定数量冰眼，以便观察鱼种的动态和水质状况，并要及时扫雪，提高冰下透光度。一旦发现鱼池渗漏，水位下降，或鱼种浮头，应及时补水。如果水质太瘦、缺氧，需在冰眼处挂施（袋）适量化肥（氮肥和磷肥），培植冰下浮游植物，增加水体溶氧。

（二）室内水泥池鱼种中间培育

海水鱼类放入池塘或网箱中进行成鱼养殖，一般要求鱼种规格为 8～16cm，有些鱼类的鱼种甚至要求达到 50～100g/尾，这样可以保证养成过程的鱼种有较高成活率。因此，室内水泥池中间培育过程对于培育大规格鱼种很重要。

1. 鱼种池的选择

鱼种中间培育可以在原鱼苗池进行，也可以选择在面积相对较大的水泥池中进行强化培育。鱼种池一般面积 30～50m^2，水深 1m 以上，要求水循环顺畅、排污效果好、水质易控制。

2. 放养密度的确定

鱼种的放养密度要根据水交换能力、饵料种类、鱼种池的规格以及养殖设备等因素综合确定。由于鱼种中间培育处于高温季节，控制合理的放养密度是鱼种培育的关键。一般来说，30～50mm 的鱼种，放养密度为 1000～2000 尾/m^2；70～80mm 的鱼种，300～600 尾/m^2；120～130mm 的鱼种，150～300 尾/m^2；150～160mm 的鱼种，60～100 尾/m^2。

3. 鱼种分选

肉食性鱼类鱼种培育阶段，个体发育参差不齐，自相残杀的现象较为严重。因此，必须定期进行分选，鱼种规格在 10mm 以下时，每个月分选 2～3 次；以后，每个月分选 1 次。分选过程中淘汰个体特小、体形和颜色异常等劣质苗种，降低培育密度，并保持同池鱼种规格尽可能一致。

4. 培育管理

1）水质控制

鱼种中间培育用水可采用一级砂滤水，但要进行各项水质指标的监测。加大换水量或水循环次数，是水质控制的重要措施。一般日换水量 300%～600%，随着鱼种的快速生长和自然水温的逐步升高，换水量也要相应加大。同时每 2d 要对池底清污 1 次，以减少鱼类的残饵和粪便在池内的滞留时间，避免造成水质恶化，影响鱼种生长。

2）饲料选择与投喂

鱼种中间培育的饲料主要有碎鱼虾贝肉、卤虫成虫、糠虾和人工配合饲料等。选择饲料要保证营养均衡，避免长期使用单一饲料造成营养缺乏症。尽可能采用鱼种专用商品饲料，保证鱼种培育成活率的稳定性。一般体长 8～10cm 之前，每天投喂 4～5 次，投饲率 10%～15%；体长 10～20cm，每天投喂 3 次，投饲率 5%～10%；体长 20cm 以上，每天投喂 2～3 次，投饲率 3%～5%。

3）病害防治

鱼种培育车间要保持干净、整洁，定期对车间内外进行消毒处理。利用鱼种分选进行倒池，对鱼种池进行彻底的清洗和消毒。保证投喂的饲料新鲜、不变质。发现鱼病应立即采取防治措施，及时隔离避免病害蔓延。

（三）网箱鱼种中间培育

网箱鱼种培育方法目前主要应用于淡水鱼类大规格鱼种的培育和海水鱼类鱼种的中

间培育阶段。由于网箱设置在天然水域，鱼种生活的水质条件优越，且天然饵料生物较丰富，鱼种的生长速度快、病害少、成活率高。

1. 网箱规格及设置

鱼种培育网箱一般采用双层聚乙烯无节网片，网箱规格采用2m×2m×2m、3m×3m×2m或4m×4m×2m的小型箱体，并备有网目大小1.2cm和1.5cm的两种网箱。网箱应设置在最低水位不低于5m的底质平坦水域，透明度以30～50cm为佳。由于鱼种体质较弱，抗风浪及水流能力差，所设水域应避风、避浪，最大水流速度不超过0.2m/s。

2. 夏花放养

夏花鱼苗投放前5～6d，应检查网箱有无破损，提前布置好网具，使网片充分泡软，附生少许藻类，以防止擦伤幼鱼。夏花入箱时温差不超过±5℃。放养夏花要求规格整齐，无伤无病，体质健壮。全长30mm的鱼苗，放养密度为500～800尾/m^3。经过十几天培育，鱼体长达60～70mm时，应及时分箱，移入1.5cm网目的网箱中，密度为300～500尾/m^3。另外，可少量搭配罗非鱼种，既充分利用饵料，又能刮食网箱上的附生藻类，使水流畅通。

3. 投饲与管理

夏花鱼苗入箱后，应采用撩水、诱饵等措施进行驯食。一般驯食开始后2d，每天投喂2次，以后增加到3～4次，日投饲率为2%～4%。驯化7d后开始正常投饵，每天投喂4～6次，日投饲率为6%～8%。大黄鱼、花鲈等肉食性鱼类的鱼种摄食凶猛，早期培育阶段每天投喂6～8次，日投饲率为50%～100%。以后逐步减少，每天投喂4～6次，日投饲率为8%～10%。投饵过程应坚持“四定”投饵原则，并掌握“慢、快、慢”的投饵节奏。少量多次，保证鱼种均匀摄食。每隔10～20d测定鱼种体重，调整投饲量。投喂的饲料可以选择冰鲜鱼虾贝肉和人工配合饲料等。如果水域糠虾、桡足类等天然饵料丰富，还可以在夜间于网箱上面悬挂灯光诱集，补充鱼种的饵料。网箱鱼种培育的日常管理与网箱成鱼养殖相同。

四、鱼苗、鱼种的运输

1. 运输工具的准备

（1）尼龙袋。常见规格为70cm×40cm，容积为20L。

（2）鱼篓。用竹篾编制，上圆下方。

（3）帆布桶。由帆布桶与铁架或木架两部分组成，运输时可盛水500L。

（4）木桶。口小底大，用1cm厚的木板箍成。

（5）挑篓。挑运鱼苗、鱼种。

（6）巴斗。舀水用。

（7）出水。鱼苗换水的滤器。出水规格以能容纳巴斗在内舀水操作为原则。换水时，将出水放入篓内，鱼苗即被滤隔在出水外面，再用巴斗在水中舀水，避免鱼苗随水一起舀出。

2. 运输方法

1）尼龙袋充氧运输

利用尼龙袋充氧运输，1次充氧能保持在30h以上。将漏斗插入袋口，注入占尼龙袋1/4体积的水。加水后立即装入适量的鱼种，鱼种入袋后排出袋内的空气，然后充入氧气，以袋表面饱满有弹性为度。但在空运时，充氧量只能相当于陆运的80%左右。充氧后立即用塑料绳或橡皮筋扎紧袋口，将已充氧的尼龙袋装进硬纸箱中，用绳子将纸箱捆好或用胶带封口后即可起运。尼龙袋充氧运输鱼苗、鱼种的适当密度见表1-25。

尼龙袋充氧运输鱼苗法具有体积小、装运密度大、装卸方便、成活率高等优点，而且一般不需中途换水，可利用铁路、航空托运或汽车装运等多种运输手段。

表1-25 尼龙袋充氧运输鱼苗、鱼种适当密度表

时间/h	装运密度/(尾/袋)		
	鱼苗	夏花	8.3～10cm鱼种
10～15	15万～18万	2500～3000	300～500
15～20	10万～12万	1500～2000	—
20～25	7万～8万	1200～1500	—
25～30	5万～8万	800～1000	—

2）帆布桶运输法

该工具便于在途中换水喂食。汽车、轮船、火车等长途运输时，装运密度随水温高低、路途长短、苗种规格及体质等情况灵活掌握。运输中密切注意苗种的动态，经常用木板击水、送气、淋水增氧等，发现浮头及时换水。长途运输中，应每天喂食，每50万尾鱼苗喂1个熟蛋黄，喂食前换水，喂食后1～2h内不要翻动鱼苗，以免引起死亡。

3）塑料桶运输法

先仔细检查塑料桶是否漏气漏水，然后在桶内盛水放鱼，将桶装满水和苗种后，盖紧外盖，侧卧塑料桶，充氧阀在上，排水阀在下，灌入氧气，让水从排水阀流出，当排水至总水量的2/3时，停止充氧，关闭排水阀，即可平放运输。

3. 提高鱼苗鱼种运输成活率的措施

①当鱼苗出现腰点后才能运输；②周密安排苗种运输前的各项准备工作；③苗种起运前1d应停止投喂，鱼种要提前3d进行拉网锻炼；④运输密度要适宜，运输用水应清洁，自来水需放置1d后再用；⑤运输中应及时用橡皮管通过虹吸法清除沉积于桶底的粪便、残饵等废物；⑥起运、下塘和中途加水的温差不能超过±(2～3)℃。

任务六　池塘成鱼养殖

一、八字精养法

池塘成鱼养殖是指在池塘中将鱼种养至成鱼（食用鱼）的生产过程。它具有投资少、见效快、收益大、生产比较稳定的特点，是我国食用鱼养殖的主要生产方式之一。池塘养鱼是我国鱼类养殖的主体，养殖技术比较成熟，生产环节较完整，而且它的整套养殖技术也是其他水域鱼类养殖的基础。我国的池塘养鱼科技工作者将我国几千年的池塘养鱼经验总结、提炼成“水、种、饵、混、密、轮、防、管”八个字，称为“八字精养法”。

“水”：养鱼的环境条件，包括水源、水质、池塘面积和水深、土质、周围环境等，必须符合鱼类生活和生长的要求，且对鱼的品质没有负面影响。

“种”：品种丰富、数量充足、规格齐全、体质健壮、符合养殖要求的优质鱼种。

“饵”：养殖对象要有数量充足、营养全面且不对鱼肉品质产生负面影响的适口饵料供应，主要包括池塘施肥培育天然饵料生物和合理使用配合饲料等。

“混”：不同种类、不同年龄与规格的鱼类在同一池塘中同时养殖。

“密”：合理密养，鱼种放养密度维持在比较合理的高水平。

“轮”：轮捕轮放，在饲养过程中始终保持池塘中鱼类较合理的密度，鱼产品均衡上市。

“防”：及时做好鱼类病害的防治工作。

“管”：精细、科学的池塘管理措施。

“水”、“种”、“饵”是养鱼过程的 3 个基本要素，是池塘养鱼的物质基础；“混”、“密”、“轮”是高产、高效的技术措施；“防”和“管”是池塘养鱼高产、高效的根本保证。

二、池塘条件和要求

1. 池塘位置的选择

1）周围环境条件

选择水源充足、水质良好、交通和供电方便，周围没有高大树木及房屋的开阔地带建造池塘。这样既便于注、排水，也便于鱼种、饲料及成鱼的运输和销售。

2）水源和水质要求

池塘应有良好的水源条件，以便于经常加注新水。池塘水源以无污染的河、湖、海水为好，这种水溶氧高，水质良好，适宜鱼类生长。因此，鱼池最好靠近河边或湖边。井水也可以作为养鱼水源，但其水温和溶氧均较低，使用时需将井水流经较长的渠道或设置晒水池进行处理，并在鱼池进水口下设接水板，待水落到接水板上溅起后再进入池中，以增加水温和溶氧。

3）土质要求

饲养鲤科鱼类的池塘土质以壤土最好，黏土次之，沙质土最差。养1～2年后的鱼池，由于积存的残饵、粪便及生物尸体等与泥沙混合，形成淤泥。淤泥过多，其中所含的有机物质氧化分解要消耗大量氧气，容易造成缺氧，而且缺氧后有机物的厌氧发酵还会产生氨和硫化氢等有害物质，影响鱼类的生存与生长。通常在鱼种放养时，池底应保持5cm厚的淤泥，这对补充水中营养物质和保持池水的肥度有很大作用。

2. 池塘形状、面积和水深

1）形状

鱼池以东西长、南北宽的长方形为好，长宽比为5∶3。其优点是：池埂遮阴小、水面日照时间长，有利于浮游植物光合作用；夏季多东南风和西南风，水面易起波浪，池水在动态中自然增氧，可减少鱼类浮头；有利于拉网操作，注水时易造成池水流转。

2）面积

渔谚有“宽水养大鱼”之说，池塘面积大则鱼的活动范围广，水质较稳定，受风力的作用也较大。风力不仅可以增加溶氧，而且还可使池塘上下层水混合，改善下层水的溶氧条件。但面积过大，施肥、投饵难以均匀，水质不易控制，池塘管理不方便；夏季捕鱼时，一网起捕过多，分拣费时，操作困难，容易造成死鱼事故；且受风面积大容易形成大浪冲坏池埂。一般食用鱼养殖池塘面积在10～15亩范围内较为适宜。

3）水深

渔谚有“一寸水、一寸鱼”之说，鱼池应有一定的水深以保持一定的蓄水量。通常水较深的池塘溶氧状况和水质较好，适合于肥水养鱼的要求；同时单位面积的水量大，可增加鱼种的放养量，因而较易实现高产。但池塘并非越深越好，如池水过深，下层水光照条件差，溶氧低，加上有机物分解又消耗大量的氧气，容易造成下层池水经常缺氧。实践证明，精养鱼池常年水位应保持在2.0～2.5m。

三、池塘清整、注水与施肥

1. 池塘的清整

池塘经1年的养鱼后，底部沉积大量淤泥（每年沉积10cm左右）。每年应在干池捕鱼后，将池底周围的淤泥挖起放在堤埂和堤埂的斜坡上，拍打紧实，移栽黑麦草或青菜等，作为鱼类的青饲料。整塘后，再用生石灰、漂白粉、二氧化氯、强氯精和茶粕等药物清塘。

2. 注水与施基肥

清塘5～6d后向池塘注水，注水时要用密眼筛网过滤以防敌害生物进入池塘。初次注水水深在50～80cm，有利于水温的提高。为了提高水体鱼产力及增加水体浮游生物的生物量，在放养鱼种前要根据池塘条件施基肥。一般每亩施粪肥或绿肥300～500kg，具体的施肥量根据水体状况决定。

四、鱼种放养

优良的鱼种在养殖过程中成长快，成活率高。鱼种要求种类齐全、数量充足，规格合适，体质健壮，无病无伤。

1. 鱼种的来源

（1）鱼种池专池培育，主要提供1龄鱼种。

（2）成鱼池套养，将同一种鱼类不同规格的鱼种按比例混养在成鱼池中，经过一段时间的培养后，将达到食用规格的鱼捕出上市，并在鱼池中补放小规格鱼种（如夏花），随着鱼类生长，各档规格鱼种逐年提升，供翌年成鱼池放养用。

（3）利用稻田、网箱培育鱼种。

2. 鱼种需要量的计算

计算鱼种的需要量不仅要考虑当年食用鱼放养的需要，还要为接下来两年食用鱼池所需的鱼种做好准备。鱼种需求量可按下列公式计算：

$$\text{某种鱼类鱼种放养量(尾)}=\frac{\text{成鱼池中该种鱼类的产量}}{\text{该种鱼的平均出塘规格}\times\text{该种鱼的成活率}}$$

某种夏花放养量(尾)＝该种鱼种放养量(尾)/该种鱼种成活率

某种鱼类鱼苗需要量(尾)＝该种夏花鱼种放养量/该鱼苗成活率

对于团头鲂、草鱼等鱼种生产不稳定、成活率和产量波动范围较大的鱼类，按上述公式计算后，还应再增加25%的安全系数，以此制定鱼种生产计划。

3. 鱼种规格

为了保证出塘规格，提高养殖期间成活和鱼产量，一般要求放养大规格鱼种。由于我国各地区气候条件差异大，饲养方法不同，市场要求食用鱼的上市规格也不同，不同地区对放养规格有不同的要求。如青鱼的上市规格要求2.5kg以上，其鱼种的放养规格需500～1000g的2龄或3龄鱼种；鲢鱼、鳙鱼的上市规格为750～1000g，则需放养100～150g的1龄大规格鱼种；为使鲢鱼、鳙鱼上半年就有750g以上的成鱼上市，可将1龄鲢鱼、鳙鱼密养，使其第2年达到特大规格250～450g鱼种，供鲢鱼、鳙鱼第3年放养用。

4. 放养时间

提早放养鱼种是争取高产的措施之一。长江流域一般春节前放养完毕，北方地区一般在解冻后，水温稳定在5～6℃时即可放养。在水温较低的季节放养，鱼的活动能力弱，容易捕捞，操作过程中鱼体不易受伤，减少发病和死亡率。提早放养促进鱼的早开食，延长鱼类的生长期。近年来，北方条件较好的池塘已将春天放养改为秋天放养，鱼种成活率明显提高。放养须在晴天进行，严寒、风雪天气不能放养，以免鱼种在捕捞和运输途中冻伤。

五、混养搭配

1. 混养及其优点

混养是我国池塘养鱼的重要特色。混养是根据鱼类的生物学特点，使栖息习性、食性、生活习性不同的鱼类或同种异龄鱼类在同一空间和时间内一起生活和生长，做到多种鱼类、多种规格（包括同种不同年龄）的高密度混养，充分发挥“水、种、饵”的生产潜力。混养能更合理地利用水体，充分利用饵料，发挥养殖鱼类之间的互利作用，获得食用鱼和鱼种的双丰收，从而提高社会效益和经济效益。

2. 混养鱼类的关系

以淡水主要养殖鱼类为例，青鱼、草鱼、鲤鱼、鲂鱼主食贝类、草类和底栖动物等，俗称“吃食鱼”，它们的残饵和粪便形成腐屑食物链和牧食链，给鲢鱼、鳙鱼提供良好的饵料条件，故称鲢鱼、鳙鱼为“肥水鱼”。“肥水鱼”又通过摄食腐屑和滤食浮游生物起到了防止水质过肥，给喜清新水质的“吃食鱼”，创造了良好的生活条件。渔谚“一草带三鲢”，正说明这种混养的生物学意义。在不施肥和少量投精料的情况下，“肥水鱼”和“吃食鱼”的比例大约为1∶1，正所谓“一层吃食鱼、一层肥水鱼”，具体来说每1kg“吃食鱼”可以带养1kg“肥水鱼”；而在施肥和大量投喂精饲料的情况下，该比例比例降至1∶(0.3～0.6)。因为大量投饵施肥的鱼池中，有一部分肥料和残饵未能被充分利用而沉积在池底。

3. 主养鱼类和配养鱼类的确定

主养鱼又称主体鱼，在放养量上占较大比例，是投饵施肥和饲养管理的主要对象。配养鱼是处于配角地位的养殖鱼类，它们可以充分利用主养鱼的残饵、粪便所形成的腐屑以及水中的天然饵料很好地生长。因此，在主养鱼与配养鱼搭配过程中要考虑将不同栖息水层、不同食性的鱼类进行搭配，这样才能充分利用水体及各种饵料资源。

确定主养鱼类应考虑市场需求、饵料和肥料来源、池塘条件和鱼种来源等因素。如有机肥料来源充足、方便的地区可以鲢、鳙鱼等滤食性鱼类，罗非鱼、鲮鱼等腐屑食性鱼类作为主养鱼；草类资源丰富的地区可以草鱼、鲢、团头鲂等为主养鱼；螺、蚬等贝类资源丰富的池塘可以青鱼为主养鱼。对于配养鱼，除了以鲢、鳙鱼为主养鱼的池塘，一般池塘养鱼都可以考虑搭配鲢、鳙鱼，因为不管主养何种鱼类，鲢、鳙鱼对主养鱼都没有太大的影响，同时还可以充分利用水中的浮游生物。另外，鲫鱼也是非常好的搭配种类，因为鲫鱼个体小，以摄食有机碎屑为主，对主养鱼影响不大。对于小型野杂鱼多的池塘可适当放养一些肉食性鱼类如乌鳢、鳜鱼、翘嘴红鲌等。

4. 混养的主要模式

1）以草鱼为主养鱼的混养模式

这种混养模式，主要对草鱼（包括团头鲂）投喂草类，利用其粪便肥水，产生大量腐屑和浮游生物，养殖鲢、鳙。由于青饲料较容易解决，成本较低，是我国最普遍的混养类型（表 1-26）。其特点是：①放养大规格鱼种，其来源主要由本塘套养解决，一般套养鱼种占总产量 15%～20%，本塘鱼种自给率在 80%以上。②以投喂草类作为主要饲料。每亩净产 250kg 以下一般只施基肥，不追施有机肥；每亩净产 500kg 以上的，主要在春秋两季追施有机肥料，在 7～10 月轮捕 2～3 次。③鲤放养量要少，放养规格要适当增大。由于鲫价格比鲤高，有些渔区采用“以鲫代鲤”的方法，不放养鲤鱼，而增加异育银鲫等优良鲫鱼品种的放养量。

表 1-26　以草鱼为主养鱼亩净产 500kg 放养收获模式（上海郊区）

<table>
<tr><th rowspan="2">鱼类</th><th colspan="4">放养</th><th rowspan="2">成活/%</th><th colspan="4">收获</th></tr>
<tr><th>规格/g</th><th>尾</th><th colspan="2">重量/kg</th><th>规格</th><th colspan="2">毛产量/kg</th><th>净产量/kg</th></tr>
<tr><td rowspan="3">草鱼</td><td>500～750</td><td>65</td><td>40</td><td rowspan="3">52.5</td><td>95</td><td>≥2kg</td><td>106</td><td rowspan="3">164</td><td rowspan="3">111.5</td></tr>
<tr><td>100～150</td><td>90</td><td>11</td><td>85</td><td>500～750g</td><td>45</td></tr>
<tr><td>早繁苗 10</td><td>150</td><td>1.5</td><td>70</td><td>100～150g</td><td>13</td></tr>
<tr><td rowspan="2">团头鲂</td><td>50～100</td><td>300</td><td>22</td><td rowspan="2">28</td><td>90</td><td>≥250g</td><td>68</td><td rowspan="2">94</td><td rowspan="2">66</td></tr>
<tr><td>10～15</td><td>500</td><td>6</td><td>70</td><td>50～100g</td><td>26</td></tr>
<tr><td rowspan="2">鲢</td><td>100～150</td><td>300</td><td>33</td><td rowspan="2">33.5</td><td>95</td><td>≥750g</td><td>170</td><td rowspan="2">205</td><td rowspan="2">171.5</td></tr>
<tr><td>夏花</td><td>400</td><td>0.5</td><td>80</td><td>100～150g</td><td>35</td></tr>
<tr><td rowspan="2">鳙</td><td>100～150</td><td>100</td><td>13</td><td rowspan="2">13</td><td>95</td><td>≥1000g</td><td>57</td><td rowspan="2">72</td><td rowspan="2">59</td></tr>
<tr><td>夏花</td><td>150</td><td>—</td><td>80</td><td>100～150g</td><td>15</td></tr>
<tr><td rowspan="2">鲫</td><td>25～50</td><td>500</td><td>14</td><td rowspan="2">15</td><td>95</td><td>≥250g</td><td>71</td><td rowspan="2">87</td><td rowspan="2">72</td></tr>
<tr><td>夏花</td><td>1000</td><td>1</td><td>60</td><td>25～50g</td><td>16</td></tr>
<tr><td>鲤</td><td>35</td><td>30</td><td colspan="2">1</td><td>95</td><td colspan="2">≥750g</td><td>21</td><td>20</td></tr>
<tr><td>总计</td><td>—</td><td>—</td><td colspan="2">143</td><td>—</td><td colspan="2">—</td><td>643</td><td>500</td></tr>
</table>

2）以鲢、鳙为主养鱼的混养模式

该混养模式的特点是：①鲢、鳙放养量占 70%～80%，其大规格鱼种采用成鱼池套养方法解决，鲢、鳙鱼种从 5 月份开始轮捕后，即补放大规格鱼种，补放鱼种数量与捕出数量大致相等；②一般池塘较大，面积 10～30 亩，适宜施用有机肥料肥水；③为改善水质，充分利用有机腐屑，重视混养罗非鱼、银鲴等以有机腐屑为食的鱼类，它们比鲤、鲫能更充分地利用池塘饵料资源；④实行鱼、畜、禽、农结合，开展“综合养鱼”。

3）以青鱼、草鱼为主养鱼的混养模式

该混养类型是江苏无锡渔区的典型养殖模式（表 1-27），其特点是：①青鱼、草鱼放养量相近；②同种异龄混养，放养种类、规格多，密度高，放养量大；③以成鱼池套养培育大规格鱼种，成鱼池鱼种的自给率达 80%以上；④以天然饵料和施有机肥为主，辅以精饲料或颗粒饲料；⑤自 7～9 月轮捕 2～3 次，6 月补放鲢、鳙春花为暂养在鱼种池的鱼种。

表 1-27 以青鱼、草鱼为主养鱼亩净产 750kg 放养收获模式（江苏无锡）

鱼类		放养				成活率/%	收获/kg		
		月	规格/g	尾	重量/kg		规格	毛产量	净产量
青鱼	过池	1～2	1000～1500	35	37	95	≥4	140	138
	过池	1～2	250～500	40	15	90	1～1.5	37	
	冬花	1～2	25	80	2	50	0.25～0.5	15	
草鱼	过池	1～2	500～750	60	37	95	≥2	120	117.5
	过池	1～2	150～250	70	14	90	0.5～0.75	37	
	冬花	1～2	25	90	2.5	80	0.15～0.25	14	
鲢	过池	1～2	350～450	120	48	95	0.75～1.0	100	213
	冬花	1～2	100	150	12	90	1.0	135	
	春花	7	50～100	130	10	95	0.35～0.45	48	
鳙	过池	1～2	350～450	40	16	95	0.75～1.2	40	75
	冬花	1～2	100	50	6.5	90	1.0	45	
	春花	7	50～100	45	3.5	90	0.35～0.45	16	
团头鲂	过池	1～2	150～200	200	35	85	0.35～0.4	60	52.5
	冬花	1～2	25	300	7.5	70	0.15～0.2	35	
鲫	冬花	1～2	50～100	500	40	90	0.150～0.25	90	154
	冬花	1～2	30	500	15	80	0.15～0.25	80	
	夏花	7	4cm	1000	1	50	0.05～0.1	40	
总计		—	—	—	302	—	—	1052	750

4）以青鱼为主养鱼的混养模式

这种混养类型主要对青鱼投喂螺、蚬类，利用青鱼的粪便和残饵饲养鲫、鲢、鳙、鲂等鱼类。青鱼经济价值高，深受消费者喜爱，但由于螺、蚬等天然饵料资源少，青鱼放养量较低，限制了该养殖类型的发展。目前已配制成青鱼颗粒饲料饲养青鱼，生产上初见成效。

5）以鲮、鳙为主养鱼的混养模式

该混养模式是珠江三角洲地区养鱼的重要特色，其特点是：①鳙的食用规格和数量，采用多级轮养法及时提供大规格鱼种保证常年供应；②鳙每年放养 4～6 次，鲢首次放养 50～70 尾，待鳙收获时，满 1kg 的鲢捕出，通常捕出数量与补放数量同；③鲮放养分大、中、小 3 档规格，依次分期捕捞出塘；④采取投饵和施有机肥料并重的饲养方法；⑤各级鱼种池和成鱼池环环紧扣，密切配合。

6）以鲤为主养鱼的混养模式

我国北方地区的人民喜食鲤，而且鲤鱼种来源比草鱼、鲢、鳙容易解决，故多采用以鲤为主养鱼的混养类型（表 1-28）。该混养模式的特点是：①鲤放养量占总放养重量的 90%左右，产量占总产量的 75%以上；②北方鱼类的生长期较短，要求放养大规格鱼种，鲤由 1 龄鱼种池供应，鲢、鳙由原池套养夏花解决；③以投鲤配合饲料为主，成本较高；④该混养类型可搭配异育银鲫、团头鲂等鱼类，并增加鲢、鳙的放养量，以扩大混养种类，充分利用池塘饵料资源。

表 1-28　以鲤为主养鱼亩净产 500kg 放养收获模式（辽宁宽甸）

<table>
<tr><th rowspan="2">鱼类</th><th colspan="3">放养</th><th rowspan="2">成活率/%</th><th colspan="3">收获/kg</th></tr>
<tr><th>规格/g</th><th>尾</th><th>重量/kg</th><th>规格</th><th>毛产量</th><th>净产量</th></tr>
<tr><td>鲤鱼</td><td>100</td><td>650</td><td>65</td><td>65</td><td>0.75</td><td>440</td><td>375</td></tr>
<tr><td rowspan="2">鲢鱼</td><td>40</td><td>150</td><td rowspan="2">6</td><td>96</td><td>0.70</td><td>101</td><td rowspan="2">101.5</td></tr>
<tr><td>夏花</td><td>200</td><td>81</td><td>0.04</td><td>6.5</td></tr>
<tr><td rowspan="2">鳙鱼</td><td>50</td><td>30</td><td rowspan="2">1.5</td><td>100</td><td>0.75 以上</td><td>22.5</td><td rowspan="2">23.5</td></tr>
<tr><td>夏花</td><td>50</td><td>80</td><td>0.05</td><td>2</td></tr>
<tr><td>总计</td><td>—</td><td>—</td><td>72.5</td><td>—</td><td>—</td><td>572</td><td>500</td></tr>
</table>

六、轮捕轮放

轮捕轮放就是分期捕鱼和适当补放鱼种，即是在密养水体中，根据鱼类生长情况，到一定时间捕出一部分达到商品规格的成鱼，再适当补放一些鱼种，以提高池塘单位面积鱼产量。概括地说，就是“一次放足，分期捕捞，捕大留小，去大补小”。

1. 轮捕轮放的条件

（1）年初放养数量充足的大规格鱼种，在饲养中期达到上市规格，轮捕出塘。

（2）各类鱼种规格齐全，数量充足、配套。同种规格鱼种大小均匀，同种不同规格的鱼种个体之间的差距要大。

（3）饵料、肥料充足，管理水平要高。

（4）合理选用捕捞网具，使用网目长度为 5cm 的大目网，轮捕拉网选鱼和操作较方便。捕捞技术要熟练、细致。

2. 轮捕轮放的对象和时间

轮捕轮放的对象主要是放养量较大的鲢、鳙和养殖后期不耐肥水的草鱼。罗非鱼达到商品规格也可作为轮捕的对象。青鱼、鲤、鲫因捕捞困难，难以轮捕。长江流域地区在 6 月份以前由于鱼种放养时间不长，水温较低，鱼增重不多，这时一般不能捕。6～9 月水温较高，鱼生长快，如不通过轮捕稀疏，将因饵料不足和水中溶氧降低而影响总鱼产量。10 月以后水温日渐降低，鱼生长转慢，除捕出符合商品规格的鲢、鳙、团头鲂和草鱼外，还应捕出容易低温致死的罗非鱼。

3. 轮捕轮放的方法

1）捕大留小

放养不同规格或相同规格的鱼种，饲养一定时间后，分批捕出一部分达到食用规格的鱼类，而让较小的鱼留池继续饲养，不再补放鱼种。

2）捕大补小

分批捕出食用鱼后，同时补放鱼种或夏花，此方法的产量较上一种高。补放鱼种可根据规格大小和生产目的，或养成食用鱼，或养成大规格鱼种。这样既能保证池塘内具有较高的载鱼量，又能为翌年的养殖提供大量大规格鱼种。

4. 鱼种套养

在成鱼池套养鱼种，既能生产食用鱼，又能培养翌年放养的大规格鱼种。套养不仅从根本上革除2龄鱼种池，也压缩了1龄鱼种池面积，从而增加了食用鱼池的养殖面积。

做好鱼种套养鱼种工作，需注意以下问题：①要培育出规格大的1龄鱼种，1龄草鱼和青鱼种的全长必须达到13cm以上，团头鲂鱼种全长必须达10cm以上；②年底出塘的鱼种数量应等于或略多于来年该成鱼池大规格鱼种的放养量；③保证成鱼池有80%的食用鱼上市；④及时稀疏鱼类饲养密度；⑤轮捕的网目适当放大，避免小规格鱼种挂网受伤；⑥加强饲养管理，对套养的鱼种在摄食方面给予特殊照顾。例如通过增加适口饵料的供应量，开辟鱼种食场，先投颗粒饲料喂大鱼、后投粉状饲料喂小鱼等方法促进套养鱼种的生长。

七、施肥与投饵

1. 施肥

在冬春和晚秋应大量施用有机肥料，而在鱼类主要生长季节，需经常施以少量的无机磷肥，具体可采取下列方法。

1）有机肥料

（1）基肥要施足。一般放养前至3月份的施肥量占全年施肥量的50%～60%。有机肥料在池塘中逐渐分解，耗氧较低，肥效稳定，水质不易突变。高产渔区基肥施得足的鱼池才能保持具有优质水华的池水，从而保证高产。肥水池塘或养鱼多年的池塘，池底淤泥多，一般施基肥量较少或不施。

（2）追肥要少量多次。应选择晴天，在良好的溶解氧条件下以泼洒的方法进行。闷热的天气不能施肥，以避免耗氧量突然增加。

（3）有机肥料必须腐熟。有机肥料经腐熟后，除了能杀死大量致病菌，有利于池塘卫生和防病外，大部分有机肥料已转化为中间产物。要在晴天中午以泼洒的方法施用，充分利用上层过饱和氧气，既可加速有机肥料的氧化分解，又降低了水中的氧债，夜间就不易因耗氧过多而引起浮头。此外，施肥要避开食场。

2）无机磷肥

磷肥应先溶于水中充分溶解，选择晴天上午9～10时，用喷浆机均匀喷洒于池内。此时，池水pH一般在8以下，有效磷的退化速度较慢，加之上下水层不易对流，使上层水溶性磷保持较高浓度；浮游植物开始向上层集中，利用藻类有奢侈吸收贮存磷的特点，就可大大提高水溶性磷的利用率。

2. 投饵

1）投饵计划

为了做到池塘养鱼稳产高产，保证饵料及时供应，均匀投喂，就必须在年终规划好翌年全年的投饵计划。首先应根据放养量和规格，确定各种鱼的计划增肉倍数，再考虑成活率，确定计划净产量；然后结合饵料系数规划好全年投饵量。

例如某养殖场有食用鱼养殖池 100 亩，平均每亩放养草鱼 48kg，计划净增肉倍数为 5，即每亩净产草鱼 48×5＝240kg，颗粒饲料的饵料系数为 2.5，旱草的饵料系数为 35，并规定旱草投喂量应占草鱼净增肉需要的 2/3，则全年计划总需草量为 240×2/3×35×100＝560000kg。颗粒饲料全年计划总需要量为 240×1/3×2.5×100＝20000kg。青鱼、鲤等鱼的全年总投饵量也可依此方法计算。一年中各月饵料的分配计划，主要根据各月的水温，鱼类生长情况以及饵料供应情况来制定。季节上采取“早开食、晚停食、抓中间、带两头”的分配方法。在养殖初期投喂量少，在鱼类主要生长季节投饵量占总投饵量的 75％～85％。

2）每日投饵量的确定

每日的实际投饵量要根据当地水温、水色、天气和鱼类吃食情况而定，即坚持“四看”。

（1）看水温。在 10℃以上即可开食，投喂易消化的适口颗粒饲料；15℃以上开始投嫩草、粉碎的贝类，精饵料的投饵量占鱼体重 0.6％～0.8％；水温 20℃以上，精饵料量占鱼体重 1％～2％；25℃以上，精料投喂量占体重 2.5％～3.0％；水温 30℃以上，精料投喂量占体重 3％～5％。在鱼病季节和梅雨季节应控制投饵量。

（2）看水色。呈褐绿或草绿色，可正常投饵；水色过于清瘦可以多投，并施有机肥；水色过浓转黑，表示水质要变坏，应减少投饵量，并加注新水。

（3）看天气。天气晴朗温度较高则应多投，阴雨天溶氧条件差则应少投饵。天气闷热，无风欲下雷阵雨应停止投饵。天气变化大，鱼食欲减退，应少投饵。

（4）看鱼类吃食情况。每次投饵后很快吃完，应增加投饵量；投饵后长时间未吃完，应减少投饵量。

3）投饵技术

坚持“定时、定位、定质、定量”的四定原则。渔谚有“一天不吃，三天不长”或“一天不投，三天白投”的说法。投饵必须坚持“匀”字当头，“匀”中求足，“匀”中求好（质量）。草料一般每天 1～2 次，并选择在上午或傍晚投喂。颗粒料一般 4 月和 11 月每天 1～2 次；5 月和 10 月每天 3 次，可在每天 9 时、13 时、16 时投喂；6～9 月每天 4 次，可在每天 9 时、12 时、14 时、16 时投喂。不同养殖场可以根据本地区的日出、日落的差异适当调整投喂时间，保证在日落前所投饵料被摄食完，但每天应准时投喂。每次投喂要固定食场，不能随意改变投喂场所。草料要去根、去泥，投喂时，则需将青草撒开，以免堆积腐烂。贝类要清洗干净无杂质。饲料要新鲜、适口、营养价值高，发霉变质的饲料绝对不可以投喂，以免引起鱼类中毒。

八、池塘管理

1. 基本要求

在实际生产中，要提高鱼产量，就要大量投饵和施肥，后果往往是水质过肥，池塘环境恶化，鱼类浮头泛池死亡。不施肥、少投饵，虽然池水理化条件好，但水质清瘦，鱼类生长缓慢，产量很低，“清水白汤白养鱼”。因此，在养殖管理中，既要运用看水色、防浮头的知识，采用加注新水、合理使用增氧机等方法来改善水质，使水质保持“肥、活、爽”；又要采用“四看”、“四定”等措施来控制投饵（施肥）的数量和次数，使投饵保持“匀、好、足”，以利于水质稳定。

肥：指水中浮游生物量多，有机物与营养盐类丰富。

活：指水色经常在变化。水色有月变化和日变化（上、下午和上、下风的变化），表明浮游植物优势种交替出现，数量多、质量好且出现频率高。

爽：指池水透明度适中（25～40cm），水中溶氧条件好。

匀：指一年中应连续不断地投以足够数量的饵料，前后两次投饵量应相差不大。

好：指饵料、肥料的质量上乘。

足：指施肥投饵量适当，在规定的时间内饲料能被鱼吃完，不使鱼过饥过饱。

2. 水质管理

1）及时加注新水

加注新水是培育和控制优良水质必不可少的措施。放养初期的池水一般控制在 1m 深以下，池水水温升高快，有利于浮游生物的生长繁殖。之后每天加注新水 2～3cm，直到水深达到 2～2.5m。高温季节池水应保持在 2.5m 深以上。及时向池塘注入新水，可以增加水中溶氧，还有利于浮游生物的生长繁殖。补水时间一般选择在清晨 3 时左右，此时池塘溶氧较低。

一般在 6～9 月的高温季节，每周排水 2～3 次，每次排水量为池水的 1/20 左右；每半个月大排 1 次，约为池水的 1/5。排水的目的在于排出池塘中鱼类排泄物、残饵以及氨氮含量高的底层水。排水时间一般选择在清晨，此时水体分层明显，底层水几乎处于无氧状态。排水的同时对食场进行冲洗。

2）水体肥度的控制

水体的肥度主要通过透明度来进行判断。透明度偏低可以通过注入新水或换水的方法提高，在晴天的中午全池泼洒泥浆也可以降低水体肥度。水体透明度偏高则需要通过向水体施加有机肥和磷肥来降低。一般套养滤食性鱼类的池塘，为提高滤食性鱼类的产量，全年透明度控制在 20～40cm，并且应两头小、中间大。即 6 月以前因为水体中浮游生物对鲢、鳙适口，透明度应控制在 20～25cm；6～8 月，其他鱼类摄食旺盛，水中溶解氧较低，氨氮升高，为保证水体具有较好的水质，透明度应控制在 30～40cm；9 月以后水温降低，水质转好，浮游生物大量繁殖，透明度应控制在 25～30cm。

3）溶解氧的保证

水中溶解氧低，不但影响鱼的生长，甚至引起浮头和泛池。养殖池塘溶解氧要求不低于 4mg/L。生产上通常需要在晴天的中午开动增氧机，目的是使水体形成垂直对流，消耗表层过饱和的溶氧，缓解底层缺氧的状况，有效预防因为天气突然变化引起的泛池现象。另外，利用生物、化学增氧法也能达到增氧的目的。

4）pH 的调节

鱼类生长适宜的 pH 一般在 6.5～8.5，在中性偏碱性水域中鱼生长最好。正常情况下，由于池塘大量施有机肥，水体 pH 容易偏低，可以用生石灰来调节 pH。生石灰不但能调节水体 pH，还能释放大量的钙离子提高水体肥度。

3. 巡塘

每天早、中、晚巡塘 3 次，黎明时水中溶氧最低，检查鱼类有无浮头。午后 14～15 时水温最高，观察鱼活动及吃食情况。傍晚巡塘主要是检查全天吃食情况和有无残剩饵料，有无浮头预兆。酷暑季节，天气突变时，还应半夜巡塘，以便及时采取措施制止严重浮头，防止泛池事故。池内残草、污物应随时捞去，清除池边杂草，保持良好的池塘环境。

4. 病害预防

鱼病以预防为主，尤其在鱼病高发季节。细致地做好清洁池塘的工作是防除病害的重要环节，应认真对待；一旦发现池鱼患病，要及时治疗。发现死鱼，应检查死亡原因，并及时捞出深埋，以免病原扩散。

5. 鱼类浮头和泛池的防止

精养鱼池由于池水有机物多，耗氧量大，当水中溶氧降低到一定程度（一般 1mg/L 左右），鱼类就会因水中缺氧便浮到水面，将空气和水一起吞入口内，这种现象称为浮头。浮头是鱼类对水中缺氧所采取的应急措施，是鱼类缺氧的标志。随着时间的延长，水中溶氧进一步下降，鱼类就窒息死亡。大批鱼类窒息死亡，即为泛池，会给养鱼者带来毁灭性打击。

1）鱼类浮头的原因

①上下水层水温差产生急剧对流，上层高溶氧的水被用于偿还氧债，使整池溶氧下降，造成缺氧引起浮头；②因光合作用弱，溶氧供不应求，引起浮头；③水质过浓或水质败坏，透明度小，增氧水层浅，耗氧水层高，引起鱼类浮头；④浮游动物大量繁殖，并大量滤食浮游植物，池水清晰见底（“倒水”），溶解氧远不如浮游动物的耗氧量大，引起鱼类浮头。

2）防止浮头的方法

①气象预报傍晚雷阵雨，晴天中午开增氧机；②天气连绵阴雨，在鱼类浮头之前开增氧机；③水质过浓，及时加注新水，增大透明度，改善水质，增加溶氧；④估计鱼类可能浮头时，应控制吃食量。如预测是轻浮头，饵料在傍晚前吃净，不吃夜食。如天气反常，预测会严重浮头，停止投饵，捞出投下的草类，以免妨碍鱼类浮头和注水。

3）鱼类浮头程度的判断

通常在夜间巡塘时进行，其方法是：

①手电光照射水面，如上风处鱼受惊，则表示已开始浮头。夜间上风处溶氧比下风高，鱼类开始浮头总是在上风处。如只发现下风处鱼受惊，说明鱼正在下风处吃食，不

会浮头；②手电光照射池边，观察是否有对氧较敏感的螺蛳、小杂鱼或虾类等游靠池边，有则说明池水已缺氧，鱼类开始浮头；③对着手电光观察水面是否有浮头水花，静听是否有“吧咕、吧咕”的浮头声音。

鱼类发生浮头后还要判断浮头的轻重缓急，以采取同的措施加以解救。判断浮头轻重，可根据鱼类浮头的时间、地点、浮头面积大小、浮头鱼的种类和鱼类浮头动态等情况来判别（表 1-29）。青鱼或草鱼在饱食情况下会比鲢、鳙鱼先浮头。罗非鱼对缺氧条件最为敏感，但其耐低氧能力很强，故渔民称其为“浮得早、浮不死”的鱼。

表 1-29　鱼类浮头轻重程度的判别

浮头时间	池内地点	鱼类动态	浮头程度
早上	中央、上风	鱼在水上层游动，可见阵阵水花	暗浮头
黎明	中央、上风	罗非鱼、团头鲂、野杂鱼在岸边浮头	轻
黎明前后	中央、上风	罗非鱼、团头鲂、鲢、鳙鱼浮头，稍受惊动即下沉	一般
半夜 2～3 时以后	中央	罗非鱼、团头鲂、鲢、鳙、草鱼或青鱼（如青鱼饵料吃得多）浮头，稍受惊动即下沉	较重
午夜	由中央扩大到岸边	罗非鱼、团头鲂、鲢、鳙、草鱼、青鱼鲤、鲫鱼浮头，但青、草鱼体色未变，受惊动不下沉	重
午夜至前半夜	青、草鱼集中在岸边	池鱼全部浮头，呼吸急促，游动无力，青鱼体色发白，草鱼体色发黄，并开始出现死亡	泛池

4）解救浮头的措施

发生浮头时应及时采取增氧措施。根据各池鱼类浮头情况区分轻重缓急，增氧机或水泵先用于重浮头的池塘（但暗浮头时必须及时开动增氧机或加注新水）。发生严重浮头或泛池时，可用化学增氧法，其增氧救鱼迅速。具体药物可采用复方增氧剂，其主要成分为过碳酸钠（$2Na_2CO_3 \cdot H_2O_2$）和沸石粉，含有效氧为 12%～13%。使用方法以局部水面为好，将该药粉直接撒在鱼类浮头最严重的水面，浓度为 30～40mg/L，每亩用量为 46kg，一般 30min 后就可平息浮头，有效时间可保持 6h。但该药物需注意保存，防止潮解失效。

6. 增氧机的合理使用

精养池塘由于养殖密度大，投饵多，池底有机质丰富，在养殖过程中常常会出现因缺氧引起的浮头或泛池，所以精养池塘必须配备大功率增氧机。目前多数成鱼养殖池采用叶轮式增氧机。增氧机主要有增氧、搅水和曝气的作用。晴天白天使用增氧机可以造成池塘水体垂直对流，把溶氧多的表层水传到底层，不但能增加底层水溶氧，缓解夜间或阴雨天气的缺氧状况，同时还能加速底质中有机质的分解。叶轮式增氧机通过搅动池水起到曝气的作用，能加速水中 H_2S、NH_3 等有害气体向空气中扩散，从而达到改良水质的作用。

1）开机时间

以晴天中午开，阴天清晨开，连绵阴雨半夜开，傍晚不开，浮头早开，鱼类主要生长季节坚持每天开为原则。晴天中午开机促进有机物的分解，加速池塘物质循环，防止或减轻鱼类浮头。晴天傍晚开机，使上下水层提前对流，增大耗氧水层和耗氧量（作用与傍晚下雷阵雨相似）易引起浮头。

2）运转时间

半夜开机时长，中午开机时间短；天气炎热、面积大或负荷水面大，开机时间长，天气凉爽、面积小或负荷水面小开机时间短。如水质过肥时，采用晴天中午和清晨相结合的开机方法，改善池水氧气条件。

7. 水质改良机的使用

水质改良机具有抽水、吸出塘泥向池埂饲料地施肥、使塘泥喷向水面、喷水增氧等功能。该机在增氧、搅水、曝气以及解救浮头的效果比叶轮增氧机低，但在降低塘泥耗氧，充分利用塘泥，改善水质，预防浮头等方面的作用优于叶轮增氧机，而且能一机多用（抽水、增氧、吸泥、喷泥等），使用效率比增氧机高。

使用水质改良机喷泥要具备两个条件：一是池水浮游植物达到一定数量，一般要求藻类干重在 0.032g/L 以上或 3000 万个/L 以上。二是白天天气晴朗，一般要求白天最大辐照度在 5 万 lx 以上，以维持足够的能量，用于藻类的光化学反应。因此，喷泥或吸泥应选择晴天或晴到多云天气进行。如果池水浮游植物数量少，应先施磷肥或其他无机肥料，待浮游植物大量繁殖后再进行喷泥。鱼池喷泥应选择晴天中午喷泥 2h，最迟应在 15 时以前结束，喷泥面积不超过池塘面积的 1/2，以防止耗氧过高。如上午晴天，下午转阴，就不能喷泥。否则，至傍晚上层溶氧仍回升很少，夜间对流后，池鱼易浮头。为保持池塘良性循环的生态系统，必须减少塘泥和经常降低塘泥中的氧债，提高池塘物质循环强度。因此，应在鱼类主要生长季节每月吸 1 次塘泥，作为塘边饲料地的肥料；每隔 5～7d 喷 1 次塘泥，并根据当时的天气、水质和塘泥多少确定喷泥间隔和运转时间。

任务七　湖泊、水库粗放式鱼类养殖

在湖泊、水库等大水面投放鱼种进行鱼类养殖，当它们生长达到食用鱼规格时进行捕捞，以获得鱼产品，这种养殖方式的特点是鱼类的生长及其群体的生产量全部或主要依靠水体中的天然饵料资源。湖泊、水库大水面养鱼可分为粗放式鱼类养殖（放牧式养殖）和集约式鱼类养殖（大水面网箱、网拦等有孔圈养方式）两大类。粗放式鱼类养殖是大水面养鱼的主体，集约式鱼类养殖是大水面养鱼的补充。下面主要介绍湖泊、水库粗放式鱼类养殖技术。

一、放养对象的选择和搭配

1. 适合湖泊、水库粗放式养殖的鱼类

目前我国湖泊、水库的放养对象主要有鲢、鳙、草鱼、团头鲂、青鱼、鲤、鲫、长春鳊、三角鲂、鲴类和鲮等温水性经济鱼类。在合理的混养条件下，这些鱼类在食性和

栖息水层方面有良好的互补性，能较好地利用水体空间和饵料资源，达到充分发挥水体鱼产潜力的目的。

1）主体放养鱼类的选择

我国多数湖泊、水库的天然饵料主要由浮游生物、底栖生物、有机碎屑和高等水生植物等组成，其中浮游生物的种类和数量，以及有机碎屑和细菌构成水体中天然饵料的主要成分，所以主体放养鱼类首选以浮游生物为食的鲢、鳙，其次是鲤、鲫，再者是草鱼。

2）配养种类的选择

我国湖泊、水库主要配养品种有草鱼、鳊、鲂等草食性鱼类，鲤、鲫、青鱼等以底栖动物为食的杂食性鱼类，鲴类和鲮鱼等腐屑食性的底层鱼类，北方养殖的香鱼以及适宜于草型湖泊放养的河蟹等。

3）主养鱼类与配养鱼类的搭配

（1）旱草和水草丰富的湖泊以及水库可多放一些草鱼和其他草食性鱼类，水草资源减少后，减少放养量，或改放团头鲂、三角鲂、长春鳊，它们除了吃水草外，还吃植物种子和碎屑、杂草、藻类、浮游动物、昆虫、虾等。草鱼必须靠人工放养，鳊、鲂虽能在水库、湖泊产卵繁殖，但它们的体型高，容易上网，起捕率高，也必须年年投放。

（2）底栖生物比较丰富的湖泊、水库可以适当投放一些鲤、鲫。鲤、鲫的品种较多，可以放养银鲫、彭泽鲫、日本白鲫、建鲤、本地鲤等。鲤、鲫不需每年投放，因它们生长速度较慢，起捕率较低，可在湖泊、水库中自然繁殖。

（3）湖泊和水库均可放养细鳞鲴、黄尾密鲴、银鲴等鲴类。鲴类主要以腐殖质、有机碎屑、附生藻类为食，在水库易形成自然种群。0.15kg 的个体就可上市。鲴类生长快，种群生产力高，其中圆吻鲴生长最快，一般当年可达 0.5kg，最大可达 4kg，细鳞鲴最大可达 3kg。鲴类生殖期在 4～6 月，喜集群易捕捞。

（4）其他搭配鱼类主要有鲮、罗非鱼、虹鳟、鲟鱼、鳜和南方鲶等。

2. 放养比例

内陆大型水体的主养鱼类一般为鲢、鳙，所以鲢、鳙的放养比例占总放养量的 60%～80%或更高，鲤、鲫、鳊、草鱼占 5%～15%，其他鱼类如鲴类等占 5%。

1）主养鱼类鲢、鳙之间的比例

（1）大型水体和湖泊鲢、鳙放养比例一般为鲢占 20%～40%、鳙占 55%～65%。

（2）中小型初级生产力很高的水库和浅水湖泊，特别是接收城市污水或被化肥厂污染的湖泊和水库，鲢的放养量应大于鳙。例如，湖北的白潭湖鲢占 60%、鳙占 40%时总产量最高。

（3）处于以上两种类型之间的水体，则依具体情况而定，若水体浑浊度稍大，鲢、鳙各占一半。

2）草食性鱼类的放养

一般的湖泊、水库均可放养少量的草食性鱼类，因为即使水体中没有水草，但水体水位的涨落，可以淹没旱草。

3）其他鱼类的放养

对于少数新开发的荒湖，底栖动物和水草较多，宜适当放草鱼、鲤、鲫、鳊等，同时注意水草的保护；多年放养的水体，底栖动物和水草较少，这些鱼类的放养比例应适当减小。

二、鱼种放养

1. 放养鱼种的规格

1）大规格鱼种的优越性

放养大规格鱼种可以保证较高的成活率，回捕率高。其生长速度快，较早达到商品规格。湖泊和水库危害鱼种的主要鱼类是蒙古鲌和翘嘴鲌，它们与鲢、鳙生活在同一水层，且这两种鱼游泳速度快，攻击能力强，繁殖力强，在水体的种群数量大，因而危害较大。因此，大水面鲢、鳙鱼种的放养规格确定在 13.6cm 以上。

2）鲢、鳙的适宜放养规格

（1）对于新蓄水的湖泊和新建的水库，以及凶猛鱼类危害较小或能够人为控制凶猛性鱼类的水体可以放养小规格鱼种。

（2）凶猛鱼类规格较大，数量较多，而水面面积又较大的湖泊和水库，拦鱼设施不易设置或只能拦住较大规格的鱼，这时鱼种放养规格要尽量提高，可放养 16.7～20cm 的鱼种。

（3）一般水库鲢、鳙等的放养规格可以根据面积确定，具体参考表 1-30。

表 1-30　不同面积的水库鱼种放养规格（cm）

品种	小型水库	中型水库	大型水库
鲢	10.0～11.7	11.7～13.3	>13.3
鳙	10.0～11.7	11.7～13.3	>13.3
草鱼	11.7～13.3	13.3～15.0	>15.0
鲤、鲫、鲂	5.0～6.7	6.7～8.3	8.3～10.0

2. 放养鱼种的密度

1）水体的供饵能力与放养密度

大型水体鱼类的养殖一般不存在溶氧量不足和鱼类排泄物及残饵恶化水质的问题，主要限制性因素是饵料。其中种群摄食强度和天然饵料资源的供饵能力的关系是鱼类和饵料关系的基本方面。目前我国多数养鱼湖泊、水库，尤其是大、中型水面鱼种放养普遍不足，北方更为严重。仅水库全国每年缺 10 多亿尾大规格鱼种。

2）凶猛鱼类的危害程度与放养密度

凶猛鱼类的危害程度大，一方面要加强凶猛性鱼类的控制，另一方面要加大鱼种放养数量和规格。

3）其他因素与放养密度

（1）防逃设施及其效果。防逃设施差，要改进拦鱼设施，同时增大放养量。

(2) 捕捞强度。能够比较充分而彻底地捕捞，留底鱼少，鱼种放养量就要多些。

(3) 放养规格。长江流域及以南地区，经 1 年的生长，13.3cm 鳙、草鱼种长到 0.5kg，2 龄长到 1～2kg；13.3cm 鲢、青鱼种，1 龄长到 0.5kg 以上，2 龄长到 1.5～2.5kg，这时的放养密度被认为比较合适。没达到此规格，说明放养密度过大，超过此规格，说明放养密度过小。

4) 放养密度参考

我国湖泊、水库放养量和渔获量指标见表 1-31 和表 1-32。放养密度要根据年底鱼体起捕规格和渔获量进行调整。

表 1-31 我国湖泊放养和渔获量指标

项目		小型			中型			大型		
		富	中	贫	富	中	贫	富	中	贫
搭配比例	鳙	40	35	30	50	45	40	40	45	40
	鲢	40	35	30	30	25	20	30	25	20
	鲤、鲫、草鱼、鲂、鲮等	20	30	40	20	30	40	30	30	40
每亩放养量/尾		200～100			120～60			50～30		
每亩鱼产量/kg		150～50			80～30			30～10		

表 1-32 我国水库放养和渔获量指标

项目		小型			中型			大型		
		富	中	贫	富	中	贫	富	中	贫
搭配比例	鳙	45	50	40	50	55	40	55	55	40
	鲢	40	30	20	30	25	20	30	25	20
	鲤、鲫、草鱼、鲂、鲮等	15	20	40	20	20	40	10	20	40
每亩放养量/尾		200～100			100～50			50～30		
每亩鱼产量/kg		50～30			30～15			15～10		

3. *放养方法*

1) 三级放养

三级放养是我国湖泊养鱼培育大规格鱼种放养成功经验之一。所谓“三级放养”是指“大水面”(湖泊、水库)、“中水面”(湖汊、库湾)、“小水面”(池塘) 3 个不同大小等级的水体配套放养。具体方法是：在池塘培育出 6.7～10cm 的鱼种，在湖汊、库湾培育出大规格鱼种 (13.3cm 以上的 1 龄鱼种或每千克 3～4 尾的鱼种)，最后投到湖泊或水库。三级放养的优点是：在湖汊、库湾养成的大规格鱼种投到水体，鱼种对环境的适应能力强，从而提高了鱼种的成活率。

2) 放养季节

长江中下游以冬末春初放养为好，华北、东北地区宜在冰封期前投放。冬季投放的优点有：①水温低，鱼种活动力弱，便于捕捞和运输；②凶猛鱼类摄食强度较低，对鱼类危害较小，待凶猛鱼类开春后积极觅食时，鱼种对大水面已经过一段时间的适应，活动力强，避敌能力也强；③鱼种较早适应环境，开春后即可旺盛地摄食生长，相对延长了生长期；④我国湖泊、水库冬季一般为枯水季节，水位低而稳定，排泄的水少，鱼种逃逸的机会降低；⑤我国湖泊、水库一般都在冬季进行大捕捞，冬季大捕捞后再投放鱼种，腾出水体空间、减少饵料的竞争；⑥减少鱼池越冬管理。

此外，对于某些水域越冬条件差，鱼种投放后成活率低的水体可推迟放养，冬涸湖泊或冬季很浅的湖泊，可等到水位回升后再投放。水库凶猛鱼类很少的，秋季洪水期过后投放鱼种也有较好的效果。因此，放养时间要因地制宜，灵活掌握。

3）放养操作

①将装鱼种船的头舱灌满水使船下沉，让鱼种自己从舱内游出；②湖汊、库湾拆除拦鱼设备，并用网具驱赶，让鱼自行成群游出；③人挑、车运后将鱼种容器沉入水中，让鱼种自行游出。放养鱼种时应注意选择风和日丽的天气；操作细致，避免鱼体损伤；投放地点远离溢洪道、泵站，水流急的上游，也不宜在下风头沿岸投放；还要做好检疫灭病工作。

三、养殖周期的确定

养殖周期即是鱼类的起捕年龄，它与水域的鱼产量和经济效益密切相关。确定养殖周期的依据是养殖鱼类的生长特点、水域中生态环境的分化程度和经营管理水平。湖泊、水库的养殖周期有以下类型：①2 年周期，放养 1 龄鱼种，在大水面中养 1 年起捕。鲢、鳙 0.5kg 起捕，例如，湖北南漳三道河水库；②3～4 年周期，放养 1 龄鱼种，在大水面中养 2～3 年，捕 3～4 龄鱼，起捕规格鲢 1.5kg 以上，鳙 2kg 以上，例如，湖北随州黑屋湾水库；③分级养殖，在湖汊、库湾培育成鱼种，再转入大水面中养 1～2 年。

四、养殖管理

1. 凶猛鱼种群的控制

凶猛鱼类往往是造成放养鱼类成活率低的主要原因，必须采取有效措施进行控制。因为栖息水层不同，凶猛鱼类对放养鱼类的危害程度有很大差异。例如，鳜鱼、鲶鱼、乌鳢等底层凶猛鱼类对鲢、鳙的危害相对较小。另一方面，凶猛鱼类一般价格都较高，可以作为养殖的重要收入来源，所以对凶猛鱼类的控制力度视具体情况而定。对不同凶猛鱼类的控制方法也有很大差异。

（1）翘嘴鲌、蒙古鲌和红鳍鲌的控制。可在大捕捞时用跳网捕获，也可常年用刺网捕出；还可用拖钩拖钓，或鱼鹰捕捞。此外，在其产卵季节，可设置鱼巢，收集鱼卵。

（2）鳜鱼、乌鳢、鲶鱼的控制。可采用钓捕、鱼鹰捕捞，灯光照、鱼叉刺捕等方法。

（3）马口鱼的控制。马口鱼在一般水体中数量均不大，可用刺网捕捞或钓捕。

2. 安全生产和越冬管理

主要是依据渔业法等法规加强渔政管理，防止偷鱼、炸鱼、毒鱼。北方水体冬天易结冰，要防止缺氧。

3. 收获捕捞

一般在秋冬季捕捞。冬季鱼类停止摄食，春节来临可大量上市，温度低易保鲜，并且有利于苗种放养。

任务八 网箱成鱼养殖

一、网箱养鱼的特点和发展

网箱养鱼是在天然水域条件下，利用合成纤维网片或金属网片等材料装配成一定形状的箱体，设置在水体中，把鱼类高密度地养在箱中，借助箱内外不断的水交换，维持箱内适合鱼类生长的环境，利用天然饵料或人工饵料培育鱼种或养殖商品鱼的方法。

网箱养鱼最早起源于柬埔寨等东南亚国家，后来逐步在世界各地推广。目前，日本、挪威、美国、丹麦、德国、加拿大和智利等国网箱养殖规模较大，现代化水平也较高。我国的淡水网箱养鱼从 20 世纪 70 年代初发展起来，现已遍及全国各地的湖泊、水库、河沟、渠道等水域；从主要依靠天然饵料的大网箱粗放式养殖转变为投喂配合饲料的小网箱精养；养殖种类由鲢、鳙、草、鲤、罗非鱼、团头鲂等滤食性和杂食性鱼类扩展到鳜、南方鲇、鳗鲡、加州鲈、虹鳟、虹鳟等肉食性鱼类。

我国的海水网箱养鱼起步于 20 世纪 70 年代末，广东率先试养石斑鱼获得成功，以后在海南、香港、福建、浙江及山东等地区得到长足发展。养殖品种主要有石斑鱼、真鲷、黑鲷、平鲷、黄鳍鲷、尖吻鲈、花鲈、大黄鱼、小黄鱼、美国红鱼、军曹鱼、卵形鲳鲹、牙鲆和大菱鲆等 40 多种。鱼种主要来自天然鱼苗和人工繁殖培育，饵料多以低值小杂鱼为主，辅以配合饲料。以下主要介绍淡水网箱养鱼技术。

二、网箱的种类

根据水域条件、养殖对象和网箱类型的不同，目前我国网箱装置的方法有如下 3 种。

1. 固定式网箱

一般为敞口式网箱，采用竹桩、木桩或水泥桩钉牢于水底，桩顶高出水面，将臂固定于桩上，箱体上部高出水面 0.5～1m。此种类型的网箱由于有桩比较牢固，可以设置在风浪较大的水域。但固定式网箱不能随水位变动而浮动，箱体的有效容积（浸没水中的深度）会因水位升降而发生变化，因此水位涨落太大的水域不宜设置。同时，由于网箱不能移动，不便检修操作。此外，由于箱体内外水体交换较差，鱼的粪便、残饵分解对网箱的水体污染较大，往往造成溶氧较低的生态环境。所以，这种网箱多设置在水体较浅，水位较稳定，水流较急的水面上。

2. 浮动式网箱

浮动式网箱是采用最广泛的一种设置方式。箱体网衣上纲四周系上浮球等浮力装置或框架上，网衣下纲四周扣沉子，上口封闭。框架一端用绳子与固定于水底的铁锚或石块连接，框架漂浮在水面上，可随水位变化而浮动，其有效容积不会因水位的变化而变化。这种网箱结构简单，用料省，主要适用于水体较深，风浪较小、水位不稳定的水库、湖泊。由于网箱离底较高，也可转移养殖场所，相对减轻了鱼类粪便和残饵造成的水体污染，故能始终保持良好的水质条件。浮动式网箱抗拒风浪的能力较差，因此应加设盖网。

3. 下沉式网箱

箱体全封闭，整个网箱沉在水下。设置这种网箱，应先打桩，将网箱固定在一定水层内，或悬在水体中，一般不会受到水位变化的影响。下沉式网箱多用于风浪较大的水域或养殖滤食性鱼类时采用。利用下沉式网箱可解决温水性鱼类在冬季水面结冰时的越冬问题。

三、网箱的制作

1. 网箱的结构

1）箱体

箱体是网箱结构的主要部件，由网片和纲绳组成。目前我国应用最普遍的是聚乙烯网片，其相对密度为0.94～0.96，几乎不吸水，能浮于水面，具有较好的强度，耐腐蚀、低温、不易老化，材料轻便，价格便宜，一般可使用5年甚至更长时间。成鱼网箱选用线号为0.23/3×3、0.23/4×3等。

2）框架

框架是悬挂网箱箱体的支撑架和箱体定形的装置。一般使用竹子、木条、密封塑料管或钢管为材料连接而成。竹、木易装配，价格低，但使用年限短，易破损，吸水后增加网箱负荷。塑料管和金属管经久耐用但成本高，可根据资源和价格选用。

3）浮力装置

由沉子和浮子两部分组成，沉子装在箱体的下纲上，使箱体下沉于水中。浮子安装在箱体上纲上，使网箱浮在水面上。通过沉子和浮子的作用，使浮动式网箱呈立体张开，增加养鱼面积，竹、木吸水前有相当浮力，既可作框架，也可作浮子用，塑料管、旧汽油桶及玻璃浮球等都可作网箱浮力装置材料。沉子主要用瓷沉子，一般50～250g/个，也可用砖、卵石代替。

4）投饵装置

在养鱼先进的国家，一般设有自动投饵装置，包括投饵机和饲料盘。我国网箱养殖给食性鱼类，一般没有投饵装置，少数设有衬网和食台。衬网是用100目的密眼聚乙烯网片，固定铺设在网箱底。鱼类吞食不完的饲料可沉于衬网上，减少饲料的散失，提高饲料利用率。衬网一般占网箱底面积 1/3～1/2。食台是用木板制成或用密眼网片和木料围成 2～4m² 的方形浮框，入水 0.3～0.5m 即可。设置衬网和食台在鱼种培育阶段较好，成鱼养殖较少使用。

2. 网箱的规格要求

1）网箱形状

有正方形、长方形、多边形、圆形等。养殖滤食性鱼类，一般使用长方形，在安装时让水流方向垂直于网箱长边，可以通过更多的浮游生物。正方形网箱养殖给食性鱼类，可以把饵料投到网箱中心，减少散失的程度，有利于饵料利用。生产上多采用正方形、长方形两种。

2）网箱的面积

通常面积在 15m² 以下的为小型网箱，15～60m² 的为中型网箱；60～100m² 的为大型网箱。目前生产中多使用中型网箱，同时还推广面积只有几平方米的小体积网箱。制作大型网箱，可以节约材料，投饵时，由于鱼群剧烈抢食游动，饵料投入网箱后距箱外相对距离较远，饵料流失率较低，但检查网箱时困难，网箱破损逃鱼量大，水体交换比小网箱差，其灵活性、机动性相对降低。小面积网箱则具有操作管理方便、逃鱼量相对少、水体交换好、灵活机动性高等优点。目前一般使用的鱼种和成鱼网箱多为 5m×5m、6m×6m、10m×10m、12m×8m、12m×16m 等规格。

3）网箱的深度

箱体深度的确定，要视养殖水域深浅、水域中溶氧的垂直分布状况，尤其是水体中浮游生物的垂直分布来确定。一般使用的网箱的深度在 3m 以内为宜。人工投饵的网箱，深度也不宜太大，湖泊、河道一般以 1.5～2.5m 为宜，水库以 2～4m 为宜。敞口式网箱的墙网应高出养鱼时水面 70cm。

4）网目大小

网目规格的确定，以不逃鱼、节省材料、网箱内外水体交换率高为原则。在生产中，鱼种箱的网目通常用 1～2cm，可放养 4～4.5cm 的夏花，直至培育成大规格的鱼种。成鱼箱的网目用 2.5～3.0cm，进箱鱼种体长要求在 10～12cm，可以一直养成商品鱼。为了能有利于网箱内鱼的生长，网目可以随着鱼体的长大而增大。在生产实践中，采用鱼种培育与养殖成鱼网箱配套，即随着鱼的生长更换不同网目规格的网箱，或采用提大留小及时将生长较快的鱼转到网目较大的网箱中饲养，有利于鱼的生长。

四、网箱设置水域的选择

1. 位置与底质

网箱应设在水面比较宽阔、水流通畅、环境安静的地方，以上游地区为主，水域底部要相对平坦，有机沉积物不能过多，以免影响箱内水质状况。此外，由于鱼种、饲料和成鱼等运输量很大，还需要有方便的水陆交通条件。

2. 水源与水质

水体交换是影响网箱养鱼成效的关键因素。水源的作用一是保证网箱内溶氧量丰富；二是提供大量天然饵料生物；三是保证网箱内环境活爽。网箱养鱼要求水流流速不能过小或过大，一般以 0.1～0.2m/s 为宜。网箱养鱼要求水质清新，溶氧丰富，pH 适宜，周围无污染源，避开旅游区、游泳场、航道以及工厂、城镇的排污口，上游无大片漂浮水生植物。

3. 水温与水深

目前，我国淡水网箱养殖大多以鲤科鱼类为主。鲤科鱼类的最适生长温度为 20～30℃，大多在 5～10 月份养殖，所以，网箱养鱼也主要是利用夏秋高温期进行。

网箱养鱼水深一般宜控制在 3m 以内，这一水层，自然饵料生物最为丰富。设置网箱水域的水深应在 4～5m 以上，最低水位时水深不足 3m 的地方不宜设置网箱。足够的水深有利于箱内残饵、鱼的代谢废物和粪便的排除。这些有机废物下沉水底后，距离网箱较深而不致影响网箱内水质。

五、鱼种放养

1. 鱼种质量的要求

（1）适应本地养殖水域的水温、水质等生态条件，同时经过锻炼能适应网箱密集环境和耐长途运输的鱼种。

（2）生长快，饲养周期短，经 1 个周期饲养即能达到鱼种或商品鱼上市规格。

（3）色泽鲜艳、游动活泼、无畸形、规格整齐。

（4）体格健壮，体表无损伤，抗病力强，所养的鱼对各种细菌、寄生虫的感染率低，成活率高。

（5）培育技术易掌握，苗种数量大，来源广。

2. 放养鱼种的规格

一般鱼种养殖，夏花放养规格要求 3cm 以上，宜大不宜小。放养鱼种规格大，绝对增肉率高，生长快，可以缩短养殖商品规格的养殖周期。以鳗鲡为例，放养规格 50g 以上，2～3 个月即可养到 150g 以上的食用标准，放养规格 20g，达到上述规格需养 4 个月以上。

3. 鱼种放养前的准备工作

网箱下水前应仔细检查是否有破洞、开缝。鱼种入箱前 3～5d 要提前将网箱安装好，放入养殖水域，网衣经浸泡和附生藻类后，可避免擦伤鱼体。夏花入箱前 10d，开始在原来池塘内拉网锻炼不少于 3 次，锻炼时密集的时间要逐次加长。宜选择晴朗、低温、无风的天气运输和进箱。

4. 网箱养成鱼的主要放养模式

（1）以养殖滤食性的鲢、鳙为主，搭配罗非鱼和其他刮食性鱼类 5%～10%，不投饵或少投人工饵料。选择水质肥沃，浮游生物丰富，有水流的水域设置网箱。

（2）以高密度养罗非鱼为主，适当投喂饲料。选择水质特别肥沃，或浮游生物丰富的水域设置网箱。

（3）以放养草鱼、鳊、鲤、加州鲈、斑点叉尾鮰、鳜等优质鱼为主，搭配罗非鱼及鲢、鳙。鱼类放养规格要大，放养量按水质状况、鱼种来源、饵料情况及养殖技术而定。全靠人工投喂精粗饲料，还要将精粗饲料按营养要求配合，加工制备成颗粒饵料投喂。

5. 放养密度

放养密度主要根据当地的鱼种和饲料供应能力，同时要看计划达到商品鱼的规格的时间要求等诸多方面而确定。网箱中鱼群的生长受水温、溶氧、饵料等环境因素和鱼类内在生物学特性的制约，应把鱼种密度控制在可能达到最大收容量水平以下，即保证群体产量，又能达到商品鱼要求的规格。网箱饲养商品鱼的放养量，给食性鱼类一般放养10～15kg/m^3，即进箱鱼种规格如果定为100g，那么放养尾数应为100～150尾/m^3。滤食性鱼类，放养1～3kg/m^3，即进箱鱼种规格如为100g，那么放养尾数应是10～30尾/m^3。

六、养殖管理

1. 饵料投喂

（1）投饵方法。有人工和机械投饵两种方法。人工投饵可根据鱼摄食情况随时调整投饵速度和投饵量，比机械自动投饵更机动灵活，目前仍普遍采用。在投饲技术上，要遵循定质、定量、定时、定位的“四定”投饵原则，以及看天气、看水色、看鱼情的“三看”原则。在投喂速度上，应掌握“慢、快、慢”三字要领：开始应少投、慢投，以诱集鱼类上来摄食；当鱼纷纷游向上层争食时，则多投、快投；当有些鱼已吃饱散开时，则减慢投喂速度，以照顾弱者。投饵时要注意观察鱼的摄食情况，看投下的饵料是否能绝大部分被摄食。不可一次投量太大，以免鱼来不及摄食即散失网外，不仅造成浪费而且污染水质，这是网箱养鱼投饵之大忌。为减少投饵时饵料损失，网箱内可吊设饵料台，部分或全部饵料投入饵料台，以便观察摄食情况。

（2）投饵次数。一般在鱼体较小时，每天投喂3～4次，长大后可每天2次（上、下午各1次）。不同适温性的鱼类其投饵次数随季节的不同而不同。温水性鱼类，在高温季节每天投喂3～4次，冷水性鱼类每天1～2次；冬季投喂次数则减少。

（3）投饵量（率）。投饵量占鱼体重的百分比，称投饵率。投饵率因鱼的种类和水温状况而异，与水温呈正相关，与鱼体重呈负相关。投饵量最大限度为饱食量的70%～80%，鱼类一般吃到八分饱为宜，此时饵料系数最小，否则可能影响其下次投饵时的食欲。投饵时间长短主要看养殖对象摄食情况。投饵时间一般应充分，但必须有一定限度，如果超过限度，反而对鱼类的健康有影响。如真鲷摄食比较缓慢，因此投饲时间就应相对延长。

2. 网箱检查

网箱检查是在鱼种入箱前和入箱后要经常进行的一项工作，除了通过观察外网是否有鱼，标志鱼是否存在或减少外，定期地对箱体进行全面仔细的检查是十分必要的。检查网箱注意尽量不惊扰鱼群。

3. 网箱清洗

网箱入水一段时间后由于大量藻类附生、水体中悬浮物的沉积而造成网目的堵塞，影响水体交换，不利于箱内粪便、残饵的排除和天然饵料、溶氧的补给，影响养殖鱼类的生长。因而，应坚持定期洗刷网箱。清洗方法：

（1）人工清洗。用手将网衣提起，摆动网衣抖落污物，或用竹竿、树枝条等拍打网衣。堵塞严重的网箱，有条件的可换下，将污物清除后晾干再使用。

（2）机械清洗。主要是用高压水枪或潜水泵等冲洗，可以提高工效，减轻劳动强度。

（3）生物清污。利用某些鱼类刮食附生藻类和附着有机物的习性，在网箱中适当混养一些杂食鱼类，如鲤、鲫、鲮、非鲫、细鳞鲴等，能起到清污作用。

（4）沉箱沉箱。将封闭式网箱沉入水中 1m 左右，以减少藻类的附着。

（5）阳光曝晒。先将箱体上部吊离水面，让太阳暴晒，然后再将箱体翻转晒下半部，以杀灭附着的藻类。

4. 灾害性天气的预防和检查

大风、大浪、暴雨、台风等的袭击及洪水的冲击等，都会给网箱带来灾害。所以在灾害天气预报后，应对网箱进行检查，固定式网箱，检查各部位的牢固程度并加固。水位变动剧烈时，要随时调整网箱抛锚绳索，以免发生意外。当灾害性天气过后，也要仔细检查一遍，发现问题及时处理。

5. 鱼病预防

首先，饵料配方要合理，投饵量要适当，防止因饵料配方不当引起鱼的营养缺乏症或因饵料不足使鱼体消瘦，发生鱼病。饵料应无霉烂、变质，混合各种添加剂要搅拌均匀。其次，发现病鱼、死鱼及时捞出，要深埋不能乱丢，防止传播病菌或败坏水质。药物预防不宜使用全箱泼洒药物的方法，而主要有挂袋、药浴、拌饵和使用疫苗等。

1）用漂白粉、硫酸铜或中草药挂袋、挂篓

每只网箱（中、小型）用 2～4 只漂白粉篓，每篓装漂白粉 100～150g，连续 3d。硫酸铜挂袋，每只袋装 100g 硫酸铜，由于硫酸铜遇水极易分解，一般在上午使用，下午水温高不宜使用。挂袋后要注意观察鱼的情况，挂袋后 2～3d 可能影响鱼类吃食。最好选用对鱼类毒害作用较小的敌百虫挂袋，杀灭寄生虫比较安全可靠。“三黄粉”、板蓝根等中草药挂袋最好每箱 1 个，挂在网中间，投饵时即撒在挂袋处以便鱼类摄入药物成分。

2）药浴

用药液浸洗鱼体，先将网衣连鱼群一起密集到网箱一边，再用白布做成的大袋从网箱底穿过，将鱼和网衣带水装入袋内，注意不要过分密集，再计算水体，根据鱼病症状使用药液浸洗。

3）投喂药饵

在鱼病发生前，制成药饵预防鱼病，是网箱养殖预防鱼病最有效的方法。

4）注射和口服免疫疫苗

目前普遍使用的注射疫苗有草鱼出血病免疫苗和鲤鱼几种常见病（烂鳃病、穿孔病、烂尾病）的口服免疫苗。

任务九 工厂化成鱼养殖

一、工厂化养鱼的定义

工厂化养鱼是指综合运用建筑工程、机械电子、仪表仪器、物理、化学、生物工程、自动控制等现代科技，对养鱼生产全过程的水质、水温、水流、投饵、排污等实行半自动或全自动化管理，使养殖鱼类始终处于最佳生理、生态环境，从而达到健康、快速生长和最大限度提高单位水体中产量和质量，且不产生内外污染的一种高效养殖模式。

工厂化养鱼是当今最为先进的养鱼方式，具有占地面积少、养殖周期短、养殖用水量少、受自然环境影响小、可全年连续生产、经济效益高、操作管理自动化等诸多优点。其中封闭式循环流水养鱼不易产生对海洋环境的污染，耗水少，是一种环境友好的绿色养殖方式。因此，工厂化养鱼是符合海水养殖发展趋势的最佳养殖方式之一。工厂化养鱼属于高投入、高产出、高风险的产业，投资大、管理严格、技术性强，适合于资金雄厚、技术力量强、管理经验丰富的大、中型企业生产。

二、工厂化养鱼的类型

1. 普通流水养鱼

利用自然海水经过简单处理后（如砂滤），不需加温，直接进入养鱼池中，用过的水直接排放入海的养鱼方式。这种养殖方式设备简单、投资少，适合于在南方适温地区短期或低密度养殖，为工厂化养鱼的最低级阶段，适合于花鲈、石斑鱼、牙鲆、东方鲀、鲷类等海水肉食性鱼类养殖。

2. 加温流水养鱼

20 世纪 60 年代初由日本发展起来的一种工厂化养鱼方式，它利用天然热水（如温泉水）、电热温排水或人工升温水作为养鱼水源，经简单处理后进入鱼池，用过的水不再回收利用。这种养殖方式，设备工艺简单、产量低、耗水量大，在日本、俄罗斯、美国、德国、丹麦、法国等国较为盛行。在我国，加温流水养鱼模式近年来发展较快，尤其在沿海工厂化育苗方面，养殖鱼类有牙鲆、石鲽、六线鱼、鲷类等。

3. 循环流水养鱼

循环流水养鱼又称封闭式循环流水养鱼，其特点是人工控制水环境，养鱼废水需要回收，经过曝气、沉淀、过滤、消毒、调温、增氧后，再重新输入养鱼池中，反复循环使用。此外，还需配备水质监测、流速控制、自动投饵、自动排污等装置，并由中央控制室统一进行自动监控。封闭式循环流水养鱼是目前养鱼生产中整体性最强、自动化管理水平最高、且无系统内外环境污染的高科技养鱼系统，是工厂化养鱼的最高级形式。目前，世界上封闭式循环流水养鱼技术水平最高的地区是欧洲，一些国家已能输出成套的养鱼装备。我国山东、江苏、天津等省、市已经建立了这种养殖模式。

三、工厂化养鱼的场址选择和设施要求

1. 场址选择

1）位置

工厂化养鱼场址应选择在交通方便、水源和供电充足、社会配套设施齐全的地方。能靠近余热大的工厂（如热电厂、炼钢厂、轧钢厂等）或温泉、有地热的地区更好。在海区则离海水水源要近，水源充足，并有一定量的淡水水源。

2）水源、水质

海水、湖水、河水或地下水均可作为养鱼用水。要求水量充沛，且水质必须符合渔业用水标准。地下水通常无污染，全年温度较稳定，透明度高。地下水含氧量低、含铁量高的，需曝气增氧后使用。有的地下水还含有硫、砷等矿物质，对鱼生长不利。因此，如果用地下水作为水源，应进行水质分析后再确定能否使用。

3）地形和环境

工厂化养鱼场要求土地平整，排灌自如，环境安静，无噪音，光照充足，背风向阳的环境。

2. 鱼池系统

1）养鱼车间

养鱼车间多为双跨、多跨单层结构，跨距一般为 9～15m，砖混墙体，屋顶断面为三角形或拱形。屋顶为钢架、木架或钢木混合架，顶面多采用避光材料，如深色玻璃钢瓦、石棉瓦或木板等，设采光透明带或窗户采光，室内照明度以晴天中午不超过 1000lx 为宜。根据工程结构，养鱼车间可分为塑料大棚和砖混结构温室。

（1）塑料大棚温室。塑料大棚用镀锌管、黑铁管或竹木等材料搭建成拱形或屋脊形骨架，外覆盖塑料薄膜而成，塑料大棚可分为单栋大棚和连栋大棚。

单栋大棚一般长方形，长 30～40m，宽 8～12m。连栋大棚由两栋或两栋以上的拱

形或三角形单拣大棚连接而成，一般占地面积1～3亩。整个温室平面近似正方形，耗材最省，相对成本较低，棚内的气温和水温较稳定，但通风比单栋大棚差，故连栋数目不宜过多。

（2）砖混结构温室。温室平面接近正方形。一般为单跨四开间或双跨四开间，跨度为30～40m，每开间跨度为7～9m，长度通常不超过50m。墙体为双层墙，内外墙之间填充隔热保温材料，厚5cm。顶面按鱼池位置开设天窗，使冬季白天阳光能直射鱼池，天窗为双层玻璃，总面积为顶面的5%～7%。在温室的东墙和西墙上端安置2～3个排风扇。在南墙的下端也安装3～4个排风扇，同时开窗户，面积为南墙面积的5%～10%。窗户为双层玻璃结构，窗台最低端应高出鱼池顶20～30cm。

不同用途的养殖池，如产卵孵化池、饵料培育池、鱼苗培育池、鱼种培育池、养成池、亲鱼和后备亲鱼培育池等要分车间或在同一车间内分区设置，且要符合养殖工艺流程。进、排水系统要分设，排出的污水必须经处理后才能再次使用。若排出的污水不再回收使用，而是流入自然水域或外环境，则必须经处理达到污水排放标准后再排放。

2）养殖池

养殖池一般设在室内，混凝土结构或玻璃钢水槽，池形有长方形、圆形、八角形、长椭圆形等。养殖池面积一般30～100m^{2}不等，池深1.0～1.5m，底部设计成一定的坡度以便于排污。进出水管道为塑料管，直径依供水量而异，进水管口设在鱼池上部，排水管口设在池底部中央或底部一侧，排出管与曝气池或沉淀池相连。拦鱼设备是设在排水口的网片、栅箔或尼龙筛绢，孔径以利于排污但不逃鱼为准。

3）过道和进排水沟

车间内过道的宽度不应小于1.2m，可采用预制板或厚木板做盖板。过道下进的排水沟应满足各种管道铺设要求。排水沟比降应不小于0.3%，车间内的地平面应向中央排水沟顺坡倾斜，以利于厂房内的地表水能够随时排干而不至出现积水现象。

3. 饵料培养室

饵料培养室分植物性饵料培养室和动物性饵料培养室两种。饵料室需建在靠近育苗室的地方，便于投喂，但两者应分开建造，间隔一定的距离，以防止污染。生物饵料培养室的面积要根据需要而确定，例如在苗种生产季节能提供足够的天然轮虫，饵料培养面积就不用太大，只是培养少量小球藻用来强化轮虫，培养轮虫的池子就较少或只做孵化卤虫用。如果没有天然轮虫供给，那么饵料培养室所占面积则较大，约为育苗水体的60%。

1）植物性饵料培养室

主要用来培养小球藻等单细胞藻类。要求能防雨、保温、调光和防止污染，屋顶用透光率较强的玻璃钢瓦覆盖并开设天窗，四壁设宽大的窗户，使室内晴天时光照强度能达到10000lx以上。室内设藻种室、二级培养池和三级培养池。二级培养池为扩大培养池，面积2～10m^2，池深0.8～1.0m。三级培养池为生产性培养池，面积20～40m^2，池深1.0～1.2m。培养池均设有加温、充气设施，培养池底面最好粘贴白瓷砖。

2）动物性饵料培养室

主要用来培养轮虫和孵化卤虫冬卵。屋顶一般用透光率稍差的玻璃钢瓦或石棉瓦，培养池面积为 5～45m²，池深 1.4～1.5m。池内设加温和充气设施，池底设排水口，便于排污和收集轮虫和卤虫幼体。轮虫、枝角类和桡足类培养池也可采用室外土池。卤虫卵的孵化可在玻璃钢或硬质塑料桶等孵化器内进行，容积一般为 0.5～5m³。

4. 供水及供电系统

1）水泵

从海上提水常用离心水泵，室内用水常使用潜水泵。离心水泵需固定位置，置于水泵房中。通常一个水泵房有 2 台甚至多台水泵同时运行或交替使用。水泵的吸程应大于水泵位置和低潮线的水平高程，扬程必须大于水泵到沉淀池（或蓄水池）上沿的水平高程。

2）进出水管道

为铁管、塑料管、胶管或陶瓷管，严禁使用含有毒物质的管道。

3）供电系统

供电系统的基本要求是安全、可靠、经济，养殖生产期间要不间断供电。若电厂供电得不到保证时，应自备发电机，以备停电时使用。

5. 增氧与控温系统

在工厂化养殖系统中，鱼池、泡沫分离、生物过滤均需要大量氧气，一般较多采用罗茨风机充气增氧。为了缩短养殖周期，加温养鱼十分必要，特别是在我国北方供热系统必不可少。目前主要有燃煤锅炉和电加热器两种增温方法。一般 1000m³ 水体配备 1～2t 的锅炉。工厂化养鱼通过电脑来控制水温，通过控制室内温度来控制池水温度。在夏季，由于水量小而鱼类密度大，控温则是主要降温。

6. 水质净化处理和监测系统

工厂化养殖循环水处理系统包括沉淀池、曝气池、生物过滤池、过滤器、消毒装置、增氧设备等。其整体功能发挥和效果体现，有赖于水质的监测和调控。采用现代化的自动监测系统能对水质进行全程监测和调控，实现自动监测、报警和自动启动相关设备调控。

此外，工厂化养殖系统中还涉及自动监控系统和自动投饵系统等，涉及电脑监控、自动投饲机、水底清扫机等装备的应用。

四、养殖管理

适合于工厂化养殖的鱼类，通常为经济价值较高的高档名贵肉食性种类，如鲆鲽类、鲷科、鲀科、石首鱼科、鲐科、军曹鱼、鳗鲡等，它们的工厂化养殖技术基本通用。先进的工厂化养鱼中，日常管理工作已经全部或大部分实行自动化。我国目前工厂化养鱼的自动化程度还不高，需做好以下几点。

1. 鱼种选择及运输

养殖的苗种为人工繁殖培育的苗种。买苗之前应预先了解苗种场生产情况和用药情况，选择健康、规格整齐的苗种，以提高养殖成活率。苗种运输前应停食 1d 以上。运输方法采用泡沫箱内装塑料袋充氧运输，塑料袋容量一般为 20L，装水 1/4～1/3。袋内水温根据路途远近和气温情况而定。路途近、气温低时，可用 15～16℃的水温运苗；路途远、气温高时，要将水温降到 11～12℃，装鱼苗后充足氧气，扎紧袋口，放入泡沫箱内，盖上盖，用胶带将泡沫箱封口。每袋可装 6cm 的半滑舌鳎苗种 300～400 尾，10cm 的苗种 100～200 尾，15cm 的苗种 80～100 尾，可运输 6～10h 的路程。气温高时，泡沫箱内、塑料袋外可放一些冰块，防止运输途中苗袋内水温升高。运输途中，注意保持平稳，防止剧烈颠簸，造成苗种受伤。

2. 苗种放养

经过出池分苗、长途运输、饥饿及各种刺激，苗种体质下降。苗种入池前要逐渐调整水温和盐度，使其逐步适应养殖池的水温和盐度。为防止因体质弱受到病害侵袭，防止异地病原带入，苗种入池时应进行药浴，可以用 5～10mg/L 土霉素药浴 2d，每天 1 次，每次 1～2h。

3. 养殖密度与规格筛选

随着苗种生长，鱼体逐渐长大，养殖池中鱼体密度逐渐增大。同时，由于生长差异，个体差别逐渐增大，需要及时疏密，进行规格筛选；调整池中的养殖密度，使其符合养殖池的负载要求，保障生产正常进行。一般用人工进行挑选，稚鱼全长 10cm 以前，每月分选 2～3 次，此后每月分选 1 次。生产上的养殖密度常以单位面积的放养尾数来表示。以牙鲆为例，一般体重 10g 左右的幼鱼放养密度为 200 尾/m^2，100g 的幼鱼密度为 50～60 尾/m^2，200g 的半成品鱼密度为 30～35 尾/m^2，500～600g 的半成品鱼密度为 20～25 尾/m^2。或按放养面积率计算，通常为 60～100%，高水温期为 40%～60%。半滑舌鳎幼鱼放养密度见表 1-33。

表 1-33 半滑舌鳎工厂化养殖的幼鱼放养密度

幼鱼规格/cm	放养密度/(尾/m^2)	幼鱼规格/cm	放养密度/(尾/m^2)
6	300～400	30	18～20
10	100～150	35	14～16
15	80～100	40	12～13
20	50～60	45	9～10
25	30～35	—	—

4. 水质管理

1）水深和水温

鲆鲽鳎类营底栖生活，不在水中游动，需要保持池中水体流动，有利于清除代谢物。养殖水位不需要太深，一般保持 40～50cm 即可。

根据不同鱼类的适宜温度，控制好池水的温度，使鱼类始终生活在适宜的温度范围内，加速鱼类的生长。例如大菱鲆生长的适宜温度是13～18℃；大黄鱼则应控制在最适水温18～25℃；石斑鱼应控制在22～28℃。

半滑舌鳎属暖温性鱼类，能在3～32℃的水中存活，生长适宜温度为15～28℃。水温5℃以上，均可摄食，5～14℃摄食量少，消化慢。水温日变化幅度大于2℃时，摄食量明显减少甚至不摄食，要求保持水温稳定。

牙鲆属冷水性鱼类，生存水温为2～27℃，水温长期处于27℃以上或2℃以下的水温环境下，易大量死亡。养成的适宜水温为8～24℃，最适水温为16～21℃；水温23℃以上或14℃以下摄食量减少，25℃以上或10℃以下摄食差并停止生长，5℃以下停止摄食。

2）盐度和pH

半滑舌鳎是广盐性鱼类，能在盐度5～37的海水中生长，适宜生长盐度为16～32。pH为7.5～8.5。牙鲆为广盐性鱼类，对盐度变化的适应能力较强，能在盐度低于8的河口地带生活，生长发育的最适盐度为17～33，盐度30左右时饵料效率最高。

3）溶氧和氨氮

池水中一般溶解氧应保持5mg/L以上，出水口的水不低于3mg/L；水中氨氮含量低于0.02mg/L。

4）透明度和光照

养殖池要求透明见底，一般要求光照在600lx以下。光照强时鲆鲽鳎类寻找隐蔽场所聚集，光照弱时鱼群分散伏底。

5）换水及清洗池子

工厂化养鱼，以长流水换水方式较好。根据养殖条件和鱼体密度需要，池中保持一定的水位，进水管按一定流量不停地向池内进新水，高出水位的水自动从排水管口溢出。每天拔掉池底排水口塞子排水1～2次。随着水流形成的旋转力量，可以将池中的部分污物带走，残饵和粪便也及时流走。常温养殖时日换水量为300％～500％，夏季高温时日换水量为500％～800％，冬季低温时日换水量可减少到200％～300％。采用地下海水养殖时，日换水量可常年保持在300％～500％。

养殖池要求每日清洗池底1次，可以安排在下午人工排水时进行。在排水时用刷子轻推池底，将污物推向排水口，随水流排出。养殖一段时间后，池底和池壁上会沉积附着污物，容易繁殖细菌和寄生虫，须将池鱼移到干净的池中养殖，并对原池池底和池壁清洗和消毒。

5. 饵料投喂

1）饵料要求

工厂化养鱼一般选用全价配合饲料，要求粒径大小适口，干燥度适中，并且有良好的水中稳定性，以减少饲料在水中的散失。牙鲆工厂化养殖主要投喂冰鲜杂鱼、湿型颗粒饲料、固体配合饲料（干颗粒饲料、膨化颗粒饲料）等。半滑舌鳎工厂化养殖，投喂硬颗粒饲料较好。

2）投喂次数和投喂量

饲料的投喂次数可根据鱼的个体大小调整，投喂量需要根据鱼体的摄食情况、水质情况灵活掌握。一般15cm以下的苗种，每天投喂3～4次，日投饵量为鱼体体重的2%～3%；15cm以上的苗种，每天投喂2次，日投饵量为鱼体重的1%～2%。饱食后，腹部明显凸起。投饵量以鱼体饱食量的70%～80%为宜。每月初称取平均鱼重，计算饵料系数，根据总重确定月初基础日投饵量，根据饵料系数计算出每日投饵增量，每日递增投喂量。

3）投饵方法

一般是均匀撒于出水口前部，对鱼群密集外围的个体要适当给予照顾。投喂时可先将每次投喂量的60%全池投撒，剩余的40%再视摄食情况而定。投喂速度不宜过快，以饲料沉入池底前被抢食完毕为宜，喂完10min后，池底无残饵为最好。

6. 疾病预防

工厂化养鱼中疾病预防非常重要，主要采取以下措施进行预防：①要选择健康无疾病史的鱼种；②入池前要对鱼池进行消毒处理；③在水处理系统中配置消毒杀菌设备；④养殖过程中尽量减少环境变化对鱼类产生的胁迫，包括各种水质干扰、波动、水温的变化等；⑤注意投饵的科学性，避免鱼类过饱现象；⑥使用专用工具，并经常消毒；⑦发现有病鱼、死鱼时要立即捞出；⑧在鱼病的高发季节，还要经常进行池水消毒，在封闭式工厂化养鱼系统中，池水消毒用药要特别慎重，既要起到防病作用，又不毒害过滤池中滤膜上微生物的生长。

7. 日常管理

①建立日志，记录好鱼种来源、生长情况、疾病发生与用药情况，及时汇总分析。②每天早晚要巡池检查，观察鱼的活动和摄食情况，及时调整投饵量。③定时测定主要的水质指标，及时调整水的流量及鱼水比，及时排污，防止水质骤变。④要经常检查进、排水系统有无堵塞、破损及逃鱼等，设备运转是否正常，发现问题及时解决。

任务十 稻田成鱼养殖

一、稻田养鱼的特点和原理

稻田养鱼在中国具有悠久的历史，它利用稻田不深的水体，把种稻与养鱼相结合，发挥稻和鱼的互利作用，实现鱼稻双丰收。稻田养鱼是淡水渔业的重要组成部分。

稻田养鱼的基本原理是：稻田可为常规鱼类提供一个良好的栖息、生长环境和丰富的饵料资源，有利于鱼类迅速生长育肥。而常规鱼类在稻田中活动觅食，翻动土层，又为水稻的生长起到了松土、除草、施肥、治虫的作用，有利于水稻生长与结实，为水稻高产创造了条件，可实行稻、鱼双丰收。同时，稻田养鱼可少施化肥和农药，符合绿色食品的要求，利于增进人体健康。

二、养鱼稻田工程建设

1. 养鱼稻田的选择

1）水源水质条件

养鱼的稻田，应选在靠近水源、水量充足，水质良好，进排水方便的田块。稻田周围无污染源，溶氧在 5mg/L 以上，pH 为 7～8.5，符合养殖用水标准。

2）土壤条件

养鱼稻田的土壤以壤土为好，而沙土田、漏水田则一般不宜选用。

3）环境条件

交通方便，饵料、种苗供应有一定基础，灌溉自成体系，不受附近农田用水、施肥、喷洒农药的影响，环境较安静。田块四周开阔向阳，无树木遮蔽。养鱼稻田应以有机肥作基肥，少施化肥，少用或不用农药。

4）面积大小

无严格要求，从规范化要求来看，以 8～10 亩一块为宜。可连片开发，构建稻田养鱼商品基地，以便于统一供种，供水，供饵，施肥，治虫和建设排水系统。

5）水稻品种的选择

选择茎叶粗壮、抗倒伏力强、耐肥抗病虫害的高产品种。因为田中有鱼活动，根系不牢固，很容易倒伏，这不仅影响水稻生长，也会封闭沟、溜，田中的鱼类也生长不好。

2. 养鱼沟的开挖

1）鱼沟鱼溜式

鱼沟鱼溜式是在稻田中间开挖“十”字形或“田”字形的鱼沟，沟宽 0.5～1.0m，深 0.5～0.8m，再在田的排水口面开挖一个 40～60m^2 的鱼溜（又称鱼窝）（图 1-41）。鱼溜是鱼平时栖息的场所，鱼沟则是鱼进入稻田觅食的通道。通常鱼沟、鱼溜面积占稻田总面积的 6%～8%（图 1-42）。

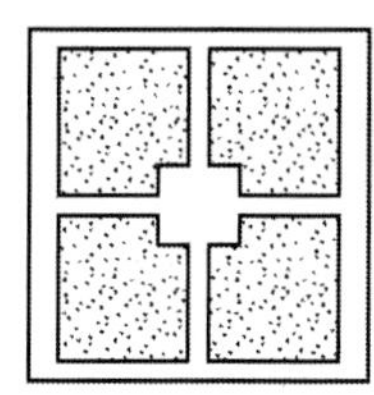
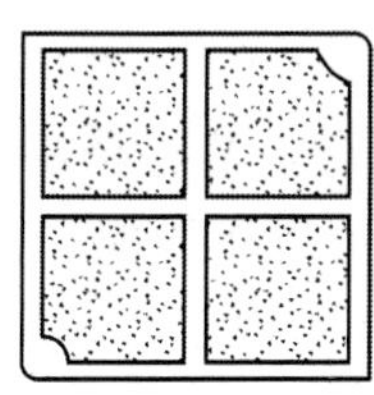

图 1-41　鱼溜形状及位置

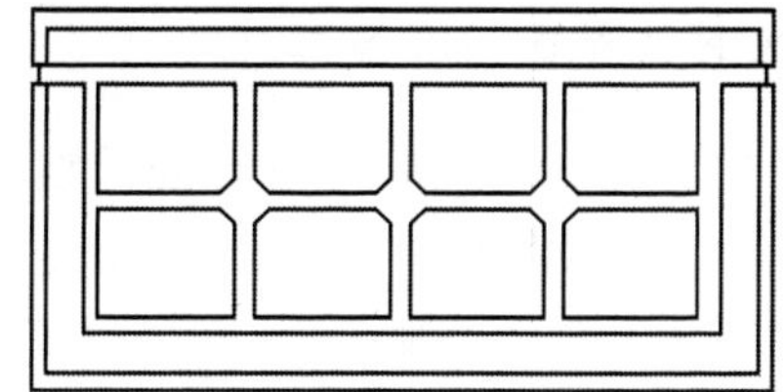

图 1-42　鱼沟鱼溜位置示意图

2）鱼凼式

鱼凼式是在稻田的中央或进水口一端开挖一个圆形水塘，四川、广西等地称为鱼凼。鱼凼面积多为 60～100m^2，随稻田大小而定，水深 2m 左右。鱼凼周围用石条或红砖砌墙，墙上留若干小洞，再挖数条鱼沟，并与鱼凼相通。通常鱼种应先放入鱼凼中，待秧苗返青后，增加稻田水深，使鱼自由进入稻田活动觅食。鱼凼、鱼沟面积占稻田总面积的8～10%。

3）宽沟式

通常沿稻田田坎内侧开挖环形沟，沟宽3～5m，必要时可放宽到6～8m，沟深1.2～1.5m。再根据田块大小，在稻田中开挖一条或几条田间沟，沟宽0.5～0.8m，深0.5m，并与环沟相通。环沟与田间沟面积共占总面积的20%左右。这种形式适宜中低产稻田改造和低洼连片荒滩地的开发利用。

3. 田埂加高加固

用养鱼沟开挖出的泥土，加高、加宽、加固田埂。田埂的高度视稻田类型、养殖对象及当地降水情况而定，一般田埂高0.8～1.0m，埂宽0.3m～0.4m。新加的土要夯紧夯实，确保坚固，要求做到不裂、不漏、不渗，不垮，大雨不逃鱼。

4. 排灌系统的建设

按照高灌低排和灌排分开的要求，实行站、涵、闸、渠、桥、路统一规划，综合治理。

1）排灌站的建设

对连片上千亩的稻田养殖区，特别是低洼荒滩地的改造，可规划建立独立的排灌站，以确保大面积稻田养鱼进排水需要。

2）排灌渠道的建设

进水渠通常建在池埂上，可用直径为0.4m的水泥涵管建成暗渠，也可用药砖、水泥砌成明渠。通到每一田块的进水渠要建闸门，以控制进水量，排水渠建在沟底部。一般进水口设在稻田的西北部，排水口在东南部。做到灌得进，排得出，有利于商品鱼的捕捞。为避免排、灌水时逃鱼，一定在注、排水口处设置两层拦鱼栅。拦鱼栅的网目依鱼的种类和规格而定。拦鱼栅应高出堤埂0.3m，下端要扎入田底0.3～0.5m。如注、排水有管道，管口应用铁丝网包扎结实，以确实防止逃鱼。

三、鱼种放养

1. 鱼种放养前的准备工作

鱼种放养前要对鱼溜、鱼沟进行整理、消毒，消毒药物一般采用生石灰，用量为200g/m^3，溶化后泼洒，7～10d后可放鱼。也可以用漂白粉消毒，用量为20g/m^3。鱼溜消毒后灌水并施放粪肥60kg/亩左右，使田水爽而肥，呈黄绿色或黄褐色，做到鱼种肥水下田，下田就有适口的饵料。

2. 养殖种类的选择

稻田养殖成鱼的种类，以草食性鱼类（如草鱼、团头鲂、鳊鱼）和底栖的杂食性鱼类（如鲤、鲫、罗非鱼、胡子鲶等）为主，搭配少量滤食性鱼类（鲢、鳙），也可搭养泥鳅、乌鳢、黄鳝、田螺、幼蚌等；也适宜以饲养河蟹、青虾等甲壳类为主，搭配少量滤食性鱼类。这些鱼类能适应和充分利用稻田中的饵料生物资源；能适应浅水生活，耐低溶氧；生长快，能在短时期饲养成食用鱼。

3. 鱼种规格与放养量

稻田养成鱼应放养大规格鱼种，全长 16cm 以上，尾重 50g 以上；鲤鱼、鲫鱼规格可以适当小一些；如套养鱼种，可放全长 3～5cm 的优质夏花鱼种。

鱼种的放养量，一般根据稻田条件和计划达到的鱼产量而定。计划稻田产成鱼 50kg/亩，放大规格鱼种 7～10kg，130～190 尾，套养夏花鱼种 300～400 尾；计划稻田产成鱼 75kg/亩，放大规格鱼种 10～13kg，190～250 尾，套养夏花 300 尾左右；计划稻田产鱼 100kg/亩，放大规格鱼种 13～17kg，250～320 尾，套养夏花鱼种 200～300 尾。如果鱼种规格稍小，放养尾数相应增加。

鱼种放养比例，一般主养鱼种占 50%～60%，搭配养鱼种占 40%～50%。例如主养草鱼 50%，鲤、鲫鱼 25%左右，鲢鳙鱼 25%左右；或主养鲤鱼 60%，草、鲢、鳙鱼 40%左右。

4. 放养时间

稻田养鱼饲养周期短，鱼种放养时间越早越有利鱼的生长。大规格鱼种大多于春节后放入鱼溜内饲养，套养的夏花鱼种应在 5 月中、下旬放入田中。

5. 注意事项

鱼种下田前，要对鱼体进行药物消毒。常用药物及浓度：食盐水 3%～4%，漂白粉 $10g/m^3$，高锰酸钾 $20g/m^3$ 等。消毒时把鱼种放进盛有药水的木桶中，浸浴 15～30min。鱼若活动正常，消毒时间可长些；鱼若严重浮头时，应尽快把鱼捞出放入清水中。

鱼种放养时要注意水的温差，运鱼容器中的水温与稻田水温的温差不能超过±5℃。因此，当鱼运到田边，应先将田中清水逐渐加入运鱼容器内，使水温慢慢一致。将少量鱼放入鱼溜中，0.5d 后鱼如无异常，再将鱼种全部放入田中，以防鱼溜消毒药性未消而使鱼种中毒。切忌将鱼种放入混浊或泥浆水中，以免造成鱼种死亡，从而降低成活率。

四、养殖管理

1. 投饵施肥

依靠稻田内的天然饵料，稻田产鱼 10～15kg/亩，超过这一产量必须投饵、补肥。以计划稻田产鱼 50kg/亩计算，总给饵 50kg 以上，施肥 250kg 以上。饵料为米糠、麦麸、豆饼、菜粕、豆渣、酒糟等；肥料为经过发酵的猪牛粪；还可以喂给浮萍、水草及嫩陆草。

投饵应少量多次勤喂，做到匀、足、好。饵料放在饵料台。套养夏花鱼种，另设小鱼饵料台一个，台周围上拦栅，使大鱼不能进入。水稻圆秆后，通过鱼沟使大规格鱼种从鱼溜进入大田，饵料仍在鱼溜中喂给；上、下午各喂一次，使鱼种养成在鱼溜中集中的习惯。

2. 水浆管理

养鱼稻田的水浆管理，既要满足水稻的生长，又要考虑鱼类生长的需要。在可能的情况下，应尽可能加深水位。一般在水稻栽插期间要浅水灌溉，返青期保持水位4～5cm，以利活株返青。分蘖期更需浅灌，可保持田水水位2～3cm，以利提高泥温。至分蘖后期，需深水控苗，水位保持6～8cm，以控制无效分蘖发生。水稻在拔节孕穗期耗水量较大，稻田水位应控制在10～12cm，或更深一些。在水稻扬花灌浆后，其需水量逐渐减少，水位应保持5cm以上。水稻成粒时，还应升高水位，以利鱼类生长。

种植单季稻的稻田水稻收割后，加深田水40cm左右，让鱼在田中饲养至起捕。种植双季稻的稻田，可将田水放干，将鱼赶入鱼池内，再进行耕作，待晚稻秧苗返青后，加深水位，继续饲养。

3. 日常管理

鱼种放养后，要加强饲养管理，早、晚多巡视，发现问题及时处理。经常巡视田埂及检查拦鱼网栅，特别是大雨天，要及时排水，注意清除堵塞网栅的杂物，以利排注水畅通。稻田中田鼠和黄鳝都会在田埂上打洞，往往会造成漏水逃鱼，应仔细检查，发现后及时堵塞。鱼群在鱼溜期间，要加深水、常换水，并搭建遮阳棚。6～8月，每15d用漂白粉$1g/m^3$或生石灰$10g/m^3$，溶化后泼洒在鱼溜、鱼沟中防病。

此时，还可以将达到食用鱼规格的成鱼，捕出食用或出售，以降低鱼溜中鱼的密度，有利鱼类的安全生长。成鱼一般在冬季起捕，套养的鱼种可放在鱼溜中越冬；冬闲田和低洼田仍可继续蓄水养鱼。冬季田水要加深到60cm以上。

任务十一 主要养殖鱼类常见病害的防治

一、鱼类疾病发生原因的分析

疾病是指生物机体的非健康状态，水产动物疾病的发生与机体、病原和环境三者密切相关，健康状态下的水产动物机体与病原和环境在水中形成稳定的动态平衡，而当某些因素的产生使平衡打破时，就导致水产动物发生疾病。引起鱼类疾病的原因主要有以下几方面。

1. 病原的侵害

病原又称病原体，是指能引起疾病发生的致病微生物和寄生虫的统称。致病微生物包括病毒、细菌、真菌和单细胞藻类等，寄生虫包括原生动物、吸虫（单殖吸虫和复殖吸虫）、绦虫、线虫、棘头虫、寄生蛭类、寄生甲壳类等。

2. 环境因素的影响

每一种鱼对水质都有一定的要求，如果水质的变化经常超出鱼类所要求的适宜范围，鱼类长期生活在不适宜的环境中，则吃食量减少，抗病力降低，很容易患病死亡。广义上，水质不良的标志有水温不适宜，水温剧变，pH 过高或过低，溶氧长期偏低，水质过肥，水中含有有毒的化学物质，如氨、硫化氢、重金属等。

3. 营养不良

投喂饲料的数量或饲料中所含的营养成分仅能满足鱼类维持生活的最低需要时，养殖鱼类往往生长缓慢或停止，身体瘦弱，抗病力降低，严重时就会出现明显的症状甚至死亡。饲料中最易缺乏的有维生素、矿物质和氨基酸，尤其是维生素和必需氨基酸。腐败变质的饲料也是致病的重要因素。

4. 机体状态不良

主要包括种质退化和遗传因素引起的畸形，以及机体在幼体期或繁殖期的抵抗力差引发的疾病。

5. 管理不当

在饲养管理、捕捞和运输过程中，由于工具不适宜和操作不小心，使鱼类身体受到摩擦或碰撞而受伤，甚至导致机体死亡，同时这些伤口往往也是其他病原的侵袭目标，引起继发性感染。

二、鱼类疾病的预防

鱼类生活在水中，发生疾病不易观察，难于诊断；治疗麻烦，内服药病体吃不进，能吃的吃不足，遍撒用药方法仅适用于小水体。因此根据鱼类疾病发生的原因，在养殖过程需要贯彻“全面预防，积极治疗”的方针，坚持“无病先防，有病早治”的原则。

（一）生态环境的改善

1. 设计和建筑鱼类养殖场时，应符合防病要求

应考虑地质、水文、水质、气象、生物及社会条件，设计好进排水系统，最好有蓄水池，可净化、过滤，尤其是水源充足及清洁无污染是要优先考虑的。

2. 优化放养模式

一方面，放养密度要适宜，减少同类接触，降低特异性病害的传播机会；另一方面，混养合理，可以有效利用生存空间，促进生态平衡，优化水质，进而提高单位水体的效益。

3. 保证充足的溶氧

溶氧是养殖水体最重要的指标之一，是鱼类赖以生存的基本要素。溶氧首先满足鱼类的呼吸需要；其次，溶氧充足有利于直接或通过微生物转化氨、硫化氢等有害代谢物。

4. 采用理化及生物方法，改良水质

（1）对池塘进行清淤、翻晒和冰冻。淤泥不仅是病原体滋生和贮存的场所，还存在大量的有机物质。有机物质在分解时要消耗大量的氧气，容易引起池塘的缺氧，从而产生大量的有害物质，如有机酸、氨、硫化氢、亚硝酸盐等。

（2）定期遍撒生石灰（15～30g/m^3）、碳酸氢钠、沸石粉（30～50g/m^3）等，调节、吸附有害物质，改善和净化水质。

（3）定期加注清水、换水，保持水质肥、活、嫩、爽和较高的溶氧。

（4）在晴天中午适当搅动底泥，加速有机物质的分解，减少耗氧因子，同时也有利于肥效成分的释放。

（5）使用光合细菌、EM菌、硝化细菌、反硝化细菌等微生态制剂改善水质和底质。

（二）抗病力的增强

1. 优良品种的选择

在养殖生产中常可见到，同一个水体，同样的养殖条件，有的个体或某一个品种就不易发病，或发病后容易恢复健康。这表明，养殖鱼类的抗病能力是随个体或种类而有很大差异的。因此，选择和培育抗病力强的品种是预防疾病的重要途径。可以选择通过自然免疫、杂交培育、理化诱变、细胞融合和基因重组技术等培育的优良品种。

2. 健康苗种的培育

健康苗种的供应是养殖生产的第一个环节，也是关系养殖成败的关键。苗种培育阶段密度要适宜、营养要均衡，为有效控制病害的发生，在最初引种和转池过程中适当药浴。

3. 免疫制剂的应用

在适当的养殖阶段，使用疫苗或免疫增强剂。如草鱼出血病组织浆灭活疫苗或细胞弱毒疫苗在草鱼出血病预防中的应用。

4. 优质全价饲料的投喂

饲料的质量和投喂方法，不仅是保证养殖产量的重要措施，也是增强养殖动物对疾病抵抗能力的重要措施。养殖水体，由于放养密度大，必须投喂人工饵料。因此，根据养殖对象及其发育阶段，科学选用不同原料，合理搭配，才能保证养殖动物对营养的需求。实践证明，不良的饲料不仅无法提供动物生长和维护健康的必需营养成分，而且还会导致免疫力和抵抗力下降，直接或间接地使动物易于感染疾病甚至死亡。

（三）病原体的控制和消灭

1. 检疫和隔离制度的建立

水产养殖动物的疾病检疫是指对其疾病病原体的检查，目的是掌握养殖动物疾病病原的种类和区系，了解病原体对养殖动物感染、侵害的地区性、季节性以及危害程度，以便及时采取相应的控制措施，杜绝病原体的传播和流行。由于水产养殖业迅速发展，地区间苗种及亲本的交流日益频繁，对国外养殖种类的引进和移植也不断增加，如不经过严格的疫病检测，就可能造成病原体的传播和扩散，从而引起疾病的流行。为了防止水产养殖动物传染性疾病的传播，保护渔业生产和人民身体健康，必须做好对养殖动物输入和输出的疾病检疫工作。

养殖鱼类疾病一旦发生，不论是哪种疾病，特别是传染性疾病，首先应采取严格的隔离措施，以防止疫病传播、蔓延。实施隔离，即对已发病的池塘或地区首先进行封闭，池内的养殖鱼类不向其他池塘和地区转移，不排放池水，工具未经消毒不在其他池使用。与此同时，专业人员要勤于清除发病死亡的鱼类，及时掩埋、销毁。对发病池塘及其周围包括进、排水渠道，也应消毒处理，并对发病鱼类及时做出诊断，确定防治对策。

2. 彻底清塘

池塘是养殖鱼类栖息生活的场所，同时也是各种病原体生物潜藏和繁殖的地方。池塘环境清洁与否，直接影响到养殖鱼类的生长和健康。因此，池塘清淤消毒除了改善水体的理化指标外，也是预防疾病和减少流行病暴发的重要环节。清淤后用生石灰 100～200kg/亩或漂白粉（含有效氯 30%）20～30kg/亩进行消毒，3～5d 解毒后，在池塘的进水口设置过滤网，灌满水，肥水 20d 左右，为养殖鱼类的放养创造优良的生活环境。

3. 机体消毒

鱼体消毒一般采用药浴的方法，常用药物有高锰酸钾、漂白粉、硫酸铜或硫酸铜及硫酸亚铁合剂（5∶2）、漂白粉和硫酸铜合剂、氯化钠、敌百虫等。在药浴中要注意数量、时间、浓度、水温、水质等与药效及安全性的关系。

4. 饲料消毒

病原体往往能随饲料带入水体，因此投放的饲料必须清洁、新鲜，最好经过消毒处理。一般植物性饲料，如水草可用 6mg/L 的漂白粉溶液浸泡 20～30min；卤虫卵用 300mg/L 的漂白粉浸泡消毒，淘洗至无氯味时再孵化；动物性饲料如螺蛳等选择鲜活的，洗净后投喂；肥水时每 1000kg 粪肥加 240g 漂白粉处理后使用。

5. 工具消毒

养殖所用各种工具，往往成为传播疾病的媒介，因此发病池所用工具应与其他池塘使用的工具分开，并且经消毒处理后再使用，避免病原体的传播。一般网具一般可用浓度为 20mg/L 的硫酸铜溶液、50mg/L 的高锰酸钾溶液、100mL/L 的福尔马林溶液、5%盐水等浸泡 0.5h；木制或塑料工具，可用 5%漂白粉溶液消毒。

6. 食场消毒

食场内常有残余的饲料，腐败后成为病原体大量繁殖的温床，尤其在水温高的夏季，食场水域常是病菌集中的场所。因此，在投饲料时除了要注意适量，尽量减少残食外，每天都应清除剩留饲料和清洗食台；在疾病流行期，应定期在食场周围水域遍撒漂白粉、硫酸铜等药物，也可以采用挂篓挂袋的方法。用药量应根据食场的大小、水的深度以及水质肥瘦而定。

三、鱼类常见病害的检查与诊断

（一）现场调查

1. 异常现象和症状的调查

鱼类生病后，会出现各种异常现象和症状。通过对鱼类的活动状况、摄食情况、体色变化、病理症状以及死亡情况等进行观察、分析和判断，可初步确定引起疾病的原因。病原体感染或侵袭时，病体体色发黑，体表及病灶部位有充血、出血和发炎等症状，常出现摄食减少或停食、体质瘦弱、烦躁不安或游动失常等现象；缺氧时会引起鱼类浮头，且鱼类吻端水肿延长；水质恶化或工业废水和药物中毒时，鱼类会出现跳跃和冲撞等兴奋现象，随后进入抑制状态，并在短时间内出现大量死亡，这种因中毒而引起的急性死亡，有明显的死亡高峰，其死亡个体体表干结，很少黏液，体色等与正常鱼差别不大，无明显的病灶；机械损伤伤口因水霉寄生，也能引起大量死亡，但死亡陆续出现，没有明显的死亡高峰，在水中观察鱼体，可见体表长有“白毛”；营养不良易出现萎瘪病、弯体病等。

2. 环境因子的调查

水环境的变化与疾病的流行有很密切的关系。水源是否受到污染或带有病原体，水的理化性质及生态条件是否符合水产动物生活和生长的需要等都是水产动物疾病发生的重要因素。要注重调查水源水质情况，如水温、溶氧、pH、氨氮、盐度、硬度、有机物含量、水生生物种类和数量、重金属盐类等。池塘底质的情况也要了解，如淤泥的厚度、池底有无寄生虫的寄主等。

3. 饲养管理情况的调查

（1）清塘情况。如果放养前，池塘未经有效的消毒，就不能排除早一年养殖过程中的疾病复发。

（2）养殖的种类、来源，是否经过检疫，投放之前是否经过药浴，消毒药物的种类及使用方法、用药量。如苗种来自外地，未经有针对性的药浴，很可能将外地流行的疾病带入本地。

（3）放养的密度、混养的比例。养殖密度过高或品种搭配不合理，鱼类生存空间紧张，品种之间不能互利共生，水质恶化，也可导致疾病流行。

（4）饲料的种类、质量、数量、投饵方法，如投喂变质的饲料，可能导致消化系统疾病或食物中毒；投喂营养不平衡的饲料，会因营养不良产生萎瘪病、跑马病和弯体病；投喂含激素和脂肪超标的饲料，易导致养殖动物产生脂肪肝和肝中毒等。

（5）肥料的种类、来源、数量、施肥方法等，如施有机肥，又未经腐熟，很可能造成缺氧或其他疾病。

（6）拉网操作不细心，机体受伤，创口真菌寄生，影响水产动物生长，严重时造成死亡。

（二）病体检查

1. 体表检查

将捞出的活病鱼或刚死不久的病鱼放在白瓷盘或解剖盘中，先用肉眼检查头部，包括口、眼、鳃盖、鳞片、鼻孔各个部位，观察其有无充血、溃烂、变色，肿胀，黏液是否增多，有无增生物，是否有异常的斑纹和病灶，眼睛是否浑浊和变形等。然后观察体表是否有大的寄生虫，是否有损伤；鳞片是否整齐，鳍条是否破碎；腹部是否膨大，肛门是否红肿及排泄物情况；整体是否畸形等。一般用肉眼检查体表时，容易发现大型的寄生虫和明显的病变部位。对于鱼体病变部位或可疑部位，如体表有充血或变色部位或有异常增生物的部位，应该进行镜检，一些鱼苗期疾病看不出症状，只能看活力、趋光性、粪便情况等，最好也镜检。

2. 口腔及鳃部的检查

先用肉眼观察口腔和鳃部是否有充血、发炎、黏液增多、鳃丝肿胀、色泽变深或变淡、缺损等异常情况，有无污泥，是否腐烂，有无肉眼可见的白色胞囊及大型寄生虫等，然后剪取一些鳃丝做成水浸片进行镜检。一般细菌性烂鳃病，鳃丝末端上皮细胞溃烂脱落，鳃上有污泥；病毒性出血病，鳃充血，鳃盖发红；车轮虫、斜管虫和指环虫等寄生虫病，往往鳃盖张开，鳃片上有许多黏液；中华鳋、黏孢子虫等寄生虫病，则鳃丝肿大，鳃上有白色的虫体或胞囊等症状；鳃霉病则鳃丝颜色苍白，并有红色小点；水霉病，病灶处可见白色棉毛状物。因此，根据外观特征可初步判断水产动物疾病。

3. 内脏检查

对鱼类的病体进行内脏检查，先将鱼的体腔壁剪去一面，注意不要把内脏弄破。首先看鱼的腹腔内有无腹水；然后检查腹腔内有无大型的寄生虫（如舌状绦虫等）及胞囊；腹膜、肠系膜、脂肪组织等是否充血；肠道、肝、胆、鳔等内脏是否有异常，如肠的某一段特别膨大、肝脏肿大、淤血及坏死的病灶等。

在一般诊断时，如未发生有异常现象，则主要检查病鱼的消化道，方法是将肠管剖开，检查消化道内是否有食物，食物种类、消化情况、色泽，再观察肠道内壁是否有黏液增多，是否充血、发炎，有无白色的小点，有无大型的寄生虫等；然后从可疑部位刮取黏液或取下一些病变组织，放在加有一滴生理盐水的载玻片上，加盖盖玻片，压平后进行镜检。如果经过肠道检查未能发现患病时，就应进一步检查肝、脾、肾、胆、鳔、生殖腺、膀胱、心、脑以及肌肉、骨骼和血液等。

对于鱼类细菌性和病毒性疾病，在临床诊断时采用肉眼观察脏器病变所表现的症状只能进行初步诊断；对这些疾病的准确诊断，尤其是症状类似的疾病诊断，要通过病原体分离鉴定、免疫诊断、分子生物学诊断、病理诊断等比较复杂的方法。肿瘤病则需经组织切片来诊断。对于中毒或营养性疾病，诊断时还需对饲料、池水和鱼体进行分析，才能确定。

（三）病原体的分离鉴定

1. 病原菌的分离鉴定

将濒死动物在无菌环境下用无菌水洗净并用紫外线照射，彻底清除体表杂菌后，以无菌方法从病灶深层的器官或组织内部取样接种到适宜的培养基，经 28～30℃培养 24～48h，取单个菌落纯化后用于致病性试验和细菌鉴定试验。通过致病性试验，接种动物如果出现与自然发病相似的症状，并且从人工感染发病的动物体上分离得到与接种菌相同的菌种，即可验证此菌种为该病的病原菌。再根据细菌形态特征和生理生化特性或血清学实验，进行鉴定。

2. 病毒的分离鉴定

以无菌方法取患病动物的肝、脾、肾等内脏器官，剪碎、研磨或捣碎，用 Hank’s 液或生理盐水或 pH 为 7.2 的 PRS 液制成 1∶10 的匀浆，加入青霉素和链霉素，每毫升含量为 800～1000IU，冻融 3 次，离心后取上清液，使其通过细菌滤器除菌，取滤液接种于敏感细胞动物，如果细胞出现细胞病变效应或动物出现与自然发病时相同的症状即可证明病毒分离成功。要鉴定出病毒种类，需做电镜观察和特定试验，鉴定出其核酸类型和生物学特性等。

（四）免疫诊断

免疫诊断技术是利用生物机体内抗原、抗体反应的特异性而开发的技术。由于所用抗体大多以抗血清的形式出现，所以又叫血清学检测技术。用免疫技术诊断疾病的方法有两大类：一是用已知抗血清与病原体在体外进行免疫反应；二是用已知抗原与被检动物体内的含抗体物质在体外做免疫反应，看是否呈阳性，间接确定引起水产动物疾病的病原体。

免疫学检测的方法很多，如酶联免疫吸附试验、点酶法、荧光抗体法、中和试验、免疫凝集试验、免疫沉淀试验、单克隆抗体技术等。其中酶联免疫吸附试验已经制备出检测草鱼出血病、传染性胰腺坏死病、传染性造血组织坏死病的试剂盒；点酶法已经制备出检测嗜水气单胞菌 HEC 毒素的试剂盒。均有灵敏度高、特异性强、迅速方便、结果可长期保存等优点。

（五）分子生物学诊断

分子生物技术的快速发展极大提高了水产养殖病害诊断水平。以核酸为基础的分子生物学诊断技术是基于每一种病原体含有特异性的 DNA 或 RNA 序列，无需太多的病原体数量，直接检测，而且能大大提高检测的灵敏度。分子生物技术能把病原微生物鉴定到亚种、株。分子诊断技术主要包括聚合酶链式反应（PCR）、核酸探针杂交、限制性酶切和核苷酸测序等，核酸探针杂交法和 PCR 法是病害检测中最常用的方法。目前，分子诊断技术已成功应用于鱼、虾、贝的细菌性、病毒性、寄生性和真菌性病原体的检测和鉴定。

四、水产药物的种类和应用

（一）水产药物的种类

1. 环境改良与消毒剂

环境改良剂是用以改良养殖水域环境为目的而使用的药物，具有调节 pH、吸附重金属、调节水体氨氮含量、提高溶氧等作用，包括水质改良剂、底质改良剂和生态环境改良剂等。常用的环境改良剂有生石灰、漂白粉、光合细菌、EM 菌、乙二胺四乙酸二钠和沸石等。

消毒剂是用以杀灭水体中的有害微生物为目的的药物，通过泼洒或浸浴等方式作用于养殖水体或动物机体，用于杀灭动物体表、工具和养殖环境中的有害生物或病原生物，控制病害发生或传播。消毒剂的种类较多，常用的有以下药物。

（1）卤素类。聚维酮碘（PVP-I），次氯酸钠、漂白粉、漂粉精、三氯异氰尿酸、三氯异氰尿酸、二氧化氯等。

（2）氧化剂。高锰酸钾、过氧化氢、臭氧等。

（3）醛类。戊二醛、福尔马林（40%甲醛溶液）等。

（4）季铵盐类。苯扎溴铵（新洁尔灭）、双链季铵盐络合物等。

（5）盐类。氯化钠、碳酸氢钠、乙二胺四乙酸二钠盐等。

2. 抗病毒药物

目前，用于水产动物病毒病的药物种类很少，而且效果不理想，主要是由于病毒具有严格的寄生性，不易清除。因此，抗病毒药物要求既能进入宿主细胞杀死病毒，又不对宿主细胞造成伤害。至今为止，被各国批准的抗病毒药物不足 30 种。

（1）聚乙烯吡咯烷酮碘（PVP-I）。为含碘广谱消毒剂，对病毒、细菌和真菌均有良好杀灭能力。此药可与抗生素同时使用用以防治病原菌的继发性感染。

（2）盐酸吗啉胍（病毒灵）。白色结晶粉末，属广谱抗病毒药，其作用机理是抑制 RNA 聚合酶的活性和干扰核酸的复制。

（3）利巴韦林。为鸟苷类化合物，对 DNA 病毒和 RNA 病毒均有广谱作用。

（4）金刚烷胺。常用其盐酸盐，作用机理是组织病毒的穿入和脱壳，抗病毒谱较窄。

3. 抗细菌药物

1）抗生素

抗生素又称抗菌素，是由微生物产生的在低浓度下具有抑制或杀死其他微生物作用的化学物质。目前，水产动物病害防治常用的抗生素主要有：青霉素、氨苄青霉素等 β-

内酰胺类；链霉素、庆大霉素、卡那霉素、新霉菌素等氨基苷类；四环素、土霉素、金霉素、强力霉素、多西环素等四环素类；甲砜霉素、氟苯尼考等酰胺醇类。

由于抗生素可使95%以上由细菌感染而引起的疾病得到控制，在水产动物病害防治中的应用效果显著，因此被广泛应用于水产病害的防治，现已成为治疗传染性疾病的主要药物。但抗生素在水产养殖中的应用也带来一定的副作用，例如耐药菌株的产生和在水产品中产生药物残留，已经受到普遍关注。因此，为了人类的健康和水产养殖的发展，在生产中应科学、合理、谨慎地使用抗生素。

2）磺胺类

磺胺类药物是人工合成的广谱抗菌药，单独使用易产生耐药性，常与抗菌增效剂如TMP（三甲氧苄氨嘧啶）等联用。常见药物有磺胺嘧啶、磺胺甲基嘧啶、磺胺甲噁唑、磺胺间甲氧嘧啶等。

3）喹诺酮类

喹诺酮类药物是具喹诺酮结构的人工合成抗菌药，具有抗菌谱广、抗菌性强、给药方便、与常用抗菌药物无交叉耐药性、价格低等特点，广泛应用于水产动物疾病防治。常见水产用喹诺酮类药物有诺氟沙星、恩诺沙星和氧氟沙星等。

4. 杀虫驱虫药物

用于杀灭或驱除水产动物体内、外寄生虫及敌害生物的一类物质称为杀虫驱虫药。抗原虫类药物主要有硫酸铜、硫酸亚铁、硫酸锌、地克珠利、盐酸氯苯胍等；抗蠕虫、绦虫、线虫类药物主要有敌百虫、甲苯咪唑、阿苯达唑、吡喹酮等；杀灭寄生甲壳类动物药物主要有敌百虫、高锰酸钾、二溴磷等；除敌害类药主要有硫酸铜、敌百虫、高锰酸钾等。

5. 中草药

中草药是中药和草药的总称。中草药的化学成分极为复杂，通常把中草药含有的化学成分分为有效成分和无效成分。有效成分包括生物碱、甙类、挥发油、鞣质等；无效成分有树脂、油脂、糖类、蛋白质及色素等。由于中草药具有高效、毒副作用小、抗药性不显著、资源丰富和价格低廉等优点。因此，在水产动物疾病防治中占有重要的地位。但目前，在水产养殖过程中使用的中草药大多为单用某种中草药或简单加工后使用，今后应积极开发用于水产动物疾病防治的中草药制剂。现将水产动物病害防治中常用的中草药介绍如下。

（1）大黄。又名锦纹、黄良，别名将军、生军、马蹄黄等，多年生草本植物。以根、根茎入药，抗菌作用强，抗菌谱广，可防治肠炎病、烂鳃病、白头白嘴病等。

（2）黄芩。多年生草本植物。以根入药，有抑菌、抗病毒、镇静、利尿解毒等功效，可防治烂鳃病、打印病、败血病、肠炎等。

（3）黄连。又名鸡爪连、川连、味连、土黄连，多年生草本植物。以根状茎入药，有抑菌、消炎、解毒功能，主要用于防治细菌性肠炎。

（4）黄柏。又名案木、聚皮、元柏，落叶乔木。以树皮入药，有抑菌、解毒、消肿、止痛等功能，可防治草鱼出血病。

（5）苦楝。又名楝树，落叶乔木。根、茎、叶、果均可入药，有杀虫、杀菌作用，用于防治寄生虫，如锚头蚤、车轮虫、隐鞭虫、毛细线虫等。

（6）五倍子。又名倍子、百药煎、百虫仓等，漆科植物盐肤本叶上的干燥虫瘿，由五倍子的蚜虫寄生而成。杀菌能力强，用于防治白头白嘴病、白皮病、赤皮病、疥疮病等。

（7）大蒜。以鳞茎入药，所含的大蒜素具有广谱抑菌、止痢、驱虫及健胃功效，其主要成分为大蒜素，常用于防治肠炎病、烂鳃病、锚头蚤病等。

（8）乌柏。又名油子树、白柏、木梓树等，落叶乔木。以果、叶入药，有杀菌、消肿作用，常用于防治细菌性烂鳃病、白头白嘴病等。

6. 生物制品

生物制剂指用微生物及其代谢的产物、动物毒素或水生动物的血液及组织加工制成的产品，包括抗病血清、诊断试剂和疫苗等，可用于预防、治疗或诊断特定的疾病。多为蛋白质，性质不稳定，一般都怕热、怕光，有些还不可冻结，需贮存在2～10℃干燥暗处的环境中。

水产疫苗符合我国发展健康养殖和生产绿色水产品的要求，且不污染环境、无药物残留，已成为研究的重点，但受一些因素的限制，目前发展缓慢。我国目前获得新兽药证书的水产疫苗产品仅3种，分别为草鱼出血病细胞灭活疫苗、嗜水气单胞菌灭活疫苗以及牙鲆鱼溶藻弧菌、鳗弧菌、迟缓爱德华菌病多联抗独特型抗体疫苗。

7. 免疫增强剂

免疫增强剂又称免疫促进剂，是指具有促进或诱发宿主防御反应，增强生物机体抗病能力的一类物质。免疫增强剂主要作用于水产动物的非特异性免疫机制，激活机体自身的免疫机能从而达到防御效果，增强其抗病力。目前较常用的免疫增强剂主要有合成化学剂类、微生物类衍生物、动植物提取物、维生素以及激素等。

8. 微生态制剂

微生态制剂又称微生态调解剂、益生素等，它是从养殖动物体内或其生活环境中分离出来的有益微生物，经特殊工艺而制成的只含活菌或者包含细菌菌体及其代谢产物的活菌制剂。它具有无毒副作用、无污染、无残留和低成本等特点，可以抑制病原微生物生长，提高养殖对象的自身免疫力，维持养殖生态平衡。使用微生态制剂是实施水产健康养殖的一项重要技术手段。

（二）水产药物的使用方法

1. 遍洒法

遍洒法又称全池泼洒法，即将药物充分溶解并稀释，再均匀泼洒全池，使池水达到一定的药物浓度，以杀灭水产动物体表及水中的病原体。此法杀灭病原体较彻底，但安全性差，用药量大，副作用也较大，对水体有一定的污染，使用不慎易发生事故。可用于预防和治疗。

2. 浸洗法

浸洗法又称浸浴法，即将水产动物置于较小的容器或水体中进行高浓度、短时间的药浴，以杀死其体外的病原体。此法用药量少，疗效好，不污染水体，但操作较复杂，易碰伤机体，且对养殖水体中的病原体无杀灭作用。一般只作为水产动物转池、运输前后预防性消毒使用。

浸洗法必须先确定浸洗的对象，然后在准备好的容器内装上水，按浸洗要求的药物浓度，计算和称取药物并放入非金属容器内，搅拌使其完全溶解，记下水温，最后把要浸洗的对象放入药液容器中，经过要求的浸洗时间后，将其直接放入池中或经清水洗过后再放入池中。

浸洗法用药应注意：浸洗的时间应根据水温、药物浓度、浸洗对象的忍耐度等灵活掌握；捕捞、搬运水产动物时应操作谨慎，防止机体受伤；浸洗程序不可颠倒，即应先配药液，后放浸洗对象。

3. 挂袋挂篓法

挂袋挂篓法又称悬挂法，即将盛有药物的袋或篓挂在食场的四周，利用水产动物进食场摄食的机会，达到消毒的目的。一般易腐蚀的药物放在竹篓内，不易腐蚀的药物装在布袋内。此法用药量少，方法简便，毒副作用小，但杀灭病原体不彻底，只有当水产动物到挂袋或挂篓的食场吃食和活动时，才有可能起到一定的消毒作用。此法只适用于预防和疾病早期的治疗。

挂篓、挂袋法应先在养殖水体中选择适宜位置，然后用竹竿、木棒等扎成三角形或方形框，并将药袋或药篓悬在各边框上，悬挂的高度根据水产动物的摄食习性而定。漂白粉挂篓法，每篓装漂白粉 100g，每个食场挂 3～6 只。挂到表层时篓应露出水面，挂到底层时应离底 15～30cm。硫酸铜和硫酸亚铁合剂（5∶2）挂袋法，每袋装硫酸铜 100g，硫酸亚铁 40g，每个食场挂袋 3 只。每天换药 1 次，连挂 3～6d。

采用挂袋挂篓法用药应注意：食一般在施药前宜停食 1～2d，保证水产动物在用药时前来摄食。场周围药物浓度要适宜，过低水产动物虽来摄食，但杀不死病原体；药物浓度过高水产动物不来摄食，也达不到用药目的。

4. 涂抹法

涂抹法又称涂擦法，即在水产动物体表患处涂抹较浓的药液或药膏，以杀灭病原体。此法用药量少、安全、副作用少，但适用范围小。适用于治疗繁殖个体、名贵水产动物体表疾病。

涂抹法的具体操作是将患病水产动物捕起，用药时用一块湿纱布或毛巾将其裹住，然后将药液涂在病灶处。涂抹药物时应注意将头部稍提起，以免药物流入口腔、鳃而产生危害。

5. 浸沤法

浸沤法是将中草药扎成捆，浸泡在池塘上风处或进水口处，让浸泡出的有效成分扩散到池中，以杀灭或抑制水产动物体表和水中的病原体。此法药物发挥作用较慢，一般只适用于预防。

6. 口服法

口服法又称投喂法，即将药物或疫苗与水产动物喜欢吃的饲料拌匀后直接投喂或制成大小适口、在水中稳定性好的颗粒药饵投喂，以杀灭水产动物体内的病原体。此法用药量少，使用方便，不污染水体，但只对那些尚有食欲的个体有作用，而对病重者和失去食欲的个体无效。此法适用于预防和治疗。

口服药量一般是根据每千克水产动物的体重来计算的；也有按每千克饲料的重量来计算的。口服药物使用1次，一般达不到理想的疗效，至少要投喂1个疗程（3～5d）。药饵的制作应根据水产动物的摄食习性和个体大小，用机械或手工加工。

（1）浮性药饵的制作。将药物与水产动物喜欢吃的商品饲料，如米糠、麦麸等均匀混合，加入面粉或薯粉作黏合剂（1∶0.3）和适量水，经饵料机加工成颗粒状，直接投喂或晒干备用。或者先将水产动物喜欢吃的嫩草切成适口大小，再将药物和适量黏合剂均匀混合，加热水调成糊状，冷却后拌在嫩草上，晾干后直接投喂。

（2）沉性药饵的制作。将药物与水产动物喜欢吃的商品饲料，如豆饼、花生饼等均匀混合，加入黏合剂（1∶0.2）和适量水，经饵料机加工成颗粒状，直接投喂或晒干备用。

投喂药饵时应注意：药饵要有一定的黏性，以免遇水后不久即散，影响药效，但也不宜过黏；计算用药量时，不能单以生病的品种计算，应将所有能吃食的品种计算在内；投喂前应停食1～2d，保证水产动物在用药时前来摄食；投喂量要适中，避免剩余。

7. 注射法

注射法是用注射器将药物注射入胸腔、腹腔或肌肉，以杀灭水产动物体内的病原体。此法用药量准确，吸收快，疗效高（药物注射），预防效果佳（疫苗、菌苗注射），但操作麻烦，容易损伤机体。此法一般只在繁殖个体、名贵水产动物患病及人工注射疫苗时采用。

注射用药应注意：先配制好注射药物和消毒剂；注射器和注射部位都应消毒；注射药物要准确，快速，勿使水产动物机体受伤。

（三）药物使用的注意问题

（1）药物的选择要遵循有效性、安全性、方便性和廉价性的原则。

（2）要对症下药，尤其针对同一病原不同症状和相同（相似）症状不同病原，以及原发性感染和继发性感染等症状的鉴定及用药。

（3）要掌握正确的使用方法，主要是药物使用时的剂量，施药的时间、间隔时间和次数等。

（4）注意观察效果，有异常现象立即进行补救。

（5）严禁使用违禁药物。

五、主要养殖鱼类常见病害的防治

（一）病毒性疾病

1. 草鱼出血病

【病原】草鱼呼肠弧病毒。病毒呈 20 面体对称和球形颗粒，直径为 65～72nm。

【症状】病鱼体色发黑，离群独游，反应迟钝，食量减少。主要症状为病鱼肌肉、口腔、眼眶周围、鳍条、肠道等有不同程度的充血现象。大致可为 3 种类型。

（1）红肌肉型。病鱼外表无明显的出血症状，或仅表现轻微出血，但肌肉明显充血，严重时全身肌肉均呈红色，鳃瓣则严重失血，出现“白鳃”。

（2）红鳍红鳃盖型。病鱼的鳃盖、鳍基、头顶、口腔、眼眶等明显充血，有时鳞片下也有充血现象，但肌肉充血不明显，或仅局部出现点状充血。

（3）肠炎型。病鱼肠道严重充血。肠道部分或全部呈鲜红色，肠系膜、脂肪、鳔壁等有时有点状充血。肠壁充血时，仍具韧性，肠内无食物，但很少充有气泡或黏液。

【流行及危害】该病是我国草鱼鱼种培育阶段危害最大的病害之一。主要危害体长 2.5～15cm 的草鱼鱼种及 1 足龄的青鱼，有时 2 足龄以上的草鱼也患病。发病期主要在 6～9 月，流行水温 20～33℃，27～30℃最为流行。该病在湖北、湖南、广东、广西、江西、福建、江苏、浙江、安徽、上海、四川、重庆等主要淡水鱼类养殖省、市、自治区都流行。该病可通过被污染的水、食物等进行水平传播，也可通过卵进行垂直传播。

【防治方法】草鱼出血病只能以预防为主，池鱼一旦发病，没有特效治疗方法。①注射或浸泡草鱼出血病组织浆灭活疫苗或细胞弱毒疫苗进行预防；②发病季节全池泼洒二氧化氯消毒预防；③全池施用大黄等抗病毒药物预防，用量为 1～2.5mg/L；④治疗时每天每 100kg 鱼用大黄、黄芩、黄柏、板蓝根各 0.5kg，加食盐 0.5kg 拌饲料投喂，连喂 7d。

2. 鲤春病毒血症

【病原】鲤弹状病毒，也称鲤春病毒血症病毒。

【症状】病鱼体色发黑，呼吸困难，运动失调（侧游，顺水漂流或游动异常）。腹部膨大，眼球突出，肛门红肿，皮肤和鳃渗血。剖检以全身出血水肿及腹水特征。消化道出血，腹腔内积有浆液性或带血的腹水。心、肾、鳔、肌肉出血及炎症，尤以鳔的内壁最常见。

【流行及危害】本病主要感染鲤鱼，尤其是 1 龄以上的鲤鱼。鲢、鳙、欧鲫、六须鲶也可感染，还可使虹鳟、草鱼、狗鱼人工感染发病。本病在欧洲、亚洲均有流行，是鱼类口岸检疫的第一类检疫对象。主要危害 1 龄以上的鲤鱼，以种鲤最严重。流行于每年春季水温 13～20℃时，水温超过 22℃就不再发病，鲤春病毒血症由此得名。

【防治方法】以防为主。严格检疫，要求水源、引入饲养的鱼卵和鱼体不带病毒。发现患病鱼或疑似患病鱼必须销毁，养鱼设施要消毒。

3. 痘疮病

【病原】病原是一种疱疹病毒。

【症状】早期病鱼体表出现乳白色小斑点，覆盖一层很薄的白色黏液；随病情发展，病灶部分的表皮增厚而形成大块石蜡状的“增生物”，这些“增生物”长到一定大小和厚度，会自动脱落，在原处又重新长出新的“增生物”。病鱼消瘦，游动迟缓，食欲较差，常沉在水底，陆续死亡。

【流行及危害】此病不常见，只有鲤鱼对这种病较为敏感，流行面不广，危害性不大。

【防治方法】将病鱼放到含氧量高的清水或流水中饲养一段时间，体表的“增生物”会逐渐脱落转愈。

4. 传染性胰腺坏死病

【病原】传染性胰腺坏死病毒（IPNV），病毒颗粒呈正 20 面体，无囊膜，有 92 个壳粒，直径 55～75nm，是已知鱼类病毒中最小的 RNA 病毒。

【症状】病鱼在水中旋转狂奔，随即下沉池底，1～2h 内死亡。在流水池中失去游动能力的病鱼汇集在排水口的拦网上。病鱼体色发黑、眼球突出、腹部膨大，腹部及鳍基部充血，鳃呈淡红色，肛门处常拖有 1 条线状黏液便。剖开鱼腹有时可见腹水，幽门垂出血，肝、脾、肾、心脏异常苍白；消化道内通常没有食物，充满乳白色或淡黄色黏液。

【流行及危害】IPNV 病毒主要侵害鲑科鱼类开始摄食后的鱼苗至 3 个月内的稚鱼。在高密度饲养条件下对鲑、鳟鱼类的幼鱼是一种高度传染性的病毒病。发病水温一般为 10～15℃。2～10 周龄的虹鳟鱼苗，在水温 10～12℃时，感染率和死亡率可达 80%～100%。20 周龄以后的鱼种一般不发病，可成为终身带毒者。

【防治方法】①鱼卵用碘制剂消毒药物，如碘伏（PVP-I）50g/m^3 消毒 15min；②用碘制剂消毒药物对水源进行消毒处理；③大黄末等中草药对该疾病也有一定的防治效果。

5. 红鳍东方鲀白口病

【病原】红鳍东方鲀吻唇溃烂病毒，类似于小核糖核酸病毒。

【症状】病鱼首先口部发黑，然后变成溃疡状白化，继而上下颚的齿槽露出，呈“烂嘴”状。内部表现为肝脏淤血及线状出血痕，重症者表现特异的狂乱游动行为。

【流行及危害】1981 年在日本发生。主要危害红鳍东方鲀幼鱼和 1 龄鱼，在高水温期发病率高，特别是在 25℃以上时，可出现发病高峰，死亡率较高。

【防治方法】该病尚无特效治疗方法。预防措施：①禁止将病鱼和带病毒鱼带入渔场和池塘；②杜绝健康鱼和病鱼或带病毒的鱼之间的直接接触；③养殖群体中发现有行为异常和相互撕咬的个体，及时捞出隔离；④控制适宜的放养密度，对带病毒可能性较大的幼鱼和 1 龄鱼进行隔离饲养等。

6. 大菱鲆疱疹病毒病

【病原】大菱鲆疱疹病毒，球状，具囊膜，直径200～220nm。

【症状】病鱼昏睡，静卧水底不动，厌食；腹腔内严重水肿，有大量腹水，部分病鱼直肠脱出；病鱼的背部表皮和鳃组织中可见大量异常的巨大细胞，心脏、肠上皮和肾小管等处出现继发病理现象。

【流行及危害】该病毒具有宿主专一性，目前仅养殖和野生的大菱鲆发现此病毒。该病毒常感染4～5个月龄的幼鱼，死亡率较低，但感染持续期长。

【防治方法】①引进亲本、苗种应严格检疫，发现携带病原者，应彻底销毁；②严格控制密度，防治高密度养殖；③优化水环境，加大换水，保持温度、盐度恒定；④避免经常性地倒池、更换网箱，养殖操作谨慎，防止鱼体体表受损。饵料中可适当添加复合维生素、维生素C以及免疫增强剂，提高鱼体的免疫能力；⑤发现病鱼，及时拣除并进行隔离养殖，排出的水用浓度10g/m^{3}的漂白粉消毒。

7. 淋巴囊肿病

【病原】淋巴囊肿病毒，属虹彩病毒科。

【症状】患病鱼类的口唇部、皮肤、鳍及尾部可见单个或成群的菜花样囊肿物，尤其在背鳍、尾鳍处较多。大小不一，小的1～2mm，大者10mm以上，并紧密相连成桑椹状。

【流行及危害】该病流行广泛，主要发生在海水鱼类。我国养殖的鲈、鰤、真鲷、红斑笛鲷、石斑鱼、许氏平鲉、美国红鱼、牙鲆、大菱鲆和东方鲀等都曾发生过此病。此病全年可见，在水温10～20℃时为发病高峰期。此病在2龄以上的鱼，一般不引起死亡，但病鱼外表难看，失去商品价值。

【防治方法】以防为主，方法同大菱鲆疱疹病毒病。感染鱼虽无法治疗，但皮肤通常可脱落而痊愈。在病鱼囊肿量少和轻度时，将囊肿割除，并用浓度为300g/m^{3}福尔马林溶液浸浴30～60min，然后在清洁的池中饲养，精心管理。

8. 牙鲆弹状病毒病

【病原】牙鲆弹状病毒。

【症状】病鱼体色变黑，动作缓慢，静止水底或漫游于水面。体表及鳍充血，腹部膨胀，内有腹水；肌肉、鳍基部可见点状出血，生殖腺淤血，肠管黏膜固有层、黏膜下肌肉层充血、肿胀，胃黏膜上皮、黏膜下肌肉层显著充血，肝脏毛细血管扩张、充血；肾脏造血组织坏死，脾脏内实质细胞坏死，肝脏实质细胞变性、坏死。

【流行及危害】此病主要危害牙鲆，从幼鱼到成鱼均可被感染。发病季节为冬季和早春，多发生在水温低于15℃时，水温10℃时为发病高峰期，死亡率可达60%。

【防治方法】以防为主，方法同大菱鲆疱疹病毒病。①受精卵用25g/m^{3}的碘伏浸浴15min；②工厂化养殖用水经紫外线或臭氧消毒，也可用含氯消毒剂或二氧化氯消毒；③养殖水温保持在15℃以上，可有效防止此病的发生。

（二）细菌性疾病

1．细菌性烂鳃病

【病原】柱状黄杆菌，菌体细长、弯曲或直的杆状，无鞭毛，大多成团存在。

【症状】病鱼体色发黑，尤以头部明显；离群独游，食欲减退。鳃上黏液很多，鳃丝腐烂带泥，病情严重的时候，鳃丝末端软骨外露，鳃盖内侧表皮充血，中央表皮常腐蚀成一个圆形透明小窗，俗称"开天窗"。鳃组织出血、腐烂和崩溃。由于鳃组织受到破坏，致使鱼的呼吸困难，引起死亡。

【流行及危害】此病为淡水鱼养殖中广泛流行的一种鱼病。主要危害草鱼、青鱼，从鱼种至成鱼均可发生；鲤、鲫、鲢、鲂、鳙也可感染。近年来，鳗鲡、鳜鱼、淡水白鲳、加州鲈、斑点叉尾鮰等名优鱼类也有因烂鳃而引起大批死亡的病例。该病一般在水温15℃以上时开始发生，在15～30℃范围内，水温越高越易爆发流行。由于致病菌的宿主范围很广，野杂鱼类也都可感染，因此，容易传染和蔓延。此病常与赤皮病和细菌性肠炎病并发。

【防治方法】预防措施：①池底清塘，有机肥经过充分发酵后施用；②选择优质健康鱼种，鱼种下塘前可用3%～4%的食盐水浸洗病鱼5～10min，或$10g/m^3$的漂白粉混合液浸洗鱼体15～30min；③优化放养密度及搭配比例，加强饲养管理，保持水质优良，投喂优质饲料，增强鱼体免疫力；④发病季节，每月全池遍洒生石灰1～2次，用量一般为$15～20g/m^3$；或全池泼洒漂白粉$1g/m^3$或三氯异氰尿酸（强氯精）0.3～$0.5g/m^3$；⑤发现体表有寄生虫时，及时消灭。

治疗方法：①复方磺胺二甲氧嘧啶粉拌饲投喂，每天每千克鱼100～200mg，连喂5～7d；②诺氟沙星粉拌饲投喂，每天每千克鱼10～30mg，连喂3～5d。

2．细菌性肠炎

【病原】肠型点状气单胞菌。

【症状】病鱼体色发黑，行动缓慢，不摄食，腹部膨胀，肛门突出、红肿，用手轻压腹部，有黄色黏液从肛门流出。打开病鱼的腹腔，可见肠壁充血，呈红褐色，肠内没有食物，只有许多淡黄色的黏液。肠道内黏膜上皮坏死脱落，肠壁失去弹性。

【流行及危害】该病在全国各养鱼地区均有发生，主要危害四大家鱼，鲤、鳙、鳗鲡、胡子鲶、斑点叉尾鮰等也可发生。发病季节为6～9月，水温在18℃以上流行，水温25～30℃为流行高峰期。常和细菌性烂鳃病、赤皮病并发。

【防治方法】预防措施同烂鳃病。防治方法：①内服磺胺类药物，每100kg鱼用5～10g拌饵投喂，连喂3d；②内服大蒜或地锦草，每100kg鱼用0.5～2g拌饵投喂，连喂6d；③铁苋菜治疗，每100kg鱼用干草500g或鲜草200g拌饵投喂，每天1次，连喂3d；④草鱼肠炎病，每100kg饲料用大蒜0.5kg、韭菜2kg、食盐0.5kg拌饵投喂，连喂3～5d。

3．赤皮病

【病原】荧光假单胞菌。

【症状】鱼体两侧出现局部或大部分充血发炎、鳞片脱落，呈不规则的块状红斑。鳍基充血，鳍条末端腐烂，鳍条之间组织破坏，鳍条散开，称为蛀鳍。病灶处常继发感染水霉。

【流行及危害】草鱼、青鱼常见此病。鲤鱼、金鱼有时也被感染。此病终年可见，尤其在捕捞、运输后，以及北方在越冬后易流行。常与烂鳃病、肠炎病并发。

【防治方法】预防措施：①彻底清塘；②在捕捞、运输和放养等操作过程中，尽量避免鱼体受伤；北方越冬池应加深水位，以防鱼体冻伤；③发现鱼体受伤后，立即全池遍洒1～2次消毒剂；④选择优质健康鱼种，鱼种放养前可用3%～4%的食盐水浸洗病鱼5～15min，或8g/m^{3}的漂白粉混合液浸洗鱼体20～30min；⑤发现体表有寄生虫时，及时杀灭。

治疗方法：①复方磺胺嘧啶粉拌饲投喂，每天每千克鱼20～30mg，连喂7d；②恩诺沙星粉拌饲投喂，每天每千克鱼20～50mg，连喂3～5d；③盐酸多西环素粉拌饲投喂，每天每千克鱼10～40mg，连喂3～5d。

4. 细菌性败血症

【病原】嗜水气单胞菌、点状气单胞菌、布鲁克氏耶尔森菌、河弧菌等多种。

【症状】早期病鱼的口腔、颌部、鳃盖、眼眶、鳍及鱼体两侧轻度充血症状，肠道尚见有少量食物。随着病情发展，充血现象加剧，肌肉呈出血症状；眼眶周围充血，眼球突出；腹部膨大、红肿，腹腔内有腹水；肝、脾、肾肿大，颜色较淡，呈花斑状，病鱼严重贫血；肠壁充血，无食物，有黏液、积水和气体，有的病鱼肛门红肿并伴有肠液溢出。鳃肿胀贫血，呈灰白色，严重时鳃丝末端腐烂。病鱼周身病变，在水中行动迟缓或阵阵狂游。

【流行及危害】此病流行地区广、流行季节长，危害鱼类多，易爆发流行，又称为淡水鱼类爆发性流行病。全国各地大小水域均有发生。鲢、鳙、鲤、鲫、鲮、鳊、团头鲂等淡水养殖鱼类从鱼种到成鱼都可患病。流行季节长，从2月底至11月，水温9～36℃流行，28℃左右最为严重。

【防治方法】预防措施同烂鳃病。治疗方法：①用以下药物全池泼洒消毒：生石灰20～30g/m^3；或漂白粉（含有效氯30%）1g/m^3，或强氯精（含有效率84%）0.3g/m^3，或漂白粉精（含有效率65%）0.4～0.8g/m^3；②内服抗菌药，诺氟沙星（氟哌酸），每天每千克鱼10～20mg拌饲料投喂；或用土霉素50mg，连用3～5d。

5. 白皮病

【病原】白皮假单胞菌。

【症状】发病初期，在尾柄或背鳍基部出现一小白点，以后病灶迅速蔓延扩大，致使鱼的后半部全成白色，鳞片脱落，表皮溃烂。病情严重时，病鱼的尾鳍全部烂掉，头向下，尾朝上，身体与水面垂直，不久即死亡。

【流行及危害】白皮病主要由于拉网、囤箱、过筛、运输时操作不细致，使鱼体受伤后感染了细菌的结果。全国各地都有流行，主要危害鲢、鳙鱼夏花鱼种，对淡水白鲳危害较大，草鱼、青鱼及其他鱼类也可发生。每年的6～8月份最流行。

【防治方法】同烂鳃病、赤皮病。

6. 白头白嘴病

【病原】主要病原为黏细菌类，也有因车轮虫大量侵袭而引起的。

【症状】在病灶部位取组织制片放在显微镜下检查，可以看到成群寄生的黏细菌不停地摆动，或者能看到成群的车轮虫活动。病鱼的吻部和嘴周围皮肤的色素消失，呈现白色。这种症状，病鱼在水中游动时观察得最清楚，所以叫"白头白嘴病"。病情严重时，头部和嘴周围发生溃烂，个别病鱼的头部有充血的现象。病鱼体瘦发黑，散乱地浮游在岸边，不停地浮头，不久即出现大量死亡。

【流行及危害】主要危害淡水养殖鱼类的鱼苗和鱼种，尤其对草鱼种危害较大，其次是鲢、鳙鱼夏花。鱼苗下池1星期左右就可发生此病。每年5月下旬至6月中下旬较流行。全国各地均有发生，当水质恶化、分池不及时容易发生该病。

【防治方法】预防措施：①合理放养，保持水质清洁，不投放未经发酵的粪肥；②鱼苗发花饲养的密度要适中，及时分池饲养，保证鱼苗有充足适口的饵料。

治疗方法：①大黄全池泼洒，用量为2.5～3.7g/m^3；使用前每1kg大黄用0.3%的氨水20kg浸泡12～24h后泼洒；②用大黄1～1.5g，与硫酸铜0.5g/m^{3}同时泼洒治疗；③用五倍子2～4g/m^{3}全池泼洒。

7. 竖鳞病

【病原】水型点状假单胞菌。

【症状】病鱼体表粗糙，鳞囊积水，鳞片竖起，鱼体后部部分鳞片向外张开像松球。用手指在鳞片上稍加压力，渗出液就从鳞片基部喷射出来，鳞片也随之脱落，脱鳞处形成红色溃疡，并常伴有鳍基充血，皮肤轻微充血，眼球突出，腹部膨胀、腹腔积水等。随着病情的发展，病鱼游动缓慢，呼吸困难，身体倒转，腹部向上，这样持续2～3d，即陆续死亡。

【流行及危害】此病在我国东北、华中、华东等养殖区常出现，主要危害鲤、鲫、金鱼和罗非鱼，从较大的鱼种到亲鱼均可受害。发病季节主要在越冬后的春季，水温17～22℃时易发生。死亡率高达85%，1龄以上的鲤鱼死亡率50%以上。此病的流行与鱼体受伤、池水污浊及鱼体抗病力降低有关。

【防治方法】预防措施：①在捕捞、运输和放养等操作过程中，尽量避免鱼体受伤；②发病初期冲注新水，可使病情停止蔓延；③用浓度为7g/m^{3}的硫酸铜、硫酸亚铁合剂（5∶2）和10g/m^{3}的漂白粉混合液浸洗鱼体5～10min；用3%的食盐水浸洗病鱼10～15min，或用2%的食盐和3%的小苏打混合液浸洗10min。

治疗方法：①全池遍洒三氯异氰尿酸0.3～0.5g/m^{3}或二氧化氯1g/m^3；②复方磺胺二甲氧嘧啶粉（SDM）拌饲投喂，每天每千克鱼75～100mg，第1d用药量加倍，连用3～5d；③轻轻压破鳞囊的水肿泡，勿使鳞片脱落，用10%温盐水擦洗，再涂抹碘酊，有一定的效果；④亲鱼可腹腔注射硫酸链霉素，每千克鱼用药20万单位。

8．打印病

【病原】点状气单胞菌点状亚种。

【症状】患病的部位主要在背鳍、腹鳍以后的躯干部分，通常在肛门的两侧，极少数在身体前部。亲鱼患病没有固定的部位，全身均能出现病灶。初期症状是皮肤出现圆形、椭圆形红斑，似在鱼体上盖上了红色印章，因此称之为“打印病”。病灶处皮肤发炎充血，随着病情的发展，鳞片脱落，肌肉腐烂穿孔，直到露出骨骼和内脏为止。

【流行及危害】主要危害鲢、鳙，从鱼种到成鱼均受危害。草、青、鲤、金鱼、泥鳅、黄鳝、胡子鲶和加州鲈等也有发生。全年都可发生流行，以夏秋两季最为常见。

【防治方法】预防措施：①在气温较高季节，经常加注新水，并保持池水清洁，避免寄生虫的侵袭；②谨慎操作，务使鱼体受伤。

治疗方法：①亲鱼患病可以涂抹1%的高锰酸钾溶液，或者抹四环素药膏；②外用消毒药和内服药同烂鳃病。

9．疖疮病

【病原】疖疮型点状产气单胞杆菌。

【症状】鱼体病灶部位皮下肌肉组织长脓疮（溃烂），隆起红肿，用手摸有浮肿的感觉。脓疮内部充满浓汁，周围的皮肤和肌肉发炎充血，严重时肠也充血。

【流行及危害】主要发生于稚鱼和幼鱼培育期。主要危害青鱼、草鱼、鲤鱼和团头鲂。没有明显的发病季节，一年四季均有发生。

【防治方法】同赤皮病。

10．弧菌病

【病原】弧菌属的一些种类，常见的有鳗弧菌、副溶血弧菌、溶藻胶弧菌、哈维弧菌和创伤弧菌等。

【症状】弧菌病又称为细菌性溃疡病，鱼的种类不同出现的症状有差异。共同的症状是：发病初期体表部分褪色，随后充血或出血（鳍基部最为明显）、鳞片脱落、形成溃疡；有的肛门红肿，眼球突出、眼内出血或眼球浑浊变白。牙鲆仔鱼肠道白浊，腹部膨胀；真鲷、黑鲷鳃贫血，腹部膨胀、内有腹水。解剖病鱼，肝、肾、脾等内脏器官出血或淤血，甚至坏死；肠道发炎、充血，肠黏膜组织腐烂脱落，肠内有黄色或橘黄色黏液。

【流行及危害】弧菌病是海水养殖鱼类最为常见的细菌性疾病，在全球范围内广泛发生，可感染鲆鲽类、鲑鳟类、鲷科鱼类、鲈科鱼类等50多种鱼类。流行季节各种鱼有差别，但在水温15～25℃的5月底至7月初和9～10月是发病高峰期。弧菌是典型的条件致病菌，水质不良，池泥污浊，放养密度过大，饵料质量低劣，操作管理不慎，鱼体受伤等和疾病的发生密切相关。

【防治方法】预防措施：①加强饲养管理，保持优良的水质和养殖环境，不投喂腐败变质的小杂鱼、虾；②接种灭活疫苗。

治疗方法：①用漂白粉等消毒剂全池泼洒2～3次，每次间隔1～2d；②复方磺胺二甲氧嘧啶粉拌饲投喂，每天每千克鱼75～100mg，首次用量加倍，连喂7d；③盐酸多西环素粉拌饲投喂，每天每千克鱼10～40mg，连喂5～7d；④土霉素拌饲投喂，每天每千克鱼70～80mg，连喂5～7d。

（三）真菌性疾病

1. 水霉病

【病源】水霉属和绵霉属的种类。

【症状】早期看不出症状，随病情发展，病原迅速生长，菌丝一端深入宿主组织内，造成发炎和坏死；另一端露在体表大量生长，形成肉眼可见的灰白色面貌装的絮状物。鱼体发黑，焦躁不安，并在池壁或网箱周围摩擦，加剧体表损伤。随病情加重，患病鱼游动缓慢，食欲减退，最后身体瘦弱而死亡。受害鱼卵，菌丝像根状物侵入卵膜，外菌丝辐射状浸在水中，像白色绒球。

【流行及危害】水霉在淡水水域广泛存在，在国内外养殖地区都有流行。此病的感染对象没有选择性，可危害各种不同的水生动物，还可感染鱼卵。一年四季均可发生，以水温13～18℃的春季为发病高峰期。水霉病的发生于宿主的健康状况密切相关，鱼类体表受伤后极易被感染，是一种继发性疾病；体质健壮，体表未受伤的个体一般不发生此病。

【防治方法】预防措施：①运输和放养鱼苗时，避免鱼体受伤；②苗种或成鱼可用2%～3%的食盐水浸泡5～10min；③及时将死卵挑出；④室内工厂化养殖或网箱养殖时放养密度要适当，避免争食饲料时擦伤。

防治方法：目前该病尚无理想的治疗方法，只有在患病早期及时处理有一定的效果。①1%的食盐和0.04%苏打混合液，浸浴20min，每天1次，连用2～3d；②用8g/m³的食盐和小苏打合剂（1∶1）全池泼洒。

2. 鳃霉病

【病源】鳃霉属。

【症状】鳃霉菌丝和孢子寄生于鳃小片血管内，导致微血管堵塞，鳃小片上皮增生，鳃瓣黏液增多，鱼鳃苍白或出现点状充血、出血。鳃霉大量生长时，鳃组织坏死，边缘糜烂缺损，病鱼呼吸困难，失去食欲，最终导致死亡。

【流行及危害】此病在我国南方各省及北方辽宁等地均有流行，受危害鱼类有草鱼、青鱼、鳙、鲮、银鲴、黄颡鱼等，其中鲮鱼苗最敏感，受害最严重。在水质恶化，有机质含量高，肮脏发臭的池塘易发生，发病季节为每年的5～10月份，尤以7～8月份为流行高峰。

【防治方法】此病尚无有效的治疗方法，主要是预防。①清除池中过多淤泥，并用生石灰或漂白粉彻底消毒，杀灭残留的菌丝和孢子；②加强水质管理，勿投饵过量，控制水中有机质含量，提高水体透明度；③在发病季节，每15d用生石灰15～20g/m³全池泼洒，并经常加注新水；④一旦发病，立即加入新水，或将病鱼移入瘦水池或流动的池水中饲养，病即可停止。

（四）寄生虫类疾病

1. 鲢碘泡虫病（疯狂病）

【病原】鲢碘泡虫。

【症状】鲢碘泡虫寄生在鲢的各种器官组织，其中尤以神经系统和感觉器官为主。病鱼体色暗淡无光泽，极度瘦弱，头大尾小，尾巴上翘，在水中离群独自急游打转，常跳出水面，复而又钻入水中，如此反复多次而死。病鱼的肉味不鲜，且腥味重。

【流行及危害】主要危害1足龄鲢，可引起病鱼大批死亡。刚出膜的鲢鱼苗也可以感染。流行于全国各地的江、河、湖泊、水库、池塘中。

【防治方法】①用生石灰彻底清塘，减少病原体；②用90%晶体敌百虫全池遍洒，浓度为0.3～0.5g/m^3；③用90%晶体敌百虫拌饵投喂，每千克饵料加600mg，每天1次，连喂3d。

2. 斜管虫病

【病原】鲤斜管虫。

【症状】病原体寄生在淡水鱼体表及鳃上，少量寄生时危害不大，大量寄生时可使皮肤及鳃产生大量黏液，体表形成苍白或淡蓝色的一层黏液层，组织损伤，呼吸困难，有拖泥症状。病鱼消瘦发黑，镜检鳃及体表，能看见斜管虫病原体。

【流行及危害】我国各养鱼区都有发生，主要危害鱼苗、鱼种，草、鲢、青、鳙、鲮、鲤、罗非鱼、胡子鲶等，都有斜管虫感染。如果水温及其他条件合适，病原大量繁殖，2～3d内病鱼大批死亡。每年秋末至春初，水温12～18℃时流行。越冬池中的亲鱼也会因大量寄生而影响生殖机能，甚至死亡，为北方地区越冬后期严重的疾病之一。

【防治方法】全池泼洒硫酸铜和硫酸亚铁合剂（5∶2），使池水达到0.7g/m^3的浓度。

3. 车轮虫病

【病原】车轮虫或小车轮虫。

【症状】病原体寄生在鳃和体表而引起鱼的鳃病和皮肤病，大量寄生时可分泌大量黏液。鱼苗体上有车轮虫较密集的部位，如鳍、头部、体表就出现一层白翳，在水中尤为明显。下塘10d左右的鱼苗有车轮虫寄生时，鱼苗成群沿塘边狂游，口腔充塞黏液，嘴闭合困难，不摄食，俗称“跑马病”。

【流行及危害】全国各地都流行，病原体寄生在各种淡水鱼体上，对鱼苗、鱼种危害较大，尤以夏花阶段死亡率高，流行于每年的4～7月份，适宜水温20℃～28℃。

【防治方法】①用浓度为0.7g/m^3硫酸铜和硫酸亚铁合剂（5∶2）全池遍洒；②用浓度为8g/m^3的硫酸铜溶液浸洗20～30min，或用2%的盐水浸洗15min。

4. 小瓜虫病

【病原】多子小瓜虫。

【症状】病鱼消瘦发黑，严重感染时，肉眼可见病鱼体表、鳃、鱼鳍等处有许多小白点状的孢囊，并伴有大量黏液，表皮糜烂、脱落，甚至蛀鳍、瞎眼，游动异常，鱼体与固体物摩擦，最后病鱼呼吸困难而死。

【流行及危害】全国各地广为流行，淡水鱼类都可感染小瓜虫，尤以不流动水体、高密度养殖的幼鱼和观赏鱼类危害最大。水温为 15～25℃时流行，会出现鱼种暴亡现象。

【防治方法】①用生石灰清池，对放养的鱼种要消毒；②用石灰和硫黄合剂 3～5g/m^3，加敌百虫 0.3g/m^3 全池泼洒，连用 3d；③用 15～30g/m^3 福尔马林全池泼洒；④切勿施用硫酸铜，会刺激虫体形成包囊而加重病情。

5. 隐核虫病

【病原】刺激隐核虫，也称为海水小瓜虫。

【症状】虫体寄生在海水鱼类的体表、口腔、眼角膜、鳃、鳍等处。病鱼体表出现大量小白点，严重时鱼体覆盖有一层浑浊的白膜。体表的小白点是虫在鱼体表皮上钻孔，鱼受刺激分泌大量黏液和伴随表皮细胞增生产生白色的小囊包，由于虫体的破坏导致细菌的继发性感染；体表发炎溃疡，鳍条缺损、开叉，眼白浊变瞎，鳃上皮增生、鳃静脉性充血或部分鳃组织贫血。病鱼离群环游，反应迟钝，食欲下降，最后因身体消瘦，运动失调衰弱而死。

【流行及危害】该病主要侵害水族馆中的海水鱼类、池塘和网箱养殖的鲈、鲷、石斑鱼、河鲀、牙鲆等海水鱼类。每年 5 月中旬至 8 月，水温 15～30℃，沿海各海区均有流行。

【防治方法】①根据鳃组织病理切片观察可以发现，抵抗力强时，即使小瓜虫寄生后虫体也会中途夭折，因此日常应加强管理，控制放养密度，投喂全价饲料，提高鱼体抵抗力；②对于池塘、育苗室内养殖水域，增大换水量，改善水质，定期消毒，每月 1 次；养殖网箱勤换洗并保持水流畅通，定期消毒；病死鱼要及时捞出，因为病鱼死后有些隐核虫就离开鱼体形成包囊进行增殖；③用淡水浸浴病鱼 3～15min。④全池泼洒醋酸铜，使海水浓度达到 0.3～0.5g/m^3，每天 1 次，连用 3～4d。

6. 瓣体虫病

【病原】石斑瓣体虫。

【症状】虫体寄生于鱼体表、鳃和鳍上。病鱼体表出现不规则的白斑，严重时白斑连成一片，该病又称白斑病。病鱼常浮于水面，游动缓慢，呼吸困难。死鱼的鳍向前方伸出，紧贴于鳃盖上。

【流行及危害】该病流行于福建、广东和浙江等地，主要危害石斑鱼和真鲷。多发生于夏季和初秋高温期。在高密度养殖的池塘和网箱中较为常见，感染率和死亡率都很高。

【防治方法】用淡水浸洗3～5min后，将病鱼移至消毒过的池塘或新网箱，隔2～3d再洗1次。

7. 指状拟舟虫病（盾纤毛虫病）

【病原】盾纤虫，又称指状拟舟虫。

【症状】被感染的病鱼停止摄食，不时上浮，体表、鳍、鳃盖内侧发红，严重者吻端和鳃盖溃烂或出血，黏液增多，有的体色变黑，眼球突出，腹部膨胀。解剖检查发现鳃丝、肝脏褪色，肠道松弛，腹腔积水。

【流行及危害】该病主要流行于山东沿海，每年水温15～20℃，春末和初夏是流行高峰期。该病发病率高，流行时间长，经常同其他细菌性疾病并发，在鱼体内寄生，是大菱鲆、牙鲆工厂化养殖中危害严重的疾病。盾纤虫是一种兼性寄生虫，当鱼体受伤或者养殖水体中大量存在该虫时，便可能侵入鱼体。

【防治方法】①对养殖用水进行严格消毒处理，直接利用自然海水必须增加砂虑设施；②在购买苗种时进行病原体检查，防止病原体带入；③加强饲养管理，控制合理的养殖密度，操作谨慎，尽量减少机械损伤；④增大水体交换，加强池底清污，及时捞出病鱼、死鱼；⑤建议投喂全人工配合饲料，如果投喂鲜活小杂鱼，须先经淡水浸洗5min后再加工投喂。

8. 指环虫病

【病原】指环虫。

【症状】指环虫靠其后固着器寄生于鱼鳃。大量感染后，鳃上黏液增多，鳃丝肿胀，鳃瓣呈灰白色。幼小的鱼苗，特别是鳙鱼苗，常呈现鳃器官浮肿，鳃盖难以闭合症状。病鱼游动缓慢，呼吸困难，鳃盖打开，窒息而死。

【流行及危害】该病是淡水鱼养殖中的一种常见病，主要危害草、鲢、鳙、鲤、鲫、金鱼等。流行季节在春末、夏初，越冬鱼种池在开春后也容易发生。我国各地主要养鱼地区都有流行，长江流域一带比较严重，可引起鱼大批死亡。

【防治方法】①鱼种放养前用浓度为20g/m^{3}的高锰酸钾溶液浸洗15～20min或1g/m^{3}敌百虫溶液浸洗20～30min；②全池泼洒晶体敌百虫（90%），浓度为0.3～0.5g/m^3；③用晶体敌百虫（90%）和面碱合剂（1∶0.6），全池遍洒的浓度为0.1～0.2g/m^3；④淡水白鲳患病时，可用硫酸铜与硫酸亚铁合剂（5∶2）全池泼洒，浓度为0.7g/m^3。

9. 本尼登虫病

【病原】本尼登虫属的鰤本尼登虫和石斑鱼本尼登虫。

【症状】本尼登虫用后固着器和前吸盘寄生在鱼苗的背、腹部皮肤和鳍条上。虫体不但吸食宿主的上皮细胞、黏液和血液，还会钩、撕宿主的表皮和肌肉，造成组织损伤。鱼体受刺激后，黏液增多，急躁不安，常在网壁碰撞摩擦。严重时，鳞片脱落、尾柄肌肉充血发红、溃疡，甚至烂尾。

【流行及危害】本尼登虫主要分布在我国福建、广东、浙江、山东沿海，对大黄鱼和鰤鱼危害严重，黑鲷、真鲷、石斑鱼、美国红鱼和鲻鱼等也常被寄生。主要危害网箱养殖鱼类，全年都可发生，我国福建地区网箱养殖的大黄鱼，流行季节是 11～12 月至翌年 1～3 月，可大量感染并引起死亡。

【防治方法】①在育苗放养或转换网箱时，用淡水浸洗 5～15min，淡水中加入抗菌药物（氟苯尼考、恩诺沙星等）2～5g/m³，预防细菌性疾病的继发感染；②用 500g/m³ 福尔马林溶液浸泡 4min，可有效清除体表病原。

10. 头槽绦虫病

【病原】头槽绦虫。

【症状】病鱼食欲减退，消瘦发黑；伴有恶性贫血现象；当严重寄生时，腹部和前肠膨大，肠前段还出现慢性炎症；由于肠内密集虫体，造成机械堵塞。

【流行及危害】以寄生草鱼肠道为最常见。青鱼、鳙鱼、鲢鱼、鲮鱼偶尔也有感染。主要危害草鱼鱼苗。每年夏花育苗期开始至次年 4 月，是该病流行季节，对两广越冬草鱼种危害严重。

【防治方法】①用生石灰或漂白粉彻底清塘，杀死虫卵及剑水蚤，切断其生活史；②用晶体敌百虫（90%）治疗，每千克鱼用药 0.2～1g，连用 3～5d；③每千克鱼用中药 580g，贯中∶土荆芥∶紫苏梗∶苦楝皮为 16∶5∶3∶5，拌饵投喂，连喂 6d。

11. 舌状绦虫病

【病原】舌状绦虫和双线绦虫的裂头蚴，俗称“面条虫”。

【症状】虫体寄生于体腔。病鱼腹部膨大，严重时会失去平衡。解剖可见病鱼体腔中充满大量白色带状虫体，内脏受挤压产生变性萎缩，正常机能受抑制或遭破坏，引起鱼体发育受阻，鱼体消瘦，无法生殖。有的裂头蚴可以从鱼腹部钻出，直接造成病鱼死亡。

【流行及危害】该病主要危害鲫、鲤、鲢、鳙、鳊及其他一些野杂鱼，鱼吞食带有原尾蚴的水蚤后感染。夏季流行。

【防治方法】①彻底清塘，杀灭虫卵和第一中间寄主水蚤，并驱赶终末寄主鸥鸟；②全池泼洒晶体敌百虫治疗，浓度为 0.8g/m³；③内服二丁基氧化锡治疗，每千克每天用 0.25g 拌饵投喂，连用 5d；④内服硫双二氯粉，每千克每天用 0.2g 拌饵投喂，连用 3d；⑤内服灭蠕灵治疗，每千克每天用 0.3～0.4g 拌饵投喂，连用 5d。

12. 中华鳋病

【病原】中华鳋属的大中华鳋、鲢中华鳋和鲤中华鳋等。只有雌性鳋成虫才营寄生生活，雄鳋终身营自由生活，雌鳋幼虫也营自由生活。

【症状】中华鳋雌虫用大钩钩在草鱼的鳃上，大量寄生时，鳃上像挂着许多白色的小蛆，故名“鳃蛆病”。中华鳋寄生时，破坏鳃组织，汲取鱼营养，还分泌一种酶，使组织增生，造成病鱼鳃丝末端肿胀发白，影响呼吸，并使病鱼急躁不安，在水面上乱窜，尾鳍常露出水面，又称“翘尾巴病”。病鱼不吃食、身体消瘦，生长受阻乃至死亡。中华鳋的寄生部位又为细菌的侵入打开方便之门，往往并发细菌性疾病。

【流行及危害】该病流行于全国各地。中华鳋是最为常见和分布最广的寄生虫，大中华鳋主要危害2龄以上的草、青、赤眼鳟，鲢中华鳋主要危害2龄以上的鲢、鳙等。每年4～11月为流行季节，5月下旬至9月上旬为流行高峰期，以水库、湖泊、河流水为水源的池塘更为严重。

【防治方法】①根据病原体对寄主的选择性，可采用隔年轮养的方法预防；②全池泼洒晶体敌百虫（90%），浓度为0.3～0.5g/m^3；③全池泼洒硫酸铜和硫酸亚铁合剂（5∶2）全池遍洒，浓度为0.7g/m^3；④用250g/m^{3}福尔马林溶液浸泡1h治疗。

13. 锚头鳋病

【病原】锚头鳋属的多态锚头鳋、草鱼锚头鳋、鲤锚头鳋等。只有雌性成虫才营永久性寄生生活，无节幼体营自由生活，桡足幼体营暂时性寄生生活。

【症状】锚头鳋寄生在鱼的鳃、皮肤、鳍、眼、口腔、头部等处。大量感染时，病鱼通常呈烦躁不安、食欲减退、行动迟缓、身体瘦弱等病态。由于锚头鳋头部插入鱼体肌肉、鳞下，身体大部露在鱼体外部且肉眼可见，犹如在鱼体上插入小针，故又称之为“针虫病”。当锚头鳋逐渐老化时，虫体上布满藻类和固着类原生动物，大量锚头鳋寄生时，鱼体犹如披着蓑衣，故又有“蓑衣病”之称。寄生处，周围组织充血发炎。寄生于口腔内时，可引起口腔不能关闭，因而不能摄食。小鱼种仅10多个虫寄生，即可能失去平衡，发育严重受滞，甚至引起弯曲畸形等现象。

【流行及危害】该病在全国各地均有发生，主要流行于高温期，对淡水鱼类各龄鱼都可危害，其中尤以鱼种危害最大。锚头鳋全年可见，适宜繁殖水温12～33℃。

【防治方法】①根据病原体对寄主的选择性，可采用隔年轮养方法预防；②全池泼洒晶体敌百虫（90%），浓度为0.3～0.5g/m^3。2周1次，连续用药2～3次；③每亩水面（水深1m）用苦楝树根6kg、桑叶10kg、芝麻饼或豆饼11kg、菖蒲2.5kg研碎混合全池泼洒。

（五）非寄生性疾病

1. 浮头与泛池

浮头是指水生养殖鱼类因缺氧而在水面或池边呼吸的现象。泛池是指养殖鱼类因缺氧而出现的大批窒息死亡。

【病因】主要因水中缺氧而引起，当水中的溶氧量减少到1mg/L，鱼类会因呼吸困难，浮在水的上层。尤其在夏季闷热的阴天，气压低的夜晚或黎明很易发生浮头和泛池现象。

【症状】池鱼在池塘上风处浮于水面，用口呼吸空气。长期缺氧的个体下唇突出，泛池严重时，全池鱼多狂游乱窜，或横卧水面，或头撞岸边，呈现奄奄一息状态，并开始死亡。在高温季节、清晨或雨前的突然毁灭性死亡，死亡鱼类鳃盖张开，即可判断为泛池。

【防治方法】①老池塘应清除过多淤泥，并用生石灰消毒；②应根据天气、水质等情况，施经发酵的粪肥，以少施勤施为好；③放养密度适当；投饵适量；④越冬期间应打冰孔，及时观察水质变化；⑤闷热天气要减少投饲量，并加注新水或适时开增氧机；⑥发生泛池时，及时加注新水，开动增氧机机械增氧或施用化学增氧剂。

2. 气泡病

【病因】池水中气体过饱和，可引起鱼类肠道出现气泡；或者是体表、体内和鳃丝上含有气泡，水温越高鱼苗越易患此病。

【症状】病鱼体表或体内出现大小不等和数目不定的气泡，浮于水面或身体失衡；循环系统内的气泡可引起栓塞，病鱼很快死亡。天然水域少见，在藻类较多的养殖水域易发生，主要危害鱼苗。

【防治方法】①清除池底过多的淤泥，不用未经发酵的有机肥料，控制施肥量；②控制水质，避免水中浮游植物过度繁殖；③鱼苗运输过程中，不要急剧充气，发现气泡病，应立即换水或加注新水。

3. 畸形

【病因】原因复杂，如化学刺激、维生素等营养物质缺乏、遗传因素等。池塘底泥或水中重金属离子含量过高，缺乏某种营养物质（如钙和维生素等），胚胎发育时受外界环境的影响，鱼苗阶段发生机械损伤以及鱼体神经系统受到寄生虫侵袭等原因都可引起鱼体畸形。主要发生于胚胎期和仔鱼期。

【症状】病鱼的身体发生“S”形弯曲，有时身体可弯成2～3个弯曲，有时仅尾部弯曲，鳃盖凹陷，或口部上下颌和鳍条处出现畸形。病鱼生长缓慢，严重时可引起死亡。

【防治方法】①放养前将池水更换数次。对新挖的鱼池，最好先放养1～2龄成鱼，以后再饲养鱼苗、鱼种；②加强饲养管理，营养均衡，多投喂含钙多、含维生素丰富的饲料；③选择健康亲鱼，鱼卵孵化时调控适宜的水温、水质、溶解氧等。

4. 肝胆综合征

【病因】养殖期间滥用渔药，导致鱼类肝脏损伤；采用高营养指标的配合饲料投喂草鱼；投喂量过多，致使鱼类出现肥胖和脂肪肝；饲料中维生素E、胆碱、肌醇、硒等维生素和微量元素缺乏，磷缺乏或钙磷比例失调；水质污染对鱼类肝脏造成损伤。

【症状】病情较轻时没有明显症状，鱼体色、体形无明显改变，仅食欲缺乏、游动无力，或有时烦躁不安，甚至窜游。严重时鱼体色发黑，色泽暗淡，鱼体有肥胖、浮肿感，鳞片松动易脱落，肛门红肿，有的静止于水中不摄食，反应呆滞，呼吸困难，失去平衡，临死时在水中翻转不停。解剖发现肝脏表面脂肪覆盖明显，肝胆肠等器官被脂肪粘连在一起；肝胆明显肿大，肝脏颜色变黄发白，或黄红白色相间呈斑块状，形成明显的“花肝”症状；有的肝脏呈豆腐渣状、质脆、轻触易碎；胆囊变大且胆汁变黑。患病鱼体的抗病能力下降，常伴有出血、肠炎、烂鳃、烂尾等疾病的症状。

【防治方法】①合理用药，做到不滥用渔药，不随意加大用药量，不使用禁用渔药；②采用光合细菌、EM 菌等生物制剂来改良水质。养殖过程中，如发现鱼类肝脏出现病变时，及时加注新水；③选择优质全价饲料，科学投喂饲料，做到“定时、定点、定质、定量”四定投饲和匀、好、足的基本原则。注意精、青搭配，如草鱼在生长旺季投喂青草料占 70%，精料占 30%；其他季节是青草料占 30%，精料占 70%；④采用三黄粉、肝胆必康、黄连解毒散、保肝灵、肝泰乐等保肝护肝类中草药预防和治疗。

项目小结

1. 鲤形目主要养殖鱼类有哪些？它们的生活习性如何？
2. 鲶形目主要养殖鱼类有哪些？它们的生活习性如何？
3. 鲈形目主要养殖鱼类有哪些？它们的生活习性如何？
4. 鲽形目主要养殖鱼类有哪些？它们的生活习性如何？
5. 养殖水体中溶解氧的来源和消耗有哪几个方面？如何改善池塘的溶氧条件？
6. 鱼用配合饲料按照饲料形状，可以分为几种类型？各有何特点？
7. 渔用配合饲料的配制应坚持哪些原则？
8. 养鱼生产中使用的有机肥料和无机肥料有哪些？如何应用？
9. 鱼类人工繁殖的设备设施有哪些？
10. 如何进行“四大家鱼”亲鱼的培育？
11. 鱼类常用的催产剂有哪些？如何注射？
12. 鱼类人工授精的方法有哪些？如何操作？
13. 简述半浮性卵和黏性卵的孵化方法。
14. 简述池塘消毒的方法。
15. 如何做到鱼苗在轮虫高峰期下塘？
16. 如何利用池塘培育鲢、鳙鱼种？
17. 如何运输鱼苗、鱼种？
18. 鱼类成鱼养殖的主要方式有哪些？
19. 简述池塘养鱼“八字精养法”的含义。
20. 混养有何优点？简述我国池塘养鱼的主要混养模式及其特点。
21. 如何做好池塘养鱼的施肥、投饵与日常管理工作？
22. 池塘养殖鱼类浮头的原因有哪些？如何预测浮头？
23. 适合我国湖泊、水库粗放式养殖的鱼类有哪些？如何搭配主养鱼类和配养鱼类？
24. 湖泊、水库粗放式养殖生产管理的内容有哪些？
25. 简述网箱的类型和结构。
26. 如何做好网箱养鱼的投饵与养殖管理工作？
27. 工厂化养鱼的主要设施有哪些？
28. 以牙鲆和半滑舌鳎为例，简述工厂化养鱼的技术要点。
29. 如何建设养鱼稻田？
30. 稻田养鱼的管理内容有哪些？
31. 鱼类疾病发生的原因有哪些？
32. 如何做好疾病的预防工作？

33. 常见的抗菌药有哪几类？环境改良与消毒剂有哪几类？

34. 常见的渔药使用方法有哪些？

35. 简述草鱼出血病的症状和预防措施。

36. 简述细菌性烂鳃病、肠炎病、赤皮病的病原、症状、流行情况及防治方法。

37. 简述海水鱼类常见弧菌病的病原、症状、流行情况及防治方法。

38. 简述鱼类车轮虫、小瓜虫病的病原、症状、流行情况及防治方法。

39. 简述鱼类肝胆综合征的病因、症状和防治方法。

项目二 虾蟹类增养殖

【知识目标】

1. 了解对虾和蟹类的主要养殖种类和形态构造。
2. 掌握对虾和蟹类的生活习性和繁殖习性。
3. 掌握凡纳滨对虾人工育苗的工艺流程和技术要点。
4. 掌握中华绒螯蟹室外土池育苗的工艺流程和技术要点。

【技能目标】

1. 能够根据形态特征鉴别主要养殖对虾和蟹类的种类及雌雄个体。
2. 能够按照生产工艺流程和技术规范开展凡纳滨对虾的苗种培育生产。
3. 能够因地制宜地开展凡纳滨对虾的健康养殖，进行科学管理，做好病害防治工作。
4. 能够开展克氏原螯虾的人工育苗生产、池塘养殖和稻田养殖。
5. 能够进行中华绒螯蟹的室外土池生态育苗。
6. 能够进行蟹种培育和成蟹养殖，并做好病害防治工作。

【项目描述】

虾蟹类增养殖业在我国渔业生产中占有重要地位。虾蟹类除满足国内市场消费之外，还是出口创汇的重要水产品。虾蟹类水产品不仅具有丰富的营养价值，而且因其味道鲜美、色泽鲜艳，被誉为“水中上品，酒筵佳肴”。我国拥有漫长的海岸线和广阔的浅海滩涂，湖泊众多，气候适宜，虾蟹类资源丰富，具有得天独厚的虾蟹类繁育和生长的自然条件。我国已经开展养殖的主要虾蟹类有中国明对虾、斑节对虾、凡纳滨对虾、日本囊对虾、长毛明对虾、墨吉明对虾、短沟对虾、刀额新对虾、罗氏沼虾、日本沼虾、克氏原螯虾、中华绒螯蟹、三疣梭子蟹和锯缘青蟹等。

本项目根据虾蟹类增养殖工作岗位的实际需求重点设计了5个工作任务，并选择了养殖范围广泛和技术成熟的凡纳滨对虾、克氏原螯虾和中华绒螯蟹作为养殖对象。任务一介绍主要养殖对虾的种类、形态构造、生活习性和繁殖习性，任务目标是使学生和从业人员掌握对虾类人工育苗和养殖的生物学基础，并能够根据对虾类的生活习性和水域条件选择养殖对象；任务二介绍主要养殖蟹类的种类、形态构造、生活习性和繁殖习性，使学生和从业人员掌握蟹类人工育苗和养殖的生物学基础；任务三介绍凡纳滨对虾的养殖技术，任务目标是使学生和从业人员能够因地制宜地开展凡纳滨对虾的人工育苗和健康养殖；任务四介绍克氏原螯虾的养殖技术，任务目标是使学生和从业人员能够开展克氏原螯虾的人工育苗生产、池塘养殖和稻田养殖；任务五介绍中华绒螯蟹的养殖技术，任务目标是使学生和从业人员能够开展中华绒螯蟹的土池生态育苗、蟹种培育和成蟹养殖工作。

本项目内容的选取和任务设计来源于虾蟹类养殖企业，理论内容与实践内容相融合，注重学生实际操作技能训练，并引入虾蟹增养殖行业的新理论、新技术和行业标准。通过本项目的学习和实践，学生和从业人员能胜任虾蟹类的苗种培育和养成管理工作，并具有一定的学习迁移能力，以适应我国虾蟹增养殖业健康、持续发展的需要。

任务一 主要养殖对虾的识别

一、主要养殖对虾的种类

对虾隶属于节肢动物门、有鳃亚门、甲壳纲、软甲亚纲、十足目、对虾科。我国养殖的主要对虾种类属于对虾属、明对虾属、囊对虾属、滨对虾属和新对虾属的一些种类。

1. 中国明对虾

中国明对虾（*Fenneropenaeus chinensis*），又称东方对虾、明虾，旧称中国对虾。主要分布在黄、渤海沿海，经济价值较高，是我国主要的增养殖虾类。其特点是：①甲壳薄而透明，雌体呈青蓝色，雄体呈棕黄色；②个体较大，通常雌虾大于雄虾，自然海区雌虾一般体长16～20cm，体重70～80g；③为广温、广盐性种类，适温范围14～30℃，最适水温25℃；适宜盐度2～40；④亲虾越冬和人工育苗技术成熟，可有计划地进行人工育苗生产；⑤生长较快，一般养殖期为100～120d，平均体长可达12cm以上，体重20g以上。

2. 斑节对虾

斑节对虾（*Penaeus monodon*），俗称草虾。广泛分布于热带和亚热带海域，是东南亚一带最主要的养殖品种，在我国广东、台湾也有养殖。斑节对虾为优良养殖品种，与中国明对虾、凡纳滨对虾一起被称为世界三大主要养殖虾类。其特点是：①甲壳较厚硬，体表有暗绿色、深棕色和浅黄色环状色带相间排列；②个体大，是对虾属中个体最大的一种，最大体长可达30cm，体重350～400g，最大可达500g；③适温范围10～34℃，最适水温28℃；④食性杂，对饲料蛋白质含量的要求不高，略偏植物性，饵料系数低，一般为1.5～2.0；⑤耐干露能力较强，可以长途活运；⑥生长快，一般精养虾池体长可达 12cm，体重 20g 以上。

3. 凡纳滨对虾

凡纳滨对虾（*Litopenaeus vannsmei*），又称南美白对虾、白对虾或太平洋白对虾。原产太平洋东岸墨西哥、秘鲁，1987 年中国科学院海洋研究所将其从美国夏威夷引入中国。由于该虾对温度和盐度适应范围广，且抗病能力强，我国引进后已广泛开展人工养殖。其特点是：①外形与中国明对虾相似，甲壳较薄，体色为浅青灰色；②最适生长水温为 22～35℃，对低温适应能力较差，水温低于 18℃，其摄食活动即受影响，9℃以下时停止活动；③适宜盐度 0.5～35，经驯化，可在淡水中养殖；④食性杂，饲料的粗蛋白质含量 25%～30%即可满足其营养需要，饵料系数较低，一般为 1.5～2.0；⑤对环境突然变化的适应能力很强，可以较长时间离水不死，有利于鲜活运输；⑥个体大，生长快，在水温 25～35℃条件下，幼虾经 60d 左右饲养，即可养成体长 10～12cm、体重10～15g 的商品虾。

4. 日本囊对虾

日本囊对虾（*Marsupenaeus japonicus*），又称日本对虾，俗称车虾。经济价值较高，我国浙江、台湾、福建、广东、广西沿海均有分布。其特点是：①体被蓝褐色横斑花纹，尾尖为鲜艳的蓝色；②个体较大，自然海区雌虾一般体长 16～18cm，体重 50～60g；③耐低温，养殖期间的适温范围 14～30℃，最适 22～28℃；不耐低盐，适宜盐度 20～35；④有较强的潜沙习性，潜沙深度随体长增长而加深，前期深度 1～2cm，后期 4～5cm，昼伏夜出，养殖环境以水质清新、沙质较细且松散为宜；⑤耐干露，适于长途运输和活虾出口；⑥生长较快，一般养殖期为 100～120d，平均体长可达 12cm 以上，体重 20g 以上。

5. 刀额新对虾

刀额新对虾（*Metapenaeus ensis*），俗称基围虾、沙虾或泥虾。在我国主要分布于东海和南海，近年来在我国北方已经开展养殖。其特点是：①甲壳粗糙，被细毛，额角近于平直如刀状；②体色呈土黄色到棕褐色，全身布满灰绿色或深红褐色小斑点；③体长一般 8～10cm；④对低盐度、高温和低氧有较强的忍耐能力，适于低盐度海水养殖，离水后可较长时间不死，适于活虾上市。

6. 长毛明对虾

长毛明对虾（*Fenneropenaeu spenicillatus*），闽南称“红虾”，两广称之为“大虾”或“白虾”，台湾称“红尾虾”。在我国主要分布在闽、台及粤东沿海，是中国南方的主要养殖种类，一年可多茬养殖。其特点是：①体较大，自然海区雌性一般体长 15～18cm，体重 50～60g；②养殖适温范围 16～34℃，盐度 10～35，耐高盐能力强；③在人工养殖或自然海区均可获性腺成熟亲虾，可有计划地开展工厂化人工育苗生产；④生长较快，一般养殖期100～120d，平均体长达12cm，体重20g以上。

二、对虾外部形态的认识

对虾身体长而略侧扁，雌雄异体，成体雌虾大于雄虾。对虾的身体可分为头胸部和腹部，共有21节体节构成。除最前和最后两节外，各节皆具1对附肢（图2-1）。

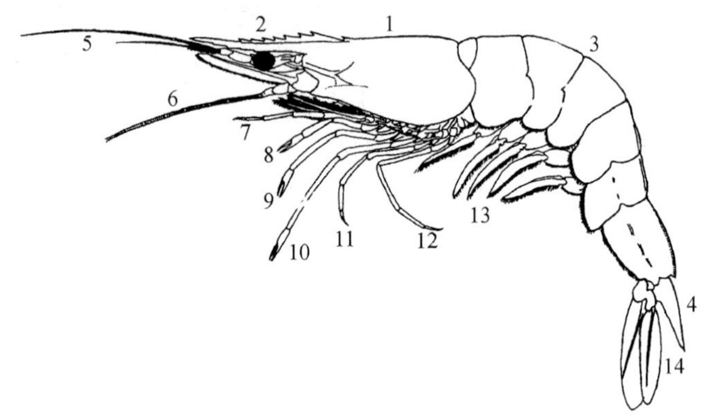

图2-1 中国对虾的外部形态

1. 头胸甲；2. 额角；3. 腹部；4. 尾节；5. 第一触角；6. 第二触角；7. 第三颚足；8. 第一步足；9. 第二步足；10. 第三步足；11. 第四步足；12. 第五步足；13. 第一至第五腹肢；14. 尾肢

1. 头胸部

对虾头胸部较粗短，由头部6节体节与胸部8节体节愈合而成，分节不明显。覆盖头胸部的背面和两侧的大甲壳，叫做头胸甲，它的前端中央有平直前伸、细长而尖利的额角，俗称虾枪或额剑。额角侧扁，上、下缘皆有短齿，呈锯齿状。头胸甲的前端、额角的下方两侧有1对复眼，具眼柄，眼柄能自由活动。口位于头部腹面的1对大颚之间，前方有一片半圆形的上唇，后方有两片并列的下唇，大颚被上、下唇覆盖。

2. 腹部

对虾腹部发达，由7节体节构成，分节很明显，各体节的背面及两侧均有一比较坚硬的甲壳包被，前一片的后缘均覆于后一片之上，每节甲壳各自分离，体节之间甲壳薄而柔软且不钙化，形成关节膜，以便于体节的活动。对虾的腹部自前到后逐节变细，最后一节为尖锐的三角形，称为尾节。

3. 附肢

对虾的附肢共20对，均由基肢、内肢和外肢构成。其中头部有6对附肢，为感觉器官和口器，包括复眼、第一触角、第二触角、大颚、第一小颚和第二小颚。胸部有8对附肢，前3对为颚足，是摄食辅助器官；后5对为步足，是摄食和爬行器官。腹部有6对附肢，包括5对游泳足和1对尾肢，是主要的游泳器官。

三、对虾内部构造的识别

1. 消化系统

对虾的消化系统包括消化管和消化腺，消化管包括口、食道、胃、肠和肛门（图 2-2）。口位于头胸部腹面，有口器包被。口后连一短的食道。胃分前、后两部分：前部较大，是研磨处场所，内有许多几丁质的小齿构成胃磨，称贲门胃；后部较小，是过滤食物场所，内有成对幽门板和无数刚毛，称幽门胃。肠分为中肠和后肠，中肠细长，中肠壁细胞向肠腔内凸出许多皱褶，有增加消化与吸收面积的作用，其末端连接后肠；后肠也称直肠，短而粗，末端开口是肛门。

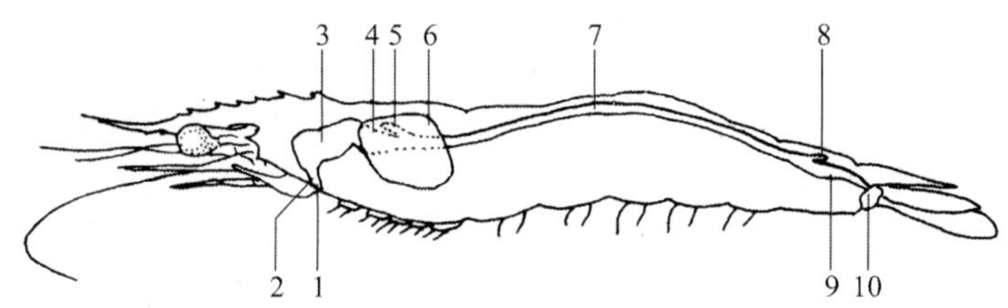

图 2-2　对虾的消化系统

1. 口；2. 食道；3. 贲门胃；4. 幽门胃；5. 中肠前盲囊；6. 肝胰腺；7. 中肠；8. 中肠后盲囊；9. 直肠；10. 肛门

消化腺也称肝胰脏，是一大型致密腺体，位于胃肠交界处，被一层结缔组织薄膜包成一团。其主要功能为分泌消化酶和吸收、储存营养物质。

2. 呼吸系统

对虾的呼吸器官是鳃，鳃位于头胸部两侧的鳃腔内。根据鳃着生部位的不同，鳃可分为肢鳃、侧鳃、足鳃、关节鳃等 4 种。鳃通过多次分支具有很大的表面积，当血液流经鳃血管时，进行气体交换，富氧的血液流回心脏，供给对虾生活需要。

3. 循环系统

对虾为开管式循环系统，由心脏、血管、血窦和血液等构成。心脏呈多边形的囊状结构，位于头胸部后端背方的围心腔内，透过头胸甲可以看到心脏的跳动。血浆含血蓝蛋白，故血液无色或淡蓝色。血细胞可分为透明细胞、小颗粒细胞和大颗粒细胞三类。

4. 神经系统

对虾的神经系统是链状神经系统，且各体节神经节常有愈合。中枢神经系统由脑和腹神经索组成。脑位于头部前端，从其中发出视神经、触角神经、皮肤神经和围咽神经等。腹神经索由体左右两支合并而成，主要发出各附肢神经等。感觉器官主要有化学感受器、触觉器和 1 对复眼等，用以感知外界的化学物质、震动和光，使身体迅速作出反应。

5. 排泄系统

对虾的排泄器官主要是位于第二触角基部的触角腺，由囊状腺体、薄壁膀胱和排泄管组成。腺体内的排泄物主要是胺盐，也含少量尿素和尿酸，其水溶液呈绿色，故触角腺又称绿腺。触角腺可调节渗透压和离子平衡。

6. 生殖系统

1）雌性生殖系统

雌性生殖系统包括卵巢、输卵管、雌性生殖孔和纳精囊。卵巢成对，位于身体背面，由胃的前方向后延伸到腹部末端。输卵管 1 对，呈细管状，在第三步足基部内侧突起上开孔于体外，即雌性生殖孔，又称排卵孔。纳精囊位于第四与第五步足基部之间的腹甲上，中央有纵行开口，口内为一空囊，为雌虾交配并贮存精液的器官。纳精囊分为两类：呈囊状或袋状的封闭型纳精囊和无囊状结构的开放型纳精囊。

大多数对虾的纳精囊属于封闭型，如中国明对虾、长毛明对虾、墨吉明对虾、斑节对虾、短沟对虾、日本囊对虾、新对虾等；开放型纳精囊仅见于南半球产的对虾种类，如凡纳滨对虾、细角滨对虾等，其第四、第五步足间的腹甲上由甲壳皱褶、凸起和刚毛等形成一黏附精荚的区域，其繁殖特点与封闭型纳精囊的对虾有很大的差别。

2）雄性生殖系统

雄性生殖系统包括精巢、输精管、精荚囊、雄性生殖孔、交接器和雄性附肢等组成。精巢成对，位于躯体背部，精巢薄而透明，只在性细胞成熟时呈半透明的微白色。输精管 1 对，一端与精巢后叶相通，另一端与精荚囊相接。精荚囊是 1 对膨大的囊状物，各自位于第五步足基部。精荚囊又接一短管，开口于第五足步足基部内侧乳突上，即生殖孔，又称排精孔。交配期间，该乳突特别膨大，平时则不易见到。交接器由第一游泳足内肢特化而成。

7. 内分泌系统

对虾的内分泌系统可分为神经分泌和非神经分泌两类。神经内分泌器官有眼柄中的 X 器官和窦腺等，能控制对虾生长发育、性腺成熟、体色变化及蜕皮；非神经分泌系统有 Y 器官、促雄性腺、大颚器官以及卵巢等。

四、对虾生活习性的认识

1. 对虾的蜕壳

蜕壳是对虾重要的生理现象。对虾作为甲壳类动物，其生长、变态和发育总是伴随着一次次的蜕壳而进行的，蜕壳与对虾的生长速度及增殖率密切相关。对虾一生蜕壳 50 多次。

对虾蜕壳多在夜间，整个过程仅几分钟内便可完成。蜕壳前，对虾常侧卧水底，游泳足间歇地缓缓划动，然后虾体急剧屈伸，使头胸甲与第一腹节背面连接处的关节膜裂开，再经几次突然性的连续跳动，新体就从旧壳的裂缝中跃出。同时，胃内壁和平衡囊的内壁及其内容物也被蜕去。

蜕壳是对虾生长发育的结果，但是蜕壳不一定会引起增长。在对虾营养物质累积到一定程度的时，必然要进行蜕壳，从而机体组织生长，表现为体长或体重增加。在营养不足的时候，对虾也会蜕壳，但往往出现体长或体重的负增长。另外，在蜕壳过程中，还可以除去体表上的附着物和某些病变，减少某些疾病的发生。

对虾蜕壳受内因和外因的控制。内因是主要因素，主要是内分泌激素的调控作用，甲壳动物的蜕壳受到眼柄中 X 器官与窦腺所分泌的蜕皮抑制激素和 Y 器官所分泌的蜕皮激素所控制；外因为次要因素，主要是环境因子和营养条件的影响，一般在营养充足、盐度低及水温高的情况下会增加对虾蜕壳频率。另外，养殖环境条件的突然变化及某些化学药物的使用也会刺激蜕壳。

2. 栖息习性

1）对虾对水体环境因子的适应

不同种类的对虾对水体环境因子的适应能力不同，几种常见对虾对水环境因子的适应范围见表 2-1。

表 2-1　几种常见对虾对水环境因子适应范围

种类	温度/℃			盐度		pH适宜范围	溶氧窒息点/(mg/L)
	适温范围	停止摄食	致死	适应范围	致死		
中国明对虾	14～30	＜8	＞39，＜4	5～40	＞45，＜2	7.6～9.3	1.0～0.6
日本囊对虾	14～33	＜8	＞38，＜4	15～36	＜7	7.5～8.8	2
凡纳滨对虾	23～32	＜16	＞43，＜8	5～40	—	7.5～8.5	0.5
刀额新对虾	16～37	—	＜4	0～33	＞39，＜4	7.0～9.0	0.6～0.3
斑节对虾	18～35	＜14	＜12	11～40	＞45，＜5	7.4～9.0	0.2

2）对虾的底栖习性

对虾幼体阶段营浮游生活，到了成体阶段营底栖生活。对虾属于底游生活型的底栖动物，既在水底附近营游泳生活，又可以潜入水底表层泥沙中。对虾潜底习性主要受光照强度支配，一般光照较强时潜底。潜底习性还受水温的影响，如日本囊对虾在水温14℃以下时，一般很少出沙；水温 28℃以上时，白天不愿潜沙。虽然对虾在低温时长久潜底，但水温降到接近致死温度时，对虾多跳出泥沙层而死于水中。

底质的性质影响对虾的潜底和摄食，所以对虾对栖息底质具有选择性。日本囊对虾喜欢栖息于沙底；中国明对虾、长毛明对虾、墨吉明对虾、斑节对虾等则潜泥沙。但底质受到严重污染时，对虾是不愿潜入的，水中溶解氧接近于窒息点时，对虾也不潜底而浮于水面。

3）摄食习性

对虾的食性广而杂，在不同发育阶段和不同的栖息环境，对虾的食性都会有所改变。在自然条件下，对虾各发育阶段的饵料主要为：溞状幼体阶段主要是甲藻和硅藻；

糠虾幼体阶段主要是甲藻、硅藻、桡足类幼体和成体、瓣鳃类幼体等；仔虾阶段主要是舟形硅藻、桡足类和双壳类幼体等；幼虾阶段主要是介形类、糠虾类、桡足类、软体动物的幼虫和小鱼；成虾阶段主要是底栖的甲壳类、双壳类、多毛类、蛇尾类和鱼类等。人工养殖条件下以人工配合饲料为主，但是仍会培养各种天然饵料。

对虾的摄食方式，在幼体阶段以滤食性为主，并逐渐向捕食性转化，至底栖生活后完全为捕食性。对虾捕食主要依靠嗅觉和触觉，在海底爬行时寻找食物，一般以步足在底质中探查，一旦发现食物，则螯足拾起食物并送至口器。对虾有自相残杀的习性，饥饿时会攻击刚蜕壳的虾和小虾。

对虾的捕食行为受光照影响明显，大部分对虾都是白天伏于底层泥沙下，夜间出动捕食，而且随着对虾的成长，这种趋势越来越明显。以斑节对虾为例，孵化后 20 多天时不存在进食周期，40 多天时在夜间捕食多于白天，而 60 多天时几乎仅在夜间捕食。由于海水透明度影响底部光照情况，所以在海水浑浊而透明度小时，对虾白天也可出来觅食。

4）对虾对营养物质的需求

（1）对蛋白质的需求。对虾对饲料中蛋白质的需要量依种类、发育阶段、生理状况和环境条件有所不同。日本囊对虾和中国明对虾对蛋白质需要量较高，而斑节对虾和凡纳滨对虾则需求量较低。对虾在不同的生长阶段，饲料中蛋白质的最适需要量也不同。一般随着对虾的生长，饲料中蛋白质含量逐渐降低。主要养殖对虾种类饲料中蛋白质的含量一般为 40％～45％。

（2）对脂类的需求。脂类是对虾生长发育过程中必须得能量物质，可供给对虾生长所必需的脂肪酸、胆固醇及磷脂等营养物质。一般对虾饲料中的脂肪含量为 4％～8％，卵磷脂添加量为 1％，胆固醇为 0.5％～1％。

（3）对碳水化合物的需求。碳水化合物是能量物质之一，但是对虾消化道内的淀粉酶活性较低，对碳水化合物的消化能力较差，因此饲料中碳水化合物含量不宜过高，一般不超过 26％。纤维素虽然不易消化，但可促进肠胃蠕动和消化酶分泌，有利于营养物质的消化吸收，因此在配合饲料中应添加一定量的纤维素，一般为 5％～7％。

（4）对维生素的需求。维生素可参与生物体内的新陈代谢，是对虾生长发育和保持健康必需的营养物质。对虾对维生素的需要量受多种因素影响，随生长阶段、生长率、环境因子及营养间相互关系的影响而不同。

（5）对无机盐的需求。无机盐也称矿物质，是对虾生长所必需的营养物质，也是构成对虾甲壳的主要成分，具有促进生长、提高对营养物质的利用率和调节渗透压的功能。在对虾配合饲料中，以钙和磷最重要，需要以一定的比例添加。

3. 洄游习性

对虾按生态习性可分为两类：一类为定居型，如日本囊对虾、宽沟对虾、短沟对虾等，在分布区内无大范围的季节性移动。另一类为洄游型，有长距离的季节性洄游习性，如中国明对虾等。对虾长距离的洄游主要受水温支配，热带的对虾种类一般没有长距离洄游的习性，仅在小范围移动。

定居型对虾的活动规律为：河口、浅海（生长、交配）→深海（越冬）→浅海（产卵）。

洄游型对虾的活动规律为：河口、沿岸产卵场（生长发育）→近海较深水域（交配、越冬洄游）→越冬场→生殖洄游→沿岸产卵场。如中国明对虾自然分布于黄、渤海海域，产卵场在盐度较低的河口或近岸水域，仔虾期能适应河口咸淡水环境，甚至在盐度低于10的半咸水域也能正常生活。体长超过30mm的稚虾逐渐游离河口，在沿岸水深仅1m左右的浅水区摄食发育，幼虾随着体长的增长而逐渐向远岸海域移动。秋末冬初，渤海和黄海沿岸浅海区水温迅速降低，虾群便向黄海南部深水区作越冬洄游，越冬场底层水温10～12℃以上，盐度32～33。翌年春末夏初，水温回升，在黄海南部越冬的虾群，又成群结队地向北进发，4～6月份到达黄、渤海河口近岸水域产卵场，产卵后亲虾大多死亡，这种洄游即生殖洄游。

五、对虾繁殖习性的认识

1. 性腺发育

1）雌雄对虾的鉴别

对虾雌雄异体，性征比较明显，从外观上容易识别。中国明对虾雌雄虾的外观鉴别特征见表2-2。

表2-2　中国明对虾雌雄虾的外观鉴别特征

鉴别特征	雌虾	雄虾
个体大小	成熟雌虾体长一般18～23cm	小于雌虾；成熟雄虾体长一般15～18cm
成熟后的体色	微显蓝绿色而较透明	黄色
第一腹肢	内肢退化	内肢变成交接器
交接器	第四、五步足基部间腹甲上，呈圆盘状	第一腹肢内肢特化而成，呈钟状
生殖孔的位置	第三对步足基部	第五对步足基部

2）雄虾性腺发育

雄虾当年秋末即性成熟。精子成熟后，通过输精管下行至精荚囊；精子在输精管中被黏性分泌物包围，外被薄膜形成精子团块（精荚），交配之前贮存于精荚囊中。中国明对虾的精荚分为瓣状体和豆状体两部分，豆状体紧靠雄性生殖孔，精子即在其中呈集团状分布，瓣状体卷曲成柱状，精荚排出后，瓣状体散开呈扇状。雄虾性成熟后，可以反复产生精荚，进行多次交尾。

3）雌虾性腺发育

当年的雌虾，性腺到第2年夏初才能成熟。卵巢发育有明显的体积增大和色泽加深。当年冬天，雌虾卵巢外观很小，第2年春天随着水温逐渐升高，卵巢迅速发育变大，至4、5月份卵巢成熟，开始产卵。卵巢的颜色由透明、半透明，到浅绿色、绿色、褐绿色（凡纳滨对虾成熟卵巢外观呈橙红色），并且这种变化可以通过透明的甲壳观察。根据外观和组织切片，可将雌虾性腺发育分为未发育期、发育早期、发育中期、发育后期、成熟期和恢复期（图2-3）。

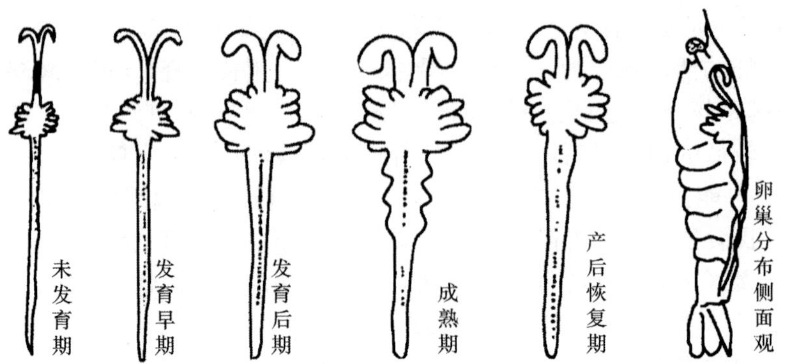

图 2-3　对虾卵巢发育

2. 交配

纳精囊类型不同，对虾的交配和产卵顺序有所不同。封闭型纳精囊对虾交配、产卵活动的顺序是：蜕壳（♀）→交配→性成熟（♀）→产卵（受精）；而开放型纳精囊的对虾是：生长、蜕皮（♀）→性成熟（♂、♀）→交配→产卵（受精）。

封闭型纳精囊的对虾，要在蜕壳后进行交配，蜕壳多在夜间，因此也多在夜间交配。即将交配的雌虾在水体中、上层缓缓游动，雄虾尾随其后，游到雌虾下方翻转身体，腹部向上与雌虾相抱，然后雄虾横转身体 90°与雌虾呈“十”形，雄性交接器通过雌虾纳精囊的纵缝将精荚送入。有的对虾则身体转动 180°与雌虾头尾相抱。交配后精荚在纳精囊中储存，扁平而透明的纳精囊变得饱满微凸而呈乳白色。精荚的瓣状体则留在雌虾体外，可作为雌虾刚交尾不久的标志，2～3d 后飘动的瓣状体脱落；有些种类如日本囊对虾，则在纳精囊口形成交配栓。对虾秋季交配后，精荚贮存在雌虾纳精囊中，至第二年春季雌虾性成熟产卵时才排放出来。交配后雌对虾一般不再蜕壳，直至卵巢成熟产卵，如果意外蜕壳则精荚会丢失，雌虾可再交配。

开放式纳精囊的对虾，交配的行为基本相同，只是交配后精荚被黏附在第四、五步足间的腹甲上，精荚易脱落，交配后随即产卵。

3. 产卵

雌虾性腺发育成熟后就开始产卵，一般在夜间产卵，且产卵前期多在上半夜，后期多在下半夜。如长毛明对虾、墨吉明对虾和日本囊对虾产卵前期多集中在 20～24 时，后期则集中在 0～4 时产卵。产卵时，雌虾在水的中、上层游动，成熟的卵子通过雌性生殖孔排出体外，并且游泳足频频划动，使产出的卵子均匀散布于水中。与此同时，贮存在纳精囊中的精子也释放出来，精子与卵子在水中相遇而受精。一般情况下，雌虾在 3～5min 就能产完 1 次卵。墨吉明对虾、新对虾等几乎是 1 次产完卵，而中国明对虾、斑节对虾、凡纳滨对虾在繁殖期内可多次产卵，但一般前几批次卵质较好，而末期卵质差。

对虾的产卵量因种类、个体大小、成熟卵巢的丰满度和栖息环境的不同而有差异

（表 2-3）。自然海区亲虾个体大，雌虾 1 次产卵量 30 万～70 万粒，多者可达百万粒以上。人工养殖亲虾个体较小，产卵量一般少于自然海区亲虾。亲虾产卵次数以及卵质与环境条件密切相关。中国明对虾亲虾产卵的适宜水温是 15～18℃；在此水温范围内，卵巢可以继续发育和不断成熟，水温过高会抑制性腺的发育，水温超过 18℃，亲虾容易蜕壳；水温低于 12℃，卵巢发育速度慢，卵质不良。光线对亲虾产卵有影响，强光或直射光对卵巢发育不利，100lx 以内的弱光或黑暗条件能促进卵巢加快发育成熟。

表 2-3　不同种类对虾的繁殖期和产卵量

种类	繁殖季节	产卵盛期	产卵量/(万粒/尾)	卵径/μm
中国明对虾	黄海、渤海 4～6 月	5 月	50～70	225～275
长毛明对虾	3～8 月	2～3 月	20～30	233～255
墨吉明对虾	2～10 月	4～6 月	30～40	234～259
斑节对虾	1～11 月	4～5 月	20～60	250～270
日本囊对虾	5～9 月	海南 4～7 月	20～50	260～280
刀额新对虾	南海 5～9 月	5～8 月	12～20	200～250
凡纳滨对虾	2～11 月	6～8 月	10～15	80

凡纳滨对虾多次产卵，卵巢产空后可再成熟。两次产卵间隔的时间为 3～5d，繁殖初期仅 50h，产卵次数高者可达十几次，但连续 3～4 次产卵后要伴随 1 次蜕壳。产卵时间在 21 时至凌晨 3 时之间，从产卵开始到卵巢排空仅需 1～2min。

4. 胚胎发育

正常情况下，卵产出不久即受精。对虾的卵为沉性卵，刚产出的卵呈不规则形或多角形，随后逐渐变为圆形。受精后的卵从其内部分泌出一种胶状物质，并逐渐吸水膨胀，形成透明的受精膜，胚胎受其保护而发育。因此可根据是否有受精膜而判断虾卵是否受精。受精后的虾卵就进入胚胎发育阶段，大致可分为细胞分裂期、桑葚期、囊胚期、原肠期、肢芽期和膜内无节幼体期 6 个时期（图 2-4）。

5. 对虾的幼体发育

对虾的幼体发育可分为无节幼体期、溞状幼体期、糠虾幼体期和仔虾期 4 个阶段，并且伴随着一次次蜕皮的变态发育。

1）无节幼体

身体不分节，呈半透明，具有 3 对附肢，即第一触角、第二触角和大颚。体前端正中处有 1 单眼（中眼）、尾端具成对的尾棘。随着无节幼体的发育变态，第一、二触角的刚毛数和尾棘对数逐期有规律地增加，据此可鉴别各期节幼体。无节幼体分为 6 期（图 2-5）。无节幼体营浮游生活，多活动于水体的中上层，趋光性强，靠 3 对附肢作间歇性游动。无完全的口器和消化道，故不摄食，靠体内卵黄供给营养。

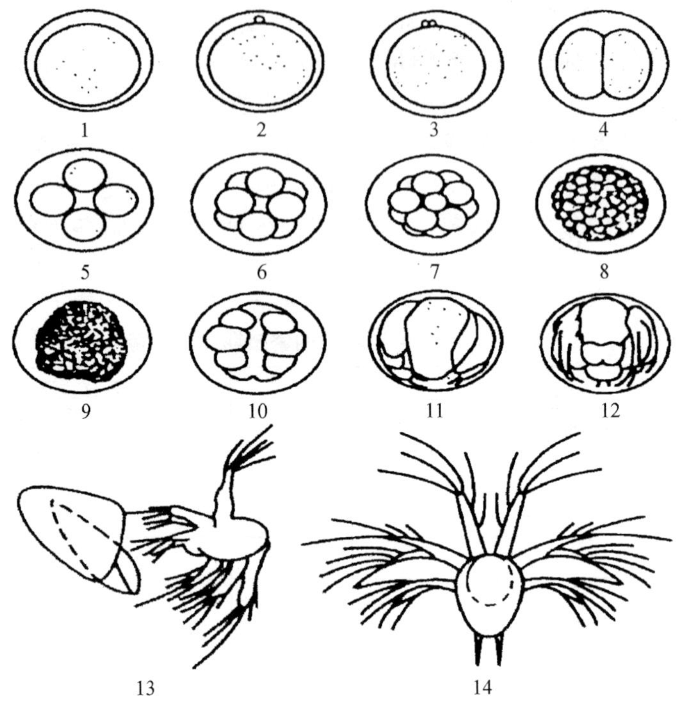

图 2-4　中国明对虾胚胎发育

1. 受精卵；2. 出现第一极体；3. 出现第二极体；4～7. 细胞分裂期；8. 桑葚期；9. 原肠期；10. 肢芽期；11、12. 膜内幼体期；13. 幼体破膜而出；14. 第一期无节幼体

2）溞状幼体

头胸部被头胸甲覆盖，复眼出现，仍具中眼。身体分节，具 7 对附肢，即第一、二触角，大颚，第一、二小颚，第一、二颚足，腹肢尚未出现。溞状幼体分 3 期（图 2-6）。溞状幼体亦营浮游生活，活动于水体中上层，也具明显的趋光性。游泳时肢体滑动幅度很大，做“蝶泳式”水平运动。具有口器和消化器官，开口摄食，以小型浮游生物为食，体后经常拖一细长的粪便。溞状幼体经过 3 次蜕皮后即成为糠虾幼体。

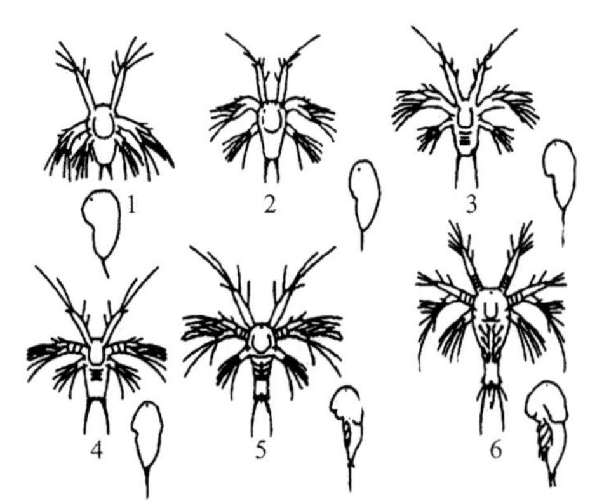

图 2-5　对虾 1～6 期无节幼体

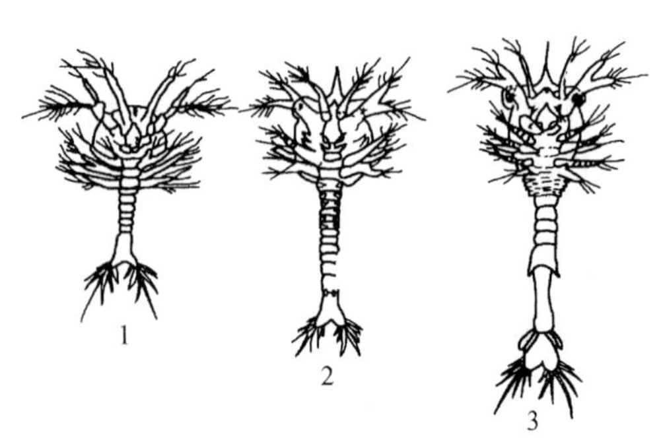

图 2-6　对虾 1～3 期溞状幼体

3）糠虾幼体

头部和胸部愈合，头胸甲增大，后缘覆盖到第 7 或第 8 胸节上。复眼明显，仍具中眼；头胸部附肢俱全，腹肢出现；尾节逐渐增长，尾凹缩小，尾棘逐期缩短；尾肢内、外肢等长或外肢稍长于内肢，已经初具虾形。糠虾幼体分 3 期（图 2-7）。

糠虾幼体具有较深的褐色斑纹，在水中呈倒立状态，悬浮于水的中上层，运动主要是靠腹部弓弹动作，胸部附肢的外肢也辅助运动。糠虾幼体捕食能力增强，以小型浮游动物为食。

4）仔虾

仔虾期又称为幼体后期，体形结构与幼虾相似。颚角上缘小齿随着一次次蜕皮而逐渐增多，下缘齿出现并增加；尾节后缘尾凹和尾棘逐渐消失，尾节逐渐成尖形；第一触角和第二触角的分节增多，步足内肢增大，外肢缩小甚至消失，游泳足发达（图 2-8）。

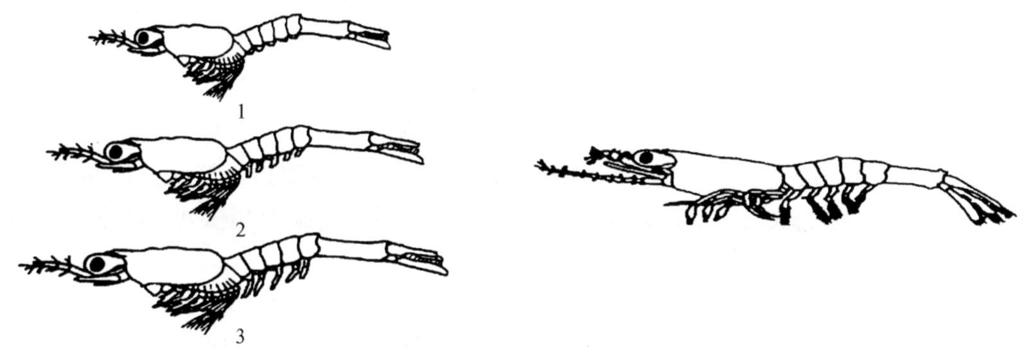

图 2-7　对虾 1～3 期糠虾幼体　　图 2-8　对虾的仔虾

仔虾开始平游，逐渐转入底部生活，或有“贴壁”能力，如斑节对虾。

6. 对虾的生活史

对虾的生活史见图 2-9。

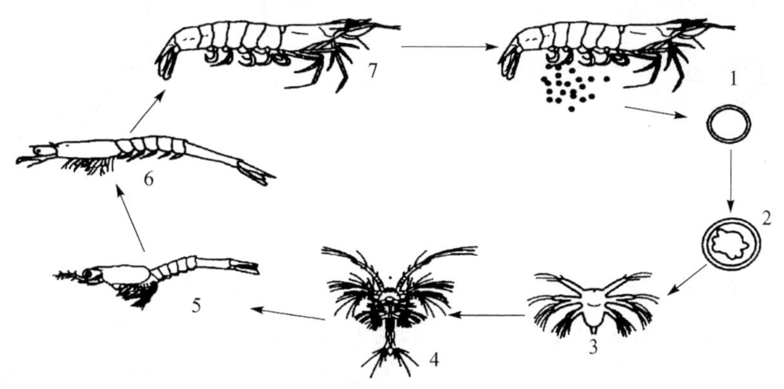

图 2-9　对虾生活史

1. 成虾及受精卵；2. 胚胎发育；3. 无节幼体；4. 溞状幼体；5. 糠虾幼体；6. 仔虾；7. 幼虾

任务二 主要养殖蟹类的识别

一、中华绒螯蟹的识别

中华绒螯蟹（*Eriocheir Sinensis H. Milne-Edward*），隶属于节肢动物门、甲壳纲、软甲亚纲、十足目、爬行亚目、方蟹科、绒螯蟹属，因两螯足密生绒毛而得此学名，俗称河蟹、毛蟹、大闸蟹、螃蟹。我国渤海、黄海及东海沿岸诸省均有分布，以长江口的崇明岛至湖北省东部的长江流域及辽宁省、浙江省产量最大。中华绒螯蟹是大型食用蟹类，其肉味鲜美，营养丰富，很受人们欢迎，其养殖技术在我国已普遍推广。

1. 外部形态

身体由头胸部和腹部组成，头胸部的背面被头胸甲所包盖。头胸甲墨绿色、呈方圆形，俯视近六边形，中央隆起，表面凹凸不平。头胸甲前缘正中为额部，有 4 个齿突，称为额齿，居中一缺刻最深，左右两侧缘各有 4 个锐齿，叫侧齿，第四侧齿小而明显，额后有 6 个突起称疣状突。额部两侧有 1 对长柄的复眼，复眼内侧横列于额下有 2 对触角（图 2-10）。

头胸甲的腹面除前端为头胸甲所包裹外，大部分被腹甲。腹部灰白色，紧贴在头胸部的下面，称为蟹脐，共分 7 节。雌蟹的腹部为卵圆形或圆形，俗称“团脐”；雄蟹腹部呈细长钟状或三角形，俗称“尖脐”，这是鉴别雌雄的主要标志之一（图 2-11）。但幼蟹期雌雄个体腹部均为三角形，不易分辨。

图 2-10 中华绒螯蟹

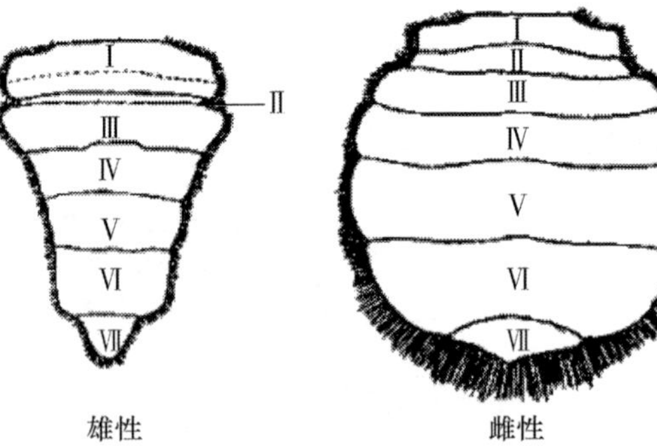

图 2-11 中华绒螯蟹的腹部

身体上共有 5 对步足。第 1 对步足呈棱柱形，末端似钳，并密生绒毛为螯足，用于取食和抗敌；第 4、5 对步足呈扁圆形，末端尖锐如针刺，是主要爬行器官，长节末端前角各有 1 尖齿；第 2、3 节之间有短而稀的绒毛，主要起协助游泳的作用。雌性腹肢 4 对，位于第 2 至第 5 腹节，双肢型，密生刚毛，内肢主要用以附卵，雄性第 1、第 2 腹节上各具 1 对，其中第 1 对呈骨质化管状，顶端密生刚毛，有交接作用。

2. 内部构造

1）消化系统

由口、食道、肝脏、胃、中肠、后肠和肛门组成。口位于大颚之间，由 1 对大颚、2 对小颚和 3 对颚足自内向外依次层叠而成。食道壁厚、短且直，末端通入膨大的胃。胃为三角形的囊状物，由贲门胃与幽门胃两部分构成。贲门胃中有一个咀嚼器，称为胃磨。贲门胃中有厚厚的角质层，错综复杂的横纹肌群，丰富的胃腺和来自肝胰腺的消化液，是研磨、搅拌、初步消化食物的主要部位。幽门胃中有栅状物、梳状物、间壶腹脊、侧室等结构，有过滤食物和防止食物残渣进入中肠的功能。肝脏是唯一的消化腺，体积大，左右两叶，呈橘黄色。中肠是消化吸收的主要部位，与后肠相连，末端为肛门。

2）呼吸系统

鳃是河蟹的呼吸器官，共 6 对，位于头胸部两侧鳃腔内。鳃腔通过入水孔和出水孔与外界相通，水从螯足基部的入水孔进入鳃腔，再由第 2 触角基部下方的出水孔流出。河蟹登陆时，不断地自出水孔向外吐水，嗤嗤作响并形成泡沫；若干露时间长，则第 1 对颚足内肢会将出水孔关闭以防鳃部干燥，故河蟹适宜于长途干运。

3）循环系统

循环系统由心脏、血管和血窦组成，为开管式循环。心脏位于头胸部的中央，略呈五边形，外包一层围心腔壁。血液无色，血液由心脏发出的动脉流出，进入细胞间隙中，然后汇集到胸血窦，经过入鳃血管，进入鳃内营气体交换，再由鳃静脉汇入围心腔，由心脏上的 3 对心孔，回流到心脏，如此循环不息。

4）神经系统

神经系统由脑神经节、眼神经、皮肤神经和触角神经组成。脑神经节位于头胸部的背面，食道之上，口上突之内，略呈六边形。从神经节向前和两侧发出 4 对主要的神经，依次为第 1 触角神经、眼神经、皮肤神经和第 2 触角神经。

5）感觉器官

感觉器官主要由复眼、感觉毛和平衡囊组成。复眼 1 对，由许多小眼组成，有眼柄，通过关节连接，既可直立又可横卧，活动方便自如。感觉毛遍布全身甲壳表面，位于第 2 触角及第 2 对颚足指节上的感觉毛主要起感知味觉作用，身体及附肢上的刚毛具有感知触觉作用。

6）生殖系统

生殖系统由性腺组成，位于背甲之下。雌性生殖器官包括卵巢、输卵管和纳精囊 3 部分，卵巢分为左右相联的两叶，呈“H”形，成熟的卵巢呈酱紫色或豆沙色，非常发达。输卵管很短，在左右卵巢中部外侧，先与纳精囊会合，然后分别开口于第 6 胸节的腹甲和第 5 节中部的生殖孔。雄性生殖器官包括精巢、输精管和副性腺 3 部分，精巢 2 个，乳白色，左右对称，下方各连接 1 条输精管。输精管分为 3 段，前端为腺质部，细而盘曲，能产生分泌物，形成精荚；后端粗大，肌肉发达，形成贮精囊，末端称射精管，射精管在三角膜的下内侧与副性腺汇合，汇合后的一段管径明显变细，开口于腹甲

第 7 节的皮膜突起，称交接器。交接器为细长分枝的管状腺，开口于贮精囊和射精管的交界处，分泌物黏稠，乳白色。

7）排泄器官

触角腺是河蟹的排泄器官，又称“绿腺”，为 1 对卵圆形的囊状物，被覆盖在胃的背面，开口在第 2 触角基部，由海绵组织的腺体和囊状的膀胱组成。

3. 生活习性

1）栖居习性

河蟹喜欢栖息于阳光充足、水质清净、水草丛生、底栖饵料丰富的江河、湖泊内。在有潮水涨落的泥岸和浅滩，往往营穴居生活。在饵料丰富、水位稳定、水面开阔的湖泊、池塘中，隐伏在水草和底泥中过隐居生活。

河蟹对外界环境反应敏捷，喜弱光、畏强光，昼伏夜出，白天多隐蔽在洞穴中，夜晚外出觅食。河蟹生长快，适应性强，适宜生长水温 15～30℃。每年 6～8 月是河蟹活动盛期，此期间摄食量大，生长最快。当水温降至 10℃以下，活动力减弱，开始进入冬眠阶段。

2）食性

河蟹的食性为杂食性，尤其喜食动物性饵料。动物性饵料主要是鱼、虾、螺、蚬、蚌、蚯蚓、水生昆虫等；植物性饵料主要有轮叶黑藻、苦草、金鱼藻、伊乐藻、浮萍、马来眼子菜、南瓜等；人工饵料主要有鱼粉、豆饼、菜饼、小麦、玉米、花生饼等。取食时，主要依靠螯足来捕捉，然后将食物送至口边。

河蟹的食量很大，且贪食。在食物丰盛的夏季，一只成蟹可连续捕食数只螺蛳。在接近性成熟期时不仅夜晚出来觅食，有时白天也出来觅食。雌蟹饱食后，除本身消耗外，多余的营养便贮藏在肝胰腺中，形成蟹黄。蟹的耐饥饿能力也很强，在缺乏食物的条件下，健康的河蟹半个月或更长时间不吃食也不会饿死。

河蟹在养殖过程中，放养密度较大或饵料不足时，常常会为争夺食物而相残。附肢严重缺损的蟹或刚蜕壳的软壳蟹，极易遭到同类的攻击而被蚕食。在食物十分缺乏时，抱卵蟹常会掏取自身腹部的卵来充饥。在人工养殖条件下，投饵一定要多点投放、均匀投喂，动物性和植物性饵料要合理搭配，确保河蟹饵料充足和营养均衡，避免和减少河蟹的争食现象。

3）自切和再生

当河蟹受到强烈刺激、敌害攻击或机械损伤时，常常会将残肢从基部压断的自切现象。数天后，在肢体断落处会长出 1 个半球形的瘤状物，继而延长成棒状，重新长出附肢来。新长成的附肢虽比原来的小，但同样具有取食、运动和防御的功能，这种现象称为“再生”。河蟹的“自切”、“再生”主要是为了保护自己、防御敌害，是自然界适者生存的结果。所以，常看到蟹的 2 只螯一大一小，或第一、第二只步足特别细小。

4）蜕壳与生长

在正常情况下，河蟹一生大约蜕壳 20 次。身体的增大、形态的改变和断肢的再生均与蜕壳有关，蜕壳贯穿于整个生命活动过程中。

河蟹的幼体阶段，通常 2～3d 或 3～5d 蜕皮变态 1 次，约经几秒或十几秒即完成蜕壳。随着河蟹的生长，蜕壳间隔时间逐渐拉长，幼蟹在水温、饵料适宜的条件下，5～6d 蜕壳 1 次；而体重 15～20g 的幼蟹则 10 多天蜕壳 1 次。河蟹蜕壳需要浅水、弱光、安静和水质清新的环境，并喜欢躲藏在水生植物下蜕壳，晚间是蜕壳高峰时段。河蟹在蜕壳过程中，如受外界干扰或发生障碍（如某附肢蜕不出等），将使蜕壳时间延长，甚至会因蜕壳不遂而死。

河蟹通过蜕壳而生长，幼体期间每蜕 1 次壳，身体可增大 1/2；以后随着个体的增大，每蜕 1 次壳，头胸甲增长 1/6～1/4。河蟹的生长受水质、水温、饵料等环境因子制约，饵料丰富，则蜕壳次数多，生长迅速；环境条件不良，如咸水、高温等，则停止蜕壳，生长缓慢。

4. 繁殖习性

俗话说“西风响、蟹脚痒”，意喻河蟹在淡水中生长育肥，每年秋冬之交，完成成熟蜕壳后便在池塘内成群结队地“转圈”，这就是河蟹拟向河口浅海处迁移的标志。在迁移过程中，性腺逐步发育，最后在咸淡水中发育成熟，并完成交配、产卵、孵化等过程。每年 12 月到翌年 3 月是河蟹交配产卵的盛期。当水温在 8℃以上、盐度为 8～33，达到性成熟的雌、雄河蟹就会发情，顺利完成交配。

1）抱对

雌、雄亲本一旦受到咸淡水的刺激，开始发情。雄蟹追逐雌蟹，并用大螯钳住雌蟹步足，雌蟹便将螯足、步足收拢，任凭雄蟹携足而行。待雄蟹找到安静且弱光处或有荫蔽处，便将雌蟹松开并伸展步足，雌蟹往往静待于雄蟹腹下。

2）交配

当河蟹发情抱对时，雌蟹打开腹部，暴露出胸板上的 1 对生殖孔，雄蟹将腹部内侧的 1 对交接器插入雌蟹腹部，其尖端的生殖肢钩住雌蟹生殖孔上呈三角形的小突起，使交接器对准生殖孔。雄蟹通过交接器，将精荚输入雌蟹生殖孔内的纳精囊内。待纳精囊中贮满精荚时交配过程完成。一般交配时间需数十分钟。河蟹有多次重复交配的习性。

3）产卵

交配后的雌蟹，在水温 9～12℃、海水盐度 8～33 时，经 7～16h 产卵。雌蟹在产卵前，先将身体埋在泥沙中，并用步足支撑身体，抬高头胸部，打开腹脐。产卵时，从生殖孔呈喷射状地产出附着精子的卵粒，精子遇咸水被激活，就完成了受精作用。

4）搅卵附卵

受精卵开始没有黏性，像一团糨糊兜在雌蟹腹部，由其腹部附肢不断搅动卵粒，使其吸水膨胀，并产生黏性，附着在附肢的刚毛上，呈葡萄串状，此时的雌蟹称为抱卵蟹。从卵受精至卵粒产生黏性所需的时间很长，通常需要 1 周左右。雌蟹在无泥沙的水泥池中进行人工促产，无法形成良好的抱卵、黏卵的生态环境，尽管雌蟹的产卵数量很多，但往往抱卵量很少，有部分雌蟹产卵不抱卵。此外，亲蟹的人工促产应在安静的环境下进行，严禁人为干扰。否则，也容易造成雌蟹产卵后少抱卵、不抱卵的现象。雌蟹的怀卵量很大，一般体重 100～200g 的个体，怀卵量可达 20 万～90 万粒。

5）幼体发育

幼体期包括溞状幼体、大眼幼体（俗称蟹苗）和仔、幼蟹期 3 个阶段（图 2-12）。刚孵出的河蟹幼体形态、大小略似水溞，故称溞状幼体，经 5 次蜕皮发育至大眼幼体；大眼幼体经 1 次蜕皮变成仔蟹；幼蟹经多次蜕壳才逐渐长成成体。

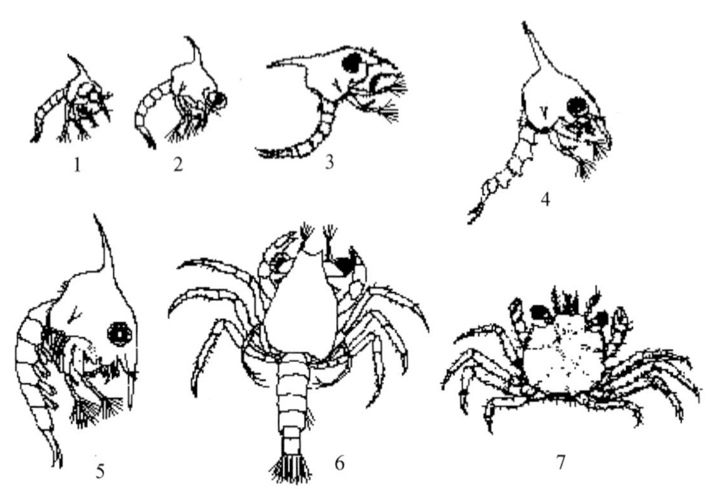

图 2-12　中华绒螯蟹各期溞状幼体、大眼幼体及幼蟹

1～5. 第Ⅰ～Ⅴ期溞状幼体；6. 大眼幼体；7. 幼蟹

第Ⅰ期溞状幼体：幼体经第 1 次蜕皮后，第 1、2 对颚足外肢第 2 节末端的羽状刚毛 4 根，腹节 4 节，尾叉内侧缘的羽状刚毛为 3 对。

第Ⅱ期溞状幼体：幼体经第 2 次蜕皮后，第 1、2 对颚足外肢末端的羽状刚毛增至 6 根，尾叉内侧缘的羽状刚毛也为 3 对。

第Ⅲ期溞状幼体：幼体经第 3 次蜕皮后，第 1、2 对颚足外肢末端的羽状刚毛增至 8 根，腹节 5 节，腹肢双肢型原基生成，步足原基出现，尾叉内侧缘的羽状刚毛为 4 对。

第Ⅳ期溞状幼体：幼体经第 4 次蜕皮后，第 1、2 对颚足外肢第 2 节末端羽状刚毛增至 10 根，腹肢原基乳状突起，尾叉内侧缘的羽状刚毛也为 4 对。

第Ⅴ期溞状幼体：幼体经第 5 次蜕皮后，第 1、2 对颚足外肢羽状刚毛增至 12 根，尾叉内侧缘的羽状刚毛增至 5 对。步足分节伸出头胸甲外。螯足形成，腹肢棒状突起。

大眼幼体：是第Ⅴ期溞状幼体蜕皮变态而成。大眼幼体体型扁平，第 2 至第 4 对步足的指节内侧成锯齿状，第 5 对步足的指节顶端有 3 根具齿的不等长刚毛，腹肢丛生羽状刚毛，但第五对腹肢的刚毛特长，为 12 根。

仔、幼蟹：大眼幼体蜕皮即成为仔蟹，呈椭圆形，5 对胸足，各对步足的外内侧有不规则的刺，腹部附肢退化，形态与成蟹相似。仔蟹似黄豆大小，故也称豆蟹。仔蟹继续上溯进入江河、湖泊中生长，经过若干次蜕壳，逐步生长为幼蟹（蟹种）。幼蟹体形渐近方形，能爬行和游泳，开始掘洞穴居。此后，随着个体不断增长，幼蟹蜕壳间隔时间也逐渐拉长。

二、三疣梭子蟹的识别

三疣梭子蟹（*Portunus trituberculatus*），隶属于节肢动物门、甲壳纲、十足目、梭子蟹科，俗称梭子蟹、白蟹、膏蟹、蓝蟹。主要分布于中国、日本及朝鲜等海域，是我国沿海重要的经济蟹类。由于其具有食用价值高、生长速度快、适应环境能力强、国内外市场价格稳等特点，现已成为海水养殖的主要品种之一。

1. 形态特征

身体由头胸部、腹部和附肢组成。头胸甲呈梭形，稍隆起，表面有3个显著的疣状隆起，1个在胃区，2个在心区。其体型似椭圆，两端尖尖如织布梭，故有三疣梭子蟹之名（图2-13）。两前侧缘各具9个锯齿，末齿特别长大，向左右伸延。额缘具4枚小齿。额部两侧有1对能转动的带柄复眼。有胸足5对。螯足发达，长节呈棱柱形，内缘具钝齿。第4对步足指节扁平宽薄如桨，适于游泳。

图2-13　三疣梭子蟹

腹部位于头胸甲腹面后方，覆盖在头胸甲的腹甲中央沟表面，俗称“蟹脐”。雄性腹部呈窄三角形，腹部的附肢退化，第1、2腹节的附肢变为生殖器，游泳足各节边缘有许多短毛。雌性腹部在性腺未成熟时呈钝三角形，性成熟后呈椭圆形。卵子产出后即附于附肢上，头部附肢包括3对触角、1对大颚、2对小颚，胸部附肢包括3对颚足、1对螯足、4对步足，腹部附肢有4对。

生活于沙底的个体，头胸甲呈浅灰绿色，前鳃区有一圆形白斑，螯足大部分为紫红色带白色斑点，一部分或整个腹面为白色。前3对步足长节和腕节也呈白色，掌部为蓝白色，软毛棕色，指节紫蓝色或紫红色，第4对步足为绿色带白斑点，指端紫蓝色。生活在海草间的个体体色较深。

2. 生活习性

三疣梭子蟹白天潜伏海底，夜间出来觅食，有明显的趋光性。池塘养殖的梭子蟹，日出日落时会出现比较明显的昼夜垂直移动现象。无钻洞能力，池塘养殖不必设防逃设施。水温在18℃以下时，喜欢潜伏在池塘边的沙堆里。

三疣梭子蟹属于杂食性动物，喜欢摄食贝肉、鲜杂鱼、小杂虾等，也摄食水藻嫩芽、动物尸体，甚至也食同类。不同的生长阶段食性有所差异，在幼蟹阶段偏于杂食性，个体越大越趋向于肉食性。通常白天摄食量少，晚上摄食量很大。但水温在10℃以下和32℃以上时，梭子蟹停止摄食。

3. 繁殖习性

繁殖季节因地区而异。一般3月下旬左右，三疣梭子蟹开始向近岸移动，5月底前后便形成了产卵群，大批蟹群向沿海各地浅海处的产卵场进行繁殖洄游。产卵繁殖的群体主要由1～2龄的亲蟹组成。雌蟹第12次蜕皮、雄蟹第13次蜕皮称为“成熟蜕皮”。越冬的三疣梭子蟹其交配时间为每年的7～8月，而当年生的三疣梭子蟹交配盛期在9～10月。天然产的雌蟹最小甲壳宽13cm、体重230g可进行交配，人工养殖的甲壳宽12cm、体重200g可进行交配。在雌蟹未蜕壳前，雄蟹持续追逐2～5d，有时长达10d，一旦雌蟹蜕壳即行交配。一般只交配1次，所需时间2～4h，秋季交配后纳精囊内的精子，一直贮存到翌年春季。

三、锯缘青蟹的识别

锯缘青蟹（*Scylla serrata*），隶属于节肢动物门、甲壳纲、十足目、梭子蟹科，青蟹属，俗称青蟹或红鲟。盛产于热带、亚热带及温带沿海的半咸水海区，在我国主要分布在长江口以南沿海。因其具有生长迅速、肉质鲜美、营养价值高的特点，深受养殖户的青睐。国内外市场需求量的日趋增大，刺激了锯缘青蟹养殖业的快速发展。

1. 形态特征

锯缘青蟹（图2-14）因体色青绿而得名。头胸甲略呈椭圆形，表面光滑，中央稍隆起，分区不明显。甲面及附肢呈青绿色。背面胃区与心区之间有明显的“H”形凹痕，额有4个突出的三角形齿，较内眼窝突出，前侧缘有9枚中等大小的齿，末齿小而锐，指向前方。螯足壮大且不对称。前3对步足指节的前、后缘有短毛，末对步足的前节与指节扁平呈桨状，适于游泳。胸板呈灰白色，其中央部分向后陷落形成腹沟，腹部即盖其上，腹部曲折紧贴胸板下方，俗称蟹脐（腹脐）。腹脐分7节，雄蟹腹脐呈宽三角形，雌蟹的呈宽圆形。

图2-14 锯缘青蟹

2. 生活习性

锯缘青蟹属滩栖游泳蟹类，生活在潮间带泥滩或泥沙质的滩涂上，喜停留在滩涂水洼及岩石缝等处。白天多穴居，夜间四处觅食，尤其在涨潮的夜晚显得更为活跃。低潮水浅的夏天，多数蟹潜伏泥底以避暑热，有时可见成群锯缘青蟹在干热时用步足撑起体躯离开高温的滩面乘凉；天气寒冷的冬天，在低潮浅滩附近掘穴过冬。在水中依靠末对步足频频划动向左、右前方前进，但多数情况下随水流而动，受惊或遇障碍可迅速后退，在滩面上则以步足爬行。

锯缘青蟹生存水温7～37℃，适宜生长水温15～31℃，水温降至7～8.5℃时，停止摄食与活动，进入休眠与穴居状态。水温稳定在18℃以上时，雌蟹开始产卵，幼蟹频频蜕壳长大。当溶解氧大于2mg/L时，摄食量最大。生存盐度2.6～55，适宜范围6.5～33，最适盐度12.8～26.2，但难以适应盐度的剧烈变化，盐度突变会生“红芒”

和“白芒”两种疾病，甚至死亡。耐干能力较强，离水后只要鳃腔里存有少量水分，鳃丝湿润，便可存活数天甚至数十天。

锯缘青蟹食性为以动物性饵料为主的杂食性。食物组成中以软体动物和小型甲壳动物为主，还常以滩涂蠕虫为食，也食小鱼、小虾和植物茎叶。人工养殖时，对饵料的要求不高，小杂鱼、虾、小型贝类（蓝蛤、寻氏肌蛤、河蚬、螺蛳等）、豆饼、花生饼均可。有同类互相残杀的习性，常捕食刚蜕壳的软壳蟹。

3. 繁殖习性

雌蟹多在水面宽阔、水流较缓之处产卵，在河口生活的雌蟹要迁移至海中产卵，所以自然海区的锯缘青蟹在繁殖时常要离岸作短距离洄游到深海处产卵。一般来说，锯缘青蟹1年达性成熟，甲壳宽8cm，体重150g以上的雌蟹就能进行交配。繁殖季节较长，但因地而异。交配前，雌蟹先行生殖蜕壳，在其新壳尚未硬化之前，雄蟹与其交配，交配时间可持续1～2d。交配期间锯缘青蟹没有食欲，即使投饵也不进食。交配后精子贮存于雌蟹纳精囊内，能存活数月。雌蟹卵子成熟后经输卵管至纳精囊与精子结合成受精卵，受精卵即由雌性生殖孔排出黏附于腹肢刚毛上。排出的卵初为黄色，此时的雌蟹就成为抱卵蟹。雌蟹的产卵量约为200万粒。孵出的幼体随潮流到近岸，在潮间带和沼泽地觅食生长。

任务三　凡纳滨对虾养殖

一、凡纳滨对虾养殖现状分析

凡纳滨对虾原产于美洲太平洋沿岸水域，主要分布在秘鲁北部至墨西哥湾沿岸，以厄瓜多尔沿岸分布最为集中，是世界养殖产量最高的三大优良虾种之一。国外从20世纪70年代起将其选为重要养殖品种，先后完成了种虾培育、交配、育苗和高密度养成的科研工作，形成了产业化生产。1987年中国科学院海洋研究所从美国夏威夷引入中国，1998年起，广东、广西及海南等地沿海引进种虾与虾苗，开始规模化养殖。由于养殖效益显著，规模不断扩大。2001年以后，凡纳滨对虾成为我国对虾养殖的主导品种，除沿海地区养殖外，云南、重庆、江西、湖南及湖北等地也开展养殖。

凡纳滨对虾作为世界性的养殖对象，具有以下显著优点：①体大壳薄，肉质鲜美，出肉率高；②抗病、抗逆能力较强，离水存活的时间长，有利于鲜活运输；③食性杂，饲料的粗蛋白质含量25%～30%即可满足其营养需要；④生长快、养殖周期短，在水温25～35℃条件下，幼虾经60d左右养殖，即可养至体长10～12cm、体重10～15g的商品虾；⑤繁殖时间长，可常年开展苗种生产；⑥不仅适应海水及半咸水养殖，也适于淡水养殖。2003年，凡纳滨对虾被全国水产良种审定委员会确定为适宜在我国水产养殖推广的引进种。

二、凡纳滨对虾的识别

1. 形态特征

凡纳滨对虾（*Penaeus vannamei*），隶属于节肢动物门、甲壳纲、十足目、游泳亚目、对虾科、对虾属、开放型对虾亚属，又名南美白对虾、白对虾（图 2-15）。外形酷似中国对虾，成体最长可达 24cm，甲壳较薄，正常体色为浅青灰色，全身不具斑纹。额角尖端的长度不超出第一触角柄的第二节；头胸甲较短，与腹部的比例约为 1∶3；额角侧沟短，到胃上刺下方即消失；头胸甲具肝刺及鳃角刺，肝刺明显；第一触角具双鞭，内鞭较外鞭纤细，长度大致相等，但皆短小，约为第 1 触角柄长度的 1/3；第一至第三对步足的上肢十分发达，第四至第五对步足无上肢，第五对步足具雏形外肢；腹部第四至第六节具背脊；尾节具中央沟，但不具缘侧刺。雌性成虾不具纳精囊，为开放型外生殖器。

图 2-15　凡纳滨对虾

2. 生活习性

1）栖息习性

凡纳滨对虾是广温、广盐性热带虾类，自然栖息于水深为 1～72m、水温为 25～32℃、盐度为 2～34 的海区。幼虾多生活在离岸较近的海域，至成虾时离开浅水区到离岸较远、水深为 70m 左右、水温为 26～28℃、盐度为 34 的较深海区生活，并在那里成熟、交配、产卵、孵化出幼体。等幼体长至仔虾后，开始向河口、港湾等浅水海域游动并定居，经过几个月生长，至成虾时再回到深水海域生活。

凡纳滨对虾对盐度适应能力很强，适宜盐度范围为 3～40，最适生长盐度为 10～25，在逐渐淡化的情况下，可在盐度为 0.5 的淡水中生长，但低于该盐度时，会造成仔虾死亡。因此，在内陆养殖过程中，应向淡水中添加一定量的海水或食盐。凡纳滨对虾在盐度较低条件下生长较快，但口味与品质略有下降。因此，较低盐度条件下养殖的凡纳滨对虾，在收虾前 1～2 周，应逐渐提高盐度驯化，有助于提高品质，使口味变佳。

凡纳滨对虾为热带性虾类，适应水温为 15～36℃，生长最适水温为 25～32℃。对低温的适应能力稍差，水温低于 18℃时摄食下降，9℃时基本停食。水温长期处于 18℃以下或 33℃以上时，虾体处于胁迫状态，抗病力下降，食欲减退或停止摄食，易引起疾病致死。

2）食性

凡纳滨对虾为杂食性对虾，在自然海区，夜间活动频繁，白天则相对安静。在人工养殖条件下，白天与夜间均可摄食，夜间摄食量较大，约占 70%；日投喂 3～4 次比日投喂1～2次生长快。凡纳滨对虾对饲料蛋白的要求比其他虾类低，25%～30%的蛋白含量即可满足其营养需求。用优质配合饲料养殖，生长速度更快。对饲料的消化效率较高，正常生长情况下，投饵量占其体重的5%（湿量）；但在繁殖期间，特别是卵巢发育中、后期，摄食量会明显增大，通常为正常生长期的2倍。

3. 蜕壳与生长

凡纳滨对虾的生长要经过多次蜕壳。幼体阶段，在水温28℃时，每30～40h蜕壳1次，数小时内新壳变硬；成虾阶段每20d左右蜕壳1次，1～2d变硬。雌虾成熟需要12周以上，平均寿命可以超过32个月。

凡纳滨对虾性温和，自相残杀少，养殖成活率可达80%以上，养殖产量高，适宜高密度集约化养殖。在水温为25～32℃，放养密度合适和饲料充足的条件下，幼虾经过70～80d养殖，体重可达15～20g，即50～70只/kg，增长速度是中国明对虾的1.3倍。

4. 繁殖习性

凡纳滨对虾为开放型纳精囊，其繁殖特点是雌雄亲虾性腺发育成熟后才交配，完成交配后数小时即产卵受精，产卵时间一般在21时至凌晨3时，烫切眼柄后的亲虾产卵后3～5d又能性腺成熟，再行交配、产卵，产卵次数可达15～20次，但连续产卵3～4次后要蜕壳1次。凡纳滨对虾繁殖期较长，人工培育条件下几乎全年能进行苗种生产。但由于产卵不集中，特别是在北方地区短期内不易获得大量受精卵。

三、凡纳滨对虾的苗种生产

凡纳滨对虾的苗种生产技术已经比较成熟，能按计划进行大批量生产。人工育苗主要技术环节包括亲虾的选择与培育、促熟与交配、产卵与孵化、幼体培育、虾苗淡化等。

1. 亲虾选择与培育

由于凡纳滨对虾是引进种，我国自然海区中没有分布。因此，繁殖所用的亲虾一般从养殖群体中选留。亲虾应选择体表光滑无寄生虫，大小均匀、无病无伤、健壮、体重达50g以上者。淘汰身体疲软、体色异常、黑鳃烂鳃和身粘异物以及有外伤的个体。有条件的育苗单位，应选择由检疫部门检疫不带特定病原的健康虾作为后备亲虾（SPF亲虾）。

凡纳滨对虾育苗期一般从3月份开始。亲虾培育在室内培育池中进行，最好雌雄分池培育，培育密度为5～10尾/m^2。培育用水为经过砂滤的洁净海水，控制水温为26～28℃、盐度为27～32、pH为7.8～8.3，光照强度为500～2000lx，充气培育。亲虾培育期间，投喂营养价值高的活沙蚕、鲜牡蛎、鲜鱿鱼等优质饲料，以促进性腺发育，日投饵量为虾体重的10%左右。每天换水吸污，日换水量为1/4～1/2。

2. 亲虾的促熟与交配

为了达到批量繁育虾苗的目的，需要切除雌虾一侧的眼柄，促进性腺发育成熟。亲虾在室内培育一段时间适应培育池内环境条件后，即可进行夹烫法单侧眼柄切除手术。术后亲虾放回原池培育。雌虾术后3～5d卵巢开始快速发育，术后7～10d性腺即可发育成熟。每天注意观察雌虾性腺发育情况及有无蜕壳等。通常切除眼柄后可延长蜕壳间隔时间，20～30d蜕壳1次。雄虾体长达14cm后精荚即可成熟并能与雌虾进行交配。但雌虾只有在性腺发育成熟后才容易接受交配，并接纳精荚。因此，每天应将性腺已发育成熟的雌虾在中午之前挑出，同时选择2～3倍于雌虾数的雄虾一并放入产卵池中让其自然交配。凡纳滨对虾交配多在下午日落前后。交配时，雄虾排出精荚黏附在雌虾胸部第四至第五对步足之间，交配后数小时，雌虾开始产卵，精荚同时释放精子，精卵在水中完成受精作用。

为防止已经交配过的亲虾移动时造成精荚丢失，交配池同时作为产卵池，这样就不用移动亲虾。培育池水深1m左右，培育用水为洁净的过滤海水，往池水中添加2～10mg/L的乙二胺四乙酸二钠螯合重金属离子。交配需要在有光条件下进行，可用40～60W的日光灯照明。

在亲虾自然交配率较低的情况下，可考虑精荚人工移植。选取体型较大、第五步足基部乳白色精荚饱满的雄虾，以拇指和食指轻轻捏第五步足基部，精荚即可被挤出，注意精荚不要与海水接触。取雌虾，用纸巾轻轻擦干第四至第五对步足之间的腹部（即开放型纳精囊位置），然后用镊子夹精荚黏附在纳精囊位置上，再小心将雌虾放入产卵池待产。为防止精荚脱落，产卵池内充气量要小，并保持安静。

3. 产卵与孵化

交配过的雌虾一般在前半夜产卵，一次产卵量为10万～20万粒。亲虾在适宜培育条件下，可多次交配产卵。产后亲虾卵巢再次成熟的间隔时间为3～5d。因此，要将产后雌虾小心捞出，并继续进行营养强化培育，促使雌虾再次交配、产卵。

翌日黎明用80目筛绢网箱收集受精卵，先经40目筛绢网框滤除残饵、粪便等杂物后，用过滤消毒海水洗卵。然后，将受精卵放入孵化池孵化。孵化用水为过滤海水，池水中加入2～10mg/L的乙二胺四乙酸二钠，微充气条件下孵化，经过12～14h，即可孵出无节幼体。利用幼体的趋光性进行选优，移入育苗池培育。

4. 幼体培育

幼体培育用水为过滤海水。育苗期间保持育苗水环境稳定，尤其要注意盐度、温度的相对稳定。可使用有益微生物制剂调控水质，使育苗池水具有良好的自净能力。根据幼体发育不同阶段，投喂不同种类的饵料。常用的饵料有单胞藻（角毛藻、骨条藻、金藻、扁藻）、轮虫、卤虫无节幼体及成体贝肉糜及微型配合饲料等。当无节幼体变态为溞状幼体时，及时投喂单胞藻等为开口饵料，并随幼体发育逐步增加投喂量和更换饵料种类。投喂量根据幼体密度及摄食情况而定，日投喂次数一般为6～8次。

1）无节幼体

培育密度以 10 万～15 万只/m^2 为宜，池水位为 0.8～1.0m，水温为 28～30℃，盐度 25～35，微充气条件下培育，32～35h 发育至溞状幼体。

2）溞状幼体

培育水温为 29～31℃，盐度为 25～35，微沸腾状充气。以单胞藻为主要饵料，若单胞藻不足，可投喂微型配合饲料；溞状幼体Ⅲ期起可加投轮虫。每日添加适量新水，到溞状幼体Ⅲ期时加满池水。此期为 4～5d。

3）糠虾幼体

培育水温为 30～31℃，盐度为 20～35，沸腾状充气。投喂饵料为轮虫、卤虫无节幼体、微型配合饲料等。日换水量为 20%～30%。此期为 4～5d。

4）仔虾

培育水温为 31～32℃，沸腾状充气。投喂饵料为卤虫无节幼体及成体、贝肉糜及微型配合饲料等。日换水量 30%～50%。仔虾第 5d 后逐渐附壁或底栖。仔虾体长达 1.0cm 时可出苗。出苗前 2d 开始逐渐降低水温。

5. 虾苗淡化

仔虾第 5d 开始进入底栖、附壁生活，此时可开始淡化。开始几天，每天降低盐度 3～5 个单位；当盐度降至 5 以下时，每天降低盐度 1 个单位；每下降 1 个梯度，稳定 1～2d 后再降，直到和养殖池的盐度一致。虾苗的淡化培育期间要保证饲料的数量与质量，适当增加换水量，保持池水水质良好。

四、凡纳滨对虾的养成

1. 池塘的建造

养殖池塘应建在水源水质好、泥沙或沙泥底质的地方，池塘水深在 1.5m 以上，进、排水分开，配备增氧设施。有条件的，池底可设中央排水口，池堤用水泥护坡或塑料薄膜铺坡、铺底。凡纳滨对虾养殖要求较低盐度，养殖池塘最好建在半咸水的内湾或河口地区以及淡水水源丰富、能调节盐度的地区，或者在养殖场附近打井，用配套设施引进淡水，有了较丰富的淡水资源就能按生产需要调节适宜的盐度，促进凡纳滨对虾的生长。

2. 放养前的准备

1）池塘的清整

（1）清淤。对老塘或鱼塘改造的虾塘必须排干水，利用人工或机械将淤泥移出池外，低位池塘淤泥不能超过 10cm，高位池或中间有排污系统的，应彻底清除。淤泥过厚，在养殖过程中化学需氧量和生物需氧量太高，容易造成虾缺氧“浮头”。

（2）晒池。封闭闸门，曝晒池底，最好在曝晒过程中翻耕池底，有利于底泥有机物的充分分解。

2）药物消毒

放苗前20d，进水10～20cm，用药物对池塘进行消毒，杀灭致病微生物、小虾蟹等病原携带者和敌害鱼类。常用消毒药物及使用量为：①生石灰，每亩用75～120kg化水后全池泼洒；②漂白粉（有效氯为25%～32%），50～70mg/L；③二氧化氯，0.3～0.5mg/L；④茶籽饼，10～15mg/L。

3）进水培养基础饵料

放苗前7～10d，排干池水后进新水30～40cm，进水口用60～80目筛绢网过滤。然后，施肥培养基础饵料，每次施肥量为：每亩施氮肥（尿素等）3.0kg，施磷肥（过磷酸钙等）0.5kg。每隔几天施追肥1次，具体视池水色及饵料生物繁殖情况而定，使池水色保持黄绿色或黄褐色，并逐步加水到70～80cm，水的透明度控制在30～40cm。虾塘内施肥要少而勤，做到“三不施”，即水色浓不施，阴雨天不施，中午、晚上不施。

3. 虾苗的选择与放养

1）虾苗选购

优质虾苗的标准是：①大小均匀，附肢完整，体长在1cm以上；②游泳活泼，弹跳有力，逆流能力强，附壁现象明显；③体表清洁，光滑透明，肌肉不混浊，全身无病灶；④在仔虾6期及10期两次观察，生长正常，摄食旺盛。淡水地区的养殖用苗，需要在育苗厂进行7～10d的淡化，出厂时池水盐度与养殖池塘的盐度相同。

提倡用科学检测技术选择优质虾苗，可取若干尾虾苗送专业部门进行流行病病毒的快速检验，也可购买诊断试剂盒自行检测，选择呈阴性（不带病毒）的虾苗进行养殖。

2）虾苗放养

放养时间一般在水温稳定在20℃以上的5月下旬以后，以23℃以上更为适宜。放养密度根据池塘条件、增氧设施、水源水质和养殖技术管理水平等条件而定。条件较好的池塘，每亩放养规格为1cm的虾苗4万～5万尾；一般池塘，每亩放养2万～3万尾；高位池精养池塘，每亩放养6万～10万尾。

虾苗运输宜在上午或傍晚或夜间进行，一般采用尼龙袋加水充氧，装在泡沫箱内运输。虾苗运到养殖池塘后，应将苗袋直接放入池水中漂浮20min，使袋内水温与池水水温相接近。然后解开袋口，让池水慢慢进入袋内，再提起袋角，将虾苗缓缓放入池中。放苗应在虾塘的上风头，不要在迎风头放苗；要避免在浅水处或闸门附近处放苗；避免在中午太阳曝晒时或雨天放苗。

放苗后应留出100尾虾苗放在池塘中的一个小网箱里暂养1周，计算其成活率，并以此作为饲料投喂量计算依据以及确定是否需要补苗。

4. 养殖水环境的控制

“养虾先养水，水好即虾好”。水环境是对虾赖以生存的空间，它直接影响对虾的成活率和生长速度。调控水质就是要控制好池水的水色、透明度、pH、溶解氧、氨氮、亚硝酸盐等的含量。养殖水质要求保持黄绿色或褐黄色；透明度前期为30～40cm，后期为40～50cm；pH为7.8～8.6，最好在8.2～8.6；溶氧量保持在4.0mg/L以上；氨氮为0.6mg/L以下，亚硝基氮为0.02mg/L以下。水质调控主要技术措施有以下几方面。

1）养殖用水的处理及添换水

养殖用水必须经过60目筛网过滤。海水池塘养殖凡纳滨对虾，最好设海水沉淀池，海水经过沉淀和50～80mg/L漂白粉消毒，2d后供养虾池使用。淡水池塘养殖凡纳滨对虾，进水后要调节好池水盐度。一般虾苗放养后3d可开始加水，有淡水水源的海水养殖池塘最好添加淡水或沉淀消毒后的海水，尽可能不用未经消毒处理的海水。养殖前期，以添加水为主，以后随着虾的逐渐长大，视水质情况适量换水。养殖中期，可少量换水，主要维持水质的稳定。养殖后期，每天或隔天换水1次，换水量在10%～20%，以确保水质新鲜。每半月用二溴海因0.2～0.3mg/L（或溴氯海因0.5mg/L）或10～15mg/L生石灰全池泼洒，消毒水体，交替使用。由于凡纳滨对虾生长过程中需要水体中有一定含量的氯化物，淡水池塘养殖凡纳滨对虾，要尽量控制换水量，及时添补换水流失的钙镁离子。

2）池水水色的调控

理想的水色是黄绿色或茶褐色、清爽亮泽，这是由单细胞绿藻或硅藻为主形成的水色，单细胞绿藻对维持池水环境平衡起重要作用。水色培养的方法是在池中按比例施放氮肥和磷肥或复合肥。养殖前期，水色要稍浓些，瘦水池塘早期可施放有机肥，施追肥的间隔时间及施肥量视池中水色、透明度、pH情况灵活掌握。养殖中后期，随着残饵及虾的排泄物增多，一般水色会变深，此时应适量换水或施用一定量的生石灰来调控水质；也可施用光合细菌、EM菌等有益微生物降解水体中的有机物和残饵，减少有机耗氧，稳定池塘水质；同时可施放沸石粉，每亩用量为20～30kg，每月1～2次，以吸附池底氨氮、硫化氢等，减少pH和藻相的波动，有效改善底质和水质。

3）池水pH及溶氧量的调控

凡纳滨对虾适宜的pH为7.8～8.6，但在养殖的中、后期会出现pH为9.0的峰值。因此，在养殖过程中应控制pH，不宜过高，否则会增加氨氮的毒性，抑制对虾的生长。

在凡纳滨对虾的养殖过程中，随着虾体的增长，对水中溶氧量的需求也越来越大。因此，养虾池塘要配备增氧机，一般每1500m^{2}池塘面积配备1台增氧机。养殖前期，视水质状况可采取间歇性中午开机1～2h；养殖中期，开始时一般在晴天中午开机2h，黎明开机2～4h，以后逐渐延长开机时间，特别是高温季节和夏秋之交的冷热空气交替变化频繁的季节，最易发生缺氧"浮头"和"泛塘"。每天开机时间宜在15h以上，必要时24h连续开机，以保证池水溶氧量维持在5mg/L、池塘底层溶氧量在3mg/L以上。

5. 投饲管理

1）饲料选择

养殖前期，池内基础饵料丰富时，可先不投喂，随着基础饵料的消耗，逐渐投喂一些蛋白质含量高的优质饲料，如无病原体的鲜活饲料、自制的幼虾饲料和一些饲料公司专业加工的配合饲料；中、后期则选用相应蛋白质含量的专用配合饲料，也可根据配方自制配合饲料鲜投，间隔投喂添加有维生素C、免疫多糖、中草药等的饲料。

2）投饲量及投饲方法

投饲量要根据虾的个体大小与数量、健康状况、生长情况、天气变化、水环境状况、池内饵料生物和竞争生物的数量、残饵数量等因素灵活掌握。通常情况下，虾的饱胃率达到80%即可。

低密度养殖情况下，虾苗放养后10～15d内以摄食池中基础饵料为主，可以不投或少投饲料；高密度养殖情况下，在放苗后第2d开始投饲。投饲量可按虾体重计算，3cm规格的幼虾，日投饲量为虾总重的8%；以后逐渐减少，虾长至10cm以后，日投饲量降为虾体重的2%～3%。放养虾苗15d后，在池四周池底设置几个$1m^2$、边高为10～15cm的检查网（即食台），定时检查网内饲料剩余情况，确定次日同一餐次的投饲量。一般虾体长在5cm以前以投饵后2h吃完为宜；体长为5～8cm，以投饵后1.5h吃完为宜；体长在9cm以后以1h吃完为宜。

幼苗期投饲应全池均匀泼洒，体长在3cm以后应沿池四周离池壁2m处均匀撒投，日投饲2～4次。傍晚后和清晨前多投，烈日条件下少投；投饵1.5h后，空胃率超过30%的适当增加投喂量；水温低于15℃或高于32℃时少投喂；天气晴好时多投喂，大风暴雨、寒流侵袭（降温5℃以上）时少喂或不喂；对虾大量蜕壳的当日少喂，蜕壳1d后多喂；水质良好时多喂，水质较差时少喂；池内竞争生物多时适当多喂，池内生物饵料充足时可适当少喂。

6. 灾害性天气的应急处理

养殖过程中因台风、暴雨等恶劣天气的影响，池水温度、pH、盐度和溶解氧等因子发生剧变，会引起藻类大量死亡，病原菌集中池底，胁迫凡纳滨对虾产生应急反应、诱发急性感染，进而引起虾大量死亡。对此，应采取相应的预防对策，降低灾害性天气的危害程度。主要对策：①在台风、暴雨来临前，尽量加高养虾池水位，避免大风搅浑池水；②暴雨后应及时排出虾池表层淡水；开增氧机混合上、下水层并增氧；pH偏低时，可洒生石灰水；若发现藻类大量死亡，应立即添加新鲜海水并进行施肥培水；③将高浓度的光合细菌或芽孢杆菌喷洒在沸石粉或沙上撒入池中、沉于池底，改善池底部生态环境；④选择二溴海因、活性碘等对浮游植物杀伤力小的消毒剂进行消毒，但不能与有益菌同时使用。

五、凡纳滨对虾养成期的病害防治

（一）病毒病

凡纳滨对虾养殖生产中危害最严重的病毒病有白斑病和红体病两种，为爆发性疾病，传播快、死亡率高，一旦发生，难以控制。

1. 白斑病

【病原】杆状病毒（WSSV）。

【症状】病虾表现为活力下降，体色正常或变成红、微红或黑褐色，头胸甲与肌肉分离、易剥开，甲壳上有白色圆点，严重者白点连成白斑，鳃发黄，肝胰腺肿大、颜色变淡、糜烂。发病虾几天内大批死亡，大虾比小虾死亡快。

【流行及危害】天气闷热、连续阴雨或暴雨，虾池中浮游生物大量死亡，池水变清及底质恶化均易发生此病，发病适宜温度为24～28℃。

【防治方法】预防措施：①养虾池在放养虾苗之前必须彻底清淤消毒；②放养的虾苗必须为健康虾苗；③养殖用水必须进行过滤、消毒；④养殖过程中，每隔10～15d交替使用生石灰10～15mg/L和二溴海因0.2～0.3mg/L等进行池水消毒，每亩泼洒沸石粉20～30kg和有益微生物，以保持水质良好稳定；⑤定期在饲料中添加0.2%～0.3%的维生素C、0.2%的复合维生素、0.1%～0.2%免疫多糖和1%～2%鱼油等营养性添加剂，增强虾的体质、免疫力及抗病力。

治疗方法：发病后及时捞取病虾，并用二溴海因0.3mg/L、活性碘0.2mg/L等对水体进行消毒。

2. 红体病

【病原】桃拉病毒（TSV）。

【症状】红须、红尾，体色变成茶红色，虾体消瘦，甲壳变软，在水面缓慢游动，肠胃空，活力差，幸存者甲壳上有不规则的黑斑。

【流行及危害】发病时间一般在养殖后30～60d，发病虾规格以6～9cm为多；当养虾池底质老化，氨氮及亚硝酸氮过高，遇气温剧变后的1～2d内、尤其是水温升至28℃后，易发生此病。发病后的病程短，从发现病虾到拒食仅5～7d，之后转入大量死亡，10d之后转入慢性死亡阶段。此病持续10～15d，发病虾死亡率在40%～60%，传染性强。

【防治方法】参考“白斑病”的防治措施。

（二）细菌性疾病

【病原】弧菌或气单胞杆菌。

【症状】病虾体不完整，出现断丝、烂尾、瞎眼、黄鳃、黑鳃、红腿、褐斑和肠炎等症状。患病虾一般在池浅水处或池边缓慢独游，厌食、空胃，肌肉白浊，生产上根据其病症定名。

【流行及危害】红腿病危害最大，死亡率高达90%，养殖中、后期和高温季节易发生此病。养殖密度高、有机质丰富及盐度低的水域易发生烂眼病。

【防治方法】预防措施：①每隔10～15d泼洒二溴海因0.2～0.3mg/L、生石灰10～15mg/L；②投放一定量的光合细菌预防弧菌病的发生。

治疗方法：①二溴海因 0.3mg/L，每 1～2d 泼洒 1 次，连用 3～4d；②同时投喂含新诺明或氟苯尼考等环保类抗生素的药饵。

（三）寄生虫病

【病原】固着类纤毛虫、柱轮虫等。

【症状】表现为黑鳃，附肢、眼、体表全身均呈灰褐色的绒毛状，离群独游，蜕壳困难，易引起继发性感染而死亡。

【流行及危害】有机物污染严重和饲料质量差、对虾营养不良时易发生此病。

【防治方法】预防措施：①适量换水，合理投饲，防止水质过肥；②增氧，保持池水溶解氧充足；③用蜕壳素或茶籽饼 10～15mg/L 促进蜕壳，蜕壳后换水；④用 10～20mg/L 沸石粉全池泼洒，改善池水环境。

治疗方法：①固着类纤毛虫病的治疗可用工业用硫酸锌 1～2mg/L 全池泼洒，次日用溴氯海因 0.3mg/L 消毒，间隔 10d 后再重复泼洒 1 次工业用硫酸锌 1mg/L；②柱轮虫病可先用苦楝等复合中草药杀虫剂 0.2mg/L 杀灭，24h 后全池泼洒二溴海因消毒剂 0.2mg/L，再过 48h 后泼洒枯草芽孢杆菌制剂 0.5mg/L。

六、凡纳滨对虾的收获与运输

1. 收获

凡纳滨对虾经过 75～95d 养殖，平均体重达 50～60 尾/kg 时便可以收获。收获方法有锥形网排水收虾法、虾笼收虾法、电拖网收虾法等。一般先在闸门处安装锥形网放水收虾，待池水位降到 50～80cm，再用电拖网收获，在虾拖网的底网前装置电线，拖曳时同时放电，使虾受刺激跳出、入网口中而被捕获。面积较大的虾池，用锥形网放水收虾效率高、效果好，经过几次反复进排水收捕，可将池中对虾基本收净。

淡水池塘中养殖的凡纳滨对虾，由于其壳较薄，活体运输时因受挤压易导致死亡。最好在起捕前 10～15d 开始逐渐增加池水的盐度，咸化一段时间后使虾壳增厚，壳色变鲜亮，肉味变鲜美，从而提高活虾运输成活率与市场售价。

2. 活虾运输

一般采用桶或水槽盛装海水、装虾、充气、用卡车运输。例如，载重 4t 的卡车可放长 90cm、宽 60cm、深 100cm 的虾桶 8 个，虾桶可用合成木板制成，顶面加盖；每个虾桶可装 8～10 个长方形虾筛，虾筛高 10cm 左右、长宽与虾桶的规格相符，筛框的四壁为木板、上下底为直径 0.5～1.0cm 网目的网片。每辆活虾运输车需配备充气机 2 台，每个虾桶放 2～3 个散气石，充气增氧。装虾时，每个虾筛可装活虾 10～15kg，每辆载重 4t 的卡车 1 次可运活虾 500～800kg。一般运输 10h 以上，成活率达 90%以上。装运活虾的海水要清新，盐度与养殖池相同或高出 2～3。若加冰适当降温，可获得更好的运输效果。

任务四　克氏原螯虾养殖

一、克氏原螯虾养殖现状分析

克氏原螯虾，俗称淡水小龙虾，又称红沼泽螯虾。原产于北美洲，是美国淡水虾的一个重要养殖品种。20 世纪初引入日本，20 世纪 30 年代末由日本传入我国长江流域地区。由于该虾生命力极强，种群发展特别快，成为我国淡水虾类中的重要资源。

克氏原螯虾个体较大，肉味鲜美，营养丰富，蛋白质含量为 18.9%，脂肪含量仅为 0.2%，含有人体所必需的矿物成分，富含维生素 A、C、D，是深受人们喜爱的佳肴，具有较高的食用价值。欧美国家是克氏原螯虾的主要消费国，在美国该虾不仅是重要的食用虾类，而且是垂钓的重要饵料。欧盟和美国每年从中国进口螯虾量达 2 万 t。近年来，国内克氏原螯虾消费量猛增，已成为城乡大部分家庭的家常菜肴。

克氏原螯虾对环境的适应性较强，病害少，耐低氧，能在池塘、河沟、湖泊、稻田、沼泽地等水体中生长繁殖，而且能较长时间离水或穴居，对不良环境的耐受力较强，运输成活率高。同时，克氏原螯虾苗种易繁育，可自繁自育，不需复杂的设备，技术简便，饲料易解决，适宜人工养殖。20 世纪 80 年代以来，我国开始重视和大力发展克氏原螯虾的人工养殖及其相关研究工作，使得其种群数量不断扩大，现已遍布全国 20 多个省、市、自治区，特别是在长江中下游地区克氏原螯虾生物种群数量较大，已成为我国克氏原螯虾的主要产区。

目前我国克氏原螯虾的养殖模式主要有池塘主养螯虾、鱼种塘套养螯虾、稻田养殖螯虾、圩滩地混养螯虾、芦滩地养殖螯虾、茭白田、藕田、水芹菜田等水生经济作物田轮作养殖螯虾等，这些养殖方法操作简便，成本较低，易推广应用。我国现在不仅是世界上克氏原螯虾的产量大国，也成为世界克氏原螯虾的出口大国。

二、克氏原螯虾的识别

1. 形态特征

克氏原螯虾（*Procambarus clarkii*），隶属于节肢动物门、甲壳纲、十足目、爬行亚目、螯虾科、原螯虾属。克氏原螯虾体型短粗壮实，个体中等，常见个体体长 7～13cm（眼至尾扇距离），一般成虾个体体重 30～60g，最大个体全长 16cm，重 168g。性成熟个体体色呈红色或深红色，性未成熟个体体色为青色或青褐色（图 2-16）。

克氏原螯虾体表具有坚硬的甲壳，身体由头胸部、腹部和尾部共 20 节组成，除尾节无附肢外共有附肢 19 对。头部有 5 对附肢，其中 2 对触角较发达。胸部有 8 对附肢，后 5 对为步足，前 3 对步足均有螯，第 1 对特别发达，与蟹的螯相似，尤以雄虾更为突出。腹部较短，有 6 对附肢，前 5 对为游肢，不发达，末对为尾肢，与尾节合成尾扇。

图 2-16　克氏原螯虾

尾扇发达，具游泳功能，雌虾的尾扇还有保护卵的功能。

2. 生活习性

1）栖息环境

克氏原螯虾对环境的适应性很强，无论湖泊、河流、池塘、水渠、稻田均能生存。一般水体溶氧保持在3mg/L以上即可满足其生长所需。在水体溶氧不足时，常攀援到水体表层呼吸或借助于水中水草、漂浮植物等将身体偏转侧卧于水面，使一侧鳃腔处于水表面呼吸，也可爬出水体直接呼吸空气中的氧气。在阴暗潮湿的环境下，克氏原螯虾离水保湿能生活7～10d。生长最适水温为20～32℃，受精卵孵化和幼体发育水温以24～28℃为宜。成虾对高温和耐低温的能力较强，在珠江流域、长江流域和楚河流域均能自然越冬。

克氏原螯虾对目前广泛使用的农药和鱼药反应非常敏感，例如有机磷类药物在水中浓度达到0.7g/m^3就会中毒；又如常用除虫类药物只要进入水体就会引起克氏原螯虾中毒死亡，甚至渔业上常用的鱼类安全消毒药物，只要加大剂量，也会产生不同程度的中毒作用。因此，在克氏原螯虾养殖过程中，用药一定要慎重。

2）行为习性

（1）避光性。克氏原螯虾喜阴怕光，喜温畏寒，白天常潜伏在水体底部光线较暗的角落、石块旁、草丛或洞穴中，夜晚出来摄食。

（2）趋水性。克氏原螯虾有很强的趋水流性，喜逆水，常逆水上溯。由于其具有较强的攀援能力和迁徙能力，上溯能力很强，可逆水游上岸边作短暂停留或逃逸。

（3）洞伏性。克氏原螯虾在无自然可供隐藏条件下时常在池岸上掘穴。但在生长期螯虾基本上不掘洞，它能利用水体原有洞穴或人工洞穴或其他隐蔽物。

（4）攻击性。克氏原螯虾在严重饥饿时会以强凌弱，产生格斗，弱肉强食，但在食物较充足的时候又能和睦相处。

3）食性

克氏原螯虾的食性很杂，植物性饵料和动物性饵料均可食用，各种鲜嫩的水草，水体中的底栖动物、软体动物、大型浮游动物，各种鱼虾的尸体及人工配合饲料都可摄食。克氏原螯虾的摄食能力很强，喜在水底并多在夜间或黄昏时出来觅食，但具有贪食，争食的习性，饵料不足或群体过大时，会相互残杀，大虾吃小虾，壳硬的吃壳软的，故其在蜕皮时以及蜕皮后不长的一段时间内最易被残杀。

3. 蜕壳与生长

克氏原螯虾寿命一般为 2～3 年。生长过程中多次蜕壳，蜕壳大多在夜间进行，也有些白天在草丛中进行。从幼体到性成熟前，要蜕壳 11 次以上，其中幼体阶段蜕壳 3 次，幼虾阶段蜕壳 9 次以上。性成熟后 1 年蜕壳 1～2 次。克氏原螯虾的生长速度较快，在生长条件良好的情况下，3～4 个月即可达到上市规格。

4. 繁殖习性

克氏原螯虾在天然环境中 9～12 月龄达到性成熟。在人工饲养条件下，一般 6 个月可达到性成熟。产卵量随虾的个体大小而不同，全长 10～12cm 的雌虾，平均抱卵 237 粒；全长 14cm 的雌虾可达 397 粒；而全长 6.4cm 的雌虾抱卵量仅 32 粒。

群体交配产卵季节一般在 5～9 月，高峰期为 5～6 月。交配时雄虾第 1 腹足演变成的钙质交接器与雌虾的储精囊连接，交接 40min 左右后，雄虾的腹部有力地颤动，雄虾的精夹顺着交接器进入雌虾的储精囊。交配后，短则 1 周，长则月余雌虾即可产卵。雌虾经第 3 步足基部的生殖孔产卵，与储精囊内精子结合而受精。最后，受精卵到达雌虾的腹部，粘于雌虾的腹足分节的丝状体上，由雌虾的抱卵腔保护着。腹足不停地摆动带动水流，保持受精卵孵化过程中所必需的溶氧。刚产出的受精卵为暗褐色，呈圆形，卵径 1.6mm。

在自然条件下，亲虾交配前后开始掘穴，雌虾产卵和受精卵的孵化过程多在洞穴中完成。受精卵黏附在雌虾腹部附肢刚毛上孵化，在适宜温度 22～28℃下，产卵、孵化到仔虾离开母体的时间约为 30～34d。受精卵孵化成幼体后，全部附于母体腹部游泳足上，在母体保护下完成幼体阶段的生长发育。秋季孵出的幼体，生长、发育随水温下降而减缓，整个越冬期一直附于母体腹部，直到第 2 年春季才离开母体进入开放式水体成为仔虾。

三、克氏原螯虾的人工育苗

（一）亲虾培育

1. 亲虾池的准备

克氏原螯虾繁殖时有掘穴习性，亲虾池以土池为好。选址在临近水源、水量充足、排灌方便、土质较好的地方，环境要求比较安静，不干扰亲虾摄食和护幼。亲虾池不宜过大，面积以 300～1300m^2 为宜，水深 1～1.2m，底泥厚 5～10cm，坡比为 1∶(1.5～2)，水下 0.2～0.4m 处留 1 个平台，便于投饲。池底要求平坦，微向出水口倾斜，出水口建 1 个面积 5m^2，深 0.3～0.5m 的集虾槽，便于干池捕虾。此外，克氏原螯虾攀爬能力较强，要设置防逃逸设施，可用砖砌或木桩、竹片作支撑，密眼网布作拦网，高度 0.4m 即可。

使用前要排干池水，进行修整、清理。池底过多淤泥要清除，只保留 5～10cm 厚。曝晒数天后，注入 5～6cm 深的浅水，采用 75kg/亩的生石灰化水泼洒全池，最好耙翻池底，杀死池底中的有害生物。清池后 7～10d 可注入清水，每亩施用腐熟的有机肥 800kg 培养饵料生物，以待亲虾运回放养。亲虾投放前 15～20d，进行水草移植，水草可选择水花生、水葫芦、轮叶黑藻、金鱼藻等，至深秋，可补充伊乐藻、菹草。

2. 亲虾的选择

选留亲虾的时间一般在 9～10 月。应从虾资源丰富、生态环境优良的湖泊等大水面中选择，不宜从相对封闭、经多年养殖的池塘中选择，防止种质退化。选择 10 月龄以上，体重 30～40g，肢体完整，体格健壮，体表光滑无附着物，无病无伤，无残肢断足，活力较强，性腺发育较好（个体规格大，虾体深红有光泽且甲壳较硬）的个体作为亲虾。克氏原螯虾亲虾的雌雄鉴别特征见表 2-4。

表 2-4 克氏原螯虾亲虾的雌雄鉴别特征

鉴别特征	雄虾	雌虾
个体	小	大
螯足	粗壮，外侧疣状突起明显	相对较小，疣状突起不明显
腹足	第 1 和第 2 腹足特化为钙质交接器	第 2 腹足退化，第 2 腹足羽化
生殖孔	位于第 5 对步足基部，开口不明显	开口于第 3 对步足基部，可见明显的 1 对暗色圆孔
抱卵腔	腹部相对狭小，无抱卵腔	腹部膨大，侧甲延伸形成抱卵腔

3. 亲虾的放养

亲虾放养时间为 8～9 月，经过运输的亲虾，用池水均匀泼洒虾体，间隔 4～5min 泼洒 1 次，连续 3～4 次，让其适应 15～20min，让亲虾充分吸水，平衡温差，减少应激反应，降低死亡率；用 10～20g/m^3 的高锰酸钾溶液浸浴 5～10min 后，轻轻倒在池塘斜坡上，让其自行爬入水中。9～11 月选留的亲虾，每亩放养量为 100～120kg^2，即 3000～4000 尾。雌雄比通常为 2∶1 或 3∶1。

4. 亲虾的培育

1）饵料投喂

为了促进性腺发育应多喂一些动物性饲料，常见的鱼肉、蚌肉、螺肉等都是克氏原螯虾酷爱的食物。同时，还应安排投喂豆渣、菜饼之类的植物性饲料，保证鲜嫩水草和青菜叶的供应，使亲虾能在繁殖期间获取全面的营养。亲虾的投饲量根据投喂季节而定，日投饲量，在 3 月为亲虾总体重的 1%～3%；4 月、10 月为 3%～5%；5～9 月为 5%～8%。每日具体的投饲量应根据当天天气情况和亲虾摄食情况而定。一般每日投喂 2 次，以下午 1 次为主，投饲量为全天的 70%。

2）调节水质

水体溶氧量高，克氏原螯虾的摄食量增大，新陈代谢旺盛，发育好，病害少。因此，注水或循环流水是亲虾培育工作中重要的技术环节之一。亲虾培育前期，每 7～10d 冲换新水 1 次；中后期，每 5～7d 冲换新水 1 次，每次换水 10～15cm。亲虾池实际上也是克氏原螯虾卵的孵化池，卵的孵化与水温、溶氧量、透明度等水质因素密切相关，保持良好的水质也是提高孵化率、出苗率的关键。

3）降低水位与越冬管理

随着温度的下降，采取逐步降水法，诱导亲虾入穴产卵、繁殖。每年 10 月上中旬，开始逐渐排水，每隔 5～7d 降水 1 次，每次降水 20cm 左右，直到 10 月底至 11 月初，水位降至 60cm 左右。冬季视水体的肥度，适当施肥，保持育苗池一定的肥度；遇到极寒天气，在坡埂洞穴上铺设保暖稻草。

（二）产卵与孵化

1. 产卵与孵化

克氏原螯虾属 1 年多次产卵类型，水温上升到 20℃以上时，亲虾便开始交配产卵。产卵季节一般在 5～9 月，高峰期为 5～6 月，一年可产卵 3～4 次。

克氏原螯虾受精卵黏附在雌虾腹部附肢刚毛上孵化，孵化适宜温度为 22～28℃。刚孵化出来的幼体长 5～6mm，靠卵黄营养。几天后蜕皮成Ⅱ期幼体，体长 6～7mm，附肢发育较好，形状已与成虾相似，但仍附着在母体腹部，能摄食母体呼吸水流带来的浮游生物，可以短距离离开母体后又回到母体。此时惊扰雌虾，易造成雌虾与幼体分离较远，幼体不能回到母体腹部，将造成幼体死亡，Ⅱ期幼体几天后蜕皮发育成仔虾，全长 9～10mm，形状几乎和成虾完全一致。在 24～26℃的水温条件下，幼体发育阶段需 12～15d。离开母体后幼虾每 5～8d 蜕皮 1 次，每次蜕皮后生长速度明显加快。在适宜的条件下，幼体经过 50～60d 生长，5～8 次蜕壳，体重长至 0.5～2g，当发现繁殖池中有大量仔虾出现时，应及时采苗。

2. 分离亲虾、仔虾

当仔虾离开母体后，就能主动摄食，喜欢在浅水区活动。当亲虾池出现大量仔虾时，应及时用柔软的手抄网或小抬网等工具捞捕，移入虾苗池进入幼虾培养阶段。由于亲虾个体发育先后不一，仔虾的出现也是一批又一批，所以捕捞仔虾的工作需进行多次。

亲虾繁殖后十分瘦弱，壳硬肉少，要及时捕出上市。捕出亲虾的时间视虾卵孵化的情况而定，当雌虾所抱的卵都正常孵化后，即可考虑设置地笼捕捞雄虾。雌虾在抱仔期间一般不会进入地笼，所以地笼捕获的都是雄虾。使用地笼捕亲虾时动作要轻缓，以免惊吓雌虾，造成带仔雌虾母子分离导致幼体死亡。当水中出现大量独立生活的仔虾时，地笼中就会出现雌虾。此时要抓紧捕获亲虾，以便将亲虾池变为幼虾池，使留在亲虾池内的剩余仔虾像其他虾苗一样得到精细培养。

（三）苗种培育

1. 虾苗池的准备

虾苗池指专门用来培育仔虾长至体长 3cm 左右的幼虾的小型池塘，面积 300～1300m^2，水深 0.8～1m。要求水源充足无污染，排灌方便，能人为控制水位。池水深度随着仔虾的生长逐渐由浅到深，随虾体个体的增大而扩大其生活空间。

虾苗投放前应修整池塘，排干池水，除去过多的淤泥，将留下的不超过 10cm 厚的淤泥进行阳光曝晒，促进有机物分解。放苗前半个月，池中留有 4～5cm 深的浅水，每亩使用 70～80kg 生石灰泼洒全池。仔虾下池前 1 周，每亩向池内施以腐熟发酵的有机肥 500kg，或堆放绿肥 400～500kg，以培植虾苗的天然饵料生物。池内栽种水草既可为虾苗提供栖息、隐蔽和蜕壳的环境，也能为虾苗供应鲜嫩的水草满足其摄食的需要。水草种类可根据当地水草资源情况确定，池中间可栽培马来眼子菜、苦草、菹草、轮叶黑藻、金鱼藻等沉水植物。靠池埂处也可适当种植一些挺水植物，如慈姑、茭白、蒲草、水稻等。

2. 仔虾放养

放虾苗前应该先“试水”，试水虾 24h 不死，即可投放仔虾。投放时间最好选择晴天早晨或阴雨天进行，尽量避免阳光直晒，每放亩养量为 0.8～1.0cm 的仔虾 10～15 尾。同池虾苗要求规格整齐，无病无伤，力求一次放足。

3. 虾苗培育

1）施肥投饵

放养后第 1 周要磨黄豆浆全池泼洒，每日 3～4 次，每亩日投量（干黄豆重）为 2kg，投食时采用满塘洒，做到细、密、匀。第 2 周开始加投喂动物性饲料，将小杂鱼、螺蚌肉、蚕蛹绞碎后，辅以新鲜的豆渣、开水浸发的菜饼和鲜嫩的植物茎叶，上午和傍晚各投喂 1 次，日总投食量为虾体重的 10%，具体投食量应视天气、水质、虾苗摄食情况灵活掌握。投饵地点一般是岸边浅水处的平台或饲料台，多点分散投喂。每日都要注意观察，及时掌握仔虾摄食情况。

2）加水

仔虾下塘时水位为 60cm 左右，随着虾体生长每隔 3～5d 应加新水 1 次，每次使水位上升 10～15cm。这样不但适应虾苗对水体空间的需要，也对池水保持较高的溶解氧（5mg/L 以上）、适当的 pH（7～8）和透明度（20～30cm）起到积极作用，有利于仔虾正常生长。由于仔虾对农药、鱼药很敏感，特别是对菊酯类杀虫剂，一接触就会造成中毒、死亡。在加水时要注意水源有无被农药污染的情况，如有怀疑，应先取水试苗，1h 后无中毒现象，方可加水。

3）病害预防

仔虾下池后，每隔半个月定期消毒 1 次。常见消毒药物生石灰按 20～25g/m^3 的用量化水全池泼洒，既消毒防病净化水质，还能增加钙肥，促进虾苗的成长，也可使用二氧化氯。

克氏原螯虾的仔虾敌害很多，蛇、鼠、蛙、水鸟、乌鳢、黄鳝、鸭、鲤、鲫鱼等都可以为害虾苗。因此，不能让这些生物进入虾苗池。对野生的敌害生物要大力捕捉，彻底清除，保障虾苗的安全。

4）幼虾捕捞

经过25～30d的精心培育，仔虾经过5～8次蜕壳长成了3cm左右的幼虾，应及时捕出分送至成虾养殖池转入成虾养殖阶段。捕捞幼虾的工具和方法有端网聚捕、虾笼诱捕和虾罾捕捞等。

四、克氏原螯虾的池塘养殖

（一）池塘的准备

1. 池塘的选择

克氏原螯虾对池塘条件要求不严，宜选择通风向阳、土质保水、水源无污染的地方建池，池塘规格一般为5～10亩，水深达到1.5m以上，沙泥底且底部平坦，池坝坡比1∶(3～4)，具有方便的进排水条件和防盗防护措施。防逃材料可选用网片、塑料薄膜、玻璃钢瓦和钙塑板、石棉瓦、瓷砖等光滑坚固的材料构建。防逃墙基部入土10～15cm，顶端高出埂面40～50cm，防逃墙与埂面垂直，防逃材料的连接处必须咬合紧密，在网片的上端内外需要缝制8～10cm的塑料薄膜，防止龙虾攀爬网片逃逸。进水口用60～80目/cm^2双层筛绢网布过滤，排水口设置20～40目/cm^2密网、铁丝网或栅栏，防止野杂鱼、敌害生物侵入池塘以及虾顺水逃逸。池中种植部分水生植物或放入一定数量的石块、砖头、瓦片等遮蔽物，面积约占总水面的1/3。

2. 放养前的准备

1）池塘清整、消毒

新开挖的池塘和旧塘要视情况加以平整塘底、清除淤泥和晒塘，使池底和池壁有良好的保水性能，尽可能减少池水的渗漏。使用生石灰、漂白粉、茶粕、清塘净等进行清塘消毒，以杀灭池中野杂鱼等敌害。

2）种植水草

适宜种植的水草有伊乐藻、轮叶黑藻、苦草、金鱼藻、水花生、水葫芦、浮萍等。在池塘中央移栽沉性水草，在池塘四周移栽浮性水草，一般在11月至翌年2月种植伊乐藻，伊乐藻不耐高温，夏季高温常大批死亡败坏水质，必须及时清除；3～5月栽植轮叶黑藻、苦草；4～5月，在池塘四周移栽水花生、水葫芦、浮萍等，移植的水草用10g/m^3的漂白粉浸泡消毒10min，洗净后入池，水草面积占总水面的50%～60%。并在池塘底部多处设置碎网片、瓦片等供龙虾栖息。

3）施足基肥

一般在消毒后7d，加水至50～60cm，在池塘四周每亩堆放腐熟的有机粪肥200～

300kg，或者在干塘时，直接将有机肥埋入底泥下15～20cm，可以避免水质快速败坏，又可以培育丰富的水生底栖动物供虾摄食。肥料的用量应根据池糖底质肥力而定，若淤泥较厚，则少施或不施，若淤泥较少或为新开挖的池塘则应多施。

（二）虾种的投放

1. 放养模式

1）种虾投放

8～10月每亩投放20～25kg经人工挑选的克氏原螯虾亲虾，雌雄比例3∶1。当水温低于12℃时可不投喂饲料。整个冬季保持水深1.0～1.5m，冬季因水温较低，克氏原螯虾进入洞穴中越冬。翌年3月份如发现池塘中有大量幼虾活动，应加强投喂并及时将繁殖过的亲虾捕起上市。每日投喂1～2次饲料，饲料可用鱼糜、绞碎的螺蚌肉、豆浆或市售的虾类开口饲料，沿池边泼洒。

2）幼虾投放

2～3月投放2～4cm的幼虾3万～4万尾。初期水温较低，水深宜保持在30～60cm，使水温尽快回升；后期因气温较高，应加高水位到1m以上。通过调节水深来控制水温，使水温保持在20～30℃以下，最好在26～28℃。在夏季的高温时期，有条件的还可在池边搭棚或在水面移植水葫芦等遮阴。养殖前期每半个月加水1次，中后期应每周加注新水，保持良好的水质和水色。

2. 种虾和幼虾的质量要求

（1）规格整齐，稚虾规格在0.8cm以上，虾种规格在3cm左右。同一池塘放养的虾苗虾种规格要一致，一次放足。

（2）体质健壮，附肢齐全，无病无伤，生命力强。

（3）种虾和幼虾都是人工培育的。如果是野生虾种，应经过一段时间驯养后再放养，以免相互争斗残杀。

3. 投放的注意事项

冬季放养择晴天上午进行，夏季和秋季放养择晴天早晨或阴雨天进行，避免阳光暴晒。虾种放养前用3%～5%食盐水浴洗10min，杀灭寄生虫和致病菌。从外地购进的虾种，因离水时间较长，放养前应略作处理。将虾种在池水内浸泡1min，提起搁置2～3min，再浸泡1min，如此反复2～3次，让虾种体表和鳃腔吸足水分后再放养，以提高成活率。

（三）饲养管理

1. 饵料投喂

淡水龙虾属杂食性，既喜欢吃鲜杂鱼、螺蚌、蚯蚓及畜禽内脏等动物性饵料，又喜欢吃黄豆、豆饼、麸皮、玉米以及鲜嫩水草等植物性饵料，还可以投喂虾用配合饲料，克氏原螯虾的饵料问题容易解决。全日的投饵量应掌握以吃饱、吃完、不留残饵为准，一般虾苗按体重的20%～25%，中虾按体重的15%～20%，大虾按体重的10%～15%投饵，每天投喂2次，早晚各1次。因为克氏原螯虾主要在夜间进食，所以晚上投喂全日饵料的70%～80%，饵料要投在池边浅水中。投饵要做到定时、定点、定量、定质，每个池塘可以设2～4个饵料观察台，每天早上观察饵料是否吃完，来决定当时投饵量，投饵量过少会抑制龙虾的生长或因饥饿而相互残杀，过多既增加成本又会造成池塘环境恶化，对克氏原螯虾的生长和脱壳不利。饵料可使用一般的对虾饵料或克氏原螯虾专用饵料。

2. 水质管理

池水要求水质清新，透明度30～40cm，pH为7～8，溶氧大于4mg/L。养殖过程中要注意水质和池底环境，当水中溶氧含量很低，水质恶化或雷雨闷热天、连阴天等恶劣天气时，要减少给饵或停止投饵。当天气过冷或过热时，可适当加深池水，以稳定池底水温。在6～8月份高温季节每隔5～7d换1次水，每次换水量为池水的20%～30%，换水不便的可以定期加注新水。

3. 病害防治

克氏原螯虾抗病能力强，但是人工养殖条件下，其病害防治不可掉以轻心。成虾或幼虾下塘前必须对虾体进行消毒，严防病原体带入池内。正常饲养期间定期对水体进行消毒，主要以生石灰为主，每隔15d每亩用生石灰10～15kg溶水全池泼洒，不但起到防病治病的目的，还有利于克氏原螯虾的脱壳。在夏季高温季节，每隔15d在饵料中添加多维素、钙片等药物以增强克氏原螯虾的免疫力。注意每天巡池，做到疾病早发现、早预防、早治疗。

主要疾病有纤毛虫寄生、细菌性、营养性以及应激等引起的疾病。纤毛虫病应全池泼洒硫酸锌粉，用量0.8～1g/m^3；细菌性疾病应全池泼洒浓度为0.2～0.3g/m^{3}二溴海因或0.3～0.6g/m^{3}二氧化氯；营养性疾病引起，则应增加投饵量，特别是增加动物性饲料及新鲜水草的投喂与补种；应激反应引起，可用免疫多糖、维生素C按比例拌饲口服，并全池泼洒维生素C，用量0.2～0.6g/m^3。

（四）成虾的捕捞

克氏原螯虾生长速度较快，池塘饲养克氏原螯虾，经过3个月左右的饲养，成虾规格达到35g以上时，即可捕捞上市。捕捞工具常用地笼、虾笼、虾罾等渔具。对于投放虾种模式，翌年4月中旬，当大多数幼虾离开母体营独立生活时，用大眼虾笼将越冬种虾捕捞上市，一般傍晚设置虾笼，翌日清晨起网收虾。对于投放幼虾模式，6月份中旬就有部分龙虾达到上市规格，开始利用大眼虾笼轮捕龙虾，将规格达到30g以上的成品虾捕捞上市，小规格虾返塘继续养殖，直至9月中下旬。一般夏季高温闷热季节，每隔3～4h收虾1次，春秋季每隔6～7h收虾1次，保证进入虾笼的克氏原螯虾不会被闷死。

除笼捕外，也可用拉网和干塘方式捕捞成虾。拉网捕捞适于池底比较平坦、淤泥较少，基本上没有沉水植物的虾池。干塘捕捞一般在10月，最迟在11月。利用克氏原螯虾有降水习性将池水排出，成虾随水退下，汇集于池底集虾槽中。此时可用手抄网捞取，较为方便。但往往难以一次捕尽，需加注少量水并再次排干捕捞。反复2～3次，可基本捕尽。网捕时动作要轻缓，以防小虾贴网受伤。捕的虾立即放入事先架设好的网箱，再用网筛分出大小虾。

五、克氏原螯虾的稻田养殖

1. 养虾稻田的选择

选择水质良好、水量充足、周围没有污染源、保水能力较强、排灌方便、不受洪水淹没，壤质土壤，田底要求肥而不淤，田埂坚固结实不漏水的田块进行稻田养虾，面积大小都可，最好形成联片养虾田，以便统一经营和管理。

2. 田间工程建设

养虾稻田田间工程建设包括田埂加宽、加高、加固，进排水口设置过滤、防逃设施，环形沟、田间沟的开挖，安置遮阴棚等。沿稻田田埂内侧四周开挖环形养虾沟，沟宽1～1.5m，深0.8m，田块面积较大的，还要在田中间开挖“十”字形、“井”字形或“日”字形田间沟，田间沟宽0.5～1m，深0.5m，环形虾沟和田间沟面积约占稻田面积5%～10%。利用开挖环形虾沟齾田间沟挖出的泥土加固、加高、加宽田埂，平整田面。每块水田原都有进排水渠道，田埂改造时原则不予破坏另建，但需在田埂上留有涵洞，进水涵洞低于水源，高于田面30cm，而排水涵洞则低于新开挖的虾沟，灌水前将其封闭，排水时在田埂内侧管口加网罩。稻田养虾防逃材料目前主要采用水泥瓦排栽和架设网片（内缝较厚的农膜）防逃，防逃设施离地面30～40cm，下部要埋入改造后的田埂10cm以上。在离田埂1m处，每隔3m打一个1.5m高的桩，用毛竹架设棚架，在田埂边种植丝瓜、葫芦等，待藤蔓上架后，在炎热的夏季起到遮阳防暑的作用。

3. 养虾稻田的放养前准备

1）清沟消毒

放虾前10～15d，每亩用生石灰20～50kg，对环形虾沟和田间沟进行彻底清沟消毒，杀灭野杂鱼类、敌害生物和致病菌。

2）施足基肥

放虾前7～10d，稻田中注水30～50cm，然后施肥培养饵料生物。一般结合整田，每亩施有机肥500kg左右，均匀施入稻田中。

3）种植水草、投放螺蛳

环形虾沟内栽植轮叶黑藻、金鱼藻、眼子菜等沉水性水生植物，在沟边种植蕹菜，在水面上植水葫芦等。但要控制水草的面积，一般水草占环形虾沟面积的40%～50%，以零星分布为好，不要聚集在一起，这样有利于虾沟内水流畅通无阻塞。此外，螺蛳在稻田中可为克氏原螯虾提供动物性饲料，每亩可投放中华田螺150～200kg。

4. 虾种的放养

1）亲虾投放

第1年的7～10月每亩放养30g以上的亲虾20～30kg，雌雄性比3∶1。若挑选抱卵虾投放，只需投放10～15kg亦可。

2）幼虾投放

规格为2～4cm，250～600只/kg的幼虾每亩放养0.8万～1万只。放养前要用3%的食盐水浸洗消毒3～5min，下田后，成活率高。投放幼虾时要避开烈日和高温，应选择在阴雨天或早晨投放，以免虾苗因温差过大造成危害。

5. 饲养管理

1）饲料投喂

稻田养殖克氏原螯虾，应根据其摄食习性，在不同的生长阶段、不同的季节、不同的水域环境，合理选择饲料和制定科学投喂方法。养殖前期以培育生物饵料为主，中期以植物性饲料为主，后期以动物性饲料为主。早期每天分上、下午各投喂1次。投喂的动物性饵料为螺蛳肉、野杂鱼；植物性饲料红花草、水葫芦、小叶浮萍、轮叶黑藻等可直接从田间摄食。日投饵量为虾体重的1%～5%。

2）水质管理

发现克氏螯虾抱住稻秧或大批上岸，应立即加注新水，保持养虾稻田水质清新，水沟内最低水位不得低于30cm。8～9月份高温季节，每10d换1次水，每次换水1/3；每20d泼洒1次生石灰水调节水质。

3）病害防治

①在投放亲虾前用生石灰水对虾沟进行消毒处理，每15～20d每亩用150～200kg生石灰消毒；②对亲虾进行科学消毒，用3%～5%的食盐水浸洗5min；③在养殖过程中定期换水，调控水质，应用生态调节方法如种植水草，不仅能增加溶解氧、净化和改善水质；④合理投喂饲料，按照“四定”原则进行投喂。

4）日常管理

结合水稻生长的需要，控制水位，调节水质、水温，尽可能使之符合克氏原螯虾的生态需求，保障克氏原螯虾健康生长。维持虾沟内有较多的水生植物，数量不足要及时补放。对防逃设施，每天都要巡回检查，尽量减少那些不必要的损失。

6. 田间管理

1）晒田

晒田宜轻烤，不能完全将田水排干。水位降到田面露出即可，而且时间不宜过长。晒田时克氏原螯虾会进入虾沟内，如发现有异常反应时，则要立即注水。

2）稻田施肥

稻田基肥要施足，应以施腐熟的有机农家肥为主，在插秧前1次施入耕作层内，达到肥力持久长效的目的。追肥一般每月1次，可根据水稻的生长期及生长情况每亩施用生物复合肥10kg，或用人、畜粪堆制的有机肥。禁用对克氏原螯虾有害的化肥，如碳酸氢铵等。施追肥时最好先排浅田水，让虾集中到环沟、田间沟之中，然后施肥，使追肥迅速沉积于底层田泥中，并为田泥和水稻吸收，随即加深田水至正常深度。

3）水稻施药

克氏原螯虾对许多农药都很敏感，施农药时要注意严格把握农药安全使用浓度，确保虾的安全，并要求喷药于水稻叶面，尽量不喷入水中，而且最好分区用药。要避免使用含菊酯类的杀虫剂，以免对克氏原螯虾造成危害。施药前田间加水至 20cm，喷药后及时换水。稻田施药要避开克氏原螯虾大量蜕壳期。

4）驱赶敌害

稻田饲养克氏原螯虾，其敌害较多，如蛙、水蛇、泥鳅、黄鳝、肉食性鱼类、水鼠及一些水鸟等，除放养前彻底用药物清除外，进水口要用 20 目纱网过滤；平时要注意清除田内敌害生物。

7. 成虾捕捞

稻田饲养克氏原螯虾，只要 1 次放足虾种，经过 2～3 个月的饲养，就有一部分螯虾能够达到商品规格。定期捕捞、捕大留小是降低成本、增加产量的一项重要措施。

稻田捕捞克氏原螯虾的方法很多，可采用虾笼、地笼网及抄网等工具进行捕捞，最后可采取干田捕捞的方法。在 5 月中旬至 8 月中旬，采用虾笼、地笼网起捕，效果较好。下午将虾笼和地笼网置于稻田虾沟内，每天清晨起笼收虾。或者一个人用一定密度网眼的抄网在虾沟中来回抄捕，规格较小的虾从网眼逃逸，符合规格的虾不能逃逸而被捕捉。最后在稻田割谷前排干田水，将虾全部捕获。

任务五 中华绒螯蟹养殖

一、中华绒螯蟹养殖现状分析

中华绒螯蟹是一种在海水中繁殖、淡水中生长的洄游性甲壳动物，其肉味鲜美，营养丰富，是受人们欢迎的大型食用蟹类，自古以来人们就视其为水产珍品。我国渤海、黄海及东海沿岸诸省均有分布。但自 20 世纪 50 年代以来，随着我国农田水利基本建设的发展，沿江沿海大量兴修的闸门、水坝等水利设施，隔断了中华绒螯蟹的洄游通道，加上水体污染、生态破坏等多种原因，导致中华绒螯蟹的自然产量大幅度下降。因此，从 20 世纪 70 年代开始，我国的众多科研单位、渔政部门为恢复中华绒螯蟹资源、满足市场需求开展了大量的研究工作，并已经在人工育苗、增殖放流等方面取得了可喜的成果；与此同时，中华绒螯蟹的人工养殖也在全国各地纷纷兴起，取得了较好的社会效益和经济效益。

目前，我国进行河蟹人工繁殖和育苗的方式主要有天然海水室外土池育苗、天然海水工厂化育苗和人工半咸水工厂化育苗 3 种。室外土池育苗是从 20 世纪 90 年代末期开始，具有设备简单、成本低、操作方便等特点，产出的蟹苗体质健壮、免疫力和抗病力强。从生产现状看，随着综合效益的变化，天然海水室外土池育苗已经成为许多中华绒螯蟹主养区蟹苗生产的主要方式，并在辽宁盘锦、江苏苏北和浙江宁波等地形成了规模较大、各具特色的中华绒螯蟹土池育苗生产基地。

自 20 世纪 80 年代中期以来，池塘养蟹、湖泊养蟹、河沟养蟹和稻田养蟹等成蟹养殖方式不断呈现，其中池塘养蟹、湖泊养蟹成为目前我国养殖面积最大、技术最成熟、经济效益最好的成蟹养殖方式。

二、中华绒螯蟹的室外土池育苗

室外土池育苗就是在海边池塘内，利用天然海水，营造亲蟹的繁殖环境，使其交配、产卵、抱卵、孵化，并把溞状幼体培育至大眼幼体的过程。

1. 亲蟹的选留和运输

选择亲蟹最好选择适合于本地生长繁殖的成蟹。如长江流域地区人工育苗的河蟹亲本以长江水系的蟹种为佳，并尽可能不用辽河蟹种、瓯河蟹种。选留亲蟹的时间主要依据当地蟹汛的具体情况而定，长江流域一般每年 10 月下旬开始挑选亲本，到翌年的 1 月份结束。亲蟹的选择要逐只挑选，严格把关，通常选择体质健壮、附肢齐全、金爪黄毛、青背白肚、活动敏捷、无病无伤，雄蟹规格 150～200g/只，雌蟹规格 100～130g/只作为亲蟹。但选留的雌、雄蟹必须来自不同水域，避免近亲杂交繁殖，影响苗种质量。

亲蟹运输的工具有蟹笼、蟹篓或蒲包，并实行雌雄分开包装。运输方法是干运。在气温 10℃以下的条件下，先在经过消毒和浸湿的蟹笼或蟹篓里垫上水草，然后把亲蟹平整地放在水草上，扎紧袋口放入蟹笼或蟹篓内，再放入清水中浸透后即可运输。如运输时间较长，还应定时洒水，使亲蟹处在潮湿、通气的环境中，以防止亲蟹体表水分散失，提高亲蟹成活率。

2. 亲蟹的暂养

室外土池生态育苗地址要选择靠近海边、背风向阳、交通便利、水电路配套齐全，且有咸淡水源、水质清新无污染的地方，并配套亲蟹暂养池、抱卵蟹饲养池、海水贮水池、育苗池和淡化池。选好的亲蟹应在淡水池塘中精养，育肥一段时间，以促进其顺利越冬和交配。放养亲蟹前，先建好防逃设施，排干暂养池的水，清除过多淤泥，曝晒 15～20d 后，每亩用生石灰 80～100kg 兑水泼洒全池。清塘后 10d 左右注入 1.5～2m 新水，放入亲蟹。放养时实行雌雄分开，每亩亲蟹放养数量为 250～500kg。养殖期间重点强化投饵、换水和巡塘三方面的管理。

1）投饵

饵料选择以小鱼虾、螺蛳、蚌肉等动物性饲料为主，适当搭配红薯、青菜、南瓜等植物性饲料。当水温在 6～10℃时，2d 投喂 1 次，投饵量占亲蟹体重的 1%；当水温在 10℃以上时，1d 投喂 1 次，投饵量占亲蟹体重的 2%。投喂时间在下午或傍晚，地点在水边的草上或浅岸处，以 2～3h 吃完没有剩余为宜，并防止亲蟹因饵料不足而自相残杀。

2）换水

当水温在6℃以上时，每隔5～7d换水1次；6℃以下时，每隔10～15d换水1次。每次换水量占池水的1/6～1/5，使池塘水质保持清新，也促进亲蟹性腺进一步成熟。

3）巡查

坚持每天巡塘，重点检查防逃设施的破损情况，防止逃蟹，并做好防敌害和防盗工作。

3. 人工促产

在长江流域，亲蟹促产的最适时间，宜选择3月上、中旬，使第Ⅰ期溞状幼体约在4月中旬、下旬初孵化出膜，既可缩短抱卵蟹养殖的时间，又可避免寒潮影响，降低死亡率。

1）产卵池的选择

选择面积0.5～1亩、水深1～1.2m的土池，底质砂壤土为好。若是水泥池，则须铺8～15cm的沙，以提高亲蟹的交配率和胚胎成活率。

2）亲蟹消毒

用10～20g/m^3 高锰酸钾浸浴亲蟹20～30min，然后按雌雄3∶1的比例放入产卵池中。

3）盐度调节

开始产卵时，池水的盐度控制在9左右，随后逐渐增加池水盐度，直到增加到30左右。但切忌盐度突变超过4。实际生产中都是将育肥后的亲蟹直接放入海水交配池中交配产卵。如果交配时盐度过低，反倒会影响产卵质量。

4）交配产卵

在水温为10～15℃的海水池中，亲蟹均能顺利交配。交配7～16h后，即能见怀卵个体，15d后的怀卵率可达70%～80%，15d后雌蟹可基本怀卵。此时，可放水捕捉雄蟹另行处理，以防雄蟹继续追逐雌蟹交配，而造成雌蟹伤亡，影响雌蟹受精卵的孵化。

4. 抱卵蟹的饲养

1）饵料投喂

遵循“质好、量大”的原则，以干咸带鱼或咸小鱼为主，以青菜、水草等青饲料为辅，采取上午投喂全天饵料量的20%、傍晚投喂80%的方法，投喂量为亲蟹体重的10%左右，使抱卵蟹营养全面，防止其吞吃卵块。

2）水质管理

每2～3d换水1次，换水量占全池水量1/3～1/2；平时勤开增氧机械，使水质保持清新，溶氧充足。抱卵蟹饲养是在海水或半咸水中进行的，换水时也要换同样盐度的海水或半咸水。气温突变前要加深水位保温。

3）日常检查

抱卵蟹饲养1个月后，要注意检查卵的发育情况，当卵粒大部分呈透明，卵黄集中于中央，小部分呈蝴蝶状，并有眼点和心脏跳动时，表明幼体将在2～3d后即可孵化出膜。此时可将抱卵蟹装入蟹笼或网箱中，移入育苗池进行孵化。

4）孵化后雌蟹的饲养

河蟹具有一次交配多次产卵的习性。对于孵化后雌蟹，需及时放入海水土池中认真饲养管理，加以充分利用。饲养期间，由于水温较高、水质极易恶化，必须经常换水，严防缺氧；注意池水不要太浅，池水的温度不可超过27℃以上，以免胚胎受高温的影响而死亡；还要加强投饵，保证雌蟹的摄食需要。

5. 幼体孵化

抱卵蟹入池前，育苗池内应注入经过滤的沉淀海水，一般采取一次性注满水，水深1.6～1.8m，每亩用有效氯含量28%的漂白粉30～50kg对海水进行消毒。消毒7d后检测池水没有余氯后再挂笼孵化。采取高密度悬挂法，即每只笼放25只亲蟹悬吊入育苗池中，1/4～1/3竹笼悬于水面上，不要触到池底，并启动微孔管道增氧。操作时动作要轻、细，尽量避免抱卵蟹受伤或自切步足、螯足等。

一般育苗池溞状幼体放养密度为1万～2万只/m^2，孵化率平均70%左右。体重100～200g的亲蟹，1次抱卵30万～50万粒，理论上是抱卵蟹放养密度为0.23～0.38只/m^2，实际生产中放养密度为0.5～1只/m^2。孵化后期，每隔2～3h检查1次出苗情况，待出苗数量达到计划放养量时，将剩余抱卵蟹全部捞出，移到另一池中孵化。

6. 幼体培育

河蟹幼体培育是从孵化出的溞状幼体培育至大眼幼体的过程，是河蟹育苗的重要环节。

1）育苗池建造

土池育苗池一般为长方形，面积以2～10亩为宜，池深2～2.5m，保持水深1.2～1.5m。要求池埂坚实，池底平坦且以泥沙底为好。育苗池四周要建防逃设施。

2）饵料池建造

室外土池生态育苗要求有一定的饵料池，即单胞藻培养池、轮虫培养池。一般饵料培养池与育苗池的面积比为1∶1。饵料池一般集中在一起，便于进、排水等日常管理，每个土池面积3～5亩，水深1.5～2m。

3）清塘消毒

新开挖的池塘加满海水后，浸泡一段时间，既能检验池堤是否漏水，又能浸泡出泥中可能存在的重金属离子及有毒物质。老塘应在冬天或开春时用吸泥泵抽掉池底过多的淤泥，并修整好池堤，然后再曝晒，减少细菌、寄生虫等病虫害的发生。在育苗前15～20d，用漂白粉30～50g/m^3全池遍洒，以杀菌消毒。同时，清除掉池堤洞内的杂蟹。

4）施肥培水

布苗前7～10d，每亩施生物有机肥100～150kg，或者布苗前3～5d，每亩施硝酸铵2～3kg、过磷酸钙1.5～2.5kg，以培育水体中的浮游生物。布苗时要求水色呈黄绿色，透明度在50cm左右。

5）轮虫培育

轮虫的最适生长温度是20～25℃，故在3月末开始培育轮虫。先在往年轮虫培育土池中培育肥水，配置增氧机。培育时，应保证轮虫池中轮虫卵的数量，可以从其他轮虫池中挖些池塘淤泥放入其中，然后加水，用浓度为30g/m^{3}的漂白粉消毒。随着温度的上升，有少量轮虫卵已经孵化。根据抱卵蟹所抱卵的发育情况，适当控制轮虫的繁殖。根据生产经验和当时水温，在抱卵蟹强化饲养前10d左右，大量繁殖轮虫。把富含单胞藻的池水加入轮虫培育池。当池中轮虫含量在30000个/L左右时，蟹苗正好处在Ⅰ期溞状幼体，此时可用100目筛绢网布抽滤轮虫。每次抽掉池中1/3～1/2轮虫即可。然后向轮虫池中施肥和泼洒豆浆，每天向所有轮虫池中每亩施有机粪肥（发酵的鸡粪）50～70kg；同时向当天抽滤轮虫的池中泼洒豆浆，这样可以保证轮虫大量繁殖。

6）育苗管理

（1）饵料投喂。河蟹幼体期间的饵料是多种多样的，天然藻类饵料有小球藻、舟形硅藻等；动物性饵料为轮虫等。Ⅰ期溞状幼体刚出膜时营养主要靠卵黄提供，3～4h后就可以捕食，这时应及时补充可口的开口饵料，对提高Ⅰ期溞状幼体到Ⅱ期溞状幼体的变态率有重要作用；Ⅱ期溞状幼体的食性开始变化，由摄食浮游植物向摄食浮游动物过渡，这时应加入适量的轮虫；Ⅲ期溞状幼体逐渐变大，摄食更偏重于浮游动物；Ⅳ期溞状幼体更大，摄食量更大，投饵以轮虫为主，投喂量也有很大的增加，要保证轮虫优质充足；Ⅴ期溞状幼体是河蟹育苗的最关键时期，也是饵料投喂量最大的时期，河蟹幼体偏好动物性饵料，在轮虫充足的情况下以轮虫为食，只有轮虫缺乏时才会摄食浮游植物。为了确保河蟹幼体的正常变态发育，要保证轮虫数量的充足，如轮虫数量不足可投喂卤虫无节幼体补充。

（2）水质管理。育苗池水为海水或半咸水，应经常保持清新。Ⅰ、Ⅱ期一般不换水，Ⅲ期开始换水，5～7d换水1次，每次换水量占全池水量的1/4左右，Ⅳ期后换水量逐渐增大，但1次换水不要超过1/2。

（3）及时增氧。每个池塘必须配备微孔管道增氧设施，经常进行增氧。在投喂前开启增氧机搅动水流，能使投入的饵料均匀散开，并悬浮在水中，使幼体都能吃到。阴雨天多开增氧机，保持水中有充足的氧气。多开增氧机也能使喜欢打堆的幼体分散，保证育苗的成活率。

（4）检查记录。育苗期间要经常通过检查幼体的密度来估算幼体的数量，以决定投饵量的多少。一是检查幼体的活动情况，若幼体活动能力强，趋光性好，则幼体活力好，变态率高。二是检查吃食、生长、变态情况，幼体的吃食情况可通过显微镜观察胃中饱满程度，吃得饱，长得快，变态好。土池育苗水温18～25℃，3d～5d幼体变态1次，一般经22d左右，河蟹Ⅰ期溞状幼体就可变成大眼幼体。

7. 大眼幼体的捕捞

大眼幼体从池塘里捞出的时间早晚直接影响到淡化苗的质量，起捕时间早了苗体娇嫩，伤亡较大，起捕晚了苗体已接近变态，有下沉的可能，影响到苗的产量，所以捞苗的时间早晚必须掌握好。在育苗前期，温度较低，Ⅴ期溞状幼体全部变成大眼幼体后

4～5d起捕；后期温度较高，捞苗时间应在变态后3～4d进行。目前采取的比较普遍捕捞方式是灯光诱捕。在池边每隔一定距离安装1个电灯，距水面50cm左右，利用蟹苗的趋光性，引诱蟹苗逐渐聚集在灯光下，即用抄网捞捕。

8. 大眼幼体的淡化

所谓淡化，是指向育苗池内逐步加入淡水，降低池水盐度，使蟹苗逐步适应淡水环境，为蟹苗的放养创造条件。当育苗池内95%以上的Ⅴ期溞状幼体变成大眼幼体后，即可开始进行淡化处理。每天向育苗池内注入淡水，使池水的盐度逐日递减，盐度每天不超过5，每次不超过3，5～7d后及时出池。当蟹苗出池时，池水内的盐度要求降到4以下，从而使蟹苗能完全适应淡水环境。另外，在淡化过程中，要注意淡化水的消毒处理，保持一定的充气量；最重要的是投饵一定不要投足，一般能满足其摄食量的50%即可，这样可促使大眼幼体一直保持旺盛的食欲，防止一次投喂过足而造成其摄食减少甚至停食的现象，影响其质量。

9. 苗种质量的鉴别

1）颜色

优质蟹苗体色呈淡黄色，甲壳晶莹透亮，有光泽。体质较差或带病菌的蟹苗体色为乳白色或橘红色，常称为白苗和红苗，且光泽暗淡。体色较淡且带点黑色的表明蟹苗太嫩，而体色发黑表明蟹苗过老，已近蜕皮变态的时候。

2）规格

优质蟹苗个体大，规格整齐，14万～16万只/kg；劣质蟹苗个体小，20万～22万只/kg，并且在同一个育苗池中可以看到蟹苗个体大小不均。

3）活力

优质蟹苗在水中趋光性强，溯水性好，反应敏捷，游动时步足紧收于胸部，摄食凶猛，离水后迅速爬行，手握蟹苗有扎手感，松开后马上散开，放入水中立即朝上边游去，反之为劣质蟹苗。蟹苗出现大量附壁现象，说明蟹苗已快要蜕皮变态成Ⅰ期幼蟹。

4）镜检

优质蟹苗肠胃饱满，附肢完整，体表洁净，色泽较好，无聚缩虫，无脏物着附，水中原生动物很少，粪便呈弧形。反之为劣质带病的蟹苗。

三、中华绒螯蟹的蟹种培育

河蟹养殖业的应运而生，致使天然蟹苗已不能满足市场需求。为此，广大水产科技工作者和养殖户积极探索，大胆尝试了池塘培育蟹种、网箱培育蟹种、稻田培育蟹种，特别是池塘培育蟹种成效明显，并逐步取代了网箱培育蟹种、稻田培育蟹种，蟹种培育技术也日趋成熟，成为了解决蟹种来源、提高河蟹养殖产量和效益的新途径。

1. 蟹种池的准备

1）池塘条件

选择土质为壤土或黏壤土，东西走向，狭长形，池底平整且不渗漏。池塘面积1～

2 亩，池埂宽 2m 以上，坡比 1∶(2.5～3)，池深 1.2～1.5m。蟹种池应靠近水源，水质清新无污染。同时，配套安装微孔管道增氧设施。

2）防逃设施的建设

防逃设施可用银鱼网布、钙塑板、聚乙烯网布、水泥板和玻璃钢等材料建成，但使用最广泛、效果最好的还是银鱼网布、钙塑板和聚乙烯网布建造的综合防逃设施。在池塘底部沿埂四周挖宽 10cm、深 20cm 的深沟，将银鱼网布的底端埋入沟中，再把网布拉直平铺在池坡上，网布顶端覆上泥土，防止蟹种在池坡上打洞影响生长。同时，沿埂四周用高 1m 的聚乙烯网布架设防逃设施，网布内侧贴一层塑料板，既可防止蟹种外逃，又可防止敌害生物侵入。在防逃设施外侧，再用钙塑板沿埂边围成一圈，每隔 3m 用一根木桩固定。进、出水口也是防逃设施建设的关键，可用密眼铁丝网来遮挡。

3）池塘清整

首先，曝晒池塘 20～30d，注水 10～20cm，每亩用生石灰 250kg 兑水泼浇全池，翌日耕耙底泥，然后加满池水浸泡 2～3d，以杀灭池塘中的有害生物，消毒后严格防止敌害生物的再次进入。放苗之前，特别注意青苔的滋生，严防青苔的疯长。

4）施肥培水

清塘消毒后，排干池水，在蟹苗放养前 8～10d，往池塘中加水 30cm，并用 40 目的筛绢过滤。然后，蟹种池每亩施生物有机肥 50kg，以培育水体中的轮虫、枝角类、桡足类等浮游动物，为蟹苗提供天然适口饵料。

5）移植水草

蟹种培育池塘内移植的最佳水草应属水花生。水草移植时间一般在 4 月底，移植方法有两种：第一种是在清整池塘 20d、无水状态时，按行距 5m，间距 50cm 挖坑移植水花生；第二种是距池埂 1m，沿池移植宽 4m、厚 50cm 的水花生带，隔 5m 再移植一条。然后在空处补栽伊乐藻，使水草的覆盖面占池塘面积的 50%左右，让幼蟹有攀附栖息的空间，水草的嫩芽也可供摄食。

2. 蟹苗放养

1）大眼幼体来源

主要来自天然苗和人工苗。人工苗应选购优质、经过淡化的长江水系中华绒螯蟹苗。大眼幼体质量鉴别：体色呈黄褐色且有光泽，如果轻抓一把蟹苗，松手就四处散开，行动敏捷，这样的蟹苗质量较好，放养后成活率较高；反之则质量较差。

2）大眼幼体运输

主要采取干法运输。用自制的 60cm×40cm×8cm 长方体木箱运输大眼幼体，箱框四周各开一个窗孔，箱框和箱子底部安装网纱，防止蟹苗逃逸。每只木箱可装蟹苗 0.8～1kg，10～15 个箱体垒放成一叠，最下层不放苗，便于透气。把大眼幼体散放在箱中，不能打团，并用潮湿的毛巾覆盖在木箱外部，有利于在运输过程中保持箱体湿度。运输时间掌握在夜间最佳，若运输时间长，可定时用喷雾器喷水。

3）放养量

通常按蟹苗计算，大眼幼体放养量一般每亩为 0.5～0.8kg，如养殖水平较高，也可适当多放一些，最多可放 1～1.5kg。

4）放养方法

通常在 5 月初，池水达 20℃后开始放苗。放苗前 2h，打开微孔管道增氧设施或泼洒粒粒氧，保持池塘溶氧充足。放养时，先剔除死苗，再将蟹苗均匀抛洒在池中。

3. 饵料投喂

大眼幼体的开口饵料以轮虫为主，轮虫丰富的塘口，可到仔蟹Ⅱ期后开始投喂；轮虫较少的塘口，在蟹苗下塘 3h 内即应投饵。饵料以颗粒饲料为主，豆浆、熟蛋黄和鱼糜为辅，蟹苗下塘 10d 内，用蛋白含量为 42%的颗粒饲料，然后用蛋白含量为 38%的颗粒饲料投喂。日饵料投喂量为蟹体重的 100%～300%，每天投喂 6 次。随着蟹苗的逐渐长大，根据饵料生物数量和幼蟹变态情况逐步调整投饵量和投饵次数，使日饵料投喂量减少到蟹体重的 5%左右，投喂次数逐渐减少到 2 次。投喂时应全池均匀撒投，在水草密集处须重点投喂。同时，根据天气、水质和前一天的摄食情况灵活掌握，做到既要让蟹苗吃饱吃好，又不至于因过多投饵造成浪费和败坏池塘底质。

4. 早熟蟹的控制

到 8 月中旬后，常见幼蟹有早熟现象。早熟蟹性凶猛，摄食量大，常以幼蟹为食，极易影响扣蟹的产量，应及时捕捉。幼蟹密度过稀、规格不整齐、投喂不均是早熟蟹增加的原因之一。为减少幼蟹早熟，蟹苗下塘后要观察生长发育状况，如果出苗率过低，要及时清塘重新补苗或补充同规格苗源，保证每亩出苗 6 万～8 万只。到Ⅳ期或Ⅴ期规格整齐且长势优先时，投饵应荤素搭配，投喂要均匀，防止饵料不足导致幼蟹相互残杀。

5. 日常管理

1）水质管理

蟹种培育期间要加强水质管理，确保池塘有充足的溶氧、适宜的 pH 和清新的水体。一是水位调节。5 月份水位保持在 40cm 左右；6 月份逐步添加至 60cm；7 月中旬进入高温季节，水位应加至 100cm 以上；9 月份，温度低于 30℃后，水位降至 80cm 左右；10 月份降至 70cm 左右；11 月底温度较低时再加水至 85～90cm。二是水质调节。采取“早期勤换水，中期少换水，后期不换水”的方法，使水体透明度保持在 30cm 左右。7～9 月，每 7～10d 用生物制剂和底质改良剂调水 1 次、改底 1 次；4～9 月，每月定期使用 15g/m^3 生石灰泼洒全池，调节水体酸碱度，抑制病菌繁殖，使池水保持“肥、活、嫩、爽”。

2）适时增氧

溶氧是制约蟹苗蜕壳生长的关键因子，及时开启微孔管道增氧设施，可促进蟹苗长大、长快、长好。在幼蟹快速生长的 5～10 月，及时进行增氧，正常天气半夜开机至次日黎明，闷热天气傍晚开机至次日黎明，阴雨天全天开机；进入 11 月以后，幼蟹密度逐渐增大，每亩幼蟹达到 100kg 以上，这时遇到雾天尤其需要增氧。

3）水草管理

水草不仅可成为蟹苗栖息、避敌蜕壳、防暑降温的场所，还是蟹苗喜食的植物性饵料，而且能进行光合作用，以净化水质、增加水体溶氧。因此，在调好水位水质的基础上，重点加强水草管理，前期做好培水育草，中期做好管水长草，后期做好加水保草。夏秋季节加水要适量，以能看见水下的水草为度，防止水草因缺少光照而腐烂。

4）去除敌害

蟹苗到幼蟹阶段，河蟹的主要敌害是老鼠、蛇、青蛙、黄鳝、水鸟等。通过加固压实池埂，堵塞鼠洞和药物、工具等办法驱除，发现蛙卵及时捞除。

5）巡塘

坚持早、中、晚巡塘，检查池塘设施、蟹种活动、水质变化等情况，并做好记录，发现问题及时采取应对措施。

6. 蟹种捕捞

蟹种捕捞一般自10月下旬始，以防寒冷天气或结冰增加蟹种捕捞难度。

（1）放水捕捞。利用蟹种顺水爬行的习性，在出水口安装捕蟹网进行捕捞，反复几次，即可将大部分蟹种捕捞上来。

（2）堆草捕捞。利用蟹种喜欢钻草堆的习性，将池塘中漂浮的水花生在近岸处打堆，然后可直接用抄网进行捕捞。采用这种方法捕出的蟹种可占总回捕量的70%。

（3）冲水捕捞。在采取以上两种捕捞方法后，对剩余的蟹种可通过向池塘中冲水的方法，利用水流刺激蟹种活动，使其钻进事先放置的地笼中。

（4）干塘捕捞。利用河蟹夜间出来觅食活动的习性，采取徒手捕捉或用铁锹挖出潜伏在洞穴中的蟹种，这样就能基本捕净。

蟹种起捕后，分规格置于网箱中暂养，以清除扣蟹排泄物、附着物及淤泥等，达到清洁蟹体的目的，进一步提高蟹种成活率。

四、池塘成蟹养殖

池塘成蟹养殖是指利用人工开挖的池塘或改造后的鱼池进行高密度集约化养蟹，实行人工投饵，强化养殖管理，把蟹种养至商品蟹的养殖过程。

1. 池塘条件

1）选址

一般池塘应建造在水源充足、水质良好、交通便利、远离城市和工业区的地方，最好是靠近湖边、河边，适宜的土质以壤土最好、黏土次之，沙土最差。

2）面积

养殖成蟹的池塘面积要适中，一般以10～20亩为宜，池埂坡比为1∶(2～3)，可控水深一般为1～1.2m，留有淤泥20～30cm。

3）形状

池塘形状一般以东西为长、南北为宽的长方形最好，这样的池塘具有日照时间长、溶氧充足的特点，有利于浮游植物进行光合作用。此外，在易缺氧的夏季和高温季节，刮东南风和西南风的时间明显长，致使水体易起波浪，可起到自然增氧的作用。池塘底部以平底型为最佳，即方便注、排水和捕捞，又便于准确计算和使用药物。

4）设施

成蟹具有很强的攀爬能力，故必须建造牢固的防逃设施，可选择宽度为70～80cm的钙塑板、水泥板、地板砖等材料围成防逃墙，并嵌入土下30～40cm，在外面每隔3～5m用木桩固定；或者砌成砖结构水泥防逃墙，防逃墙要砌出20cm左右的“飞檐”。同时，配套水、电、路设施和进排水系统。

2. 放养前的准备工作

1）池塘的清整

冬季抽干池水，对水位较浅，淤泥较深，生产能力较差的池塘，及时采取清除淤泥、平整池底、修补坡边、加固池埂等措施，确保水深1.2m以上的有效面积能占全池水面的40%以上。同时，采取干清和水清的方法，每亩用150～200kg生石灰全池泼浇，进行消毒，以达到除野并杀灭病原生物的目的。

2）微孔管增氧设施的安装

微孔管道增氧设施具有孔隙多、表面积大、散气范围广且均匀、能耗低等特点，它改原来的一点增氧为全池增氧、改原来的动态增氧为静态增氧、改原来的表面增氧为底层增氧。微孔管道增氧设施主要包括气泵、总供气管、微孔管等。每亩配备0.22kW动力，5亩以下配备1.1kW气泵1台，5～10亩配备2.2kW的气泵1台。总供气管可选用内径75mm的硬质塑料自来水管，增氧管可选用12mm的微孔管。安装方法：将总供气管架设在池塘中间，高出池水30～50cm，南北向贯穿整个池塘。在总供气管两侧每间隔8～10m水平设置1条微孔管，一端由同内径的塑料管连接到总供气管上，另一端则延伸至离池边1m处，并用竹桩、尼龙绳将微孔管固定在离池底10～15cm处。

3）移栽水草

清塘消毒后15d左右即可移栽水草。移栽时间一般为2～4月，移栽水草主要选择轮叶黑藻、苦草、黄丝草、伊乐藻等复合型水草。移栽方法：先在深水区移栽黄丝草和轮叶黑藻，后在浅水区种植苦草和伊乐藻，确保蟹池水草覆盖率达40%左右。为防止蟹种放养后损毁水草，通常采用“围蟹种草”的办法，即用网片在蟹池中围出一个约占总面积20%的蟹种暂养区，集中放入蟹种。待水草长势良好后，再拆除网围，将蟹种放入全池。

4）移植螺蛳

移植螺蛳即可为河蟹提供活性饵料，又可净化水质。移植方法有两种：一种是一次移植，即清明前，每亩一次性投放鲜活螺蛳400～500kg；二是两次移植，即清明前，每亩一次性投放鲜活螺蛳200～300kg，7月～8月每亩再补放150～250kg。

5）施肥培水

消塘消毒后7～10d或蟹种放养前10～20d，每亩施腐熟发酵的有机肥200～250kg或钙镁磷肥加复合肥15～20kg，使池水呈淡红色，达到“肥、活、嫩、爽”，以培育水体中的红虫、水蚯蚓、小螺蛳等，这样既可为河蟹提供优质天然饵料，又能防止池水过清而导致丝状藻类（俗称“青泥苔”）丛生，还可促进水草生长。

3. 蟹种放养

2 月至 3 月初，选择肢体健全、色泽光洁、无病无伤、活动敏捷、规格整齐、性腺未发育成熟的自育或地产蟹种，一般每亩放养规格为 60～200 只/kg 的蟹种 600～1000 只，具体放养数量，依据各地放养模式来决定。蟹种下塘前，要执行如下操作：将蟹种放入水中浸泡 2～3min，再提出放置 3～5min。如此重复 3 次，待蟹种吸足水后，用 3%～5%的食盐水或 10～20m/m^3 的高锰酸钾溶液浸浴 30min 左右，以杀灭蟹体的寄生虫和病菌。

4. 饲养管理

1）科学投饵

应科学地搭配颗粒饲料和动物性饵料。成蟹喜食的动物性饵料主要有小鱼、小虾、螺蚬蚌肉、蚕蛹、猪血、动物内脏等；植物性饵料主要有苦草、轮叶黑藻、马来眼子菜等天然水草，南瓜、青菜、红薯、小麦、玉米等。前期（5 月份前）以动物性饵料作为开口饵料，适当搭配颗粒饲料；中期（6～8 月份）以颗粒饲料催肥，适当搭配动物性饵料；后期（9～10 月份）以动物性饵料保膘，适当搭配豆粕、大豆等能量饲料。投喂方式为全池撒投，并根据池塘大小设置多个观察点，用来观察河蟹吃食情况。投喂量按河蟹体重计算，前期在 3%～5%，中期 5%～6%，后期 6%～8%，并视天气、河蟹活动情况灵活掌握。因为饲料质量是影响河蟹长成规格与品质的关键因素之一，所以投喂的动物性饵料必须保持鲜活、适口，不投腐烂变质的饲料。

2）水质调节

河蟹对水质要求很高，一般蟹池溶氧量在 5mg/L 以上，pH 保持在 7～8.5，水体透明度在 30～40cm 为宜。可见，蟹池水质调节非常重要，水质调节的方法如下：

（1）换水。正常换水是先排去 2/3 的池水，再添到原来的水位，如此反复 2 次。

（2）定期施用生石灰。一般每亩用 10～15kg 化水全池泼洒，既可调节水质，提高水体酸碱度，又可增加水中钙的浓度。

（3）泼洒生物制剂。在养殖关键的 5～8 月，10～15d 施用 1 次生物制剂，一般每亩施用生物制剂 1000mL，既吸收了氨、氮，维持藻相平衡，又促进物质良性转化，增强蟹体免疫力，使水质保持“鲜、活、嫩、爽”。在使用生物制剂前后，还应注意不使用杀菌剂、不频繁换水，以保持有益菌的浓度。

水位调节以注水为主，尽量减少换水频率。4 月份前水位控制在 50cm 左右，有利提高池水温度，促进河蟹生长；5～6 月保持 70～80cm，夏秋高温季节应保持在 1.2m，以控制池水温度，高温期结束后，水位保持在 1m 左右。

3）水草管护

水草生长的快慢不仅直接影响到水质的变化，而且影响到蟹池水体环境的好坏。前期可通过控制水位的方法来抑制水草的快速生长，使水草保持在水下 10～20cm 处。如果水草生长过旺，4 月底至 5 月初应及时割茬，以促进水草新的根系、茎叶生长。割茬方法主要有：①4月底5月初割去水草上部，使水草控制在水下20～30cm；②高温季节来临之前，人工设置水草带。方法：东西走向，间隔3～5m设置一条宽5～6m水草带，以利于水体流动，增加水中溶氧；③高温季节用竹桩、绳索，将水草固定在水面下50～60cm处，这样水草既不会腐烂，又能净化水质，同时也能降低水温。

4）及时增氧

应用微孔管道增氧技术，不仅可以大幅度提高底层溶氧，还能提高水的活性，修复水域生态环境，促进河蟹生长。增氧时坚持“四开”原则：①遇到闷热天气，傍晚开启微孔管道增氧设施至翌日早晨8时；②高温季节，半夜开启增氧设施至翌日上午9时；③连续阴雨天气全天开启增氧设施；④用药物杀虫消毒、调节水质及投喂饵料时，及时开启增氧设施，以保证池水溶氧充足。

5）敌害防控

敌害是影响蟹回捕率的因素之一，敌害种类主要有水鸟、老鼠、蛇、蛙类等。捕防方法：一是设置防护网，二是用笼、夹等工具进行捕杀，三是人工驱赶和捕捉。

6）捕捞上市

池塘养殖的蟹10月中下旬开始捕捞，如养殖的品种是辽蟹，上市时间略早一些，9月份可出售。捕捞时，要结合市场行情，适时适价捕捞上市。捕捞方法：①地笼套捕。根据蟹成熟后活动力强的特点，在池塘中设置地笼，每隔20min左右到笼梢中捕捉1次，这种方法容易捕捉，但笼梢倒捕要及时，否则易导致河蟹受伤；②徒手捕捉，利用成熟蟹上岸的习性，一般在晚上捕捉，这种方法适用于捕捉量少的蟹，但费工费时，蟹易受伤；③干塘捕捞。把池水放干，下塘捕捉。

五、湖泊网围养蟹

1. 围网区的选择

选择网围区必须要考虑位置、湖底、水深等因素，应选在水域开阔、水源良好、水流缓慢、湖底平坦、黏土底质、淤泥较少、水草丰盛，且常年水位稳定在1～1.5m、水位落差小的水域。此外，选择的网围区不能影响农田灌溉、蓄水排洪、航道运行。一般实行精养的网围面积为20～30亩，实行粗养的网围面积为80～100亩。

2. 围网的设置

一般设置双层防护网，内外层间距2～3m。外层选用9罟10～14号的聚乙烯网片作围网，网目为3cm，高3m，主要起防逃、防盗、防风、防撞作用；内层用9罟6号的聚乙烯网片作围网，网目为2cm，高4m，主要是防逃作用。两层网片都装上下两道纲绳，下纲内侧铺设1.5m宽的辅网，边上装直径为15～25cm的石笼，使每米石笼重7.5～10kg。每隔3～4m设1个长约5m的毛竹桩固定，然后沿竹桩围网，并采取踩实的方式，把石笼嵌入底泥中30～40cm，每隔8～10m用1只重25～40kg的铁锚固定；内网的上纲高出水面1～1.5m，上端缝0.8～1m缝的“厂”形飞檐，再沿90°向下倾斜安装0.4～0.5m的网。

3. 水草的种植

从俗话“蟹大小，看水草”中也不难看出水草在网围养蟹中的重要性。适宜种植的水草主要有黄丝草、苦草、轮叶黑藻等。

种植时间有两种：一种是蟹种放养前种植；另一种是在蟹种放养后种植，蟹种放入网围后，用网片隔开，一边设置为蟹种暂养区，另一边种植水草。

种植方式可采用播种式或抛秧式，播种式就是把苦草籽和轮叶黑藻籽用略潮湿的泥土拌匀撒开，一般每亩网围面积用量为 30～50g；抛秧式就是用 10cm 左右的苦草、轮叶黑藻秧，或者是切成段长为 10～20cm 的黄丝草，用水稻“抛秧法”抛撒于网围内。

待水草长成势后，撤除分隔网片，河蟹会进入水草区，这时用同样的方法在原蟹种暂养区域种植水草，水草种植面积一般占网围面积的 30％～40％。平时加强对湖泊内水草的保护，做到科学养护水草。

4. 蟹种放养

（1）放养时间。3 月份左右，水温达到 10℃左右时，开始投放蟹种，便于提高成活率。

（2）蟹种规格。选放的蟹种规格应大于围网的网目尺寸，选择品种好、质量优、规格为 80～200 只/kg 的自育蟹种，每亩放养量为 600～800 只，防止蟹从网眼中逃脱。

（3）注意事项。不能投放草食性鱼类，可套养一定数量的鲢鳙鱼，一般每亩放养量为 10～20 尾，防止生态环境遭到破坏和鱼蟹争食饵料。

5. 科学投饵

1）搭建饵料台

在网围中距水体底部 70～80cm 处，用网片搭建若干长 3m、宽 4m 的饵料台，饵料台的总面积占网围面积的 2/3 左右。一方面用来投喂饵料，观察河蟹吃食情况，另一方面在湖水上涨时，作为河蟹栖息的场所，避免河蟹遭到腐烂的水草、底部的淤泥生成的氨、氮、硫化氢等有毒有害物质的毒害。

2）饵料投喂

全程投喂动物性饵料搭配颗粒饵料，并坚持定时、定位、定质、定量的“四定”投喂原则。动物性饵料以鲜活螺蛳为主，4 月每亩放养鲜活螺蛳 200～300kg，让其在网围内自然繁殖，为河蟹提供动物性饵料，7～8 月根据网围内螺蛳数量，进行加放，每亩投放鲜活螺蛳 100～200kg。同时，适当投喂颗粒饲料，每天下午 4～6 时投喂。

6. 加强巡查

日常管理的主要工作是防逃，每天早晚必须各巡查 1 次，一方面要检查网围是否牢固，必要时需进行水下勘察，发现损坏及时维修；另一方面要定时察看河蟹的摄食、蜕壳、生长情况，及时清除腐烂变质的残饵和网围外周的水草、污物等，保持网围内外水流通畅。汛期、台风季节，加固加高网围设施，确保网围养殖的安全生产。

7. 适时捕捞

由于环境条件优越，网围养蟹与池塘养蟹相比，网围养出的蟹性成熟比池塘早，因此，通常在9月下旬开始捕捞。捕捞工具主要使用地笼网、丝网等，捕出后的成蟹应放入暂养池暂养1～2个月后，再行销售。

六、中华绒螯蟹养殖期间的病害防治

（一）综合预防措施

国内中华绒螯蟹病害种类较多，病原主要包括病毒、细菌、真菌、寄生藻类、寄生虫等。针对诸多疾病发生的条件、传播途径，应结合实际采取切实可行的综合防病措施，切实做到无病先防，有病早治，防重于治，减少或避免蟹病的发生。

（1）彻底清塘消毒。新开挖的池塘要用清水浸泡7～15d后，换新水浸泡，如此反复2～3次；老塘要清除淤泥，使淤泥深度保持在20～30cm。每亩用150～200kg生石灰全池泼洒，以杀灭池塘中的病原体。

（2）选择适当放养密度。池塘养蟹合理的放养密度以每亩放蟹种800～1200只为宜，网围养蟹合理的放养密度以每亩放蟹种600～800只为宜。

（3）培育和放养优良苗种。选择经检疫不带病原的蟹种，放养前用5～10g/m^{3}高锰酸钾浸洗5～10min。

（4）营造优良水体环境。在蟹池内种植河蟹喜食的轮叶黑藻、黄丝草、苦草等复合型水草，并投放一定量的螺蛳，让其自然繁殖，以净化水质。

（5）定期调节水质。在养殖季节要经常泼洒生石灰，生石灰不但可以杀灭各种细菌和病原生物，还能调节池水的酸碱度，同时可以增加水体中钙离子的含量，保证河蟹所需的钙质，使河蟹顺利蜕壳，避免出现软壳蟹。

（6）科学投喂饵料。严格按照“两头精，中间青，精青结合，荤素搭配”的投饲原则，确保河蟹营养充足。同时，在饲料中添加蜕壳素、维生素、抗菌药物等，保证河蟹正常蜕壳，不得病，健康生长。不投腐败变质饲料，对残饵及时清除，保持池塘水质清新。

（7）加强日常管理。坚持全天巡塘，重点观察水质变化、水草长势、河蟹摄食和活动等情况，发现蟹病及时用药，对症治疗；发现死蟹及时捞出深埋，以防其成为传染源。

（8）小心谨慎用药。用药时间一般掌握在晴天上午9时或下午4时；用药时注意增氧，高温阴雨天气和缺氧条件下严禁用药；一般酸性药物不能与碱性药物同时使用；水质过肥，可先换水再使用。

（二）常见病害的防治

1. 黑鳃病

【病原】副溶血弧菌、嗜水气单胞菌及柱状纤维黏细菌等。

【症状】病蟹鳃丝呈暗灰色或黑色。轻者行动迟钝，白天匍匐池边不动，重者爬到岸上，呼吸困难，俗称“叹气蟹”。

【流行及危害】养殖过程中过量投饵，又没有及时清除残剩的饲料，使得饵料腐烂变臭，造成有害病菌大量繁殖，生存环境恶化，河蟹鳃部感染致病。发病时间主要在7～9月，多发生在成蟹养殖后期。当水质恶化，特别是水中有机质含量较高时，易暴发此病。

【防治方法】预防措施：①及时清除残剩饵料，定期用20g/m^{3}生石灰对食场进行消毒；②及时更换新水，改善水质。

治疗方法：①用15～20g/m^{3}生石灰全池泼洒，连用2次；②用0.15～0.3g/m^{3}三氯异氰脲酸或0.4～0.5g/m^{3}溴氯海因；③用2～3g/m^{3}恩诺沙星溶液浸洗病蟹3～4次，每次10～20min。

2. 烂肢病

【病原】弧菌属的革兰氏阴性短杆菌。

【症状】河蟹腹部及附肢腐烂，肛门红肿，摄食量下降，最后不摄食，活动迟缓，无法蜕壳直至死亡。

【流行及危害】主要是在养殖过程中池塘底质过硬或冬春季用网箱、水泥池暂养幼蟹时间过长，导致幼蟹步足爪尖磨损受伤或生长过程中敌害侵袭使河蟹局部感染而溃烂，不能顺利蜕壳而死亡。该病流行较广，主要危害幼蟹。在初春水温上升时出现，5～8月为此病的高发季节。

【防治方法】预防措施：①养殖过程中谨慎操作，避免蟹体受伤；②幼蟹放养前用5～10g/m^{3}高锰酸钾溶液浸泡5min；③每千克饲料中添加5g大蒜素，连喂7～10d，提高河蟹抗病能力。

治疗方法：①用1.0～1.5g/m^{3}漂白粉溶液或0.15～0.3g/m^{3}三氯异氰脲酸泼洒全池；②用0.2～0.3g/m^{3}聚维酮碘全池消毒。

3. 褐斑病

【病原】能分解几丁质的弧菌、假单胞菌、气单胞菌、螺菌、黄杆菌等细菌。

【症状】该病又称甲壳溃疡病、锈病等。病蟹先从步足尖端破损成黑色溃疡并腐烂，然后步足各节及背、甲胸部出现白色斑点，斑点的中部凹下，形成微红色并逐渐变成黑褐色溃疡斑点，这种黑褐色斑点在腹部较为常见，溃疡处有时呈铁锈色或被火烧状。严重时甲壳侵蚀成洞，并可见肌肉或皮膜，导致河蟹死亡。

【流行及危害】因池壁、池底过硬而使河蟹步足尖端磨损受伤感染而所致。该病流行范围广，感染率较高，主要危害幼蟹和成蟹。

【防治方法】预防措施：①投喂营养全面的饲料；②捕捞、运输与饲养过程中，操作要细心，防止蟹受伤；③夏季经常加注新水，保持水质清新，避免水质受重金属离子污染；④用15～20g/m^{3}生石灰全池泼洒。

治疗方法：①用0.5～1.0g/m^{3}聚维酮碘泼洒全池消毒；②用2g/m^{3}漂白粉全池泼洒；③用0.2～0.3g/m^{3}溴氯海因泼洒全池；④投喂每千克饲料中添加100mg磺胺类药物制成的药饵，连喂5～7d。

4. 肠炎病

【病因】多因水质不良、食物变质引起细菌感染。

【症状】病蟹摄食量减少或不摄食，口吐黄色泡沫，肠道先发炎后发红且无粪便，轻压腹部会口吐黄水或肛门有黄色物流出，有时肝、肾、鳃亦会发生病变。

【防治方法】预防措施：①饵料要新鲜且易于消化；②投饵要科学，要全池均匀投喂；③定期用生物制剂改良底质和水质，合理、灵活地开启增氧机。

治疗方法：①用 0.5g/m^3 溴氯海因泼洒全池；②用 0.15～0.3g/m^3 三氯异氰脲酸泼洒全池；④每千克饲料中添加诺氟沙星 0.5g，连续投喂 5～7d。

5. 水霉病

【病原】水霉和绵霉。

【症状】病蟹体表及附肢长有灰白色棉絮状菌丝，行动呆滞，食欲减退，严重时溃烂并蔓延，导致身体瘦弱无法蜕壳而死亡。

【流行及危害】在捕捞、运输及生长过程中机械损伤或遭到敌害危害，霉菌侵入伤口所致。在淡水养殖区广泛存在。凡受伤的蟹体均可能被感染，一年四季均会发生。

【防治方法】预防措施：①在捕捞、运输及放养等过程中，小心操作，勿使蟹体受伤；②大批河蟹蜕壳期间增投动物性饲料；③清除敌害。

治疗方法：①用 3%～5%食盐水浸洗病蟹数分钟，并用 5%碘酒涂抹患处；②用 0.3g/m^3 季铵盐络合碘全池消毒。

6. 固着类纤毛虫病

【病原】累枝虫、钟形虫及聚缩虫等固着类纤毛虫。虫体呈倒钟罩形或高脚杯形，前端形成盘状的口围盘，边缘有纤毛，并成串地集聚寄生于蟹体上。

【症状】病蟹鳃部、头胸部、腹部及四对步足有大量纤毛虫附生，肉眼可见体表长满灰白色或黑灰色绒毛状附着物，体表污物较多，行动迟缓，对外界刺激无敏感反应，食欲下降乃至不摄食，最后无力蜕壳死亡。死蟹腹部有较多黏液。

【流行及危害】此病主要是蟹池淤泥和有机质过多，残余饲料沉积池底导致水质恶化，致使累枝虫、钟形虫等纤毛虫类原生动物大量繁殖侵袭，并寄生于蟹体表所致。各地均有发生，且很常见，主要危害蟹卵、幼蟹及成蟹。发病时间一般在 4～9 月。5 月上旬、8 月中下旬为发病高峰期。

【防治方法】预防措施：①清除淤泥，减少病原体寄生的土壤；②不定期加注池水，保持水质清新；③每 15d 用 15～20g/m^3 生石灰泼洒全池，以提高池水透明度。

治疗方法：①用 0.3g/m^3 硫酸锌泼洒全池；②用 0.15～0.3g/m^3 三氯异氰脲酸泼洒全池；③用 0.7g/m^3 硫酸铜和硫酸亚铁合剂（5∶2）泼洒全池。

7. 蟹奴病

【病原】一种专门寄生于蟹体腹部或附肢上的蟹奴寄生虫。虫体由石灰质坚壳包被躯体及全身，形成外套，有 6 对蔓状胸肢，腹部退化。

【症状】病蟹腹部略显臃肿，打开脐盖可见长 2～5mm、厚约 1mm 的乳白色或半透明颗粒状虫体（点状小白点晶体）寄生于附肢或胸部。病蟹生长缓慢，性腺不发育，严重者蟹肉有恶臭味，不能食用。

【流行及危害】此病主要是由于池水含盐量高，蟹奴大量繁殖，幼体扩散感染所致。发病时间为 6～9 月，8 月为高峰期。

【防治方法】预防措施：①先清除过多的污泥，再用 $10g/m^3$ 漂白粉、$5g/m^3$ 敌百虫彻底消毒，杀灭池塘内的蟹奴幼虫；②加强检疫，禁止被蟹奴感染的扣蟹进入内陆水域；③滩涂咸淡水养殖水域最好用人工繁殖的幼苗。

治疗方法：①立即更换池水，控制好盐度，或把病蟹移到淡水中，抑制蟹奴的发展与扩散；②用 $8g/m^3$ 的硫酸铜或 $10～20g/m^3$ 的高锰酸钾浸洗病蟹 10～20min；③用 $0.7g/m^3$ 的硫酸铜和硫酸亚铁（5∶2）泼洒全池。

8. 抖抖病

【病原】该病的病原尚无定论，目前认为是小核糖核酸病毒。

【症状】发病初期，病蟹反应迟钝，行动迟缓，四肢尚能伸直，发病后期病蟹肌肉萎缩，步足不能回伸，站立不稳，翻身困难，行动无力不能爬行，摄食明显减少直至停食，鳃排列不齐，呈浅棕色，少数甚至呈黑色。同时，步足出现不同程度的抖动症状，有些病蟹近死亡时或刚死亡时步足向其胸部方向成环抱状的僵直状态，故称颤抖病、环爪病、抖脚病。

【流行及危害】由于水质较肥、浑浊致使河蟹营养摄取不均衡或固着类纤毛虫寄生在蟹的体表和鳃上，不仅侵袭蟹的鳃肠、肝胰腺、肌肉，而且侵袭心脏、神经等器官。此病是当前危害最大、流行最广、造成养殖户经济损失最大的一种疾病。在江、浙、沪、皖、闽等十多个省市养蟹地区流行，且在江、浙、沪、皖的发病率最高。发病季节集中在 5～10 月，发病高峰为 8～10 月，主要危害幼蟹、扣蟹和成蟹。

【防治方法】预防措施：①清除池塘过多淤泥，用 $200～250g/m^3$ 生石灰进行消毒；②投喂营养全面的颗粒饲料；③加强管理，通过种植水草来降低池塘水温，定期向池塘内泼洒生石灰；④严防蟹体受伤。

治疗方法：目前尚无有效治疗方法，只能采取综合预防措施，第 1 步用 $0.3g/m^3$ 硫酸锌杀灭体外固着类纤毛虫，第 2 步用 $0.3～0.4g/m^3$ 溴氯海因或 $0.15～0.3g/m^3$ 三氯异氰脲酸泼洒全池，第 3 步内服每百千克饲料中添加 2‰的氟苯尼考粉和 2%中草药制成的药饵，连喂 5～7d。同时，经常全池泼洒生石灰，使池塘水质呈弱碱性。

9. 蜕壳不遂病

【病因及症状】在起捕、运输、放养过程中蟹受机械损伤而感染；长期缺乏钙、铁等微量元素，蟹壳不硬，蜕壳困难；水体溶氧不足或污染，有大量的浮游生物附着在蟹壳上，使河蟹蜕壳困难。

【流行及危害】病蟹头胸甲后缘与腹部交界处出现裂口，周身发黑，无力蜕壳而死亡。主要危害蟹种和成蟹。发病时间多在 7～8 月。

【防治方法】预防措施：①经常加注新水，保持水质清新，溶氧丰富；②加强日常管理，在池塘四周设置 2～3m 宽的浅水滩，在浅水处栽培水花生、芦苇等植物，营造安静又隐蔽的场所；③坚持早、中、晚各巡塘 1 次，观察河蟹吃食情况，及时清理蟹壳和死蟹。

治疗方法：①隔 5～7d 全池泼洒 15～20g/m^3 生石灰，连续 4 次；②投喂添加了蜕壳素或贝壳粉、骨粉、蛋壳粉、鱼粉的饲料，连续投喂 3～5d。

项目小结

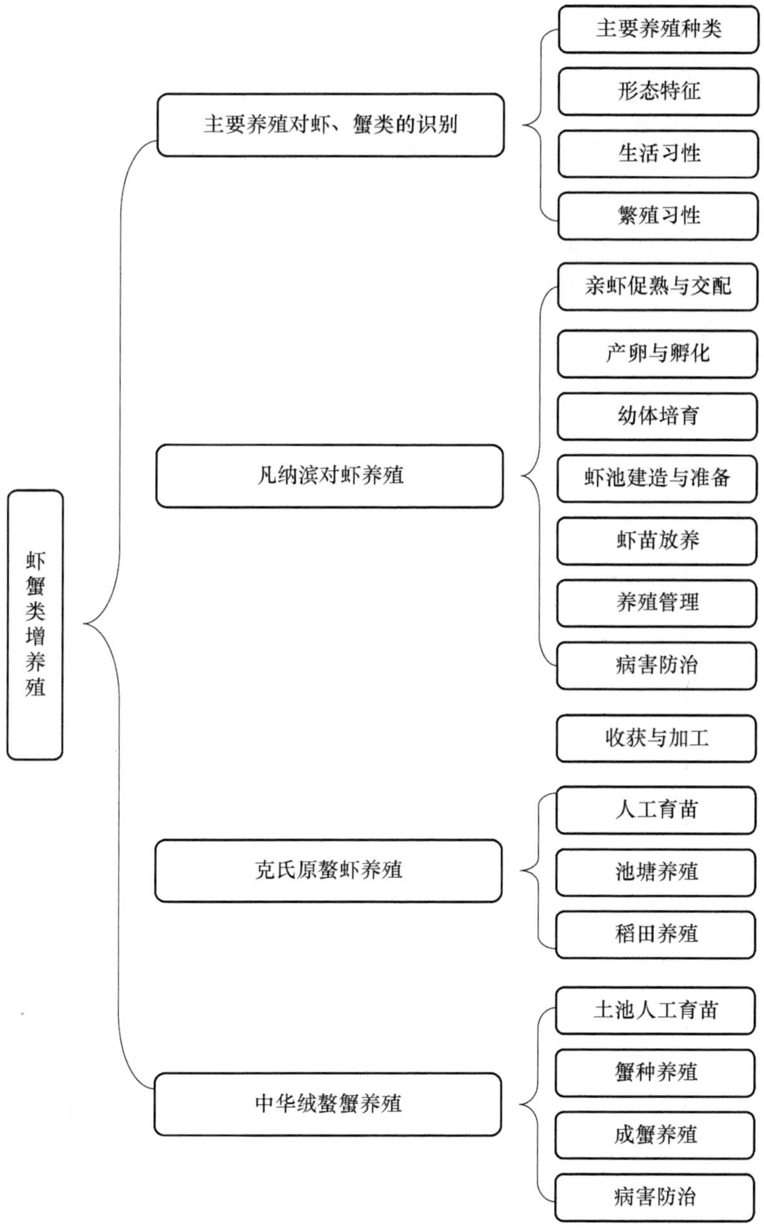

- 虾蟹类增养殖
  - 主要养殖对虾、蟹类的识别
    - 主要养殖种类
    - 形态特征
    - 生活习性
    - 繁殖习性
  - 凡纳滨对虾养殖
    - 亲虾促熟与交配
    - 产卵与孵化
    - 幼体培育
    - 虾池建造与准备
    - 虾苗放养
    - 养殖管理
    - 病害防治
    - 收获与加工
  - 克氏原螯虾养殖
    - 人工育苗
    - 池塘养殖
    - 稻田养殖
  - 中华绒螯蟹养殖
    - 土池人工育苗
    - 蟹种养殖
    - 成蟹养殖
    - 病害防治

1. 目前我国养殖的对虾和蟹类有哪些种类？各有哪些特点？
2. 如何从外观上鉴别雌雄亲虾？已交配的雌虾有哪些特征？
3. 凡纳滨对虾的养殖优势有哪些？
4. 简述凡纳滨对虾的繁殖习性。
5. 简述中华绒螯蟹的外部形态和内部构造。
6. 简述中华绒螯蟹的繁殖习性。
7. 如何鉴别中华绒螯蟹的雌雄？
8. 简述凡纳滨对虾人工育苗的工艺流程和技术要点。
9. 简述凡纳滨对虾的淡化养殖技术。
10. 如何做好凡纳滨对虾养成期间的水质调控？
11. 如何开展克氏原螯虾的池塘养殖？
12. 克氏原螯虾稻田养殖的关键技术有哪些？
13. 简述中华绒螯蟹土池生态育苗的技术要点。
14. 如何营造蟹种培育环境？
15. 中华绒螯蟹池塘养殖的管理工作有哪些？
16. 如何做好中华绒螯蟹病害的预防？

项目三 经济贝类增养殖

【知识目标】

1. 了解主要经济贝类的种类、形态构造和生活习性。

2. 掌握鲍、扇贝、牡蛎、文蛤的主要养殖种类、形态构造和生活习性。

3. 掌握经济贝类全人工育苗的设备设施和总体布局。

4. 掌握经济贝类全人工育苗的工艺流程和技术要点。

【技能目标】

1. 能够综合考虑市场需求、海区条件、设备设施、技术支持等条件选择贝类养殖种类。

2. 能够进行贝类人工育苗用水的常规处理。

3. 能够按照生产工艺流程开展鲍、扇贝、牡蛎、文蛤等经济贝类的人工育苗生产。

4. 能够根据贝类的生活习性，选择贝类的养成海区和养殖方式，开展鲍、扇贝、牡蛎、文蛤等经济贝类的海区养殖，并做好日常管理工作。

5. 能够根据鲍的种类，因地制宜地开展鲍的陆地工厂化养殖，并做好养殖管理工作。

【项目描述】

贝类增养殖在提高海水养殖业的规模效益、促进海洋资源持续利用方面具有重要作用。贝类增养殖业也是我国海水养殖的支柱性产业，在水产行业岗位群中占有重要的地位。我国浅海滩涂水域辽阔，贝类资源丰富，牡蛎、扇贝、贻贝、鲍、缢蛏、蛤仔、泥蚶、珍珠贝等经济贝类的人工育苗和养殖技术成熟。

本项目根据海水经济贝类增养殖工作岗位的实际需求设计了 6 个工作任务。任务一介绍主要养殖贝类的种类、形态构造和生活习性，任务目标是使学生和从业人员能够根据贝类的生活习性和海区条件选择养殖对象；任务二介绍贝类室内全人工育苗设备设施的运行和维护、育苗用水的处理和全人工育苗的工艺流程，任务目标是使学生和从业人员掌握经济贝类室内全人工育苗的通用技术；任务三介绍鲍的养殖技术，任务目标是使学生和从业人员能够开展鲍的室内全人工育苗、陆地工厂化养殖和海区养殖；任务四介绍扇贝的养殖技术，主要任务是扇贝的半人工采苗、室内加温人工育苗、海区筏式养殖和底播增殖；任务五介绍牡蛎的养殖技术，主要任务是牡蛎的自然海区半人工采苗、直接养成、筏式养殖和滩涂播养；任务六介绍文蛤的养殖技术，任务目标是使学生和从业人员能够开展文蛤的苗种生产、海区围网养殖、池塘养殖和海区增殖。

本项目的任务设计和内容选取来源于贝类苗种繁育和增养殖企业，理论内容与实践内容相融合，注重养殖技术的可操作性，并引入贝类增养殖行业的新理论、新技术、新设备和行业标准。通过本项目的学习和职业情境的实践，学生和从业人员能快速地胜任鲍、扇贝、牡蛎、文蛤等经济贝类的苗种培育和养成管理工作，并具有较强的学习迁移能力，能在海水增养殖行业企业中可持续发展。

任务一 主要养殖贝类的识别

一、鲍的识别

1. 主要种类

鲍隶属于软体动物门、腹足纲、前鳃亚纲、原始腹足目、鲍科。我国主要经济种为皱纹盘鲍（*Haliotis discus hannai Ino*）和杂色鲍（*Haliotis diversicolor Reeve*），其中皱纹盘鲍主要分布在辽宁至江苏北部的北方沿海，杂色鲍分布在南部沿海。

2. 形态构造

1）外部形态

皱纹盘鲍贝壳大，坚实，椭圆形，螺层约3层，壳顶钝。体螺层大，几乎占贝壳的全部，其上有1列由突起和4～5个开孔组成的螺旋螺肋。壳口大，卵圆形。壳表呈深绿褐色，生长纹明显。贝壳内面银白色。最大壳长可达15cm（图3-1）。

杂色鲍贝壳呈耳形。壳面的左侧有一列突起，突起约20余个，前面的7～9个有开口，其余皆闭塞。壳表多呈绿褐色，生长纹细密。生长纹与放射肋交错使壳面呈布纹状。最大壳长可达10cm（图3-2）。

2）头部

位于身体的前端，背面两侧有1对深色细长的触角。触角基部各伸出一粗的眼柄，1对黑色的眼点生于其顶端。两触角之间，有一棕叶状突起的头叶，其腹面有一发达可以活动的吻，吻中央有一纵裂的开口即是鲍的口。口周围生有许多小突起称为小唇。

3）足部

足部位于腹面，大而扁平，几乎与壳口相等，因为适应于匍匐爬行与吸附的生活方

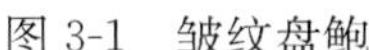

图 3-1　皱纹盘鲍

图 3-2　杂色鲍

式而变得非常发达。食“鲍”实际上食用它的足部肌肉。足分上足和下足两部，上足在边缘表面有许多深的色素沉淀，周围生有许多上足触手和上足小丘；下足在中央呈盘状。足背面中央隆起为一大的圆柱状肌肉，即右侧壳肌。

4）内脏囊

内脏囊的主要部分环绕右侧壳肌的后缘，呈一大块状。在其末端呈角锥状游离环绕于右侧壳肌的后方至右后方，称为角状器官。该部分常因占其最大面积的消化腺和雌雄生殖腺的不同色泽而呈现不同的颜色。一般消化腺为深褐绿色。性成熟季节生殖腺的颜色掩盖了消化腺，此时在角锥体相连的基部，胃与嗉囊仍为消化腺的颜色。

5）消化系统

鲍主要摄食藻类，其消化道较长，相当于体长的 3 倍多。整个消化系统可分为口区、食道、嗉囊、胃盲囊、胃、消化腺、肠、肛门等部分。

在吻腹面前端中央处有一纵裂的开口，即是口。在口腔两侧有 1 对黄褐色的角质颚片，附于透明的基膜上。口腔底部的舌软骨上有 1 条棕色带状齿舌。在齿舌上排列有许多角质小齿，其齿式为∞・5・1・5・∞。齿舌一部分裸露，一部分包在齿舌囊中。口腔内具有唾液腺，位于头部皮肤下面与口球背部两侧。入口的食物先用颚片切成碎片，然后用齿舌上的小齿磨碎，再与唾液混合，经食道送入嗉囊。

鲍的消化腺特别发达，是一个大型腺体，占整个角锥体与内脏团的大部分。背面几乎覆盖了整个嗉囊、胃及胃盲囊。其颜色一般呈褐绿色，但随食物的色泽而有所变化。

6）生殖系统

鲍是雌雄异体，但无显著的两性特征，无交接器。在生殖季节中，雌雄生殖腺色泽有显著不同，一般雌性呈浓绿色，雄性呈奶黄色。生殖产物充满整个生殖腔，该腔位于体背部，包盖于整个的胃、嗉囊及消化腺的表面，延展到右侧壳肌的左缘。

3. 生活习性

1）栖息环境

鲍在自然海区的栖息场所，一般是在盐度较高、水质澄清、潮流畅通、海藻丛生的岩礁海域，特别是水深、崖陡的海岛沿岸，以及在远离河口、内湾与受淡水影响少的大陆沿海岩礁海岸地区。鲍营匍匐生活，平时以宽大平蹠而有力的足吸附在岩礁或大块乱石等附着基质上。为了躲避敌害袭击，鲍特别喜欢阴暗的部位，如岩礁裂缝、石棚洞穴之中，喜群聚在不易被阳光直射和背风、背流的阴暗隐藏处。

2）活动习性

鲍是昼伏夜出动物，白天只在涨落潮时稍作移动。鲍为摄食而运动比较明显，一般都是在日落开始索寻饵料场，摄食时间在夜间和凌晨，白天则回归到洞穴栖息。

鲍是定居性较强的动物，只要环境条件合适，便不会长距离迁移，根据这一特点，鲍可作为人工放流增殖的良好对象。

3）对温度、盐度的适应

皱纹盘鲍耐寒性强，抗高温力弱，生活水温下限为2～3℃，上限为28～29℃。15～20℃时摄食旺盛。杂色鲍在10～28℃条件下，生活正常。鲍生活于高盐度海区，属狭盐性贝类，皱纹盘鲍和杂色鲍在盐度为28～35范围内都能正常生活。

4）食性

成鲍为杂食性动物，食料种类中以大型褐藻为主，兼食红藻、绿藻以及附着性硅藻等。在褐藻中尤其喜欢海带、裙带菜和马尾藻。鲍对食料具有主动选择的能力。成鲍的食料中，以褐藻为最好。此外，底栖硅藻也是成鲍的重要饵料。

4. 繁殖习性

1）繁殖季节与水温

不同海区皱纹盘鲍和杂色鲍的繁殖季节与水温见表3-1。

表3-1 不同海区皱纹盘鲍和杂色鲍的繁殖季节与水温

种类	地区	产卵时间	水温/℃
皱纹盘鲍	辽宁长海	7月中旬～8月上旬	20～30
	山东长岛	7月中旬～8月上旬	17～20
	山东青岛	6月中旬～7月中旬	17～20
	福建东山岛	3～4月	21～24
	日本北海道	8～9月上旬	20
	日本青森		17～24
	日本岩平		18～20.5
杂色鲍	福建东山岛	5月中旬～7月中旬	25～26
	广东遮浪	4～5月	20.4～27.2
九孔鲍	福建	4～6月，9～10月	20～27
	台湾	10月～翌年1月	20～26
	日本千叶	6～11月	25

2）生殖行为

鲍的群体组成中，雌性稍多于雄性，2～3龄左右开始生殖。性成熟时，掀起足及外套膜即可分辨雌、雄。雄性生殖腺为奶黄色，雌性为浓绿色。排放精卵时，生殖细胞由生殖腺进入右肾腔，通过呼吸腔，再从呼吸孔排出体外。

雄鲍精子排放量很大。雌鲍的产卵量与个体大小有关，8cm以上个体产卵量可达120

万粒，6cm左右个体产卵量一般在80万粒左右，最大个体产卵量可达200万粒以上。

3）鲍的发生

鲍受精卵的发育，与水温、盐度等有着密切的关系，如皱纹盘鲍的受精卵，在海水相对密度1.022左右，水温22～23℃的条件下，进行胚胎发育。几种养殖鲍发育过程和时间的比较见表3-2。

表3-2 皱纹盘鲍、杂色鲍和九孔鲍发育过程和时间的比较

种类 发育阶段	皱纹盘鲍 （22～23℃）	杂色鲍 （24～26℃）	九孔鲍 （26.2～26.8℃）
卵的直径	220μm	200μm	200μm
第1、2极体	15min	20min	20min
2细胞期	40～50min	45min	30～60min
4细胞期	80min	60min	90min
8细胞期	120min	80min	100min
16细胞期	160min	100min	120min
桑葚期	195min	150min	170min
原肠期	6h	4.5h	4h
未孵化的担轮幼虫	7～8h	6h	4.5～5h
孵化后的担轮幼虫	10～12h	8～10h	6h
初期面盘幼虫	15h	10～12h	14h
后期面盘幼虫	28h	16.5～20h	24～27h
初期匍匐幼虫	3～4d	2d	43～46h
围口壳幼虫	6～8d	3.5d	65h
上足分化幼虫	19d	12.5d	14d
稚鲍	45d	24d	23d

二、扇贝的识别

1.养殖种类

扇贝隶属于软体动物门、瓣鳃纲、翼形亚纲、珍珠贝目、扇贝科。扇贝的种类很多，全世界已发现的有300余种，在我国沿海自然分布的扇贝种类有40余种。我国主要养殖的扇贝有4种，即栉孔扇贝（*Chlamys farreri*）、华贵栉孔扇贝（*Chlamys nobilis*）、虾夷扇贝（*Patinopecten yessoensis*）和海湾扇贝（*Argopecten irradians*）。其分布情况见表3-3。

表3-3 我国增养殖扇贝的分布情况

种类	水平分布	垂直分布
栉孔扇贝	山东、辽宁、河北	低潮线下～30m
华贵栉孔扇贝	海南、广东、福建南部	低潮线下～370m
虾夷扇贝	黄海北部，长海县为主	主要在10～30m
海湾扇贝	全国沿海	内湾

2. 形态构造

1）外部形态

4种主要养殖扇贝的外部形态图见图3-3～图3-6。四种主要养殖扇贝的形态特征比较见表3-4。

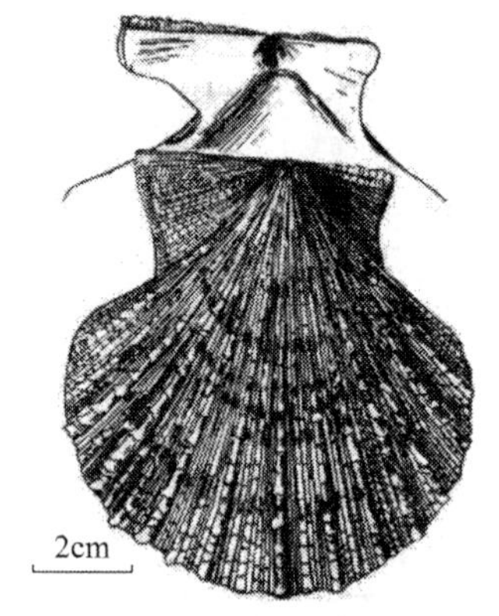

图3-3　栉孔扇贝

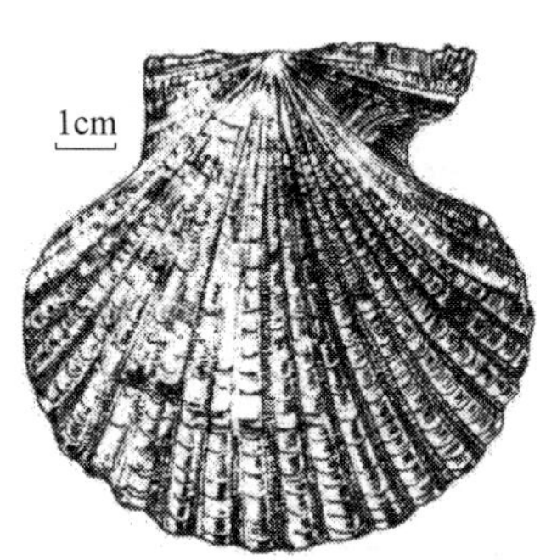

图3-4　华贵栉孔扇贝

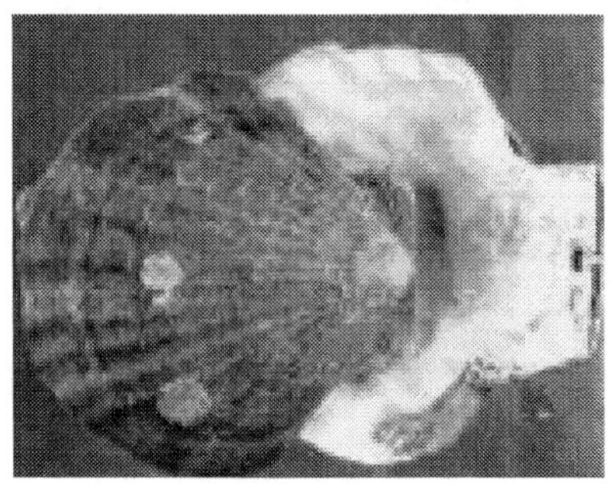

图3-5　虾夷扇贝

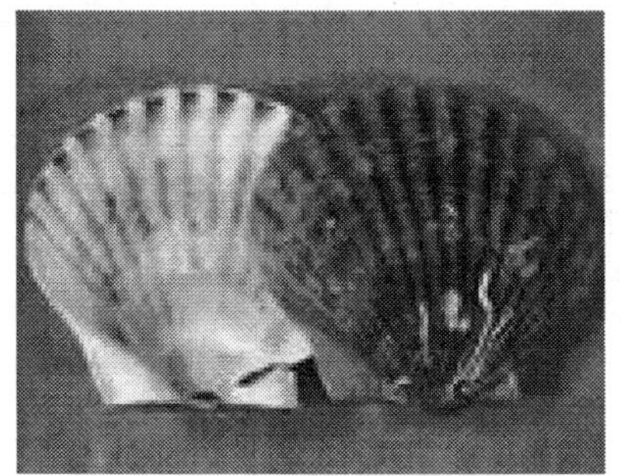

图3-6　海湾扇贝

表3-4　四种养殖扇贝的外部形态特征

种类＼部位	壳色	壳形	前后耳	足丝孔	放射肋
栉孔扇贝	壳色变化较大，大多数为橙红色或紫褐色	两壳不等，左壳略大于右壳，壳高略大于壳长	前耳大，其长度约为后耳的2倍	右壳前耳腹面为一凹陷，形成明显的足丝孔并具6～10枚栉齿。足丝发达，由足丝孔伸出壳外，营附着生活	左壳较平放射肋10条，右壳稍凸，放射肋20～30条
华贵栉孔扇贝	橘红、紫褐、黄褐色，有不规则云斑纹	壳长壳高约相等，左壳较凸，右壳较平	前耳大，其长度约为后耳的2倍	右壳前耳腹侧有足丝孔，具栉状齿数枚，足丝发达	壳表具23～24条等粗的放射肋，同心生长轮脉细密形成密而翘起的小鳞片

续表

部位 种类	壳色	壳形	前后耳	足丝孔	放射肋
海湾扇贝	紫褐、黄褐色	贝壳中等大小，左右壳较凸	前耳大，后耳小	足丝孔较浅，成体足丝退化	壳表放射肋 20 条左右，肋较宽而高起，肋上无棘
虾夷扇贝	左壳紫褐色，右壳黄白色	贝壳大型，右壳较凸，左壳稍平，较右壳稍小	壳顶两侧前后具有同样大小的耳突起	右壳的前耳有浅的足丝孔，足丝不发达	壳表有 15～20 条放射肋，右壳肋宽而低矮，肋间狭，左壳肋较细，肋间较宽

2）内部构造

（1）外套膜。扇贝的外套膜有两叶，左右两叶除在背缘愈合外，其他部分完全游离。外套膜边缘具有发达的触手和外套眼，对外界刺激敏感。外套眼在触手之间，为深黑色。

（2）消化系统。扇贝为滤食性动物，消化系统由唇瓣、口唇、口、食道、胃、肠、直肠、肛门和消化腺等部分组成，扇贝的滤食路线和进食过程如下：带食物的水团→水流的大小快慢由外套膜内层控制→鳃过滤（第 1 次选择）→大小合适的食物送至唇瓣→唇瓣过滤（第 2 次选择）→大小适宜食物送至口（第 3 次选择）→食道（输送）→胃（消化）→肠（吸收）→直肠（吸收和排出）→肛门（排出）。

（3）肌肉系统。扇贝的肌肉系统主要包括闭壳肌、足的伸缩肌、外套膜肌。扇贝前闭壳肌退化，后闭壳肌肥大，干制品称“干贝”。

（4）呼吸、循环、排泄系统。扇贝的呼吸器官为鳃，呈新月形，左右两侧各 1 个，每个鳃分为 2 片。除鳃外，外套膜也具有呼吸功能。循环系统为开管型，由心脏、动脉、静脉和血窦组成。主要排泄器官为 1 对肾脏，位于闭壳肌的前方、生殖腺与鳃之间，囊状，棕褐色。肾脏与生殖腺之间有肾生殖孔，两肾脏末端的腹面各有 1 个排泄孔，开口于外套腔。

（5）生殖系统。扇贝的生殖腺位于闭壳肌腹面前方的腹嵴内。上行肠及下行肠穿过其中。在繁殖季节，雌雄个体的生殖腺极为发达。雌雄异体的扇贝，雌性生殖腺为粉红色至橘红色，雄性为乳白色；雌雄同体的扇贝，生殖腺分为雌雄两个部分，雄性生殖腺在外侧，颜色较浅，雌性生殖腺在内侧，颜色较深。成熟的生殖细胞通过肾生殖孔进入肾腔，然后再经过泄殖孔排于外套腔，最后排出体外。扇贝的内部构造见图 3-7。

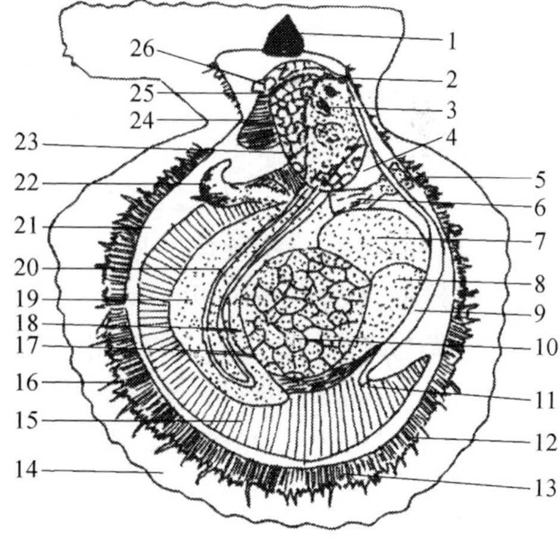

图 3-7　栉孔扇贝左侧面观

1. 韧带；2. 食道；3. 胃；4. 围心腔；5. 心室；6. 心耳；7. 收足肌；8. 平滑肌（闭壳肌）；9. 直肠；10. 横纹肌（闭壳肌）；11. 肛门；12. 外套眼；13. 右侧外套膜内层的帆状部；14. 右壳；15. 右侧鳃；16. 外套膜缘的触手；17. 肾外孔；18. 肾；19. 生殖腺；20. 肠；21. 外套腔；22. 足；23. 消化盲囊；24. 唇瓣；25. 口；26. 口唇

3. 生活习性

1）生活方式

扇贝为附着生活的贝类，多数种类以足丝附着于礁石等基质上。在自然界中，由于附着基的限制，常常成群栖息互相附着，形成群聚。如果环境不适宜，可自行切断足丝，脱离附着基，遇到适宜环境后，重新分泌足丝进行附着。

2）对温度和盐度的适应

四种养殖扇贝对温度、盐度的适应情况见表 3-5。

表 3-5　四种养殖扇贝对温度、盐度的适应

养殖种类	生存水温/℃	生长水温/℃	适宜水温/℃	盐度	最适盐度
栉孔扇贝	－2～28	5～24	15～22	25～36	28～32
华贵栉孔扇贝	5～32	10～30	20～28	25～34	28～32
虾夷扇贝	－2～23	2～20	5～18	24～40	30～32
海湾扇贝	－1～31	10～29	18～28	16～43	27～31

3）食性

扇贝是滤食性动物，主要摄食海水中细小的浮游植物、浮游动物碎片、细菌和有机碎屑等，其中以摄食浮游硅藻为主。其食物的种类经常受到海区浮游藻类的季节性变化以及食物丰度等因素的制约。因此，根据浮游藻类在不同季节有垂直移动的特性，为了提高养殖扇贝的产量，养殖水层应随温度的变化而进行调整。

4. 繁殖习性

1）性别

除海湾扇贝为雌雄同体外，其他几种养殖扇贝都为雌雄异体。雌雄异体的种类，外形难以区分雌雄性。但在繁殖季节性腺特别肥满，雌雄性腺颜色完全不同，通过性腺颜色来辨别雌雄。雌雄异体的扇贝，雌性生殖腺为粉红色、橙黄色和橘红色，雄性为乳白色；雌雄同体的海湾扇贝，其生殖腺分为两个区：精巢位于腹嵴外周缘，成熟时为乳白色；卵巢位于精巢内侧，靠近闭壳肌处，成熟时呈橘红色。通常在性腺部位，表层具一层黑膜，当性腺成熟时，黑膜逐渐消失。

2）繁殖年龄和产卵量

四种养殖扇贝的繁殖年龄和产卵量见表 3-6。

表 3-6　四种养殖扇贝的繁殖年龄和产卵量

种类	繁殖年龄	产卵量/万粒
栉孔扇贝	1 龄	300～600
华贵栉孔扇贝	5～6 个月	300～700
虾夷扇贝	1.5 龄以上	2000～3000
海湾扇贝	4 个月	40～80

3）繁殖季节

四种养殖扇贝的繁殖季节和水温见表 3-7。

表 3-7　四种养殖扇贝的繁殖季节和水温

种类	繁殖季节	繁殖水温/℃	地点
栉孔扇贝	5～6 月中旬，8～10 月	16～22	山东
	5 月中旬～6 月下旬	14～16	辽宁
华贵栉孔扇贝	5～10 月	20～30	广东、福建
虾夷扇贝	3 月中旬～4 月上旬	8～9	日本陆奥湾
	4 月上旬～5 月中旬	8～9	日本北海道
	3 月上旬～4 月下旬	8～9	目前在山东、辽宁均进行控温育苗
海湾扇贝	5～6 月，9～10 月	20～30	目前在山东、辽宁均进行控温育苗

4）扇贝的发生

栉孔扇贝的胚胎和幼虫发生见图 3-8。

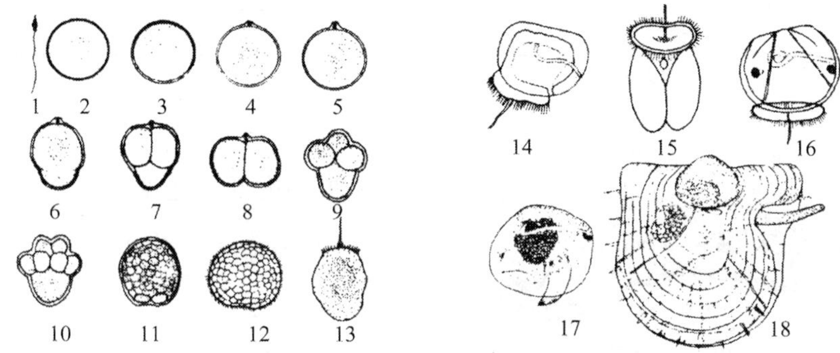

图 3-8　栉孔扇贝的胚胎和幼虫发生

1. 精子；2. 卵子；3. 受精卵；4. 第一极体出现；5. 第二极体出现；6. 第一极叶伸出；7. 第一次卵裂；8. 2 细胞期；9. 4 细胞期；10. 8 细胞期；11. 囊胚期；12. 原肠胚期；13. 担轮幼虫（侧面观）；14. 早期面盘幼虫（出现消化管）；15. 面盘幼虫；16. 后期面盘幼虫（又称壳顶期面盘幼虫）；17. 即将附着的幼虫；18. 稚贝

三、贻贝的识别

1. 养殖种类

贻贝隶属于软体动物门、瓣鳃纲、翼形亚纲、贻贝目、贻贝科。我国沿海养殖的主要种类有紫贻贝（*Mytilus galloprovincialis*）、翡翠贻贝（*Perna viridis*）和厚壳贻贝（*Mytilus coruscus*）。我国主要养殖贻贝的自然分布情况见表 3-8。

表 3-8　我国主要养殖贻贝的自然分布

种类	水平分布	垂直分布/m
紫贻贝	黄海、渤海	0～2
厚壳贻贝	黄海、渤海、东海、台湾海峡	0～20
翡翠贻贝	东海南部和南海	1.5～8.0

2. 形态特征

1）外部形态

贻贝的外部形态见图 3-9～图 3-11。外部形态区别见表 3-9。

图 3-9 紫贻贝

图 3-10 翡翠贻贝

图 3-11 厚壳贻贝

表 3-9 养殖贻贝的外部形态区别

种类	壳色	壳顶	壳长/壳高	前闭壳肌
紫贻贝	黑色、紫褐色	圆钝	<2	小
厚壳贻贝	棕黑色	尖锐、近 30°	≈2	小
翡翠贻贝	翠绿色	喙状	≈2	无

2）内部构造

贻贝的内部构造见图 3-12。

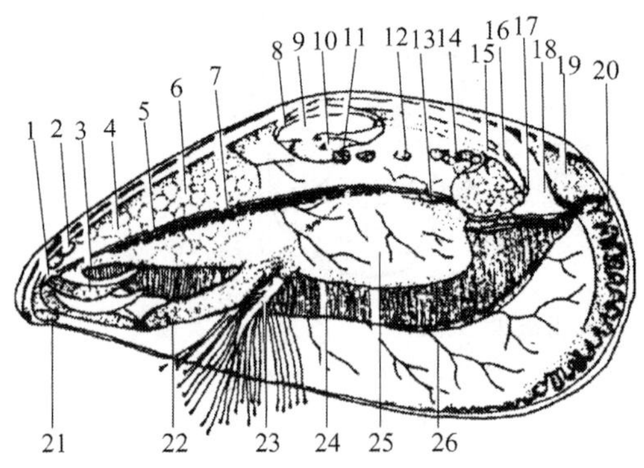

图 3-12 紫贻贝的内部构造

1. 口；2. 前缩足肌；3. 内唇瓣；4. 胃；5. 外套痕；6. 消化盲囊；7. 肾脏；8. 围心腔；9. 心室；10. 心耳；11. 缩足肌；12. 中缩足肌；13. 生殖乳突；14. 后缩足肌；15. 后闭壳肌；16. 直肠；17. 肛门；18. 排水腔；19. 排水孔；20. 外套膜缘及触手；21. 前闭壳肌；22. 足；23. 足丝；24. 右鳃；25. 腹嵴；26. 右侧外套膜

3. 生活习性

1）生活方式

贻贝是附着型贝类，用足丝进行附着生活。浅海中一切较硬的固体物都是贻贝良好的附着基。稚贝多附着在丝状物和丝状藻体上，幼贝和成贝主要附着在低潮区以下的岩礁和砾石头上。贻贝有群聚习性，常成群栖息生活。

2）对环境的适应

紫贻贝属于寒温带种类，对低温适应能力强，生长适温 5～23℃，最适水温 10～20℃。翡翠贻贝耐高温不耐低温，耐温范围为 9～32℃，适温 20～30℃。贻贝属于广盐性贝类，在盐度 18～32 的海水中生长良好。贻贝抗污能力很强，对水质要求不严，在油污脏物较多的码头、渔港，都能正常生长。对低氧的忍耐力较强，在溶氧低于 1mg/L，氨氮含量高于 400μg/L 的恶劣条件下，仍可短期生活。

3）食性

贻贝是滤食性贝类，饵料种类包括硅藻、原生动物、双壳类面盘幼虫及有机碎屑等。贻贝口裂伸缩性很大，对大小在 10～30μm 的浮游生物一般都能摄食。贻贝的滤食能力很强，在常温下 1 个壳长 5～6cm 的贻贝每小时能过滤海水 3.5L，24h 内能过滤海水 45～56L。因此，贻贝生长速度较快。

4. 繁殖与生长

1）繁殖季节

主要养殖贻贝的繁殖季节和水温见表 3-10。

表 3-10 主要养殖贻贝的繁殖季节与水温

种类	繁殖季节	繁殖水温/℃	地点
紫贻贝	5～6 月	6～18	辽宁
	4～5 月，9～10 月	6～18	山东
	4～6 月， 10 月下旬至 11 月上旬	16～20	福建东部
翡翠贻贝	5～6 月，10～11 月	25～29	福建、广东
厚壳贻贝	4 月底～5 月底	12～14	山东
	4 月	12～14	浙江

2）性比与雌、雄鉴别

紫贻贝和翡翠贻贝多为雌雄异体，少数雌雄同体。性腺发育有性转换现象。在繁殖季节，雄性性腺多呈乳白色；雌性则为橙黄色或橘红色。

3）性成熟与产卵量

紫贻贝在 1 年之内，即可达到性成熟。6 月附着的紫贻贝当年秋季可产卵排精。厚壳贻贝在 5cm 左右开始达到性成熟，9cm 以上个体全部性成熟。翡翠贻贝生物学最小型为 2～3cm。贻贝的产卵量较大，壳长 4～6cm 的紫贻贝，平均产卵量为 30 万～600 万粒，最多可达 1000 万粒；壳长 8cm 以上平均产卵量为 800 万～1500 万粒，最多可达 2500 万粒。壳长 11cm 的厚壳贻贝 1 次产卵量可达 914 万～2415 万粒。壳长 12cm 的翡翠贻贝 1 次产卵量可达 1500 万粒。

4）生长

贻贝的生长与水温、饵料、密度、水深及风浪等因素有关。北方的贻贝 1 年中有 2 次生长高峰，春季 5～6 月份及秋季 9～10 月份。自然水温在 14～23℃，贝壳日增长 300μm，月增长 1cm 左右；7、8 月份水温 25℃，生长变得缓慢；1、2 月份水温在 5℃以下，生长几乎停止。

四、珠母贝的识别

1. 培育珍珠的主要种类

珠母贝隶属于软体动物门、瓣鳃纲、翼形亚纲、珍珠贝目、珍珠贝科。世界上用于培育海水珍珠的珠母贝主要有 4 种：马氏珠母贝（*Pinctada fucata martensii*）、大珠母贝（*Pinctada maxima*）、珠母贝（*Pinctada*，*nargaritifera*）和企鹅珠母贝（*Pteria pengui Roding*）（图 3-13）。

马氏珠母贝

珠母贝（黑碟贝）

大珠母贝（白碟贝）

企鹅珍珠贝

图 3-13　几种主要的珍珠贝

2. 马氏珠母贝的生活习性

1）栖息习性

珍珠贝科的种类均分布于热带和亚热带海洋中，利用足丝附着在岩礁、珊瑚、砂泥及石砾上生活。纯泥底质的海区，因缺乏附着基而难以生存。马氏珠母贝的栖息深度一般自低潮线附近至水深 20m 左右。幼贝分布的水层以低潮线至水深 5m 为主，其中以 3m 左右密度最大，5m 以下少见；成贝则多栖息于水深 5～7m 处。

马氏珠母贝的活动习性有明显的日周期性。白天基本不移动，自日落起开始活动至次日 8～9 时停止活动，其中以 20～21 时移动最快。其足丝的分泌也是在夜间进行，白天完全不分泌。贝壳的分泌夜间比白天旺盛。此外，马氏珠母贝对光度的减弱有相当敏感的反应，称为阴影反应。

2）对温度和盐度的适应

适温范围为 15～30℃，最适水温为 23～25℃。盐度适宜范围为 1.015～1.028，最适为 1.020～1.025。

3）食性

马氏珠母贝是滤食性贝类，其胃中的食物组成与海水中悬浮物质的组分密切相关，随着海区和季节的不同，食料的种类和数量也随着变化。

3. 繁殖与生长

1）性别和性比

马氏珠母贝为雌雄异体，存在性变现象，有时存在雌雄同体的个体。性变现象多见幼龄个体，3～4 龄个体性别较稳定。马氏珠母贝的性比，在低龄群中雄性个体占优势，这与雄性先熟现象有关，而在高龄群体中则雌性个体占优势。

2）繁殖季节

马氏珠母贝几乎全年都可以繁殖，但主要繁殖期集中在 5～10 月，在水温回升比较早的年份，4 月下旬就可进入繁殖盛期。繁殖高峰的出现与海况的变化有密切关系。当水温达到25℃以上，生殖腺成熟，大风浪、大雨、烈日等海况急剧变化均可引起马氏珠母贝大量排放精卵。若海况变化平稳，则繁殖活动不集中，一般多在大潮汛期繁殖。

3）生长

在自然海区刚附着幼苗壳高为185～235μm，壳长为200～250μm，附着后生长速度平均为40～50μm/d，长至400～500μm时，其形态基本接近成贝。马氏珠母贝生长以第1年最快，2～3年次之，满3年后迅速下降。最大个体壳长12.9cm，壳高11.5cm，寿命一般为10年左右。

五、牡蛎的识别

1. 养殖种类

牡蛎在分类上属于软体动物门、瓣鳃纲、翼形亚纲、珍珠贝目、牡蛎科。牡蛎的种类很多，目前已发现100余种。我国主要养殖种类有大连湾牡蛎（*Crassostrea talienwhanensis*）、太平洋牡蛎（*Crassostrea gigas*）、近江牡蛎（*Crassostrea rivularis*）、褶牡蛎（*Ostrea plicarula*）、密鳞牡蛎（*Ostrea denselamellosa*）。我国主要养殖牡蛎的分布范围见表3-11。

表3-11　我国主要养殖牡蛎的分布

种类	褶牡蛎	近江牡蛎	太平洋牡蛎	大连湾牡蛎	密鳞牡蛎
水平分布	全国沿海	全国沿海	全国沿海	黄海、渤海	全国沿海
垂直分布	潮间带中、下区	低潮线附近至10m	低潮线附近及浅海	低潮线附近至10m	低潮线下2～30m

2. 形态构造

1）外部形态

牡蛎（图3-14）具左右两个贝壳，以韧带和闭壳肌相连。左右两壳不等，右壳较扁平，又称上壳；左壳凹而稍大，又称下壳，且以左壳固着在岩礁等物体上，壳表面粗糙，具鳞、棘刺等。铰合部无齿，或具结节状小齿。单柱，二孔型，无水管，有内韧带。由于种类及固着基不同，贝壳的形态变化较大。

大连湾牡蛎

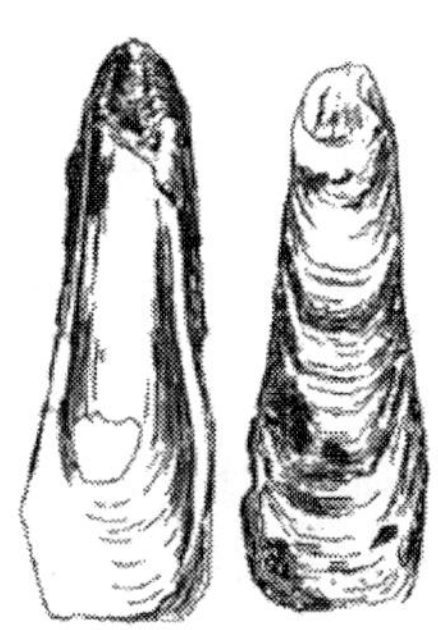

太平洋牡蛎

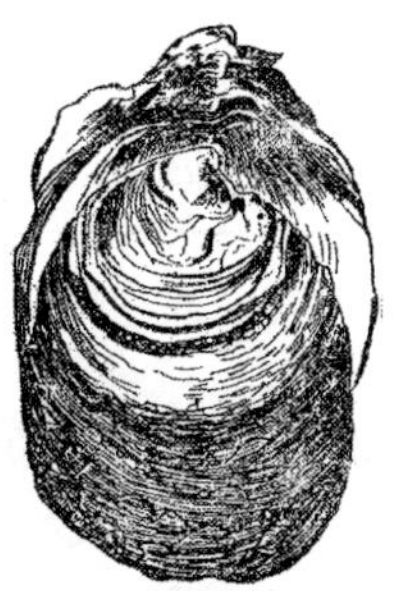

近江牡蛎

蛎褶牡蛎

图3-14　几种养殖牡蛎

2）内部构造

牡蛎成体足部退化消失，无头部。其内部构造见图 3-15。

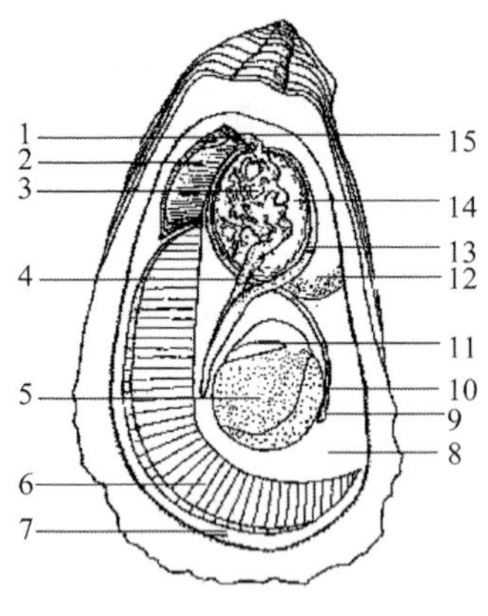

图 3-15　牡蛎的内部构造

1. 口；2. 唇瓣；3. 胃；4. 晶杆囊；5. 闭壳肌；6. 鳃；7. 外套膜；8. 鳃上腔；9. 肛门；10. 直肠；11. 心脏；12. 生殖腺；13. 肠；14. 消化盲囊；15. 食道

3. 生活习性

1）固着和群聚习性

牡蛎是固着型贝类，除幼虫阶段营浮游生活外，一经固着后终生不再脱离固着物，一生只限于用右壳作开壳和闭壳活动，以此进行摄食、呼吸、排泄、繁殖和御敌。牡蛎有群聚习性，自然栖息或人工养殖的牡蛎，往往由各个年龄的个体群聚而生，第 2 年或第 3 年繁殖的后代，常以前一代的贝壳作为固着基营固着生活。

2）对温度、盐度的适应

近江牡蛎、褶牡蛎和太平洋牡蛎为广温性种类，在−3～32℃范围均能存活，太平洋牡蛎生长适温是 5～28℃。太平洋牡蛎、近江牡蛎、褶牡蛎对盐度的适应范围广，太平洋牡蛎适应盐度为 10～37，最适盐度为 20～31；近江牡蛎适应盐度为 10～30；大连湾牡蛎对盐度适应范围较窄，一般栖息在 25～34 的高盐度海区。

3）食性

牡蛎是滤食性贝类，成体的饵料主要是硅藻及有机碎屑，其中以直链藻、圆筛藻、海链藻和舟形藻为最多。具体的食料组成因海区的不同和季节的变化而有所不同。

4. 繁殖与生长

1）繁殖方式与性别

主要养殖牡蛎的繁殖方式与性别见表 3-12。

表 3-12　主要养殖牡蛎的繁殖方式与性别

类别	太平洋牡蛎、褶牡蛎、近江牡蛎、大连湾牡蛎	密鳞牡蛎、食用牡蛎
繁殖方式	卵生型	幼生型
性别	绝大部分为雌雄异体，有性转换现象，可以由雌性变为雄性，或雄性变为雌性	多为雌雄同体

2）繁殖季节

牡蛎一般从发生后约经 1 年达性成熟并开始繁殖，其繁殖期因种类和海区而异。大连湾牡蛎的繁殖期为 6～8 月份；太平洋牡蛎每年有春、秋两个繁殖季节。近江牡蛎和褶牡蛎在我国沿海不同地区的繁殖季节见表 3-13。

表 3-13　近江牡蛎和褶牡蛎在我国沿海不同地区蛎的繁殖季节

近江牡蛎		褶牡蛎	
海区	繁殖季节（盛期）	海区	繁殖季节（盛期）
广东沿海	5～8 月（6～7 月）	山东青岛	6～11 月（6～7 月）
福建沿海	4～7 月（4～6 月）	辽宁大连	6～11 月（6～7 月）
黄河口附近	7～8 月	福建宁德	4～5 月，8～9 月
广西大风江	5～6 月	福建厦门	4～5 月，9～10 月
广西北海	7～8 月	台湾海峡	4～9 月（5～6 月）

3）生长

牡蛎的生长有终生生长型和阶段性生长两种类型。太平洋牡蛎、近江牡蛎、大连湾牡蛎等属终生生长型，褶牡蛎为阶段生长型。近江牡蛎初固着时 300μm，固着后生长很快，在南方沿海，半个月后壳长和壳高达到 7mm 左右，1 个月后壳长达 1cm，半年后壳长可达 5cm。以后随年龄的增长生长速度逐渐减慢，1 周龄壳长可达 7～8cm，2 周龄最大的可达 15cm，3 周龄最大的可达 20cm。人工养殖的牡蛎，一般 2～3 龄即达到收获规格。褶牡蛎的贝壳生长基本是在第 1 年内完成，以后几乎不再生长。刚固着时约 350μm，前 3 个月壳长生长迅速，可达 5cm 左右。以后平均每月增长仅为 1mm 左右，满 1 年壳长约 7cm。

六、文蛤的识别

1. 主要种类

文蛤属于软体动物门、瓣鳃纲、异齿亚纲、帘蛤目、帘蛤科、文蛤属。文蛤属的种类，在我国除了文蛤（*Meretrix meretrix*）之外，还有丽文蛤（*Meretrix lusoria*）、斧文蛤（*Meretrix lamarckii*）两种。

2. 形态特征

文蛤（图 3-16）贝壳近心脏形，壳长略大于壳高，背缘略呈三角形，腹缘呈圆形，两壳大小相等。壳顶突出，铰合部外面有 1 个黑褐色的韧带。贝壳壳质坚厚，表面膨胀、光滑，被有一层黄褐色光滑似漆的壳皮。同心生长轮脉清晰，由壳顶开始常有环形的褐色带。铰合部宽，右壳具 3 个主齿及 2 个前侧齿，左壳具 3 个主齿及 1 个前侧齿。

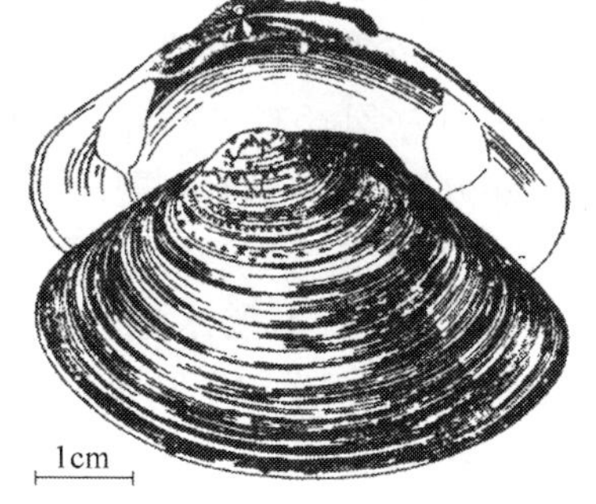

图 3-16　文蛤

3. 生活习性

1）地理分布

文蛤属于广温、广盐性贝类，地理分布较广，分布于受淡水影响的内湾及河口附近。我国黄海、渤海、东海、南海沿海均产，以辽宁辽河口附近的盘锦蛤蜊岗海区、山东黄河口附近的莱州湾海区、江苏长江口附近的吕四海区、广西的北部湾以及台湾的西海岸一带，资源尤为丰富。

2）栖息环境

文蛤多分布于近河口较平坦的砂质或砂泥质沙滩中，含砂率为50%～90%，以60%～80%为最好。幼贝多分布在高潮区下部，随生长逐渐向中、低潮区移动；成贝分布于中潮区下部，直至低潮线以下水深5～6m。文蛤是广温性贝类，生长适宜水温为10～32℃，最适水温为15～25℃。文蛤为广盐性贝类，适宜的海水相对密度为1.010～1.025。文蛤营埋栖生活，足极大，呈斧状，有强大的钻砂能力，依靠足的伸缩活动潜钻穴居，栖息的深度可达10～20cm。

3）食性

文蛤为滤食性贝类，以海水中浮游和底栖硅藻类为食，兼食其他的浮游植物、原生动物、无脊椎动物幼虫及有机碎屑。

4）移动

文蛤具有随着生长，由中潮区向低潮区或潮下带移动的习性，群众称之为“跑流”。跑流的文蛤一般在壳长1.5cm以上，以3～5cm的文蛤移动性最强，5cm以上的文蛤移动性较弱，只是在天暖流急的情况下偶尔移动。

4. 繁殖与生长

1）雌、雄鉴别

文蛤雌、雄异体，一般2龄性成熟。成熟文蛤的性腺分布在内脏团周围，并延伸至足的基部。通过外形难以鉴别雌、雄。性成熟时，雌性性腺呈乳白色，雄性性腺呈奶黄色。

2）繁殖季节

文蛤的繁殖季节因地区水温的差别而异。辽宁、山东在7～8月，江苏、浙江、福建在6～7月，广西在5～6月，中国台湾在3～4月。繁殖期水温一般在20℃以上，最适水温为21.5℃～25℃。壳长6～7cm文蛤的怀卵量可达400万～600万粒左右。分批成熟分批产卵，每年集中1～2次。适宜条件下受精后9d左右可变态为稚贝。

3）生长

文蛤的生长受水温、饵料等海况条件的限制。一般春季从水温11℃开始生长，秋季水温降至10℃以下停止生长。文蛤生长速度较慢，1周龄达2cm左右，2周龄达4cm左右，3周龄达5～6cm，4周龄达7～8cm。

七、蛤仔的识别

1. 养殖种类

蛤仔隶属软体动物门、瓣鳃纲、异齿亚纲、帘蛤目、帘蛤科、蛤仔属。我国人工养殖的蛤仔主要是菲律宾蛤仔（*Ruditapes philippinarum*）和杂色蛤仔（*Ruditapes variegata*）。菲律宾蛤仔为我国南北沿海广泛养殖的种类；而杂色蛤仔则为我国南方一些地区的养殖种类，其养殖规模和养殖效益均不如菲律宾蛤仔。

2. 形态特征

蛤仔的外部形态见图 3-17 和图 3-18。

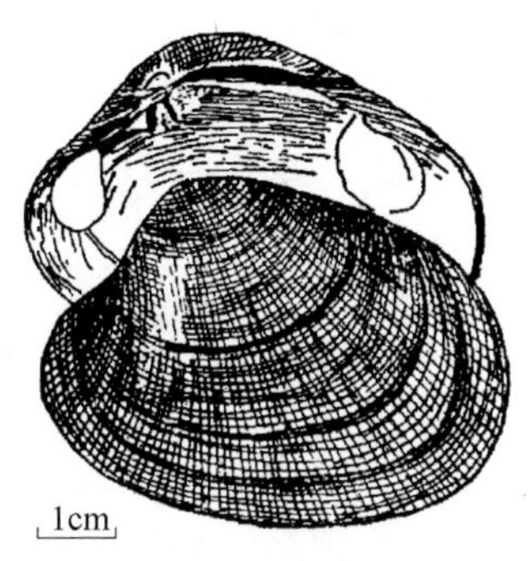

图 3-17　菲律宾蛤仔

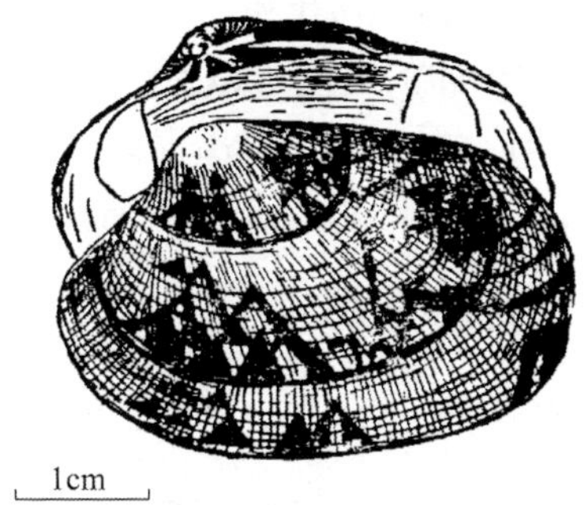

图 3-18　杂色蛤仔

3. 生活习性

蛤仔在自然海区的栖息环境和食性见表 3-14。

表 3-14　蛤仔在自然海区的栖息环境和食性

栖息环境	适应情况
分布	喜栖息在有淡水流入、波浪平静的内湾，其垂直分布从潮间带至 10m 水深的海底
底质	典型的埋栖型贝类，其栖息的底质一般为含砂量在 70%～80%的砂泥底质，但在含砂量为 10%～50%的广阔滩涂上也能生活
温度	广温性贝类，生长适宜水温为 5～35℃，最适温度为 18～30℃
盐度	广盐性贝类，适宜盐度为 19～26
溶氧	耗氧量较小，在溶解氧为 1mg/L 的海水里就能正常生活
耐干能力	耐干能力也较强，耐干出时间与蛤仔的个体大小、气温等关系密切
食性	被动滤食，潮水上涨到埕面时，蛤仔随之上升，伸出水管在海水中滤食底栖硅藻，如圆筛藻、舟形藻等

4. 繁殖习性

1）繁殖季节

蛤仔为雌雄异体，1 年达性成熟，雌、雄比例相近。性腺成熟时雌性呈乳白色，雄性则为淡粉红色。蛤仔的繁殖季节随地区而异，但繁殖盛期都在夏秋季，辽宁为 6～8 月；山东为 7～9 月；福建为 9 月下旬至 11 月，10 月份为盛期。

2）产卵量

蛤仔为卵生型贝类。壳长 3～4cm 的亲蛤怀卵量可达 200 万～600 万粒，但产卵量远远小于怀卵量。亲蛤每次产卵量为：1 龄的 30 万～40 万粒；2 龄的 40 万～80 万粒；3 龄的 80 万～100 万粒。

3）繁殖活动

在整个繁殖期，蛤仔是分批排放的，1 年可排放 3～4 次。蛤仔的产卵多发生在大潮期，尤其是在冷空气侵袭时排精产卵更为集中。在自然海区中蛤仔平时埋栖在滩面 3～5cm以下，产卵前 1d 上升至滩面，这通常是产卵的前兆。产卵时身体后端露出埕面、伸出水管，精卵从生殖孔排到外套腔内，经出水管缓缓地往上冒，随后扩散在海水中，1 个雌蛤产卵的时间可以持续 1h。在自然海区里，蛤仔的繁殖活动常发生在埕面潮水即将退干时，而当潮水退出埕面后，便可看到埕面上留有一块块乳白色黏液，腥味刺鼻，俗称蛤仔吐的“浆”。

八、缢蛏的识别

1. 形态特征

缢蛏（*Sinonovacula constricta*）隶属于软体动物门、瓣鳃纲、异齿亚纲、帘蛤目、竹蛏科。缢蛏（图 3-19）贝壳呈长方形，薄而脆，两壳闭合时前后端开口。外韧带黑褐色，自壳顶斜向腹缘中部有一微凹的内缢沟，故名缢蛏。

图 3-19　缢蛏的外形

2. 生活习性

缢蛏在自然海区的栖息环境和生活方式见表 3-15。

表 3-15　缢蛏在自然海区的栖息环境和生活方式

环境条件	适应情况
分布	喜栖息在风浪平静、潮流畅通、底质松软、有淡水注入的潮间带中、低潮区的内湾
底质	软泥或泥沙底质的滩涂，理想的栖息底质是滩面稳定，底质的表层有 2～3cm 的软泥，中层有 30cm 左右以泥为主的泥沙混合层，底层为沙泥层或沙层
温度	广温性贝类，生存温度为 0～39℃，生长适温为 8～30℃
盐度	广盐性贝类，对低盐适应能力很强，在海水相对密度 1.005～1.022 范围内都能正常生活
生活方式	穴居，穴居深度一般为壳长的 5～8 倍，随潮水涨落在洞穴中做升降运动。海水淹没时，上升至洞口，伸出进、出水管，进行呼吸、摄食、排泄等活动，潮水退落后，则降至洞穴的中部或底部

3. 繁殖与生长

1）性别

缢蛏为雌雄异体，1 年性成熟，性成熟时壳长一般在 4cm 以上。成熟雌贝的性腺呈乳白色，雄贝的颜色较深些，略带淡黄或淡粉红色。缢蛏的性比接近 1∶1。

2）繁殖季节

缢蛏的繁殖季节主要在秋季，与水温有关（20～25℃），闽浙沿海多在 9～11 月，盛期是 10 月。每年的繁殖季节中，缢蛏有多次排放的现象，一般能排放 3～4 次。在福建海区，缢蛏繁殖活动多集中在“秋分”、“寒露”、“霜降”、“立冬”4个节气前后，“立冬”以后缢蛏性腺大多消失，即使有零星排放，也没有什么生产价值。

3）繁殖活动

缢蛏属卵生型贝类。繁殖活动多集中在大潮末的夜间进行。缢蛏产卵一般在退潮时的黎明前2～3h内；在此期间，若遇到寒流侵袭，排精产卵活动就更为集中。另据实验观察，缢蛏在流水、黑暗条件下排精产卵活动几率较大，这种规律对人工催产具有指导意义。

4）生长

缢蛏的生长随年龄及其生活环境的不同而异。一般1龄蛏壳长4～5cm，2龄蛏壳长6～7cm。1龄蛏壳长增长较快，其壳长可达刚播种时的3～5倍；2龄蛏壳长增长减慢，其壳长仅比1龄蛏增长30%～50%，但体重增长较快。

一年之中，不论是体重还是壳长皆在春季开始显著增长，夏季增长最快，秋季进入繁殖期，在繁殖期前，软体最为肥满，冬季生长速度逐渐下降甚至停止。

九、蚶的识别

1. 主要经济种类

蚶为软体动物门、瓣鳃纲、翼形亚纲、蚶目、蚶科贝类的统称。蚶科的主要经济种类有泥蚶（*Tegillarcagranosa*）、魁蚶（*Scapharca broughtonii*）和毛蚶（*Scapharca subcrenata*）。

2. 形态特征

泥蚶、魁蚶、毛蚶的外部形态见图3-20～图3-22。

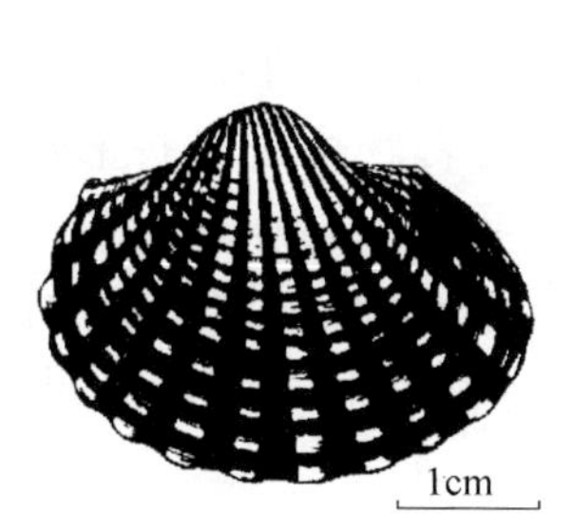

图3-20　泥蚶

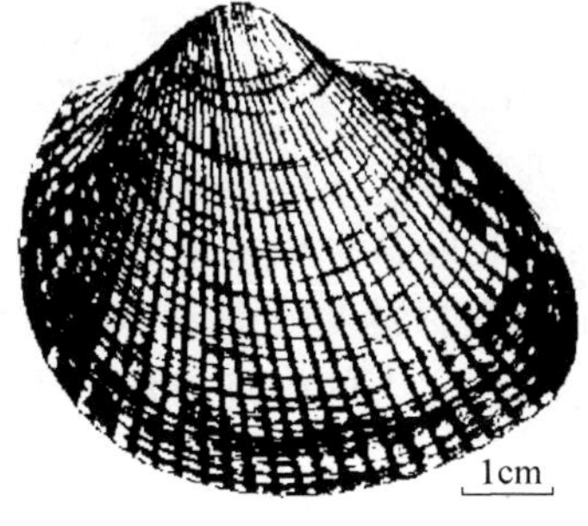

图3-21　魁蚶

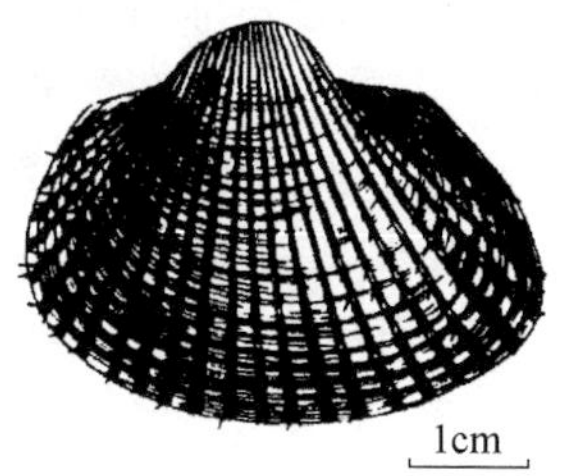

图3-22　毛蚶

3. 生活习性

1）地理分布

泥蚶俗称“血蚶”或“血蛤”等，是我国传统的滩涂养殖贝类。在我国主要分布在山东半岛以南海域。魁蚶也称“赤贝”，是蚶科贝类中体型最大的种类，其最大壳长可超过9cm。我国南北沿海均有分布，以渤海及黄海北部海域分布量较多。毛蚶也称毛蛤、毛蚬子，我国南北沿海均有分布，以北方各省沿海较多，在辽河、海河、黄河等河口附近海域分布量较大，辽宁锦州、河北黄骅、天津塘沽、山东羊角沟等海区都是毛蚶的重要产地。毛蚶是我国北方沿海比较常见的重要经济贝类之一。

2）栖息环境与生活方式

几种蚶类在自然海区的栖息环境与生活方式见表 3-16。

表 3-16 泥蚶、魁蚶和毛蚶在自然海区的栖息环境与生活方式

种类		栖息环境与生活方式
泥蚶	生活方式	营埋栖型生活，穴居较浅，无水管，活动能力较差，只能依靠足在滩涂上爬行
	底质	多栖息在风浪较小、潮流畅通的内湾及河口附近多泥沙的中、低潮带。泥蚶苗（稚贝）栖息于 1～2mm 深的涂泥表面，成体泥蚶潜入泥下数厘米处，以壳的后缘在涂面形成水孔，来进行呼吸和摄食
	温度	广温性贝类，在温度变化范围为－2～36℃能正常生活，最适生长水温 15～30℃
	盐度	广盐性贝类，在相对密度为 10.42～31.43 的海水中能正常生活
魁蚶	生活方式	营埋栖型生活，无水管，在泥沙层中生活时仅能以其壳的后缘和外套膜在泥沙面上形成 1 个通水孔，以此进行水交换和摄食
	底质	多分布在盐度较高的水域，在 3～50m 的软泥和泥沙底质海底，自然分布水深以 20～30m 较多
	温度	适宜水温为 5～25℃，以 10～20℃时生长较快
	盐度	适宜盐度范围为 25～32
毛蚶	底质	大多生长在水深 3～10m、底质为粉沙或软泥的河口附近海域
	温度	适应水温为 5～28℃
	盐度	栖息海域海水的盐度 20～31

3）食性

泥蚶、魁蚶、毛蚶均为滤食性贝类。食物种类依不同海区和季节而异，泥蚶胃肠内含物中绝大部分是硅藻，如小环藻、圆筛藻、舟形藻等占食物成分的 95%以上，也能够摄食悬浮在海水中的有机碎屑、藻类孢子等。魁蚶和毛蚶食物构成以舟形藻、圆筛藻、直链藻、骨条藻等硅藻类以及有机碎屑等为主。泥蚶的摄食强度受水温、潮汐和饵料 3 个因素的影响。在最适的温度范围内，温度越高摄食量越大；涨潮后方能摄食，退潮后则无法摄食。有淡水注入的内湾或河口附近，海水中饵料丰富，泥蚶生长较快。

4. 繁殖习性

1）雌雄鉴别

蚶为雌雄异体。雌雄性别可从生殖腺的颜色区分，充分成熟的雌性生殖腺呈橘红色或淡红色，雄性呈乳白色或淡黄色。

2）繁殖期与产卵量

几种蚶类在我国沿海的繁殖季节和产卵量见表 3-17。

表 3-17　泥蚶、毛蚶和魁蚶的我国沿海的繁殖季节和产卵量

种　类	性成熟年龄	繁殖季节和繁殖水温	产卵量/万粒
泥蚶	浙江以南海域其性成熟需 1 年多；浙江以北海域需 2 周年	山东沿海为 7～9 月，盛期 7 月下旬至 8 月上旬；浙江沿海为 6～9 月，盛期 7 月；福建沿海为 8～11 月，盛期 8 月下旬；广东和广西沿海有 2 个繁殖期，分别为 4～5 月和 9～11 月，盛期为 10 月初	壳长 3cm 的泥蚶 1 次可产卵 340
魁蚶	2 龄	自然繁殖季节为 6～10 月，盛期常出现在 7～8 月。繁殖水温为 18～24℃，20～22℃时进入繁殖高峰期	壳长 7～8cm 的魁蚶 1 次可产卵 500～1000
毛蚶	2 龄	繁殖期大多在 7～9 月，正值盛夏时节，水温高，盐度低。当海区水温达到 22℃左右时开始繁殖，27℃前后进入繁殖盛期	

3）生长

泥蚶生长较慢，寿命较长。其生长速度与水温、饵料、养殖方式、生活的潮带及年龄等均有关系。生长速度在 3 龄之后逐年下降。泥蚶养殖一般不超过 3 年。正常情况下自然海区的 1 龄魁蚶壳长大多为 3～5cm，2 龄贝 6～7cm，3 龄贝可超过 8cm。魁蚶的生长以 1～2 龄较快，超过 3 龄之后生长逐渐变缓，因而增养殖的个体以 2～3 龄时采捕较为适宜。毛蚶在自然海区的生长季节为 3～11 月。

任务二　经济贝类的室内全人工育苗

一、贝类室内全人工育苗现状分析

贝类的室内全人工育苗是指包括亲贝的选择与促熟培育、诱导采卵、受（授）精与孵化、选育、幼虫培育、采苗、稚贝培育等生产环节均是在室内人工控制下有计划、有步骤进行的苗种生产过程。贝类的室内全人工育苗可以分为常温人工育苗和升温人工育苗，两者的主要技术环节基本相同，但培育的工艺条件和设施略有不同。目前，我国一些重要的经济贝类，如鲍、扇贝、牡蛎、文蛤、菲律宾蛤仔、缢蛏、泥蚶、珍珠贝等已经形成了一整套比较完善的人工育苗生产工艺及技术规程，人工育苗技术已达到较高的水平，中小规模的育苗场都可年产几千万甚至上亿的商品贝苗。贝类的人工育苗不仅可畅通制约生产发展的种苗瓶颈，通过人工苗的放流，也可对恢复一些日渐衰竭的珍品（如栉江珧、西施舌等）资源发挥重要作用。

由于贝类养殖不需投饵，投入较小，人工育苗技术完善，对沿海地区滩涂养殖业的发展产生巨大的推动作用。我国北方沿海的贝类人工繁殖与苗种培育生产开发规模较大。南方沿海由于气温适宜，贝类全年均可生长，加上可养殖名贵贝类的品种多，产品市场容量大，但目前资源利用率低。因此，可发展空间很大，特别是近年来在苗种生产

上初步成功的一些名贵品种，如栉江珧、企鹅珍珠贝、尖紫蛤、曼氏无针乌贼、长蛸等，具有良好的市场前景，其繁殖生物学及人工育苗的规模生产取得突破，将为这些名贵贝类的规模化生产及可持续发展打下良好的基础。

二、贝类人工育苗场地的选择

1. 位置的选择

育苗场地应选择在无各种工业、农业和生活污染的海区，并避开赤潮多发的海域。育苗场的位置应尽量靠近海边，取水口与育苗场的水平距离与垂直高差要尽可能的小。场址尽量选在背风处，取水点风浪要小。

2. 水环境的考察

选择育苗场厂址，首先要考察周围海域的水环境，要求海区水质清新，无浮泥，混浊度较小，透明度大，水温、盐度要适宜，海水水质必须常年都符合渔业水质标准。

3. 生产环境的考察

育苗场区的淡水资源充足，总硬度要低，以免锅炉用水处理困难。交通与通讯条件便利，方便生产物资的补给，并且场址尽可能靠近苗种购买方、中间育成场地和养成场。电力供应稳定，尽量不用或少用自备电源设备，以降低生产费用。

三、育苗场基本设施的建设

（一）海水供应系统

供水系统是育苗场最重要的配套设施，海水一般采用水泵提水至高位沉淀池，经过砂滤池（或砂滤罐）过滤处理后再进入育苗池和饵料池。

1. 取水设备

海区取水的主要设备多为离心式水泵，其出水量、扬程、口径等的设计应满足生产过程中蓄水量的要求，并且要使用不易被海水腐蚀和不含有铜、锌等有害金属成分的材质。离心水泵需固定位置，置于水泵房中。通常 1 个水泵房有 2 台甚至多台水泵同时运行或交替使用。室内打水和投饵也常使用潜水泵。潜水泵体积小，移动灵活，操作方便，不需固定位置，但它的流量和扬程受到限制。

2. 输水管道和控制阀门

所有的输水管道和控制阀门都必须是无毒和耐海水腐蚀的，输水管道目前多采用聚氯乙烯（PVC）和水泥管材。控制阀门一般采用聚丙烯腈（ABS）或铸铁、不锈钢等材质，禁用铅、铝等易被海水腐蚀的材质。

输水管的管径根据最大用水量确定。一般输水总管的直径不小于 150mm，以确保输水量和给水速度；支管大多为 80～150mm；培育池的单池供水管多为 50～80mm。室外管道的敷设应有利于保温防冻和维修管理，控制阀门的安装位置应便于操作管理。

3. 抽水笼头的位置

应置于低潮线以下，取水点尽量向下延伸，取水质好、清澈、水温、盐度相对稳定的海水，不取岸边的水，并远离育苗室的排污点。

4. 沉淀池（蓄水池）

沉淀池主要是起沉淀净化水的作用，又有贮水的功能。沉淀池常建于高位区，也可以根据育苗场地势位差，选择地面高区。沉淀池最低水位应高于所有育苗池和饵料池底 1m，以便自流供水；若建在地势较低处，则需有二级提水设备。

沉淀池容量的大小根据育苗室水体决定，一般为育苗水体总量的 3～4 倍，以保证恶劣天气时满足供水需要。沉淀池一般为圆形和或长方形，池壁为石砌、砖混结构或水泥浇注。长方形的沉淀池为连体式，池底结构为一体，间隔成 2～4 个池，以便轮换使用。圆形沉淀池较长方形沉淀效果好，但造价高。池底应有 1%～2%的坡度，便于清刷排污。排污口位于池底最低处，出水口设于池底上方 20～30cm 处，距池壁顶端约 10cm 处设有溢水口。

为使沉降彻底，海水在沉淀池中的沉淀时间不宜低于 24h。沉淀池要加盖，除能保温、挡风尘和遮雨水之外，还可造成黑暗环境，促使浮游生物沉淀到池底。沉淀池的污物要及时清除，以免时间长，沉淀物腐败分解产生硫化氢、氨等有毒物质，败坏水质；一般要求 1 周左右清污 1 次，特殊情况如大风浪过后应立即清污。

5. 过滤设备

沉淀后的水必须经过砂滤，除掉 20～40μm 的悬浮颗粒物质后方可进入育苗室和饵料室。砂滤是工厂化人工育苗和养殖处理水的基本方法。它是通过水的沉淀和机械过滤等方法把悬浮在水中的胶体物质和其他微小物体与水分离。砂滤器对于排除水中的溶解性有害物质，提供优质育苗用水起决定性的作用。目前国内贝类人工育苗常使用的过滤设备有常压砂滤池、压力式砂滤器、重力式无阀砂滤器和砂滤井等。

1）常压砂滤池

目前使用的多为敞口式砂滤池，也称开放式砂滤池。常压砂滤池是依靠被过滤海水的自身重量通过滤料层而起到净化水质的作用。砂滤池内的砂层安装要求非常严格，整个砂滤池自下而上铺设不同规格的数层卵石和砂层，下设不低于 30cm 高的净水蓄水池（净水沉淀），离池底 3～5cm 处为供水口，池底最低处设有排污口便于冲刷砂滤池，砂层安装如图 3-23 所示。

砂滤池一般建 2 个，交替使用。滤水量根据育苗用水量而定，一般滤水能力达 10～20$m^3/(h\cdot m^2)$。砂滤池过滤的水质量较好，但过滤速度较慢，并且要勤洗换表层的过滤砂。

2）压力式砂滤器（图 3-24）

压力式砂滤器也称砂滤罐，为封闭式过滤器，滤料也是细砂。育苗场常用的过滤罐

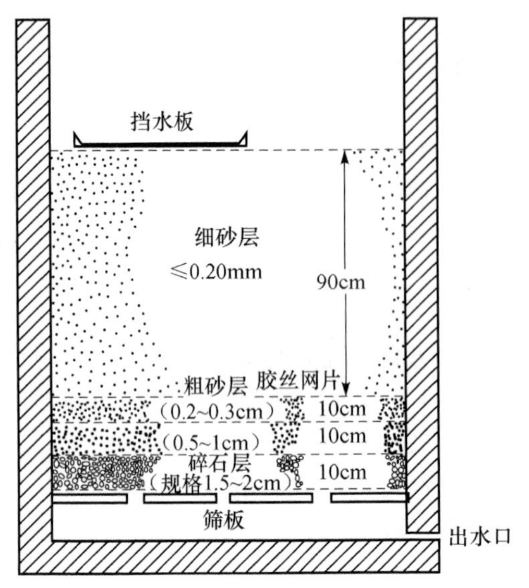

图 3-23　砂滤池断面示意图

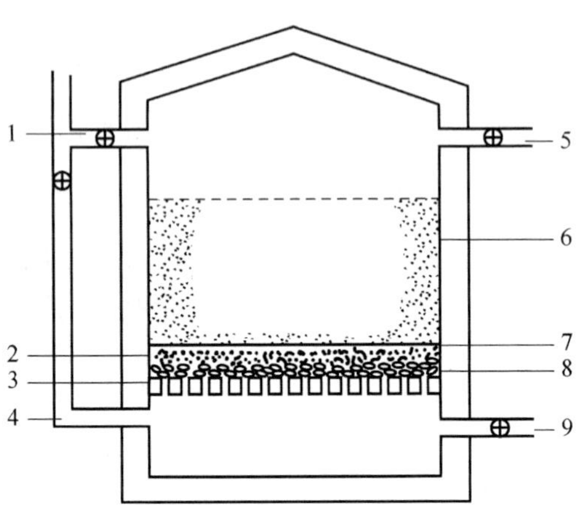

图 3-24　反冲式砂滤罐断面示意图

1. 进水管；2. 粗砂；3. 筛板；4. 反冲水管；5. 溢水管；6. 细砂；7. 聚乙烯筛网（80 目）；8. 碎石；9. 出水管

是用铁板焊接而成的，有反冲洗装置。圆柱形，顶部与底部为圆锥形或半球形，内、外壁涂刷无毒防锈漆或树脂保护层防腐。下部设筛板，筛板上铺厚约 10cm 左右的网衣，网衣上铺一层纱网和一层 80 目的筛绢网，筛绢网上再铺 50～100cm 厚的细砂滤层。为了防止漏砂，筛绢的四周与过滤罐接触部位要用胀圈挤紧。

压力式砂滤器滤水速度快，一般内径 3m 左右的砂滤罐过滤能力达 $20m^3/(h \cdot m^2)$。有反冲作用，能将砂层沉积的悬浮有机泥质及无机物、浮游动物尸体、碎片等溢流排出。砂滤罐在投入使用之前，要先按反冲方式由下而上缓慢进水，待海水充满过滤器后才能改换为过滤方式。若砂层之上没有水层保护而直接从上方注水，水流会冲坏过滤砂层，影响以后的过滤效果，甚至完全破坏滤层。

3）重力式无阀砂滤器

重力式无阀砂滤器与砂滤罐相似，也属于封闭式砂滤系统，但其反冲系统不需要人工和阀门的控制，自动反冲。在建造上，无阀过滤池可以采用钢筋混凝土结构，也可以采用玻璃钢质结构。目前国内单台无阀过滤池的滤水量可达 $500m^3/h$ 左右。因此，广泛适用于规模较大、用水量较多的一些大中型育苗场和鲍育苗场或养殖场。

4）砂滤井

在砂质底潮区或蓄水池中可打深水井，让海水渗到地下井中，实现海水过滤的目的。砂滤井的海水夏季高温时比正常海水低 2～3℃，冬季水温低时比正常海水高 2～3℃，而且水的质量较好，没有有机物污染，水过滤的运行费用低。因此，育苗成功率较高，并且对工厂化养殖也十分有利。但深井海水溶氧含量较低，使用前必须经过曝气，并且要经过水质检测合格后使用。

6. 调温配水设备

在我国北方沿海，早春贝类育苗自然水温太低，大都需要加温海水；夏秋季节育苗自然水温又太高，有时还需要冷却海水。为了给育苗生产提供温度适宜的海水，必须先对部分过滤海水进行加热或冷却，然后再与自然水温的过滤海水在供水池内调配均匀，使水温符合育苗要求后再输送到育苗池。该水池被称为配水池，或调温池。国内大多生产单位都使用 1 个或几个室内贮水池代用，不再单独建设配水池。

（二）育苗室

1. 育苗室的建筑结构

育苗室主体建筑的作用是保温、防风雨和调光。我国南北方建筑结构设计不一，一般多为单层单栋建筑，以长方形居多。屋顶结构形式有拱形、人字形和单面坡形等。也可根据生产规模的大小设计成数栋并联的形式，屋顶面也随之由单跨改建成双跨或多跨，每栋跨度一般为 9～18m。育苗室的长度以 30～50m 为宜，室内净高应不小于 2.8～3.3m。墙壁多采用砖混结构，加钢筋混凝土立柱和圈梁，墙厚 24cm 或 37cm，外抹水泥砂浆面，内墙涂白色防水涂料。窗户的采光面积为建筑面积的 10%～30%，窗台标高一般高出池顶 0.2～0.3m。瓣鳃纲贝类育苗室的顶面要求不透光，可采用钢筋混凝土屋架，钢筋混凝土屋面板或红瓦敷顶。

2. 育苗室的布局

应宽敞便于作业，每间育苗室设双排育苗池，两排育苗池共用一条排水沟。中间通道 1.0～1.2m，通道上设活动盖板，以便于行走与维修。通道下为排水沟，排水沟深 1.2～1.6m，沟底向排水方向倾斜，排水坡度不少于 0.3%～0.5%。进水管设于排水沟的对侧，每池安装进水阀门，进入室内的主水管有总水阀。

3. 育苗池

育苗池的建造常用 100# 水泥砂浆和砖石砌筑，也可采用钢筋混凝土灌铸。育苗池池壁厚度，砖砌的为 24cm，钢筋混凝土的为 12cm。池底应有 1%～2%的坡度斜向出水口。瓣鳃纲贝类育苗池大多为长方形，育苗池的池深一般为 1.5～2.0m，长宽比为 (2～4)∶1。育苗池的容量以 30～80m^3较多见。

新建的育苗池碱性较重，遇水后会渗出大量碱性有毒物质，严重时水体 pH 超过 10 以上，对贝苗发育影响较大。因此，新建育苗池要提前 1 个月用海水或淡水浸泡，浸泡过程中至少换水 3 次，以彻底去除水泥的碱性，使 pH 恒定在 8.5 以内，保证不影响育苗水质。

（三）饵料室

饵料室用于培养亲贝暂养和促熟培育期、贝类浮游幼虫期和稚贝期单细胞饵料藻类。

1. 建筑结构

良好的饵料培养室必须保温好，室内光线充足，光照均匀，光照强度可调；饵料室四周开阔，通风条件好；有独立的供水系统，投饵可实现自流化和自动化；屋顶采用透光率85%～90%的玻璃钢波纹板或PVC阳光板覆盖；四壁设大型窗户，以增加采光量；低拱屋顶，室内屋面以及所有窗户均设1～2层遮光帘或布帘调光；饵料室内有人工光源，以保证饵料藻类在夜间和阴天生长；北方沿海的饵料培养室内应设采暖设备，以确保升温育苗期间饵料培养。

2. 保种室

保种室主要用于饵料藻种的分离、纯化和扩大培养，也称一级饵料培养室。一般在饵料培养室的一端间隔成保种室。保种室内光照强度要保持1500～10000lx，还要有调光和调温设备，冬季温度不低于15℃，夏季不超过25℃。培养器材多为5L的玻璃三角烧瓶或20L的玻璃或塑料细口瓶，用支架分2～3层培养，并增设人工光源促进藻类繁殖生长。此外，保种室内还要有配置培养用海水的精过滤设备、培养器材的高温高压消毒设备、显微镜、称量天平等必要的仪器设备。

3. 饵料培养池

饵料培养池用于饵料藻类的生产性培养，也称为二级和三级饵料培养池。饵料培养池培总容量为育苗池的1/4～1/2，方形或长方形，单池面积一般为10～15m^2，池深0.6～0.8m。二级培养池也常用硬质塑料水槽、玻璃钢水槽、聚乙烯薄膜塑料袋等代替。目前常用0.2～0.3m^{3}的无毒玻璃钢桶作为二级饵料培育容器。

饵料池一般为砖砌水泥池，内壁涂无毒的白瓷漆或白色防水涂料或铺设白瓷砖，以增强对光的反射，有利于饵料藻类的生长，同时也便于清洗与消毒。每间饵料室均为双排池，两排池中间距离1m，四周空间距墙50～60cm，便于操作和冬季水汽滴水。

（四）供气系统

1. 充气机

贝类工厂化育苗充气增氧一般多使用罗茨鼓风机。罗茨鼓风机具有风量大、压力稳定、输出气体不含油和省电等优点，但噪音较大。选择鼓风机要考虑风压和水深的关系，水深1.5m的育苗池可选用风压2000～3500mmHg的鼓风机，水深2.0m的育苗池可选用风压3500～5000mm水银柱的鼓风机。一般育苗池每分钟的充气量为培育水体的1%～5%，1个500m^{3}水体、水深1.5m左右的育苗池，可选风量为12.5m^3/min、风压为3500mmHg的罗茨鼓风机3台，2台运行，1台备用和轮换。

2. 送气管

送气管分为主管、分管和支管。主管连着鼓风机，一般为直径12～18cm的硬质塑料管；分管连着主管，为直径 6～9cm 的硬质塑料管，通向各个育苗池；支管为通入育苗池的小塑料软管，末端接散气石。每根支管与分管的连接处均安装有气量调节器，各支管和分管接口处应严格密封不漏气。

3. 散气石（气泡石）

充气支管的末端装散气石。散气石一般用 100# ～140# 金刚砂制成圆柱形，长 5cm，直径 2～3cm。一般每平方米池底设 1 个气泡石。

（五）供热系统

在我国北方地区，皱纹盘鲍、海湾扇贝、虾夷扇贝等贝类常采用升温人工育苗的方法缩短养殖周期。升温育苗可以加快幼虫生长和发育速度，提高越冬前的规格，还可进行多茬育苗。供热系统主要是为升温育苗提供足够的加温海水，为育苗室采暖提供热源，使升温育苗的水温与室温符合育苗工艺的要求。利用锅炉加温是目前我国贝类育苗场最常见的加热方式，主要加热设备为锅炉（蒸汽锅炉和热水锅炉），利用锅炉产生的高温蒸汽或高温水间接或直接加热海水。使用锅炉加热速度快、成本低，适用于大规模育苗生产。但设备的一次性投资高，淡水消耗量大，且对淡水质量的要求较高。加热海水的方式有热交换器加热、预热池加热和培育池内直接加热等。

另外，为了提高室温，可在育苗室内安装海水育苗专用暖风机。

（六）供电系统

电能是贝类人工育苗的主要能源和动力，引水、供气、供暖、照明等都不能缺少电。育苗场应有完整系统的供电设备。供电系统的基本要求一是安全供电；二是可靠、稳定，育苗期间要做到电压稳定，不间断供电。同时应自备发电机，以备电厂停电时使用。

（七）其他设施

1. 水质分析室及生物观察室

为随时了解育苗过程中水质状况及贝苗生长发育情况，一般在育苗室的一端建有水质分析室和生物观察室，并备有常规水质分析和生物观察的仪器和药品，进行溶解氧、酸碱度、氨态氮、盐度、水温、光照等的水质分析和幼虫的生长测量、摄食观察及密度统计等。

2. 常用的操作工具

常用的操作工具包括筛绢过滤器（过滤棒、过滤鼓或过滤网箱）、吸底（污）器、搅拌器、塑料水桶、水勺、浮动网箱、采苗器等。

3. 文娱、体育活动场所

无论从企业文化的建设还是企业的健康持续发展考虑，员工的生活质量保障都是必不可少的。因此，育苗场应配套建设员工文娱、体育运动场所。

四、育苗场的总体布局与规划

育苗场的生产区和生活区应相对独立，不要混杂。水泵房要根据地形、入口水源、潮水水位、水泵的扬程和吸程等情况选择合适位置，在保证水源不被污染的条件下尽量离育苗室近一些，以便于管理。沉淀池、砂滤池或砂滤罐要建在地势较高处。育苗室、饵料培养室，多采用天然光和自然通风，在布局上尽可能向阳。为了减少烟尘、噪声、煤灰对环境的污染，锅炉房应位于主导风向的下风向，但锅炉房主要是供育苗室热量，考虑节能与管理又不能离育苗室太远。风机房一般安装罗茨鼓风机，因其噪声较大，不要离育苗室太近。变配电室要根据高压线的位置，一般设在场内的一角。电力不足的地方常建小型发电机室，发电机室和变配电室常建在一起。附属场房及设施配比要合理，一个 1000m^3 有效水体的育苗场，其附属厂房面积配比见表 3-18。

表 3-18　1000m^3 育苗水体附属厂房面积配比

育苗水体/m^3	饵料水体/m^3	水泵房/m^2	锅炉房/m^2	鼓风机室/m^2	变配电室/m^2	水质分析及生物检查室/m^2
1000	300	30	100	30	70	30

五、育苗用水的处理与监测

在贝类人工育苗中，水质是育苗成功与否的关键因素。除海区环境条件应符合渔业用水质标准外，还应根据育苗海区的水质情况选择适宜的方法对育苗用水进行处理。

1. 常规处理方法

海水→水泵→蓄水池（第一次沉淀）→沉淀池（黑暗沉淀 24h 以上）→砂滤罐砂滤（第一次砂滤）→砂滤池（第二次砂滤）→净水沉淀→育苗室或饵料室→滤水袋（一般采用双层筛绢网制成，内层 150～200 目，外层 60 目）→育苗池或饵料池。

2. 其他处理方法

1）紫外线处理

常用的紫外线处理装置主要是紫外线消毒器，有悬挂式和浸入式两种。一般使用的紫外线波长为 400μm 以下，有效波长 240～280μm。紫外线的照射消毒效果与紫外线灯的功率、照射时间、照射距离等有关。用紫外线消毒海水必须先进行过滤，因为紫外线会被海水中的微粒物质吸收，降低灭菌效率。

2）氯处理

如果海水中有害生物较多，不利于育苗，氯处理是育苗用水较彻底的处理方法，也是常用的海水消毒方法。饵料生物培养用水必须经过砂滤器过滤，再经煮沸或过氯处理后才能使用。育苗中经常使用漂白粉、漂白精来消毒海水、育苗工具和容器，还可用强氯精、二氧化氯等来消毒海水。处理方法：海水经过沉淀后，向育苗用水中加入次氯酸钠溶液，使次氯酸钠浓度为 120～150mg/L，水中有效氯浓度达 10～15mg/L，搅动水体，使其混合均匀，充气，10～12h 后加入硫代硫酸钠 8～10g 中和消除余氯。由于硫代硫酸钠会消耗掉水中的氧气，故除氯后必须向水内充分充气后才可使用。

3）EDTA 二钠盐处理

海水中重金属如铜、汞、锌、镉等离子超标会影响幼虫成活率，可在沉淀池中加入 2～5g/m^3 EDTA 二钠盐螯合水中重金属离子，除去重金属离子的毒害作用。对于重金属含量较高的地区，使用 EDTA 二钠盐处理水是育苗过程中常用的方法。

4）三氯化铁处理

若育苗用水所含胶体物质超标，海水的有机物质太多，会导致 D 形幼虫面盘纤毛粘连下沉死亡。三氯化铁能吸附水中胶体物，使其形成云雾状棉絮物下沉池底，增加水的透明度。在沉淀池中加入浓度为 2～3g/m^3 的三氯化铁经 24h 以上完成沉淀过程。

3. 贝类育苗期间常规水质因子的监测

1）水温

用温度计测量，每天 4 次定时测量水温，每次换水前、后测水温，加热的培育池应 2～3h 测 1 次水温。计算每天的平均水温。

2）盐度

用光学折光盐度计或海水比重计测量，每天 1 次，尤其降雨天气时更要注意盐度的变化。

3）pH、溶解氧、化学耗氧量、氨氮

pH 一般 7.8～8.2，最高不超过 8.5；溶解氧一般不低于 4mg/L；化学耗氧量应低于 3mg/L；氨氮应低于 100μg/L。以上指标可以按常规水化学方法测定，每天 1 次。也可以使用多功能水质分析仪进行水质分析。

六、育苗前的准备工作

1. 设备设施的检修与维护

育苗前，要进行各项设施的检验工作，尤其是新建育苗场应在育苗前 1 个月进行试用，包括加热、充气、供水设备的运转试用，观察并记录加热性能、充气效果、供水能力等。还应检查各育苗池、饵料池是否有裂缝漏水；水阀或闸门是否灵活、严密；散气石与充气支管连接是否紧密，有无脱落；检查排水沟是否通畅等。发现问题及时维修，以免育苗时措手不及。对于育苗工具，也要检查，发现松动的要予以加固，破损处要及时修补。

2. 沉淀池和砂滤池的消毒

沉淀池可用含有效氯 5%～10%漂白粉泼洒池底，洗刷干净后使用。砂滤池使用前应把隔年用的砂、卵石、垫板等取出用漂白粉、高锰酸钾等刷净消毒，然后用水冲洗干净，重新安装后用含有效氯 5%～10%的漂白液再消毒。消毒方法是抽入海水后加漂白液 8～10g/m³，1～2h 后用干净海水冲洗，放水 2～4h 后可正常使用。

3. 育苗池及育苗工具等的消毒处理

海水贝类工厂化人工育苗时，新、旧育苗池以及与育苗有关的池子如饵料池、预热池等在使用前必须清池和消毒。可用 40～50g/m³ 的漂白粉溶液泼洒池壁及池底进行消毒，用药液由池壁顶部淋洒池壁几遍，数小时后，彻底刷洗干净池壁上附着的菌膜、杂藻等附生物。再用经过 120～200 目筛绢网过滤的海水冲洗数次，干净后，方可进水备用。

进排水过滤用的筛网、网箱、吸污器、管道（充气管和充气支管等）和充气头（气石）、取样瓶、温度计、比重计、塑料桶、投饵料与泼洒药物的器具、搅水耙、筛绢网、苗箱、换水器、虹吸管、吸污器、水泵等育苗工具和设备在安装前或使用前也要经过严格消毒。

4. 亲贝的准备

要根据育苗场的出苗量和亲贝的产卵量计算购买亲贝的数量，根据出苗时间，确定亲贝的采集时间。如虾夷扇贝亲贝用量一般为 2～3 个/m³，入池时间一般为 1 月中旬左右。

5. 饵料的准备

准备亲贝蓄养和幼虫培育合适的饵料藻种，如海湾扇贝、虾夷扇贝亲贝饵料以小新月菱形藻、三角褐指藻等硅藻为主，幼虫饵料以金藻为主。一般海湾扇贝、虾夷扇贝亲贝入池前饵料池至少 2/3 满池，提前 1 个月进行一级扩种，提前 20～25d 进行二级扩种，提前 15d 进行三级扩种。

6. 附着基的准备

附着型贝类如贻贝、扇贝的采苗一般使用直径 3～4mm 的棕帘或孔径 0.8～1.0cm 左右聚乙烯网片；牡蛎的采苗器多为牡蛎壳串；埋栖型双壳类的采苗器为泥或沙；鲍的采苗则多使用波纹板。根据出苗量准备附着基的用量。在使用之前要对附着基进行消毒处理。

7. 其他准备工作

提前制作亲贝蓄养网箱、过滤网箱；做好物资采购计划和人员安排；落实好苗种中间育成的过度池子或海区等。

七、贝类全人工育苗的工艺流程

（一）亲贝的选择、处理和蓄养

1. 亲贝的选择

（1）选择生物学最小型以上的亲贝。各种贝类生物学最小型规格不一，要区别对待。选择亲贝时个体不要太小或太大，若太小，产卵量少；若太大，因个体老成，对于诱导刺激反应缓慢，卵子质量较劣。在贝类繁殖期中，可从自然海区选择亲贝。

（2）选择个体健壮、贝壳无创伤、大小均匀、无寄生虫和病害、在海区中无大量死亡的亲贝。

（3）选择性腺发育较好的亲贝。对亲贝性腺的发育状况，精卵的成熟度要进行仔细观察。在常温育苗中，采捕亲贝的时间十分重要，过早入池，性腺不成熟，易将未成熟卵产出；过晚则错过第一批优质卵。一般可以通过丰满度、鲜出肉率、肥满度以及性腺指数等指标来判断。当性腺丰满或接近上述指标最大值时，则表明性腺发育较好。

2. 亲贝的处理

自然生长的亲贝贝壳表面常常附有石灰虫、藤壶、柄海鞘、珊瑚藻或其他杂藻、浮泥等。在亲贝入室培养前，要把这些附着物去掉，再用刷子把壳表杂质、浮泥洗刷干净。有足丝的种类要剪去足丝，然后用过滤海水洗净。

3. 亲贝的蓄养

1）室外蓄养

各种贝类性成熟需要一定的温度，在室外可通过人工控制、调节水温的方法培育亲贝。在自然海区中，可利用海水温度的分层现象，调整（提高）养殖水层，促进性腺成熟；也可以利用降温的方法延迟贝类的产卵时间，即在海中降低养殖水层，以延缓产卵时间。埋栖型贝类还可在土池中通过人工投饵或培养基础饵料来促进其性腺发育。

2）室内蓄养

洗刷后的亲贝，依种类不同，按 50～80 个/m^3 的密度，置于网笼内或浮动网箱中蓄养。每天换水 2 次，每次换水 2/3，或每日更换新池。每 3～5d 清除 1 次池底污物。蓄养中要及时投单胞藻饵料、淀粉、鲜酵母、食母生和藻类榨取液等。扁藻饵料密度一般为(1～2)×10^4 cell/mL，小硅藻为(3～4)×10^4 cell/mL，金藻(5～6)×10^4 cell/mL，淀粉或食母生浓度为 2～3g/m^3，鼠尾藻等藻类榨取液利用 200 目筛绢过滤后投喂。蓄养时要认真检查和管理，防止亲贝产出后的卵子流失。

4. 亲贝的升温促熟培育

我国北方沿海的皱纹盘鲍、扇贝、牡蛎、文蛤等贝类都可采用升温人工育苗方法，亲贝的促熟培育是人工育苗的重要环节。

1）亲贝入池时间

亲贝入池时间要根据预期育苗时间、贝类的种类及其生殖腺成熟要求的积温、促熟培育水温、升温速度等条件进行推算。虾夷扇贝的采集时间最好在 1 月中旬左右，这时辽宁、山东沿海的自然水温在 2～3℃。海湾扇贝控温人工育苗的全过程，从亲贝性腺促熟到稚贝下海暂养大约需要 60d。因此，生产单位如果需要 4 月 15 日左右的出库稚贝（壳高 400μm 左右），亲贝应在 2 月上旬开始亲贝促熟培育。

2）培养方式和密度

亲贝购回后，立即用单层浮动的网箱或网笼吊养到水泥池中，休整后及时清刷贝壳表面的浮泥和杂物。虾夷扇贝亲贝的适宜培养密度在20～30个/m^3，海湾扇贝为100～150个/m^3。

3）水温调控

水温调控是促进亲贝性腺成熟的关键技术环节，它决定亲贝性腺的发育速度以及实际生产的具体安排，应缓慢提升水温促进性腺成熟。亲贝采捕后一般先在接近其原来生活水温的条件下暂养2～3d，然后每天升温0.5～1℃，根据升温的幅度和亲贝的活力变化中间要稳定（恒温）2～3次，每次2～3d。温度提高到亲贝产卵温度后进行恒温培育。虾夷扇贝的促熟培育水温为8～10℃，海湾扇贝为22～23℃。

虾夷扇贝亲贝如果从2～3℃开始促熟培育，到水温升至8～10℃恒温培育，等待性腺成熟产卵，需28～30d。海湾扇贝亲贝性腺促熟时间，从自然水温2℃到升至水温22～23℃恒温待产，需要30～36d。

4）水质管理

根据蓄养池水质情况及时更换新水，保证水质清新，一般每天更换新池，或全量换水2次。要求换水前后的水温变化幅度不超过±0.5℃，特别是接近成熟的亲贝要注意换水温差，避免因温差刺激而引起亲贝自行排放精卵。每次换水时要及时拣出病、死贝。连续微量充气，避免因充气量过大而引起亲贝自然排放精卵。

5）饵料投喂

饵料是亲贝性腺发育的物质基础，饵料的种类和投喂数量对亲贝的性腺发育起到至关重要的作用。滤食性贝类，如牡蛎、扇贝、魁蚶、蛤仔等，亲贝促熟培育期间的主要饵料是单细胞藻类，常用的饵料有扁藻、球等鞭金藻、小新月菱形藻、三角褐指藻、中肋骨条藻、牟氏角毛藻等。如果单胞藻数量不够，可以适量补充螺旋藻粉、酵母等代用饵料。日投饵量一般4～6次，投饵量应根据亲贝的生物量、培育水温等计算确定，并根据亲贝的摄食状态和水中的残饵量适当增减。

（二）贝类成熟精卵的获得

1. 自然排放法

通过人工精心蓄养、培育，保持良好水质，以优质饵料促使亲贝性腺发育，充分成熟。成熟亲贝在倒池或换新水时往往会自然排放精卵。这种方法获得的精、卵质量高，受精率、孵化率高，幼虫质量高。这是目前生产中大众化采卵方法。

2. 解剖法

卵生型牡蛎以及珠母贝、西施舌等种类可以采用直接的人工授精方法。用解剖法剪破生殖腺，吸取精卵，或者从生殖孔压挤出来的精卵进行湿法授精或干法授精。直接人工授精方法简便，但是因为解剖法所获取的卵有些是不够成熟的，这些不成熟的卵，受精率、成活率都较低；此外解剖法还要杀伤大量亲贝，因此最好采取人工诱导方法进行排放与授精。

3. 人工诱导

1）阴干流水刺激

根据亲贝的种类及个体大小的不同，每次阴干时间 1～6h 不等，再经流水刺激 1～2h。亲贝在进行阴干刺激时温度应适宜，环境应保持一定的湿度。

2）变温刺激

取成熟的亲贝，洗净表面，放入产卵槽、产卵池或培育池。变温的温差一般都控制在±3℃范围内，变换时间 30～60min。

3）改变相对密度

利用降低海水相对密度方法，可以诱导牡蛎、文蛤等滩涂贝类排放精卵。

4）紫外线照射海水诱导产卵

用紫外线照射海水诱导扇贝、鲍等多种贝类产卵，所用紫外线的波长为 2537Å。利用 300mW・h/L 的紫外线照射剂量，照射 100L 海水，可以诱导近 100 个虾夷扇贝产卵，催产率高达 100%。栉孔扇贝照射剂量为 200mW・h/L，10～30min 后便可开始排放精卵。其照射剂量按公式为

$$A = 1000 \times W \times T / V$$

式中：A—照射剂量（mW・h/L）；W—紫外线灯的功率（W）；T—照射时间（h）；V—水量（L）。

5）化学药物刺激

可采用在海水中加入氨水或加入过氧化氢等。过氧化氢海水的浸泡刺激浓度为 2～4mmol/L，浸泡刺激时间一般为 15～60min。氨海水的浸泡刺激浓度一般为 7～30mmol/L（或 0.05%～0.1%），浸泡刺激时间为 15～20min。

上述各种诱导方法，一般雄性个体对刺激反应敏锐，常常引起雄性先排放。在实践中，常采取多种方法综合，提高人工诱导效果，如利用阴干、流水和升温相结合的方法诱导贻贝排放效果比单一的要好。

（三）人工授精、洗卵和孵化

1. 人工授精

精卵的结合形成一个新的个体为受精；由人工方法促使精、卵结合为人工授精。当产卵或排精的个体移入盛有新鲜过滤海水的池子内，排放达到所需数量时，将亲贝移走。雌雄同体或雌雄混合诱导排放的，在产卵后不断充气或搅动使卵受精，并除去多余精液。雌雄分别诱导排放的，在亲贝排放后 0.5～1h 内受精，用塑料水勺把精液舀到水桶内稀释后，均匀泼洒到卵子池中，同时微量充气、不断搅拌使之受精均匀。受精后 5～10min取样镜检，看到卵子出现受精膜或出现极体就表示卵子受精了。一般控制到每个卵子周围有精子 2～3 个比较适宜，防止精液过多造成胚胎畸形发育。

卵子的受精能力主要取决于卵子本身的成熟度和产出时间的长短，一般受精力常随

产出卵的时间延长而降低。而时间的长短又与温度密切相关，温度越高，精卵的生命力越短，一般在产卵后的1～2h内受精率都很高。

2. 洗卵

受（授）精后，静置30～40min，待受精卵沉底后，便可将中上层海水轻轻倾出（小容器）或用虹吸方法排掉（大水体），留下底部卵子再用较粗网目的筛绢使卵通过而除去粪便等杂质。然后加入过滤海水，卵沉淀后再倒掉上层海水。这样清洗2～3次，除去海水中多余的精液和水中的杂质。洗好后加入过滤海水使其发育，并进行充气和搅动。

在大规模育苗生产中，如果卵周围的精子不多，显微镜下观察卵周围精子数量不超过2～3个，可不必洗卵。但在受精后要施用抗生素1～2mg/L，抑制细菌繁殖，不断充气与搅动，用100目的筛绢网捞除泡沫。

3. 孵化

受精卵经过一段时间发育便可发育至担轮幼虫和D形幼虫，营浮游生活，这个过程称为孵化。受精卵孵化密度一般为30～50个/mL。在孵化过程中不换水，采用加水、充气或间歇搅拌方法改良水质。温度是影响孵化率的主要因素。水温越高，孵化速度越快，如果温度过高虽然孵化速度快，但孵化率降低，如虾夷扇贝适宜的孵化水温为12℃。

（四）浮游幼虫的选育

受精卵经1～3d便可发育到D形幼虫，此时要进行选育，即将上层的健壮幼虫从孵化池移入育苗池培育。通过选育可选取健壮的优质幼虫，淘汰掉劣质个体，并及时除去畸形胚胎和未正常孵化的卵，以保持水质清新。通过选育还可以使幼虫的发育更加整齐同步。选育方法有：拖网法、虹吸法和滤选法。

（五）幼虫培育

瓣鳃纲贝类的幼虫培育就是指从D形幼虫初期开始到稚贝附着为止的阶段。幼虫培育期间的主要管理工作有：换水、投饵、倒池与清底、充气与搅动、选优、除害、抑菌、理化因子观测及其调控、测量幼虫密度和生长等。

1. 培育密度

根据育苗实践，D形幼虫培育密度一般为2～10个/mL。

2. 水质管理

1）培育水温

温度是影响贝类幼虫生长、发育和存活的重要因素。不同种贝类的幼虫对水温的要求不同，应根据具体要求选择适宜培育的温度。如虾夷扇贝幼虫培育的适宜水温为

15～16℃，在此温度下从幼虫选育到开始附着变态需要 20d 左右。

2）换水

要准确掌握水质变化状况，合理制定换水计划，根据幼虫的培育密度和培育水温确定换水量。在常规培养条件下，每天换水 2 次，每次换水 1/3～1/2。换水时间一般在清底排污之后，投饵之前进行。

换水均需用换水器（过滤鼓、过滤棒或换水网箱）过滤。换水器应经常清洗和消毒，不要多池混用，以避免疾病传播。使用前要检查网目大小是否合适，筛绢有无磨损之处。换水过程中，要经常晃动换水器，防止幼虫吸附在筛绢上。换水时注意控制水位差和流速，防止抽水力量太大损伤幼虫。换水温差不要超过±1℃。

3）倒池与清底

由于残饵及死饵，代谢产物的积累，死亡的幼虫，敌害和细菌大量繁殖，氨态氮大量贮存，严重影响水的新鲜和幼虫发育，因此在育苗过程中要倒池或清底。

倒池采用拖网或筛绢网过滤的方法将幼虫移至新池培育，一般每 4～5d 倒池 1 次。倒池后及时搅拌池水，使幼虫分布均匀。清底采用清底器吸取，清底前将充气量适当调低，旋转搅动池水，使污物集中到池底中央，吸污时动作要轻，不可将池底杂物搅起。

4）充气与搅动

在幼虫培育过程中，要连续微量充气，同时每日人工搅动池水 4～5 次，以保证幼虫和饵料始终处于均匀分布状态。

3. 饵料投喂

1）开口饵料的投喂时间

瓣鳃纲贝类幼虫一般在 D 形幼虫时开始摄食外来性饵料，此时投喂的饵料称为开口饵料。腹足类的鲍在浮游幼虫时期不需投喂任何饵料，在转入底栖匍匐生活时期开始摄食饵料板上的底栖硅藻；东风螺的面盘幼虫可摄食较大的单胞藻。

2）贝类幼虫用单胞藻应具备的基本条件

多数瓣鳃纲幼虫的开口饵料要求直径 10μm 以下；饵料要浮游于水中，易被摄食；没有坚韧的细胞壁，容易消化，营养价值高，代谢产物对幼虫无害；繁殖快，可以高密度培养；饵料要新鲜，禁止使用污染和老化的饵料。

3）贝类人工育苗过程中常用的饵料

瓣鳃纲幼虫常用单胞藻种类有湛江叉鞭金藻、球等鞭金藻、三角褐指藻、新月菱形藻、牟氏角毛藻、青岛大扁藻、亚心形扁藻等都可作为贝类幼虫在不同时期的饵料。D 形幼虫开口饵料和早期幼虫多用金藻和小硅藻。

瓣鳃纲贝类幼虫常用的代用饵料有蛋黄颗粒、酵母粉、螺旋藻粉、可溶性淀粉等，在饵料不足条件下可以投喂。多种饵料混合投喂比单一饵料效果好。因此，在幼虫培育中，应坚持混合投饵的原则。

鲍前期幼苗饵料有底栖硅藻、扁藻、鼠尾藻藻液以及裙带菜、海带的孢子；后期稚、幼贝可投喂人工配合饵料（粉状、片状）。东风螺浮游幼虫阶段投喂的单胞藻与瓣鳃纲的大致相同，变态后转为摄食卤虫无节幼体、鱼糜等动物性饵料。

4）确定饵料的投喂量

根据幼虫发育的不同时期、幼虫胃的饱满度、幼虫的活动情况、饵料的质量、水色、残饵、幼虫粪便的数量、颜色和性状、环境因子的变化等因素灵活确定合适的饵料投喂量。重点观察贝类幼虫胃的饱满度和水色的深浅（残饵量）来分析、确定投饵量。在投饵前1h镜检幼虫胃含物，如果多数幼虫半胃少数幼虫空胃，说明投饵量合适；如果多数幼虫饱胃少数幼虫半胃，说明投饵量过多；如果多数幼虫空胃少数幼虫半胃，说明投饵量偏小。

确定每天的投饵量后，分多次投喂，坚持勤投少投，并根据幼虫的发育，逐渐增加投饵量。投饵密度一般为：培育水体中扁藻(0.3～0.8)$\times 10^4$cell/mL，小硅藻(1～2)$\times 10^4$cell/mL，金藻(3～5)$\times 10^4$cell/mL。

5）单胞藻投喂时应注意事项

投喂的饵料要停肥3d；投喂的饵料应是处于指数增殖期的新鲜饵料，老化的不用；被原生动物污染的饵料不能用；池底的饵料也不用。投喂前金藻、硅藻的密度应大于2×10^6cell/mL，扁藻密度应大于6×10^5cell/mL。

4. 光照

贝类的浮游幼虫一般都有趋光性，光照不均匀容易引起幼虫在局部大量聚集，影响摄食及生长发育。因此幼虫培育期间以完全黑暗或小于100lx的暗光为宜。

5. 病害防治

育苗池中由于代谢产物、有机物质的积累，幼虫和饵料的死亡，可引起微生物大量繁殖，微生物的大量繁殖可引起贝类幼虫下沉解体死亡。在贝类人工育苗中，为了防止有害微生物感染，育苗用水在使用要采用过滤和紫外线消毒等方法进行预处理。大生产中应以预防为主，可在育苗池中不定期使用1～3g/m^{3}的土霉素、青霉素等抗菌素抑制微生物的繁殖与生长，一般在倒池后使用抗菌素；或使用光合细菌、EM等微生物制剂来净化水质。但抗生素和光合细菌、EM等微生物制剂不能同时使用。

6. 幼苗培育中有关技术数据的观测

1）饵料密度

利用血球计数板统计，以每毫升细胞数代表饵料的密度。

2）幼虫定量

均匀搅拌池水，用细长玻璃管或塑料管从池中4～5个不同部位吸取水溶液少许，置于500mL烧杯中用移液管均匀搅拌杯中水并吸取1mL。用碘液杀死计数，以每毫升幼虫数代表幼虫密度。

3）幼虫生长

利用目微尺测量壳长和壳高来判断其生长速度。

4）幼虫活动

搅拌均匀后，用烧杯任意取一杯，静止5～10min，观其在烧杯中分布情况。如果均匀分布说明质量好；若大部分沉底则是不健康的幼虫，应进行水质分析和检查。

5）理化测定

测定培育池的水温、盐度、透明度、光照、酸碱度、溶解氧、氨氮等。

（六）采苗

1. 采苗时间

过早投放采苗器会影响幼虫生长，影响水质；但如果太迟投放，幼虫将集中在底部或池壁附着，高密度集结而成局部缺氧、缺饵，引起幼虫死亡。因此，投放采苗器要做到适时。

在一定条件下，各种贝类幼虫变态时其大小一般比较固定，如牡蛎幼虫壳长达到300～400μm，扇贝幼虫壳长200～240μm，蛤仔幼虫壳长220～240μm，贻贝幼虫壳长210μm左右即可附着。如果条件较差或恶化，可以延长变态和变态规格，甚至不变态、不附着。

大多数瓣鳃纲浮游幼虫在附着变态前，可以看到在鳃的原基的背部形成1对球形的由黑色素聚集起来的感觉器官，称为眼点。眼点是幼虫即将附着的显著特征，可以作为投放采苗器的标志。一般培育池中有20%～30%左右的幼虫出现眼点时可以投放采苗器。没有眼点或眼点不明显的贝类，可将后期壳顶幼虫的足部伸缩频繁作为即将变态的标志。

皱纹盘鲍的受精卵，在21～22℃下约70h，开始由浮游面盘幼虫进入底栖匍匐生活。采苗多在傍晚进行，也就是在催产的第4d傍晚计数投池；方斑东风螺的幼虫经11～15d的发育可变态转入底栖生活。

2. 采苗密度

采苗密度因育苗贝类的不同而异，大多数双壳类采苗密度是按池内的幼虫密度计，如扇贝幼虫的采苗密度可控制在2～10个/mL；而牡蛎、鲍等的采苗密度是按附着后的幼虫密度计算，如贝壳采集牡蛎苗的适宜密度为8～10个/片，波纹板采集鲍苗的适宜采集密度为200～300个/片。

3. 采苗方法

1）固着型贝类的采苗方法

牡蛎等固着型贝类常用扇贝壳、牡蛎壳、经打毛处理的聚氯乙烯板等作为附着基；单体牡蛎常用粉碎的牡蛎壳碎片采苗。

2）附着型贝类的采苗方法

贻贝、扇贝和魁蚶等附着型贝类常用直径0.3～0.5cm的红棕绳编成的棕帘、聚乙烯网片等作为附着基。

3）埋栖型贝类的采苗方法

蛤仔、文蛤等埋栖型贝类人工育苗和自然采苗常用的附着基为细沙粒或聚乙烯波纹板等。泥蚶其幼虫在接近附着期时，将幼虫移入铺有软泥的水池内，软泥用 200 目筛绢过滤，厚度约 0.2cm 左右。

4）鲍等腹足类采苗方法

鲍的采苗器为带有底栖硅藻的透明聚氯乙烯波纹板。我国南方地区常用中央绑有石块的塑料薄膜来替代波纹板，塑料薄膜置于池底，当池水加满后，薄膜的四角随即漂浮于水中。塑料薄膜大大降低了成本，但操作较不方便。

4. 采苗器使用前的处理

各种采苗器在使用前均应经过先刷和消毒方可使用。泥蚶采苗使用的软泥和蛤仔、文蛤采苗用的细沙粒要经过煮沸消毒。聚乙烯网片的处理方法为：聚乙烯网片锤压（拉毛）→用过滤海水洗干净→0.5～1%NaOH 溶液浸泡 24h（去油）→搓洗干净→5～6g/m^3 青霉素溶液浸泡消毒后使用。

5. 投放采苗器时应注意的问题

幼虫投放时要求要尽量使其分布均匀。投放采苗器时，要考虑到幼苗的背光习性，尽力保持池内光线均匀，以免幼苗附着过密，抑制其生长。

投放采苗器数量要适当。投放时应先铺底层，再挂池四周，最后挂中间。或者一次全部挂好。采苗器要留有适当空间，使水流通。采苗器投好后，停 1～2h 再慢慢加满池水。

6. 附着幼体的培育管理

幼虫附着前期大多有一个探索阶段，时而匍匐，时而浮游，并且幼虫发育不同步，因此在最初的几天内采苗池的水中仍会有一定数量的浮游幼虫。因此，换水时必须使用换水器，以免造成幼虫流失。投放附着基后一般加大换水量，日换水量不少于 2 次，每次 1/2～2/3。同时，饵料的投喂量也随之增加。

（七）稚贝培育

投放附着基之后，大部分幼虫完成变态，随即进入稚贝阶段。稚贝培育是一个相对较长的过程，如虾夷扇贝在室内进行稚贝培育的时间 20～25d。稚贝培育期间的主要管理工作有：换水、投饵、充气、测量稚贝生长速度和附着变态率、常规水质监测等。

1. 加大换水量

适宜的流速不仅对幼虫附着有利，而且可以带来充足氧气和食物，有利于稚贝迅速生长，因此在附着后的稚贝池中应该加快海水循环，或增加换水次数和换水量，同时随着个体的逐渐增大，充气量也要随之增大，以避免局部缺氧，造成稚贝脱落。

升温育培育的稚贝在出池前几天逐渐降低水温，使池内水温与自然海区水温基本接近，然后采用对流方式换水，每天对流 3～4h。

2. 增加投饵量

稚贝期要提供足够的优质饵料，投饵量应逐渐增加，如扇贝附着后可将金藻、三角褐指藻等小型藻类的投喂量调节至(3～5)×10^4 cell/mL。

3. 稚贝出池及注意事项

稚贝在室内经过一个阶段培育达到一定的规格后，就要移向海上培养成可供养殖的苗种，如海湾扇贝在附着基投放后经过10～15d的培育后，稚贝壳高400～500μm时即可出池。

稚贝出池前要积极锻炼，提高稚贝适应外界环境的能力，如使池内的水温、比重、光照等逐渐接近海中条件；对附着种类进行震动，增强附着能力的锻炼；对牡蛎、泥蚶等贝类进行干露、变温等刺激。稚贝出池时间最好选择天气好、风浪小的早晨或傍晚进行，以避免运输及挂苗过程中的日光曝晒，以及下海后的风浪冲击，提高成活率；运输稚贝时，要防止风干、日晒、雨淋，防止脱落，防止机械损伤，尽可能缩短操作时间；还要注意尽力避开当地附着生物如海鞘类以及海藻的大量繁殖时期。

八、稚贝的中间育成

中间育成是处于室内人工育苗和养殖之间的一个中间培育环节，其目的是以较低的培育成本使个体较小的贝苗快速成长为适合于养殖和底播增殖的较大贝苗。不同贝类、不同海区稚贝中间育成方法不同，下面简单介绍常见的培育方法。

1. 海上中间育成

海上中间育成也称浮筏垂下式中间育成，扇贝、魁蚶等附着型贝类多采用此方式进行中间育成。稚鲍的中间育成有时也采用此方式。培育设施为浮筏，培育器材为网袋或网箱。选择风浪小，水流平缓，水质清洁，无浮泥、无污染，水质肥沃的海区设置好筏架。稚贝连同附着基一起装到网袋或网箱内，每10～20个网袋或2～3个网箱用吊绳串联成一串，垂挂在浮筏上，将稚贝培育成1～3cm的大规格苗种。中间培育过程中要保证浮筏安全，及时分苗，疏散密度，及时清除附着物。

2. 池塘中间育成

池塘中间育成主要用于蛤仔、文蛤、泥蚶等埋栖型贝类，可将1mm的稚贝培育到10mm以上。选择水流缓和、环境稳定、水质适宜、饵料丰富、敌害生物少、底质适宜的中潮带上区或高潮带下区的滩涂建造培育池塘，也可利用高潮带的虾池。放苗前10d培育池要清淤消毒，用漂白粉15kg/亩或茶籽饼8kg/亩清除敌害生物。消毒后进水培养基础饵料生物，然后进行播苗。培育期间保持塘内蓄水30～40cm，每隔15d左右，利用大潮汛期排干塘水，用筛选法进行疏苗。雨季或大雨过后，注意池水的盐度，一旦盐度过低要立即排干塘水，纳入新海水。

扇贝等附着型贝类也可以在池塘内进行稚贝培育，其培育设施和器材以及管理方法基本同海上中间育成。

3. 室内中间育成

稚鲍在室内采用网箱流水平面培育的方法进行中间育成。其培育方法见任务三。

任务三 鲍的养殖

一、鲍的养殖现状分析

鲍俗称鲍鱼，为海产八珍之冠。它以味道鲜美、营养价值高而驰名中外，又因其自然资源量少而成为珍稀食品。鲍的足部发达，占整个软体部的40%以上，其肉质细嫩可口，营养丰富。鲍除鲜食外，又可冷冻、制成干制品或加工成各类风味独特的罐头。从鲍肉中提取的鲍灵素对癌细胞有较强的抑制作用。鲍壳又称"石决明"，是有名的中药材。鲍还可用来培育鲍珠，价值相当高。

鲍在世界上分布很广，全世界鲍的现存种有70种以上，其中重要的经济种类超过10种，主要产地有中国、日本、朝鲜、韩国、南非、新西兰、澳大利亚、墨西哥和美国太平洋沿岸等海域。在我国北方辽宁、山东沿海仅皱纹盘鲍1种，是重要的经济贝类；南方有6种，其中杂色鲍和九孔鲍是南方重要的经济种类，九孔鲍是杂色鲍的一个亚种，是台湾、广东、福建等省主要养殖种类之一。近年来，我国相继从日本引进日本虾夷盘鲍（*Haliotis discus*）、黑鲍（*Haliotis cracherodii*），从美国引进红鲍（*Haliotis rufescens*）、绿鲍（*Haliotis fulgens*），并获得人工苗种生产的成功。

自20世纪80年代以来，我国在鲍的生物学、人工育苗与养殖技术、新品种培育等方面的研究得到了快速发展。鲍的养殖从80年代后期开始，主要在90年代初飞跃发展，现已覆盖了全国有条件养殖的省份。但是，由于海区环境污染日趋严重，养殖经济多遭受重大损失，使海水养殖业发展艰难。为了推动鲍养殖产业的持续健康发展，广大科技工作者和生产企业纷纷开展杂交鲍的人工育苗和养殖，并陆续开始北方苗种南下保苗和养殖尝试，取得了较好的成果。21世纪初期，辽宁、山东、福建相继培育出三倍体的皱纹盘鲍和杂交鲍。

由于自然海况的多样性和各地经济发展程度不同，鲍的养成方式多种多样，大体有陆上工厂化养殖、海区筏式养殖、岩礁潮下带沉箱养殖、潮间带围池养殖、潮下带垒石蒙网养殖和底播放流增殖等。

二、鲍的人工育苗

在我国，皱纹盘鲍、九孔鲍和杂色鲍的人工育苗均已取得成功，并广泛在生产中应用。下面以皱纹盘鲍为例介绍鲍人工育苗技术的工艺流程和技术要点。

（一）亲鲍升温促熟蓄养

1. 促熟蓄养开始时间的确定

皱纹盘鲍性成熟的有效积温 800～1200℃，用以下公式计算有效积温：

$$Yn = \sum_{i=1}^{n} (Ti - 7.6℃)$$

Yn 为有效积温，Ti 为蓄养水温，7.6℃为皱纹盘鲍的生物学零度，即有效积温等于蓄养期每天蓄养水温减去鲍生物学零度 7.6℃后的总和（当 $Ti \leqq 7.6℃$ 时不计入）。因此，按有效积温公式计算，在 20℃恒温培育条件下，要使有效积温达到 800～1200℃，需 70～100d 的时间，所以亲鲍促熟蓄养的开始时间需在计划采苗日期前的 100d 左右开始，一般在 2 月中、下旬。如果亲鲍培育前生殖腺发育状态较好，则促熟培育的开始时间可以适当延迟。

2. 亲鲍促熟蓄养池的准备

选用保温和控制光线的池子作为亲鲍促熟蓄养池，池子以深且面积小的方形或长方形的为好，池深一般为 1.3～1.5m，容水量 1.5～2.0m^3。池子应配备升温、控温和充气的装置。

3. 亲鲍的选择

亲鲍应选择 3～4 龄，壳长在 8～9cm 左右性腺成熟的个体，体质健壮，无创伤，足肌活动敏捷。一般每 100g 亲鲍能产卵 100 万粒，可根据计划采苗量来确定亲鲍数。一般使用的亲鲍数量为雌鲍 1～2 个/m^2，雌雄比例为 2∶1。

为确保获得充足的优质卵，亲鲍的数量可适当增加，并且每次育苗所使用的亲鲍最好能分别采自几个不同的海区，尽量不使用同批次的养殖鲍，以避免近亲繁殖。

4. 亲鲍的促熟培育

亲鲍促熟培育过程中日常管理项目和技术措施见表 3-19。

表 3-19 亲鲍促熟培育过程日常管理

管理项目	技术措施和操作方法
蓄养方式	采用悬挂式网箱（网箱内放一黑色的大波纹板作附着基）或多层塑料箱
蓄养密度	亲鲍 20～30 只（2～3kg）/m^3，前期可雌雄混养，当雌雄性腺区别明显后，要分池蓄养
水温控制	亲鲍入池后，先在自然水温中稳定适应 2～3d，然后每天按 1℃的幅度递增，逐渐升至 20℃后进行恒温培育
饵料投喂	每天傍晚投喂 1 次新鲜海带或裙带菜，翌日晨清除残饵，投喂量视摄饵量多少而增减。一般每天按体重的 10%～20%投喂，如果每天摄食量低于 5%，则说明健康状况或培养条件不佳，应及时进行调整
水质管理	做到每天清饵后全量更换新鲜海水，移笼换池，换池温差应控制在±0.5℃，尤其是在亲鲍成熟后更应该注意，较大的温差刺激有可能导致亲鲍排放精卵

续表

管理项目	技术措施和操作方法
充气调节	昼夜连续充气，使海水含氧量保持在5.0mg/L。但充气量过大会影响亲鲍的活动与摄食，而且过强的水流和气泡还可能刺激亲鲍排放精卵
光照调节	暗光或全黑暗状态有利于鲍的活动和摄食，对生殖腺的发育有益

(二) 底栖硅藻的培养

底栖硅藻是鲍的匍匐幼体和前期稚鲍摄食的基础饵料，其质量以及培养水平不仅直接关系到浮游幼虫的采集率和附着后幼体的变态率，也关系到稚鲍的育成率，因此其培养技术也是鲍人工育苗工艺的重要技术环节之一。

1. 培养时间的确定

底栖硅藻的接种时间根据水温及藻种情况，一般多在采苗前的20～40d开始接种。培养时间过长，饵料易老化脱落，质量差；时间太短，则饵料数量不足，导致稚鲍长或率成率下降。培养期间为避免饵料老化，可采取二次接种培养的技术措施，使采苗时饵料能恰好处于质量最好的指数生长期。

2. 藻种的接种

在接种饵料之前，要彻底清除板面和框架上的污物。方法是使用0.5%的氢氧化钠浸泡1～2d，然后用清水反复洗刷干净。将洗刷干净的采苗板，一片片交叉重叠捆绑成捆，紧密排列平放于池内。加入适量的新鲜海水，以浸没采苗板为宜。然后将浓度很高的藻种，经300目筛绢过滤2～3遍后倒入培育池内，充分搅拌均匀静止勿动。第2d将采苗板轻轻倒置，再用同样的方法接种采苗板的另一面。第3d即可将采苗板装入框架，并把框架有序排列于池内培养。饵料板与水流成平行方向，这样既可以使波纹板能够均匀地接受光照，有利于底栖硅藻的生长繁殖；又能使水流畅通，有利于稚鲍的生长。

3. 培养管理

底栖硅藻培养过程中的日常管理项目和技术措施见表3-20。

表3-20 底栖硅藻培养过程中日常管理

管理项目	技术措施和操作方法
水温	水温控制在10～18℃，水温过低硅藻繁殖缓慢，过高则容易老化脱落
施肥	每次换水后都应补加营养盐。营养盐的施加量为氮1～10mg/L；磷0.1～1mg/L；硅0.1～1mg/L；铁0.01～0.1mg/L。福建东山的营养盐母液配方可一次配制，多次使用，施用方便快捷，被广泛采用。其具体配方为：尿素224g，磷酸二氢钾44g，硅酸钠48g；檬酸铁铵4.8g，淡水1000mL。每立方米水体每添加上述母液10mL，即相当于增加氮浓度1mg/L，磷0.1mg/L，硅0.1mg/L，铁0.01mg/L
换水	每周换水1～2次，每次换水量为1/2左右，换水后应及时补充氮、磷、硅、铁等营养盐

续表

管理项目	技术措施和操作方法
充气	定时或连续充气
光照调节	饵料接种后，要避免阳光直射，池面光照强度以 1500～2500lx 为宜，光照过强易使绿藻繁殖过盛。应经常上、下倒转采苗板，这样不仅可以抑制绿藻繁殖，而且能使饵料生长均匀
敌害防治	在硅藻培养过程中，往往会出现桡足类的大量繁殖。清除方法是在培育池中加入 1～2g/m^3 的敌百虫，24h 后彻底清池换水，再重新补充营养盐

（三）人工诱导产卵

1. 诱导方法

皱纹盘鲍约经 3 个月的升温培育后，当有效积温达到 1000℃左右时，生殖腺发育成熟，外观丰满，略向外凸，覆盖角状器官的大部分，雌、雄颜色鲜明。这时可采用紫外线照射海水法、活性炭处理海水法、过氧化氢法、阴干流水刺激、变温刺激等方法对亲鲍进行人工诱导。生产中常采用紫外线照射海水法，具体操作如下。

1）催产设备

目前国内比较常用的紫外线照射装置是静水照射槽。静水照射槽的规格为长 1m、宽 0.5m、深 0.5m，其数量按每 200m^2 的育苗池 1 个计算。每个水槽安装 30W 的带臭氧的紫外线灯，两端用环氧树脂封死，可深入水中。紫外线灯管可用市场上出售的波长为 2537Å、功率为 30W 的紫外线杀菌灯（一般需备用 2～4 支）。玻璃钢水槽内加入 30cm 的经活性炭过滤过滤海水，水温控制在 22℃，2～3 支灯管为 1 组，吊挂于水面以上 5～6cm 处，盖上黑布后开始照射。

2）紫外线照射海水的使用剂量

对于成熟良好的亲鲍，生产上常用照射量为 200～300mW·h/L，诱导的有效率一般可达到 80%以上。

2. 催产

催产一般在夜间进行。尽量挑选角状部膨起、性腺饱满、覆盖面积大、性腺与肝脏的交界处界限清晰的亲鲍。将亲鲍腹足朝上，盖上经海水湿润的干净纱布，阴干 1h，然后将雌、雄分开。每 4～5 只亲鲍放在 1 个产卵盆或缸中，放入后便可向盆或缸中注入经紫外线照射的海水，保持黑暗的环境，尽量不要人为惊动亲鲍。在亲鲍进入经照射的海 1h 之内，多数个体还不能排放，这时如果更换 1 次照射海水，一般在换水之后 30～40min，可见排放精卵。通常在 17℃左右室温条件下，傍晚 17 时开始阴干刺激，到 23 时就能达到产卵高峰。

（四）人工授精与孵化

1. 人工授精

发现雄体大量排放时，从中上层水体中收集一部分精液备用。对于继续大量排放的雄体，也可不断收集和更新海水，以使精子保持高活力，随时取用。雌体产卵旺盛时，也要经常倒出含卵的海水悬液，更换新鲜海水，保证卵子能及时受精，也保证亲鲍和卵子都有良好的水质条件。卵子悬浮液中的大型颗粒，可用 40～50 目的网滤出。

人工授精时，最好取 2 只以上雄鲍的精液混合，稀释后加入盛有卵子的容器中，进行充分搅拌，约 10min 后即可检查卵子受精的情况，一般 1 个卵子周围有 3～4 个精子（侧面观）即可。可在短时间内分几次加入精液，避免一次性加入精液过多。上述操作尽量在精子和卵子排放后的 1h 内完成，否则会影响受精率。

2. 洗卵

洗卵方法一般采用倾倒法或虹吸法。在受精后 30～40min，卵子全部下沉时，即将中上层的清水轻轻倒掉或用虹吸方法排掉，然后注入新鲜的过滤海水，每隔 30min 洗卵 1 次。如此反复，进行 6～8 次。洗卵水温要稳定在 17℃以上。也可以将受精卵置于 260 目筛绢网制成的网箱中进行流水洗卵与孵化，对受精卵损伤较轻，孵化水质稳定，效果良好。

3. 受精卵孵化

（1）孵化容器。可采用水槽或水泥池，以小型水槽更便于管理。

（2）孵化密度。以 10～20 个/mL 比较适宜。

（3）孵化管理。皱纹盘鲍的孵化水温以 18～20℃最为适宜。孵化期间应加大换水量，每隔 2～4h 全量换水，或流水孵化。连续适量充气或定时搅拌。以上技术措施均可防止因受精卵堆积而造成局部缺氧，提高孵化率。

4. 选育

在水温 20℃条件下，皱纹盘鲍的受精卵约 13h，担轮幼虫破膜孵出而上浮。此时，要及时进行幼虫的选育。鲍的浮游幼虫选育大多采用虹吸法，将水槽上层健壮幼虫虹吸至另外一个培育水槽内进行培育，弃掉孵化水槽底部的幼虫及未孵化的受精卵。

（五）浮游幼虫的培育

皱纹盘鲍浮游幼虫培育管理项目和具体操作方法见表 3-21。

表 3-21　皱纹盘鲍浮游幼虫培育管理

管理项目	具体操作方法
培育密度	控制在 1～10 个/mL 范围。小型容器培育密度可大些，大型水槽或水泥池密度应小些
培育水温	皱纹盘鲍浮游幼虫的培育水温以 18～20℃比较适宜
换水	采用小型水槽培育时一般每 4～8h 全量换水 1 次；用水池培育每天换水 1～2 次，每次 1/3～2/3；采用流水培育时日给水量控制在培育水体的 10～12 倍。换水时采用 260 目筛绢制成的网箱或滤鼓，以防止幼虫流失
光照调节	鲍幼虫具有趋光性，暗光或弱光培育可减少幼虫群聚，有利于幼虫生长

（六）匍匐幼体的采集与管理

1. 采苗板的准备

采苗板（图 3-25）由波纹板和安插框架两部分组成。波纹板采用透明无色的聚氯乙烯或玻璃钢等无毒的材料制成，透光性强，有利于繁殖底栖硅藻。制成波纹板的目的是为了增加表面积，在同样的水体中可以附着更多的稚鲍。框架采用聚乙烯或聚氯乙烯材料制成。框架的尺寸比波纹板略大些。每只框架，可装 20 片波纹板。

我国南方培育九孔鲍苗则多用中央绑有石块的塑料薄膜（图 3-26）来替代波纹板，塑料薄膜置于池底，当池水加满后，薄膜的四角随即漂浮于水中。塑料薄膜大大降低了成本，但操作较不方便。

图 3-25　采苗板

图 3-26　塑料薄膜采苗板

2. 采苗时间的确定

浮游幼虫开始匍匐变态的时间与鲍的种类及培育水温有关。皱纹盘鲍的受精卵，在水温 20℃下约 65h，即浮游幼虫经过 2d 左右的时间开始匍匐变态。幼体从开始附着到完成变态还需要约 30h 的时间。由于幼体发育不可能完全同步，因此在育苗生产过程中浮游幼虫从开始附着到全部都完成变态需要 2～3d。

3. 采苗密度的控制

采苗密度主要是根据饵料板上底栖硅藻的生长情况与幼虫的健康状况而定，在多晴天、硅藻生长良好而且持续时间较长时，可适当增加幼虫的附着量。生产性育苗中，匍匐幼体的采苗密度一般都控制在 0.1～0.2 只/cm^2。按每片板的面积 40cm×33cm，采集率 50%～60%计算，平均每片采苗板应投放后期面盘幼虫 500～1000 个。

4. 采苗板的投放

在采苗的前 1～2d，应对采苗板及采苗池等进行清洁处理。首先要杀灭采苗板上的桡足类及其卵子，加入 1～2g/m^3 的敌百虫，12～16h 后全量换水。结合换水，再彻底冲洗采苗板以及池底、池壁等，将死亡的桡足类、老化的硅藻以及污泥、杂物等一切有害物都清除干净，再注入新鲜的过滤海水，注水量高于采苗板 5～10cm 即可。同时将水温升至 18～20℃。

（七）采苗后的培育管理

采苗后的培育阶段是指以采苗板作为幼体的培育载体，以采苗板上的硅藻为主要饵料的培育过程。此阶段的培育目标是：将幼体培育至壳长 2～7mm 的稚贝，成活率 1%～6%。管理要点是：为饵料硅藻的生长繁殖创造适宜的环境条件，加速采苗板上饵料硅藻的繁殖，延长稚鲍在采苗板上的培育时间，以获得大规格的稚鲍，提高苗种培育的成活率。

1. 换水与倒池

在幼虫尚未完全附着之前，出口处需用 200 目筛网拦阻，以防幼虫流失。采用边进水、边排水的方式，每天早、晚各换水 1 次，每次换水 1/2 左右。水温最好不低于 18℃。在大多数幼虫进入附着生活以后（一般在投放幼虫后的 2～4d 左右），可撤掉筛网并逐渐加大换水量，由 1 个量程增加到 2～4 个量程。在夏季水温超过 25℃后，换水量应增加到 4～5 个量程。但采用流水法换水不够彻底，需每周倒池 1 次，以彻底清除池底杂物。

2. 控光

为提高采苗板上的硅藻饵料增殖速度，抑制其他杂藻繁殖生长，光照度仍控制在 1500～2500lx，以延长鲍苗培育时间，提高剥离规格。同时在整个培育阶段，定期（约 1 周左右）将框架和波纹板上下倒置，使饵料板各个部位的硅藻都能得到更好的生长繁殖环境。

3. 补充饵料

1）施肥

一般采苗后 15d，随着鲍苗的生长，采苗器上的底栖硅藻逐渐减少，甚至为白板（俗称“透亮”），此时需在育苗池中适当施加营养盐（N∶P∶Si∶Fe=10∶1∶1∶0.1）使底栖硅藻连续生长、繁殖，以保证在采苗后 1 个月左右内稚鲍的摄食需要。

2）投喂扁藻

为防止饵料不足，可提先培养大量扁藻，在每天晚上流水停止后投喂，每天投喂的藻液量为培育水体的 2%～3%为宜。

3）投喂裙带菜、海带子孢子

在 6～7 月，取回成熟的裙带菜或海带，先洗刷、阴干 2h，然后放入高于海区水温 3～5℃的过滤海水中，即可放散出于孢子。在培育池流水停止后，把孢子水打入池内投喂。

4）倒板

饵料板上的硅藻饵料会因稚鲍摄食或其他原因造成脱落，变为光板。在稚鲍个体小，达不到剥离规格时，最有效的手段是尽量留出部分有底栖饵料的附苗板不采苗，以备出现光板时倒板用。具体操作方法是，将备用饵料板铺在育苗池内架好的网箱内（板与板朝一方向遮盖约 2/3），用软毛刷把光板上的鲍苗剥离到备用板露出的 1/3 波纹板上，5min 后再以同样的方式剥离到备用板的另一面，然后插入框架内。

4. 清除敌害

鲍育苗池中的主要敌害是桡足类，可用 2g/m^3 敌百虫溶液杀除。投药时，先将药物完全溶解，冲稀后均匀撒入池中，静止 12～13h 后，全部换水清底，冲洗药液和桡足类尸体。此项工作可在每次倒池时配合进行。

5. 日常管理

每天测量水温 2 次，并根据水温变化，随时调整换水量。定时测量育苗池水的 pH、溶解氧、海水盐度等。观测鲍苗的生长，根据生长情况，判断是否正常。培育中，注意池壁水面上是否有鲍苗，若发现应及时刷入池内，防止干死。

（八）稚鲍的剥离

稚鲍的剥离操作是育苗中必不可少的环节。稚鲍由前期培育转入后期培育，在后期培育期间进行密度疏散，从室内移向海上的养殖或放流等都需要进行剥离工作。

目前剥离的方法有多种，如麻醉剥离法、温差剥离法、电击剥离法等等。麻醉剥离法有氨基甲酸乙酯（$C_3H_7O_2N$）麻醉剥离（1%）、酒精麻醉剥离和 FQ-420 麻醉剥离。但在国内普遍采用的还是酒精剥离法。具体操作步骤是：在盛放药液（2%～3%的海水酒精溶液）的水槽底部，铺放一层粗网目的筛绢（以不漏掉鲍苗为准），将附着鲍苗的板浸入 3～4min 后，由于麻醉的作用，鲍足部肌肉麻痹收缩，使贝壳举起原地扭动，此时用海绵或毛刷轻刷将鲍苗刷下。注意剥离后的鲍苗，在药液中停留时间不可太长，一般不要超过 10min。剥离后的鲍苗，要用新鲜海水反复冲洗干净。

鲍苗剥离也可以不经任何麻醉，采用直接剥离法，用毛刷或海绵剥离波纹板上的稚鲍；吸附在框架上的稚鲍用 2%～3%的酒精浸泡或 4%的酒精喷洒后，使用软毛刷剥离。

三、稚鲍中间育成

稚鲍中间育成，指将从采苗板上剥离后的稚鲍，放在网箱中培育或将稚鲍放在池底培育至壳长 1.0～1.2cm，可以下海或在室内越冬养殖的阶段。下面介绍网箱流水平面培育方法。

1. 培育设备

1）培育池

可使用前期的长方形育苗池。

2）网箱

网箱用于放养剥离后的稚鲍，网箱的宽度应比池子宽度略小些。为便于操作，长度1.0～1.5m，深0.2～0.3m。初期网箱可用1mm网目的塑料纱窗网或专织的聚乙烯网，后期随着个体的长大逐渐改用大网目的网箱，以便于网内外的水流交换。网箱水平悬挂于池中，底部与池底保持10～15cm的距离，以利于水流畅通及池底沉淀物的清理。网箱上部应高出水面3～4cm，以防止稚鲍爬出网外。

3）附着板

附着板既是稚鲍附着生活的基质，又是承接食物的基质。稚鲍长至壳长4～5mm以后逐渐转为避光性，白天聚集在附着板的阴面，夜间活动频繁，进行摄食。附着板可用深色的聚氯乙烯制成的波纹板，并在板上钻一定数量的直径2cm左右的圆孔，便于幼鲍上下爬行。附着板表面要求光滑，既利于剥离操作，还可避免损伤稚鲍。

2. 培育管理

1）培育密度

鲍苗的培育密度根据稚鲍的规格、培育水温和换水能力等调控。一般控制在3000～8000个/m^2范围。在培育过程中，应根据稚鲍的生长情况进行1～2次密度疏散，并结合疏散进行分级筛选，将大小个体分开饲育，加速稚鲍的生长，提高成活率。

2）日换水量

日换水量的多少直接影响到鲍苗的正常摄食、生长和培育的存活率。日换水量的多少与水温、个体大小、密度等有关，尤其是稚鲍剥离后，饵料改为配合饵料，容易引起水质败坏，因此必须加大换水量。一般在稚鲍壳长5～6mm之前，日换水量应不少于培育水体的5～6个量程。在壳长6mm之后，流水量应不少于培育水体的8个量程。

3）饵料

配合饲料和海藻饵料如海带、裙带菜等相比，来源方便，不受季节限制，饲料利用效率高，因此可自始至终采用人工配合饲料。壳长6～7mm以前的稚鲍摄食能力弱，需投喂粉末状人工配合饲料；壳长7mm以后，投喂片状圆形饲料效果较好。

饵料的投喂量与个体大小和水温有关。一般每天的投喂量，可掌握在按鲍体重的2%～5%，但必须依据鲍的大小、水温、水质和稚鲍的实际摄食状况，进行适当的调整。

由于稚鲍的摄食活动在夜间，每天傍晚在投喂粉末饲料之前，需先用海水调匀，关闭充气阀门，停止流水，然后将饲料均匀地泼洒到附着板上面，投饵后半0.5h开始供气与流水。片状饲料则可直接投喂。

4）光线

稚鲍在4.5mm前，适当的光照对底栖硅藻的繁殖有利，同样对它们摄食生长也是必要的。但发育到4.5mm以后鲍苗开始具有负趋光性特点，转向夜间摄食，这也是鲍苗开始趋向摄食大型海藻的转变。因此可以根据这一特性，减弱光照强度，造成较长的黑暗日周期，增加鲍的摄食时间，促进生长。

5）其他管理工作

因投喂人工配合饵料，所以保持水质清洁是管理的主要工作之一。每天清晨用虹吸法清除附着板上、网箱底部和池底的残饵和排泄物等。每周倒池 2～3 次，彻底清理池底杂物。平时还应注意将爬到网箱壁上的稚鲍及时刷入波纹板上，定期观察稚鲍生长，测量水中溶解氧和水温等。出现异常情况应及时处理，如水质状况不佳，尤其是缺氧时，大量稚鲍爬向水面附近时，立即大量换水，就会很快恢复正常。

北方一般在 11 月中、下旬，水温降至 10℃左右，鲍苗壳长已达 1.2cm 以上，可下海挂养，鲍苗下海规格最好在 1.5cm 以上。对于 1.0cm 左右较小的个体，需要及时转入室内升温越冬。室内越冬可采用电升温或其他热能，用封闭循环海水系统培育。

四、鲍的陆地工厂化养殖

1. 养殖方式与器材设施

1）网箱平流饲养（图 3-27）

养殖池由水泥或玻璃钢制成，长 8～9m，宽 0.8～0.9m，深 0.4～0.5m，有效面积 7～9m^2。网箱由 1cm 网孔的聚乙烯挤塑网制成，长 70～80cm，宽 80～90cm，高 28cm，有效面积一般 0.6～0.7m^2。波纹板由黑色玻璃钢制成，供鲍匍匐、掩蔽之用，还具有承接饵料的作用。为便于鲍摄食爬行，波纹板上应钻若干个孔径大于鲍壳长的圆孔。每池放网箱 10 只。壳长 1.4～2.7cm 鲍苗的越冬育成，密度以 600 只/箱为宜，按养殖池有效面积计算以 800 只/m^2 为宜。壳长 2.5～4cm，200～250 只/箱为宜；壳长 4～6cm，150 只/箱；养殖 7cm 以上大规格商品鲍，可放养 100～120 只/箱。

2）多层水槽式网箱养殖（图 3-28）

多层式水槽可采用高压聚丙烯注塑成型、玻璃钢或混凝土制成，规格可因地制宜，一般长 3～8m、宽 70～80cm、深 40～50cm。水槽设置 2～6 层，水循环以 2～3 层作为一个系统，以尽量不减小流速。网箱规格一般为 65cm×65cm×30cm，用网目为 1.2～1.5cm 的聚乙烯网制成。多层式水槽具有占地面积小、利用率高、节约用水等优点，但是上下层水流不均匀、流速较慢。

图 3-27　网箱平流饲养殖

图 3-28　网箱多层（立体）养殖

3）深水池塑料箱养殖（图 3-29）

深水池塑料箱养殖是我国南方沿海广泛采用的一种养殖方式，其特点是养殖水体的立体利用率高，鲍的分散性好，管理、收获方便。养殖池多为长方形水泥池，长 4～8m,宽 4～6m，容积 20～40m^3，深 1.2～1.8m。养殖器材为特制的专用塑料养鲍箱，规格为 40cm×30cm×12cm。上面敞口，少数带有上盖；箱的四壁和底面、上盖均密布通水孔；箱的一个纵向侧壁上有一可以开启的活动门供投饵用；箱的两个纵向侧壁上还带有 2～3 片隔板，隔板长 20cm，箱内交互排布，以增加鲍的附着面。养鲍箱在养殖池中按多层叠合的立体方式整齐排列，将 8～12 个塑料箱用绳捆为 1 串，上面的箱底作为下面的箱盖，最下面一个箱距池底约 20cm，最上面一个箱用石块等重物压住，以免随水漂移。捆好的塑料箱沿池的纵向成排摆放在池中，池边两侧为单排箱，中间各排为双排箱，每两排箱之间留有 60～80cm 的间隔作为人工操作时的通道，有活动门的一侧均朝向通道，便于投饵、清理时下池操作。一般放塑料箱 20～25 个/m^3，塑料箱体积实际占水池体积的 1/3 左右，这既有利于水流通畅、又可保持一定的放养密度。养殖九孔鲍，密度可控制在 50 个/箱，并根据鲍的个体大小适当调整。

4）四角砖平面养殖

四角砖是用水泥砂浆烧铸而成，边长 30cm，厚 3cm，四只脚长 3cm，用黑色硬塑料制成。排列方式如图 3-30 所示。投放四角砖 15～18 块/m^2，行距 7～10cm。

图 3-29 塑料箱立体养殖

图 3-30 四角砖平面养殖

2. 养殖管理

1）供水

供水量主要根据水温的高低、鲍的大小和放养密度进行调整，供水量范围在升温越冬期为 8～12 倍，在常温期则为 10～16 倍。越冬升温期的日供水温差应控制在小于 2℃，并按时按量加钙。在海水混浊时，要经过砂滤或使用回水循环工艺。

2）投饵

饵料种类有鲜海藻和人工配合饵料两种。两种饵料可混合使用。2cm 以下的幼鲍可全部投喂配合饵料；2cm 以上幼鲍 12 月至翌年 8 月以投海带、江蓠和裙带菜等海藻为主，海藻缺乏时以配合饵料为主。

投喂人工配合饵料时，壳长 1.5～7cm 的鲍，每日投饵量占鲍体重的 2%～5%。在越冬低温期，每 2d 投饵 1 次，清 1 次残饵；18℃以上每天投饵 1 次，清 1 次残饵。投饵时间一般在下午 4～6 时，早晨 7～8 时清残饵。

鲜海藻的日投饵量按实际摄食量的 2 倍计算，以保证鲍有较多的摄食机会。投喂时将海带、裙带菜去根洗净，大藻切成段。若水温在 20℃以下，每 4d 投 1 次，上午清残饵，下午投新饵。20℃以上的高温期，每 2d 投 1 次。注意禁投烂藻，清理残饵要彻底。

3. 病害防治

1）气泡病

气泡病主要症状为鲍消化道内有大量气泡，似肿胀，因内脏膨胀而足翻向上方，病鲍的吸附能力减弱，甚至完全失去吸附能力，严重时整个附着板上鲍成片发病死亡。气泡病多见于苗种期及人工养殖初期，养殖阶段也有发生。在高温季节或供水量不足的情况下投喂人工配合饲料容易导致气泡病的发生。因此，高温期不喂或少喂人工配合饲料，并加大供水量，有利于减少该病的发生。

2）裂壳病

裂壳病主要症状为病鲍贝壳变薄变脆，表皮脱落，裸露出珍珠层，壳孔间因壳孔连通为开裂状。裂壳病多出现在低水温季节，以越冬期后出现最多，虽未见直接引起死亡的报道，但可导致鲍生长不良。其发病机理仍未完全探明，有人认为本病与饵料营养不全或养殖水体 CO_3^{2-} 和 HCO_3^- 含量过高有关。

3）局部缺氧

局部缺氧主要表现为养殖鲍突然改变了昼伏夜出的生活习性，白天大量爬至附着板的上方或水面附近。其主要原因是供水量不足，长时间停水，局部水交换不畅或饵料投喂过量，特别是人工配合饵料过量容易造成局部缺氧，投喂后必须加大给水量。

4）机械损伤

机械损伤常常也是造成养殖鲍感染而化脓死亡的重要原因。因此，管理作业时应细心操作，进行剥离和疏苗作业时要尽量避免损伤其软体部。

五、鲍的海区筏式养殖

1. 养殖海区的选择

海区筏式养殖是我国北方沿海皱纹盘鲍的主要养殖方式之一。筏式养殖要根据鲍的生态习性，选择水质无污染，低潮时水深在 10m 以上，水质澄清，透明度大，水流交换好，流速 20～30m/min 为宜，水温变化平稳，海水盐度较高，附近无淡水流入，或受淡水影响较小的海区。筏式养殖的底质以泥底最好，泥沙底次之，岩礁底因无法设置筏架最差。

2. 养殖设施

筏式养鲍的养殖设施为浮筏，南北方的养殖浮筏结构不太相同。我国北方的养殖浮筏为延绳式，由筏身、橛揽、固定桩、浮球等组成。筏身为一条直径 18～24mm 的聚乙烯绳索，长 60～100m，每台筏架可吊养鲍 30～100 笼；南方的养殖浮筏筏身为毛竹扎成的排架，四角用橛缆与固定于海底，每台筏可吊养数排养殖笼。

3. 养殖笼

1）多层式养鲍笼

养殖笼的直径50～60cm，长1～2m，笼内被带孔的塑料盘分为4～12层，层间距15～25cm。各塑料盘的中央由1根钢棍串联并固定成骨架，骨架外再围以网衣，网衣侧面带有拉链可以自由开闭，以供投饵用。这种养殖笼的优点是更换网衣方便，并能根据养殖鲍的大小随时更换不同网目的网衣。当网衣上附着生物较多而影响水流交换时，还可摘掉网衣，更换新网衣。使用方便，养殖效果好。不同规格鲍苗的放养密度见表3-22。

表3-22　不同规格鲍苗的放养密度

养殖密度	2cm的鲍苗	3cm的鲍苗	4～5cm的鲍苗	5cm以上的鲍苗
放养个数/层	400～600	200～300	100～150	20～60

2）多层式养殖笼

养殖笼是由扇贝养殖笼改造而成的，其结构与扇贝养殖笼相似，塑料盘及网衣等两者可以通用。养殖笼的直径30～33cm，8～10层，层间距10～15cm。封口处也用拉链。其优点是各盘间为柔性连接，不用时网笼可以折叠存放，占用空间少，易于堆放；缺点是牢固性及在水中的稳定性不如多层式养鲍笼。养殖密度一般为3cm以下的鲍苗，每层放养40～60个；3～5cm的鲍苗，每层20～40个，5cm以上的鲍苗，每层10～20个。

4. 养殖管理

1）饵料投喂

我国北方的浮筏养鲍使用的天然饵料以鲜海带或裙带菜为主，鲜海带匮乏期可改用干海带或盐渍海带或盐渍裙带菜；南方以紫菜和江蓠为主。鲍生长旺盛时每3～7d投喂1次，其余时间7～15d投喂1次。投喂量根据笼内鲍的数量、重量和水温高低等因素来掌握。每次的投喂量掌握在鲍体重的1～2倍。进入冬季低水温期之前要一次性投足饵料，低温期不再投喂。

2）清洗网笼

平时应结合投饵每10～15d清刷1次网笼，大风浪天气过后要及时进行洗刷，以防因附泥过多而导致鲍死亡。

3）疏散密度

在养殖过程中，应随鲍的生长及时进行分笼疏苗，通过养殖密度的合理调整来促进鲍的生长。分笼的时间应避开夏季高温期，以春秋季温度适宜时为宜。

4）附着性生物

控制养殖笼上及鲍的贝壳上都容易附着一些附着性生物，主要种类有藤壶、牡蛎、贻贝、苔藓虫、海鞘等，这些生物的大量附着不仅会影响网笼内的水流交换，还会妨碍鲍的行动与正常生活，与鲍争夺附着基，影响鲍的生长。养殖过程中应予以及时清理，也可采取改变养殖水层等方法来控制其附着及生长。

利用海胆与鲍混养的方法也可控制某些附着性生物的附着与蔓延，海胆选用虾夷马粪海胆或光棘球海胆均可，最好为1龄海胆，壳径应比养殖的鲍小1～3cm，海胆与鲍放养数量比为1∶(3～6)。

六、岩礁潮下带沉箱养殖

1. 养殖器材

养殖器材为钢质框架支撑的大型网箱（图3-31）。网箱的网片可用无结网、聚乙烯网或尼龙网均可。网箱骨架一般采用直径14mm的铁棍或螺纹钢焊接而成，为防止铁锈磨破网片，可缠上塑料薄膜，周围披覆上网片。网箱多为“田”字形，边长为2m，高0.5m左右，为了有利于固定，底部可多焊几根铁棍。每个网箱表面中央留一拉链口（长50～60cm），供投饵和观察之用。在网箱内投放些不规则的石块，以供鲍附着之用。石块大小为30～40kg/块。

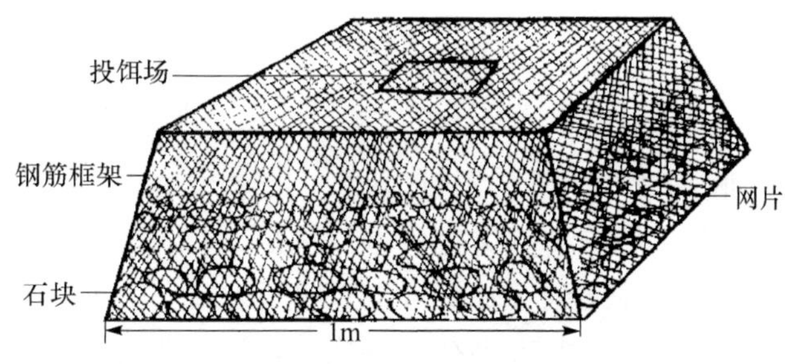

图3-31　鲍的海底沉箱养殖

2. 养殖管理

放苗时间可选在春天当海水水温升至12～13℃时进行。春天放苗个体，壳长不应小于2cm；秋天放苗个体，壳长不应小于3cm。一般壳长2～3cm的鲍苗，放养150～250只/m^2比较适宜。饵料以海藻为主，每5～10d投喂1次。

七、岩礁潮间带围池养殖

围池养鲍是指在条件适宜的海岸边，人工造池，并投入苗种进行养殖。这种养殖方法集中了底播放流增殖与沉箱养鲍的优点而发展起来的，也是当前最受欢迎的养殖方法之一。

1. 建池要求

在海区确定之后，在中潮区选择有利的地形建池。池子要保持足够的水深，低潮时不低于2.5m；池堤要牢固，尤其是受风浪冲击的一面，并在外堤的最低处留出排污孔，以便在最低潮时清理池底。池子大小、形状不限。池底可多投些人工鲍礁，增加鲍附着面积和提供栖息场所。为防止鲍的逃逸和敌害生物的侵入，可在围堤上方盖上网片。

2. 放养密度及投苗

围池养鲍的投苗量，一般放 2～3cm 的苗种 50～60 只/m^2 比较合适。在投苗之前，要尽量清除敌害生物。以水下投苗为佳，即由潜水员将鲍苗和附着板一同放置在池底，待鲍苗离开附着板后，再把附着板收回。

3. 日常管理

皱纹盘鲍在 1 年之中，不同季节摄食饵料的种类和摄食量不同，因此，应根据季节不同制订投饵计划。1～3 月，水温低于 7℃时，投喂 1 次即可；4～6 月，每 10～15d 投喂 1 次；7～9 月，每 4～5d 投喂 1 次；10～12 月，每 5～6d 投喂 1 次。要经常潜水观察，根据残饵量来调整每次的投饵量。如果有条件，应多向池内移植一些鲍喜食的大型藻类，如海带、裙带菜等。此外，还要由潜水员下池捕捉和投网笼诱捕敌害生物，也可配合排污大换水时拣出。

八、鲍的收获与加工

1. 鲍的收获

1）采收规格与采收季节

皱纹盘鲍的采收规格一般养殖鲍为壳长 6～7cm，自然鲍为壳长 7cm 以上，便可收获。九孔鲍为小型鲍，当个体达到 6cm 以上，即可采收上市。

人工养殖鲍的采收季节，在北方多在入冬之前，这样可避免由于在漫长的冬季低温期，鲍不摄食、不生长，造成体重下降；在南方多在夏季来临之前采捕，以减少高温季节易死亡和台风带来的损失。

2）采收方法

工厂化养鲍采收时，可关闭充气阀门，把养殖笼从池子中提到池边，将达到商品规格的个体采捕下来，未达到商品规格的个体，留在池内继续养殖；潮间带水池养鲍采收时，先把池水排干，然后地将石头、水泥板等附着器翻个，可见到鲍，进行捕大留小；网箱、筏式和沉箱养鲍的采收方法是将鲍连同附着器一起提出水面，用手直接进行抓捕。

由于鲍的吸附力很强，充分吸附时很难取下来，如果硬取下来，容易损伤鲍体。大量采收养殖鲍时，可采用 3%～4%的酒精麻醉后进行剥离。少量采收或采捕自然鲍时，必须乘其活动时采用圆头钝边的不锈钢片迅速铲取。

2. 鲍的加工

1）干制品

加工方法：除去外壳和内脏→将肉足部置于盐度为 7%～8%的溶液中浸泡，隔夜捞出，搓洗去足周边的黑色素和黏液→入锅加水，煮熟→捞起鲍肉足部，穿在线上，置于网席上晒干即可。鲍干一般为整块晒干，其肉较厚，完全晒干，一般需要 20d 以上。

一般由10～12kg带壳的鲜鲍，可以加工成鲍干品1kg，鲍干品出成率为8%～10%。

由新鲜原料加工的干品，色泽淡黄、鲜艳，呈半透明，质量上乘，称为“明鲍”；而由变质或质量稍次的鲜鲍制成的干品，色泽暗淡，不透明，外覆一层粉状盐迹，质量较差，称为“灰鲍”。

2）罐头制品

干制品容易失去鲜品固有的美味，故罐头制品为较好的加工方法。水煮鲍罐，就是将鲍去壳及内脏，刷洗干净后，经杀菌、封罐而成。

3）冷冻品

将鲜鲍除去壳及内脏，洗净装入保鲜袋内封口，入库速冻冷藏即可。

任务四　扇贝养殖

一、扇贝的养殖现状分析

扇贝是世界上贝类养殖业中仅次于牡蛎的重要养殖贝类，扇贝养殖也是我国北方沿海浅海水产养殖业中最重要的支柱产业之一。扇贝是国际市场上高档畅销海产品，它的闭壳肌肥大、鲜嫩，营养丰富，是国内外人们所喜爱的高级佳肴。扇贝闭壳肌加工后的干制品称“干贝”，是珍贵的海产八珍之一。扇贝除了鲜食和加工成干贝外，也可制成冻肉柱和加工成扇贝罐头。发展扇贝养殖生产，可以从海洋中索取动物蛋白，改善人们的食物结构。

我国的扇贝人工育苗和养殖主要开始20世纪70年代，1973年以来，山东、辽宁、福建等省对扇贝半人工采苗、人工育苗和养成等关键技术突破之后，扇贝的养殖业得到迅猛的发展。1980年辽宁省海洋水产研究所等从日本引进冷水性扇贝的优良品种虾夷扇贝，在辽宁省长海县和山东长岛县等地已成功进行人工筏式养殖和底播增殖，形成了优质高效的养殖产业。1982年中国科学院海洋研究所又从美国引进广温性扇贝的优良品种海湾扇贝，由于海湾扇贝生长快，养殖周期短，在我国南北沿海都可以养殖，因而迅速在全国沿海普及推广，带动我国的浅海养殖业又向前迈进了一大步，也给沿海广大生产单位和渔民带来显著的经济效益。近年来，我国扇贝养殖面积达2700hm^2，年产量70多万t，产量跃居世界第一。

二、扇贝的半人工采苗

扇贝的半人工采苗是根据扇贝的生活史和生活习性，在其繁殖季节里，当浮游幼虫即将结束浮游生活，进入附着变态时，采用人工方法把附着基投放在自然海区，使扇贝幼虫在附着基上附着变态、发育生长，从而获得扇贝养殖所需要的优质苗种。目前养殖扇贝进行半人工采苗的主要是栉孔扇贝。

1. 采苗海区的选择

在采苗海区附近要有自然生长或人工养殖的栉孔扇贝；采苗海区水质澄清，透明度大，无淡水流入，盐度较高（30～32）而稳定；低潮时，水深最好保持在10～20m；最好选择在有回湾流或旋涡流的海区，风浪较小，流速为20～40cm/s。

2. 采苗时间的确定

在扇贝的繁殖季节里，采用解剖亲贝观察性腺指数、性腺消长规律，或采用浮游生物网在不同水层拖网检查幼虫情况推算采苗时间。当幼虫壳长达到185～195μm时，就应当争取在3～5d内将附着基投放到海区。投放附着基的水温，一般为16～18℃。在正常情况下，山东沿海地区的投放附着基的时间为每年6月上旬到7月中旬；辽宁沿海，则稍微晚些。

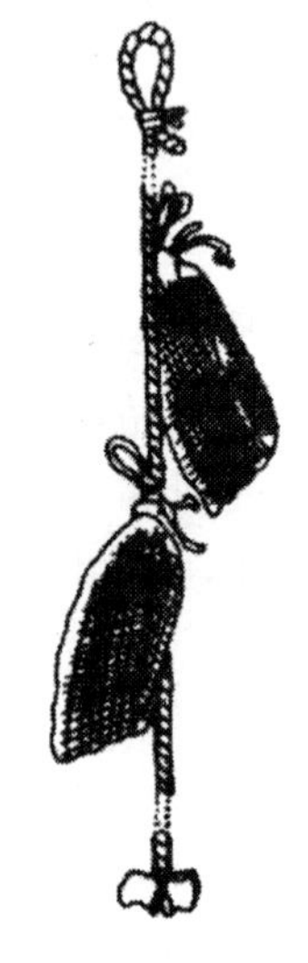
图 3-32　采苗袋

3. 采苗器的种类和采苗方法

1）采苗袋（图 3-32）

采苗袋是用网目1.2～1.5mm的聚乙烯或聚丙烯纱网制成的规格为30cm×40cm的网袋，袋内装50g左右聚乙烯网片或聚丙烯网片作为附着基。

采苗方法筏式采苗。采苗袋以20个为一串，绑在聚乙烯吊绳上，吊挂在筏架上。吊绳下端挂1.5～2kg坠石，防止采苗袋漂浮水面。采苗器的串与串之间的距离以1～1.2m为宜，以利于稚贝的附着。采苗用的浮力，最好采用吊泡法，吊泡系绳的为5.5～6m，这样在大风浪时，采苗袋不至于被风浪冲起，可以安全度夏，避开杂贝附着，以达到多采苗的目的。

2）采苗笼（图 3-33）

一般使用8～10层的扇贝苗种暂养笼或养成笼。长60～100cm，直径25～30cm，每层间隔20cm，内放网目为0.8～1.0cm的聚乙烯网片，尼龙网衣或挤塑网片20～30g，外套网目1.5mm乙烯纱网罩。

网笼用聚乙烯吊绳吊挂在筏架上，笼下端吊挂1.5～2kg坠石，以增加采苗笼的稳性。

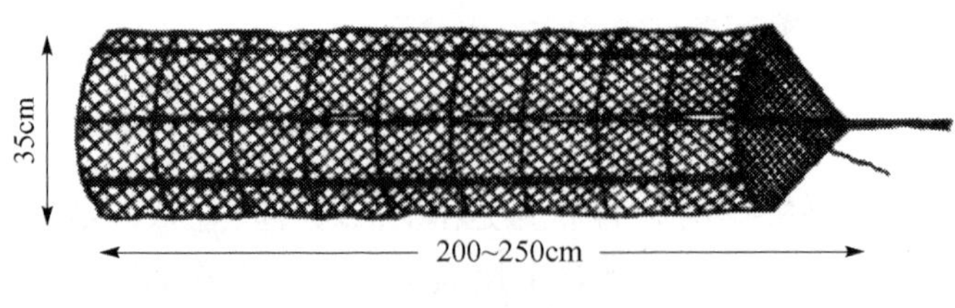

图 3-33　采苗笼

4. 采苗水层

采苗器投放的水层是影响采苗量的因素之一。采苗水层应根据当地海区采苗期平均透明度、海流方向以及流速而决定。一般吊挂水层浅，附着性生物敌害较多，如贻贝、牡蛎以及杂藻等抢占附着基质和争夺饵料。扇贝幼虫多分布在 2～4m 以下，采苗水层以 5～7m 为宜。

5. 采苗期的管理

海区采苗初期，刚刚附着在采苗袋的稚贝并不稳定，即使附着也不牢固，当受到惊扰、碰撞，便会脱落流失。因此，这时不能洗刷和轻易提动采苗袋。这期间的管理主要是看好浮力、坠石是否正常，当附着稚贝长到 2mm，附着比较牢固时，对浮泥多的采苗袋可轻轻摆动浮泥，以保证采苗袋网目流水畅通，提高贝苗成活率，但切忌不要离开水面操作。在整个采苗期间架子不能下沉。

6. 分苗

1）分苗时间

半人工采苗的稚贝应及时按规格大小稀疏分苗，收集到暂养笼和网袋进行中间育成。分苗最好在 10 月上旬至 11 月中旬进行。当贝苗个体中有 70%以上达到 1cm 时，应立即开始分苗。这时水温为 16～19℃，分苗后 24h 即可附着。

2）分苗方法

分苗时，把采苗袋或采苗笼里的稚贝全部倒出，把附着在网衣或网片上的稚贝剥离干净。分苗方法是采用网孔大小 1cm 的筛砂网架，把大小幼贝倒在筛砂网架上进行筛选。可以采用干筛和水筛方法分苗。干筛容易方便，但易损害幼贝贝壳。水筛方法是把筛网放置在长方形木桶上用水冲刷，较小幼贝自动落入桶内，大规格幼贝留在筛网上。水筛选贝简单、速度快、省力、成活率高。在分苗过程中，动作要快而轻，小心压碎较薄的贝壳；要清理去掉贝壳上的杂贝、杂藻等敌害生物；干露时间要短，一般不超过 4h。

3）分苗密度

清理干净的稚贝按壳高规格大小进行分养。壳高 1cm 以上的幼贝用苗种暂养笼暂养越冬，暂养笼 8～10 层，层间距 15～20cm，网目 0.8～1cm，每层放幼贝 500～1000 粒不等；壳高 1cm 以下的幼贝，置于 40cm×50cm 的网袋内暂养，网袋内放附着器材 30～50g，每袋放苗 300～500 粒，至翌年春天水温上升到 8～10℃时再进行分苗养殖。

三、扇贝的加温人工育苗

除栉孔扇贝可以依靠半人工采苗获得部分苗种外，养殖扇贝的苗种来源主要依靠人工育苗解决。扇贝人工育苗分为两大类：常温人工育苗和加温人工育苗。栉孔扇贝和华贵栉孔扇贝进行常温人工育苗，海湾扇贝和虾夷扇贝常采用加温人工育苗的方法。扇贝加温人工育苗的亲贝促熟、采卵、受精与孵化、幼虫培育、采苗和稚贝培育等生产环节，均是在控制温度下进行的。现以虾夷扇贝为例介绍扇贝加温人工育苗的工艺流程和技术要点。

（一）亲贝的选择与升温促熟培育

1. 亲贝的选择

虾夷扇贝的亲贝可以是选自浮筏式养殖的2～2.5龄、壳高9～12cm、体重200g左右的成贝，也可以选自底播增殖的3龄亲贝；要求壳面完整，壳表干净，色泽较深，外套膜伸缩敏捷，感觉灵敏，直肠膨胀，贝柱粗大，生殖腺饱满光亮。

雌雄亲贝选择时，取亲贝离水阴干，让贝壳自然张开，雌性生殖腺为橙黄色或橘红色，雄性为乳白色，根据性腺颜色挑选雌雄，分池养殖。亲贝用量为壳高9～12cm的雌贝3个/m^3，雄贝用量为雌贝用量的10%。

2. 亲贝入池时间的确定

亲贝入池时间要根据预期育苗时间、扇贝的种类及其生殖腺成熟要求的积温、促熟培育水温、升温速度等条件进行推算。一般虾夷扇贝约需要提前1个月左右，采集时间最好在1月中旬左右，这时辽宁、山东沿海的自然水温在2～3℃。

3. 亲贝升温促熟培育管理

1）培养方式和密度

亲贝购回后，立即用单层浮动的网箱或网笼吊养到水泥池中，休整后及时清刷贝壳表面的浮泥和杂物。同时，结合换水利用阴干等方法刺激亲贝的贝壳张开，观察性腺颜色鉴别雌雄，雌、雄分池饲养。虾夷扇贝亲贝的适宜培养密度在20～30个/m^3。亲贝采用多层网笼养殖，密度可高些，平铺于网箱底或池底养殖池底应稍低些。

2）水温调控

水温调控是促进亲贝性腺成熟的关键技术环节，它决定亲贝性腺的发育速度以及实际生产的具体安排，应缓慢提升水温促进性腺成熟。亲贝入池后以自然海区水温为基础先稳定2～3d，再每天升温0.5～1℃，根据升温的幅度和亲贝的活力变化，中间要稳定（恒温）2～3次，每次2～3d。温度提高到亲贝产卵温度后恒温培育。虾夷扇贝的促熟培育水温为8～10℃。临近产卵时温差应保持在±0.3℃以内。亲贝如果从2～3℃开始促熟培育，到水温升至8～10℃恒温培育，等待性腺成熟产卵，约需28～30d。

3）水质管理

在亲贝蓄养期间要连续微量充气，并根据蓄养池水质情况及时更换新水，保证水质清新。一般在蓄养初期，水温升到6℃以前，每天早、晚采用倒池的方法，全量换水1次；水温6～7℃时，一般早晨倒池1次，晚上换水1/2；在蓄养后期，为减少对亲贝的刺激，不倒池，采用换水的方法，每天换水3～4次，每次换水1/3～1/2。每次换水时要及时拣出病、死贝。倒池时要注意池水的温差，特别是暂养后期。

4）饵料投喂

生产上多以小新月菱形藻、三角褐指藻、等鞭金藻、扁藻等作为扇贝亲贝的饵料，如果单胞藻数量不够，可以适量补充螺旋藻粉、酵母、蛋黄等代用饵料。虾夷扇贝亲贝的投饵量一般为：水温 2～4℃，每次投喂密度为 2×10^4 cells/mL，每天 4 次；水温 4℃恒温阶段，每天 6 次；水温 4～6℃，每天 8 次；水温 6～8℃，每天 8～10 次。代用饵料用 300 目筛绢网袋搓碎后投喂，投喂量逐渐增加，一般从每天 1g/m^3 增至 2g/m^3，分 3～4 次投喂。

（二）诱导产卵与人工授精

1. 诱导产卵

一般采用阴干、流水和升温刺激相结合的方法诱导亲贝产卵。先把亲贝洗刷干净，阴干 0.5～1h，将雌贝移入水温 11～12℃（比原培育水温高 3～4℃）的产卵池，大约 30min 后开始产卵，当卵子密度达到 40～50 个/mL 时，将亲贝移入它池继续产卵。

2. 人工授精

诱导雌贝产卵的同时，选取性腺发育好的雄贝，放入盛有新鲜海水的玻璃钢水槽中，排放精子后，水溶液逐渐变浑浊，用勺子将适量精液均匀泼洒入产卵池中，进行人工授精，镜检以每个卵子周围有 2～3 个精子为宜。为了促使卵子受精提高受精率，泼洒精液后连续充气，用搅耙不断地搅池，同时要用捞网将上层泡沫及时捞除。

（三）人工孵化与选育

1. 人工孵化

虾夷扇贝的孵化密度为 30～50 个/mL；孵化水温应保持在 12℃左右；在孵化期间，连续微量充气，用捞网将上层泡沫捞除，并加入 1～2mg/L 青霉素抑制细菌繁殖。每隔 0.5h 人工搅动池水 1 次，直至发育到 D 形幼虫。在水温 12℃条件下，虾夷扇贝的受精卵发育到 D 形幼虫所需时间为 70h 左右。

2. 选育

当 80%以上的受精卵发育到 D 形幼虫后，应及时进行选育，将上浮的、健壮的、活力强的幼虫选入幼虫培育池，淘汰劣质幼虫。常用的选育方法有：

1）浓缩法

选育前停止搅动池水，让幼虫能自由上浮。再用干净的软胶管在培育水体的上层进行虹吸，将吸出的幼虫浓缩至 300 目筛绢的网箱内。网箱要放在相应的水槽中，以缓解水流对浓缩幼虫的冲击力，减少机械损伤。浓缩后的幼虫及时转入幼虫培育池中培育。

2）拖网法

采用 300 目或 260 目筛绢做成的水推网或与池子等宽的拖网，轻轻将表层的健康幼虫捞出来，并及时转入新池中培育。

(四) 幼虫培育

1. 培育密度

虾夷扇贝D形幼虫的适宜培育密度为7～8个/mL。

2. 培育水温

虾夷扇贝幼虫培育初期水温与孵化池水温（12℃）一致，此后每天结合换水升温1℃，使水温升至15～16℃，进行恒温培育，从采卵到开始附着变态需要20d左右。

3. 水质管理

使用300目换水网箱换水，每天2～3次，每次换水1/3～1/2，换水时要防止幼虫贴网，通过人工搅拌泼水分散被吸附在筛绢外面的大量幼虫。遇到大风、大潮天气减少换水量。倒池采用300目筛绢网过滤的方法，每4～5d倒1次，并淘汰一些个体小、体质弱的个体。倒池后立刻搅拌池水，防止幼虫下沉。幼虫培育期间连续微量充气，在幼虫培育前期每隔1～2h人工搅拌池水1次，以保证幼虫和饵料始终处于均匀分布状态。

4. 饵料供给

D形幼虫的开口饵料，以金藻为主。随着个体的增长，逐渐增大投饵量，到壳顶幼虫中期可适量搭配投喂扁藻、小新月菱形藻和小球藻等饵料。

饵料投喂量应根据幼虫发育的不同时期、幼虫胃的饱满度、幼虫的活动情况、饵料的质量、水色、残饵、幼虫粪便的数量、颜色和性状、环境因子的变化等因素灵活确定。重点观察贝类幼虫胃的饱满度，可在投饵前1h镜检幼虫胃含物：如果多数幼虫半胃少数幼虫空胃，说明投饵量合适；如果多数幼虫饱胃少数幼虫半胃，说明投饵量过多；如果多数幼虫空胃少数幼虫半胃，说明投饵量偏小。虾夷扇贝浮游幼虫和稚贝期的饵料种类和投饵量见表3-23。

表3-23 虾夷扇贝浮游幼虫和稚贝期的饵料种类和投饵量

幼虫发育期	金藻或硅藻/(cell/mL)	亚心形扁藻/(cell/mL)	幼虫壳长×壳高/μm
D形幼虫	8000～10000	—	100×78
壳顶幼虫初期	10000～15000	—	136×118
壳顶幼虫中期	15000～20000	800～1000	158×136
壳顶幼虫后期	20000～25000	1000～2000	218×196
眼点幼虫	25000～30000	2000～2500	212×208
匍匐幼虫	30000～40000	2000～2500	224×222
稚贝	30000～50000	2000～2500	252×232
每日投喂次数	4次	4次	—

5. 光照控制

暗光有利于幼虫的均匀分布，光照强度一般控制在500lx以下。

6. 病害防治

虾夷扇贝幼虫死亡高峰为壳顶幼虫中期。幼虫壳长达 150μm 以后，应精心管理，适当提升水温，促使幼虫快速生长发育，同时进行倒池，清除池底污染物质。倒池前后特别注意水温要基本相似或略高于倒池前水温。一般倒池后施用青霉素钠 2～3g/m³ 或土霉素 1～2g/m³ 预防病害发生。当海水中重金属含量较高时，可加入 2～3g/m³ 的乙二胺四乙酸钠（EDTA）进行络合。育苗过程中禁止使用国家规定的禁用药品。

（五）附着基的选择、处理与投放

1. 附着基的选择

扇贝人工育苗通常是采用深绿色或深灰色，孔径 0.5～1.0cm 左右的聚乙烯网片作为附着基（采苗器）。聚乙烯网片附着基，处理工序简单，可多年重复使用，越是使用过的旧网衣，附苗效果越好，而且在海上中间培育时，不容易挂着浮泥，洗刷网袋也较为方便。

2. 附着基的准备与处理

根据出苗量准备附着基的用量，并提前进行采苗器的洗刷和消毒处理，在采苗之前完成采苗器的处理工作。聚乙烯网片的处理方法：聚乙烯网片锤压（拉毛）→用过滤海水洗干净→0.5%～1%氢氧化钠溶液浸泡 24h（去油）→搓洗干净→3～5g/m³ 青霉素溶液浸泡消毒→清水洗干净后使用。聚乙烯网片，尤其是新的网片，在使用前要经过锤打，使网片磨粗起毛，这样容易使幼虫附着。

3. 采苗时间的确定

投放附着基的最佳时机应掌握在 30%以上的幼虫出现眼点，而且足能伸动时较为适宜。虾夷扇贝一般在水温 15～16℃和饵料供应充足的条件下，在受精后第 18～20d，开始出现眼点，继而附着变态，眼点幼虫壳长为 230～250μm。

4. 附着基的投放

投放附着基之前应彻底倒池。用筛绢网箱将幼虫全部滤出，将健康优质、个体较大、规格一致的眼点幼虫筛选出来放置在另一个消毒好的池内进行培育。新培育池水温与旧池基本相同或略高。倒池也是进行选优的过程。采苗密度即眼点幼虫的布苗密度为 3～4 个/mL。附着基的投放数量应根据幼虫的培育密度而定。一般聚乙烯网片的投放量为 2.5～3kg/m³。若是规格为 90cm×25cm 或 90cm×20cm 的网片，每片网衣约 900 扣，投放量为 60～70 片/m³。投放方法为每片网片下绑坠石 1 块，整齐投放池内，网片入水后上端漂浮于水中。每个池子投放完网片后，用钩子调整水面的网片，尽量使其分布均匀。

（六）稚贝培育及出池

投放附着基之后，大部分幼虫即开始附着变态，随即进入稚贝阶段。稚贝培育是一个相对较长的过程，虾夷扇贝在室内进行稚贝培育的时间为20～25d。因此，需要加强管理，才能保证稚贝的正常生长。稚贝培育期间的主要管理工作有：换水、投饵、充气、测量稚贝生长速度和附着变态率、常规水质监测等。

1. 水质管理

虾夷扇贝在水温16℃进行稚贝培育时，每天换水4次，每次1/3～1/2。出池前5d开始以每天2℃的幅度降低水温，使水温从16℃逐渐降至5℃左右，与海区水温基本接近。水温降至5℃时换水方式采用对流，每天流水培育3～4h。同时撤掉窗帘，增强光照，使培育池内的环境与自然海区相近。

2. 饵料投喂

随着稚贝个体的生长，饵料需求量逐渐增加，需要提供足够的优质饵料，扇贝附着后可将金藻、三角褐指藻等小型藻类调节至$(3\sim5)\times10^4$cells/mL，扁藻调节在$(0.5\sim0.8)\times10^4$cells/mL左右的密度。

3. 稚贝出池

1）稚贝出池规格及时间

虾夷扇贝在投放附着基之后20～25d，稚贝平均壳高达600μm左右；海湾扇贝在幼虫变态后，经过大约15d的培育，稚贝壳高达到400～500μm，即可转入海上或虾池中进行中间培育。

2）稚贝出池注意事项

稚贝出池前3～5d要使池内的水温、比重、光照等逐渐接近海区（或虾池）条件，积极锻炼稚贝适应外界环境的能力；稚贝出池时间最好选择天气好、风浪小的早晨或傍晚进行，以避免运输及挂苗过程中的日光曝晒，以及下海后的风浪冲击，提高成活率；运输稚贝时，要防止风干、日晒、雨淋，防止脱落，防止机械损伤，尽可能缩短操作时间。

3）稚贝出池的操作过程

稚贝出池是一项紧张的工作，一般在每天早上4时开始进行，因此要提前安排工作人员，准备好工具，紧张有序地进行各项工作；出池要在育苗室内或湿度大、水温低的场地进行；操作人员按捞取、分剪、装袋、绑袋、装箱等环节，进行流水作业，每项操作由专人进行；具体操作，要求稳、准、轻、快，以不损坏苗种为原则。

四、稚贝的中间育成

1. 中间育成海区的选择

稚贝中间育成应选择内湾海域，流速稳定在20～40cm/s，水质清澈无污染，无淡水流入，饵料丰富，砂泥底质的海区。

2. 育成器材

扇贝稚贝中间育成器材一般多采用网袋，网袋大小一般为 30cm×50cm 或 50cm×70cm，分一级网袋和二级网袋两种。一级网袋是用网目 40～60 目的聚乙烯筛绢网缝制，二级网袋用网目 20 目的聚乙烯纱网缝制。每个网袋内加入 20g 左右的挤塑网衣作为支撑。

3. 培育密度

一级网袋每袋可培育壳高 1mm 以下的稚贝 2 万～3 万个，二级网袋每袋可培育 2～3mm 左右的稚贝 2000～3000 个。稚贝壳高生长到 0.8～1cm 就可作为贝苗出售或转入三级培育。

4. 培育方法

出池装袋后的稚贝，每 10 袋用吊绳串联成一串。结扎时每两袋为一组，反方向同系在一个绳结内，两个一级培育袋分挂在吊绳的两边，绳结结扎在距袋口约 10cm 的位置，将两个袋口同时扎牢。吊绳长根据培育水层而定，一般 3～5m，采苗袋集中结扎在吊绳的下部，组间距 20～30cm。吊绳下端加挂坠石以增加网袋的稳定性，上端系于中间育成浮筏上，吊间距 1m 左右。

5. 培育管理

稚贝下海后前 10d 一般不再移动苗袋，以防稚贝大量脱落。以后每隔 10～15d 洗刷网袋一次，大风浪过后要及时清洗网袋外的浮泥，以泥堵塞网孔，影响稚贝生长。

一级培育的稚贝，经 1 个月左右的培育，壳高生长至 2～3mm，应适时换网袋分苗并转入二级培育。二级培育的网袋垂挂与培育管理方法基本与一级育成相同。

五、扇贝的筏式养殖

1. 养殖海区的选择

选择扇贝养殖海区环境条件的具体要求见表 3-24。

表 3-24 扇贝养殖海区环境条件的具体要求

环境条件	具体要求
底质	平坦的泥底或砂泥底最好，较硬的沙底次之，稀软泥底也可以，凹凸不平的岩礁海底不适合。在泥沙等底质较软的海底，可采用打橛方法下筏，过硬的砂底，可采用石砣、铁锚等器材固定筏架
盐度	扇贝属于高盐度贝类，盐度长期过低不但会影响扇贝的生长发育，因此在河口附近，雨季有大量淡水注入，盐度变化太大的海区是不适合养殖扇贝的
水温	栉孔扇贝养殖海区，夏季水温不超过 26℃，冬季水温不低于－2℃；虾夷扇贝夏季水温不超过 22℃，冬季水温不低于－4℃；海湾扇贝是一年生，夏季水温不超过 33℃，冬季收获；华贵栉孔扇贝夏季水温不超过 32℃，冬季水温不低于 10℃

续表

环境条件	具体要求
水深	一般选择水较深的海区，大潮干潮时水深保持 7～8m 以上的海区，养殖的网笼以不触碰海底为原则。从目前养殖扇贝肥满度测试数据来看，水深在 10m 左右为最佳水深
潮流	选择潮流畅通而且风浪不大，养成期间没有或少有季节风威胁的海区。一般选用大潮满潮时流速在 20～60cm/s，设置浮筏的数量要根据流速大小来计划。流缓的海区，要多留航道，加大筏间和区间距，以保证潮流畅通、饵料丰富，代谢物及悬浮海泥沉积少，提高养成扇贝的成活率
透明度	海水浑浊，悬浮泥质太多形成透明度不足 1m 的海区，不适宜扇贝的养成，容易引起鳃丝粘连而死亡。养殖海区的透明度应该终年保持在 2～3m 以上

2. 浮筏的结构与设置

1）浮筏结构

扇贝筏式养殖的浮筏结构和具体要求见表 3-25。

表 3-25　扇贝筏式养殖的浮筏结构

浮筏结构	具体要求
浮绠	又称筏身或大绠，是浮筏的主体，要求结实耐用。目前多用聚乙烯、聚丙烯和聚氯乙烯等绳索，以聚乙烯性能较好，直径 2cm 左右。浮绠有效长度一般 60m 左右
橛缆	亦称橛绠。材料与浮绠相同，直径略粗于浮梗，其长度一般是养殖海区满朝时水深的 2 倍，即 2∶1，与海底成 30°夹角。风浪强、流大的海区可采用 3∶1 比例
橛子	有木制橛和水泥橛，也可采用石砣和铁锚代替。橛长一般为 80～200cm，直径 15～20cm
浮子	又称浮漂，球形，目前生产上主要采用塑料浮漂，直径 30cm 左右。浮子两侧具有 2 个鼻扣，用于绑在浮梗上。一台浮筏一般使用浮子 40～80 个

2）浮筏设置

浮筏设置主要应考虑水流畅通，能充分利用海区天然饵料，以及筏架的安全和操作管理方便等。一般浮筏之间的筏间距（行距）为 6～8m，每 30～40 台浮筏为一个区，区间距为 30～40m。区与区之间按“品”字形或梯形排列。浮筏与主风或主流成 30°～40°。

3. 养殖方式

1）网笼养殖

聚乙烯网笼养成扇贝是目前扇贝养成的主要养殖方式，它是利用聚乙烯网衣及塑料盘制成的数层圆柱网笼（图 3-34 和图 3-35）。网笼规格一般长 1.5m，直径 30～33cm，8～10 层，层间距 15～20cm。网衣为合股乙烯线机编网，用孔径约 1cm 塑料圆盘做成隔片。根据养殖扇贝大小的不同，网目可分为 0.5、2.5 和 3.5cm 等多种，分别用于养殖 1cm 的小苗、3cm 的大苗及成贝。

2）串耳吊养

在壳高 3cm 以上、健壮扇贝的前耳基部，用电钻钻成孔径 1.5～2mm 的小孔，利用直径 0.7～0.8mm 尼龙线或 3×5 单丝的聚乙烯线穿扇贝前耳，再系于吊绳上垂养。

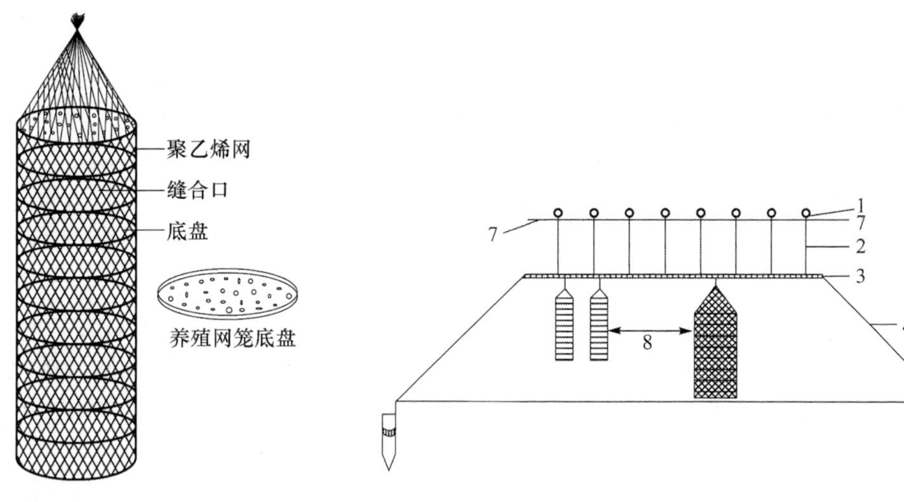

图 3-34　养殖扇贝的网笼

图 3-35　栉孔扇贝笼养示意图

1. 塑料浮子；2. 浮系；3. 架子；4. 橛缆；5. 海底面；6. 橛子；7. 海平面；8. 养成笼

每小串可串几个至 10 余个小扇贝，串间距 20cm 左右。每一主干吊绳可挂 20～30 串。吊绳长 5m 左右，吊间距 1m 左右，每台筏吊挂 60～100 吊（图 3-36 和图 3-37）。

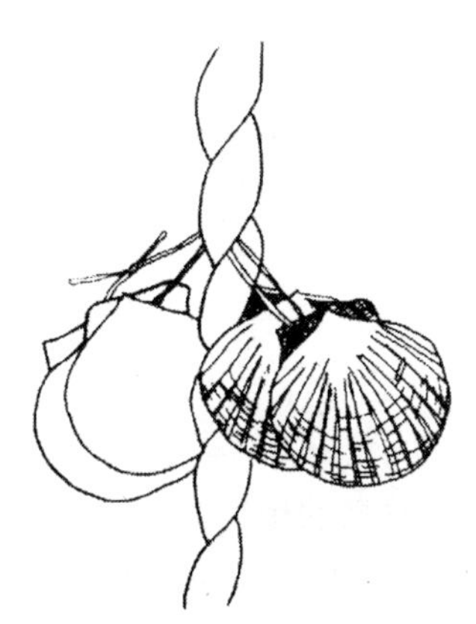

图 3-36　串耳吊养

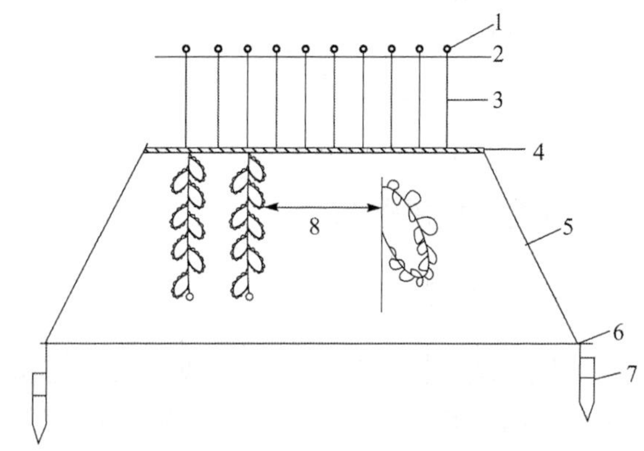

图 3-37　栉孔扇贝串耳吊养示意图

1. 塑料浮子；2. 海平面；3. 浮系；4. 架子；5. 橛缆；6. 海底面；7. 橛子；8. 串耳方式

4. 养殖期间的管理

1）合理控制放养密度

扇贝苗种进入养成笼时，应根据生长情况，适时调整其放养密度。密度过大，贝与贝之间互相接触碰撞、咬合，容易损伤外套膜，产生畸形贝；同时，对于个体而言，得到的饵料减少，因而影响生长。因此，要掌握合理的放养密度，如海湾扇贝 1cm 的苗每层 40～55 个，栉孔扇贝 1cm 的苗每层 20～30 个，虾夷扇贝 3cm 的苗每层 10～20

个。养殖过程中，随扇贝的生长可进行 1～3 次换笼与疏散。

2）调整养殖水层

养殖过程中应根据不同季节和水温变化及时调整养殖水层，以使扇贝处于更好的摄食水层和生长温度。春季表层水温回升快，秋季表层水温高，应提升养殖水层，以 2～5m 比较适宜；冬季海水表层水温低，夏季表层水温高，均不利于是扇贝生长，应降低养殖水层，以 6～10m 比较适宜。

3）及时清除附着物

附着生物，不仅大量附着在扇贝体上，还附着在养成器材上。由于附着生物的大量附着，给扇贝的养成造成不利影响。附着生物与扇贝争食饵料，堵塞养殖网笼的网目，妨碍贝壳开闭运动，又因水流不畅影响滤食，致使扇贝生长缓慢。因此，要及时清刷网笼，清除附着物，但要避免在严冬和高温季节操作。

4）倒笼、换笼

在网笼外附着生物过多，杂藻不易清除时和笼内敌害生物量大的时候要进行倒笼换笼，并结合换笼进行密度调整，以加速扇贝的生长。这种方法清除彻底，操作方便，离水时间短，不易损伤扇贝，换笼以后扇贝明显快速生长。栉孔扇贝、虾夷扇贝在养成期间应倒笼 2～3 次，海湾扇贝在高温期以后应倒笼 1 次，这是海湾扇贝促生长、促肥的最佳措施。

5）确保养殖生产安全

在养成期间，由于个体不断长大，需及时调整浮力，防止浮架下沉，要勤观察架子和吊绳是否安全，发现问题及时采取措施补救。做好防风工作，以免发海及台风季节筏身、网笼受到损失。

六、扇贝的底播增殖

1. 扇贝底播增殖现状

扇贝底播增殖是一种投资少、成本低、操作简便、经济效益高的生产方式。扇贝的底播增殖是将壳长 3～4cm 的大型贝苗，向环境条件适宜的海域中底播放流，经过 1～2 年的自然生长，待其生长到商品规格后再进行回捕的一种资源增殖方式。用于底播增殖的海底也称为增殖场或底播区。目前国内进行底播增殖的扇贝种类多为虾夷扇贝。由于虾夷扇贝移动性小，只要底质适宜，一般不迁移，因此虾夷扇贝适宜进行底播增殖，增殖效果良好。辽宁省长海县自 20 世纪 80 年代后期开始实施虾夷扇贝的底播增殖，现在已形成了产业化规模，并成为带动全县水产业发展的龙头产业。

2. 增殖场的选择

环境优良的增殖场应具备以下条件：水质优良，潮流畅通，水深在 10～40m，海区受风浪影响较小；水温适宜，高低温季节的极限水温不会对底播贝的存活与生长造成重大影响；底质为砂砾含量较高的粗砂底或者岩礁、砾石底，以适应不同扇贝的栖息与摄食；海区饵料生物丰富，可为扇贝的生长发育提供充足的食物，扇贝生长快，发育好，养成周期短。

虾夷扇贝是冷水性贝类，根据其生态习性，要选择夏季最高水温不超过 26℃，23℃水温持续时间较短的海区；选择适宜的海底，要求粒径 1mm 以上的粗砂砾占 70%以上，直径 0.1mm 的细砂占 30%以下；枯潮时，水深 20～30m；透明度大，海星、海盘车等敌害生物少的海区。

3. 苗种规格

苗种的大小是影响底播增殖效果的主要因素。贝苗规格太小，对环境的适应力差，底播后容易受敌害生物的伤害，死亡率比较高。目前虾夷扇贝底播增殖所用的扇贝苗种规格为 3cm 以上的幼贝。选择形状规则、健壮的幼贝作为底播贝种，是提高成活率的关键。在人工育苗条件下，4 月份培育的稚贝，当年 11 月份就能达到要求的大规格贝种。

4. 底播方法

底播季节一般都选在水温适宜、扇贝摄食旺盛的季节，时间以小潮汛期的平潮弱流时底播效果最好，底播后贝苗恢复快，受敌害生物危害轻，成活率高。虾夷扇贝底播时间一般在当年的 11 月下旬至 12 月中旬。此时气温低，有利于贝苗的运输。在水温 13℃左右播种，缓苗期短，成活率高。

贝苗的底播密度要根据海区的饵料丰度、底质情况和底播区的原存资源量适当掌握，底播密度不宜过大，一般可控制在 6～10 个/m^2。

目前在生产中多采用船上播撒的方法，在限定的海区范围内，边行船、边均匀地向海底播撒。底播最好的方法是由潜水员在底播区海底进行播撒，可减少贝苗在下沉过程中的损失以及敌害生物的侵袭，使贝苗能处在更适宜的底质上生活。但此方法工作量大，成本高，不适宜在大生产中应用。

5. 敌害生物

扇贝底播增殖最主要的敌害生物是海星、海盘车等。它们不仅能大量危害刚底播的贝苗，也能捕食扇贝的成体，而且危害严重。此外，某些肉食性的螺类、鱼类、虾蟹类，如荔枝螺、红螺、河鲀、青蟹、龙虾等也能对小型个体，尤其是刚底播的贝苗造成较大危害。目前，防治方法主要是采用人工采捕驱除。

七、扇贝的收获与加工

1. 收获季节与规格

扇贝除鲜食外，主要是利用其闭壳肌，考虑扇贝的收获时间应选择扇贝较肥的季节，并使扇贝能有产卵繁殖的机会。生产中为了缩短养殖周期并适应市场销售，一般都在秋季的 11～竖年 3 月收获。人工筏式养殖的栉孔扇贝大量的收获在 11 月至翌年 1

月，此时收获的栉孔扇贝，肥满度好，出肉率高。海湾扇贝的收获季节以11～12月最好，此时出肉率为30%左右，鲜出柱率为11%～12%。筏式养殖的虾夷扇贝收获时间主要是根据出丁率和出肉率最高的季节来确定。出丁率最高的季节为5～7月，其中以7月最高；而出肉率最高的季节为3～5月。因此，加工贝丁以5～7月为宜，而鲜销最适收获季节为3～5月。底播增殖的虾夷扇贝，一般在春季的3～5月和秋季的10～12月进行采捕。

商品贝的规格，要求栉孔扇贝和华贵栉孔扇贝壳高6cm以上，海湾扇贝5cm以上，而虾夷扇贝为8cm以上。

2. 扇贝的加工

1）干贝加工

首先将扇贝柱取出，取扇贝柱时不要切碎闭壳肌，然后将取下的闭壳肌用海水冲洗干净放入含有2%精盐的煮沸海水中，海水与鲜柱的比例为(6～8)∶1。放入鲜柱后不能搅动，待海水再度煮沸后取出，用海水冲洗并摘除鲜柱周边的肌肉、杂质，再用海水冲洗，放在容器内沥水控干、晒干，或用60～80℃烘箱烘干，保持其淡黄色的光泽，分大小装袋包装。

优质的干贝为淡黄色，表面平滑无裂痕龟裂。干贝加工的干贝汤油，经浓缩加上佐料可制成干贝精油。干贝放在阴干处可以常年保存，但鲜味欠缺。

2）单柱鲜冻

目前市场深受群众欢迎的是单柱鲜冻，它能保持扇贝原味，味道鲜美，食法较多。单柱鲜冻是把取出的鲜柱用海水冲洗干净，然后置放在输送带上速冻。单柱鲜冻从海水冲洗至速冻成品全部由机械操作，鲜柱速冻后分大小装袋。目前单柱鲜冻的产品绝大部分是海湾扇贝鲜柱，200粒/kg以内的规格大部分出口外销。

3）鲜柱罐头

开壳取出鲜柱，用2%精盐海水冲洗干净，预煮火候不宜过度，开锅捞出用流动水冲洗冷却，装罐，柱与汤比例为6∶5，并加适量盐、味精，调好酸碱度，封罐，盖罐钩合要严密，高温达120℃以上进行灭菌，冷却至常温，进行罐头质量标准监测后销售或入库储存。

任务五 牡蛎养殖

一、牡蛎养殖现状分析

牡蛎是我国沿海重要的养殖贝类，其种类较多，分布广泛，全世界有100多种，我国已发现的有20余种。牡蛎在我国已有2000多年的养殖历史，是我国传统四大养殖贝类之一。我国主要养殖种类有太平洋牡蛎、近江牡蛎、褶牡蛎、密鳞牡蛎和大连湾牡蛎。

牡蛎是一类经济价值较高的贝类，干肉品中含蛋白质45%～47%，脂肪7%～11%，还含有人体必需的10种氨基酸、牛磺酸、糖原、多种维生素、微量元素和海洋生物特有的活性物质。牡蛎汤素有“海中牛奶”美名，浓缩后称“蚝油”。牡蛎肉可鲜食，干品称“蚝豉”，也可加工成罐头。牡蛎还有一定的药用价值，《本草纲目》记载牡蛎有治虚弱、解丹毒、止渴等药用价值，牡蛎珠可治疗眼疾。从新鲜牡蛎中提取的低分子多肽活性物质能有效抑制人的肺癌和胃癌细胞的增殖，有一定的抗肿瘤效果。牡蛎提取物已风行世界许多地区。此外，牡蛎的贝壳粉可作为饲料添加剂和土壤调理剂等。

牡蛎养殖在整个世界范围内的贝类养殖业中也占首要地位，有“世界第一大贝类”之称。世界上四大牡蛎生产国是日本、美国、韩国和法国。此外，新西兰、澳大利亚、墨西哥、加拿大等国的牡蛎养殖也比较发达。各国对牡蛎的研究较多，苗种生产、养殖方法在各种养殖贝类中也最为完善。

我国牡蛎的天然苗种资源比较丰富，养殖牡蛎多采用半人工采苗方法，也在室内进行全人工育苗生产，培育出牡蛎的杂交种、三倍体牡蛎和单体牡蛎。

二、牡蛎的自然海区半人工采苗与养成

（一）采苗海区的选择

牡蛎采苗海区的选择条件见表3-26。

表3-26 牡蛎采苗海区的选择条件

选择条件	具体要求
亲贝资源	附近有天然生长的牡蛎，附近没有工农业等污染
底质	采苗场的底质要适合采苗器的设置，一般以砂泥底为宜。插竹采苗养殖以软泥底为宜；投石采苗养殖以较硬的砂泥底或泥沙底为宜；筏式采苗则较少受底质的限制
潮流	潮流畅通有利于牡蛎浮游幼虫的集中，特别是河口地带许多大小港汊、河渠的汇流形成许多环流，对蛎苗的群聚更为有利，可进行大规模采苗生产，但流速不宜过大，否则容易冲倒采苗器。此外，畅通的潮流还可带来大量饵料生物，有利于蛎苗的生长
水深	根据牡蛎的生态习性及采苗器的要求而定。滩涂采苗的，在潮间带的中、低潮区附近至水深0.4m的浅水层，采苗效果较好。潮差大的采苗场地，以大潮期间每天露空时间不超过4h为宜，以免蛎苗固着后因曝晒死亡。浅海筏式采苗及养殖的水深以2～10m的海区为宜
温度	采苗期间，采苗场的水温变化不宜过大，一般水温上升到高温稳定期时采苗效果好，其变化范围在22.0～31.5℃。水温过高，蛎苗壳厚、个体小；水温过低，蛎苗不易固着
盐度	一般近江牡蛎和太平洋牡蛎的采苗场一般在海水盐度较低的河口附近，采苗时的适宜盐度范围为3.9～16.5；大连湾牡蛎适宜远离河口盐度较高的海区，采苗时的适宜盐度范围为23～28；褶牡蛎介于二者之间。牡蛎幼虫附着变态时的水层与盐度有很大的关系。降雨量少，海水盐度偏高时，附苗水层趋向于水体表层；降雨量多，海水盐度偏低时，附苗水层移向水体底层

（二）采苗时间的选择

一般选择每年的繁殖盛期作为生产上的采苗期。不同种类牡蛎的采苗期不同，近江牡蛎在南海全年都能采苗，但多在每年6～8月间进行生产性采苗，其采苗的适宜水温为20～30℃。褶牡蛎和太平洋牡蛎在福建海区每年有春、秋两次繁殖盛期，一次是5～6月，采“立夏苗”；另一次是9月，采“白露苗”。大连湾牡蛎在辽宁的采苗期多在7月中旬至8月中旬，采苗时的适宜水温为20～26℃。

（三）采苗预报

采苗预报是指根据牡蛎亲贝的繁殖特点和性腺发育情况，海区牡蛎幼虫的生长发育情况、数量变动与分布特点以及水温、盐度等海况因子的变化趋势，预测幼虫附着高峰期，以确定投放采苗器的时间。

1. 亲贝丰满度观测预报法

在牡蛎繁殖盛期之前，每天定点取20～30个亲贝解剖进行性腺检查。发现乳白色的生殖腺全部遮盖了消化腺，外观丰满，轻轻挤压腹嵴后方，从泄殖孔处流出精液或卵子，镜检精子活泼、卵子呈圆球形或椭圆球形，说明性腺已经成熟。如果发现性腺由丰满突然变瘦，呈半透明状，说明牡蛎已产卵或排精。

2. 牡蛎浮游幼虫观测预报法

牡蛎浮游幼虫的采集通常在亲贝产卵之后5～6d开始。选择有代表性的水域，用浮游生物网每隔1～2d进行取样，分别拖取上、中、下层水中一定数量的样品，经福尔马林固定、浓缩后，进行定性和定量分析，并记录牡蛎各个发育阶段浮游幼虫的数量。在一般情况下，牡蛎壳顶后期幼虫数量达25～60个/m^3以上，基本上就可达到生产要求；壳顶后期幼虫的数量占优势时，正是投放采苗器进行采苗的有利时机，应及时发出采苗预报。

在采集分析牡蛎浮游幼虫的过程中，还会同时发现许多其他海洋生物的浮游幼虫，正确鉴别区分鉴别牡蛎浮游幼虫与其他种类的浮游幼虫，是采苗预报正确与否的一个关键性环节。牡蛎幼虫与其他双壳类幼虫主要区别特征是牡蛎的壳顶幼虫左壳壳顶明显突出，右壳稍比左壳小，左右两壳的大小不等。

3. 累积水温测定预报法

累积水温是牡蛎从受精卵发育至变态附着这段时间内，采苗海区每天平均水温的累积值。太平洋牡蛎从受精卵发育到幼虫开始附着时的累积水温约为280℃，因此可以根据牡蛎的产卵日期，预报幼虫开始附着的日期，其关系用下式表示：

$$X=\left[\left(280-\sum_{i=1}^{t}Ti\right)/t\right]+W$$

式中：X—预报牡蛎幼虫附着所需天数；280—累积水温；$\sum_{i=1}^{t}Ti$ —产卵之日至第t天的

累积水温；t—第 t 天的水温；W—产卵之日至第 t 天的天数。

太平洋牡蛎的理论累积水温（280℃）有时与实际累积水温存在 11～25℃的温差，因此在实际采苗预报中应对计算值进行校正。校正的方法：在预报期内，如果日平均水温低于 22℃，实际日期应比计算值推迟 1d；如果日平均水温高于 22℃，应提前 1d。

生产上进行采苗预报，往往是将上述三种方法结合并用，以求达到准确预报的目的。另外，盐度变化是诱发牡蛎大量产卵的一个重要的环境因子，一般盐度突然下降时牡蛎大量产卵，并随之出现附苗高峰，因此盐度变化也是采苗预报的重要依据。

（四）采苗器的种类和选择

牡蛎采苗器的选择可因地制宜，既要考虑材料来源方便，经济耐用，价格适宜，又要考虑采苗器有一定的粗糙度，且固着面积大。同时，还要根据场地的底质、海况等条件，选用不同器材，以提高采苗量。目前生产上采用的采苗器主要有坚硬的块石或条石（规格一般为 1.0m×0.2m×0.05m）、坚硬毛竹（直径 2～5cm，长约 1.2m）、牡蛎壳、扇贝壳等以及水泥构件和废旧的汽车外轮胎、三角带等采苗器材。

（五）采苗场地的整理

在投放采苗器之前，必须对采苗场地进行整理，以提高采苗效果。滩涂采苗的场地整理因各地区环境、底质和地形等不同而不尽相同，原则上要做到有利于水流畅通，运输和管理操作方便，以及便于计算面积等。南方一般在采苗前 1 个月左右，先在采苗场上插竹标志，在大潮退潮时清除滩涂上的敌害生物和杂物，然后整成若干块长条形畦。畦的长度一般为 30～50m，可从中潮区延至低潮区，为有利于潮流畅通，畦长与海岸大致呈垂直方向。畦的宽度根据场地条件和采苗器种类而定。北方的浅滩场地一般整成若干块长 100m、宽 10m 左右的长方形块，块与块之间挖一深 20～40cm，宽 50～60cm 的排水沟，使滩涂表面退潮后不积水。

（六）采苗方法及养成

1. 桥石采苗及养成

1）采苗方法

在中潮区附近底质较硬的滩涂上，将规格为 1.2m×0.2m×0.05m 的石板或水泥棒紧密相叠成人字形，石板或水泥棒与滩面成 60°角，4～5 块为一堆，几十块排成一列，堆间用若干块长约 70cm 的条石或水泥棒连成一长列，列的方向和水流的方向平行，摆放在中潮区附近。桥石采苗由于阴面附苗多，随着蛎苗的生长要经常疏苗，并对调阴阳面。采苗后可直接进行养成（图 3-38）。

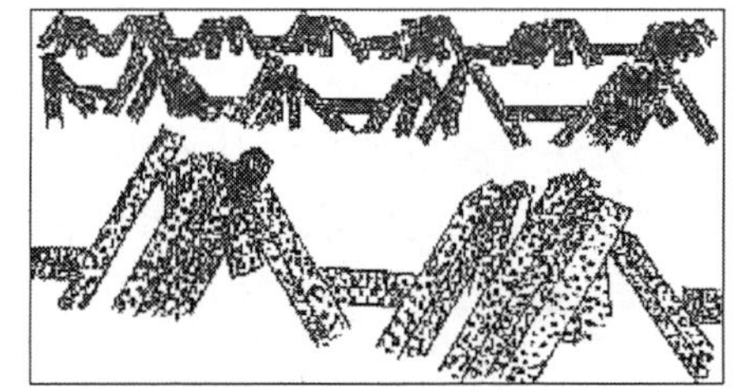

图 3-38 桥石采苗

2）采苗效果检查

采苗后3～4d即可进行采苗检查，检查时将采苗器取出，洗去浮泥，在阳光下，肉眼就能清楚地看到蛎苗附着的情况。

采苗时，藤壶等其他附着性生物也可能附着在采苗器上，要注意加以区别。如果固着个体略成圆形、色深扁平，用手摸较光滑者即是蛎苗；如果呈椭圆形、乳白色、较突出，用手摸较粗糙者是藤壶苗。蛎苗密度以0.5～1.5个/cm^2为适量，大于4个/cm^2为过密。如果藤壶苗大量附着而蛎苗很少，应重新清理采苗器重新采苗。如果蛎苗附着过密，应废弃部分蛎苗，即用蛎铲在采苗器上划掉部分蛎苗，以保持蛎苗的正常生长。其他采苗方法也要进行采苗效果检查。

3）养成管理

牡蛎苗固着后1个月左右后逐渐长大，为了不影响牡蛎的生长，必须将桥石重新整理，即将18块石板组成一排，排与排之间用长约70cm石板相连成一长列。至7～8月间，随着牡蛎的不断生长，饵料的需求量增加，应将18块石板为一组的排列法，改为6块为一组。组与组之间也用石板连成一列，组间距离50～60cm，列与列之间的距离为1～2m。至9月间，再将蛎石的阴面和阳面互换，使两面牡蛎生长均匀，养至年底或翌年春季即可收获。

2. 立石采苗及养成

1）采苗方法

把规格为1.2m×0.2m×0.2m的条石单支垂直竖立，或者把类似规格的水泥棒4～5支为一堆，竖立在中潮区附近即可采苗。石条或水泥棒投放量约为15000支/hm^2。立桩时应将采苗器埋入泥中30～40cm，以防倒塌。如果石条或水泥棒已经使用过，在采苗前，应将附着在上面的其他生物清除干净。此法适合于褶牡蛎、大连湾牡蛎等采苗。

2）养成管理

一般蛎苗固着后适当稀疏石条或水泥棒的间距，或在原地继续养殖，直至收获。如果蛎苗固着密度大，可人工疏苗除去一部分。收获时将牡蛎从石条或水泥棒上铲下，运回岸上剥离。

3. 投石采苗及养成

1）采苗方法

可用石块、水泥瓦或水泥黏结在一起的簇状牡蛎壳等作为采苗器。石块用量为150～300m^3/hm^2，牡蛎壳用量为120～150m^3/hm^2，水泥瓦用量为4.5万～7.5万片/hm^2。其排列方法一般是把4～6块石头堆排成列，每列之间距离70～100cm。簇状牡蛎壳排列与石块相似。水泥瓦可以搭成屋状堆放，也称“蛎屋”，以增加阴面，提高附苗量。近江牡蛎、大连湾牡蛎、褶牡蛎都可用投石采苗。但应选择在底质较硬的海区作为采苗和养成场地。

2）养成管理

养殖过程中为了防止石块下沉或避免淤泥沉积，影响牡蛎的生长，必须将石块移位，移位次数根据底质软硬和下沉程度而定，一般每年2～3次，时间在4～5月、7～8月、9～10月。

投石养殖的牡蛎随其不断生长，饵料需求量逐渐增加，浅滩场地往往不能满足牡蛎生长需要。为了加快牡蛎的生长和增重，在牡蛎壳长达到商品规格后，可将牡蛎从石块上剥离下来，装入养殖笼中，垂挂在河口附近、饵料丰富的海区，继续养殖40～60d，这种方法称为育肥，是牡蛎养殖的一项增产措施。育肥时应注意在雨季到来之前收获。

4. 插竹采苗及养成

1）采苗方法

南方褶牡蛎采苗常采用此法，采苗时将先行处理好的蛎竹以5～10支为一束，插成锥形，50～80束相连成一排，长4～5m，排间距离约1m，插入滩涂的深度约30cm。也有密插和斜插的，每排插竹200～300支，一般插蛎竹(15～45)×10^4支/hm^2。插竹采苗时，应根据蛎苗固着情况，定期转换蛎竹的阴阳面，使蛎苗固着均匀，同时还可以使蛎苗免受强光直射，能提高采苗量和成活率（图3-39）。

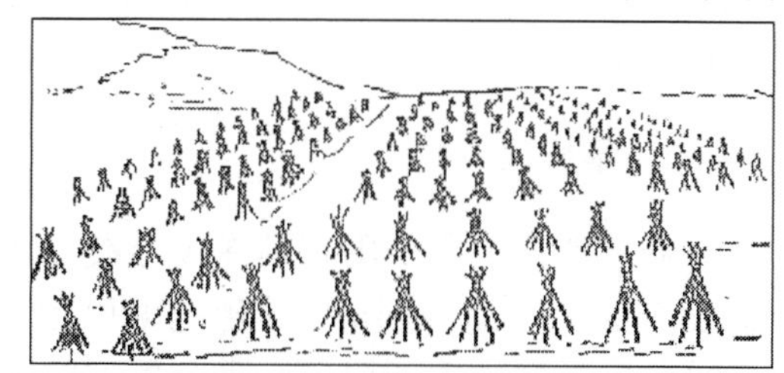

图3-39　插竹采苗

2）养成管理

在采苗之后，应将养殖密度稀疏调整1～2次，称为分植。分植时，将原来斜插的蛎竹改成直插，并疏散蛎竹的密度。分植的作用除了扩大牡蛎生活空间，促进生长外，还可以减少蛎苗脱落。至翌年2～3月，将蛎竹移至中、高潮区进行蛎苗抑制。经过抑制的蛎苗到8月中旬以后移至低潮区养成，可大大加快其生长速度。

插竹养殖过程中还应及时除去蛎竹上的淤泥，并将被风浪冲击而折断或倒伏的蛎竹重新插好，以防牡蛎被潮水冲跑或被泥沙埋没。

5. 栅架垂下式采苗及养成

1）采苗方法

栅架用水泥或竹、木搭成，设置在低潮线滩涂附近，其规格各地不尽相同，可因地制宜，采苗时贝壳串可以垂挂，也可以平挂。垂挂时贝壳串长度随栅架高度而定，贝壳串间距15～20cm；平挂时将贝壳串以15～20cm间距平卧于栅架上，长15～20m、宽1m、高80cm的栅架可平挂长约1.2m的贝壳串100～120串（图3-40）。

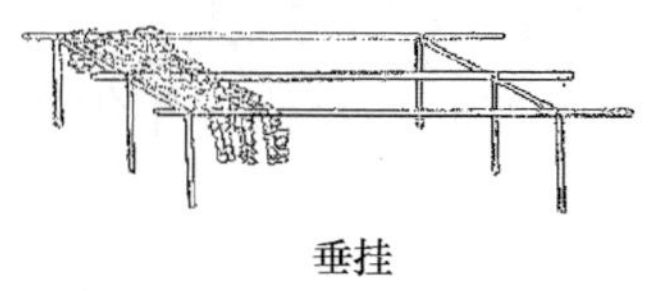

垂挂

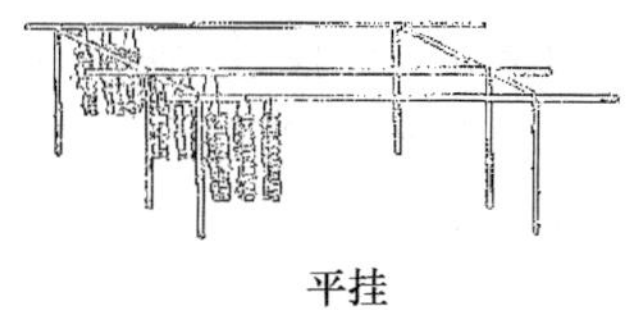

平挂

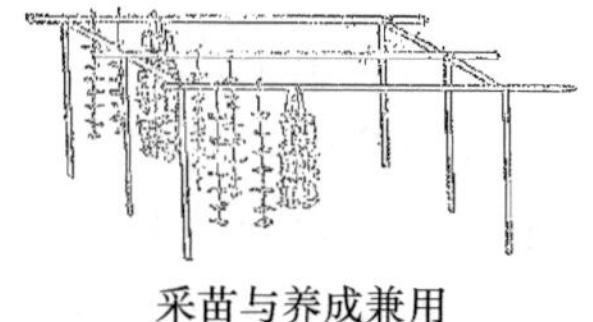

采苗与养成兼用

图3-40　栅架式采苗

2）养成管理

随着牡蛎的生长，应把贝壳串拆开重新串联，将各个贝壳的间距扩大，以适应牡蛎的生长，垂挂在栅架上的贝壳串，串距扩大为30～40cm。此外还应及时调节吊挂水层，夏季水温高时，为减少苔藓虫、石灰虫等附生在牡蛎壳上，可缩短垂吊深度，增加漏空时间；牡蛎生长后期，应加大吊养深度，增加牡蛎摄食时间，促进其生长。

三、牡蛎的浮筏养殖

1. 养殖海区的选择

浮筏养殖应选择风浪小，干潮水深在4m以上的海区；水温周年变化稳定，冬季无冰冻，夏天不超过30℃，海区表层流速以0.3～0.5m/s为宜；有丰富的饵料，没有工农业污染源。

2. 养殖设施

养殖浮筏主要采用有延绳筏浮筏（图3-41）。养殖绳的长度可根据设置浮筏的海区深度而定，一般3～4m。养殖绳可以用14# 半碳钢线或8# 镀锌铁丝，将采苗时的贝壳串采苗器拆开，重新把各个采苗器的间距扩大到15～20cm串在养成绳上。养成绳还有一种制作方法，在直径2cm的两股合绳上，利用绳劲的绞合力，拧开绳劲夹紧采苗器。采苗器的间距约15～20cm。养殖绳制成后，即可垂挂在浮筏上。吊挂时，养殖绳上的最上一个采苗器在水面下约20cm，各串养殖绳的间距应大于50cm。

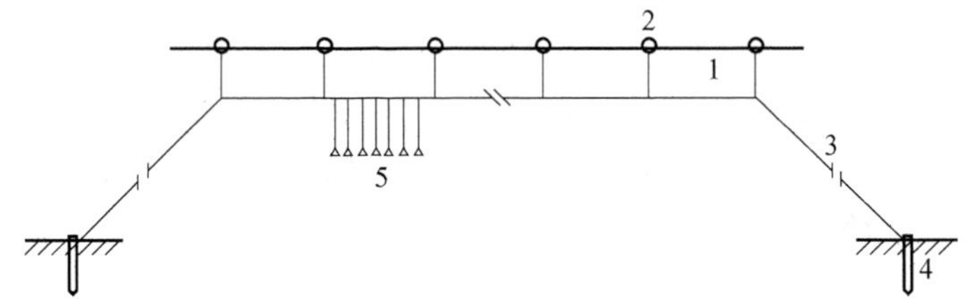

图3-41 延绳式养殖示意图

1. 大绠；2. 浮子；3. 橛缆；4. 固定桩；5. 养殖物

3. 养殖管理

养殖期间的管理主要包括及时疏散养殖密度，调节养殖水层，加强安全生产，防止台风袭击。在台风来临前，应加固浮筏，并采用沉石、吊浮的方法加以保护；风后及时检查整理。收获前夕负荷增大，应增加浮力，防止沉筏。

蛎苗分苗下海垂挂的时间及养成周期，各地不尽相同。广东省养殖近江牡蛎，第1年8月采苗的，暂养至第2年9月进行分苗养成，养成15个月左右，至第3年年底或第4年1月收获。从采苗至收获的养殖周期约26个月。

日本采用延绳筏养殖太平洋牡蛎，从采苗到收获共养殖14～15个月，每台长100m的浮筏可产牡蛎鲜肉1000～1400kg。

四、牡蛎的滩涂播养

滩涂播养是将蛎苗从采苗器或潮间带的岩礁上剥离下来，按照一定的放养密度，播养到泥滩或泥砂底质的滩涂上，牡蛎即可在滩面上滤食生长，从而进行养成的一种方法。由于它不需要固着器材，可以充分利用滩涂，具有成本低，操作简单，单位面积产量高等优点。滩涂播养适合褶牡蛎、太平洋牡蛎等的养殖生产。

1. 养殖场地的选择

滩涂播养宜选择风浪小，潮流畅通的内湾，底质以泥滩或泥沙滩为宜，底质中粒径小于 125μm 的颗粒含量在 70%以上的泥滩播养牡蛎效果较好，产量较高。潮区应选择在中潮区下部及低潮区附近，潮位过高，牡蛎滤食时间短，影响生长；潮位过低，则容易被淤泥掩埋。此外，受虾池排放污水或河水直接冲刷的滩面，也不适合作养殖场地，因为流水带来泥沙，易将滩面淤积，且影响底栖硅藻的繁殖生长。

2. 播苗季节

牡蛎是广温性贝类，对低温也有一定的适应能力。2 月北方海区解除冰冻后虽然也可播苗，但由于此时水温低，牡蛎不生长，则往往被淤泥埋没而死亡；但播苗时间也不能太晚，否则不能充分利用牡蛎的适温生长期，影响其生长。生产上一般在 4～5 月中旬播苗。

3. 蛎苗来源与规格

滩涂播养的牡蛎苗来源，目前大多是半人工采苗获得的自然苗，也可用前一年人工育苗的牡蛎苗。用牡蛎铲等工具将牡蛎苗从岩礁或采苗器上轻轻撬下，注意不要损伤蛎壳，然后经筛选，去除杂质后，即可作为养殖用苗。

蛎苗规格一般以壳长 2～4cm 为宜，通常前一年 7～8 月固着的自然苗或人工苗，到第 2 年春季可达到 2～4cm。一般壳长 2.5～3.0cm 的蛎苗，约 400 粒/kg；壳长 3～4cm的蛎苗，160～180 粒/kg。

4. 播苗方法

1）干潮播苗

在退潮后滩面干露时，把蛎苗装入长 1m、宽 50cm 的木簸箕或铁簸箕中，平缓拖动，使蛎苗均匀播下。播苗前应将滩面整平，播苗时踩的脚窝等也应及时用拖板整平后再播苗，不要把蛎苗播在坑洼不平的滩面上。干潮播苗应尽量掌握播苗后即开始涨潮以缩短蛎苗露空时间，并避免中午日光暴晒时播苗。

2）带水播苗

在涨潮后乘船播苗。播苗前应在退潮时将滩面规划成条状，并插上竹木杆等标志物，待涨潮后在船上用铁锹等工具将蛎苗撒下。

干潮播苗因为肉眼可见播苗情况，便于掌握播苗密度；而带水播苗由于不能直接观察到蛎苗的分布，往往造成播苗不均匀。因此，生产上多采用干潮播苗。

5. 放养密度

应根据滩质好坏而定，滩质肥沃、底栖硅藻丰富的海区，放苗5000～7500kg/亩；滩质一般的，放苗2500kg/亩。滩播牡蛎时，如果放苗密度稀，蛎苗之间空隙大，滩泥容易泛起将蛎苗淤没而死亡；如果放苗密度过密，则蛎苗互相重叠，被压入滩中，生长也不好。因此应掌握适宜的放苗量，并且播苗要均匀，以防局部密度过稀或过密。

6. 养成管理

滩涂播养牡蛎，养殖周期较短，如养殖褶牡蛎，当年春季播苗，至当年11月前后收获，平均壳长可达6～8cm以上。养成管理主要应注意以下几点：①放苗后如遇大风，蛎苗往往被风刮而聚成堆，待大风过后应及时下滩，将堆聚在一起的蛎苗重新扒开；②防止人为践踏；③应经常检查排水沟道是否被淤泥杂物阻塞，以保持水流畅通，退潮后滩面不能积水，以减轻气温的影响及敌害的藏匿；④清除和捕捉肉食性鱼类、螺类和蟹类。

五、单体牡蛎和三倍体牡蛎苗的生产

1. 单体牡蛎苗的生产

自然海区的牡蛎是群聚在一起营固着生活的。所谓单体牡蛎，是指牡蛎不固着、单独的个体就能正常生活。单体牡蛎具有外形美观、大小均匀、易于装运和去壳等优点，便于加工和食用；而且养殖时不需要固着器材，便于控制养殖密度等。因此，国内外很多育苗场已进行了单体牡蛎苗的生产。

单体牡蛎苗的前期生产过程与牡蛎常规人工育苗大致相同，其关键技术是在牡蛎幼虫即将固着时，使其不固着就变态为稚贝；或者在其固着后，使其无损伤脱离固着基。单体牡蛎苗的生产可采用化学法或物理法。

1）化学法

目前主要采用肾上腺素（EPI）和去甲肾上腺素（NE）诱导牡蛎的幼虫不固着而变态，从而形成单体牡蛎。其方法是将EPI（或NE）用0.005mol/L的盐酸配制成1×10^{-3}mol/L的EPI（或NE）溶液，使用前用过滤海水稀释10倍，最终浓度为1×10^{-4}mol/L。然后把即将变态的牡蛎壳顶后期幼虫用筛绢网从培育池中滤出，放入上述配制的1×10^{-4}mol/L的EPI（或NE）溶液中诱导处理1～2h。幼虫在EPI（或NE）溶液中不表现出固着行为，但在几分钟之内下沉至底部，并开始变态。5L浓度为1×10^{-4}mol/L的EPI溶液可处理牡蛎幼虫5×10^{5}只以上。

用上述EPI溶液处理太平洋牡蛎幼虫效果很好，处理10min，50%以上的幼虫变态；处理1h，80%以上变态；处理1h以上，变态率略有增加，对幼虫或稚贝都无明显的副作用。

2）物理法

物理法生产单体牡蛎的原理，是根据牡蛎的一次固着性，将固着的牡蛎稚贝剥离下来，使其成为单独个体。其方法主要有三种：一是稚贝固着后不久便将其从固着基上剥离下来；二是让稚贝固着在能弯曲且易于脱落的特殊固着基（如塑料板、橡胶带）上；三是筛选直径350μm左右的贝壳碎屑或其他微粒作为稚贝的固着基，直接获得单独的稚贝。

2. 三倍体牡蛎苗的生产

由于牡蛎软体部的生长受自身繁殖影响，在繁殖期后正常二倍体牡蛎软体部消瘦、生长缓慢、死亡率高，且糖原含量降低，影响牡蛎的产量和质量。三倍体牡蛎不进行繁殖活动，所以没有上述缺陷。三倍体牡蛎已在美国大量生产。生产三倍体牡蛎苗的关键技术是采用化学、物理等方法处理牡蛎受精卵，使其染色体数目加倍形成三倍体，或采用四倍体与二倍体杂交的方法生产三倍体，其幼虫和稚贝的培育管理与牡蛎人工育苗过程相同。

物理法包括温度休克法、静水压法、电脉冲法等，其特点是生产成本低，但需要专门的设备，而且由于对受精卵的刺激较大，往往导致胚胎或幼虫的成活率较低。化学法是利用6-二甲基氨基嘌呤（6-DMAP）等药物浸泡处理受精卵，抑制太平洋牡蛎受精卵的极体释放，生产三倍体。6-DMAP的适宜浓度为400～450μmol/L，受精后，当有30%～50%的受精卵出现第一极体时（水温25℃时，在受精后15～20min出现）作为开始处理的时机，处理持续时间10min，处理时受精卵的密度不超过5×10^{7}粒/L，处理后用500目的筛绢网洗卵，三倍体诱导率可达50%以上。

诱导后的幼虫培育方法同常规育苗方法。

六、牡蛎的收获与加工

1. 收获年龄和季节

牡蛎收获的年龄和季节因种类不同而异，褶牡蛎一般1龄就可收获，太平洋牡蛎一般需要15～18个月即可收获，近江牡蛎和大连湾牡蛎一般2～4龄收获。

收获季节一般是在牡蛎软体部最肥满的季节收获，同时还要考虑便于储藏、运输及市场需求等。北方滩涂播养的牡蛎，因冬季寒冷不便于作业，一般在11～12月收获。南方收获牡蛎大多在冬季12月至翌年春季4月，这时软体部最肥满。

2. 收获方法

潮间带浅滩养殖的牡蛎一般采用干潮收获法。浮筏或延绳式养殖的牡蛎用船上起吊法收获，收获人员分别在起捞船和浮筏上操作，将垂挂的牡蛎串吊起放入船舱，运回岸上出售或加工。滩涂播养的牡蛎，一般用蛎网在滩面耙取收获。蛎网的网口用铁架制成，网前有6～8个铁齿，在拖网的同时用铁丝耙将牡蛎耙入蛎网内。

3. 牡蛎的加工

牡蛎肉除冷冻和鲜食外，还可加工成牡蛎干、盐渍品、牡蛎罐头及提炼牡蛎等。牡蛎壳可加工成石灰及水泥等产品。

任务六 文蛤养殖

一、文蛤养殖现状分析

文蛤是我国滩涂传统养殖的主要贝类之一。20 世纪 70 年代开始，我国对文蛤人工育苗技术进行了研究，目前已建立了比较成熟的亲贝升温促熟培育、诱导产卵、幼虫选育与培育、单细胞藻类培养等工厂化人工育苗技术体系。土池人工育苗在个别省区已取得规模化生产的成功。文蛤在我国沿海各省均有出产，其中辽宁、江苏沿海的资源尤为丰富。由于天然文蛤采捕过度，资源量下降，目前我国文蛤产品主要来自人工养殖，养殖方法主要有滩涂围网养殖和池塘养殖。已进行人工养殖的主要种类为文蛤和丽文蛤，年采捕量可达 35 万～40 万 t，江苏、广西、山东、浙江已成为我国文蛤人工养殖的四大产区。其中，江苏省产量最大。

文蛤为蛤中上品，肉嫩味鲜，营养丰富，素有“天下第一鲜”的美称，深受国内外消费者的喜爱。文蛤肉中含有 10%的蛋白质，1.3%的脂肪，2.5%的碳水化合物，以及多量的钙、磷、铁和维生素等。文蛤除鲜食外，还可加工制成干品和罐头食品。

文蛤是我国传统的出口贝类，出口高峰时期约 90%销往国外。目前，活文蛤和冻鲜文蛤肉是主要的出口形式。日本是我国文蛤出口的最大市场。输入美国、欧盟市场的文蛤以生冻或熟冻蛤肉为主；日本、韩国除了蛤肉外，生冻、熟冻带壳文蛤也有很大的市场。文蛤的出口和加工推动了我国文蛤养殖业的发展。

二、文蛤的苗种生产

文蛤苗种的来源途径主要有采捕天然苗、室内人工育苗和土池人工育苗三种方式。随着文蛤增养殖面积的不断扩大，苗种需求量激增，自然海区采捕的苗种已不能满足养殖生产的需要。目前文蛤增养殖的苗源，主要依靠采捕自然苗，人工育苗为辅。

1. 天然苗的采捕

在采苗季节，在文蛤自然繁殖海区近岸含沙量较大、底质松软的高中潮区交界处能发现密集的文蛤苗，可采用筛子筛取法、踩踏滩面法、船耙法、挠刀法、蛤耙法、钩捕法等方法采捕天然文蛤苗。

2. 文蛤的人工育苗

1）亲贝的选择

选择个体健壮、壳表新鲜无损、活力强、性腺丰满、壳长 5～6cm 的 3 龄左右的文蛤作为亲贝。亲贝准备数量，约比实际用量多 1 倍。一般雌贝 10 个/m^3，雌、雄比例一般为 1∶1。

2）亲贝的强化促熟培育

采用人工促熟，可以使亲贝比海区提早成熟近 2 个月或更早。将选择好的亲贝置于水泥池暂养促熟。暂养期间水温控制在 23.0～24.5℃，早晚倒池换水。饵料可投喂等鞭金藻和小球藻等单细胞藻类，2h 投饵 1 次，每次(1～2)×10^4cell/mL，或投喂螺旋藻粉等代用饵料。也可以在繁殖盛期前，把文蛤吊养或蓄养于饵料生物丰富的低潮区、浅海，或在土池、虾池中施肥培养饵料生物促熟亲贝。

也可在繁殖盛期直接在海区或养殖区挑选性腺肥满度好的成贝作亲贝，通过土池或室内水池暂养后催产。

3）人工诱导产卵、受精及孵化

可以自然排放，或采用阴干升温刺激方法诱导亲贝产卵。将亲贝阴干 2～3h，升温 3～6℃，再移回原海水中，亲贝便可排放精、卵。排放时，雄贝出水管喷射出烟雾状浅黄色的精液，很快使水体变得混浊。雌贝从出水管排放出乳白色的卵粒或卵块，沉淀于水底。精、卵在水中受精。受精卵在水温 27.5～33℃条件下经 12h 可孵化成 D 形幼虫，在水温 23.8℃时则需要 20h。发育到 D 形幼虫阶段，进行浮游幼虫选育。选留浮游活泼、壳缘圆滑、铰合部平直、生长一致的幼虫，按一定的密度移入幼虫培育池中进行培育。

4）幼虫培育

幼虫培育密度控制在 5～8 个/mL，培育水温不超过 26℃。当 D 形幼虫消化道完全形成时，应及时投喂饵料，在每天换水之后进行投饵。选用金藻、牟氏角毛藻、扁藻等在较高的温度条件下能正常生长繁殖，又比较容易培养的单细胞藻类作饵料，混合投喂的效果优于单独投喂。D 形幼虫期每次投饵量为(1.8～2)×10^4cells/mL，日投饵 3～4 次，随幼虫的发育逐渐增加投饵量。幼虫培育中，充气、换水、清底、倒池及观测等操作同常规贝类人工育苗。

文蛤育苗正值夏季，水温较高，敌害生物的防除和疾病的防治尤为重要。育苗用水需经黑暗沉淀、砂滤、紫外线杀菌等方法处理，或用 5～10g/m^3 浓度的漂白粉消毒处理。培育过程中用 EDTA 来螯合水中的重金属离子，以 1g/m^3 的土霉素抑制细菌的大量繁殖，有利于幼虫生长发育。

5）附着变态

在常规育苗条件下，受精后 6d 进入附着变态期，9d 完成变态发育成稚贝。文蛤附着变态前也出现眼点，但不太明显，易被忽略而影响及时投放附着基。即将附着变态的文蛤幼虫大小约 234μm×216μm，面盘开始萎缩而转入底栖生活，匍匐爬行，足伸缩频繁，做掘土状动作，此时应及时投放附着基，让幼虫附着。

一般在受精后 7d 开始投放附着基采苗。采用消毒过的细沙作附着基，泥沙取自中、高潮区，经水洗，用120目筛选后，经高温煮沸处理，然后均匀撒布于育苗池底，沙层厚度以0.5cm左右为宜。近年来有些单位采用聚乙烯薄膜或网片作为附着基，效果也很好。

文蛤稚贝有分泌黏液的习性，在育苗室内常因黏液缠身使稚贝死亡。为了避免这种情况的产生，变态前先向池底投放2～4mm大小的砂粒。在幼虫分泌黏液基本终止后，进行倒池。用40目筛绢将砂贝分离，再将稚贝投入备有细砂底质的池水中效果较好。有条件最好将眼点幼虫滤选入室外备好的土池中附着变态，以提高附苗量。

6）稚贝培育

文蛤幼虫进入底栖后，死亡率很高。为了提高成活率，应采取以下措施：保持水质清洁；加大换水量，进行流水和充气培育；投喂混合适口饵料，防止饵料下沉；尽力降低水温；保持适宜密度，稚贝约50万个/m^2；清洗基质、及时倒池；有条件最好将眼点幼虫滤选入室外备好的土池中附着变态，以提高附苗量。

稚贝在室内经过约40d的饲育，壳长达1mm时，室内水池环境已不适合其生长，此时可移到滩涂上修建的土池中暂养。稚贝在池中经约20d的培养，壳长可达2mm以上。

三、文蛤的海区围网养殖

1. 养殖场地的选择

选择风浪较小，潮流畅通，有少量淡水注入的内湾海区，营养盐丰富，生物饵料量大。潮位以中、低潮区为宜，尤以小潮干潮线附近最好。滩面平坦宽广，底质细沙质或砂泥底，地势较平坦，埕地松软稳定，含砂量在70%以上。海水相对密度在1.010～1.025范围内，最好在1.015～1.024，无工、农业污染。

2. 养成场设备

围网养殖文蛤是因文蛤有随潮流移动的习性而建造的，应在养成场潮位低的一边设置拦网，拦网有两种：一种是采用双层网（均为聚乙烯网）拦阻，内网主要是防止文蛤逃逸，网目较小，约1.5cm，下缘埋入沙中，拦网高出沙面0.7m；外网主要防止敌害侵入，网目较大约5cm，其高度在满潮线以上2m，一般用竹桩固定；另一种只设1层拦网。拦网高度为65～100cm，网目2～2.5cm，将拦网一部分埋入沙中，另一部分露出滩面，并用竹竿或木桩撑起，木桩或竹竿直径10～15cm，高3m，插入滩中深度为60～70cm。网场养殖面积视苗种数量多少而定。一个主网场可设若干个小格，每一网场以1～2hm^2为宜。

文蛤养殖的防逃措施除了设置围网外，还有挖沟、密插树枝、拉线（可以割断文蛤的黏液带）等简易方法。

3. 苗种规格与播放密度

文蛤养殖所选用的苗种规格大小，以壳长2.5～3.0cm为宜。播放密度视苗种大小、海区饵料和敌害状况而定。壳长2～3cm的蛤苗，放养密度一般200～300kg/亩；壳长1cm的蛤苗（4000粒/kg），放养密度一般20～30kg/亩。采用湿播方法，即在涨潮时播苗，这样经过潮水的作用，文蛤分布较均匀，有利于文蛤尽快潜滩。

4. 养成管理

由于文蛤有移动的习性，如果拦网损坏会随潮流跑走，发现栏网损坏或倒塌要及时修整好。栏网前的文蛤密度较大，应及时疏散；大潮或大风后，栏网内的文蛤被风浪打成堆，应及时疏散，避免堆积而造成死亡。对养殖场内的敌害生物要经常捕杀和捡除。如局部发生死亡，应及时捡除死壳，并用漂白粉消毒杀菌，严防疾病的传染和扩散。

5. 病害防治

文蛤围网养殖过程中常出现大批死亡现象，它有明显的季节性、区域性和流行性等特点。尤其夏季正值文蛤的繁殖季节，个体体质虚弱，天气闷热、高温、多雨、大浪等环境因子都会引起文蛤的死亡。死亡文蛤腐烂污染滩面和水质，相互感染而引起相继死亡。据研究，从患病文蛤内脏块中已检出溶藻弧菌、弗尼斯弧菌、副溶血弧菌及腐败假单胞菌等多种病原微生物。文蛤海区养成病害防治措施见表3-27。

表3-27　文蛤海区养殖病害防治措施

防治措施	具体操作方法
移植疏养	夏季高温多雨期间，将潮区较高的文蛤，移植到低潮区或浅海辐射沙洲疏散养殖，这不仅腾出采苗区，更重要的是避免了文蛤产卵后因盐度降低、滩温过高而造成的死亡
更换场地	围养场因网片阻水、滩面升高、底质变硬、贝壳腐殖质增多不利于文蛤潜居，最好养殖超过2年后更换新的场地或进行翻耕场地、曝晒冲洗等
与对虾混养	在对虾养成池中，将文蛤与对虾混养，既能有效地预防文蛤死亡，又有利于文蛤生长，同时还可净化虾池水质，促进对虾生长，获得对虾、文蛤双丰收
加强管理	掌握适宜的放养密度；采捕与放养间隔时间不宜太长；及时疏散打堆的文蛤；及时清除滩涂上“浮头”和死亡的文蛤

四、文蛤的池塘养殖

近年来，文蛤池塘养殖发展很快，由于池塘内水质肥、残饵多，受气候、潮流、海况变化影响较小，文蛤生长的生态环境优越，所以，其生长速度比滩涂养殖快、肥满度高、养殖效益好。文蛤养殖对池塘的要求不高，一般的虾塘都能进行混养。如与对虾混养，文蛤的面积占整个虾塘面积的30%～40%。

1. 养殖池的处理

池形以长方形为好，大小以2～4hm^{2}为宜，池深1.5～2.0m，进排水方便。有环沟的池底优于平底池底，环沟可以把对虾饵料台和文蛤生活区（中央平台）分隔开。底质含砂量以60%以上为宜，如底质含砂量偏低，可适当加入细砂。文蛤苗比对虾苗进池早，投放文蛤苗种前应清池（旧池要去污），将池底翻耕20～30cm深，经消毒后碾碎、耙平，使底质松软，便于文蛤潜居。清池消毒常用的药品主要有鱼藤精、漂白粉和生石灰等。

2. 进水与肥水

在养殖池底质处理好后，要及时进水。放进的海水要用60～80目的筛绢过滤，防止敌害生物入池。水深以20～30cm为宜。进水后施肥肥水，常用的肥料有鸡粪、牛粪和无机肥等，基肥要施足。一般首次用氮肥2～4g/m^3，磷肥0.2～0.4g/m^3，以后隔3～5d再增施追肥一次，待塘水透明度达到30～40cm，水色转变为黄褐色或淡褐色时为止。以上工作要在2月底或3月上旬做好。

3. 苗种选择与运输

放养的文蛤苗应选择壳体完整、色泽鲜明、双壳紧闭、个体肥实、大小均匀、无杂质的优质苗。最好选用海滩上野生小文蛤作为苗种，其次是虾塘混养的小文蛤。

长途运输文蛤苗种，从苗种起捕到苗种入塘放养之间时间越短越好。最好用编织袋或麻袋装运文蛤苗，袋口要扎紧压实，这样可防止文蛤开壳吐水，影响活力。装运期间要轻放轻压，一般每袋装40kg左右。苗种运到后，尽快入池养殖。

4. 苗种放养

苗种放养时间应尽量选择阴天、黎明或黄昏，特别在气候炎热、苗种规格又小时尤为重要。规格100～120粒/kg的苗种，投放量掌握在7500～10500kg/hm^2。文蛤养殖面积少于虾塘总面积1/4，投苗量可酌情增加；养殖文蛤面积大于池塘面积1/3，应酌情减少投苗量；小苗规格600～1000粒/kg的投放量，不宜超过3000kg/hm^2。苗种放养以整塘计算为3000～3300kg/hm^2，以实际养殖面积计算为6000～7500kg/hm^2为宜。

放养方法有露滩播苗法和浅水播苗法两种。投苗要均匀撒播，切忌成堆。

5. 养殖管理

1）水质监测

每天进行水质监测，并且观察水色。文蛤生长的最适水温为25～27℃，相对密度为1.015～1.025。池内的pH应控制在7～8，溶解氧要达到4mg/L以上，水色应以保持较理想的黄绿色为主，透明度控制在20～40cm。池塘蓄水养殖时视水质换水。

2）温度及盐度调节

在高温季节，可通过提高养殖池的水位，维持下层水温的稳定。在大暴雨之前，可通过提高池内水位，以稳定养殖池下层海水的盐度。暴雨过后，应及时抽排上层低盐度的海水，以防止池内海水的急剧下降，影响文蛤的正常生长及引起死亡。

3）饵料管理

主要是维持培养塘内饵料生物量。早春采用鲜小鱼虾浆全池泼洒，肥水及增加池塘有机碎屑量；夏秋季晴天利用复合肥、有机肥肥水；晚秋、冬季采用豆浆全池泼洒肥水。

4）生长观测

每隔15d取样1次，测量及观察文蛤的生长情况。如发现密度过大或局部发现成堆的文蛤要及时疏散放养。

5）病害防治

目前虾池养殖文蛤的“水肿病”主要由弗尼斯弧菌及其他细菌交叉感染所致。每隔1个月采用150kg/hm^{2}的生石灰或2kg/hm^{2}的二氧化氯等药物进行水体消毒杀菌及疾病预防。发病后用漂白粉0.5～1.0g/m^{3}和二氧化氯0.3～0.5g/m^{3}全池泼洒，隔日1次，一般3～4次即可见效。

6）敌害清除

拦挡敌害、防止逃逸的拦网一般高1.2m，埋入滩面0.2m，必须经常检查，发现拦网倾倒或破损要及时修理。每次排水后，应仔细检查滩面有没有青蟹、虾虎鱼等敌害侵入，一旦发现应及时进行人工捕捞或用漂白粉清杀；由于文蛤对茶籽饼敏感性强，不能使用茶籽饼清鱼。

7）有害藻类清除

正规半日潮的海区，池塘养殖文蛤每隔15d换水1次，换水时让滩面干露1～2d，冲入场地的淤泥要立即清理，以有效防止滩面浒苔滋生。特别是春、秋季，养殖文蛤的滩上极容易生长浒苔，应人工清除或药物清杀。

五、文蛤的增殖

1. 移植

在底质环境适宜，不受洪水影响的中低潮区移植放养文蛤，壳长1cm的蛤苗每亩放养150～200kg^2，壳长1.5cm的蛤苗每亩放养100～150kg。及时做好滩面平整和清除敌害等工作。

2. 封滩增殖

在文蛤繁殖季节，建立文蛤保护区。文蛤苗种常栖息在较高潮区，将高潮区的下段和中潮区的上段划定为苗区，实行封滩护养；将中潮区下段和低潮区划为养殖区，采取捕大留小等措施，保证在相当长时间内能获得较大的文蛤产量。

六、文蛤的收获与吐砂

1. 文蛤的收获

1）收获规格与季节

文蛤壳长达5cm以上时便可收获。除繁殖期（6～8月）外，其他季节均可采捕。一般采捕盛期在春秋两季，春秋季天气凉爽，易于储运保存。

2）采捕方法

（1）脚踩取贝。在潮间带退潮后，在有文蛤潜居的地方，可用双脚踩踏，待文蛤露出滩面后进行拾取。操作方便，但采捕率不高。

（2）石滚压蛤。退潮后，一人拉着石滚在滩面上走，文蛤受压后向滩面喷水，另一人在喷水处挖取。

（3）锄扒取蛤。养殖密度较大的场地和文蛤暂养池，多用锄头扒砂取蛤，采捕率较高。

（4）打桩采捕。在低潮区，每隔 1.5m 打上一根粗为 4～5cm、长为 65～70cm 的木桩，经过一个时期后，文蛤集中到木桩周围约 30cm 左右的半径内，再用人工采挖。这样采捕，较为方便，采捕效率可提高几倍。

（5）机船拖网采捕。适用于潮下带文蛤的收获。在枯潮时，在刚能漂起船身的浅海拖网前进，由于螺旋桨激起的强大水流，把文蛤连同泥沙一起冲入拖网内，泥沙从网眼中漏出，文蛤留于网内，此法采捕多数是壳长 5cm 以上的文蛤，有利于资源保护。但受潮水及水深的限制，作业时间和范围均有一定的限度。

（6）卷缆拖网采捕。采用收卷铺缆的方法，使船和拖网前进，每船可带 2～4 个底拖网。不受潮汐和水深的影响。需设置一条长锚缆和收卷锚缆的卷扬机。拖网时，抛铺于海底，放松锚缆，让船顺流或顺风而下，至锚缆放尽时，将拖网投入海底，然后开始收卷锚缆，带动船和网前进，收完锚缆时起网取蛤。再重新松动锚缆，让船再一次倒退，并利用尾舵调整船位，离开上次拖网的地方，再次投网拖取。如此反复多次，待拖遍锚缆所能达到的范围内，再起锚调换新的位置。

2. 文蛤的吐砂

文蛤生活于含砂量高的底质环境中，其外套腔和消化道内含有细砂，影响产品质量。因此，文蛤在销售前需要经过“吐砂”处理。吐砂的方法很多，通常将文蛤放在吐砂槽内流水饲养，或在水池中暂养；也可将文蛤装入网笼或箩筐内垂挂于浅海或池塘的浮筏下，在水温 20～28℃条件下，约经 20h 暂养即可将体内砂吐净。

七、文蛤的包装与运输

1. 包装

吐砂完毕后，用海水洗刷干净，沥水，剔除杂质、碎壳或破壳的个体，然后按不同规格分开称重包装，每包文蛤 20g。出口文蛤的规格分为一等品、二等品、三等品和四等品 4 个等级。出口文蛤的等级标准见表 3-28。

表 3-28　出口文蛤的等级标准

出口文蛤等级	20kg 包装	出口规格（壳长/cm）	说明
一等品	250～300 粒	6.5～8	生长周期最长
二等品	400 粒	5.5～6	占整个产量的 20%
三等品	500～600 粒	5～5.6	生长周期比较长
四等品	800 粒	<5	生长周期相对较短

2. 运输

文蛤运输多用空调车干运。如不用空调车运输，气温高的季节应在晚上运输，并在文蛤的底部和上面加冰降温，每 25kg 文蛤加冰 2kg；寒冷天气要保温防冻。尽量缩短运输时间，出口文蛤从采捕到出口港的运输时间应控制在3d以内，以免影响文蛤的成活率。

项目小结

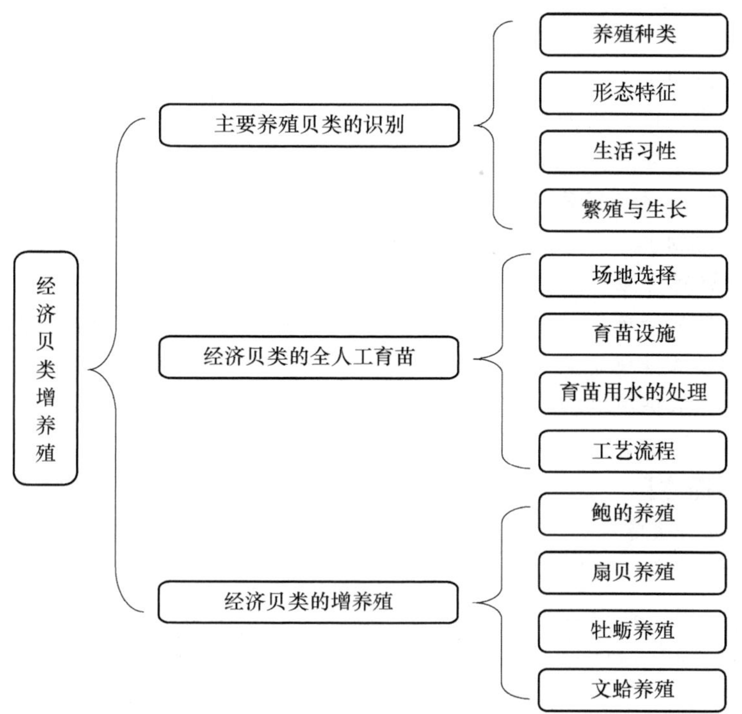

复习思考题

1. 简述鲍在自然海区栖息的环境条件和生活习性。
2. 简述贻贝、扇贝的主要养殖种类及其繁殖习性。
3. 贝类人工育苗场的基本设施有哪些?
4. 试述贝类全人工育苗的工艺流程。
5. 简述皱纹盘鲍中间培育的过程和方法。
6. 鲍的养成方式有哪些?
7. 试述虾夷扇贝的加温人工育苗的过程和方法。
8. 简述扇贝筏式养成期间的主要管理工作。
9. 如何开展扇贝的底播增殖?
10. 牡蛎半人工采苗的方法有哪些?
11. 牡蛎的养成方式有哪些? 如何开展牡蛎的滩涂播养?
12. 在海区进行文蛤围网养殖的养成管理工作有哪些?

项目四 观赏鱼养殖

【知识目标】

1. 掌握金鱼、锦鲤和热带鱼的主要养殖种类、形态特征和生活习性。
2. 掌握观赏鱼养殖的设施和工具。
3. 掌握不同观赏鱼的繁殖习性、食性特点和饵料要求。

【技能目标】

1. 能够对金鱼、锦鲤和热带鱼进行分类与鉴别。
2. 能够对金鱼、锦鲤和热带鱼的主要品种进行雌雄鉴别和繁育管理。
3. 能够根据观赏鱼对水质的不同要求，做好水质管理和换水工作。
4. 能够根据观赏鱼的生活习性，做好常规饲喂和日常管理。
5. 能够对观赏鱼养殖的设施、设备进行日常维护。

【项目描述】

观赏鱼种类繁多，广义地说，一切为观赏、逗玩、环境装饰而养殖的鱼类都属于观赏鱼。我国在观赏鱼的饲养、繁殖和育种等方面有着悠久的历史，早在南宋时期，我国已出现了最早的观赏鱼——金鱼。而后相继作为观赏鱼养殖的还有锦鲤、热带鱼和海水观赏鱼等。目前大家所公认的观赏鱼包括金鱼、锦鲤、热带鱼、海水观赏鱼及养在水族箱内所有鱼类。观赏渔业已形成一个世界性的庞大产业。在我国，随着人们生活水平的提高，观赏鱼养殖已成为人们工作闲暇之余的高雅爱好，家庭、公共场所养殖观赏鱼越来越普遍，观赏鱼养殖产业也迅速发展壮大，专业人才短缺。

本项目根据观赏鱼养殖行业对专业人才的需求，重点设计 3 个工作任务，学习金鱼、锦鲤、热带鱼的分类鉴赏和饲养方法。任务一学习金鱼的种类、繁育和饲养管理，任务目标是使学生和从业人员能够鉴别金鱼的种类和品种特点，并开展金鱼的繁殖和常规饲养管理；任务二学习锦鲤的种类、繁育和饲养管理，任务目标是使学生和从业人员能够鉴别锦鲤的种类和品种特点，并开展锦鲤的繁殖和常规饲养管理；任务三学习热带鱼的种类、生活习性和饲养管理，任务目标是使学生和从业人员能够鉴别常见热带鱼的种类和品种特点，并能够对水族箱养殖热带鱼进行日常管理和维护。

本项目内容的选取和任务设计来源于观赏鱼养殖企业和零售商店及养殖家庭，理论内容与实践操作相融合，并注重养殖技术的可操作性和实用性。通过本项目的学习和实践，学生和从业人员能够掌握从事观赏鱼养殖、销售工作所必须具备的理论知识和职业技能，并具有一定的学习迁移能力，能在水族行业企业中可持续发展。

任务一　金鱼养殖

一、金鱼的分类与鉴赏

金鱼主要有文种金鱼、龙种金鱼、蛋种金鱼及草种金鱼四类，其主要品种及特征如下。

1. 文种金鱼

文种金鱼又称文金（图 4-1）。体形短而圆，头、嘴尖，眼小，尾大，尾鳍叉多在四叶以上，体色呈红、紫、蓝、黄、五色杂斑等。代表品种为帽子金鱼和珍珠金鱼。

图 4-1　文种金鱼

1）帽子金鱼

帽子金鱼亦称高头。其特征是体短、宽，头宽，头顶上生长着肉瘤堆，似草莓状。主要品种有红帽子、紫帽子、蓝帽子、黄帽子、红白花帽子、五花帽子、软鳞红白花帽子、红头帽子、黑狮子头、朱顶紫龙袍等。这些金鱼除具帽子金鱼的特征外，不同品种又有不同的特征，如红帽子，体呈红色；紫帽子，体呈紫色；蓝帽子，体呈蓝色；黄帽子，体呈黄色；红白花帽子，体表花纹由大小和形状不规则的红白色斑块组成；五花帽子，全身或以红为底，或以蓝为底，镶嵌有红、黄、蓝、白、黑各色斑点，色彩、图案极美丽；软鳞红白花帽子，鳞片因缺乏反光质而呈透明状，全身分布有红、白斑块；红头帽子，又称鹤顶红，身躯呈银白色，仅头顶部肉瘤为红色，因此又称“红运当头”，是金鱼爱好者心目中幸福、吉祥的象征；黑狮子头，头部肉瘤发达，且从头顶部直接下延至两颊及鳃盖，全身乌黑，酷似雄狮，是金鱼中的珍品；朱顶紫龙袍，身躯呈深紫色，仅头顶肉瘤鲜红艳丽，形态端庄文静、雍容华贵，也是金鱼中的珍品。

2）珍珠金鱼

珍珠金鱼又名朱鳞。其特征是头尖腹大，体短且圆，形似橄榄，鳞片呈珍珠状。主要品种有红珍珠、紫珍珠、黑珍珠、黄珍珠、蓝珍珠、白珍珠、红白花珍珠、五花珍珠、红珍珠龙睛、软鳞红白花珍珠、红光背珍珠等。除具珍珠金鱼的特征外，红珍珠，体呈朱红或橙红色，鳞片呈白色或米黄色，形态鲜丽俊俏；紫珍珠，体呈紫色，珠鳞呈淡黄色；黑珍珠，体表为黑色；黄珍珠，体表为黄色，蓝珍珠，体表为蓝色；白珍珠，体表为白色；红白花珍珠，体表颜色为红白相间的不规则斑纹；五花珍珠，体表颜色为红、白、黄、蓝、黑不规则斑纹；红珍珠龙睛，又称红膨眼珍珠，眼球膨大突出于眼眶之外，且具红珍珠特征；软鳞红白花珍珠，体表颜色由五种杂色组成斑纹，且具软鳞、珍珠的特征；红光背珍珠，全身红色，无背鳍，鳞片呈乳突状。

2. 龙种金鱼

龙种金鱼又称龙睛、龙金（图 4-2）。体短，头平而宽，眼球发达，凸出于眼眶外，鳞片圆、大，胸鳍呈三角形，背鳍高耸，臀鳍和尾鳍成双伸长，且尾鳍有四叶。自古以来，龙种就被认为是正宗的金鱼，日本称它为“中国金鱼”。

图 4-2 龙种金鱼

主要品种有红龙睛、黑龙睛、墨蝶尾、紫龙睛、五花龙睛、十二红龙睛、喜鹊花龙睛、熊猫金鱼、红望天、龙睛帽子、软鳞龙睛等。除具龙睛的特征外，红龙睛，伞身红色，是龙种金鱼的代表，也是龙睛鱼中最普遍的品种；黑龙睛，全身乌黑，像墨绒墨缎，有“黑牡丹”、“混江龙”之称；墨蝶尾，全身乌黑，尾似蝴蝶；紫龙睛，全身为紫铜色，鲜亮夺目；五花龙睛，大部分鳞片透明，头部、及躯体体表颜色由红、白、黄、蓝、黑五色组成，基色为蓝色的较为珍贵；十二红龙睛，身躯呈银白色，仅吻、眼球、胸鳍、腹鳍和背鳍等十二处为红色，是龙睛鱼中最为罕见的品种；喜鹊花龙睛，全身以蓝色为基色，吻、眼球、头、尾鳍为蓝中透黑，腹部白亮，似喜鹊色彩，姿态俊俏；熊猫金鱼，除腹两侧有两块银白色斑块外，眼、头及各鳍均为黑色，有的眼圈还有白圈，黑白分明，酷似熊猫，憨态可掬，惹人喜爱；红望天，亦称红望天龙，是龙睛鱼眼球向上转 90°，瞳孔朝上，背鳍消失的变异品种；龙睛帽子，又称膨眼帽子、龙睛高头，全身乌黑，眼球膨大突出于眼眶之外，两眼间头顶部分长有草莓状肉瘤；软鳞龙睛，又称透明龙睛，体色多为红、白色，鳞片透明。

3. 蛋种金鱼

蛋种金鱼又称蛋金（图 4-3），其主要特征是体呈蛋圆形，无背鳍，其他各鳍也短小。

主要品种有红水泡、紫水泡、黄水泡、蓝水泡、墨水泡、红玉印水泡、朱砂水泡、元宝红、蓝绒球、红虎头、丹凤等。除具有蛋种的特征外，红水泡，体色为红色，眼球周围生长有 1 只半透明状的水泡，像两只球挂在金鱼的头两侧；紫水泡，除体色为紫色外，其他特征均同红水泡；黄水泡，体色为黄色，其他特征同红水泡；蓝水泡，除体色为蓝色外，其他特征同红水泡；墨水泡，全身乌黑如墨，两只水泡也呈黑色，各鳍长短适中，鳞片大而圆，是

图 4-3 蛋种金鱼

水泡金鱼中较为珍贵的品种；红玉印水泡，全身洁白。两只头顶正中生有红色草莓状肉瘤，好似一块玉印，是水泡金鱼中极为珍惜的品种；朱砂水泡又称“玛瑙眼”、“琥珀眼”，周身洁白，仅两只水泡眼呈红色或橙红色，是较为俏丽的一个品种；元宝红，又称红头、齐鳃红，头平窄，元背鳍，臀鳍和尾鳍却较长，全身洁白，唯有头的上半部或整个头呈鲜红色，是古老而又稀有的品种；蓝绒球，全身颜色为银蓝色，且鼻隔膜变异为绒球状；红虎头，体色多为红色，头部生有发达的肉瘤，且下延至颚，头顶部肉瘤上还隐约可见一“王”字凹纹，因此称为“红虎头”；丹凤，又称“丹凤朝阳”，头平、狭，双臀鳍，尾鳍特别长，薄如蝉翼，好似神话中的凤凰。

4. 草种金鱼

草种金鱼又称草金（图 4-4），主要特征是身体侧扁，呈纺锤形，头扁尖，小眼睛。

图 4-4　草种金鱼

主要品种有红鲫鱼、燕尾。红鲫鱼，身体侧扁，呈纺锤形，尾鳍短、单叶，全身颜色为橙红色，是最为古老的金鱼品种；燕尾，又称草金鱼，身体侧扁，呈纺锤形，尾鳍较长，双叶或三叶，呈燕尾形或菱形，全身颜色为红色。

二、饲养设施和工具的准备

1. 饲养设施

1）水泥池

水泥池是生产单位常用的饲养设施。鱼池应建在水源充足，地势较高，避风向阳，电力齐全，远离工厂，交通方便的地方。采用砖和水泥结构，面积有 2m×2m、3m×3m、4m×4m 等规格，池深 40～50cm，一般以正方形、长方形、圆形等为好，具有独立的进水口和排水口。

2）坑塘

地点选择同上。坑塘以东西长于南北的长方形为好，池岸整齐，堤坡 30°～45°，面积 60～300m²，水深 40～60cm，坑底应有 10cm 的坡度，排水口设在下坡的底部。

3）水族箱

目前最常见的为有金属框架镶玻璃面和整体为玻璃两种。

除了以上饲养设施外，还有木盆、陶盆等。木盆多为圆形，直径 180cm，深 35cm；陶盆大小规格以套为单位，有 8 套盆、4 套盆。

2. 饲养工具

1）捞鱼网

捞鱼网用来捕捞金鱼。可根据需要自己制作，捞大金鱼的网口和网目大些；捞小金鱼的网口和网目小些，柄也短些。

2）鱼虫桶和捞鱼虫网

盛放运输鱼虫时使用鱼虫桶，一般为圆柱形，半圆锥形等形状。捞鱼虫网用来捞鱼虫。

3）塑料管和橡胶管

用于吸除池底的残饵、鱼粪及代谢物，或换水时用于进、排水。

4）拦尘板和捞脏网

夏季，池底污物及死去的青苔会漂浮到水面上来，此时需要用拦尘板将这些漂浮物集中起来除掉。拦尘板一般宽 8～10cm，厚 2～3cm，长度根据鱼池宽度调节。捞脏网的功能也是为了除去漂在水面上的污物。

5）其他工具

测量水温的温度计，测量溶氧的溶氧仪，充气工具如空气压缩机等。

三、金鱼饵料的选择

金鱼是杂食性鱼类，喜食的动物性饵料有水蚤、剑水蚤、水蚯蚓、草履虫、轮虫、孑孓、蚯蚓及鱼虾的细碎肉、血粉、蛋黄等；植物性饵料有硅藻、金藻、甲藻、裸藻、芜萍、水草、麸皮、菜叶、米粒等。若这类饵料缺乏，也可使用人工合成的配合颗粒饲料。

四、金鱼的繁殖

1. 金鱼的繁殖习性

金鱼多在 1 龄性成熟，产黏性卵。产卵的最适水温是 15～25℃，春季为 4、5 月，秋季从 9 月中旬到 10 月初。分批产卵，每批间隔时间为 8～12d。2～3 龄雌鱼产卵量最大，每尾雌鱼能产卵 7 万～8 万粒。

2. 亲鱼的雌雄鉴别（表 4-1）

表 4-1 金鱼雌雄亲鱼的鉴别特征

鉴别特征	雄鱼	雌鱼
体形	鱼体瘦长	鱼体短而圆
胸鳍	窄、长、尖	较宽
腹部	触摸腹部较硬，用手摸挤肛门附近的鳞片，能够挤出白色精液	腹部膨大、柔软
泄殖孔	小而狭长，呈枣核形，与体表相平或稍内凹	大而圆，呈梨形，微向外凸
珠星（追星）	繁殖季节，在鳃盖和胸鳍第 1 鳍条上出现乳白色珠星	繁殖季节，不出现珠星
游姿	游动活泼，常见其主动追逐其他金鱼	游动缓慢

3. 亲鱼选择

繁殖前就应选好亲鱼。亲鱼最好是 2～4 龄，个大体壮，行动敏捷，鱼体色彩鲜艳，品种特征明显，雄鱼追逐能力强，雌鱼排卵性能好。选定的亲鱼雌雄分开精心饲喂，以保证生殖腺发育成熟。雌雄鱼配合比例通常为 1∶1.5 或 1∶2。

4. 产卵

1）产卵池

产卵池（缸）应朝南，设在阳光充足、空气流通的避风处，一般要求面积为 1～4m^2。先将产卵池洗刷干净，并进行消毒，然后注入日晒的新水，使池水深达 20cm 左右。当水温为 15～20℃时，即可按每平方米水面 5～8 对的量放入亲鱼。

2）鱼巢的制作

金鱼卵是黏性卵，因此产卵时应投水草，使受精后的卵黏附在水草上，以便金鱼孵化。鱼巢最好选择能漂浮水中、散开后面积大、质地柔软、不易腐败的植物。常用的材料有金鱼藻、聚草（又名狐尾草）、轮生草、凤眼莲（俗称水葫芦）、水浮莲、杨柳须根、棕皮棕丝（先用水煮过，去掉棕色和胶质后，洗净备用）。先将选好的材料洗净，并用高锰酸钾消毒，然后将其截成约 30cm 长的小段，10 根为 1 束用绳子捆好，悬浮于产卵池水中层，一般在池的两对边各悬 1 束即可。

3）自然产卵

雌雄亲鱼按照比例移入产卵池的第 2d，亲鱼即行产卵。此时可看到 2、3 尾雄鱼连续追逐 1 条雌鱼，并用头部、鳃盖和胸鳍上的追星挤擦雌鱼腹部，当雌鱼极度兴奋时，便冲向鱼巢，连续收缩腹部肌肉，排出大量卵子，雄鱼也随即排出乳白色精液，精、卵在水中相遇，结合成受精卵。

当看到雌鱼沉底，懒于行动时，产卵结束。将鱼巢提出水面，可看到鱼巢上布满米粒状米黄色或乳白色卵子，其中米黄色卵是受精卵，乳白色卵则是未受精卵。用镊子摘去未受精卵，将鱼巢轻轻放入备好的孵化池后，再将亲鱼捞出放入分养池中。

产卵期间，要加强亲鱼的饲养管理，适当加喂一些亲鱼喜食的活饵料。产卵后要更换池水，以免水中剩余的亲鱼精子、精液和卵子等排出物败坏水质。

4）人工授精

金鱼的自然产卵繁殖，常受到客观条件的影响，以致受精率不高。特别是对个体差异较大的品种间杂交，自然繁殖比较困难，用人工方法从亲鱼体内采出成熟的精子和卵子，人为地将它们混合在一起完成授精过程，就是人工授精。人工授精的有干法授精和湿法授精两种（具体操作方法见项目一）。

5. 孵化

金鱼受精卵的表面有一层薄膜，卵膜在水中吸水膨胀，直径很快加大。孵化 2～3d，卵的透明度逐渐降低，并出现小黑点（即眼点），再过 2～3d，黑点逐渐形成肉色的鱼体，最后发育完全的仔鱼破卵而出。

从受精卵到孵化成鱼苗所需时间的长短，依水温高低而不同。水温高，孵化快；水温低，则孵化慢。如水温在 12℃左右，约需 10d，水温 20℃左右，需 5～7d。孵化最适水温为 16～18℃，此温度下 6～7d 孵化出的鱼苗体质最好。

除水温外，水中溶氧和 CO_2 含量的多少也是关系孵化好坏的重要因素。在露天孵化池中，若天气正常，经太阳照射，不仅水温增加，而且水体内藻类生长茂盛，光合作用产生大量氧气，溶于水中，有益于鱼卵孵化。

鱼苗脱膜孵出后，卵膜在池内互相黏结，分解出有机酸，易败坏水质，要及时用薄布巾沿水面缓慢拉卷，将水中的卵膜、泡沫等物清除干净。

五、鱼苗及幼鱼的饲养

1. 投喂饵料

刚孵出的鱼苗，体长 0.2～0.3cm，靠吸收体内卵黄囊中的营养生活。孵出后 2～3d，卵黄囊中的营养物质被吸收殆尽，鱼的消化系统已初步发育完全，鱼鳔中充满气体，鱼苗开始向各方向游动、觅食。对这些刚开食的鱼苗，应酌量投喂轮虫、纤毛虫类的浮游动物，即“洄水”。若无“洄水”，可投喂熟蛋黄，投喂量以每 20 万～25 万尾仔鱼 1 个蛋黄计算。方法是用 1～2 层纱布将蛋黄包住，挤碎，然后将纱包置于水面上轻拍，边拍边移动，使蛋黄均匀悬浮于水中，供鱼食用。每天投喂 2 次，投喂量以 1h 内吃完为宜。这样喂养 7～10d 后，鱼苗渐大，可停止喂蛋黄，改喂活水蚤。鱼苗长到 1cm 以上时，可投喂各类轮虫。

2. 换水

鱼苗孵化后，每日吃剩的食料积存水中，日久腐败则会影响鱼苗生活，因此需要换水。换水要采用脱水的方法，即换水时，将鱼和比较清的老水一起倒入新水中。第 1 次脱水约在孵化后 10～15d 后进行，以后每隔 10～15d 进行 1 次。经过 3 次脱水的鱼苗，全长已达 2cm 左右，应进行全量换水。由于鱼的抵抗力较弱，换水温差以保持在±4℃内为宜。

3. 选鱼与分池

在鱼苗的生长过程中，应根据养殖鱼的特点，不断地择优去劣，以保证培育出优良品种。一般 1 尾留种亲鱼，大约要经过 4～5 次选择，才可达到要求。选鱼与分池的标准见表 4-2。

表 4-2 金鱼选鱼与分池标准

选择次数	选择与分池标准
第 1 次选鱼	在孵化后 10～15d 进行，鱼苗体长 1.5cm 左右，即可开始选择，主要淘汰单尾、畸形尾及尾柄不正者。选鱼后，留下的好鱼按 150 尾/m^2 的密度，进行分池放养
第 2 次选鱼	第 1 次选鱼的 10～15d 后进行，此时鱼苗长至 2cm 以上，尾鳍已形成。凡不具 3 尾、4 尾的鱼一律淘汰
第 3 次选鱼	第 2 次选鱼的 10～15d 后进行，此时鱼苗体长已超过 3cm。淘汰背鳍发育不全的鱼。留下的好鱼按 120 尾/m^2 的密度，分池放养
第 4、5 次选鱼	第 3 次选鱼的 10～15d 后进行，鱼苗已长成幼鱼，可结合品种特征，以形态为主，进行选择。如龙睛，左右眼球应大小一致；水泡眼的泡宜大，左右对称等

六、成鱼饲养

1. 饵料投喂

鱼虫、水蚯蚓是金鱼最喜食的饵料，用这类饵料喂养，金鱼的生长速度快，体态丰满，色泽鲜亮。若缺乏这类饵料，也可用人工合成的配合饵料。饵料的投饵量和投喂次数要根据当时的天气、水温、水质及金鱼的活动情况，灵活掌握。如用鱼虫喂养当年鱼，每尾鱼每日的投喂量为与其头部大小相等的一团湿鱼虫；2 龄鱼的投喂量约为其头部大小的 1/2；3 龄鱼的投喂量为其头部大的 1/3。可在上午 1 次投完。

2. 换水和清污

养殖金鱼的最好水质为浮游硅藻多，腐败分解有机质少，溶氧充足，油绿而澄清的“老水”。但“老水”用久后，因残饵、污物累积，使养殖水变质。因此，必须换水、清污。

1）换水

换水的间隔时间应根据当时的气候条件、放养密度、水质变化等因素确定。我国北方地区，春季水温上升至 10℃以上开始换水，每 15d 换水 1 次；夏季，水温达 27℃后，每 7d 换水 1 次；秋季，水温降低，10～15d 换水 1 次；11 月下旬，选择较温暖天气，换水后可“入房”过冬。夏季应在早晨 7～8 时换水，春、秋季则在上午 9～11 时换水。换水时，新、老水间的温差不要超过±1.0℃。

2）清污

清污应安排在阳光较弱时，一般冬季为下午 2～3 时，春、秋季为下午 3～4 时，夏季为下午 5 时。清污时，先将打皮板伸至对面池壁，沿着水面，从养殖池的一侧缓慢拉向另一侧，把水表层的污物赶至池端，然后用布兜子捞出污物。水面污物清除后，顺势用布兜子轻轻旋转池水，使池底污泥集中于池底中央，利用虹吸原理，用胶皮管将污物及周围 1/5～1/4 的污水吸出，最后徐徐注入新水至原来深度。

3. 巡池

在金鱼养殖过程中，要经常巡池，掌握水质和鱼体健康情况，以便发现问题，及时处理。若水温过高，可用塑料遮光网、芦席等遮挡阳光，或注入温度低的新水，予以调整；若发生“浮头”，立即开动增氧机增氧；若发生疾病，要立即诊断，制定防治措施，力争将损失降低到最低限度。

任务二 锦鲤养殖

一、锦鲤的品种与鉴赏

1. 红白锦鲤

白底上有红色斑纹的锦鲤称为“红白锦鲤”。它是锦鲤中最具代表性的品种之一，与大正三色锦鲤和昭和三色锦鲤一起被称为“御三家”。红白锦鲤（图 4-5）以皮肤鳞片细滑、红色斑纹油润鲜艳、白质细嫩洁白而出名。判断一条好的红白锦鲤，首先，体形要求不能过胖或过瘦，以健壮为最佳。其次是质地，锦鲤的绯（也可称为红斑或红质）可分为三大类：鲜红色、明亮的红柿色、暗红色，若细分可有几十种，但无论哪种红质都要求明亮、均匀、稳定。白质要求雪白一片，因为只有雪白才能衬出红质的优美，若带黄色则不行，甚至可能是生病的征兆。最后才是花纹。

2. 大正三色锦鲤

锦鲤体表有红、黑、白三种颜色，因是在日本大正年间培育出的品种，故称为“大正三色”，简称“三色”。大正三色（图 4-6）是在红白的基础上多了一种墨色，所以说墨质是大正三色最具特色的鉴赏点，当然红质和白质也是非常重要的。该类鱼生长速度快、体色鲜艳、切边整齐、色斑浓厚，已成为目前日本锦鲤玩家争相抢购的名种之一。

图 4-5 红白锦鲤

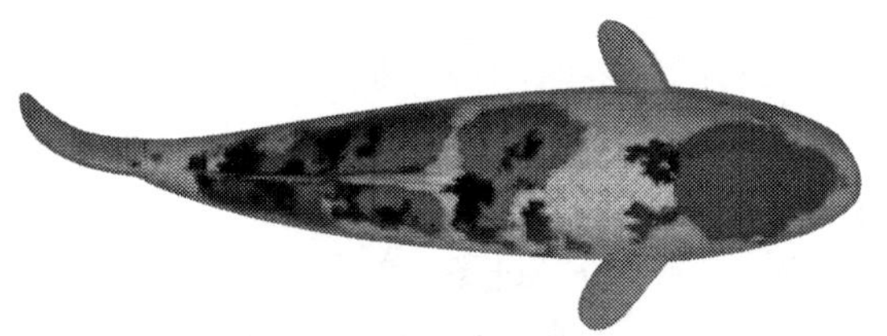

图 4-6 大正三色锦鲤

3. 昭和三色锦鲤

昭和三色（图 4-7）是在日本昭和年间培育出的，体表有红、黑、白三种颜色的锦鲤品种，简称为“昭和”。体色以大块墨色为底色，有分布匀称的红、白色斑，传统的昭和三色以日本中部偏北的佐久间渔场生产的为上品，该渔场培育的传统昭和三色墨色浓厚、红白斑分布匀称、体型粗大，极具锦鲤所表现的力的美感，但其在 1 龄以下色泽非常浅薄，要在 3 龄以上才可真正看出它的美姿。

图 4-7 昭和三色锦鲤

4. 黄金鲤

黄金鲤（图 4-8）在狭义上是指体色呈金黄色的锦鲤，但一般也把以黄金作为基本品种杂交培育而成的白金、白黄金、金松叶等全身具有闪亮金属光泽的锦鲤统称为黄金类。

5. 花纹皮光鲤

花纹皮光鲤（图 4-9）是黄金鲤与除写鲤以外的锦鲤交配而繁殖出来的，具有两色及两色以上的花纹且体表有光泽的锦鲤。

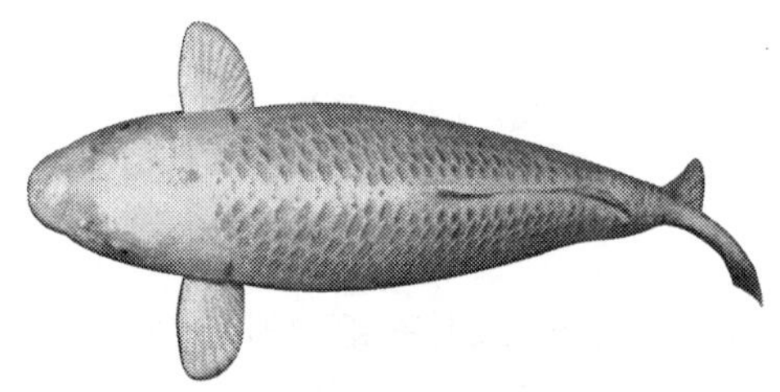

图 4-8　黄金鲤

图 4-9　花纹皮光鲤

6. 别甲锦鲤

在以白色或红色为底色的锦鲤，背部分布有小块墨斑，犹如一块块甲片，称为“别甲”或“别光”（图 4-10）。是在大正三色选育过程中所分离出来的品种。

7. 写鲤

如果在以白色、红色、黄色为底色的锦鲤体表上有大块的墨斑，如同大块的墨色写书在上面，则称为“写鲤”（图 4-11）。日本东京静冈县并木渔场所培育的白写非常出名，他们培育的白写的体色达到了白斑雪白、墨斑漆黑的程度，且体型粗壮、游姿优美。

图 4-10　别甲锦鲤

图 4-11　写鲤

8. 光写锦鲤

光写锦鲤（图 4-12）是写鲤和黄金鲤杂交的后代，体表具有闪亮的金属光泽，其色斑与写鲤相似，身上有大块斑纹。

图 4-12　光写锦鲤

9. 浅黄锦鲤

浅黄锦鲤是锦鲤的原始品种，其背部呈浅蓝色，有清晰的鳞片网纹，腹部和各鳍为橙黄色。该品系如背部的鳞片网纹不清晰，就算其橙黄色再鲜艳，也属于下品，难登大雅之堂。

10. 衣类锦鲤

衣类锦鲤绯斑的每一片鳞片上都有墨，似穿蓝或黑的衣服，故称之为“衣”。

11. 丹顶锦鲤

丹顶锦鲤是所有锦鲤品种中受限制最多的品种，明确的定义是头部要有一个圆形的色斑块，身体其他部位不得有与头部相同的色块，眼部无污点，吻部不能有颜色。

12. 金银鳞锦鲤

锦鲤体表的鳞片上有多棱反光面，闪闪发光，就像嵌满宝石一般，称为“金银鳞”。凡有此特征的品种，均在名称前冠以金银鳞字样，如金银鳞红白、金银鳞昭和、金银鳞大正等。普通的锦鲤从斜上方观赏最好，而在鉴赏金银鳞锦鲤时，则要把目光注意在背鳍两侧。金银鳞不会出现在鱼体全身，只要从背鳍到侧线部分出现 4 列，就算是优秀的，但必须排列整齐。

13. 变种鲤

不属于以上 12 个品种的锦鲤都算是“变种鲤”。

二、锦鲤生活习性的认识

1. 栖息习性

锦鲤喜欢生活在低温混浊的泥水中，池塘饲养锦鲤比较适合鲤鱼的习性。池塘底为泥质最好，池水深 50cm 以上。根据水面大小、水深，选养中型或大型的锦鲤，并确定数量。如果水温在 20℃时，鱼池面积 $8m^2$，水深 50cm，锦鲤体长 30cm，可养 15 条左右；鱼池面积 $20m^2$，水深 60cm，锦鲤体长 50cm，可养 30 条左右。

2. 对水环境的适应

锦鲤属于温水性鱼类，在 0～38℃温度范围内生存，适宜的温度为 18～25℃。锦鲤对水温的剧烈变化适应能力弱，尤其是温差变化±4℃以上时，在体表面就会出现白膜，就是感冒症状，应多小心。锦鲤能抗寒，冬季即使水面冰封，冰下水温保持 4℃左右，仍能生存。

锦鲤对溶氧的适应能力较强，一般水中溶氧在 4mg/L 以上即可正常生长，最好保持在5～7mg/L。另外，水体的pH、硬度及肥度对锦鲤都有影响，但这些因子通常变化不大，而锦鲤的适应性较强。一般只要保持水质清爽，有较大的透明度就可以了。

3. 食性

锦鲤是杂食性鱼类，植物碎片、红虫、蚯蚓、面包虫、蚕蛹、米饭、面包、水果均可作为食物。现在养殖者多采用人工饵料搭配蔬菜、蚕蛹、面包虫、虾、蚯蚓的方法投喂锦鲤。一般以植物性饲料占六成、动物性饵料占四成的比例最为恰当。

三、锦鲤的繁殖

1. 自然繁殖

1）亲鱼的选择

选定优良亲鱼是进行锦鲤繁殖的关键。采用自然繁殖，首先要选择合乎标准的亲鱼。在北方，留作种鱼的锦鲤，在室内度过冬季后，于3月中下旬移至室外鱼池中饲养。此时，应进一步精选亲鱼，以获得优良的后代。

作为繁殖用的亲鱼，一般要选择4～5龄以上、体质健壮、色泽鲜亮晶莹、品系纯正、品种特征明显、色斑边际清晰鲜明、无虚边、无疵斑、鳞片光润整齐、游姿稳健及各鳍完整无缺陷。雌雄亲鱼搭配比例为（2～3）∶1。

2）亲鱼的雌、雄鉴别

锦鲤雌雄亲鱼鉴别特征表4-3。

表4-3　锦鲤雌雄亲鱼的鉴别特征

鉴别特征	雌鱼	雄鱼
体形	体短粗而丰满，头部稍窄并长，腹部膨大	体较瘦长，头部宽而短，额部稍突起
胸鳍	端部呈圆形	端部略尖
生殖孔	明显大而红肿突出，用手轻压腹部有卵粒泄出	小而内凹，用手轻压有乳白色精液流出
珠星（追星）	在生殖季节，胸鳍和鳃盖不出现珠星	在生殖季节，胸鳍和鳃盖上出现珠星

3）产卵池的准备

采用水泥池作产卵池，面积为4m×4m的方形池或4m×5m的长方形池为适宜。水深30～40cm，以含氧量充足、水质清洁、pH 7.2～7.4、硬度低的水质为好。

4）鱼巢的制作

锦鲤产黏性卵，鱼巢是用来附着鱼卵的，产卵之前要将鱼巢准备好。一般以狐尾藻、棕树皮和柳树须根（要经多次煮过）等作鱼巢较好，把它扎成小束，即可使用。

5）产卵

在北方地区，4月下旬至6月中旬是锦鲤产卵的季节。当水温上升至16～18℃时，就可将亲鱼移入产卵池，发现亲鱼有急促追逐现象时，即可将鱼巢于产卵池内。当水温上升到20℃时，即可大量产卵，产卵时间在黎明4时开始直到上午10时或中午为止。产卵时雌鱼激动地跃游，有时拍击水面，发出溅水声，而后雌鱼排卵，雄鱼射精。如果天气发生突然变化，水温急剧下降时，则会中断产卵。一般 1 尾体长 30～40cm 的锦鲤，产卵量为 20 万～40 万粒。将已布满附着卵的鱼巢，从产卵池内取出后，在 5%～7%的食盐溶液中浸泡 5min 进行消毒，而后再移入孵化池中孵化。消毒对预防水霉病的发生有一定效果。

6）孵化

孵化池采用面积 3m×3m、水深 30cm 的水泥池。孵化池的水温要与产卵池水温一致。孵化期的长短与水温高低有关，孵化池水温 20℃时，约经 4d 即可孵化出仔鱼。

除上述方法外，还可采用流水孵化法。此法要注意流速的大小，开始水流可以大些，将附着鱼卵的鱼巢移入置于流水中的小网眼的孵化网箱内，流水中溶氧量较高，有利于鱼卵的孵化。当鱼苗孵出后要减小流速，或置于静水网箱中继续发育，否则会冲伤仔鱼，或因仔鱼游动量大而对发育不利。

2. 人工授精

培育锦鲤新品种，用自然杂交法有困难时，可采用人工授精的方法。锦鲤个体较大，人工授精时，要将亲鱼鱼体握于水中，左手握住鱼尾柄，右手握在鱼的头下背脊处，腹部朝上成 45°，轻轻擦干体表，然后轻压雌鱼腹部，使卵子流入干燥的盆中。同时，将雄鱼精液挤于其上，用消毒的羽毛轻轻搅拌，使之受精，隔 2～3min 后，即将受精卵均匀地倒入预先置于浅水脸盆中的鱼巢上。静置 10min，待卵粘牢固后，用清水洗去精液，即可进行孵化。

四、鱼苗及幼鱼的培育和选择

1. 鱼苗培育

锦鲤孵出的仔鱼，不食不动，吸附在鱼巢上，依靠卵黄囊中的营养物质，维持鱼体生存需要的能量。孵出后 3～4d 当卵黄囊内的营养物质吸收完毕时，消化系统基本发育完全，各个鳍也长大，仔鱼开始游动觅食，此时可开始投喂饵料。可以投喂一些轮虫和蛋黄，最好放一些活水蚤，水蚤可以吃掉多余的蛋黄等残余物质，保持水质。8～10d 后鱼苗开始吃水蚤。

2. 幼鱼选择

锦鲤鱼苗的培育过程也是一个择优汰劣的过程，是一个多次选择培育过程。选择过程一般在仔鱼孵出后的 3 个月内进行 3～4 次。第 1 次挑选一般在仔鱼孵出后的 20～30d 内进行，当鱼体长到 3cm 左右开始。主要是选留体质健壮，游动活泼，品种特征明显的个体，对于其他个体淘汰掉，或另行培育出售。但因品种不同，其生长速度和形成斑纹的时间也不相同。昭和三色锦鲤约在孵化后 15d 左右开始挑选，黄金类锦鲤则从孵化后 50d 左右开始，红白系列和大正三色系列的锦鲤从孵出后 60d 左右开始。第 2 次挑选在第 1 次挑选后 20d 左右开始。选择标准为鳍形的好坏，色彩鲜艳与否，图案斑纹是否清晰，品种特征是否明显等。此后的第 3、4 次挑选与第 2 次挑选基本相同。

第1次选出的鱼苗按120～150尾/m^2进行放养，以后随着鱼体的长大，密度逐渐降低。

五、成鱼饲养

1. 锦鲤对水质的要求

稳定的水质对于锦鲤的成长至关重要，饲养过程中最好每天坚持测量水质的各项指标，锦鲤最适宜生活的水质指标为：水温26℃，溶氧在5～7mg/L，pH7.2，氨氮、亚硝酸盐小于0.1mg/L；硝酸盐小于30mg/L。

要保持好的水质，一定要配备好的过滤池设施。通常过滤鱼池与观赏鱼池的比例为1∶(3～5)，过滤池内装有用于生化过滤的毛刷、纤维棉、杀菌灯、水泵等。通过附着在过滤材料上的生化细菌的分解与转化作用，保持水质生态平衡与洁净，达到饲养与观赏效果。

2. 饲养密度

人们饲养锦鲤通常总是希望数量多一些，以利于观赏。但放养密度如果超过了水体的负荷能力，水质和系统都将失去控制，而且狭小的空间易给锦鲤造成环境压力，使鱼的抵抗力下降。高密度养殖不但会造成大多数锦鲤体质瘦弱，而且容易发病。因此，维持一个合理的饲养密度对锦鲤的疾病预防是很重要的。锦鲤因其个体较长，只有在小的时候才可以在室内水族箱饲养，一旦长到水族箱无法容留时，就要移到室外鱼池进行饲养了。

锦鲤在水族箱和鱼池的常规放养密度见表4-4和表4-5。

表4-4　锦鲤在水族箱的放养密度

容积/cm^3	锦鲤规格/cm	放养数量/尾
60×30×30	5～10	4～8
90×60×45	5～10	10～20
120×60×60	5～10	20～40

表4-5　锦鲤在鱼池的放养密度

<table>
<tr><th>面积/m²</th><th>水深/cm</th><th>锦鲤规格/cm</th><th>放养数量/尾</th></tr>
<tr><td>5</td><td>30</td><td>15～20</td><td>1～15</td></tr>
<tr><td rowspan="2">15～20</td><td rowspan="2">50</td><td>15～20</td><td>30～40</td></tr>
<tr><td>15～30</td><td>10～15</td></tr>
<tr><td rowspan="2">40～50</td><td rowspan="2">60～100</td><td>30</td><td>24～40</td></tr>
<tr><td>45</td><td>10～15</td></tr>
<tr><td rowspan="3">200</td><td rowspan="3">70～130</td><td>30</td><td>60～100</td></tr>
<tr><td>45</td><td>40～50</td></tr>
<tr><td>60</td><td>20～30</td></tr>
</table>

3. 饵料投喂

1）定时

每次投喂的时间和间隔要固定，以便使锦鲤养成良好的进食习惯，减少消化道疾病的发生。一般每天喂食2～3次，每次喂食时间不宜过长。喂食时间也要根据季节、温度及气候情况相应调整。

2）定点

投喂位置要固定，时间一长，只要听到主人的脚步，锦鲤就会集中在这个固定的投喂地点等待喂食。投喂食物后，会出现鱼群抢食的情形，增添了不少乐趣。固定位置投喂还可以仔细清楚地观察锦鲤的摄食情况及健康状况。

3）定质

保证饵料的质量既新鲜又有营养，不要投喂变质或过期的饵料。有条件的话，要给饵料进行杀菌。

4）定量

根据锦鲤的大小、季节、摄食情况决定投喂的饵料量，给饵量为锦鲤体重的1%左右。锦鲤没有胃，1次投喂太多，食物很难消化，最好坚持少喂多餐的原则，以20min内吃完为宜，不能让鱼暴食，暴食后会发生突然死亡的现象。喂食时注意锦鲤的反应，当锦鲤食欲减退时应该停喂。

4. 日常管理

日常管理中要坚持每日对鱼池或水族箱进行观察巡视。首先观察养殖水体的情况。注意水色是否正常，水是否浑浊，水面如果有死鱼漂浮要及时捞出等。用水族箱养殖锦鲤要特别注意，因为一般鱼缸的体积较小，而锦鲤摄食量较大，排泄物较多，如果循环过滤设施不完善，水质非常容易变坏，所以一定要保持水质的稳定。其次要观察锦鲤的摄食、游动等状况，以便决定喂食量、饵料品种等。同时，坚持做好定期换水、消毒等工作，并能及时发现鱼病，做到早防早治。另外，每天还要对过滤设备进行检查，包括观察鱼池或水族箱有无漏水情况；水泵运转是否正常，声音是否正常；过滤槽是否有污物堵塞，影响过滤效果等。

任务三 热带鱼养殖

一、常见热带鱼的分类与鉴赏

热带鱼分为淡水热带鱼和海水热带鱼，这里所介绍的是生活于淡水中的热带观赏鱼品种。热带鱼种类繁多，可供观赏饲养的淡水热带鱼约有600种，我国现在饲养的热带淡水鱼也有200多种。由于篇幅有限，这里仅介绍10种比较常见的热带鱼。

（一）花鳉科

花鳉科鱼的特点是雄鱼臀鳍第3～5鳍条特别延长形成交配器，体内受精，卵胎生。适应性强，大部分种类生活于静水或缓流而水草繁茂的淡水中，喜欢中性或弱碱性硬水，耐低温。食性广泛，能摄食各种天然饵料和人工饵料。花鳉科鱼以其颜色鲜艳浓丽著称，是最普及、最容易饲养和繁殖的热带鱼。

1. 孔雀鱼

孔雀鱼又名彩虹鱼、百万鱼。体形较小，通常雄鱼体长不足3cm，体色艳丽，其上布满各种图案和色彩，有1个宽大的尾鳍，尾占全身长的2/3左右，似孔雀开屏，非常美丽；雌鱼体长5cm左右，体色是单一的银灰色，各鳍较雄鱼短，尾部占全长的1/2以上。

孔雀鱼活泼小巧，对环境的适应性很强，易于饲养。食性杂，可摄食任何细小的饵料，以丰年虫、小型枝角类及藻类等饵料为好。适宜水温范围为24～29℃，但能忍受15℃的低温。喜欢洁净的pH为7.2～7.4的微碱性水质。

孔雀鱼寿命短，2～3年便衰老。繁殖力很强，一般4～5月龄性腺成熟，全年都可繁殖。雌雄较易区别，除了体形及花色不同外，成熟的雄鱼臀鳍演化为尖形的交尾器；成熟的雌鱼臀鳍上方腹部则有一块黑色胎斑，且颜色越黑，表明临产越近。人工繁殖孔雀鱼时，按1∶(3～4)的雌雄比例，将亲鱼投入适宜的水中，用鲜活饵料喂养，待雌鱼胎斑大而黑，肛门突出时，即可捞至其他水体中，让其安静产仔。一般每月产稚鱼1次，每次能产30～50条。

2. 剑尾鱼

剑尾鱼又名剑鱼、蓝剑尾鱼。体长7～8cm，长者可达10cm。体形近纺锤形，体色为橄榄色，两侧中部从鳃后起至尾部有一条深红色条纹，背鳍上有红色斑点，优雅美丽。雄鱼尾鳍下叶向后延长似剑，因此称之为剑尾鱼；雌鱼体较雄鱼大，颜色稍逊，背鳍无红斑。

剑尾鱼性情温和，可与其他鱼共处，适应性较强，容易饲养繁殖。适宜水温为20～26℃，中性、弱酸性及弱碱性水域均可正常生活。一般6～8月龄可达性成熟，成熟的剑尾鱼即可在养鱼池中交配。雄鱼追逐拦截雌鱼，用臀鳍接触雌鱼约5s，便可将精子输入雌鱼体内，完成交配，受精卵在雌鱼体内孵化成幼鱼，每胎产仔30～50尾。

人工繁殖时，若发现雌鱼腹部显著膨大，鱼腹部末端的胎斑由白转黑，即表示雌鱼体内受精卵已充分成熟，要立即将其捞入产仔箱中，准备产仔。为避免亲鱼吞食幼鱼，待产仔结束后，应捞出雌鱼，放入专设的箱中静养2～3d，再放回养鱼池。离开母体的幼鱼既能自由游泳，也会追捕小型饵料生物为食。

（二）脂鲤科

脂鲤科鱼类多分布于美洲、非洲的淡水水域，是热带鱼中数量最多的一科。主要特点是尾柄上都长有1个小脂鳍，大多数品种娇小美丽，性情温顺。脂鲤科鱼雌雄区别较难，要求繁殖条件也较苛刻，卵生，且受精卵必须黏附在水草等附着物上进行孵化。

1. 红绿灯鱼

红绿灯鱼又名霓虹灯鱼、红绿霓虹灯鱼。原产南美洲亚马孙河流域，体型娇小纤长，全长3～4cm，色彩华丽，眼眶青蓝色，闪闪发光，在鱼体的侧线上方有一条从眼睛延伸至尾柄前部的银蓝色纵带，纵带上方在背部以后转为黑色，下方臀鳍以前为银白色，以后为鲜红色。背鳍位于身体中部，臀鳍香闺宽大，各鳍无色透明。

红绿灯鱼性情温和，易饲养，喜欢成群在幽静的水域中不停地游动，人工饲养时至少要同时饲养5～6尾。适宜水温为22～24℃，pH为6.4～6.8。饲养过程中注意不要用新水，尤其是幼鱼，否则易患小瓜虫病，可留一些搁置时间较久的水备用。养鱼箱要避免阳光直射，背景以深暗色为宜，适当种些水草。能摄食多种饵料，最好投喂小水蚤。

红绿灯鱼性别不易区分，雄鱼体比雌鱼体细长，臀鳍末端尖锐，颜色较深；雌鱼在生殖期体较丰满，臀鳍扇状，体色较浅。春秋两季为繁殖季节，如果水温、水质适宜，其他季节也能繁殖，但产卵不多。人工繁殖时，要求产卵箱小、无光，箱内只放一小束水草，并用玻璃棒固定，不铺石沙，水温要比平时高1～2℃，晚间将繁殖用的1对亲鱼放入繁殖箱中，次日凌晨雄鱼开始追逐，雌鱼产卵于水草上，每次产卵约200～300粒。产卵结束后，立即取出亲鱼放入其他容器中。受精卵经24h孵出仔鱼；仔鱼再经4～5d可自由泳动，此期间可用草履虫喂养，不能投喂剑水蚤等大型饵料，以免伤害仔鱼。

2. 头尾灯鱼

头尾灯鱼又称信号灯鱼、灯笼鱼。体长4cm左右。侧扁，头短，眼大，背鳍尖形，尾鳍深叉状，胸、腹、背鳍均五色透明。这类鱼的最大特点是眼虹膜上缘和尾柄末端上半部均呈闪闪发光的橘红色或金黄色，鱼活泼游动时，一前一后，金星不断闪烁，故名头尾灯鱼。

头尾灯鱼性情温和，喜成群游动，可与其他鱼类共养。饲养适温为22～27℃，水质酸碱度以中性为宜。头尾灯鱼9月龄开始性成熟，雌雄鱼区别较易，雄鱼体色鲜艳，背鳍较长、尖锐，臀鳍中部有一白点，但不太明显；雌鱼腹部膨大，背鳍宽钝，臀鳍中部无白点。人工繁殖时，要求水温比平时高1～3℃，水质pH以6.3～6.8为宜。亲鱼雌雄按1∶(1～2)的比例分为1组，晚上将其放入已布好的避光产卵箱中，第2d凌晨雄鱼追逐雌鱼，雌鱼产卵，每次产卵300～500粒。产卵结束后，立即取出亲鱼另养。受精卵在黑暗环境中孵化约24h出苗，鱼苗3～4d开始游泳、摄食。

3. 黑裙鱼

黑裙鱼又名黑衬裙鱼、黑牡丹。鱼体高侧扁，近似卵圆形，主要特点是前半部身体基本为银灰色，且有2条平行的黑色条纹；从鱼背、臀两鳍的起点至尾部后缘，包括背鳍、臀鳍和脂鳍在内的后半身均为墨黑色，因其臀鳍宽大，摆动起来似一条黑裙子，故名黑裙鱼。

黑裙鱼性情活泼，对饵料要求不苛刻，抗病力强，易饲养。喜 pH 为 6.8～7.0 的弱酸性新鲜水，适宜水温为 23～25℃。成熟的雌雄鱼易区别，雄鱼体细长，背、臀鳍末端尖长；雌鱼体肥壮，背、臀鳍小，呈扇状。一般 8～10 月龄性成熟，可繁殖后代。黑裙鱼的人工繁殖方法与红绿灯鱼大致相似，不同之处是黑裙鱼受精卵不畏光。鱼苗经 1d 孵出后，经 2～3d 卵黄囊消失后自由游泳、摄食，幼鱼最初饵料为草履虫、轮虫等，以后逐渐改喂小型枝角类、桡足类及一般的饵料。

（三）鲤科

鲤科鱼的主要特点是口内无齿，靠口腔后部发达的咽齿磨碎食物；喜居于水草茂密、活动空间广阔的水域。雌、雄鱼较难辨认，草上产卵，多数种类的亲鱼有吞食卵子的恶习。

1. 金丝鱼

金丝鱼又名唐鱼、白云山鱼。原产于我国广东省白云山溪流中，后来遍布全球，深受人们喜爱。鱼体长 3～4cm，背部蓝褐色，腹部灰白色，从吻端向后沿侧线至尾基有一条耀眼的金色纵条纹，故名金丝鱼，背鳍、尾鳍为红色，其余各鳍均透明无色。

金丝鱼性情活泼温顺，可与其他鱼类共处，杂食性，易饲养。其适温范围为 18～23℃，但也能耐受 15℃的低温，水质要求偏弱碱性（pH 为 7.0～7.4）。饲养箱中应多植水草，且保持光线暗淡。1～2d 孵出鱼苗，鱼苗再过 3～4d 便可到处游动，这时可投喂适量的轮虫、小型水蚤或煮熟研碎的蛋黄，待鱼体稍大，逐渐改喂较大型的饵料动物。

2. 虎皮鱼

虎皮鱼又名四间鱼。体呈卵形，侧扁，体长 5～6cm，头小、略尖，有 1 对须，背鳍高大，尾柄短，尾鳍深叉形。身体的基本颜色是黄、黑、红三色，从头至尾有 4 条有光泽的黑色垂直条纹，斑斓似虎皮。

虎皮鱼食性杂，易饲养，活泼敏捷，好聚群活动，但因其攻击性强，不能与行动迟缓的鱼如神仙鱼等共养。其生活的水域要求水温为 24～26℃，硬度为 4 左右，pH 为 6.6～7.0，且水草茂盛。虎皮鱼不耐寒，当水温降至 15℃时即死亡。

繁殖期间，虎皮鱼雄鱼身披鲜艳的婚姻色，吻部、背鳍、臀鳍及尾鳍的红色素更红；雌鱼体态丰满，腹部膨大。人工繁殖虎皮鱼时，要求水温 25～28℃，产卵箱中多种些枝叶柔软的水草如金丝鱼等。将选好的雌雄亲鱼按 1∶1 的比例成对投放，初产卵数仅为 70～80 粒，以后增至每次几百粒，卵黏性，绝大部分都黏附在水草上。虎皮鱼嗜食自己的卵子，产卵活动一结束，应立即将亲鱼移离。孵化期长约 2d，期间要保持水温稳定。刚孵出的鱼苗靠吸收卵黄囊的营养物质发育，此时应避免惊扰，2～3d 后鱼苗开始作水平泳动，并从外界摄食，可投喂用清水滤净的轮虫等，以后随着鱼体长大逐渐改喂较大的活饵料。

（四）丽鱼科（慈鲷科）

丽鱼科热带鱼个体较大，体形奇异，色泽艳丽，多是中高档观赏鱼类，适宜在大型水族箱中饲养。以保卫“领土”及无微不至地关怀后代的行为引人注目，大部分种类将卵产在平滑的石块、陶盆、玻璃片、金属片上，卵子受精后由雌鱼含在口中孵化，直到鱼苗能独立活动时，亲鱼才停止护理。

神仙鱼：又名燕鱼、天使鱼。体扁而高，背鳍、臀鳍很长，上下几乎对称，舒展时有如船帆，腹鳍柔软如长丝状，尾鳍后缘平直，上下缘鳍条呈丝状延长，更添纤巧妩媚的风韵。神仙鱼眼睛虹膜呈鲜红色，鱼体基本色为银白色，两侧各有 4 条黑色垂直条纹，第 1 条穿过眼眶，第 2 条位于身体中部，第 3 条上下两端一直分别延伸至背鳍和臀鳍末梢，第 4 条在尾梢末端，色彩不如前 3 条明显，尾鳍无色透明，上有 4 条垂直的黄色条纹。

神仙鱼性情温和，可与其他温和鱼共养。成年个体体长可达 10～12cm，体高达 18～20cm。养殖水域要求面积较大，水温 23～26℃（冬季不低于 20℃），pH 为 6.5～7.4，水质澄清，并植有阔叶水生植物。

神仙鱼 8～9 个月可达性成熟，有自寻配偶的习性，强行配偶不易成功。养鱼箱中，若一对成年雌、雄鱼互相接近，肛门下垂突出，即为产卵前兆，要及时将它们捞起放入事先准备好的产卵箱。产卵箱要求水温比平时水温高 1～3℃，水质溶氧充足，pH 为 6.5～7.0，软水，且箱中部应放置一块不锈钢片（或毛玻璃片）作卵子附着物。亲鱼入箱后，用嘴啃刷钢片表面使其洁净，随后雌鱼产卵 200～400 粒，雄鱼排精。产卵结束后，雌雄鱼共同用胸鳍拨水，为受精卵供氧，同时防止污物沉积在受精卵上。神仙鱼的孵化时间约为 2d。刚孵出的鱼苗不能游泳，在附着物上停留约 1 周，靠吸收卵黄囊营养发育，亲鱼仍用胸鳍不断为其拨水，细心看护。待卵黄囊用尽，鱼苗开始离开附着物。

（五）沼口鱼科

沼口鱼科的观赏鱼只有吻鲈 1 种，又名接吻鱼，原产于泰国、印度尼西亚、苏门答腊，为常见观赏鱼。

接吻鱼：又名亲嘴鱼、桃花鱼。长圆形，侧扁，头大，口大，口唇上有锯齿，胸鳍厚大，腹鳍较小，背鳍和臀鳍一直向后延伸长到尾鳍基部，尾鳍后缘内凹。体色乳白中带浅红，吻端为浅红色。性情温顺，可与其他鱼混养，喜成群活动，其奇特之处是当两鱼迎面相遇时，双方都伸长嘴相互长时间地撞击，形似“接吻”。

接吻鱼生活的适宜水温是 21～28℃，对水质的适应性广。杂食性，能刮食水箱中、水草基叶上、箱壁及底质上着生的微型藻类。生长快，水族箱内饲养一般体长可达 10～15cm。

接吻鱼幼鱼经 7～8 个月的生长达到性成熟。雌雄区分不很明显，一般雄鱼体小，臀鳍阔；雌鱼体大，臀鳍较小。当出现雌、雄鱼友好地沿水族箱壁并行游动的现象时，即为临产，要立即将雌雄亲鱼按 1：1 的比例移至产卵箱中，用水温 27℃左右，硬度为 11，pH 为 7 的老水饲养。由于雄鱼不筑巢，可放水草浮于水面附卵；同时，为了避免亲鱼食卵，要在产卵箱水面下 5cm 处设置细网片，以隔住亲鱼。一般至清晨，雄鱼由尾随雌鱼变为热烈追逐雌鱼，雌鱼产卵，产卵量为 300～500 粒，最多可达 1000 粒。受精卵为浮性卵，立即上浮到水面。约 2d 后，鱼苗破卵而出，靠卵黄囊营养生活。再过 2d，卵黄囊吸收完毕，鱼苗开始在水中游泳，此时，必须投喂草履虫、轮虫等浮游动物。至 6 月龄时，幼鱼可摄食小型枝角类和桡足类。褶鳃形成后，幼鱼可上升到水面吞咽空气，同时开始刮食微型着生藻类，可逐渐改喂较大的浮游动物。

（六）锯盖鱼科（双边鱼科）

锯盖鱼科鱼类色彩虽不绚丽，但因鱼体水灵鲜亮，观赏价值也很高。

玻璃拉拉鱼：又名印度玻璃鱼、五彩玻璃鱼。全身长约 3cm，体侧扁，呈椭圆形，背鳍两个，前背鳍呈尖三角形，尾鳍叉形。通体透明，可见内脏、骨骼。雄鱼呈淡淡的金黄色，背、臀鳍有蓝色镶边；雌鱼黄色更淡，近银色。

玻璃拉拉鱼性情温顺，可与其他热带鱼混养，喜聚群，但不大游动。水温 23～26℃、水质呈弱碱性（pH 为 7.8 左右）时，生长良好。喜食枝角类。

玻璃拉拉鱼人工繁殖较易。将产卵箱洗净，选取矮杆水草捆成若干束，固定于玻璃棒上沉于箱底，以满足玻璃拉拉鱼喜在水草中追逐的需要，同时还要选茎叶发达的漂浮水草敷设于水面，用以附卵。产卵箱底宜暗，产卵箱的水为晾置 1 周以上的自来水，将水温调至 26～27℃，晚上每箱投放 1 对已经成年、婚姻色十分明显的亲鱼。亲鱼经过 2～5d 的追逐产卵，每尾雌鱼可产卵 100～150 粒。卵为黏性，黏附在水草上。受精卵约经 24h 孵出鱼苗。鱼苗较小，色透明，只有眼睛呈黑色。鱼苗渡过卵黄囊营养阶段，开始从外界摄取食物时，需要投喂饵料，最初几天可投喂用细筛筛取的饵料生物，如甲壳动物幼虫等，且投饵量要大。要及时清除沉在箱底的残饵，以保持水质清洁。幼鱼箱必须通宵用灯光照明。

二、饲养设备的准备

1. 饲养容器

1）水族箱

水族箱是饲养热带鱼最常用的容器，是采用玻璃为材料，用工程硅胶粘接而成。它美观大方，晶莹透明，可完全展现出热带鱼的体色、体态，再配以水草、砂石、假山、灯光等，观赏效果较好。

不同大小的水族箱适合饲养不同的热带鱼：小型水族箱长不足 0.5m，用以饲养体形较小的热带鱼，如孔雀鱼、红剑等，这类水族箱结构简单，一般放在桌旁案头别有情致；中型水族箱长 0.5～1.0m，应用较多，用来饲养神仙鱼等中小型热带鱼；大型水族箱长在1.0m以上，有的可达2.0m，用来饲养龙鱼、七彩神仙鱼等大中型、中高档热带鱼，气势恢弘。

2）玻璃缸

家庭饲养容器还可使用小型的椭圆形鱼缸，它是将玻璃经过特殊处理后制成。它小巧玲珑，可摆放在茶几或书桌上，移动方便，内放几束水草或数粒雨花石，观赏效果也好。但只能饲养孔雀鱼等小型鱼类。

除了以上容器外，也可用水桶、陶缸等作为亲鱼产卵、孵化和热带鱼的暂养容器。

2. 过滤设备

循环过滤设备有箱内过滤器和箱外过滤器两种，小型水族箱多采用箱内过滤器或小功率循环过滤泵，大型水族箱多采用箱外过滤器。

3. 加温设备

加热设备有各种不同功率的电热管，如100W、200W、500W、1000W的玻璃质或不锈钢质的可自动调温的电热管。大型鱼房的加热设备采用锅炉房输送的暖气、空调等。

4. 增氧设备

增氧设备有单孔气泵、双孔气泵、四孔气泵和涡轮式充氧机等。对于单个水族箱，可选用单孔气泵。对于多个水族箱，可选用双孔或四孔气泵。单孔、双孔或四孔气泵都是用塑料材料制作，它们采用橡皮塞的运动来完成水中充氧工作。橡皮塞长时间使用后，会出现破裂或老化，这时要及时更换。大面积饲养热带鱼可选用涡轮式充氧机，它是金属材料制作的，故障率很低，使用寿命长。此外辅助的充氧设备有气石、输氧管道等。

5. 照明设备

照明设备以日光灯为主，此外还有卤素灯、水银灯等。单一水族箱的照明，有时也可采用水下彩光灯，它是一种玻璃质全封闭小型灯管，可直接放在水下吸附在玻璃缸壁上，其灯管可发出不同的色彩，如红色、蓝色、绿色、白色灯，造景效果较好。

6. 抽水设备

抽水设备多采用小功率的全塑料材料的潜水泵，它小巧轻便，功率大小有200W、500W、1000W等，其扬程5～10m，使用时，可将其吸附在缸壁上，可在数分钟内将水族箱中的水抽完，安全可靠。

饲养容器和设备，在饲养前均需消毒，并检查所有设备能否正常运行。

三、饲养管理

大多数种类的热带鱼对水温、水质的要求并不十分严格，只要掌握水温不超过上限和下限，水质基本符合，定时、定质投喂饵料，就能养好。少数品种，如红绿灯鱼、神仙鱼等，对水质或饵料要求高，必须严格依其生活习性进行饲养管理。

1. 养殖环境的调控

1）水质处理

若用自来水养殖，必须经过滤、煮沸、除氯处理，才能应用。除氯可采用曝气法或化学除氯法。曝气法，将水盛入贮水桶，在室内搁置4～5d，待氯挥发后，再使用。化学除氯法，即按万分之一的量，在水中直接加入硫代硫酸钠，以中和余氯。

若用地面天然水、井水或地下水养殖，先要煮沸杀菌，然后大量充气，才能使用。

测定用水pH，若水偏酸性，可边加小苏打边搅拌，直至试纸的颜色与要求的酸碱度相同为止；若水偏碱性，可加入磷酸二氢钠进行调整。

2）水温调控

热带鱼对水温的要求较严格，水温不能超出养殖鱼的最高、最低极限，昼夜温差不能超过3～5℃。冬、春季气温很低时，要采取保温和加温措施。若无条件，可选择养殖一些耐低温品种。

3）沙石铺设

水族箱底铺沙，以海沙石为最好，沙粒直径1～2mm以上。铺沙前先用10%～20%的盐酸溶液浸泡，边泡边搅动，直至无气泡冒出，以保证彻底清除杂质。然后，用清水洗净后铺入箱底。铺沙的厚度以3～4cm为宜，植草处可铺4cm以上，不植草处可少铺，使沙呈缓坡状。

4）水草种植

为了满足热带鱼生活、繁殖的需要，增加水中溶氧，净化水质，装饰水域，增加美感，还需种植水草。热带鱼养殖中，常用的水草有苦草、轮叶黑藻、小浮萍、金鱼藻、小狐尾藻、水车前等。采自天然水域中的水草，先用清水洗去根部污泥，或用高锰酸钾溶液浸泡10min，再用清水清洗后，才能植入水族箱。若养殖鱼以水草栖息，或喜安静，可多植些；若养殖鱼聚群游动，则可少植些。

2. 放养密度和搭配要求

1）放养密度

热带鱼放养密度应根据鱼体大小、水体状况及充气条件而定。在水温适宜、氧气充足的情况下，不同规格水族箱与放养热带鱼规格和密度的关系见表4-6。

表4-6 不同规格水族箱热带鱼的放养密度

水族箱规格/cm^3	小型鱼/尾	中型鱼/尾	大型鱼/尾
60×40×35	30～40	15	4～6
40×30×30	20	5～10	4～6

2）搭配要求

为了增加观赏性，热带鱼常进行混养。混养鱼类必须对水质要求相近、性情温和。整日游窜不息的鱼，不能与喜静的鱼类混养；凶猛鱼类不能与性情温和鱼类混养。

3. 投饲

1）鱼苗的投饲

卵胎生鱼苗，雌鱼亲鱼产下后，很快就能游动、觅食；卵生鱼苗，刚从受精卵中孵化出来时，以吸收卵黄囊营养维持发育，2～3d后开始觅食。鱼苗的开口饵料均为“洄水”。若无“洄水”，可用熟蛋黄粉替代，少量投喂。3d后可投喂鱼虫。

2）成鱼的投饲

养殖成鱼时，每天都要定时、定质投喂饵料。饵料的投喂量应根据具体情况灵活掌握。当水温适宜，养殖鱼活动量大时，要增大投饲量；当水温较低，鱼活动量减少时，可相应减少投饲量。若日投喂1次，投饲量以当日吃完为宜；若日投喂2～3次，以10min内吃完为宜。另外，鱼类耐饥饿，特殊情况可3～5d不投饲。

4. 排污换水

水族箱内的水是静止的，热带鱼养殖一段时间后，由于鱼粪、残饵沉积，使水质变浑浊；有机物耗氧，产生硫化氢等有害气体；水分蒸发，水的硬度提高；水的理化性质逐渐与养殖鱼的要求偏离。为了保持养殖水域的良性循环，满足鱼类需求，必须定期排污换水。

水族箱排污换水的方法是利用虹吸原理，先用吸管吸出箱底的积粪、残饵等污物和下层水，然后加入已准备好的符合热带鱼要求的水。一般每周进行1～2次。

5. 充氧

水族箱中养殖密度较大，养殖鱼常因缺氧出现“浮头”。若发生这种现象，可用增氧机或手工充气的方法增加水中溶氧。

6. 光照调节

光照是热带鱼保持体色鲜艳、水草茂盛的前提，要根据养殖鱼及水草的需求，适时、适量采取自然光。若自然光不足，每晚可用照明灯补照2～3h。

四、包装和运输

1. 包装

运输不同的热带鱼所用的器具和包装方法是不一样的。对于具有辅助呼吸器官的攀鲈亚目鱼类，如果不是高温季节，最好采用敞口的塑料桶、塑料袋等；对于不具有辅助呼吸器官的多数热带鱼，要采用密封充氧的运输方法，如果所运输的是幼鱼或无硬棘的鱼类，可用塑料袋包装；如果是具有硬棘的鲈形目鱼类，就要采用密封的塑料桶包装。

2. 运输

热带鱼的运输时间尽量选在气温 20～25℃的季节。如果必须在冬季运输，一定要选择充氧密封法，并注意保温，或裹以棉絮，或在包装箱内放 1～2 个水温在 35℃的热水袋。盛夏季节运输，密度一定要小。

3. 放鱼入箱

无论是从观赏鱼市场刚购买回来的热带鱼，还是从外地长途运输来的热带鱼，都不能立即倒入水族箱内。应先将鱼袋放入水中浸泡一段时间，待内外水温一致时，再放入水族箱。如果是从外地运来的热带鱼，还要注意水质问题，在正式放鱼入箱之前将鱼袋打开，灌入部分水族箱中的水，并开动气泵充氧，过些时间后再灌入部分水，直至鱼袋中灌满水，整个过程持续数小时。最后将鱼袋倾斜，让热带鱼自己游入水族箱中。

新引入的热带鱼 1～2d 内不宜投喂。先仔细观察鱼体活动情况，再投喂少量与原来相同的饵料，待鱼正常摄食后，再逐步投喂本地饵料，并将投喂量逐渐提高到正常水平。

项目小结

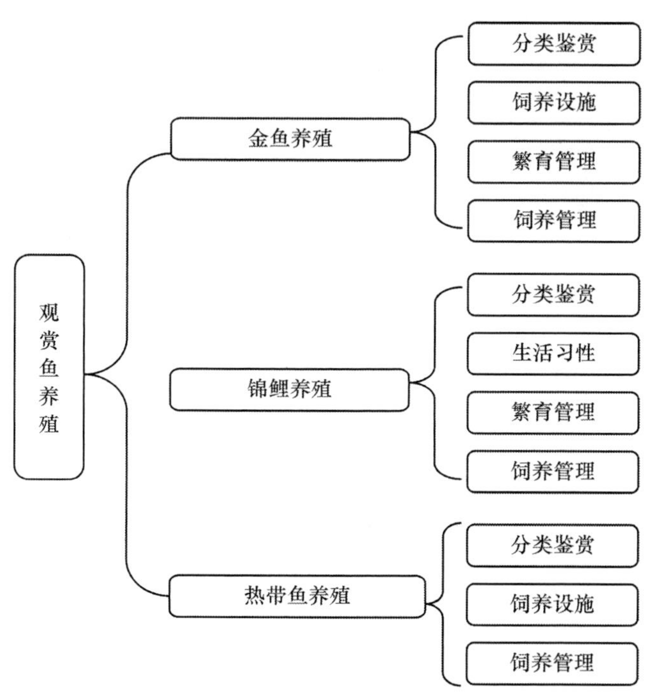

1. 金鱼主要有哪些种类？如何鉴别？
2. 锦鲤主要有哪些品种？如何鉴赏？
3. 如何饲养金鱼的鱼苗、幼鱼和成鱼？
4. 简述锦鲤的繁殖习性和人工繁殖方法。
5. 饲养热带鱼应准备哪些容器、设备？饲养技术要点有哪些？

项目五　名特优水产动物养殖

【知识目标】

1. 了解刺参、黄鳝、乌鳢、红鳍东方鲀和鳖等名特优水产动物的养殖现状和发展前景。

2. 掌握刺参、黄鳝、乌鳢、红鳍东方鲀和鳖等名特优水产动物的形态构造特征、生活习性和繁殖习性。

【技能目标】

1. 能够综合考虑水质条件、饲料来源、市场需求、技术支持等条件选择名特优水产动物的养殖种类。

2. 能够开展刺参的人工育苗生产、池塘养殖和人工增殖。

3. 能够开展黄鳝的人工繁殖、苗种培育、稻田养殖和池塘养殖。

4. 能够开展乌鳢的人工繁殖、苗种培育和池塘养殖。

5. 能够开展红鳍东方鲀的人工繁殖、苗种培育、网箱养殖、池塘养殖和越冬管理。

6. 能够开展鳖的人工繁殖、温室养殖和鱼鳖混养。

【项目描述】

名特优水产动物是指名贵、稀少、养殖规模较小、商品价值和营养价值较高而备受人们青睐的水产经济动物。随着人们生活水平的不断提高，水产品市场的消费需求发生了重大变化。名特优水产动物养殖对于提高水产养殖效益，调整水产养殖结构发挥着重要作用，也是21世纪我国水产养殖业可持续发展的重要保证。目前，我国开展养殖的名特优水产动物种类很多，如刺参、海蜇、海胆、日本沼虾、罗氏沼虾、黄鳝、淡水白鲳、翘嘴红鲌、黄颡鱼、斑点叉尾鮰、南方大口鲶、鳜鱼、乌鳢、石斑鱼、杂交条纹鲈、大菱鲆、漠斑牙鲆、半滑舌鳎、东方鲀、美国牛蛙、鳖等，人工繁殖和养殖技术也逐渐完善。

本项目根据水产行业发展需求，选择了海、淡水中5个经济效益较高而且养殖技术较为成熟的养殖对象作为教学任务，以满足行业企业对名特优水产品养殖专业技能人才的需求。任务一学习刺参的人工育苗、池塘养殖和海区增殖技术；任务二学习黄鳝的人工繁殖、苗种培育、稻田养殖和池塘养殖技术；任务三学习乌鳢的人工繁殖、苗种培育和池塘养殖技术；任务四学习红鳍东方鲀的人工繁殖、苗种培育、网箱养殖、池塘养殖和室内越冬技术；任务五学习养鳖场的建造、鳖的人工繁殖和养殖技术。

本项目的任务设计和内容选取来源于水产养殖行业企业，理论内容与实践内容紧密结合，并注重养殖技术的可操作性和实用性。通过本项目的学习和实践，学生和从业人员能较好地胜任刺参、黄鳝、乌鳢、红鳍东方鲀和鳖等名特优水产动物的苗种繁育和养成管理工作，拓展学生和从业人员在水产养殖行业企业中可持续性发展的能力。

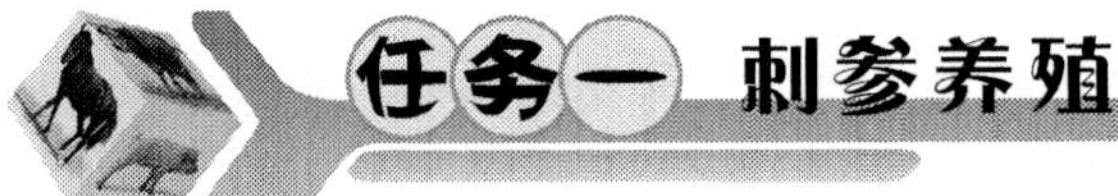

任务一 刺参养殖

一、刺参养殖现状分析

刺参属棘皮动物门、海参纲，全世界有 1100 多种，在我国报道的有 100 多种，可食用的有 20 多种。其中产于我国辽宁、河北、山东沿海的刺参是品质最好，营养价值和药用价值最高。自古以来，我国就把刺参作为珍贵的海产品，列为海产八珍之一。我国古代对刺参的记载："其性温补，足敌人参"。刺参肉质香软润滑，含高蛋白质、低脂肪，不含胆固醇。干燥的体壁有机成分中蛋白质高达 90%，脂质约占 4%，糖占 6%左右，还含有钙、镁、锰、铁、锌、铜、钼、硒等微量元素以及丰富的维生素、海参皂苷等。最新研究还证明，刺参体内含有的酸性黏多糖，具有抗肿瘤、抗凝血和增强机体免疫功能的作用。因此，刺参既是美味佳肴和保健食品，又是药用价值极高的海洋生物。

刺参为典型的温带种，主要分布于北太平洋沿岸，包括日本、朝鲜、俄罗斯远东沿海和中国北部沿海。我国刺参的主产区位于辽宁、山东、河北等北方沿海，目前正在向浙江、福建等沿海推广养殖。从 20 世纪 80 年代开始，随着刺参人工育苗技术的突破，特别是 90 年代刺参池塘养殖的开展，我国的刺参人工育苗及增养殖事业发展迅猛，刺参已经成为我国海水养殖业中最重要的经济种类之一。

由于人们对刺参营养价值的认同，刺参作为一种高级滋补品，其需求量不断增加，而刺参的产量远远满足不了人们生活水平日益增长的需求，刺参价格近年来不断上涨。刺参价格的上涨直接促进了刺参增养殖事业的发展。2008 年辽宁省和山东省有刺参育苗场超过 1000 家，育苗水体近 200 万 m^3，出苗约 2000t。同时，刺参育苗已经在福建等南方海区开展试验。2008 年仅大连市刺参增养殖面积为 50 万亩，山东省刺参养殖面积达 80 万亩左右。2007 年全国刺参总产量达 7.5 万 t，产业总产值超过 150 亿元以上。

目前刺参的养成模式有池塘养殖、围网养殖、陆上室内养殖、海上筏式养殖、海底沉笼养殖、贝参混养及底播增殖等。

二、刺参的识别

1. 形态特征

刺参（*Stichopus japonicus*），隶属于棘皮动物门、游走亚门、海参纲、楯手目、刺参科、仿刺参属。刺参（图 5-1）体形呈圆筒形，两端稍细，身体柔软，伸缩性大，离水及受到外界刺激后身体易收缩。背部稍隆起，具有 4～6 行不规则的圆锥状的肉刺。腹面较平坦，整个腹面有密集的小突起，称其为管足，其末端有吸盘，因此具有吸附外物的作用，管足在腹面可排成 3 条不规则的纵带。口位于前端腹面围口膜中央，周围有 20 个楯状触手呈环状排列。肛门位于体后端偏背面。生殖孔位于体前端背部，距头部约 1～3cm 处，生殖孔周围色素较深，略呈凹陷，特别是在生殖季节明显可见，除生殖季节外，生殖孔难以看清。

图 5-1　刺参

2. 生活习性

1）栖息环境

刺参在自然海区栖息在含泥量在 10%以下，以沙砾为主，泥沙混合，沙粒较大，细沙和粉沙含量少的底质。底质中有机质含量较高，硫化物含量较少，有礁石、大型海藻及大叶藻。多分布于 15m 以内的海区，最大分布水深可达 35m 以上。可适应的水温范围较广，能够耐受－2～30℃的水温，对低温的耐受能力强。适宜生长水温为 5～18℃，最适水温为 10～17℃。适宜盐度范围为 20～35，最适为 26～32。刺参属狭盐性动物，特别是对低盐度海水的适应能力较弱，盐度降低幅度过大会造成刺参的死亡。

2）夏眠

成体刺参有一个十分突出的生活习性，就是在产卵后，当水温升高到 20℃以上就向深水移动，躲藏在水流静稳的岩石缝中，或潜伏石下，身体缩小，消化道退化，停止摄食，代谢水平下降，这种生理现象称为“夏眠”。当水温下降到 20℃以下时，重新出来活动和摄食，夏眠期一般 3～4 个月。

3）排脏与再生

刺参在受到强烈刺激时，会把其内脏（消化道、生殖腺、呼吸数等）排出体外，这种现象称为排脏，俗称“吐肠”。引起排脏的因素主要有：水温的突升或突降、海水污浊等物理和化学刺激。另外，刺参离开海水时间过长时，其体壁会自动溶化，称为自溶。刺参排脏后，如果环境恢复正常，排出的内脏还可再生。刺参的再生能力也很强，不但排出的内脏可以再生，将其切成几段后，每段仍有可能再生为一个完整的个体。

4）食性

刺参的饵料主要是小型动植物及其碎屑，如小型的腹足类、双壳类、桡足类、底栖硅藻、大型海藻、大叶藻碎片以及混在泥沙里的有机质等。刺参的摄食是用触手先端不断地扫、抓，粘住饵料并送入口中。刺参移动缓慢，活动范围小，摄食的范围很有限。

3. 繁殖习性

1）性成熟年龄与产卵量

性成熟年龄为2龄，但在人工控温养殖条件下，即使不足2龄，体重250g以上的个体，性腺也能发育良好。刺参生物学最小型为体重110g，体壁重60g。刺参成熟期每克卵巢含卵量约20万粒。刺参为多次产卵，大个体成熟刺参平均每头1次产卵660万～700万粒；人工蓄养的刺参平均1头1次产卵量为200万～300万粒。

2）繁殖期

在大连海区繁殖盛期为6月下旬至7月下旬，此时水温为16～22℃。山东北部沿海一般为6月上旬至7月上旬；山东南部沿海为5月底至6月底。同一地区的不同海区，由于水温回升快慢不同，繁殖期也有一些差别。

3）产卵行为

大多数刺参的排精和产卵都在晚间进行。亲参产卵、排精前的活动特点是：雌雄亲参爬行于池壁上，活动频繁，头部抬起，左右摇摆，出现这种现象，预示着即将排放精（卵）子。几乎都是雄参先排精，排精持续10～60min后，雌参才开始产卵子。排精时，生殖疣突出，精子由生殖孔排出，呈一缕乳白色的烟雾徐徐散开。产卵时，生殖疣突出，卵子从生殖孔产出后，呈1条橘红色波浪似的喷出，然后慢慢散开沉于池底。雌参可产卵1～3次，每次持续5～15min以上。雌参虽可分批产卵，但卵的数量与质量越晚越差。因此，在人工育苗时，应集中收集第1批产出的成熟卵。

4）胚胎发育

刺参的精卵在水中受精，受精后15～20min排出第一极体，受精卵经过早期胚胎发育、耳状幼体、樽形幼体、五触手幼体发育阶段而成为稚参。

三、刺参的人工育苗

（一）亲参的采捕和运输

1. 亲参的选择

池塘养殖的亲参，个体重应在250g以上；海区生长的亲参，个体重应在300g以上；人升温工促熟的亲参，个体也应该在300g以上。选择皮肤无损伤、未排脏的个体。性腺指数应达15%以上，体壁指数（体壁重/体重）在50%以上。

2. 亲参的采捕

刺参人工育苗分为升温育苗和常温育苗，亲参的采捕时间取决刺参的育苗方式。升温育苗需要提前采捕亲参进行人工升温培育，促使其性腺发育成熟，在自然繁殖季节前产卵。采捕亲参的时间取决于预计产卵的时间，如果预计产卵时间在4月，一般需提前50～60d采捕亲参。常温育苗，采捕亲参的时间取决于其性腺成熟的时间。近年来，人工育苗的亲参主要采捕于池塘，辽宁沿海的采捕时间在每年的5月15日～30日，山东沿海的采捕时间一般提前5～10d，此时池塘水温达到16～22℃。具体采捕时间可以通过采捕少量亲参解剖观察其性腺的发育情况来决定。常温育苗所需的亲参的采捕时间不宜过早，最好是在采捕后2～3d内产卵为宜。

3. 采捕亲参应注意的事项

（1）严格避免亲参与油污接触。油污可使亲参化皮溃烂（体壁自溶）。因此，潜水员和操作人员在接触亲参之前应将手清洗干净，切不可用黏有油污的手直接接触亲参。船上暂养容器及海水也不可沾有油渍。

（2）尽量避免机械刺激和损伤。亲参一般由潜水员潜水采捕，为防止亲参之间互相挤压而导致亲参排脏或排精产卵，每次采捕量不宜太大。采捕上来的亲参在船上暂养密度应控制在300头/m^3以内，暂养期间应经常换水。同时还要避免高温和阳光直射，用遮光帘遮盖并放于背阴处。

4. 亲参的运输

采捕的亲参应在最短时间内运回育苗场。目前多采用聚乙烯塑料袋，袋中装海水1/3，每袋装入亲参10～15头，然后充入氧气，扎口后放入泡沫保温箱中。如果气温超过18℃，泡沫箱内需放入冰块降温。采用此法，运输时间在10～12h以内，未见亲参有排脏个体。

（二）亲参的人工培育

1. 亲参蓄养

亲参采捕回来后，一般需要经过几天的蓄养才能排精产卵。亲参入池前，应把排脏的个体及皮肤破损受伤的个体拣出。蓄养密度控制在8～10头/m^3为宜。密度过大会影响性腺发育，甚至影响精卵的质量。亲参蓄养池内的溶解氧不能低于5～6mg/L。蓄养池底可放石块、空心砖、黑色波纹板等供亲参栖蔽。蓄养期间一般不投饵，每日早、晚各换水1次，换水量一般为池水容积的1/3～1/2，换水时应及时清除池底污物、粪便和已排脏的个体。随时观察亲参的活动情况，如有产卵迹象，及时做好产卵的准备工作。

2. 亲参的人工升温促熟培育

为了当年培育出大规格的参苗，一些育苗单位经常采用亲参室内人工升温促熟的方法，使亲参性腺提早成熟。升温育苗，由于自然海水水温低，水中敌害生物少，可减少或避免敌害生物对刺参幼体的危害，提高出苗量。亲参人工促熟培育的日常管理工作见表5-1。

表5-1　亲参人工促熟培育日常管理

管理项目	技术措施和操作方法
入池时间	亲参一般提前2～3个月采捕入池
培育密度	8～10头/m^3

续表

管理项目	技术措施和操作方法
温度控制	亲参入池后 3d 不要升温，待其适应室内的水环境后，每日升温 0.5～1.0℃，当水温升到 13～16℃时，应采用恒温培育，不要再继续升温，直至采卵前 7～10d。一般当积温达到 800℃以上时（历时 50～60d），亲参的性腺能够成熟并自然排放
水质管理	水温在 10℃以前每天换水 1 次；10℃以后，每天换水 2 次，每次全量换水，冲洗池底和池壁上的残饵、粪便后，在加入新鲜的海水。进水口加 300 目网袋或特制过滤袋，防止敌害生物进入池水。水温 10℃以前，10d 倒池 1 次；水温 10℃以后，7d 倒池 1 次
饵料投喂	主要有鼠尾藻和马尾藻等大型海藻的藻粉或其鲜海藻磨碎液、海泥、配合饲料。日投饵量随水温升高而增加，一般为刺参体重的 3%～10%。投饵量视残饵的多少适当调整
光照控制	刺参不喜欢强光，刺参培育池光照强度应控制在 500lx 以下。为使亲参昼夜摄食正常，白天应用黑布遮光，这样可避免亲参白天挤压在池的角落里不食不动

（三）采卵方法

1. 自然产卵

亲参采捕的时间适宜或人工促熟好，性腺发育充分成熟后，可以采用自然产卵法。由于刺参往往在傍晚或夜间产卵、排精，不能人为控制产卵时间和产卵量，有时会发生产卵量过大、精液过多造成水质败坏而导致受精卵大量解体的现象，所以要安排夜间值班人员随时观察，达到产卵量后及时将亲参取出放到其他池中，或将过多的排精雄参移出排卵池。

2. 人工刺激产卵

亲参性腺发育充分成熟是人工刺激产卵的先决条件。在亲参培养的过程中发现有雄参排精或部分亲参昂头摇尾时，即可采取人工刺激产卵。

1）升温刺激法

升温的幅度一般在 1～2℃。此法简单、方便，效果较好。

2）阴干流水刺激法

一般在傍晚以后进行，先将蓄养池内的海水放干，让亲参阴干 45～60min，再用水冲击 10～15min，或流水 45～50min，然后将亲参放入加有新鲜过滤海水的池中。一般情况下约 2h 后，亲参开始向表层池壁爬行，移动频繁，头部抬起并摇摆，雄性开始排精，0.5h 后雌参开始产卵。如果雌参产卵后，雄参仍大量排放精液，应及时把雄参移出，放入他池蓄养，以防水体中精液过多。但在雌参尚未产卵时，特别是水体中精液不多时，不要急于将雄参移出，因为精液对雌参产卵有诱导作用。如果亲参发育不够成熟，有时刺激无效，需继续暂养 2～3d 再进行刺激。

（四）受精、洗卵和孵化

1. 受精

亲参通常是雌雄在同一池内排放，而且是雄性先排精，卵子产出后，水体内已有足够的精子，卵子可以自然受精。此时，应微量充气或轻轻搅动水体，以使精子和卵子充分接触。

2. 洗卵

产卵池内的精液往往造成池水非常混浊，过多的精液是导致孵化过程中水质败坏的主要因素。因此，应及时洗卵。洗卵的方法是：用 250 目的网箱将池水排出 1/2～3/4，然后再加满水；也可以一边排水，一边加水，使池水水位大体保持稳定。

3. 分池

亲参产卵后，应对受精卵计数。计数方法：先将池水上下充分搅动，使卵分布均匀，然后在池中多点取样，混合后计数。重复 3～4 次取样，取其平均值。根据计数结果，如果受精卵密度超过孵化密度，就要分池。分池方法：一是虹吸法，将池水用虹吸管吸入周边的池子。各池中受精卵的数量以分入的水体计算。二是浓缩法，将池水用虹吸管吸入放在排水沟中的 250 目网箱中。受精卵在网箱中浓缩后，移入其他池子进行孵化。移入的受精卵的数量以原池中相应水体容量计算。亲参产卵时，如果卵子密度大，精液很多，产卵持续时间很长，也可以在产卵过程中分池。

4. 孵化

孵化密度一般以 4～6 个/mL 为宜。常温育苗，受精卵以自然水温孵化；升温育苗，孵化水温在 17～20℃，同时提高室温，使室温高于水温。在孵化过程中，为了避免受精卵堆积于池底，使受精卵在水体中分布均匀，常采用充气与人工搅动的方法使受精卵处于悬浮状态。充气量要适宜。人工搅动，一般每隔 0.5h 搅动一次。搅动时要上下搅动，不要使池水形成旋涡，导致受精卵旋转集中。

5. 选优

在水温 20℃条件下，一般经过 24～26h，胚体即可从卵膜中孵出。胚体孵出后，一般发育健壮、体质良好的幼体多分布于水体的上、中层，畸形及不健壮的幼体，则多沉于水体的底层。根据幼体的这一生态习性，在幼体发育至小耳幼体时，采用虹吸、浓缩或拖网等方法把浮于上、中层的健壮幼体选入培育池，这一过程称之为选优。

（五）浮游幼体的培育

刺参浮游幼体阶段是指从小耳状幼体开始直至变态到稚参阶段。这一阶段持续时间较长，幼体变态次数多，是育苗的关键时期。

1. 培育密度的控制

初期耳状幼体密度应控制在 0.4～1 个/mL 以内，且幼体密度应随个体增大而逐渐减小。

2. 水质条件的控制

刺参的浮游幼体在 18～22℃发育正常；适宜盐度为 26.2～32.7，在育苗过程中，应注意监测海水的盐度；溶氧 5mg/L 以上，出现溶氧过低情况时应及时换水或加大充气量；光照控制在 500～1500lx，苗室内光线应均匀而柔和，避免直线光的照射；pH 在 8.1～8.3；氨氮小于 0.5mg/L；刺参幼虫对铜、锌、汞、铅、镉等重金属很敏感，重金属离子超标时，可用 EDTA 进行络合。

3. 水质管理

1）换水

一般每天换水 2 次，早晚各 1 次，每次换水量为池水的 1/3～1/2。也可以采用流水培育的方法，使整个培育池的水一直处于流动状态，投饵后停止流水 1h 左右。换水采用换水网箱，选用合适网目的筛绢做成长方形或圆形网箱避免幼虫的流失。换水过程中要不断轻轻搅动网箱内的水，以减少网箱周围幼体的密度。另外，注意换水前后的温差应控制在±0.5℃之间。

2）吸底和倒池

吸底采用虹吸方法，具体操作方法是将吸底管插到池底，用吸底管将池底污物吸去，一般 1～2d 吸底 1 次。倒池是将培育池内的幼体通过虹吸、网箱浓缩等方法，移入经消毒处理、加有新鲜海水的培育池子中进行培育。倒池的方法对幼体损伤较为严重，但能彻底地更新水质。如果培育池内水质较好，可以采取吸底清池的方法；如果水质较差或幼体出现异常现象则应及时采取倒池的方法。

4. 饵料投喂

饵料是幼虫生长发育的物质基础，选择适宜的饵料品种，掌握合理的投喂量对于幼虫的生长速度、成活率及变态率至关重要。刺参初期耳状幼虫，当消化道已经形成并开始摄食时，应及时投喂适宜的饵料。

1）饵料种类

刺参耳状幼体培育期间的饵料主要有单胞藻类以及光合细菌、海洋酵母、面包酵母、大叶藻粉碎滤液等代用饵料。在实际育苗生产中，单胞藻类以盐藻和角毛藻为主，配合投喂三角褐指藻、小新月菱形藻、金藻等。也可以采用海洋红酵母混合单胞藻类进行投喂，还可以投喂面包酵母、叶藻粉碎滤液以及光合细菌、枯草芽孢杆菌等。

2）投喂量

单独投喂角毛藻，小耳幼体每日投饵量 2×10^4 cell/mL；中耳幼体（2.5～3）$\times10^4$ cell/mL；大耳幼体 3×10^4 cell/mL。在具体的育苗实践中，应根据幼虫的密度、摄食情况等因素综合考虑，来确定实际投饵量，并根据实际情况随时增减饵料的投喂量。饵料投喂量不可太大，以免幼体摄食太多导致烂胃。

3）投喂方法

饵料投喂以少量多次为宜，一般每天分 4～6 次投喂。投饵一般在换水后进行，投饵后立即轻轻搅池以使饵料在池内分布均匀。

5. 充气或搅池

为了保证充足的溶解氧和幼体均匀分布，在幼体培育过程中应采取微充气或搅池措施，促进幼体的正常发育。按培育池的底面积，每 3～5m^2 放 1 个气石。充气量不宜太大。也可以采用搅耙每隔 1h 在池子的上、中层轻轻搅动水体 1 次。

（六）幼体的变态、附着

1. 附着基的选择、处理

目前生产上常用的附着基有 3 种：透明聚乙烯薄膜、透明聚乙烯波纹板和聚乙烯网片。附着基在投放前必须进行彻底的常规清洗和消毒处理。如果是新附着基，表面容易带有油渍等污物，要用 0.5%～1.0%的 NaOH 溶液将采苗板浸泡 1～2d，再反复洗净。

2. 附着基的投放时间

大耳幼体后期，水体腔出现五触手原基，体两侧出现 5 对球状体，开始变态，幼体臂极度卷曲，身体急剧缩至原体长的 1/2 左右，逐渐变态为樽形幼体。樽形幼体初期营浮游生活，到了后期，大部分将转入底层进行附着生活。当 30%～50%的大耳幼体变态为樽形幼体时，应及时投放附着基。

3. 附着密度

确定适宜的稚参附着密度是提高稚参成活率的关键技术之一。大量试验表明，稚参的适宜附着密度应控制在 1 头/cm^2 以内。

（七）稚参培育

樽形幼体 1～2d 后，先是 5 个指状触手从前庭伸出，然后在其相反方向的体后段的腹面生出第 1 个管足，至此幼体发育为稚参。稚参培育是指将刚附着的稚参培育至体长 3～5mm 的稚参的过程。

1. 换水、流水

稚参完全附着后，可不使用网箱换水。一般每天换水 2 次，每次换水 1/3～1/2。也可采用流水培育，培育效果好。无论换水还是流水，应避免桡足类等敌害生物进入。

2. 投饵

1）培养底栖硅藻

如果在附着基上提前培养底栖硅藻作为稚参饵料，可不用投喂，但要注意稚参的附着密度不要太大，以保证稚参有足够的饵料。

2）不培养底栖硅藻

现在大多数育苗单位都不提前培养底栖硅藻，而是幼体附着后投喂活性海泥、鼠尾藻粉碎液及其他配合饵料等沉性饵料。只要饵料充足，同样可达到较好的变态及附着效果。

稚参附着后，初期投喂含底栖硅藻的活性海泥，用300目筛绢网过滤后，日投饵量0.5～1.5L/m^3，每日分2次投喂。体长2mm后，采用含底栖硅藻的活性海泥和鼠尾藻磨碎液投喂，鼠尾藻前期用200目的筛绢过滤，中、后期用80～40目的筛绢过滤，日投喂量为30～100mg/L，每日分2次投喂。具体投喂量根据稚参的摄食情况、水温高低、水质情况适当增减，以防饵料不足或过剩，影响生长或败坏水质。

3. 分苗

当稚参生长到一定阶段，原来的附着密度不能满足稚参生长的需要，应将附着基上的稚参全部冲刷下来，调整附苗密度。具体操作方法：用水流冲击或用软毛刷将稚参冲刷入网筛中。计数后按要求均匀地撒入放有聚乙烯网片附着基的池子，使其在聚乙烯网片上重新附着。

4. 敌害防治

稚参培育期间的主要敌害为桡足类的猛水蚤，它不但与稚参争夺饵料还可挠伤稚参体表，造成稚参骨片脱落死亡。可用2～8mg/L的敌百虫全池泼洒，2～24h后大量换水可杀灭。此外，由于此阶段水温高，细菌繁殖快，容易引起稚参溃烂解体。可用3～5mg/L的土霉素全池泼洒进行预防。同时采用降温措施，使水温控制在26℃以下。

四、稚参的中间育成

稚参的中间育成又称“保苗”。体长3～5mm的稚参，还不能作为养殖用苗种，需要继续培育。一般培育到规格为200～2000头/kg可以出售，具体规格要根据养殖户的要求而定。因此，保苗时间长短不一。近年来，为了满足养殖户对刺参大规格苗种的需求，并充分利用刺参人工育苗场地和设备，刺参越冬保苗生产也广泛开展起来。

1. 培育器材

一般采取培育池内悬挂网片作为附着基。根据刺参规格，选用60目、40目或20目网布制成。网片规格一般为（20～30）cm×（40～60）cm。使用时，将网片串成吊，10～15片/吊，每片网片间距10cm左右，每吊底部系有坠子，上端有浮子。

2. 日常管理

1）饵料投喂

刺参中间育成阶段饵料投喂情况见表5-2。

表 5-2　刺参中间育成阶段的饵料投喂

生长阶段	饵料种类和投喂量
体长 1cm 以内的稚参	以鼠尾藻磨碎液（或藻粉）和配合饲料混合投喂 日投饵量：鼠尾藻磨碎液 50～100g/m³，配合饲料 10～20g/m³，分 4 次投喂
体长 1～2cm 的稚参	以配合饲料为主，搭配投喂部分鼠尾藻磨碎液。日投饵量：配合饲料每日 20～40g/m³，分 4 次投喂
体长 2cm 以上的幼参	可以只投喂配合饲料，日投喂量为幼参体重的 3%～5%

稚、幼参各生长阶段在投喂鼠尾藻磨碎液和配合饲料的同时，都可以投喂部分活性海泥，投喂量应根据稚参摄食情况和残饵量多少，适当调整。

2）换水

在稚参培育过程中，要保持培育池内水质和底质清新，主要措施是换水和倒池。一般每日换水 1～2 次，每次 1/3～1/2。定期倒池，一般 7～10d 倒池 1 次。

3）充气

由于稚参个体越来越大，摄食量增加，代谢产物增加，局部水质容易变差。充气量要适当加大，气石的数量最好达到 0.5 个/m²。

4）筛选与分池

培育初期稚参培育密度应控制在 3000～10000 头/m³ 左右。随着稚参生长，其活动范围不断夸大，需要的空间越来越大。因此，在培育过程中，要适时分池，调整稚参的附着密度。一般平均体重 1g 左右的参苗，附苗量调整为 3000～4000 头/m³；平均体重 2g 左右的参苗，附苗量调整为 2000 头/m³。除了附着基上附着的稚参外，池底和池壁也附有不少数量的稚参。一般来说，附着基上附着量占 70%～80%，池底和池壁附着量约占 20%～30%。个体较小时，附着基上附着量较多，个体增大，附着基上附着数量有减少趋势。当个体体重达到 20～25g 时，参苗已经很少在附着基上，绝大部分分布于池底。

随着生长，稚参个体大小分化明显。因此，要适时进行筛选，把大小个体稚参分开，分别进行培育。筛选一般结合分池同时进行。

3. 越冬保苗

越冬保苗期间的管理与常温保苗基本相似。但是，由于水温不同，相应的管理措施也有所不同。越冬保苗期间，为了节约能量、降低成本，培育水温可以控制在参苗适宜水温的下限，即 10～12℃。投饵量也要相应地减少，约为最适宜水温投饵量的 60%。换水量也可以减少，每隔 1～2d 换水 1 次。倒池次数也要减少，15～20d 倒池 1 次。

五、刺参的池塘养殖

（一）池塘选址和建造

1. 选址和修建

应选择附近海区没有污染，远离河口，盐度常年保持在 25 以上（短期可降至 22～

23)，风浪小的封闭内湾或中潮区以下的海区建池；底质以沙泥或岩礁为好，保水性能好。要求池塘进、排水方便，常年水位不低于1.5m。池塘面积大小可因地制宜。

2. 进、排水设计

池塘进水一般位于池塘远端，这样进水可以通过进水潮沟的沉淀作用，减少水中悬浮泥沙，保证水质清澈。池塘排水要通畅，防止出现“锅底”型池塘。

3. 闸门设计

闸门选择在压缩性小、承压力大的坚实地基上，土质要有一定的抗冲积能力。进、排水闸门一般设三道门槽，分别可以安装辅助闸门、主闸门和筛网。闸门采用钢筋混凝土浇筑，每个闸门上方安装启闭机。闸门必须严密性好，不漏水。闸门板应进行防腐处理。闸门处设60～80目筛网，阻挡刺参逃逸，同时还可阻挡鱼类、蟹类等有害生物进入。

（二）参礁设置

根据刺参的生活习性，池塘要投放一定数量的附着基，也就是参礁。如果原先是岩礁底，也应投放一定数量的参礁。造礁材料可以选择石块、瓦片、空心砖、废旧扇贝养殖笼、各种人工参礁等，还可以使用树枝、树桩、筐篓、旧轮胎、水泥管、陶瓷碎片、装满沙的编织袋等，最常用的材料是石块。

参礁的数量一般要根据养殖的刺参数量、水深、换水条件而定，一般为20～100m^3/hm^2。参礁的堆放形状多样，堆形、垄形、网形均可。附着基要相互搭叠、多缝隙，以给刺参较多的附着和隐蔽的场所。这项工作应在投苗前50d开始。

（三）放苗前的准备工作

刺参池塘养殖放苗前的准备工作见表5-3。

表5-3　刺参池塘养殖放苗前的准备工作

准备工作	具体操作方法
池塘清整	新改造的池塘应进水浸泡2个潮汐，每次泡池3d，之后将水排除；旧池塘在参苗放养前要将池水排净、清淤，必要时回添新沙，并曝晒数日
池塘消毒	在放苗前1～1.5个月，要对池塘进行消毒。池内适量进水，使整个池塘及参礁全部被淹没。用漂白粉75～200mg/hm^{2}或用生石灰1500～3000kg/hm^{2}全池泼洒，并进水浸泡1周。对于有虾蛄、蟹类、海葵等敌害生物的池塘，可泼洒10mg/L敌百虫杀灭
培养基础饵料	培养底栖硅藻和浮游植物工作至少在投苗前15d开始。待清塘药物毒性消失后，将水放干，注入30～50cm海水，进行施肥。一般碾碎的干鸡粪300～750kg/hm^2，堆放于池塘四周水中；或施尿素、磷酸二氢氨、硝酸铵、碳酸氢铵等无机肥30～75kg/hm^2，3～4d后加水至0.8～1m左右，再次施无机肥1次，用量为30～75kg/hm^2
藻类移植	有条件的地方，可向池内移植栽培鼠尾藻、马尾藻、刺松藻等大型藻类，既可作为刺参的饵料，又可作为刺参栖息的场所

（四）苗种放养

1．放苗时间

秋季和春季是适宜放苗的季节。秋季水温处于下降期，放苗时池塘水温最好在15～17℃；春季水温处于上升期，池塘水温在10～12℃为宜。此时，刺参具有较强的活动能力和摄食能力，对环境的适应能力也很强，为越冬打下基础，或很快进入冬夏之交的快速生长期，并且这样的温度下敌害生物较少或活动较慢，对刺参的危害不大，有利于提高刺参的成活率。

2．苗种质量和规格

参苗质量好的标志是身体无损伤，皮肤无溃烂，体型舒展，肉刺尖锐，活力强。苗种主要来自人工苗。一般苗种的规格在600头/kg以上较好。投放的苗种过小，其抗病害和对环境的适应能力较弱，成活率较低。也可以采用采捕的野生苗。

3．放养密度

放养密度由苗种大小、参礁数量、换水频度、饵料供应等因素决定。一般小规格参苗如5000头/kg的苗种，放养密度为50～150kg/hm^2；中等规格的参苗如1000头/kg的苗种，密度为75～150kg/hm^2；大规格的参苗如100～200头/kg的苗种，密度为150～300kg/hm^2。

4．苗种投放方法

1）网袋投放法

适用于投放小规格的参苗。网袋尺寸为30cm×25cm，每袋可装规格为3cm的参苗300～500头左右。袋内放小石头，将袋沉放于参礁比较集中的地方，让参苗自行爬出，转移到附着基上。网袋上绑有绳和浮子，3～5d后，将网袋取出，观察参苗逃逸和成活的情况。

2）直接投放法

适用于投放中等以上规格的参苗。用手或水舀在离水面10cm左右将参苗直接投放在参礁集中的地方。

（五）养殖管理

1．水质管理

1）换水

保持水质清新是加快刺参生长、提高养殖成活率的重要措施。刚放苗后池水可只加水不排水，2～3d后进水10～15cm。当水位达到最高处时，每天换水10％～30％。进入夏眠后，应保持最高水位，每日换水量应遵循水质好、水温低、盐度稳定的原则。秋季以后加大换水量，每日换水量在10%～60%。冬季可只进水不排水，保持最高水位即可。

2）水质控制

水色以浅黄色或浅褐色为好。池塘透明度控制在1.5m以上。小型池塘，夏季高温季节可以在池塘上遮盖防晒网降低光照强度，抑制绿藻和蓝藻的大量繁殖。在雨季，雨水偏多时谨防盐度骤降，造成刺参溃烂甚至死亡。要及时排掉表层淡水，并加大换水量，保持池水盐度26以上。池内发生赤潮，透明度突变，水体理化因子不合理时加大换水量。

3）水质监测

每日监测池塘内外水温、盐度各1次，每周测pH一次，有条件的单位可1～2周测定1次水中的氨氮及其他水质指标，并做记录。夏季赤潮发生及汛期，定期用显微镜检查池内单胞藻种类和数量，发现问题及时采取措施处理。

4）化冰期的水质管理

化冰前在池塘水面下50cm处出现温度跃层，在池塘水深20～40cm处出现盐度和pH跃层。因此，要根据化冰期环境越层的深度，进行排淡，应该排掉表层20～40cm的水。池塘化冰期以前必须保持高水位（1.7m以上），才能保证“排淡”后水位（1.5m以上）仍然较高，池塘环境稳定。

2. 饵料投喂

池塘刺参养殖除了依靠换水带入或池塘内的天然饵料，以单胞藻、底栖硅藻、有机碎屑、腐蚀的小动物尸体为食外，在高密度养殖条件下，还需适量投喂饵料。

刺参在每年春、秋季节（每年3～6月、10～11月），水温在10～16℃条件下生长最快，此时要加大饵料投喂量。春季1周投喂1次，秋季1周投喂2次。投饵量为刺参体重的2%～10%。6～10月，刺参进入夏眠，此时水质相对比较肥，可停止投喂。12月至翌年2月，水温降低，刺参活力减弱，可不投喂。投饵一般应选择傍晚进行。投喂的饵料为海藻粉、鱼粉及刺参配合饵料。

3. 其他管理

1）及时清除杂物

参池内大型藻类、海草、残饵等腐烂后，会造成池底局部缺氧，刺参行动慢，夏季又有休眠习性，不能迅速逃离不良环境，往往会引起死亡。因此，要及时捞出池内杂物，保持池水清洁。

2）抽样检查

不定期（7～15d）潜水检查刺参生长情况，包括底质颜色、淤泥厚度、刺参的健康状况、测量刺参的体长、体重，并剖开几头刺参，检查其食物含量，调整投饵量。

3）冬季扫雪

越冬期间，水面结冰，应及时清除冰面上的积雪和杂物，以保持池水一定的光照。

同时在冰面上打几处冰眼，释放池塘中的氧气。

（六）收获

经过1～2年的养殖，刺参鲜重达100～150g以上即可收获。个体较小的应继续培养。可全年采捕，但采捕时间主要在春、秋两季。收获的方法比较简单，可将池内水位降低，组织人员到池内采捕，先从水浅处采捕，依次向水深处采捕。采捕结束，立即向池中进水，保证余下刺参的成活。也可采用潜水抓捕的方法。

六、刺参的增殖

1. 投石增殖

投石增殖是一种简易的增殖方法。刺参多栖息在浅海岩礁地带，凡有沉石和沉船的浅海海区，常发现刺参分布。因此，渔民中有“参不离石”的说法。

投石的作用是促进饵料生物的繁殖和生长；提供良好的隐蔽场所和栖息环境；提供良好的夏眠环境。投石的形状可以堆形，也可以条形。堆间应投散石，形成堆间有石，石间有堆。

投石海区的选择一般在刺参自然分布海区的边缘投石，使投石增殖区成为刺参自然分布海区的延展。投石往往与移植亲参或放流参苗同时进行。一般来说，如果在投石区放流参苗，增殖效果好。

2. 亲参移植

亲参移植就是向有刺参分布的海区，或原来没有刺参分布，但比较适合刺参生长的海区移植亲参，让其自然繁殖，以达到资源恢复或增殖的目的。移植亲参要选择条件适宜的海区，并对海底进行适当改造。在封闭的内湾或有旋涡流的海区大量移植亲参，由于海流的作用，稚参能附着在亲参移植区，移植效果较好。

3. 参苗放流

参苗放流是一种投资少、见效快，而且可靠的方法。

参苗放流应选择1～5g/个以上的大规格参苗，个体大的幼参放流到自然海区后活动频繁，摄食旺盛，身体强壮，能够很快适应剧烈的环境改变，对敌害生物的抵御能力较强，存活率较高，可达到10%甚至20%以上。

放流方法一般采用网袋放流法。可让潜水员携带参苗网袋潜入海底，打开网袋口，将网袋内的参苗轻轻播散到礁石上。也可用网框（外套聚乙烯窗纱）将网箱放入海底，开启底部，让幼参自行爬出。

七、刺参的病害防治

1. 烂胃病

【病因】①灿烂弧菌已被确定为烂胃病的重要病原之一；②投喂的饵料品质不佳或

饵料搭配不当。

【症状】幼体胃壁增厚、粗糙，胃部缩小、胃腔狭窄，逐渐缩成棒状，并呈糜烂性溃烂。幼体摄食力明显下降或不摄食，生长和发育迟缓，形态、大小不齐，变态率较低。

【流行情况】此病是刺参耳状幼体阶段最常见的疾病，每年6～7月高温期和幼体培育密度大时更容易发病，严重时每批刺参幼体死亡率高达70%～90%，且有逐年升高之势。

【防治方法】①投喂新鲜适口的饵料以满足幼体发育和生长需要；②适当加大换水量，减少水体中细菌数量；③使用浓度为2mg/L的广谱抗生素预防。

2．烂边病

【病因】弧菌被认为是烂边病的病原之一。

【症状】耳状幼体边缘突起处组织增生，颜色加深变黑，边缘模糊不清，逐步溃烂，最后整个幼体解体消失。存活的个体发育迟缓、变态率低。

【流行情况】每年6～7月发生，多发生在大耳幼体后期，死亡率较高，可达90%。

【防治方法】①使用土霉素、复方新诺明全池泼洒，预防剂量为3mg/L，治疗剂量为5mg/L，每日施药1次，直至痊愈；②发现病情，大量换水，以减少细菌数量。

3．细菌性溃烂病

【病因】细菌感染蔓延、底质生态环境恶化是稚参溃烂病发病的根本原因。

【症状】发病初期，病参活动能力和附着力减弱，摄食量下降，身体收缩、僵直，身体半透明状变为乳白色球状，疣足尖端开始溃烂，口部肿大，不能收缩与闭合。随着病情加重，病参溃疡处增多，全身溃烂、自溶，最后导致海参死亡，溶化为鼻涕状的胶体，最后整个参体在附着物上只留有一白色印痕。

【流行及危害】稚参培育阶段正值夏季高温季节，加上培养密度一般比较大，此病发生率很高，传染速度快，尤其是5mm以内的稚参，容易患病死亡，一经发生很快就会波及全池，难于控制，在短期内可使全池稚参覆灭。

【防治方法】日常管理中应以预防为主。①附着基使用前应充分洗刷、严格消毒；②注意及时清除池内残饵、粪便及其他污物，保持水质清新；③发现病情，大量换水，以减少病原菌对稚参的侵害；④使用浓度为3～5mg/L的土霉素，2～3d内能有效控制病情，防治疾病的蔓延；⑤菌必治或舒普深5～7mg/L药浴，连续3～5d，每次2～3min。

4．化板病

【病因】三株革兰氏阴性菌可引起此病，其中一株被鉴定为弧菌。

【症状】附着在附着基上的幼体收缩不伸展，触手收缩，活力下降，附着力差，并逐渐失去附着能力而沉入池底。患病幼体表皮出现褐色“锈斑”和污物，有的患病稚参体外被包一层透明的薄膜，皮肤逐步溃烂至解体，骨片散落。

【流行及危害】此病是稚参附着后期经常发生的流行病，一般在樽形幼体向五触手幼体变态和幼体附板后的稚参时发生。此病传染性强，发病快，数天内死亡率达100%。

【防治方法】①保证投饵的质量和数量，确保饵料经过消毒处理；②采用二次砂滤或紫外线消毒的方法处理养殖用水；③及时清除残饵、粪便等，减少水中的病菌数量。

5. 盾纤毛虫病

【病因】由细菌和纤毛虫协同致病。纤毛虫，活体外观呈瓜子形，皮肤薄，无缺刻，新鲜分离得到的虫体平均大小为38.4μm×21.7μm。

【症状】发病的稚参在显微镜下观察，可见纤毛虫进入稚参体内，然后在稚参体内大量繁殖，造成稚参解体死亡。

【流行及危害】在稚参培育阶段（度夏期）发现盾纤毛虫病。夏季高温季节，水温20℃左右，刺参幼体附板后2～3d内易爆发此病。此病感染率高，传染快，短时间内可造成稚参大规模死亡。

【防治方法】①养殖用水应经过砂滤和300目网滤处理；②及时清除池底污物，勤刷附着基，适时倒池；③饵料投喂要经过严格消毒，以避免将致病菌和纤毛虫带入池内。

任务二　黄鳝养殖

一、黄鳝养殖现状分析

黄鳝在我国除青藏高原外，广泛分布于各地的淡水水域，多见于长江流域和珠江流域。在朝鲜的南部、日本、泰国、马来西亚、印度尼西亚、菲律宾等国家也有分布。黄鳝因其味道鲜美，在国内外市场上十分畅销。黄鳝不仅在我国，在日本、韩国等诸多国家都深受消费者的青睐，许多国家都把黄鳝作为大力发展的水产养殖对象。黄鳝适应环境能力强，耐低氧，便于运输，养殖方法简便。人工养殖黄鳝具有占地面积少，管理方便，病害少，饲料来源广泛，成本低，产量高，经济收益大等优点。目前我国开展黄鳝人工养殖的地区主要有江苏、湖南、湖北、四川、安徽、山东及台湾等省。人工养殖黄鳝的方式主要有水泥池养殖、土池养殖、稻田养鳝、网箱无土养殖、流水无土养殖等。同时，国内针对鳝鱼的生态养殖、健康养殖及无公害养殖模式已初现端倪。

黄鳝肉质细嫩，营养丰富，可食部分达65%以上，具有很高的食用价值。据分析，每100g肉中含蛋白质18.8g、脂肪0.9g、钙质38mg、磷150mg、铁1.6mg，还含有硫胺素、核黄素、尼克酸、抗坏血酸等多种维生素。同时，由于鳝鱼体内富含 DHA（二十二碳六烯酸）、EPA（二十碳五烯酸）和其他药用成分，因而在深加工和保健品开发上具有极大的发展潜力。因此，黄鳝在国内外市场越来越走俏，目前国内市场年需求量近 300 万 t，日本、韩国每年进口 20 万 t。野生鳝的资源国内除四川、湖南、湖北、重庆、贵州等还有一定数量的分布外，其他地区已遭受严重破坏。需求的增长和资源的减少使黄鳝的市场供应日趋紧张。诸多因素表明，人工养殖黄鳝具有广阔的发展空间。鉴于我国在黄鳝养殖方面科技贮备不足、科研落后于生产等诸多因素的制约，黄鳝产业凸显出以下问题：天然黄鳝资源日益匮乏；种苗生产仍未实现规模化；养殖过程中爆发性疾病较难控制；配合饲料研制滞后；集约化程度低等。

二、黄鳝的识别

1. 形态特征

黄鳝（*Monopterus albus*），隶属于硬骨鱼纲、合鳃目、合鳃科、黄鳝属，俗称鳝鱼、长鱼、罗鳝、田鳗、线鱼、无鳞公子等。黄鳝（图 5-2）体呈棍棒形，细长似蛇和鳗鲡，前端管状，尾部侧扁，尾端尖细。体表无鳞，无胸鳍和腹鳍，背鳍和臀鳍退化为皮折状且与尾鳍相连。眼小，口较大，左右鳃孔在头的腹面愈合为一，呈“V”字形。体色呈黄色、棕黄色、青棕色、泥黄色等，有的全身布满大小不一的黑色斑点。生活于不同水域环境的黄鳝体表色泽、斑纹差别较大。黄鳝体长一般为 25～50cm，最大达 80cm，体重 1.5kg 以上。

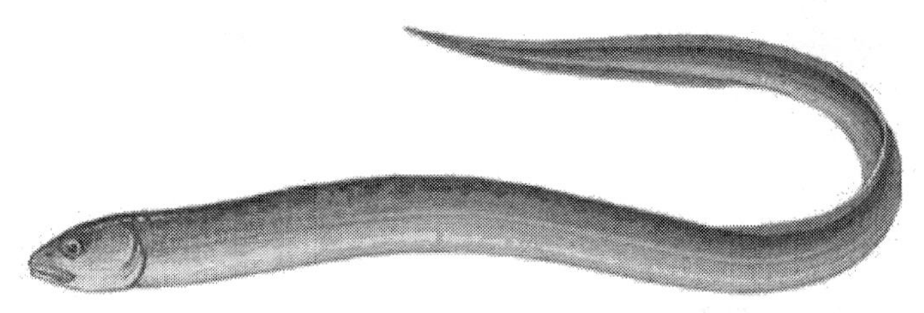

图 5-2　黄鳝

黄鳝的鳃明显退化，在水中不能完全靠鳃呼吸，口咽腔黏膜是其辅助呼吸器官，在其内壁上分布有丰富的血管，能进行气体交换。在氧气贫乏的水体中，黄鳝能将其身体的前半段竖起，把头伸出水面进行呼吸。因此，黄鳝耐低溶氧能力较强，能进行高密度饲养。在离水后，只要保持皮肤湿润，也能存活相当长的时间，故较耐长途运输。

2. 生活习性

1）栖息习性

黄鳝为岸边潜水穴居性底栖鱼类，在各种淡水水域中几乎都能生存，尤喜在稻田、沟渠、池塘、静水湖汊等静止水体的埂边钻洞穴居，喜栖于腐殖质多的水底淤泥中。昼伏夜出是黄鳝的栖息特性之一，在人工养殖中要尽可能创造条件，让其在阴暗的环境下生活。黄鳝体滑善逃，特别是缺乏食物、水质恶化或雷雨天时最易逃逸，在养殖生产过程中要谨防其逃逸。

2）对环境条件的要求

黄鳝生长的适宜温度为15～30℃，最适温度为22～28℃，当水温降到10℃以下时，开始钻入土下20～30cm穴居冬眠。黄鳝具有较强的耐低氧能力，当水中溶氧在3mg/L以上活动正常，低于2mg/L时有异常的表现。

3）食性

黄鳝是以肉食性为主的杂食性鱼类，喜食鲜活饵料。在自然条件下，主要捕食水蚯蚓、蝌蚪、小鱼、小虾、幼蛙，以及落水的蚱蜢、蝇蛆和其他水生、陆生昆虫，也摄食枝角类、桡足类等大型浮游生物。人工养殖可投喂河蚌肉、螺蛳肉、蚕蛹、熟猪血、动物下脚料等。黄鳝也可摄食人工配合饲料，但对饲料有一定的要求：具有一定的腥味，细度均匀，柔韧性好，条形。黄鳝对饵料的选择较为严格，一经长期投喂一种饵料后，就很难改变其食性。因此，在养殖初期，必须在短期内做好驯化工作。

黄鳝食量很大，在摄食旺季，最大食量可达体重的15%以上。黄鳝耐饥饿能力强，较长时间不吃食，也不会死亡。黄鳝在遭受饥饿时，有残食同类的习性。

3. 繁殖习性

1）性逆转

黄鳝在个体发育过程中具有性逆转现象，即一生中经历雌性和雄性两种性别发育阶段。刚孵出的幼鳝全为雌性，在经历一个雌雄间体的中间阶段后成熟为雄性并终生保持雄性性别。这种由雌性转为雄性的现象叫做性逆转现象。野生黄鳝，全长26cm以下个体几乎都是雌性；全长26～32cm的个体，雄鳝占6%；全长32～38cm的个体，雄鳝占30%；体长46cm以上的个体，几乎全是雄鳝。也可根据年龄判定雌雄，一般2龄以内的都是雌鳝，3龄以上者雄鳝居多。在自然水体中，繁殖季节黄鳝的雌雄比例为雌多于雄。具体表现为7月前雌鳝比例较高，8月后因多数产卵后性腺逐渐逆变，9～12月雌雄比约各占一半。

2）性成熟与产卵量

黄鳝2龄开始性成熟，成熟最小个体体长约20cm，重约17g。黄鳝的怀卵量少，全长20～30cm的雌鳝怀卵量为100～300粒，最大怀卵量为500～1000粒。分批产卵，可产卵1～3次。进行人工催产，可使黄鳝集中1次产卵，方便集中管理。

3）繁殖习性

黄鳝的繁殖期在长江流域通常水温稳定在20～22℃以上，即每年5～9月是黄鳝的繁殖季节，6～7月是繁殖盛期。野生鳝鱼的自然繁殖，绝大多数是子代与亲代相配，少数为雌鳝与前两代雄鳝相配。多数黄鳝单独筑繁殖洞用于产卵繁殖，产卵常在其穴居的隐蔽洞口附近，或有挺水植物处或乱石块间。雌雄亲鳝于产卵前吐泡沫筑巢，然后将卵产于泡沫之间，雌鳝产卵后雄鳝排精。受精卵借助泡沫的浮力在水面发育和孵化。亲鳝吐泡沫作巢除了隐藏鱼卵，使其避免遭受敌害外，主要可使受精卵被托浮于水温较高

（鳝卵孵化适宜水温为21～28℃）溶解氧丰富的上层水面，以利提高孵化率。雌雄亲鳝均具有在鱼巢周围保护幼鳝的护幼习性。黄鳝的受精卵在28～30℃条件下，160h即可孵出仔鱼，刚孵出的仔鱼全长11～13mm，10d后卵黄消失，体长达28mm左右，能自由游泳摄食，亲鳝停止护幼，繁殖活动结束。

三、黄鳝的人工繁殖

（一）亲鳝的培育

1. 池塘选择与清整

选择水量充足、水质良好、排灌方便的地方建造池塘。池塘环境要求比较安静，不影响亲鳝摄食。亲鳝池面积以20～30m^2，水深20～30cm为宜。亲鳝池每年要清整1次。清池时排干池水，挖出过多的淤泥和水草，在放养亲鳝前10～15d，用生石灰等清池杀灭病菌、寄生虫和野杂鱼类。清池5d左右，注入新水。

2. 亲鳝投放

亲鳝可由自然水域捕捉野生鳝，也可直接从培育池获得。投放密度为30～50尾/m^2，最好雌雄分池培育。

3. 亲鳝培育

1）饲料投喂

亲鳝饲料主要是豆饼、熟小麦、玉米，并搭配蚯蚓、蝇蛆等动物性饲料。每天投喂2次，投喂量根据水温调整，24℃以下，投喂量为黄鳝体重的1%～2%；24℃～28℃，为2%～4%；10℃以下停止投喂。野外环境来源的亲鳝，入池前需进行驯饲，驯饲的方法通常用鳝鱼喜吃的蚯蚓作饵料，驯饲时在培育池入口周围设置饵料台，驯饲前需饥饿几日方可投料。

2）水质调节

春末夏初温度低，每2周左右加水或换水1次，15～20d冲水1次，每次15～20cm。以后随水温升高，换水时间逐渐缩短，在产卵前半个月左右，最好每天冲水1次，进行刺激。

3）巡塘观察

亲鳝池每天早晚要进行巡视。在高温季节容易发生泛塘，夜间也要进行巡视。巡视时主要观察是否有“浮头”现象、水质肥瘦、亲鳝的摄食情况、活动情况、有无逃逸等。巡塘时发现问题，及时处理。

（二）亲鳝的选择

选择体质健壮、无伤无病、体形肥大、色泽鲜亮、成熟良好的个体作为亲鳝。一般雌鳝要求 30cm 左右，个体体重 100g 左右。成熟的雌鳝腹部膨大呈纺锤形，个体较小的成熟雌鳝腹部有一明显透明带，体外可见卵粒轮廓，用手轻摸，柔软而有弹性，生殖孔红肿。雄鳝选择体重 200～500g 为好。雄鳝腹部较小，腹面有丝状斑纹，生殖孔红肿，用手挤压腹部，能挤出少量透明状精液。

（三）催产孵化

1. 催产剂的选用与注射

催产剂一般选择促黄体素释放激素类似物（LRH-A）、绒毛膜促性腺素（HCG）、鲤脑垂体等。生产上多采用 1 次注射，注射剂量根据亲鳝大小确定。一般 50g 以下的亲鳝，每尾雌鱼注射 LRH-A 5～10μg；50～250g 的雌鱼，每尾注射 LRH-A 10～30μg。雄鳝每尾注射 10～20μg。将选择好的亲鳝用毛巾或纱布包住，防止滑动，胸腔注射，注射深度应根据亲鳝大小灵活掌握，切忌刺破鳝体心脏。每尾亲鳝注射催产剂药液量为 0.5～1.0mL。雄鳝的注射时间比雌鳝推迟 24h。亲鳝注射催产剂后放入水泥池中雌雄分开暂养，暂养期间换水 2 次。在水温 25～27℃，一般 50h 后，即可观察亲鳝的成熟及发情情况。

2. 人工授精

用干净毛巾将雌鳝擦干，一手握住雌鳝前部，另一手向后挤压腹部，如果出现泄殖孔堵塞，可用消毒过的小剪刀剖腹取卵，将卵挤入干净干燥的瓷盆中。将雄鳝的腹腔剖开，取出精巢，用剪刀剪碎用纳氏溶液或少量 0.7%生理盐水稀释倒入盛卵的盆中，充分搅拌让其授精。然后用水稀释，均匀倒入孵化池中进行孵化。以上操作过程要避免在强光下进行。

3. 人工孵化

孵化容器可根据产卵量选择瓷盆、水族箱、小网箱、孵化缸、水泥池等。孵化过程要做好水质、水温、溶氧和病害的管理。水泥池孵化，在孵化前 10d，用生石灰彻底清塘消毒，待药效消失后，注入经日光暴晒升温后的洁净水 10cm，新建水泥池应当检查池水 pH。采用静水孵化法，孵化密度为 1000～2000 粒/m^2。孵化的适宜温度为 22～32℃，最适 25～30℃。孵化过程中应经常换水，温差不超过±3℃。在孵化池中放入部分消毒棕树皮或水槽，让刚孵出的鳝苗有栖息之处。在水温 25～27℃时，7d 后陆续孵化出鳝苗，大约 11d 出齐。

四、黄鳝的苗种培育

1. 池塘选择与准备

鳝苗培育池一般选用小型水泥池，选择在水源充足、水质良好、排灌方便、背风向阳的地方。面积一般 $10m^2$，池深 30～40cm，培育池上沿高出地面 20～30cm，以防雨水漫池造成鳝苗逃逸。水池设进排水口并用筛绢或聚乙烯网罩住。池底铺厚5cm左右的土层，土层中加牛粪或猪粪1kg/m^2，最好引植丝蚯蚓，并在池面上种植水葫芦或水浮莲。

2. 鳝苗放养

鳗苗出膜后5～7d可入池培育，放养密度一般为100～200尾/m^2。鳝苗放养前，应在卵黄囊消失后在原池用煮熟的蛋黄喂2～3d。下池时间以施肥1周后水体中培育了大量的丝蚯蚓和水蚤等活饵料高峰期为宜。鳝苗下池时，盛放容器里的水温与培育池水温温差不能超过±3℃，一般在晴天上午8～9时或下午4～5时下池。下池时，应将质量差的鳝苗剔除，经挑选分级、计数后入池。

3. 苗种培育

鳝苗的开口饵料最好选用丝蚯蚓，也可用浮游动物或鱼虾肉等动物性饵料。以后用熟蛋黄、豆粉调成糊状投喂，也可用蚌肉、蚯蚓、各种动物血以及下脚料加工成糊状饵料均匀撒入池中。每天投喂4～6次，日投饵量为鱼苗体重的2%～5%。培育过程中保持水质清新，经常加注新水。经1个月培育可生长至8cm左右，至年底可培育至15cm左右，体重3g以上，可转入成鳝池进行养殖。

五、黄鳝的池塘养殖

1. 养殖池建造

1）池塘位置选择

黄鳝养殖池一般选在地势稍高、背风向阳、冬暖夏凉、水源充足、水质清洁无污染、进排水方便、交通便利的地方，常年有微流水更好。

2）鳝池建造

（1）水泥池。根据各地气温及地温情况，可建成地上池、半地上池和地下池。鳝池形状可因地制宜，方形、圆形、椭圆形皆可，目前采用较多的是长方形鳝池。鳝池大小可根据养殖规模而定，一般以20～40m^2为宜。池深0.8～1.0m，泥深30～40cm，水深10～20cm，水面以上30～40cm。池壁要光滑，池塘四角修成圆形，池顶用砖探入10cm，防止黄鳝外逃。顶端高出地面10cm以上，防止雨水直接流入池内。进水口建在池的一角，高出水面30～40cm；出水口建在进水口对角，在泥层以下。泥面以上安装溢水口，控制水位。在距池底15cm处建造一越冬槽，宽30～40cm，深30cm，顺南北走向建数个引导槽，槽宽30cm，由池中心向越冬槽辐射连通，引导黄鳝在地温降低时进入越冬槽或盛夏高温时避暑。

（2）土池。土池的结构、布局及处理方法和水泥池相似，要选择土质坚硬的地方挖池，池底要夯实，池岸要加固。

3）鳝池准备

池塘建好后，用水浸泡10～15d，在池底铺30～40cm富含有机质的壤土，土层软硬要适中，黄鳝打洞时，使洞口不塌陷。土层加水浸泡 5～7d 后换水，可放入鳝种进行养殖。为了防止夏季鳝池水温过高，要在池内移植水葫芦、莲藕等水生植物，占池塘面积的 1/3 左右，即可遮挡阳光，降低水温，又可保持土质松软和空隙度，并能调节水质。

4）人工寄居巢的设置

黄鳝喜穴居，人工高密度养殖要设人工寄居巢。可建以下几种：

（1）建梗栖巢。放干池水，把池中硬质黏土间隔挖起，筑成高出水面的泥梗，梗高 30cm，宽 40cm，间隔 40cm。各梗交错不连接，在梗壁上人工打洞，并在梗面上在中水生植物。

（2）竹筒、聚乙烯管类巢。将竹筒、直径 3～5cm 聚乙烯管等截成 30～50cm 长，管内清理光滑，三五根扎成捆，分散斜插入泥中即成。所用圆筒形管状巢内部空间不宜太小，以免鳝鱼挤压窒息而死。

（3）在泥之间放入柳树根、瓦块等，形成散状洞穴。

2. 鳝苗选购

选购的鳝苗要求体质健壮、无病无伤、生命力较强，最好是来源于同一产地，并一次性购足。选苗方法：首先用肉眼观察，淘汰身体有外伤，腹部有明显红斑，头部、尾部发白，肛门红肿充血，手抓无力挣扎，口腔有血的鳝苗；其次将鳝苗倒入装有水的容器内，加水至容器体积的 4/5，体质差的鳝苗会不断上浮或将头伸出水面，头不下沉，鳃部膨大发红，淘汰这些劣质鳝苗。除了感官检查外，凡钓捕、药捕等获得的鳝苗均不得用作鳝苗放养。

3. 鳝苗放养

南方地区宜在 3 月底 4 月初，水温在 15℃左右时进行，北方地区应较南方推迟 1 个月放养。此时黄鳝尚未进入摄食期，活动力弱，容易操作。同时，早放苗可使黄鳝有较长的适应期，延长摄食时间和生长期，增加养殖产量。

鳝苗出膜 10d 左右卵黄囊消失，全长 25～30mm，放养密度 150～200 尾/m^2。若放养较大规格的鳝苗，则规格为 15～25g/尾，放密度一般为 50～100 尾/m^2。同一来源的鳝苗应放入同一池塘进行人工养殖，以提高放养成活率。放养时要尽量选择体长相近的鳝苗同池饲养，以免因摄食能力不同而导致生长差异，以免因争食而相互残杀。

鳝苗放养前须放试水鱼，以检测水质情况。为了减少疾病发生，有效驱除鳝苗体表寄生虫，提高鳝苗的成活率，鳝苗放养前用 3%～5%的食盐水浸泡 5～10min。药浴时应当观察鳝苗活动情况，若大多数鳝苗表现剧烈挣扎，则应立即停止药浴。

4. 养殖管理

1）驯食与投饵

人工养殖黄鳝时，天然动物性饵料数量不能满足其生长需要，需要人工投饵。在黄鳝养殖初期，必须在短期内做好驯化工作。驯化方法为：鳝苗入池后的前 3d 不予投饲，让其适度饥饿。第 3d 后可选用黄鳝喜食的蚯蚓、淡水虾、蚌肉或鱼等鲜活饵料，定时、定点诱食驯化鳝苗集中摄食。正常情况下，投喂鲜饵 1 周后，黄鳝对鲜饵的日摄食量达到体重的 5%，这时可使用全价配合饲料与鲜料混合投喂，进行转食驯化。为提高驯化效果，要遵循“循序渐进、持之以恒”的原则，一旦选好鲜饵和全价配合饲料后，不要随意改变饵料的种类。

黄鳝驯食成功后，进入正常饲养管理阶段。每天可投喂 2 次，投饲时间以上午 9～11 时，下午 15～17 时为宜，以下午投喂为主，下午投食量占全天投食量的 80%，早上投喂量占 20%。投饵要坚持定时、定量、定质和定位的“四定”原则，并根据养殖季节、天气、水质、黄鳝摄食等情况适时增减投饵量。入池 3～4d 的鳝苗，日投饵量可达黄鳝体重总量的 150%～100%，日投饲次数应增至 4～6 次。饲养 1 周后投饵量为黄鳝总重量的 3%～5%，该投饵率可维持至体长至 5cm 左右，以后视生长情况依次更改为 6%～8%，直至降为 3%～4%。当水温低于 15℃或高于 30℃时应停止投喂。

2）水质管理

养殖期间要保持池水水质清新和水质稳定。水深以 15～25cm 较合适，高温季节应加深水位，天气突变（雨天转晴或晴天转雨）及天气闷热时，要及时注入新水，防止黄鳝“浮头”。坚持定期换水，一般每 5～7d 换水或注水 1 次，换水量为池水的 1/3，夏季暑热最好每天换 1 次水。若条件允许，可控制换水温差不超过 3℃，换水时及时清除残饵。水质管理工作中还应兼顾遮阳，一般水面遮阳面积以近 1/2 池塘面积为宜。养殖期间严禁向鳝苗池内投烟头、化肥及其他有毒有害物质以污染水质。

3）分池

黄鳝饲养一段时间后，生长不均，大小悬殊，容易产生大吃小现象。一般待鳝鱼全长达 8～10cm 时便可进行分池，以后每隔 15d 将池塘内鳝鱼挑选 1 次，按个体大小分池养殖。分池时既考虑体长，又兼顾体重开差，在体重开差不大的情况下，体长仅作参考。

4）防暑和越冬管理

黄鳝生长的适宜水温是 15～28℃，28℃以上对摄食有不良影响。因此，必须在高温季节做好防暑管理，如在鳝池周围种植遮阴植物；加强池水更换，及时注入井水或泉水等（温差不能太大）。在水温 12℃以下时，黄鳝处于休眠状态，因此当气温降到 15℃以下时，应该给黄鳝投喂优质饵料，使黄鳝能大量摄食，积累养分供冬眠需要。黄鳝冬眠时，要保持池泥湿润、温暖，防止黄鳝冻伤、冻死。若带水越冬，池水深度应以不结冰为宜；干法越冬，应保持池塘土壤湿润，并在池面覆盖稻草等保暖防冻。

5）防逃、防害

养殖期间要经常检查进、排水口上的塑料网或铁丝网是否完好，发现漏洞，及时修补，防止鳝鱼逃跑。下雨时要及时排水，保持鳝池中适宜的水位，既能防逃，又有利于黄鳝呼吸。还要采取相应的预防措施，以防止畜禽、老鼠、蛇等敌害的侵袭。

六、黄鳝的稻田养殖

1. 稻田选择与改造

选择水源充足、水质良好、无污染、排灌方便、通风、透光、保水性能好、弱酸性土质的稻田。为了防止黄鳝逃逸，要加高加宽稻田的田埂，田埂宽度一般在 40cm 以上，高出田面 50cm 以上。田埂要夯实不漏水，在田埂边挖一条小沟，挖到硬泥后用水泥板或用砖砌壁，用水泥抹缝。在稻田内挖一些深 50cm 左右的沟，沟与沟相通，形成“井”字状，沟占稻田面积的 5%～10%。进排水口用密眼铁丝网罩好。每亩施腐熟粪肥 1000kg 做基肥。

2. 鳝苗放养

秧苗栽完后放养鳝苗，选择无伤无病的苗种，一般 20～30g/尾的鳝苗每亩放养 1000 尾。放养时，温差不要太大，并用 3%～4%的食盐水浸泡鳝苗 5～10min，以杀灭体表病菌及寄生虫。

3. 养殖管理

1）饵料投喂

放养后逐步驯化，形成定点、定时集群摄食的习惯。投喂量根据天气、水温及残饵量灵活掌握，一般日投饵量为其体重的 3%～5%。

2）水质调节

在黄鳝生长期间，要经常换水，一般 5～7d 换水 1 次，每次换水量 20%。每 15d 向田中泼洒 1 次生石灰，用量为 20g/m^3。在闷热的夏季，应注意黄鳝的活动变化，如身体竖直、将头伸出水面，表示水体缺氧，需要加注新水。

3）防止农药中毒

稻田养殖黄鳝要严防农药中毒。黄鳝对敌敌畏、乐果、除草剂等农药比较敏感。因此，要避免或尽量不使用以上农药。防治水稻病虫害时，应选择高效低毒或生物农药。用药期间应加深水位，并观察鳝鱼活动情况，用药后应及时换水。

七、黄鳝的捕捞和运输

1. 黄鳝的捕捞

人工养殖黄鳝的起捕一般在 11 月中下旬，水温为 10～15℃时进行。此时，黄鳝已基本停止摄食和生长，活动少，捕捉时不易受伤，起捕后便于贮存和运输。

捕捉人工养殖的黄鳝时，可用夏花鱼种网来捕取。网片要柔软，网眼要密，否则容易损伤鱼体。捕捞时，把池中水生植物一起围在网内，起网后，首先把水生植物提出，黄鳝便留在网中。如全部起捕，要先用网捕 1～2 次，再将水放干，翻泥捕捉。捕到的黄鳝要立即用清水冲洗干净，再暂养在水缸或水族箱中，每日换水 1～2 次，待黄鳝将肠道内食物排泄干净后即可起运。

黄鳝还可以用冲水捕捞法、饵料诱捕法、笼捕法、钩捕法等捕捞，可根据具体条件选用。

2. 黄鳝的运输

1）干运法

黄鳝具有辅助呼吸器官，能直接呼吸空气中的氧气，因此可以用鱼篓、箩筐等容器进行干运。干运时，先在容器内放一层水草或其他细软物，再装黄鳝。为了防止黄鳝外逃和便于呼吸，可用塑料纱窗布把容器口封盖。运输途中，每隔2～3h淋水或上下翻动黄鳝1次，以保持黄鳝体表湿润，降低内部温度，防止相互缠绕，引起发烧病。在炎热的夏天，可在容器上方放少量冰块，让缓慢融化的冰水滴入容器内，降低体温，提高成活率。

2）水运法

将黄鳝装入木桶、水缸、帆布桶中，按1∶1的比例装黄鳝和注入新水，盖上带有孔的盖或用网封闭。为了防止黄鳝缠绕成团，每个容器内可装入适量的泥鳅，让其上下窜动，增加水中溶氧。运输途中要定时换水，换水温差不要超过±2℃。

3）尼龙袋充氧法

根据运输距离和袋的大小来确定每个尼龙袋装黄鳝数量。一般每袋中装10～15kg的黄鳝，并加水淹没鳝体，充氧后扎紧袋口装箱运输。此法适用于空运。

任务三 乌鳢养殖

一、乌鳢养殖现状分析

我国的鳢科鱼类共有8个种，分别是乌鳢、斑鳢、月鳢、宽额鳢、纹鳢、线鳢、长身鳢和点鳢。其中只有乌鳢是一个广布种，分布于全国各大水系，产量也最大。斑鳢、月鳢和宽额鳢仅分布在华南地区，包括台湾省和海南省；而纹鳢、线鳢和长身鳢则相当少见，仅见于云南省的怒江、澜沧江水系，经济价值小。人们习惯于将鳢科鱼类通称为乌鱼、黑鱼（东北和华东地区）、财鱼（湖北、湖南）、生鱼（广东、香港地区）、乌棒（西南地区），此外还有斑鱼、孝鱼、蛇头鱼、文鱼等地方名。

乌鳢是经济价值高的名贵淡水鱼类，个体大，骨刺少，可食率高达63%。肉质细嫩，味道鲜美，营养全面，每100g乌鳢肉含蛋白质19.8g、脂肪1.49g、碳水化合物1.2g、钙57mg、磷163mg、铁0.5mg，以及糖类、维生素A、维生素B、烟酸等人体所需的营养成分。同时，乌鳢具有补脾利水，去瘀生新、清热祛风，补肝肾及滋补调养等药用功效，是病弱体虚者的滋补珍品。早在2000多年前乌鳢就被《神农本草经》列为虫鱼上品；《本草纲目》记载："鳢首有七星，形长体园，头尾相等，细鳞、色黑，有斑花纹，颇类蝮蛇，形状可憎，南人珍食之。"由此可见，我国食用乌鳢的历史由来已久。目前，乌鳢主要分布在亚洲、非洲等地。在国外，特别是日本、印度、马来西亚、新加坡、泰国、越南等国家享有"中国鱼"的美称。乌鳢是我国外贸出口的重要水产品之一。

乌鳢养殖具有诸多优点：苗种来源广，容易解决；乌鳢对环境的适应性强，水质条件要求低；生长速度快，养殖1周年可达1000g以上；疾病少，成活率高，亩产量达2000～4000kg，养殖效益大；成鱼运输简单，损失小，便于远距离销售。近年来，为顺应国内外贸易市场的需要，许多地区开展了人工养殖乌鳢的探索与实践，尤其是苗种繁育技术与人工配合专用饲料的突破，为乌鳢养殖业走向商品化、规模化生产奠定了基础。我国乌鳢的养殖区域主要分布于长江以南各水系，四川、湖北、湖南、广东、江苏、浙江、安徽等省已陆续出现了一批乌鳢养殖场，养殖经济效益显著。但乌鳢养殖还存在开发利用不足的问题，如深加工、营养食品、鱼皮制革、药用等，这些方面若加以改善，乌鳢养殖的前景将十分可观。

二、乌鳢的识别

1. 形态特征

乌鳢（*Ophicephalus argus*），隶属于鲈形总目、鲈形目、攀鲈亚目、鳢科、鳢属，俗称黑鱼、乌棒、七星鱼、财鱼、生鱼、蛇头鱼等。乌鳢（图 5-3）鱼体前部呈圆筒状，后部侧扁，头长且尖，扁平如蛇头。口大，端位，下颌稍向前突出。牙细小，上下颌有密封的锐齿。鳃裂大，左右鳃膜愈合，鳃耙粗短，排列稀疏，鳃腔上方左右各具一有辅助功能的鳃上器官，可直接进行气体交换。全身覆盖中等大小的圆形鳞片。背鳍颇长，几乎与尾鳍相连，无硬棘。体色呈灰黑色，体背和头顶色较暗黑，腹部淡白，体侧各有不规则黑色斑块，头侧各有 2 行黑色斑纹，奇鳍黑白相间的斑点，偶鳍为灰黄色间有不规则斑点。

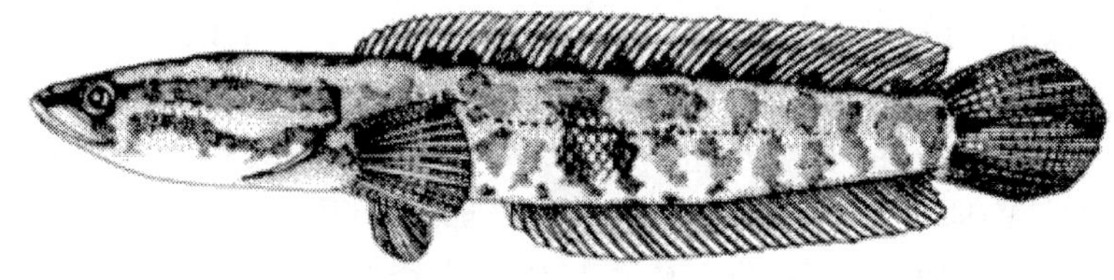

图 5-3　乌鳢

2. 生活习性

1）栖息环境

乌鳢是底栖生活鱼类，通常栖息在水草茂盛、软泥底质的静水或水流缓慢的湖泊、河流、水库、沟渠、池塘和低洼沼泽地等水域中，多潜伏在水深约 1m，有青蛙、泥鳅和各种水生昆虫密集的浅水区。乌鳢跳跃能力强，成鱼能跳离水面 1.7m 左右，6～10cm 的鱼种也能跳出水面 30cm 以上。在有流水冲击和降雨时，更易刺激乌鳢跳跃逃跑，并常随水流逆行而上。当原栖场所食物缺乏或其他条件不适时，常借降雨的夜里，以蛇形移动方式，移居或转移到其他水域中生活。

2）对环境条件的适应

乌鳢对水温适应范围较广，具有耐高温与耐低温的能力，生存水温为 0～41℃，最适温度为 16～30℃，20～25℃时生长最快。春季水温回升到 18℃以上，常在水体的中上层活动；夏季多在水体的上层活动，当天气闷热降雨时，往往会跳出水面，匍匐于岸边；秋季水温下降到 6℃以下时，常潜伏于水深处；冬季水温过低时，则蛰居于水底。

乌鳢对盐度的适应性也很强，在淡水和咸淡水中都能生活。

乌鳢对不良水质和缺氧等不良环境有很强的适应力。当水中严重缺氧时，乌鳢将头斜露出水面，借鳃上器官，直接与空气进行气体交换。只要保持鳃部和皮肤湿度，乌鳢能够在空气中存活较长时间，同时受气温的影响较大，7℃时可存活 1 周。所以通常在气温 7℃左右进行乌鳢的无水保湿法运输。

3）食性与生长

乌鳢为凶猛的肉食性鱼类，鱼苗期主要以桡足类、枝角类和摇蚊幼虫为食；当体长达 3cm 以上时，转向以水生昆虫的幼虫、小虾和蝌蚪为主，也吃一些小型鱼类；当体长达 8cm 以上时，则以各种小型野杂鱼、青蛙和虾类为主。当食物不足或鱼体大小相差悬殊时，乌鳢有自相残杀的习性，能吞食自身体长 2/3 以下的同种个体。因此，在养殖中应投足饲料，避免自相残杀，注意放养规格一致，尤其是苗种培育阶段，应根据规格大小实行多级分养。乌鳢的生长速度相当快。在人工饲养条件下，当年乌鳢苗体重可达 200～300g/尾，第 2 年可达 1500～2000g/尾。

3. 繁殖习性

乌鳢产卵多在湖泊、池沼、江河中底质为淤泥、水草繁茂的浅水区以及向阳、静水避风的场所。产卵场内有丰茂的芦苇和叶黑藻，水深 20～100cm，水温 22～27℃，最有利于乌鳢产卵。长江流域的乌鳢，2 冬龄，体长 30cm 以上，性腺即可成熟，产卵季节为 5～7 月，以 6 月份产卵最盛；黑龙江流域的乌鳢，2 冬龄以上，体长大于 35cm 性腺才能成熟，产卵季节为 6～8 月，7 月为产卵高峰期。

乌鳢的怀卵量一般为每千克雌鱼 1 万～2 万粒。产卵期较长，一次成熟，分批多次产出。产浮性卵，产卵方式为营巢草上产卵。产卵约 1 周前，雌雄亲鱼共同衔取水草或植物碎片构筑鱼巢。一般 0.5kg 的亲鱼，其作巢直径为 40～50cm，1 次产卵数千粒到万余粒。产卵后，雌鱼守在巢底，雄鱼在巢周围巡视，以保护鱼卵不受伤害。2～3d 后，仔鱼孵出。通常乌鳢亲鱼在仔鱼群下或附近尾随保护，待幼鱼体长达 6～7cm 时，开始散群，各自独立生活。

三、乌鳢的人工繁殖

1. 亲鱼的选择

乌鳢亲鱼的来源主要有两个方面：一是结合江河、湖泊冬捕，选留亲鱼；二是池塘培育选留亲鱼。选留亲鱼的主要标准是：2 冬龄以上，体重 0.75～1.25kg，体长 30～40cm；体质健壮，无病无伤；雌鱼体形稍短而圆，腹部膨大，生殖孔微突稍红，腹鳍条呈白色，胸部无黑斑，成熟的雌鱼卵巢轮廓明显，腹部松软；雄鱼鱼体斑纹明显，体表润滑黏液较多，离水时挣扎弹跳有力，腹部较小呈灰白色，胸部上有黑斑；雌、雄比例为 1∶1。

2. 亲鱼的培育

1）培育池的选择和准备

培育池的大小按照每池的放养量和每次繁殖量相配套的原则来决定，例如 1 次能够繁殖 30～40 对，则选择 267～400m² 池子为宜，即放养 1 对/m²。水深 1.2～1.5m，土质池底，池堤四周设 0.8～1.0m 高的竹篱笆或尼龙网围栏，以防乌鳢跳出外逃。放养前池塘每亩用生石灰 50～60kg 清塘消毒，灌水 10d 后可以放养亲鱼。池中央或四周可种植水葫芦或水花生等水生植物，以利于乌鳢隐蔽、吃食和调节水质等。

2）亲鱼的放养

放养时间一般在 9 月份，此时水温在 25℃左右，有利于亲鱼的生长，同时随着时间的推移水温逐渐降低，亲鱼可不断适应环境，恢复体质，不仅可促进性腺的发育，提高怀卵量，还可以为亲鱼越冬做好准备。放养密度一般每亩为 100～150kg，最多不超过 200kg，即 150～250 尾左右。雌雄比以 1∶1 为宜，由于此时亲鱼的雌雄难以判别，所以放养数量最好比实际需要量略大一些。

3）培育管理

（1）饵料投喂。培育乌鳢亲鱼的主要饵料为小鱼、小虾，当水温达 18℃以上，即可投食，当水温 23～27℃时食量大增，投喂量为亲鱼体重的 10%～15%。投喂的小鱼、虾要求新鲜，大小适口。

（2）水质管理。虽然乌鳢对水质的要求不高，但亲鱼培育时对水质的要求相对高一些，透明度大一些，应经常加注微流水，保持水质清新。

（3）防病管理。主要是防止真菌和细菌性疾病的发生。培育期间 15d 消毒 1 次，一般采用 15～20mg/L 生石灰或 1mg/L 漂白粉全池泼洒；越冬期，每月 1 次，20～25mg/L 生石灰全池泼洒，浓度提高，以充分作用到潜入底部淤泥的乌鳢。

4）亲鱼的雌雄鉴别

乌鳢的人工繁殖采取对组繁殖（单繁），如果 1 尾亲鱼因雌雄鉴别而选错，则该组繁殖失败，因此亲鱼的雌雄鉴别十分重要。雌鱼体型稍短而圆，腹部膨大，生殖孔微突稍红，腹鳍条呈白色，胸部无黑斑，成熟的雌鱼卵巢轮廓明显，腹部松软；雄鱼体型较瘦长，腹部不明显膨大，生殖孔凹陷，腹鳍条呈黑色，胸部有很多黑斑，背鳍基部有圆小而透明的白色斑点。成熟的雄鱼体侧呈美丽的紫红色。

3. 人工繁殖

1）产卵池的准备

乌鳢的产卵池（图 5-4）以土池为好，不伤亲鱼，面积 20m² 左右，水深以 1.2m 左右为宜，催产前用生石灰彻底清塘消毒，并用网围好。产卵前，可以看到雌雄亲鱼共同采集产卵场四周水草（图 5-5）的叶片进行筑巢，为此，产卵池可用质地柔软、新鲜无毒的水葫芦、水花生或眼子菜等做成鱼窝。

2）人工催产

乌鳢的催产剂种类较多，在生产实际应用中，常用鲤鱼垂体 PG＋绒毛膜促性腺激素 HCG 1000～1500IU/kg 或 DOM＋HCG 1000～1500IU/kg。雄鱼的催产剂量为雌鱼的 1/2。一般分 2 次注射，第 1 次注射量为药剂总量的 1/4～1/3，以促进性腺的进一步成熟，15～20h 以后注射第 2 次。注射的部位一般为胸鳍基部，皮下注射。

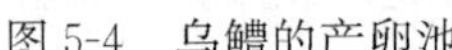
图 5-4 乌鳢的产卵池

图 5-5 产卵池的水草

3）亲鱼的配对与产卵

乌鳢属于凶猛性鱼类，它们在发情时有领域占领和防卫的习性，乌鳢在争夺配偶时会发生争斗，影响产卵和受精，同时也容易造成鱼体受伤。因此，乌鳢人工繁殖的催产应在泡沫箱或水族箱等器具中进行，并保持遮光及安静。实践证明，以 1 个泡沫箱 1 组亲鱼的方式进行催产，效果较好。亲鱼产卵后及时捞出。

4）受精卵的孵化

乌鳢卵为浮性卵，浅黄色，有较大的油球，用孵化池静水孵化易出现鱼卵聚集成块的现象，即使孵化池整体孵化密度较低、池水溶解氧含量高，也会出现卵块聚集处局部缺氧而影响孵化率的结果。聚集成块的鱼卵相互感染的概率大大增加，所以应该经常搅动水面以保持水质清新，当卵被风吹或人为脱离鱼巢时，亲鱼会用口含的方法重新放入鱼巢，提高了孵化率。同时，在孵化过程中应及时清除死卵、死苗，以避免水面被“油封”。乌鳢受精卵人工孵化的方式多种多样，各地可根据实际情况，灵活掌握。

四、乌鳢的苗种培育

1. 开口饵料

鱼苗培育的关键是解决好乌鳢鱼苗混合营养阶段的开口饵料问题。刚孵化的仔鱼，体质弱，活动能力差，此时是乌鳢苗种死亡的高峰期，一定要精心驯养。轮虫、小型枝角类等浮游动物是乌鳢苗的主要开口饵料。生产上一般用浮游生物网捞取轮虫，若浮游生物仍不能满足其需要时，则可投喂熟蛋黄，并经 30～40 目筛绢过滤，滤液均匀泼洒在池内。此外，鱼苗孵出后 1～7d 有极强的集聚栖息习性，同时该阶段作为活饵的“红虫”也集群，加上水体中孵化和排泄废物较多，很容易造成局部缺氧，所以应及时用适当工具驱散集群。鱼苗经 8～10d 的驯养，体长可达 10～15mm，体色转黄。

2. 水质调节

在培育过程中要保持池水清新，溶氧在 5mg/L 以上为宜。每隔 1 周加注 1 次新水，每次加水量以池内水位上升 10cm 左右为宜。

3. 拉网分养

乌鳢是肉食性鱼类，在苗种阶段当体长出现悬殊分化时，在鱼群中经常出现以大吃小的现象。为了保证较高的成活率，当鱼群中有明显的体长悬殊时，要立即分筛，大小鱼分池培育。拉网过筛时，一定要轻拿轻放，避免损伤鱼体。

目前乌鳢人工育苗的出苗率很低，故如何提高乌鳢苗种培育成活率、降低生产成本，是当前发展乌鳢养殖业的重要课题。

五、乌鳢的池塘养殖

1. 池塘的准备

养殖池塘以土池为好，适合乌鳢生活习性，便于调节水质，而且不损伤鱼体。面积100～300m^2，水深1.5m以上，池底有10～15cm的淤泥，池埂要高出水面60cm，以防止乌鳢外逃。鱼池四周环境安静，排灌方便，进排水口用结实的防逃网加固牢靠。此外，鱼池周围高度1m以上设拦网，池塘中央或一角移植水葫芦或水花生等水生植物，占养殖水面的1/6～1/5，以调节水质和供鱼隐蔽、摄食。

鱼种放养前10～15d，每亩用生石灰60～70kg消毒池塘水体。清池后3～5d，注水入池，注水水深0.8～1m，注水时用60目筛网过滤。注水1d后，每亩施加绿肥400～450kg，或施加经发酵腐熟的有机肥200～250kg，5～7d后即可放养鱼种。

2. 鱼种的放养

乌鳢的养殖一般是第1年由当年孵化的鱼苗培育至200～300g的1龄鱼种；第2年再经过1年的养殖养成1.5kg以上的商品鱼。

1）苗种选择与消毒

选择规格整齐，体质健壮，逆水性强，体表完整，无畸形，无病无伤的苗种。放养前，严格消毒苗种，用3%～5%食盐水浸泡消毒5～10min。短途运输的苗种可直接浸泡消毒，长途运输的苗种最好是经过一段时间的吊养适应后再浸泡消毒。

2）放养密度与搭配模式

在放养前，首先根据池塘条件、设施水平、技术管理水平来决定池塘单产，然后根据池塘单产和商品规格来决定放养密度。一般来说，静水池塘中，在每年的6～7月放养当年3～6cm的鱼种，以10尾/m^{2}为宜；在每年的3～4月放养16～20cm的大规格鱼种，以5～6尾/m^{2}为宜。若为微流水池塘或池塘较深，则养殖密度可以适当提高。此外，每个池塘可搭配规格100g以上的鲢、鳙鱼种若干，让其摄食部分残饵，以充分利用水域空间，提高养殖效益。

3）拉网分养

在养殖过程中会出现个体大小差异，须多次用不同网目的拉网进行过筛分级，分池分养，并随鱼的生长不断降低放养密度，最后达到2～3尾/m^2，在池塘数量有限时，可用相应网目的尼龙网将池子网成若干个分隔部分，放养不同规格的乌鳢。

3. 养殖管理

1）饲料投喂

在传统养殖方式下，乌鳢成鱼养殖常投喂鲜野杂鱼、小虾为主的动物饵料，其饵料系数一般在 6 左右。使用鲜杂鱼进行养殖，存在着成本高、饵料转化率低、易污染水质和病害频发等问题，特别是海洋小杂鱼，通过速冻、长途运输运往内地，鲜度保证不了，或存放保鲜不好，乌鳢吃了之后，就会引起肠炎和出血病等。而且随着鲜杂鱼资源的日益匮乏，以优质、环保的人工配合饲料取代鲜杂鱼进行乌鲤养殖已经成为趋势。

目前我国已有部分专业饲料企业开发研制出专门的乌鳢配合饲料，其中以浮性膨化饲料最适合乌鳢的养殖。乌鳢是肉食性鱼类，对蛋白的需求比一般鱼类要高，至少应该达到 40％。饲料的质量和投饵技术是影响养殖产量和经济效益的关键，为此，必须做到科学喂养，即做到“四定”投饵。首先，要保证投喂新鲜优质的饲料。其次，投饵量要依据鱼个体大小、摄食情况、水温、天气情况、水质状况、鱼的生长情况等灵活掌握，以鱼吃到“八成饱”为宜。人工投饵应在速度上掌握“慢—快—慢”的原则，即开始时少量、慢投喂，并配合某种声响使其形成进食条件反射，待鱼引至表面抢食时，加快投饵速度，待乌鳢抢食减弱时，再慢慢投喂。在给乌鳢投喂饵料时，一定要在池塘内设置饵料台，以防止饵料的浪费，也便于检查摄食情况。饵料台附近每周消毒 1 次，及时捞除残渣余饵，以免其腐烂变质，污染水体。一般情况下每天投喂 2～3 次即可。

2）水质管理

养殖乌鳢的水质指标为：pH7～8.5，水温 18～25℃，透明度 30～40cm，溶解氧 5mg/L 以上，NH_3—N、H_2S 等应控制在不足以影响鱼的正常生长范围内，水体中的浮游生物密度适宜，水质能够保持清新、嫩爽，水域生态呈良性循环。在高密度养殖情况下，要采取综合措施，控制水质。注意勤换水，养殖前期与后期，每隔 3～4d 换水 1 次；其他月份，每隔 5～7d 换水 1 次，每次换水 30cm 左右。水源充足的池塘，可使池塘保持日交换量在 10％左右的微流水状态。另外，每隔 20～30d 用浓度为 20mg/L 的生石灰水全池泼洒 1 次，以改善水质。遇到恶劣天气、乌鳢浮头等情况时，开增氧机增氧，始终保持池水透明度在 30～40cm 之间。冬季和高温季节水位要升高，保持水温的相对稳定性。

3）日常管理

（1）每天巡塘 1～2 次，观察乌鳢的生长、摄食及水质等情况，检查进、出水口，发现问题及时解决。加强水草管理，防止水草蔓延至整个塘口或腐烂而污染水质。

（2）乌鳢善跳易逃，1 条 800～1000g 的乌鳢可跃离水面 1～2m。当多雨季节，食物不足或其他条件不适时，乌鳢常跃出水面，发生“过道”现象。因此，养殖乌鳢要注意防逃工作。鱼池进、排水口必须安装坚实的防逃网或拦鱼栅等防逃设施，池埂必须高出水面 50cm 以上，池的四周安装防逃的竹篱笆或渔网围拦。在大雨、大风、大换水时必须检查以上设施，若有损坏及时修补。

（3）做好养殖日志，完整记录鱼苗种放养、投饲、用药等情况。

（4）及时了解市场情况和鱼类生长情况，做到及时上市。

任务四　红鳍东方鲀养殖

一、东方鲀养殖现状分析

东方鲀是鲀形目、鲀科、东方鲀属鱼类的总称，俗称河鲀。在我国分布的东方鲀属鱼类大约有15种，目前开展生产性育苗和养殖的主要种类有红鳍东方鲀、假睛东方鲀和暗纹东方鲀等。河鲀肉质细嫩，味道鲜美，营养丰富，蛋白含量高，深受消费者喜爱，至今在民间仍流传着"拼死吃河鲀"的说法。长期食用可增强人体免疫力，对心脑血管疾病、高血压、肝炎、肺结核等有特殊的食疗作用。野生河鲀含有河鲀毒素，内脏、卵巢、眼球、皮肤、血液均有毒，以卵巢、血液和肝脏毒性最大。但从河鲀中提取的河鲀毒素（Tetrodotexin，TTX）是高级镇痛药物，在医疗上具有重要的用途。

我国的东方鲀养殖于20世纪80年代中期取得工厂化育苗的成功，90年代发展起来。红鳍东方鲀是东方鲀中可进行养殖的优良品种之一，并已发展成为我国重要的海水养殖精品。近年来，我国红鳍东方鲀养殖业逐步走上正轨，辽宁大连富谷水产有限公司等一批水产养殖企业红鳍东方鲀的人工繁育和成鱼养殖技术成熟。我国的红鳍东方鲀养殖产量稳步增加，2007年达到了8000t，产值6亿元。辽宁、山东、河北、天津等省市养殖量较大。商品鱼主要出口日本、韩国，其中鲜活鱼占总出口量的2/3，冰鲜鱼占1/3。

东方鲀养殖已成为我国一个新型的养殖产业，并形成了多种河鲀养殖共同发展、南北养殖种类遥相呼应的良好局面。南方以江苏为中心，主要养殖淡水河鲀——暗纹东方鲀。此外，假睛东方鲀、黄鳍东方鲀、豹纹东方鲀等种类我国也有养殖。东方鲀的成鱼养殖方式主要有网箱养殖、土池养殖和工厂化养殖，以网箱养殖为主。红鳍东方鲀大规模集约化网箱养殖具有养殖成本低、鱼体生长快、鱼肉品质好、养殖管理方便和易于活鱼运输等优点。

由于野生东方鲀有剧毒，我国明令禁止上市，全国只有数家获得卫生部和省卫生防疫部门试点经营许可的河鲀餐馆可以经营河鲀，食用河鲀必须严格遵守河鲀安全食用处理方法。目前河鲀养殖也受此影响，其养殖成品也主要出口日本、韩国。在日本，河鲀年消费量在2万t以上，以红鳍东方鲀的消费量最大，每年需从国外大量进口。韩国每年消费河鲀也达到1万t左右，一半以上靠进口。随着养殖无毒化技术的逐步成熟，如大连富谷水产有限公司等多家国内养殖大户已掌握此技术，无毒河豚也逐步走入中国市场。通过进一步提高养殖和加工水平，开放国内市场，我国河鲀养殖产业必将达到一个新的阶段，对沿海农村转产转业、增收增效、发展农村区域经济具有重要意义。

二、红鳍东方鲀的识别

1. 形态构造

红鳍东方鲀（*Fugu rubripes*），隶属于鲀形目、鲀亚目、鲀科、东方鲀属。体亚圆

图 5-6 红鳍东方鲀

筒形，吻圆钝，口小，前位，上下颌各具 2 个喙状牙板。体侧皮折发达。头部与体背、腹面均被强小刺。背面和上侧面青黑色，腹面白色。体侧在胸鳍后上方有一白边黑色大斑，斑的前方、下方及后方有小黑斑。臀鳍白色，背鳍黑色（图 5-6）。

2. 生活习性

1）栖息环境

红鳍东方鲀在我国的黄海、渤海、东海北部及日本海域、朝鲜半岛西岸都有分布。适宜生长水温为 15～28℃，最适水温为 16～23℃，水温降至 12℃左右，摄食减少，9℃以下，停止摄食，7℃以下死亡；超过 28℃时，鱼体活动缓慢，抗病力减弱。广盐性鱼类，适盐范围为 5～45，最适盐度为 15～35。

2）食性与生长

红鳍东方鲀为肉食性鱼类，贪食，在自然海域中主要摄食贝类、甲壳类和小鱼，饥饿状态下也摄食一些大型藻类。在人工养殖中主要投喂玉筋鱼、拟沙丁鱼、鲐鱼等小杂鱼类，且摄食良好，生长迅速。经驯食，能摄食配合饲料。红鳍东方鲀生性凶猛，从稚鱼的长牙期开始一直到成鱼，均会出现互相残杀，尤其在养殖密度过高时，有疯狂撕咬的习性。鲀生长速度较快，在人工养殖条件下，1 龄鱼体长 22～26cm，体重 200～350g；2 龄鱼 29～33cm，体重 800～1000g；3 龄鱼体长 42cm，1.5 千克；5 龄鱼体长 52cm。

3. 繁殖习性

红鳍东方鲀在繁殖季节洄游到黄、渤海沿岸，进行繁殖，产卵后亲鱼很快游离产卵场。在黄、渤海区的产卵期为 6 月中旬至 7 月中旬，盛期为 6 月末。产卵场在河口附近，水温 16～17℃，盐度 20～26。成熟雌鱼体长一般在 40～50cm，体重 2.0～4.5kg；雄鱼体长 35～45cm，体重 1.2～3.5kg。雌鱼最小成熟年龄 3 龄，一般 4～5 龄；雄鱼最小 3 龄，一般 3～5 龄。红鳍东方鲀为一年 1 次产卵类型，雌鱼怀卵量为 10 万～15 万粒/kg 体重，个体性腺成熟度及鱼种老化制约其产卵量。

三、红鳍东方鲀的人工繁殖

（一）亲鱼培育

自 20 世纪 90 年代以来，红鳍东方鲀全人工育苗已获成功，解决了亲鱼种质及从天然海区中捕获的困难。目前，红鳍东方鲀亲鱼主要来源于人工培育。从引进纯种红鳍东方鲀受精卵培育的苗种及养殖的商品鱼中，挑选种质纯正、健壮无伤、活力强的鱼，进一步培育 3 龄以上，达性成熟后做亲鱼使用。

1. 亲鱼池（兼产卵池）

可建亲鱼专用车间或在育苗车间内划出亲鱼专用区。亲鱼车间要求安静、遮强光、通风、水循环良好。水泥或砖石结构，屋顶有钢框架或玻璃钢瓦等，墙壁或屋顶开窗。

鱼池形状有圆形、八角形、长椭圆形等，水深2.0～2.5m；排水口位于鱼池中央，其上安装多孔排水管，池底锅底形，坡度3%～10%，进水管2～4条，沿池周同一方向注水，以便于集污。

2. 亲鱼的培育

亲鱼的培育包括室内与室外培育两个阶段，其中室外培育阶段即海上培育阶段。一般亲鱼在繁育后5～6月移入海区进行网箱养殖，作为亲鱼培育的要单独成箱。9月份，调整营养，饵料增加鱿鱼，牡蛎肉、贻贝肉等，10月中旬左右，水温17℃左右，亲鱼提前移入室内养殖。入室前对水泥池进行消毒处理，然后向池内加入与室外养殖区水温、盐度相一致的海水，再把亲鱼经药浴后按1～2尾/m^3的密度放入池内。入池后的第2d亲鱼池需全量换水，以后一般每天换水吸污1次，换水量为3/4。保持水质指标为：盐度25～35，水温16～18℃，pH为7.8～8.6。饲养时避免惊扰。日投饵次数2次，投喂小杂鱼、杂虾，并适量补充鱿鱼、牡蛎、贻贝等，日投饵量为鱼体重的2%～4%，且根据鱼的摄食情况适当增减。每10～15d在饵料中添加一定量的复合维生素。在整个亲鱼培育期间应该保持水质清新、饵料新鲜、环境适宜，以促进亲鱼性腺正常发育。

3. 亲鱼的选择

亲鱼一般在2月末至3月初成熟。选择全长40～55cm，体重1.5～4kg，体表无损，体质健壮的红鳍东方鲀作为亲鱼。雌鱼以腹部膨胀、生殖孔微红并向外略突为佳；雄鱼以轻压腹部有乳白色精液流出为宜。

（二）人工催产、授精

1. 人工催产

若亲鱼性腺成熟良好，用手轻压腹部即可挤出成熟卵粒和精液，可现场进行采集精、卵进行人工授精。若亲鱼性腺成熟不好，一般经注射1～2次催产剂后，可在产卵池中自然产卵受精。催产药物为绒毛膜促性腺激素（HCG）和促黄体释放激素类似物（LRH），两者单独使用或混合使用均可。单独使用，每千克鱼注射绒毛膜促性腺素（HCG）2000～3000IU或促黄体素释放激素类似物（LRH-A_2）3～10μg；混合使用，每千克鱼注射HCG 500～1500IU加LRH-A_2 2～3μg。雄鱼注射与否，看其成熟情况而定，可以不注射，也可以减半注射。

2. 人工授精

因红鳍东方鲀的卵为黏性卵，故采卵时应使用不易使卵子附着的塑料容器。目前，多采用人工授精法获得受精卵，一般采用湿法授精。具体操作步骤为：①在桶或盆内加入5～10L过滤海水，水温17～19℃，将鱼卵挤入水中；②加入2尾雄鱼的精液，使海水呈乳白色；③搅拌后静置5～10min，使卵受精；④连续使用清水洗卵3～5次，直至海水完全澄清后，移入孵化缸。

（三）人工孵化

1. 受精卵的识别

红鳍东方鲀的卵子为多油球的沉性卵，卵粒大，卵径一般大于 1.0mm，淡黄色或珍珠白色，卵膜厚、不透明。刚受精的卵柔软，数小时后变硬。通常 1～2d 后，未受精卵或坏死的卵逐渐变成黄色，表面粗糙，易被捏碎，而受精卵则为乳白色或淡黄色，卵膜光滑。

2. 受精卵的孵化

1）孵化容器

多采用容积为 1m^3 的玻璃钢桶，底部呈漏斗状，连续充气和流水，每桶放卵 30 万～50 万粒；或用 60 目或 80 目的筛绢做成的直径 60cm、高 60cm 的圆锥形网箱，吊挂在水泥池内，保持连续充气和微流水，每只网箱放卵 10 万粒。从底部充气，使卵在容器内上下滚动，不至沉底。

2）孵化条件

一般光照要求不高，500～1000lx 即可，盐度 28～33。孵化所需时间与水温有关系，水温 15～16℃，需 9～10d 孵出；17～18℃，8d 孵出；19～20℃，6～7d；21～22℃，需 5～6d 孵出。

3. 仔鱼的分离

东方鲀受精卵的孵化时间因种类和水温不同而异，一般需 5～10d。一般从孵出到结束需要 3～4d，第 1d 孵出很少，约 10%，第 2d 孵出 70%，第 3d 孵出约 20%。为确保先孵仔鱼的质量，应及时将先孵出的仔鱼与未孵化受精卵分离。

分离方法：在孵化缸底部放一筒或盆，筒或盆内放一规格为 30cm×30cm 的小网箱，200～300 目，用较细吸管将孵化缸的水和鱼苗一起吸入网箱内，达到一定密度后，用舀子将鱼苗移入苗种培育池内。

四、红鳍东方鲀的苗种培育

苗种培育可分为前期培育（自孵出至全长 5～6mm，10～15d）和后期培育（全长 5～30mm）两个阶段。苗种培育前、后期对环境条件、培育密度、饵料种类及数量要求各有不同，特别是在饵料供应上要求严格，整个培育过程各种饵料均交叉转换，特别是由活饵料向鲜饵料转换期应相对拉长。

（一）前期培育

1. 培育设施及环境条件

培育池以容积 20～60m^3 的水泥池为宜。仔鱼有趋光性，对光线要求较弱，通常光照控制在 500～1000lx，培育水温 15～20℃，盐度 28～33，溶氧≥5mg/L，pH 为 7.8～8.6，氨氮≤0.2mg/L。静水、微充气培育。

2. 培育管理

1）放养密度

放养密度为1万～2万尾/m³。

2）饵料投喂

仔鱼孵出后第3d后开口，口裂约300mm，可用轮虫为开口饵料进行投喂，轮虫在投喂前必须用小球藻或鱼油等进行营养强化。前期投喂密度为5～10个/mL，每天2～3次，以后逐渐增多至10～20个/mL，每天投喂3～5次。投喂时间一般在换水后，定期添加小球藻，使水中浓度达到10万cell/mL。当鱼苗全长达5mm时，可补充投喂卤虫无节幼体或桡足类。

3）换水、吸污

日换水2～3次，换水量为总水体的1/3～1/2，换水在投饵前进行，每天吸污1次。

4）分选、疏养

培育10～15d，仔鱼全长达5～6mm，此时齿已经初步成型，个体大小也产生差异，7～8mm开始出现相互残食现象，应及时进行分选、疏养，移入大水体减小密度，进行后期培育。前期培育成活率一般在50%～60%。

（二）后期培育

1. 培育环境及密度

培育池以容积50～80m³的室内或室外水泥池。后期对光线的适应能力稍强，通常光照控制在10000～30000lx，培育水温18～22℃。后期培育鱼苗生长显著，密度过大会影响生长速度，造成个体差异和饵料不足，产生残食。生产中不同规格苗种的培育密度见表5-4。

表5-4 红鳍东方鲀不同规格苗种的培育密度

鱼苗规格/mm	10～15	20～25	30～35	40
培育密度/(尾/m³)	1500～2000	1000	600～800	400

2. 苗种的生长特征

进入后期培育后，生长速度明显加快，而室外又比室内略快。后期培育成活率一般在50%～70%。红鳍东方鲀苗种的生长特征见表5-5。

表5-5 红鳍东方鲀苗种的生长特征

全长/mm	生长特征
5	仔鱼体色随光线的强弱而变浅或深，并出现“鼓气”习性和相互攻击现象，但残食现象尚不明显
7～10	进入稚鱼期，牙齿开始形成，出现相互残食并随生长残食加剧，被攻击者“鼓气”自卫直至被咬死，这时鱼苗的死亡率增高
12	各部器官基本发育完善
18	鱼苗变态为幼鱼，外形基本同成鱼

3. 培育管理

1）饵料投喂

鱼苗全长0.5～1.0cm，继续投喂轮虫10～20个/mL，并增加卤虫无节幼体或桡足类，投喂密度为0.3～1个/mL，投喂量随鱼体增长而增加。鱼苗全长达1.2cm以上，可全部投喂卤虫和桡足类，饵料密度为1个/mL。同时开始投喂鱼肉糜，初始日投喂2次，逐渐增至5～6次；鱼苗全长达1.5cm以上，改为全部投喂鱼肉糜，并补充卤虫成虫。

2）换水

日换水2次，换水量为1/2至全量换水；投喂肉糜后，加大换水量或采用流水方式，日换水量2～4倍。

3）分选

视鱼苗存活和大小差异情况，可随生长进行多次分选、疏养，确保鱼苗健康、快速生长。

4）出池

通常出池苗的规格为3.5～5.5cm，此时鱼苗已完全进入幼鱼期，适应力加强，培育稳定，可及时出池供养殖用。出池之前，要将室内水温降至和外界温度一致。出池方法为：先将池水放出大半，然后用手抄网捞取或用两人小拉网拖取，集中于容器中计数后即刻运走。

五、红鳍东方鲀的成鱼养殖

（一）网箱养殖

1. 养殖海区的选择

网箱养殖海区要求水质清新，无台风直接影响，无赤潮发生，无大量淡水注入，无污染的内湾海区。养殖海区水深应10m以上，潮流畅通，水流流速以10cm/s为宜，透明度100～200cm，盐度26～35。全年水温在16～25℃的生长适温期长的海区最佳。

2. 网箱规格与放养密度

养殖网箱的大小同成活率及饲养管理有很大关系。小型网箱易出现残食现象，应尽可能采用圆形和方形大型网箱。常用网箱规格有5m×5m、6m×6m、8m×8m、10m×10m，网深4～6m。苗种应选择体色鲜艳、体质健壮、游动能力强、规格均匀、无畸形、无外伤的幼鱼。使用小规格鱼种应选择全长5cm以上，体重3g以上的幼鱼。不同规格苗种的放养密度见表5-6。从稚鱼至1龄鱼阶段采用聚乙烯网箱，并随鱼体生长，网箱网目也应逐渐增大（表5-7）。

表 5-6　网箱养殖红鳍东方鲀苗种的放养密度

苗种规格/cm（1 龄鱼）	放养密度/尾/m^3	苗种规格/cm（2 龄鱼）	放养密度/尾/m^3
8～10	40～30	20～25	8～6
10～13	20～15	25～30	6～5
13～15	15～10	30 以上	4～3
15～20	10～8	—	—

表 5-7　网箱养殖红鳍东方鲀鱼体大小与网目长度的关系

鱼苗全长/mm	50～70	70～90	100～130	140～170	180～220
网目长度/mm	5	10	15	20	25

3. 饵料投喂

1）饵料种类和要求

饵料必须确保新鲜，禁止使用腐败变质的饵料。一般养殖前期投喂糠虾和鱼肉糜；中后期投喂沙丁鱼、鲐鱼、玉筋鱼和太平洋鲱鱼等，结合使用部分人工配合饲料；在收获前可投喂乌贼、虾和牡蛎等低脂肪饵料，以改善肉质。定期在饵料中添加 0.3%～0.5%的复合维生素。

2）投喂量

饵料投喂量与鱼的体重、水温、水质及体质状况有关。投喂量以绝大多数鱼达到饱食程度为准。当鱼来回游动摄食时，要少量多次地投喂；当鱼沉到池塘或网箱底部后，即可停止投喂。网箱养殖红鳍东方鲀的具体投喂量见表 5-8。

表 5-8　网箱养殖红鳍东方鲀的投饵量

体重/g	规格/cm	投饵量/%	体重/g	规格/cm	投饵量/%
10～30	7～11	25～20	200～300	20～24	6～5
30～60	11～14	20～15	300～500	24～28	6～5
60～100	14～17	15～12	500～1000	28～34	4～3
100～200	17～20	12～6	—	—	—

3）投喂时间

在稚鱼期，每天早晨第一次投饵的时间越早，残食现象越少。因此，第一次投饵应在上午 8 时以前结束。因东方鲀夜间不摄食，最后 1 次投饵则应在日落前进行。100g 以内鱼每天投喂 3～4 次，并根据具体情况调节。

4）注意事项

投饵时要看清潮流，在潮流上方投喂，但要避免急流时投喂，以减少饵料损失。投喂方法应掌握“慢、快、慢”节奏，开始时应少投慢投，以诱引鱼群上浮摄食，待鱼纷纷向上层争抢时，则多投快投，当大部分鱼已吃饱散开或下沉时，则放慢投喂速度。

4. 日常管理

1）剪齿

为了有效防止河鲀相互撕咬或咬坏网箱，提高养殖成活率，东方鲀在体长达 15cm 或体重达 100～125g 时应进行人工剪齿。具体操作方法为：提前 5d 投喂抗生素药饵，补充维生素，提高免疫力，在剪齿之前调整鱼处于最佳状态。剪齿前 1d 停食 1～2d，将胃肠排空，以防内脏受伤。剪齿时先用医用丁香油将东方鲀麻醉，待鱼发生反应漂停在水中时，快速用专业鱼剪将鱼的上、下门齿剪去一半，经药浴后将鱼放回网箱。剪齿动作要快、轻，尽量减少鱼体损伤，通常剪齿后次日便能摄食。此后，视门齿再生情况可再安排 1 次剪齿。

2）定期换洗网衣

网衣长期置于海水中极易被一些生物附着，从而增加网衣重量，影响箱内外水体交换，不利于鱼类正常生长。所以要根据网箱上的附着物多寡，定期更换网衣，以保持网箱内外水流畅通。夏季高温季节尽量减少不换或少换，视附着物情况而定。换出的脏网衣应移到陆地暴晒、冲洗或捶打干净。

在大连海区，养殖 1 龄鱼一般第 1 次换网在 6 月末（体长 8～10cm）；第 2 次在 7 月末，（体长 13～15cm），并将鱼按大小规格更换不同网目的网衣；第 3 次换网在 8 月末，并剪牙；第四次换网在 9 月末。养殖 2 龄及以上鱼一般在 6 月末及 7 月上旬进行第 1 次换网，第 2 次换网在 8 月中下旬，根据网衣附着情况在 9 月中下旬换第 3 次网。换网时操作要细致轻微，原则是让鱼自行游入新网箱中，新旧网衣接口一定要紧，避免跑鱼造成重大损失。

3）测量生长情况

每 15d 测 1 次体重、体长。根据测量结果与往年同期对比，及时进行生产调整。

4）定期巡箱检查

每天定时巡箱检查，查看网衣是否有被鱼咬破，有无发生逃鱼问题；发现死鱼、病鱼随时捞出，检查分析病症，及时采取措施。检查网具安全，要经常检查箱架、浮力、缆绳、箱绳、橛子等的牢固与安全性，以免发生灾害损失。

5. 养成与生长

红鳍东方鲀生长较快，6～7 月在网箱中放养体长 7～9cm（体重 10～20g）的苗种，至 10 月底体长可达 22～26cm，体重达 250～350g，至次年 10 月底可达 900g 以上。经过 1.5 年人工养殖，成活率一般在 60％～70％。

（二）池塘养殖

1. 池塘的选址与建造

池塘选址要求水源充足，水质无污染，符合养殖河鲀的要求；最好有深水海水或淡水水源，用于夏季高温期调低池水水温；地形平坦，泥沙底质为佳。养殖池面积无严格限制，以 3～5hm^2 为宜，水深 1.5～2.0m，进、排水方便，并配备有增氧设施。

2. 清池和肥水

放苗前用生石灰或漂白粉清塘。生石灰用量为1500～2250kg/hm^2，漂白粉用量为50～100g/m^3。消毒结束，安装好进排水闸门网。清塘1周后进水40～60cm，施足基肥，繁殖基础生物饵料。一般肥水7～10d后，便可投放苗种。

3. 苗种放养

在北方大连地区，2龄及2龄以上成鱼一般在4月上旬进入池塘，养至10月上中旬收捕；1龄幼苗一般在5月中下旬进入池塘，养至10月上中旬收捕。在小苗养殖周期阶段，也有的养殖户在6月末至7月末将小苗又移到海上网箱养殖的做法。放养密度见表5-9。

表5-9　池塘养殖红鳍东方鲀苗种的放养密度

苗种规格/cm（1龄鱼）	放养密度/(尾/亩)	苗种规格/cm（1龄鱼）	放养密度/(尾/亩)
4～5	5000～4000	20～25	600～400
8～10	2000～1500	25～30（2龄鱼）	400～300
13～15	1000～800	30以上（2龄鱼）	300～200
15～20	800～600	—	—

近年来，东方鲀与对虾混养也取得了较好的效果。

4. 日常管理

1）定期分池疏苗

初期放养密度较大，随鱼个体长大和相互残食习性形成，苗种、成鱼都应根据具体情况进行不定期分池，确保在合理密度状态下养殖。

2）水质调控

养殖池塘在投放初期逐渐注入新水，达到一定水位后，须勤换水，每周换水1～2次，有条件的可采用流水式养殖，确保水质清新，避免寄生虫病或其他疾病的发生。池水水色应为黄绿色或淡绿色，池水透明度在40cm左右。水色呈深褐色或黑色均不正常，应及时换水。夏季高温气换水可选在下半夜至凌晨进行，有利于降低池水水温。水体中要保持溶氧量在5mg/L以上，定时开动增氧机，及时清除水面杂物和泼浆后池中油膜，保持水面清晰透光。

3）饵料投喂

具体投喂种类和投喂量参考网箱养殖。应严格按定质、定量、定时、定位投喂。每天配制饵料的工具、原料须经消毒处理，保持卫生，预防疾病发生。

4）巡塘

每天早、午、晚、夜四次定时巡塘，记录天气、水温、水色、投饵、排注水情况，观察鱼的活动情况，检查池底残饵及排泄物积累数量。

5. 捕捞收获

一般 10 月上中旬，水温 15℃左右，用拉网捕捞，收获的成鱼直接销售或进入室内越冬池暂养待销，当年鱼种可卖出或放入越冬池越冬。

六、红鳍东方鲀的越冬

通常红鳍东方鲀需养殖 2 年方可达到商品鱼规格，在北方沿海养殖会遇到越冬问题。当海区水温降低到 13℃时，必须将河鲀鱼迁入温室越冬，到翌年室外水温稳定在 13℃以上时，再移入室外海区或土池培育。

入越冬池进后马上进行药浴或隔日药浴，防止将寄生虫带入室内。规格相近的鱼放到同一池中，并逐个剪除板状牙齿，防止互残。越冬密度以 3～4kg/m^3 为宜，水体条件受限时，最大密度不超过 6kg/m^3。越冬水温保持 13～18℃。根据具体情况，越冬期每天或隔天投饵 1 次，饵料量 1%～2%。越冬期病害严重，一定要做好水质管理工作，换水要根据养殖密度、成本等情况确定，可以 1 周 1 次全量换水，3d1 次半量换水，并使用光合细菌、芽孢杆菌等调节水质；每日吸出池底污物和池表油沫；每周彻底清底 1 次；每月倒池 1 次，淡水浴 1 次。每半个月饲料添加维生素，持续投喂 3～4d，提高鱼体免疫力。

任务五 鳖的养殖

一、鳖的养殖现状分析

鳖隶属于爬行纲、龟鳖目、鳖科，又称甲鱼、团鱼等，主要分布在亚洲、非洲和美洲。我国养殖的鳖有中华鳖（*T. sinensis Wiegmann*）与山瑞鳖（*T. steindachneri Siebenrock*）两种，其中中华鳖适应性强，肉味鲜美，营养丰富，是我国主要的养殖鳖类。山瑞鳖是亚热带种类，体重一般 2～3kg，主要分布在云南、贵州、广西、广东和海南等地，属于国家二类保护动物。

中华鳖分布最广，在我国除新疆、青海和西藏外，其他各地都有分布，尤以长江流域和华南最为普遍。中华鳖具有相当高的营养价值和药用价值，历来被人们视为名贵的高级补品。现代科学认为，鳖肉富含维生素 A、维生素 E、胶原蛋白和多种氨基酸、不饱和脂肪酸、微量元素，能提高人体免疫功能，促进新陈代谢，增强人体的抗病能力，有养颜美容和延缓衰老的作用。

20 世纪 90 年代以来，随着人们生活水平的提高和医药保健的广泛应用，人工养鳖日益发展，并逐渐形成了一项新兴产业。但由于盲目扩大规模，到 20 世纪末，导致鳖供大于求，价格连年下跌，使一些高投资的养殖场纷纷倒闭关门。进入 21 世纪后，鳖的行业产业链基本形成，科研、养殖、加工、销售和相关的服务产业形成一条龙。鳖的市场价格从2001年开始回升，养殖户获得了较好的收益。目前我国商品鳖年产量约16万t，养殖区域主要集中在浙江、广东、湖南、湖北、江苏、江西、福建、河南、河北等省。养殖模式有温室养殖、外塘生态养殖、“外塘＋保温大棚”仿生态养殖、鱼鳖混养等多种，特别是生态养殖与鱼鳖混养的推广，提高了鳖的品质，加上品牌化运作，使养鳖产业走上了可持续发展的道路。

二、鳖的识别

1. 形态特征

鳖的躯体扁平，背部略高。雄性呈椭圆形，雌性略呈圆形，腹背均有甲，周边是柔软发达的结缔组织，称裙边。背腹甲间由软骨和韧带相连接。鳖外部形态分头、颈、躯干、四肢、尾5个部分。头、颈、四肢、尾在受惊时均可缩入甲壳内（图5-7）。

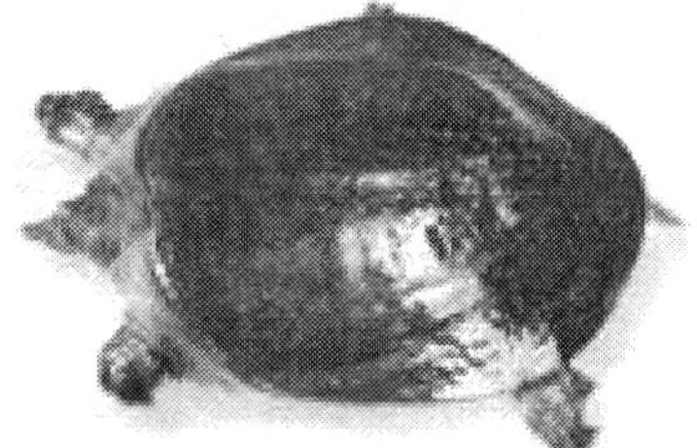

图5-7 中华鳖

2. 生活习性

1）栖息习性

鳖是用肺呼吸的水陆两栖爬行动物。鳖喜欢栖息在水质清新、底质为泥沙的湖泊、江河、池塘、水库和山涧溪流、沼泽地等水域的僻静处。在生长季节，遇无风的晴天喜欢上岸晒背，通过日晒，提高体温，杀死体外寄生虫。鳖的生活习性可归纳为“三喜、三怕”，即喜静怕闹、喜阳怕风、喜洁怕脏。

2）对温度的适应

鳖是变温动物，最适生长水温为27～33℃。当水温超过33℃时，鳖的活动明显减弱。为了避暑，鳖往往群集在阴凉处或潜入深水中静止休息，出现“伏暑”现象。温室工厂化养鳖人工控温的最佳水温为30～31℃。水温下降至20℃时，鳖的食欲与活动逐步减弱，15℃左右停食。水温下降至12℃左右时，鳖即将身体埋入泥沙中冬眠。

3）食性

鳖是以动物性饵料为主的杂食动物，食性范围广。在野生条件下，刚孵出的稚鳖、幼鳖主要摄食大型浮游动物、虾苗、鱼苗、水生昆虫及水蚯蚓等底栖动物，也摄食少量植物碎屑。成鳖摄食鱼、虾、蛙、螺、蚌等，也摄食一些植物性饵料，如瓜、菜、水草等。在人工养殖条件下，贝类、鱼糜、动物内脏以及饼粕类、麦类、大豆等都可作饲料，也可搭配南瓜、菜叶等。人工养殖情况下，喜食全价配合饲料。缺乏食物时常会因争食而相互撕咬。食物不足或养殖密度过大或大小鳖混养时，同类残食的现象相当严重。鳖的耐饥能力很强，食物缺乏时，在相当长的时间内不会饿死，但生长停止，体质变弱。

4）生长

温度是影响鳖生长的主要因素。鳖的最适生长温度为30℃左右，此时摄食力最强，生长最快。在一年中，适于鳖生长的时间较短。在自然条件下，我国长江流域地区，鳖的全年适宜生长时间也不超过3个月。因此，鳖的生长速度较慢。以个体长到500g为例，在台湾南部和海南岛仅需2年；华南地区需3～4年。鳖在自然状态下，年龄、体重的相互关系见表5-10。

表5-10 鳖在自然水温下人工饲养的生长速度（长江流域）

年龄	刚孵出的稚鳖	当年年底	第2年年底	第3年年底	第4年年底
平均体重/g	3.75	6.75 (5～15)	93.70 (50～100)	225.00 (100～250)	450.00 (400～500)

3. 繁殖习性

鳖为雌雄异体，体内受精，卵生。0.5kg左右的鳖才趋性成熟。我国华北地区，5～6龄的野生鳖体重才达到0.5kg，可开始交配产卵。长江流域为4～5龄，华南地区为3～4龄。实践表明，个体为2～3kg的亲鳖繁殖力最强。因此，在选育亲鳖时，同一年龄的，个体越大，质量越好。每年4～5月当水温达20℃以上时雌雄种鳖开始发情交配。鳖为多次性产卵类型，一般到8月份产卵结束，其中6～7月份为产卵旺季。产卵数量按雌鳖体重计算，每千克每年平均产卵50个左右。产卵通常在夜间进行，尤其在雨后的傍晚，沙面潮湿时产卵最集中。

三、养鳖场的建造

1. 养鳖场址的选择

养鳖场址的选择应根据鳖的生活习性、饵料需求状况、养殖规模大小等多种因素，统筹规划，合理选点。通常选择水源方便、水质良好、底质为黏土或黏壤土、饵料来源丰富、环境安静、场地宽阔的地方建场。凡有条件的，应选择靠近热电厂等有热水源的地方建场，或利用地热源较丰富的地方建场，这样可以节省能源，延长鳖的生长期，提高养殖效益。

2. 养鳖池的建设

养鳖池可分为亲鳖池、稚鳖池、幼鳖池和成鳖池4种。每一种养鳖池由于其性能不同，因而在池子面积大小、形状、结构、数量及配套建设上，要求也有所不同。

1）亲鳖池

亲鳖池是用来饲养亲鳖的，应建立在环境安静、背风向阳的地方。面积一般以100～600m^2为宜，规模经营时以500～1500m^2为好。池的长宽比为（3∶2）～(2∶1)。鳖池以东西向设置，利于采光。池深要求1.5～1.8m，水深保持在1.0～1.5m。池底可利用自然土层，如黏土过重，可适当掺些沙子，池底中央要有20cm左右厚的软泥层，供亲鳖栖息和越冬。池埂坡度保持在30°左右，便于鳖爬上堤岸休息和产卵。

在亲鳖池中或堤岸上修建产卵场。产卵场的设计有两种：一种是产卵场位于鳖池的一端，用倾斜的引板让亲鳖出水爬上岸进入产卵场产卵。产卵场用沙土铺设，土层厚30cm以上，以便亲鳖掘洞产卵。产卵场面积按每只雌鳖占有0.1m^2计算。在产卵场附近可种植落叶的阔叶树木或高杆叶茂的植物，为亲鳖提供荫蔽。

另一种产卵场（床），是在池中设一小孤岛。孤岛离堤岸约2.5m，人可通过跳板上小岛并进行采卵等活动，是目前较为广泛采用的产卵场设计。面积依池塘大小与亲鳖放养量而定，一般600m^{2}的亲鳖池，亲鳖放养量在400～500只，重450～650kg。产卵场（床）的面积为（5～6）m×1.8m，并在产卵床上方搭架，用2m长的石棉瓦遮盖，以便防雨和遮阳。为了防止产卵床细砂流失，日久坍塌，产卵场（床）四周要用石块围驳。底部铺砖，砖上敷淡水沙（海沙要经淡化处理）。砂层的厚度在20cm以上。产卵场（床）底基铺砖，砖与砖间要保持2～3cm间隙，以使沙粒嵌入缝中与泥土接触，形成毛细现象，使砖面上砂粒保持潮湿，为亲鳖提供良好的产卵生态环境。

产卵场（床）分隔成左右两室（图5-8），室间通道宽30～40cm。通道两端设有与其宽度相一致的引板（一般为水泥板），其倾角为25°～30°，每室临通道一侧各设2个控制闸门。左、右室控制闸门隔日轮流开放，以便控制让亲鳖隔日轮流产卵。因为产出的卵要经24h后方可清晰分辨卵是否受精。隔日轮流采卵有利于挑选受精卵装箱孵化。

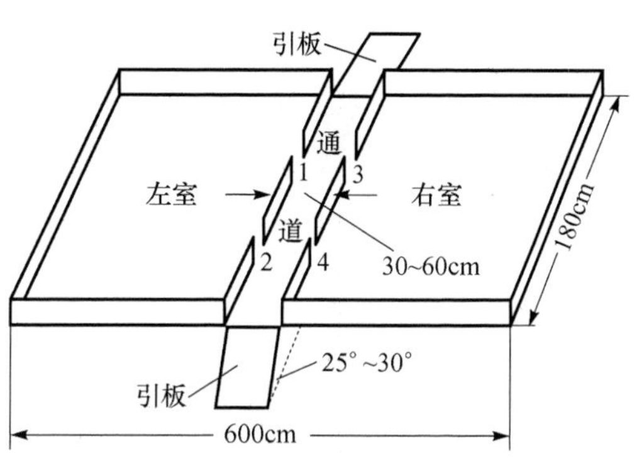

图5-8　鳖产卵场（床）示意图

2）稚鳖池

孵化出壳至越冬这一阶段的小鳖称稚鳖。稚鳖池最好建在室内（图5-9和图5-10），为水泥砖砌结构，并有良好的保温、防暑、通风条件。面积以2～10m^{2}为宜。池的长宽比为2∶1或5∶2，池高50cm，池身在地面以下，露出地面部分为10cm。池底铺上5～10cm细沙，水深30cm即可。在水平面处架设休息台，休息台由水泥板或木板制成。在池高40cm处装进水管（直径3～4cm），管口下弯接近休息台，管口处包扎聚乙烯网布袋，使进水时水声减少，水力分散，并能防止污物进入池内。出水口直径为3～5cm，位置与进水口相对，高度以能将池水排干为度。出水口内侧装网罩，外侧加木塞，防止稚鳖逃跑。稚鳖池通常由几只小池构成一组。室外稚鳖池最好也建成水泥池，面积20～30m^{2}最为适中。池顶盖上竹帘、旧网等，既可以防逃，又可以防敌害，还能使池内形成光线暗而安静的环境。

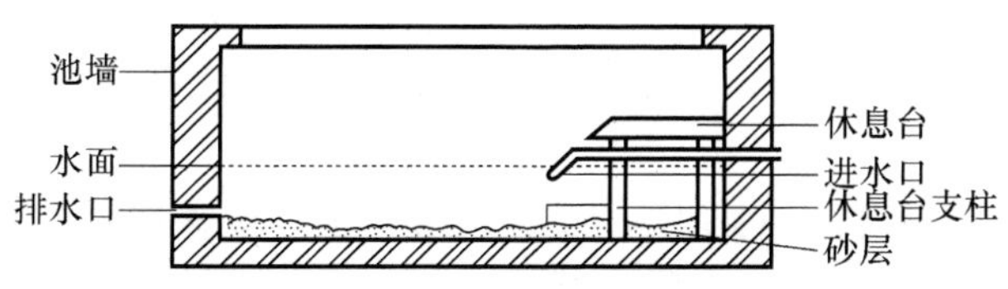

图5-9　稚鳖池纵剖面图

稚鳖池除了平时培养稚鳖外，还要供稚鳖越冬。因此，还可应备有良好的保温设备，最好利用工业余热水或深井水，以利稚鳖安全越冬，提高成活率。

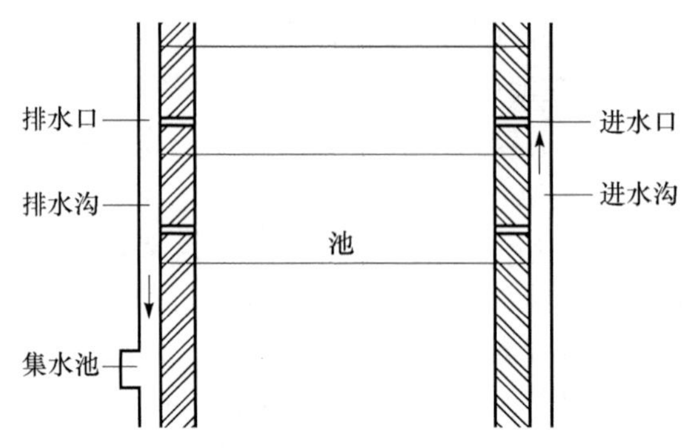

图 5-10 稚鳖池平面图

3）幼鳖池

稚鳖经过越冬至翌年 3～4 月即进入幼鳖生长期。幼鳖池的面积可大于稚鳖池，一般建在室外，面积 50～100m^2，池深 70cm，水深 35cm 左右。池底铺 10cm 厚的细沙，在池四周围的斜坡上或池中心设立休息场，面积为池子的 1/10。池子最好建成水泥结构。

4）成鳖池

成鳖指 3 龄以上的商品鳖。成鳖池的要求不高，普通的鱼池可用来饲养成鳖。通常面积以 1～10 亩为宜，池深 1.5m 左右，池底为自然土层，中央有 30cm 厚的软泥或泥砂，池四周可留有 30°的斜坡，作为休息场。此外，还需采用水泥板或砖石护坡，以防成鳖逃逸。

5）防逃设施的建造

鳖善攀缘，喜逃跑，在养鳖场四周必须设置牢固的防逃墙。防逃墙的高低按池内养鳖的个体大小决定，一般高出池面 30～50cm 即可。防逃墙的顶部要出檐成“┌”型，檐口要向池内伸出 10cm 左右。同时还要在饲养池内的进排水口上，套上防逃筒，可采用钢管焊好的套筒，上有孔眼（比饲养鳖个体小），进水口伸入池内并高出水面。

四、鳖的人工繁殖

（一）亲鳖选择

1. 亲鳖的来源与选择

亲鳖的来源有两个途径：自繁自育和从野生鳖中选留。自繁自育一般从早期育成的 750g 以上成鳖中选择体质健壮，无伤病，裙边肥厚，发育良好的鳖进行精心饲养，体重达 1500g 以上即可作为亲鳖。

野生鳖中亲鳖最好选自不同地区，以免近亲繁殖。亲鳖选择的外观标准为：体形正常、甲盖圆高；皮肤有光泽；背甲后缘革状皮肤（裙边）较厚，有一定坚硬度；肥满度好，活泼健壮，行动敏捷，完整无伤。

2. 雌雄鉴别

鳖在稚、幼阶段较难区分雌雄，体重达 200g 以上后，较易区分。雌鳖体形较厚，背甲为较圆的椭圆形，尾短粗，较柔软，几乎不露出甲盖外；雄鳖体形较薄，背甲为较长的椭圆形，尾细长而硬，末端常露出甲盖外。

（二）亲鳖培育

1. 亲鳖放养

亲鳖放养密度主要根据个体大小而定。一般个体重1～2kg的，放养密度为1只/m^2；体重超过3kg的，以每2m^2放1只为宜。由于鳖具有1次受精多次产卵习性，精子能在雌鳖输卵管中存活半年之久。因此，雌雄比例可为5∶1。

2. 亲鳖饲喂

亲鳖的饵料以新鲜的动物性饵料为主。产卵前及产卵期间最好能多投喂富含蛋白质、维生素、矿物质的饵料，少投含脂肪的饵料。以新鲜的鱼、虾、螺、蛙、蜗牛、蚯蚓搭配少量蔬菜投喂，产卵期间鳖体需钙量增加，注意投喂含钙食物。产卵后应多喂富含蛋白质和脂肪的食物。投饵应坚持“四定”原则。春季，当水温在15～16℃时，亲鳖从冬眠中苏醒，可开始少量喂食，每隔3d左右诱食1次。水温达20℃以上时，每日上、下午各投饵1次。每日投饵量应根据饵料质量、水质、水温变化等决定，配合饲料投喂量一般为亲鳖体重的0.3%～0.5%，投喂新鲜饵料以2h内基本不留残饵为标准。饵料应投放在专设的食台上。

3. 日常管理

亲鳖池的日常管理应做到“四防”，即“防病、防逃、防敌害、防盗”，具体应按“四查”、“四勤”进行管理：①查食场，勤做清洁卫生工作。每天早晨巡塘时，检查食场，并将残饵及时清除，洗净食台；②查防逃设施，勤修补，每天检查防逃设施，发现漏洞及时修补好；③查水质，勤排灌。要经常排出下层老水，加注新水，以保证水质清新；④查病害，勤防治。发现病鳖、伤鳖，及时隔离治疗，以免相互传染；发现蛇、鼠、蚂蚁窝等应及时清除。

（三）产卵与孵化

1. 产卵管理

在鳖开始产卵前要做好产卵场的整理工作，即增添新沙，捣碎沙块，疏松平整，适当洒水，保持7%～8%的相对湿度。气候十分干旱时，可模拟人工降雨促进产卵。阴雨天要搭棚防止雨水浸泡产卵场。产卵场要对水蛇、鼠类、蚂蚁等能残害鳖卵的敌害生物采取预防和消灭措施。在亲鳖产卵期间，要保持产卵场绝对安静，严禁人为影响。

2. 鳖卵孵化

1）室外简易孵化

即在产卵场通过人工管理就地孵化鳖卵。此法适于小规模的养鳖场。主要技术措施如下：

(1) 保护卵穴。每天早晨在有鳖卵穴处用铁丝网笼罩起来，以防天敌伤害。注明产卵日期，以便掌握采集稚鳖的时间。

(2) 保持适宜温度、湿度。每 5d 向卵穴及其周围泼洒水 1 次，使其保持潮湿。夏季炎热，应设遮阴物。在多雨季节注意排水，以防渍水淹卵。

(3) 适时收集稚鳖。孵化期一般为 55～80d，在临近稚鳖出壳期间，在产卵场周围筑起高约 20cm 的挡板，并在产卵场低处埋设敞口容器，装 1/3 水。出壳稚鳖具有趋水性，出壳后便爬入盛水的容器。此时，收集稚鳖。

2) 室内人工孵化

常采用室内孵化池和孵化箱控温孵化的方法。

(1) 鳖卵采集。当天产的卵子胚胎尚未固定，受精与否不易区分。通常是发现卵穴后先做标记，1d 后采集进室内孵化。采卵时，在收卵箱（可兼作孵化箱）底部铺 2～5cm 厚细沙，按 1cm 间隔摆放鳖卵。一般在产后 10～12h，受精卵壳顶有一清晰的白色小网点（即动物极），若 48h 后仍未出现白点，则可判定为非受精卵，应予以剔除。摆放时，动物极朝上。

(2) 室内孵化池孵化。孵化室采用塑料大棚或玻璃温室。室内修建若干个池子，池深 50cm 左右。池中铺 30cm 左右厚的细沙，沙中埋设电热线，沙表埋设盛水容器，容器边缘与沙面持平或稍低于沙面。刚孵化出的稚鳖有趋水习性，会自己爬入水盆中。

(3) 室内孵化箱孵化。在孵化室内建孵化架，框架根据孵化室高度可设 4～5 层，架中放置孵化箱，孵化箱可用 30cm×25cm×20cm 的木箱。也可在架下建稚鳖池，稚鳖池可三面环墙，注水 30cm，池中铺细沙 10cm，部分沙面与水面持平。孵化时注意将快出壳的孵化器移放到最下层，以便将稚鳖及时移入池中。

(4) 孵化管理。温度调控通常采用加温的方法（蒸汽、电加热、太阳能等），室内气温保持在 33℃，沙温保持在 30℃。如温度过高，应采取通风等降温措施，也可采取自动控温系统调控。室内空气相对湿度应保持在 80%～85%，沙层相对湿度在 5%～15%，在晴朗、温度较高的天气里，沙床的水分蒸发较快。如靠近卵的黄沙开始干燥，可用喷壶洒少量凉水。上层黄沙略带湿润即可，切不可在高温下大量洒水，以免降低沙层的通气性。

每天通风 1 次，以保持室内有足够的氧气。夜晚和雨天要及时关窗保温。孵化室的门应严密，防止鼠、蛇、蚂蚁、蚊子、苍蝇等进入，如发现上述敌害生物，必须立即加以消灭，以免损害鳖卵。

(5) 稚鳖孵出。鳖卵孵化累计积温（日均温×孵化日数×24）需 36000～38000℃，受精卵在平均温度为 32℃的孵化环境时，孵化时间需 47～50d。具体推断稚鳖的出壳时间应依卵壳的颜色来断定。发现卵壳颜色由淡灰转为粉白色时，表明稚鳖即将出壳。此时应将该孵化箱抽出，放在出壳池上。出壳池内放 3cm 厚的消毒过的细沙，加水 3～5cm。

五、鳖的人工养殖

鳖性凶猛好斗，有同类相残的习性。在人工饲养时，通常将稚鳖、幼鳖、成鳖、亲鳖分级、分池饲养。

1. 稚鳖饲养

1）放养密度

稚鳖在浅水盆内暂养2～3d后，卵黄已吸收干净，羊膜也自然脱落，就可以移到稚鳖池中饲养。由于鳖的生殖期较长，温度过高或过低都不利于稚鳖的生长。因此，最好先放在室内池中进行养殖。稚鳖入池饲养前，要用20mg/L的高锰酸钾溶液浸泡消毒15min。放养密度以40～50只/m^2为宜，也可放养到70只/m^2。此外，还要根据稚鳖的破壳时间和大小，分池放养。如果鳖池不足，可在池中用塑料板或密眼网相互隔开。

2）饵料投喂

卵黄已吸收完毕的稚鳖，便开始摄食食物，饵料要精、细、鲜、嫩，营养全面，适口性好。通常在出壳后的1个月内投喂红虫、小糠虾、摇蚊幼虫、丝蚯蚓（又名水蚯蚓）等，也可以投喂鸡、鸭蛋羹和生鲜状态的鱼片、动物的肝脏等，切忌投喂盐腌过的各种动物肉或内脏，也不要投喂脂肪含量过高的饵料。在投喂动物内脏、大鱼虾、河蚌、螺蛳等饵料时，必须先绞碎后再投喂。最好先将鱼粉、蛋黄或鱼虾、螺、蚌肉绞碎后加入少量的面粉，制成人工配合饲料投喂。投饵按照“四定”原则，投饵量为全池稚鳖总体重的5%～10%，并根据鳖的食欲、天气、水质情况等灵活增减。

3）水质管理

稚鳖对不良的水质环境适应能力较弱，因此要经常清除池中残饵、污物，每隔3～5d更换1次新水，新水水温要接近原池水温，池水的透明度保持在30～40cm。

4）越冬管理

越冬管理是稚鳖饲养中最重要的环节。稚鳖越冬的放养密度为100～200只/m^2，水温保持在2～6℃较为适宜，水质保持清新。在秋后稚鳖停食前喂足营养丰富、脂肪含量较高的食物，使稚鳖体内脂肪得到蓄积。稚鳖池底要提前增铺20cm厚的粉沙，注水5～10cm，使入池的稚鳖自行钻入沙中越冬。

2. 幼鳖饲养

1）放养密度

一般体重10g以上的幼鳖放养量15～20只/m^2；体重在10g以下的幼鳖放养量20～30只/m^2。随着鳖的生长，饲养过程中还可按个体大小分池调整饲养密度。

2）饵料投喂

开春后水温高于16℃时，就可以对幼鳖进行投喂。投饵量应随季节（水温）不同而有变化。4月份，水温尚低，幼鳖摄食量较少，每天上午9时左右投喂1次即可，投饵量为幼鳖总体重的5%～10%；5月份以后，水温升至20℃以上，摄食量增多，当水温达到26～30℃时，每天投饵量为幼鳖总体重的20%左右；入秋后水温逐渐降低，投饵量为幼鳖体重的5%～10%；越冬前，为了增加幼鳖体内脂肪的积累，可适当增加动物性内脏和鲜蚕蛹的投喂比例，以保证幼鳖安全越冬。

一般每50m^2水面设1个用木板或水泥板设置的面积约1m^2饲料台，位置固定在池内靠边 1.5m 处，台面在水面下 10cm 的水中。饲料投放饲料台上，浮性饲料可直接投放到饲养池中。

3）水质管理

幼鳖饲养中要加强水质管理，使池水透明度保持在 30～40cm。盛夏季还应采取必要的降温措施，通常采用搭棚遮阳的方法。遮阳棚位置设在鳖池的西南端，面积占池水面积的 1/3 为宜。也可在池边种高大的树木，用以遮阳防暑。

4）幼鳖越冬

幼鳖经过 1 年的饲养，体重一般可达 50～100g，这时幼鳖对环境的适应能力增强。在向阳背风、池底泥沙层厚度为 20cm 以上的池中，并适时注水保持高水位，幼鳖就可安全越冬。

3. 成鳖饲养

1）放养密度

成鳖养殖阶段按鳖的规格大小分池饲养。成鳖的放养密度见表 5-11。

表 5-11 成鳖的放养密度

规格	体重 50～100g 的 2 龄鳖	200g 的 3 龄鳖	400g 以上的 4 龄鳖
放养密度/(只/m^2)	8	4～6	2～4

2）饵料投喂

成鳖饲养采用配合饲料比采用各种单项饲料效果好。其配方为：①鱼粉 60%～70%，马铃薯淀粉 20%～25%，加少量干酵母粉、脱脂奶粉、脱脂豆饼、动物内脏粉、血粉、维生素、矿物质等；②血粉、蚕蛹粉、猪肝渣等 30%，豆渣 30%，麦粉 30%，麦芽 3%，土粉 3%，再加植物油、蚯蚓粉、骨粉各 1%，维生素 1%。在生长适温期内，日投饵量占鳖总体重的 5%～10%。

3）水质管理

成鳖池一般面积较大，水较深，水质比较容易控制。在成鳖池中放养一定数量的鲢、鳙，能起到防止水质过肥的作用。成鳖池水要求肥度适中，透明度 30cm 左右，水色呈茶褐色、油绿色等，这样的水质溶解氧量高，有利于鳖的生长发育和各种天然饵料的繁殖生长，而且鳖在这种水体中生活有安全感，可减少相互咬斗。如果水质过于清瘦，透明度太大时，可以向池塘中施加一定量的发酵腐熟的粪肥。当水质过肥时，则应适当灌注新水或每 15～30d 施 1 次生石灰加以调节。石灰既能调节水质防止鳖病发生，又能满足成鳖及其饵料生物（螺、蚌等）对钙的需求。

4）成鳖越冬

无需采取特别防寒保温措施，只要始终保持高水位，鳖就能安全越冬。

4. 加温养鳖

按常规方法养鳖，从孵化不久的稚鳖长到 500g 左右的商品规格，需 4 年或更长的时间。如果人工将养殖鳖池的水温常年控制在 30℃左右的最佳温度范围内，就可以加速鳖的成长，缩短养鳖周期，也可以提高鳖的成活率。

1）加温方式

升温方式有四种，即锅炉加温、电热加温、温泉加温和工厂废热水加温。温泉和废热水在使用前必须对水质进行化验，若化验后发现热水内含有对鳖有害的物质，就不能直接作为饲养用水，而应在池底设置管道，将温泉水或废热水通过管道，间接加热鳖池水温。加温养殖时间一般从 9 月下旬开始，至翌年 5 月中旬结束。

2）饲养管理

加温养鳖池一般为水泥结构，面积以 20～50m^2 为宜。可设数口池子，以利不同规格的鳖分池饲养。池子的结构要求与常温鳖池基本相同。在鳖移入之前，鳖池要用漂白粉消毒处理，然后再加水，并把池水温度调整到 30℃左右，再把鳖放入池中。

放养密度可比常规养殖提高 1 倍左右，饲养管理与常规养殖相似，重点是加强水质管理，控制好水温，保持池水水温稳定，并确保有充足的光照，最好每周换水 1 次。

到翌年 5 月份，当室外水温达 24～25℃时，就要适时将鳖移到室外进行常温养殖。但是在移养前几天，要逐渐降低室内养殖池水温，使鳖对降温有适应过程。

5. 鱼鳖混养

1）混养池的建设

鱼鳖混养池的建设应以适于养鳖的需要为准。因此，除去稚鳖池因水体小不适于混养鱼类外，幼鳖池、成鳖池和亲鳖池（水位在 1～1.5m 以上），均可混养鱼类。如果将鱼池改造成鱼鳖混养池，必须根据各类鳖池建设要求，建筑防逃墙、饵料台、休息场和产卵场等。

2）鳖的分级放养密度

鳖的分级放养密度见表 5-12。

表 5-12　鳖的分级放养密度

规格/g	10～15	50～100	100 以上	750 以上
放养密度/(只/m^2)	5～10	2～4	1～2	0.1～0.5

3）鱼种的放养密度和搭配比例

一般以浮游生物食性的鱼类，如鲢、鳙、白鲫等鱼类为主要混养对象，适当配养鲤、鲫、罗非鱼等杂食性鱼类，也可配养一定量的草鱼、团头鲂等草食性鱼类。通常 1、2 龄鳖池每亩投放夏花鱼种 500 尾左右，经 1 年培育，出塘时可获大规格鱼种。3、4 龄鳖池每亩投放 10cm 以上大规格鱼种 350 尾左右，用以养成商品鱼。鱼种的搭配比例为：鲢占 55%～65%，草鱼、团头鲂占 20%，鳙鱼占 10%～15%。鲤鱼、鲫鱼占 5%～10%。

4）饲养管理

草食性鱼类，可投喂各种配合饲料、饼类等精饲料，也可投喂水、旱草类。鳖的饵料与单养相同。鳖在生长发育过程中需要较多的钙质，因此，要定期向池中投放适量的生石灰。一般在生长季节，每月每亩施用 30kg 施用生石灰 1 次。在养殖过程中，还要根据天气、水质、水温等具体情况及时加注新水，增加溶氧，改善水质，防止鱼类浮头和泛池事故的发生。

六、鳖的病害防治

鳖病具有早期发现困难、流行病程短、死亡数量大、并发症多、复发率高等特点，一旦发病，往往给生产带来较大的损失。因此，鳖的病害防治已成为保证鳖养殖持续、稳步、健康发展的关键之一。在人工养殖过程中，要科学管理，提高鳖的机体免疫力，使其免受不良刺激，减少引发疾病的应激因素，通过科学的防病措施提高鳖的抗病能力。

1. 红脖子病

【病原】嗜水气单胞杆菌或点状产气单胞菌。

【症状】病鳖颈部发红并肿大，有的甚至不能缩入甲壳内，腹部有红斑或溃烂。严重时，裙边浮肿，身体、四肢、生殖孔及肛门充血肿胀，口、鼻流血，眼睛白浊，严重时失明。行动迟缓，人靠近时也不逃遁，或浮于水面，或伏于沙地、食台或阴凉处，或潜伏于泥沙中不动，大多在上岸晒背时死亡。

【流行及危害】该病主要危害亲鳖及成鳖，长江流域的流行季节为 3～6 月，华北地区为 7～8 月，有时可持续至 10 月中旬，流行温度为 18℃以上。

【防治方法】①应以预防为主，选择体质好、无病无伤的鳖饲养，做好分级饲养，避免鳖互相咬伤。放养前用 10mg/L 漂白粉或每亩施用 60kg 左右的生石灰清池；②人工注射鳖嗜水气单胞菌灭活疫苗，或红脖子病病鳖脏器土法疫苗，投喂 30%左右的动物肝脏，增强鳖自身免疫力；③遍洒浓度 0.5～0.8mg/L 的三氯异氰尿酸，或其他的含氯或含碘的消毒剂；④磺胺类药物，按每千克鳖体重 0.2g 拌饲投喂，第 2～6d 减半，另外加 1.2g 维生素 C，0.5g 维生素 E；⑤每千克鳖注射复方硫酸庆大霉素 10 万 U，一般从后肢基部注入。

2. 胃肠溃疡出血病

【病原】普通变形杆菌和营养问题。

【症状】发病初期，病鳖显得烦躁不安，大部分时间浮在水面上，不下沉，部分病鳖瘫伏在岸边，失去反应能力。病鳖外观体偏厚，鳖腹甲呈白色，即表现鳖失血，故常被养殖业者称为“白底板病”。解剖可见明显的胃肠壁溃疡、出血。

【流行及危害】该病流行于全国各养鳖区，一般发生在 100g 以上的成鳖养殖中，最早发病为同批中生长较快的个体。一年四季均可出现，呈慢性死亡。若病情严重，鳖胃肠内大出血或转为穿孔，呈急性发病。

【防治方法】①选用营养均衡、新鲜度好的饲料，保证鳖的正常生长，增强鳖的体质；②在治疗中增加鲜鱼、猪血、青菜和维生素 C，并适量添加硫酸亚铁 5～10d；③全池泼洒 2～4mg/L 漂白粉，或 0.5mg/L 的二氧化氯、溴氯海因等含氯消毒剂，然后全池泼洒大黄 5～8mg/L 或五倍子 2～5mg/L，连用 3～5 次；④每千克饲料中加入诺氟沙星粉1～2g投喂，同时，每千克饲料加“三黄粉”20mg（大黄∶黄柏∶黄芩为5∶3∶2），7～10d为1个疗程。

3. 白斑病

【病原】由毛霉属的毛霉引起，又称毛霉病、白霉病。

【症状】病鳖的鳖甲、裙边、四肢、颈、尾等处出现白斑或白云状病灶，严重时，表皮坏死，逐渐剥离。病鳖表现为食欲降低，骚动不安，不久死亡。

【流行及危害】该病四季均可发生，以4～6月最为流行，主要危害稚鳖、幼鳖，一旦感染，死亡率可达90%。

【防治方法】①在养殖、捕捉和运输过程中，应尽量不要让鳖受伤；②给鳖准备晒背台，若鳖经常晒背，可有效预防该病发生；③调节水质，使透明度保持20～30cm，使水呈浅绿色，可有效预防该病发生；④治疗方法采用降低水位用药，用400mg/L的食盐加400mg/L碳酸氢钠合剂全池泼洒；或1～2mg/L强氯精全池泼洒；或5～8mg/L的五倍子，煮汁泼洒；⑤用10mg/L的漂白粉药浴2～5h。

项目小结

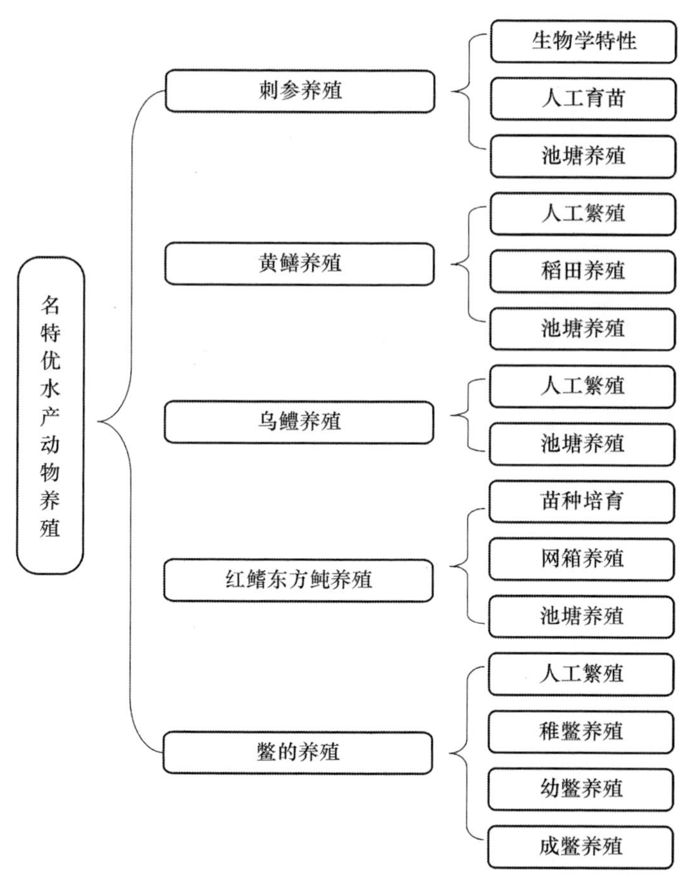

1. 简述刺参在自然界对栖息环境的要求和生态习性。
2. 如何开展刺参的人工育苗生产?
3. 简述黄鳝的繁殖习性和人工繁殖技术。
4. 简述黄鳝池塘养殖的关键技术。
5. 简述乌鳢的繁殖习性和人工繁殖技术要点。
6. 如何进行红鳍东方鲀的人工繁殖和苗种培育?
7. 简述红鳍东方鲀的网箱养殖的饵料投喂和日常管理技术。
8. 如何饲养稚鳖、幼鳖和成鳖?

主要参考文献

蔡良侯. 2003. 无公害海水养殖综合技术. 北京：中国农业出版社.

蔡英亚，张英，魏若飞. 1979. 贝类学概论. 上海：上海科技出版社.

曹克驹. 2004. 名特水产动物养殖学. 北京：中国农业出版社.

曹克驹. 2008. 淡水鱼繁殖工培训教材. 北京：金盾出版社.

常亚青. 2007. 贝类增养殖学. 北京：中国农业出版社.

常亚青. 2009. 刺参健康增养殖实用新技术. 北京：海洋出版社.

陈昌福，李莉. 2000. 观赏鱼饲养与疾病防治. 北京：中国农业出版社.

陈淑玲，李金锋. 2005. 虾病防治关键技术. 北京：中国农业出版社.

陈四清，刘东朴. 2008. 鲆鲽鳎. 济南：山东科学技术出版社.

成永旭，王武，李应森. 2007. 河蟹的人工繁殖和育苗技术. 水产科技情报，34（2）：73-75.

成永旭. 2005. 生物饵料培学（第二版）. 北京：中国农业出版社.

邓陈茂，蔡英亚. 2007. 海产经济贝类及其养殖. 北京：中国农业出版社.

丁天喜，李明云，刘祖祥. 1996. 对虾塘综合养殖的模式与原理. 浙江水产学院学报，15（2）：134-139.

杜尚昆. 2008. 海湾扇贝室内人工育苗技术. 科学养鱼，2：22-23.

付佩胜，轩子群，刘芳. 2009. 淡水优良新品种健康养殖大全. 北京：海洋出版社.

高明，张耀红. 2006. 淡水鱼. 北京：中国农业大学出版社.

戈贤平. 2004. 淡水优质鱼类养殖大全. 北京：中国农业大学出版社.

戈贤平. 2006. 无公害河蟹标准化生产. 北京：中国农业出版社.

戈贤平. 2009. 池塘养鱼. 北京：高等教育出版社.

胡贤德，吴琴瑟，梁华芳. 2008. 对虾育苗用水综合处理技术. 广东海洋大学学报，28（4）：69-72.

黄爱平，陈克春，熊文藻. 2009. 甲鱼健康养殖技术问答. 北京：化学工业出版社.

黄瑞，张欣. 2009. 虾蟹增养殖技术. 北京：化学工业出版社.

纪成林，陈光辉. 1989. 中国对虾养殖新技术. 北京：金盾出版社.

季成龙. 2000. 养殖水化学. 苏州：苏州大学出版社.

蒋静，吴格天. 2004. 南美白对虾淡化标准技术要点. 中国水产，10：56-57.

蒋青海. 2001. 观赏鱼饲养大全. 南京：江苏科学技术出版社.

赖胜勇. 2006. 对虾生态养殖技术. 北京：中国农业出版社.

雷铭泰. 1992. 虾类养殖实用技术. 广州：广州科技出版社.

雷衍之. 2004. 养殖水环境化学. 北京：中国农业出版社.

李爱杰. 1994. 水产动物营养与饲料学. 北京：中国农业大学出版社.

李碧全. 2009. 海水贝类增养殖技术. 北京：化学工业出版社.

李承林. 2004. 鱼类学教程. 北京：中国农业出版社.

李登来. 2007. 水产动物疾病学. 北京：中国农业出版社.

李国华，廖雪明，张武. 2005. 南美白对虾亲虾催熟培育技术. 科学养鱼，8：10-11.

李金锋. 2005. 虾标准化养殖新技术. 北京：中国农业出版社.

李林春. 2009. 实用鱼类学. 北京：化学工业出版社.

李林思. 2001. 河蟹人工育苗与病害防治. 北京：科学技术文献出版社.

李明云. 2011. 水产经济动物增养殖学. 北京：海洋出版社.

李琪. 2006. 无公害鲍鱼标准化生产. 北京：中国农业出版社.

李文姬，薛真福．2005．持续发展虾夷扇贝的健康增养殖．水产科学，9：49-51.
李霞，王琦，刘明清．2010．鲍健康养殖实用新技术．北京：海洋出版社.
李晓旭，夏长革，常亚青．2005．北方沿海西施舌苗种的人工培育试验．水产科学，3：1-3.
李永函，赵文．2002．水产饵料生物学．大连：大连出版社.
李卓佳，贾晓平，杨莺莺．2007．微生物技术与对虾健康养殖．北京：海洋出版社.
梁广耀．1986．锯缘青蟹养殖技术．南宁：广西人民出版社.
林乐峰．1999．河蟹养殖与经营大全．北京：中国农业出版社.
林乐峰．2007．河蟹生态养殖与标准化管理．北京：中国农业出版社.
刘革利，李林春．2010．名特优水产养殖技术．北京：化学工业出版社.
刘洪军．2005．无公害南美白对虾标准化生产．北京：中国农业出版社.
刘洪声，周文军，张龙波．2008．观赏鱼完全手册．上海：上海科学技术出版社.
刘世禄，杨爱国．2005．中国主要海产贝类健康养殖技术．北京：海洋出版社.
刘世禄．2000．水产养殖苗种培育技术手册．北京：中国农业出版社.
刘贤忠，张荣森．2011．观赏鱼养殖技术．北京：化学工业出版社.
刘永．2002．南美白对虾人工育苗技术．水产养殖，5：13-15.
罗建仁，白俊杰，朱新平．2011．水产生物繁育技术．北京：化学工业出版社.
骆艺文，王印庚．2009．红鳍东方鲀养殖技术构成及其产业发展设想．齐鲁渔业，26（6）：43-46.
孟庆显．1996．海水养殖动物病害学．北京：中国农业出版社.
闵信爱，苏天凤，陈丕茂．2010．南美白对虾健康养殖技术问答．北京：化学工业出版社.
缪国荣．1990．海洋经济动植物发生学图集．青岛：青岛海洋大学出版社.
聂宗庆，王素平．2000．鲍养殖实用技术．北京：中国农业出版社.
农业部《新编渔药手册》编撰委员会．2005．新编渔药手册．北京：中国农业出版社.
潘鲁青．2001．我国对虾养殖业面临的问题与发展对策．齐鲁渔业，18（3）：22-24.
齐遵利，张秀文．2005．对虾．北京：中国农业大学出版社.
钱龙，艾涛．2000．乌鳢苗种培育技术．淡水渔业，39（1）：11-13.
申玉春．2008．鱼类增养殖学．北京：中国农业出版社.
石文雷．2008．渔用配合饲料及养鱼技术问答．北京：中国农业出版社.
舒妙安，林东年．2006．名特水产动物养殖学．北京：中国农业出版社.
宋亮，张建平．2011．克氏原螯虾养殖现状及对策．常熟理工学院学报（自然科学），25（2）：85-87.
宋青春，齐遵利．2010．水产动物营养与配合饲料学．北京：中国农业大学出版社.
宋盛宪，何建国，翁少萍．2006．斑节对虾养殖．北京：海洋出版社.
宋盛宪．2004．南美白对虾无公害养殖．北京：海洋出版社.
苏永全．1998．虾类的健康养殖．北京：中国农业出版社.
孙成渤．2004．水生生物学．北京：中国农业出版社.
孙颖民．2000．海水养殖实用技术手册．北京：中国农业出版社.
王海涛，王世党，姜启平．2008．虾夷扇贝育苗综合技术．科学养鱼，（4）：55-56.
王吉桥，赵兴文．2000．鱼类增养殖学．大连：大连理工大学出版社.
王吉桥．2003．水生观赏动物养殖学．北京：中国农业出版社.
王克行．1997．虾蟹类增养殖学．北京：中国农业出版社.
王克行．2008．虾类健康养殖原理与技术．北京：科学出版社.
王清印．2006．海水健康养殖与水产品质量安全．北京：海洋出版社.
王清印．2008．我国对虾养殖和育种概况．科学养鱼，4：2-3.
王如才，王昭萍，张建中．1993．海水贝类养殖学．青岛：青岛海洋大学出版社.
王淑生，陈胜林．2005．鱼标准化养殖新技术．北京：中国农业出版社.
王武，成永旭，李应森．2007．河蟹的生物学．水产科技情报，34（1）：25-27.

王武．2000．鱼类增养殖学．北京：中国农业出版社．
王宪．2006．海水养殖水化学．厦门：厦门大学出版社．
魏清和．2004．水产动物营养与饲料学．北京：中国农业出版社．
吴琴瑟．1992．虾蟹养殖高产技术．北京：中国农业出版社．
吴琴瑟．2007．对虾健康养殖大全．北京：中国农业出版社．
效梅，安立龙．2001．淡水养殖与疾病防治．北京：中国农业出版社．
谢忠明．2000．海水经济贝类养殖技术（上、下）．北京：中国农业出版社．
徐应馥，李成林，孙秀俊．2006．无公害扇贝标准化生产．北京：中国农业出版社．
杨红生，张福绥．1999．浅海筏式养殖系统贝类养殖容量研究进展．水产学报，23（1）：84-90．
杨洪，邵强．2005．淡水养殖水体水质的调控和管理．北京：中国农业科学技术出版社．
杨明声．1997．黄鳝发育及生长的研究．动物学杂志，32（1）：12-14．
杨四秀，郑陶生．2011．淡水养殖技术．北京：中国农业大学出版社．
杨武德，谭恩惠．2008．淡水鱼养殖．太原：山西春秋电子音像出版社．
杨先乐，汪开毓．2008．水产养殖用药处方大全．北京：化学工业出版社．
杨先乐．2005．新编渔药手册．北京：化学工业出版社．
姚志刚．2010．水产动物病害防治技术．北京：化学工业出版社．
叶建生，王兴强．2007．刺参虾池养殖技术．水产养殖，28（2）：32-33．
尤仲杰，王一农，于瑞海．1999．贝类养殖高产技术．北京：中国农业出版社．
于瑞海，王如才，邢克敏．1993．海产贝类的苗种生产．青岛：青岛海洋大学出版社．
于瑞海，王昭萍，王如才，等．2009．贝类增养殖学实验与实习技术．青岛：中国海洋大学出版社．
于瑞海，郑小东．2012．贝类安全生产指南．北京：中国农业出版社．
于瑞海．2011．名优经济贝类养殖技术手册．北京：化学工业出版社．
占家智．2004．观赏鱼养殖护理大全．沈阳：辽宁科学技术出版社．
战文斌．2004．水产动物病害学．北京：中国农业出版社．
张道波．1998．海水虾蟹类养殖技术．青岛：青岛海洋大学出版社．
张根玉，薛镇宇．2006．淡水养鱼高产新技术．北京：金盾出版社．
张欣，蒋艾青．2009．水产养殖概论．北京：化学工业出版社．
赵明森．1998．特种水产养殖新技术．南京：江苏科学技术出版社．
赵乃刚．1997．河蟹人工繁殖与增养殖．合肥：安徽科学技术出版社．
赵子明．2007．池塘养鱼．北京：中国农业出版社．
郑曙明．2007．观赏水产养殖学．重庆：西南师范大学出版社．
中国标准出版社第一编辑室．2003．无公害食品标准汇编（水产品卷）．北京：中国标准出版社．
中国甲壳动物学会．2009．甲壳动物学论文集（第 5 辑）．北京：海洋出版社．
中国兽医协会．2011．2011 年执业兽医资格考试应试指南（水生动物类）．北京：中国农业出版社．
周乔，程延林．2006．水产概论．北京：中国农业出版社．
朱必翔，赖年悦．2009．科学养鱼技术问答．合肥：安徽科学技术出版社．
朱道玉．2010．中华鳖的发育及人工繁殖．北京：化学工业出版社．
邹叶茂．2002．特种水产品养殖．北京：中国农业出版社．
Dall W．1992．对虾生物学．陈楠生译．青岛：青岛海洋大学出版社．
Keith Holmes．2007．可爱的锦鲤．杨桂文，温武军，邵占涛，译．济南：山东科学技术出版社．